CURSO DE

DIREITO CIVIL BRASILEIRO

Direito das Sucessões

6

Sobre a autora

Detentora de inúmeros prêmios desde os tempos de seu bacharelado na PUCSP, Maria Helena Diniz tem brilhante carreira acadêmica, com cursos de especialização em Filosofia do Direito, Teoria Geral do Direito, Direito Administrativo, Tributário e Municipal.

Além de parecerista, é autora de mais de trinta títulos publicados pelo selo Saraiva Jur, tendo traduzido consagradas obras do direito italiano e escrito mais de cem artigos em importantes revistas jurídicas nacionais e internacionais. Todas as suas obras têm alcançado excelente aceitação do grande público profissional e universitário, como a prestigiada coleção *Curso de direito civil brasileiro* (8 volumes), que é maciçamente adotada nas faculdades de Direito de todo o País. Igual caminho têm seguido seus outros títulos:

- *A ciência jurídica*
- *As lacunas no direito*
- *Atualidades jurídicas* (em coordenação — 7 volumes)
- *Código Civil anotado*
- *Código Civil comentado* (em coautoria)
- *Comentários ao Código Civil v. 22*
- *Compêndio de introdução à ciência do direito*
- *Conceito de norma jurídica como problema de essência*
- *Conflito de normas*
- *Dicionário jurídico* (4 volumes)
- *Dicionário jurídico universitário*
- *Direito civil no século XXI* (em coordenação — esgotado)
- *Direito fundacional*
- *Lei de Introdução às Normas do Direito Brasileiro interpretada*
- *Lei de Locações de Imóveis Urbanos comentada*
- *Lições de direito empresarial*
- *Manual de direito civil*
- *Norma constitucional e seus efeitos*
- *O estado atual do biodireito*
- *Sistemas de registro de imóveis*
- *Sucessão do cônjuge, do companheiro e outras histórias* (em coordenação)
- *Tratado teórico e prático dos contratos* (5 volumes)

É incontestável a importância do trabalho desta autora, sem dúvida uma das maiores civilistas do nosso tempo.

A Editora

Maria Helena Diniz

Mestre e Doutora em Teoria Geral do Direito e Filosofia do Direito pela PUCSP. Livre-docente e Titular de Direito Civil da PUCSP por concurso de títulos e provas. Professora de Direito Civil no curso de graduação da PUCSP. Professora de Filosofia do Direito, de Teoria Geral do Direito e de Direito Civil Comparado nos cursos de pós-graduação (mestrado e doutorado) em Direito da PUCSP. Coordenadora do Núcleo de Pesquisa em Direito Civil Comparado nos cursos de pós-graduação em Direito da PUCSP. Professora Emérita da Faculdade de Direito de Itu. Membro benemérito do Instituto Sílvio Meira, Membro da Academia Paulista de Direito (cadeira 62 – patrono Oswaldo Aranha Bandeira de Mello), da Academia Notarial Brasileira (cadeira 16 – patrono Francisco Cavalcanti Pontes de Miranda), do Instituto dos Advogados de São Paulo e do Instituto de Direito Comparado Luso-Brasileiro. Presidente do Instituto Internacional de Direito.

CURSO DE DIREITO CIVIL BRASILEIRO

Direito das Sucessões

6

35ª edição
Revista e atualizada

2021

saraiva jur

ISBN 978-85-536-0769-3 obra completa

DADOS INTERNACIONAIS DE CATALOGAÇÃO NA PUBLICAÇÃO (CIP)
ANGÉLICA ILACQUA CRB-8/7057

Diniz, Maria Helena

Curso de direito civil brasileiro – volume 6 : direito das sucessões / Maria Helena Diniz. – 35. ed. – São Paulo: Saraiva Educação, 2021.
512 p.

Bibliografia
ISBN 978-65-5559-039-5 (impresso)

1. Direito civil. 2. Direito de família. I. Título.

CDD 340
20-0465 CDU 347

Índice para catálogo sistemático:

1. Direito civil

saraiva EDUCAÇÃO | saraiva jur

Av. Paulista, 901, 3º andar
Bela Vista – São Paulo – SP – CEP: 01311-100

SAC | sac.sets@somoseducacao.com.br

Direção executiva Flávia Alves Bravin
Direção editorial Renata Pascual Müller
Gerência de projetos e produção editoriais Fernando Penteado

Planejamento Josiane de Araujo Rodrigues

Novos projetos Sérgio Lopes de Carvalho
Dalila Costa de Oliveira

Edição Clarissa Boraschi Maria (coord.)
Deborah Caetano de Freitas Viadana

Produção editorial Daniele Debora de Souza (coord.)
Daniela Nogueira Secondo

Arte e digital Mônica Landi (coord.)
Camilla Felix Cianelli Chaves
Claudirene de Moura Santos Silva
Deborah Mattos
Guilherme H. M. Salvador
Tiago Dela Rosa

Projetos e serviços editoriais Kelli Priscila Pinto
Laura Paraíso Buldrini Filogônio
Marília Cordeiro
Nicoly Wasconcelos Razuk

Diagramação Markelangelo Design e Projetos Editoriais
Revisão Simone Silberschimidt
Capa Casa de Ideias / Daniel Rampazzo
Produção gráfica Marli Rampim
Sergio Luiz Pereira Lopes
Impressão e acabamento Edições Loyola

Data de fechamento da edição: 3-11-2020

Dúvidas? Acesse www.editorasaraiva.com.br/direito

CL 606745 CAE 736337

A meus alunos e ex-alunos, pela amizade e pelo afeto que nos une.

Índice

Capítulo III
Da sucessão legítima

Capítulo IV
Da sucessão testamentária

Capítulo V
Da liquidação da herança

Prefácio

Este livro, tendo em vista razões de didática, ao expor os temas pertinentes ao direito sucessório, procurará seguir, com algumas alterações, a ordem do Código Civil, buscando analisá-los, objetiva e sistematicamente, sob o prisma dos princípios nodulares que regem esse ramo do direito civil.

Para tanto, apegamo-nos aos ensinamentos de insignes mestres e, com base na construção doutrinária dos vários institutos do direito das sucessões, elegemos as teorias mais adequadas à realidade brasileira, situando-as dentro de um contexto coerente de normas jurídicas. Nosso intuito foi o de conciliar, na medida do possível, concomitantemente, o espírito conservador e as tendências inovadoras mais compatíveis com as grandes transformações sociais de nossos dias, ante a importância da utilização das instituições jurídicas, tendo em vista as necessidades atuais, sob pena de o direito, paulatinamente, deixar de desempenhar seu papel na sociedade.

Maria Helena Diniz

CAPÍTULO I
Introdução ao Direito das Sucessões

1. Conceito do direito das sucessões

O direito das sucessões vem a ser o conjunto de normas que disciplinam a transferência do patrimônio de alguém, depois de sua morte, ao herdeiro, em virtude de lei ou de testamento[1] (CC, art. 1.786). Consiste, portanto, no complexo de disposições jurídicas que regem a transmissão de bens ou valores e dívidas do falecido, ou seja, a transmissão do ativo e do passivo do *de cujus*[2] ao herdeiro.

Com a morte do autor da herança o sucessor passa a ter a posição jurídica do finado, sem que haja qualquer alteração na relação de direito, que permanece a mesma, apesar da mudança de sujeito. Deveras, ressalvado o sujeito, mantêm-se todos os outros elementos dessa relação: o título, o conteúdo e o objeto[3]. Dessa forma, o herdeiro insere-se na titularidade de uma relação jurídica que lhe advém do *de cujus*[4]. Como diz Lacerda de Almeida[5], a sucessão implica a continuação de uma pessoa em relação jurídica que cessou para o anterior sujeito e prossegue com outro. Há identidade de vínculo, pois a sucessão pressupõe a "não extinção da relação jurídica", uma vez que o herdeiro assume os direitos e obriga-

1. Clóvis Beviláqua (*Direito das sucessões*, 4. ed., p. 44) assim conceitua: "Direito das sucessões é o complexo dos princípios segundo os quais se realiza a transmissão do patrimônio de alguém, que deixa de existir".
2. Silvio Rodrigues, *Direito civil*, 3. ed., São Paulo, Max Limonad, 1967, p. 11-2.
3. Inocêncio Galvão Telles, *Teoria geral do fenômeno sucessório*, apud Orlando Gomes, *Sucessões*, p. 25. No mesmo sentido: Antonio Cicu, *Le successioni*, v. 1, p. 3.
4. Caio M. S. Pereira, *Instituições de direito civil*, 2. ed., Forense, 1976, v. 6, p. 7.
5. Lacerda de Almeida, *Direito das sucessões*, § 2º.

ções do antigo titular, convertendo-se no sujeito de qualquer relação jurídica que pertencia ao falecido[6].

Nesta obra procuraremos salientar o aspecto civil da transferência do patrimônio para os herdeiros, sem olvidar seus aspectos processuais no que concerne ao procedimento judicial do inventário, à abertura e aprovação dos testamentos, embora seja, ainda, objeto do direito tributário relativamente ao imposto de transmissão, do direito administrativo e do direito internacional privado[7].

---

6. É o que nos ensina Luigi Cariota Ferrara (*Le successioni per causa di morte*, Morano, t. 1, p. 30): "*Secondo la dottrina dominante, soprattutto fra privatisti, è successione il subentrare o sottentrare di una persona nel posto di un'altra, in un rapporto giuridico, che resta identico. La 'successione' presuppone la 'non estinzione' del rapporto*".

7. Caio M. S. Pereira, op. cit., p. 10; Diogo Leite de Campos, *Lições de direito de família e das sucessões*, Coimbra, 1990; Capelo de Souza, *Lições de direito das sucessões*, Coimbra, 1986; Tirân, *Les successions testamentaires en droit international privé*, Paris, 1932; Contuzzi, *Le diritto hereditario internazionale*, Milano, 1908; Salomão de A. Cateb, *Direito das sucessões*, Belo Horizonte, Del Rey, 2000; Magalhães Fernandes, Direito das sucessões. Diferenças fundamentais entre o CCP (Código Civil português) e o CCB (Código Civil brasileiro), *RDC, 9*:93; Jorge S. Fujita, *Curso de Direito Civil — direito das sucessões*, São Paulo, Ed. Juarez de Oliveira, 2003; Mário Roberto Carvalho de Faria, *Direito das sucessões*, Rio de Janeiro, Forense, 2004; Eduardo de Oliveira Leite, *Comentários ao novo Código Civil*, vol. XXI, Rio de Janeiro, Forense, 2004; Rubiane de Lima, *Manual de direito das sucessões*, Curitiba, Juruá, 2005; Mário Roberto C. de Faria, *Direito das sucessões*, Rio de Janeiro, Forense, 2004. *Vide* Lei n. 11.101/2005, arts. 47, parágrafo único, 97, II, e 125; Fábio V. Figueiredo e Brunno P. Giancoli, *Direito civil*, Coleção OAB Nacional, São Paulo, Saraiva, 2009, v. 1, p. 239-58; Regina Beatriz T. Silva e Theodureto de A. Camargo Neto (coords.), *Grandes temas de direito de família e das sucessões*, São Paulo, Saraiva, 2014; Edna T. Veiga, O direito da sucessão hereditária e a mediação. *Revista Síntese — direito de família, 117*:135-142 (2020); Kelly S. A. da Silva, Fundamentos pós-modernos do Direito Sucessório: algumas implicações trazidas pelo novo Código de Processo Civil no direito das sucessões, *Revista da Escola da Magistratura do TRF da 4ª Região*, v. 13, p. 259-302; Enunciado n. 17 do IBDFAM: "A técnica de ponderação, adotada expressamente pelo art. 489, § 2º, do Novo CPC, é meio adequado para a solução de problemas práticos atinentes ao Direito das Famílias e das Sucessões".

2. Fundamento do direito das sucessões

O fundamento do direito das sucessões tem sido objeto de muitas discussões doutrinárias.

Há autores, como D'Aguano[8], que procuram justificar o fundamento científico do direito sucessório nas conclusões da biologia e da antropologia atinentes ao problema da hereditariedade biopsicológica, segundo a qual os pais transmitem à prole não só os caracteres orgânicos, mas também as qualidades psíquicas, resultando daí que a lei, ao garantir a propriedade pessoal, reconhece que a transmissão hereditária dos bens seja uma continuação biológica e psicológica dos progenitores.

Semelhantemente Cimbali funda o direito das sucessões na continuidade da vida através das várias gerações[9].

Washington de Barros Monteiro critica, com acerto, tais concepções, ao afirmar que a sequência da vida humana não depende da sucessão porque se subordina ao instinto sexual, e que essas doutrinas explicariam tão somente a transmissão da herança entre ascendentes e descendentes e jamais a sucessão entre cônjuges, entre colaterais e entre o *de cujus* e o Estado[10].

Na verdade, poder-se-á dizer que o fundamento do direito sucessório é a propriedade, conjugada ou não com o direito de família; daí as afirmações de Cogliolo de que o direito das sucessões tem a sua razão de ser nos dois institutos combinados: a propriedade e a família; e a de Lacerda de

---

8. D'Aguano, *La genesi e l'evoluzione del diritto civile,* ns. 177 a 183.
9. Cimbali, *La nuova fase del diritto civile*, p. 212 e s.
10. W. Barros Monteiro, *Curso de direito civil,* 17. ed., São Paulo, Saraiva, 1981, v. 6, p. 8.

Almeida de que o direito sucessório é o "regime da propriedade na família"[11]. A possibilidade de transferir bens *causa mortis* é um dos corolários do direito de propriedade, uma vez que, caso contrário, a propriedade ficaria despida de um dos seus caracteres, ou seja, a perpetuidade[12]. Kipp chega até a afirmar que essa integração da sucessão *mortis causa* à propriedade é tão necessária que, se assim não fosse, esta última se desfiguraria, convertendo-se em mero usufruto vitalício[13].

Gustav Radbruch[14] assevera que o direito sucessório assenta na ideia de uma hipotética harmonia preestabelecida entre o interesse individual e o interesse social, à semelhança do que ocorre com o direito de propriedade. Sua argumentação baseia-se, indubitavelmente, no fato de que o interesse pessoal visa o progresso, uma vez que o ser humano, buscando seu próprio interesse, tende a adquirir, em seu proveito, bens, atendendo assim, indiretamente, ao interesse social, pois aumenta o patrimônio da sociedade. Por isso, a sociedade permite a transmissão de bens aos herdeiros, estimulando a produção de riquezas e conservando unidades econômicas a serviço do bem comum. Daí se infere que o direito das sucessões desempenha importante função social[15].

---

11. Cogliolo, *Filosofia de direito privado*, p. 298; Lacerda de Almeida, op. cit., p. 2.
12. Silvio Rodrigues, op. cit., p. 14.
13. Enneccerus, Kipp e Wolff, *Derecho de sucesiones*, v. 1, § 1º.
14. Radbruch, *Filosofia do direito*, trad. Cabral de Moncada, Coimbra, Arménio Amado Ed., 1961, v. 2, p. 74.
15. Silvio Rodrigues, op. cit., p. 14-5; W. Barros Monteiro, op. cit., p. 9; Zannoni, *Manual de derecho de las sucesiones*, Buenos Aires, 1990; Brox, *Erbrecht*, Köln, 1988; Lange — Kuchinke, *Lehrbuch des Erbrecht*, München, 1989; Parry & Clark, *The law of succession*, London, 1983; José de Oliveira Ascensão, *Direito civil — sucessões*, Coimbra, 1989; Jose Perez Lasala, *Curso de derecho sucesorio*, Buenos Aires, Librarius, 1989; Julio J. Lopez del Carril, *Derecho de las sucesiones*, Buenos Aires, Librarius, 1991; Marcos M. Cordoba, *Derecho sucesorio*, Buenos Aires, s.e. 1998, v. 1, 2 e 3.

3. Conteúdo do direito das sucessões

Em nosso Código Civil, o *direito das sucessões* divide-se em quatro partes: 1ª) *sucessão em geral,* onde traça normas sobre a sucessão legítima e testamentária, relativas à transmissão, à administração, à aceitação, à renúncia, à petição da herança e aos excluídos da sucessão; 2ª) *sucessão legítima,* abrangendo a transmissão da herança, que se opera em virtude de lei, às pessoas constantes da ordem de vocação hereditária; 3ª) *sucessão testamentária,* contendo disposições relativas à transferência de bens *causa mortis* por ato de última vontade; 4ª) *inventário* e *partilha,* concernente a normas sobre o processo judicial não contencioso, por meio do qual se descrevem os bens da herança, se lavra o título de herdeiro, se liquida o passivo do monte, se paga o imposto de transmissão *mortis causa* e se realiza a partilha dos bens entre os herdeiros. Ao lado dessas normas sobre inventário e partilha, há outras que disciplinam as colações e os sonegados[16].

Com base em nosso Código Civil, o seguinte *sumário* demonstra os assuntos que procuraremos desenvolver neste livro.

Sumário

1. SUCESSÃO EM GERAL	• *a)* Disposições gerais (da abertura da sucessão): CC, arts. 1.784 a 1.790. • *b)* Administração da herança: CC, arts. 1.791 a 1.797. • *c)* Vocação hereditária: CC, arts. 1.798 a 1.803. • *d)* Aceitação e renúncia da herança: CC, arts. 1.804 a 1.813. • *e)* Excluídos da sucessão: CC, arts. 1.814 a 1.818. • *f)* Herança jacente: CC, arts. 1.819 a 1.823. • *g)* Petição da herança: CC, arts. 1.824 a 1.828.

16. Silvio Rodrigues, op. cit., p. 15-6; Caio M. S. Pereira, op. cit., p. 10; Bassil Dower, *Curso renovado de direito civil,* São Paulo, Nelpa, v. 4, p. 289.

2. SUCESSÃO LEGÍTIMA	• *a*) Ordem da vocação hereditária: CC, arts. 1.829 a 1.844. • *b*) Herdeiros necessários: CC, arts. 1.845 a 1.850. • *c*) Direito de representação: CC, arts. 1.851 a 1.856.
3. SUCESSÃO TESTAMENTÁRIA	• *a*) Testamento em geral: CC, arts. 1.857 a 1.859. • *b*) Capacidade para fazer testamento: CC, arts. 1.860 e 1.861. • *c*) Formas ordinárias de testamento: CC, arts. 1.862 a 1.880. • *d*) Codicilo: CC, arts. 1.881 a 1.885. • *e*) Testamentos especiais: CC, arts. 1.886 a 1.896. • *f*) Disposições testamentárias em geral: CC, arts. 1.897 a 1.911. • *g*) Legados: CC, arts. 1.912 a 1.922. • *h*) Efeitos dos legados e seu pagamento: CC, arts. 1.923 a 1.938. • *i*) Caducidade dos legados: CC, arts. 1.939 e 1.940. • *j*) Direito de acrescer entre herdeiros e legatários: CC, arts. 1.941 a 1.946. • *k*) Substituições: CC, arts. 1.947 a 1.960. • *l*) Deserdação: CC, arts. 1.961 a 1.965. • *m*) Redução das disposições testamentárias: CC, arts. 1.966 a 1.968. • *n*) Revogação dos testamentos: CC, arts. 1.969 a 1.972. • *o*) Rompimento do testamento: CC, arts. 1.973 a 1.975. • *p*) Testamenteiro: CC, arts. 1.976 a 1.990.
4. INVENTÁRIO E PARTILHA	• *a*) Inventário: CC, art. 1.991. • *b*) Sonegados: CC, arts. 1.992 a 2.001. • *c*) Colações: CC, arts. 2.002 a 2.012. • *d*) Partilha: CC, arts. 2.013 a 2.022. • *e*) Garantia dos quinhões hereditários: CC, arts. 2.023 a 2.026. • *f*) Anulação da partilha: CC, art. 2.027.

QUADRO SINÓTICO

INTRODUÇÃO AO DIREITO DAS SUCESSÕES

1. CONCEITO	• Direito das sucessões é o conjunto de normas que disciplinam a transferência do patrimônio de alguém, depois de sua morte, ao herdeiro, em virtude de lei ou de testamento.
2. FUNDAMENTO	• O fundamento do direito sucessório, devido à sua importante função social, é a propriedade, conjugada ou não com o direito de família.
3. CONTEÚDO	• Sucessão em geral. • Sucessão legítima. • Sucessão testamentária. • Inventário e partilha.

CAPÍTULO II
Da Sucessão em Geral

1. Acepção jurídica de sucessão

Juridicamente o termo *sucessão* indica o fato de uma pessoa inserir-se na titularidade de uma relação jurídica que lhe advém de uma outra pessoa[1]. Realmente, ensina-nos Arthur Vasco Itabaiana de Oliveira que a "sucessão é a continuação em outrem de uma relação jurídica que cessou para o respectivo sujeito, constituindo um dos modos, ou títulos, de transmissão ou de aquisição de bens, ou de direitos patrimoniais"[2]. A ideia de sucessão gira em torno da permanência de uma relação jurídica, que subsiste apesar da mudança dos respectivos titulares[3].

Na acepção jurídica o vocábulo *sucessão* apresenta:

a) um *sentido amplo,* aplicando-se a todos os modos derivados de aquisição do domínio, de maneira que indicaria o ato pelo qual alguém sucede a outrem, investindo-se, no todo ou em parte, nos direitos que lhe pertenciam. Trata-se da sucessão *inter vivos,* pois o comprador sucede ao vendedor, o donatário ao doador, tomando uns o lugar dos outros em relação ao bem vendido ou doado[4];

---

1. Caio M. S. Pereira, *Instituições de direito civil,* 2. ed., Rio de Janeiro, Forense, 1976, v. 6, p. 7.
2. Itabaiana de Oliveira, *Tratado de direito das sucessões,* 4. ed., São Paulo, Max Limonad, 1952, v. 1, p. 52. Nesse mesmo sentido: Lacerda de Almeida, *Direito das sucessões*, § 2º; Clóvis Beviláqua, *Direito das sucessões,* 4. ed., § 1º; Antonio Palazzo, *Le successioni*, Milano, Giuffrè, v. 1 e 2, 1996; Rui Ribeiro de Magalhães, *Direito das sucessões no novo Código Civil brasileiro*, São Paulo, Ed. Juarez de Oliveira, 2003; Carlos Alberto Bittar e Carlos Alberto Bittar Filho, *Direito de família e sucessões*, São Paulo, Ed. Juarez de Oliveira, 2002.
3. Lacerda de Almeida, op. cit., § 1º; Itabaiana de Oliveira, op. cit., p. 52.
4. Itabaiana de Oliveira, op. cit., p. 52-3; José Lopes de Oliveira, *Sucessões,* 1. ed., São Paulo, Sugestões Literárias, 1972, p. 18; Lomonaco, *Diritto civile,* v. 4, p. 37.

b) um *sentido restrito*, designando a transferência, total ou parcial, de herança, por morte de alguém, a um ou mais herdeiros[5]. É a sucessão *mortis causa* que, no conceito *subjetivo*, vem a ser o direito em virtude do qual a herança é devolvida a alguém[6], ou, por outras palavras, é o direito por força do qual alguém recolhe os bens da herança[7], e, no conceito *objetivo*, indica a universalidade dos bens do *de cujus* que ficaram, com seus encargos[8] e direitos[9].

Neste livro apenas trataremos da sucessão *causa mortis* como meio de aquisição pelo herdeiro, a título universal ou particular, do patrimônio do *de cujus*, passando aquele a ocupar a situação jurídica deste último, na relação de direito.

Quadro Sinótico

ACEPÇÃO JURÍDICA DE SUCESSÃO

1. SENTIDO AMPLO	• O termo *sucessão* aplica-se a todos os modos derivados de aquisição do domínio, indicando o ato pelo qual alguém sucede a outrem, investindo-se, no todo ou em parte, nos direitos que lhe pertenciam. Trata-se da sucessão *inter vivos*.
2. SENTIDO RESTRITO	• *Sucessão* é a transferência, total ou parcial, de herança, por morte de alguém, a um ou mais herdeiros. • É a sucessão *mortis causa* que, no conceito *subjetivo*, é o direito por força do qual alguém recolhe os bens da herança, e, no conceito *objetivo*, indica a universalidade dos bens do *de cujus*, que ficaram com seus direitos e encargos.

5. Planiol, *Droit civil*, v. 3, n. 1.698; Itabaiana de Oliveira, op. cit., p. 53; Baudry-Lacantinerie, *Précis de droit civil*, v. 3, n. 477.
6. Coelho da Rocha, *Direito civil*, § 333; Capelo de Sousa, *Lições de direito das sucessões*, Coimbra, 1990, v. 1 e 2; Inocêncio Galvão Telles, *Direito das sucessões: noções fundamentais*, Coimbra, 1985; Sebastião José Roque, *Direito das sucessões*, São Paulo, Ícone, 1995, p. 15-22.
7. José Lopes de Oliveira, op. cit., p. 18; José Tavares, *Os princípios fundamentais do direito civil*, Coimbra, 1922, v. 1, p. 794.
8. Clóvis Beviláqua, op. cit., § 4º; Itabaiana de Oliveira, op. cit., p. 53.
9. José Lopes de Oliveira, op. cit., p. 18.

2. Espécies de sucessão

Poder-se-á classificar a sucessão[10]:

1º) Quanto à *fonte* de que deriva, caso em que se tem (CC, art. 1.786):

a) A *sucessão testamentária,* oriunda de testamento válido ou de disposição de última vontade. Todavia, ante o sistema da liberdade de testar limitada, adotado pela lei pátria, se o testador tiver herdeiros necessários, ou seja, cônjuge supérstite, descendentes e ascendentes sucessíveis (CC, arts. 1.845 e 1.846), só poderá dispor de metade de seus bens (CC, art. 1.789), uma vez que a outra metade constitui a legítima daqueles herdeiros. Assim sendo, o patrimônio do *de cujus* será dividido em duas partes iguais: a *legítima* ou *reserva legitimária,* que cabe aos herdeiros necessários, a menos que sejam deserdados (CC, art. 1.961), e a *porção disponível,* da qual pode livremente dispor, feitas as exceções do art. 1.805 do Código Civil, concernentes à incapacidade testamentária passiva. A porção disponível é fixa, compreendendo a metade dos bens do testador, qualquer que seja o número e a qualidade dos herdeiros[11]. É preciso não esquecer, ainda, que, se o testador for casado pelo regime da comunhão universal de bens (CC, art. 1.667), a metade dos bens pertence ao outro consorte; assim, para calcular a legítima e a porção dispo-

10. Itabaiana de Oliveira, op. cit., p. 53-4; Sebastião Amorim e Euclides de Oliveira, *Inventários e partilhas — direito das sucessões — teoria e prática*, São Paulo, LEUD, 2000, p. 26, 39-93 e 129-56. *Vide* PL n. 508/2007 sobre direito sucessório.

11. W. Barros Monteiro, *Curso de direito civil,* 17. ed., São Paulo, Saraiva, 1981, v. 6, p. 11; Artagnan Pérez Méndez. *Sucesiones y liberalidades*, República Dominicana, 2017. Em outras legislações, a porção disponível é variável; o Código Civil português, p. ex., no art. 2.158, prescreve que a legítima dos filhos é de metade da herança, se existir um só filho, e de dois terços, se existirem dois ou mais, e, no art. 2.161, dispõe que se apenas existem ascendentes que não sejam pai e mãe, consistirá a legítima deles na terça parte dos bens da herança.

nível deve-se considerar tão somente a meação do testador[12]. Donde se infere que, em nosso direito, só haverá absoluta liberdade de testar, isto é, de dispor de todos os bens por testamento para depois da morte, quando o testador não tiver herdeiros necessários, caso em que poderá afastar de sua sucessão, se o desejar, os colaterais (CC, art. 1.850)[13].

b) A *sucessão legítima* ou *ab intestato,* resultante de lei nos casos de ausência, nulidade, anulabilidade ou caducidade de testamento (CC, arts. 1.786 e 1.788). Deveras, se o *de cujus* não fizer testamento, a sucessão será legítima, passando o patrimônio do falecido às pessoas indicadas pela lei, obedecendo-se à ordem de vocação hereditária (CC, art. 1.829). É o que prescreve o art. 1.788 do Código Civil ao rezar que, morrendo a pessoa sem testamento, transmite a herança aos herdeiros legítimos. Daí afirmarem alguns autores, como Demolombe, que a sucessão *ab intestato* se apresenta como um testamento tácito ou presumido do *de cujus,* que não dispôs, expressamente, de seus bens, conformando-se com o fato de que seu patrimônio passe a pertencer àquelas pessoas enumeradas pela lei. E, pelo art. 1.788 do Código Civil, também subsiste a sucessão legítima se o testamento caducar, ou for julgado nulo. O Projeto de Lei n. 699/2011 alterará a redação do art. 1.788, que passará a ser a seguinte: "Morrendo a pessoa sem testamento, transmite a herança aos herdeiros legítimos; o mesmo ocorrerá quanto aos bens que não forem compreendidos no testamento; e subsiste a sucessão legítima se o testamento caducar, romper-se, ou for inválido". Essa sugestão é de Zeno Veloso, que observa: "Na sua parte final, o art. 1.788 estabelece que subsiste a sucessão legítima se o testamento caducar ou for julgado nulo. Neste ponto, o Código Civil incorre na erronia já verificada no Código Civil de 1916. Analisando o art. 1.575 do Código Civil de 1916 — que equivale à parte final do art. 1.788 —, Clóvis Beviláqua expõe que sua redação é censurável por discrepar da técnica jurídica, e por não dar ao pensamento da lei toda a extensão necessária. O pecado técnico, diz Clóvis, está em usar do vocábulo nulo, para significar nulo e anulado; a insuficiência da expressão consiste em reduzir a ineficácia do testamento aos casos da caducidade e nulidade, deixando de mencionar, como se estivessem contidas nessas palavras as ideias de ruptura e anulação (*Código Civil comentado,* Livraria Francisco Alves, 3ª ed., 1933, v. 6, p. 10). Realmente, o testamento pode ser nulo e anulável, e estas são espécies

---

12. W. Barros Monteiro, op. cit., p. 11.

13. Silvio Rodrigues, *Direito civil,* 3. ed., Max Limonad, 1967, v. 7, p. 29; Dower, *Curso renovado de direito civil,* São Paulo, Nelpa, v. 4, p. 294.

de invalidade. Mas o testamento pode ser ineficaz porque caducou ou em razão de rompimento. Rompe-se o testamento quando sobrevém descendente sucessível ao testador, que não o tinha ou não o conhecia quando testou, se esse descendente sobreviver ao testador (art. 1.973), ou se o testamento foi feito na ignorância de existirem outros herdeiros necessários (art. 1.974). Caducidade ocorre quando o testamento, embora válido, perde a sua eficácia em decorrência de um fato posterior, como, por exemplo, se o herdeiro nomeado falecer antes do testador, ou se for incapaz ou for excluído, ou se renunciar (art. 1.971); se a instituição estava subordinada a uma condição e esta não se verificou; se o testador não morrer na viagem, nem nos noventa dias subsequentes ao seu desembarque, onde possa fazer outro testamento, no caso dos testamentos marítimo e aeronáutico (art. 1.891), ou se o testador estiver, depois de feito o testamento militar, noventa dias seguidos, em lugar onde possa testar na forma ordinária, salvo se o testamento apresentar as solenidades prescritas no parágrafo único do art. 1.894 (art. 1.895)". O Parecer Vicente Arruda rejeitou tal sugestão ao analisar o PL n. 6.960/2002 (ora substituído pelo PL n. 699/2011), alegando que: "Segundo o *Vocabulário Jurídico* de De Plácido e Silva, *caducar*, em qualquer sentido jurídico em que seja tomado, tem a acepção de: 'ficar sem efeito ou sem valor, não surtir mais efeito, seja porque não se usou o direito que se tinha, seja porque se renunciou a ele, seja porque se deixou de cumprir ato subsequente, que era de regra'. A linguagem utilizada pelo NCC é a mesma do CC/16 que, neste particular, tinha jurisprudência consolidada. Quanto à expressão 'julgar nulo', compreende ela tanto o ato anulável quanto o nulo, pois ambas pressupõem o julgamento. No primeiro caso, ação constitutiva, no segundo, ação declaratória. Por conseguinte não há a ambiguidade apontada no PL".

Predomina, na tradição do nosso direito das sucessões, a sucessão legítima, em razão da marcante influência do elemento familiar na formação desse ramo do direito entre nós. A sucessão legítima é a regra, e a testamentária, a exceção. Nosso Código Civil instituiu, a par da sucessão legítima, a testamentária; assim, o elemento familiar, definido pelo parentesco, e o elemento individual, caracterizado pela liberdade de testar, são os dois fulcros em que se baseiam as normas da sucessão[14].

---

14. *Vide* W. Barros Monteiro, op. cit., p. 10; Silvio Rodrigues, op. cit., p. 26; Cunha Gonçalves, *Tratado de direito civil,* São Paulo, Max Limonad, v. 9, t. 2, n. 1.352; Celso Barros, *Direito das sucessões;* Projeto 634/75, p. 54-5; Súmula 590 do STF. *Vide* art. 18, § 2º, do Decreto-Lei n. 3.438/41.

O direito brasileiro admite, ainda, a possibilidade de existência simultânea dessas duas espécies de sucessão, pois, pelo Código Civil, art. 1.788, 2ª parte, se o testamento não abranger a totalidade dos bens do falecido, a parte de seu patrimônio não mencionada no ato de última vontade é deferida aos herdeiros legítimos, na ordem da vocação hereditária. Os bens mencionados no testamento são transmitidos aos herdeiros testamentários e aos legatários. Igualmente prescreve o Código Civil, no art. 1.966, que, quando o testador só dispõe de parte de sua metade disponível, entende-se que institui os herdeiros legítimos no remanescente. Se não houver herdeiro legítimo, arrecadar-se-á como herança jacente a fração da quota disponível não distribuída no testamento (CC, art. 1.819)[15].

Do exposto verifica-se que a sucessão só pode advir de lei ou de testamento, pois nosso direito não admite sucessão contratual, já que, pelo art. 426 do Código Civil, proibidos estão os pactos sucessórios, dado que "não pode ser objeto de contrato a herança de pessoa viva".

Essa proibição é absoluta, embora alguns autores[16] apontem duas exceções ao art. 426 do Código Civil:

a) contrato antenupcial, em que os nubentes podem dispor a respeito da recíproca e futura sucessão, desde que não excedam a metade dos bens (CC, arts. 1.668, IV, 1.655 e 546) e;

b) partilha de bens, entre os descendentes, feita pelos pais por ato *inter vivos* (CC, art. 2.018). Só a partilha por ato *inter vivos* pode ser consi-

---

15. W. Barros Monteiro, op. cit., p. 12-3; Silvio Rodrigues, op. cit., p. 26; José Lopes de Oliveira, op. cit., p. 23. O direito brasileiro não seguiu a diretriz do direito romano, que não acatava a possibilidade de coexistência da sucessão legítima com a testamentária (Inst., Liv. 2, Tít. XIV, § 5º — *Nemo pro parte testatus et pro parte intestatus decedere potest* — ninguém pode falecer em parte com testamento e em parte intestado).

16. Clóvis Beviláqua, *Comentários ao Código Civil*, v. 4, p. 254. A doação estipulada no contrato antenupcial, para depois da morte do doador, aproveitava aos filhos do donatário, ainda que este falecesse antes daquele (CC de 1916, art. 314), não é mais permitida, sendo consentânea com o art. 426 do Código Civil vigente, apesar de no art. 1.799, I, acatar a capacidade sucessória de prole eventual indicada pelo testador.

Foi realizada a partilha no processo de separação amigável entre o recorrente e a recorrida. Ficou ajustado que a varoa ficaria com a totalidade do único imóvel do casal e ao varão caberia "direito sucessório" ou "doação" de parte de um terreno de propriedade de seus sogros (ainda vivos à época da partilha), que sequer participaram do acordo. Diante disso, a Turma entendeu tornar nula a partilha, pois é certo que não se pode contratar herança de pessoa viva ou, nesses termos, obrigar quem não é parte no acordo à doação (STJ, 4ª T., REsp 300.143-SP, Rel. Min. Aldir Passarinho Junior, j. 21-11-2006).

derada como exceção à norma do art. 426, por corresponder a uma sucessão antecipada, embora apresente inconvenientes, porquanto apenas pode abranger bens presentes[17]. Os demais casos não podem ser tidos como exceções ao art. 426 porque o Código Civil, no art. 166, VI, declara como nula qualquer cláusula ou convenção que contrarie disposição absoluta de lei, fraudando-a[18].

2º) Quanto aos seus *efeitos,* hipótese em que a sucessão pode ser:

a) A *título universal,* quando houver transferência da totalidade ou de parte indeterminada da herança[19], tanto no seu ativo como no passivo, para o herdeiro do *de cujus.* Haverá instituição de herdeiro, se o testador deixar ao beneficiário a totalidade de seu patrimônio, ou uma porção abstrata de seus bens: meação, porção disponível, 1/3, 1/4, 1/5 etc., todos os móveis ou os imóveis existentes em certo município etc. O herdeiro é, portanto, chamado a suceder no todo ou numa quota-parte do patrimônio do *de cujus*[20], sub-rogando-se, abstratamente, na posição do falecido, como titular da totalidade ou de parte ideal daquele patrimônio no que concerne ao ativo, e assumindo a responsabilidade relativamente ao passivo[21].

b) A *título singular,* quando o testador transfere ao beneficiário apenas objetos certos e determinados, p. ex.: uma joia, um cavalo, uma determinada casa situada na Rua "X" etc. Nessa espécie de sucessão é o legatário que sucede ao *de cujus* em bens ou direitos determinados ou individuados, ou em fração do patrimônio devidamente individuada, sub-rogando-se, de modo concreto, na titularidade jurídica de determinada relação de direito, sem representar o falecido, pois não responde pelas dívidas e encargos da herança, já que sucede apenas *in rem aliquam singularem.* Portanto, se o tes-

---

17. W. Barros Monteiro, op. cit., p. 15.
18. Orozimbo Nonato, *Estudos sobre sucessão testamentária,* v. 1, p. 48; Itabaiana de Oliveira, op. cit., v. 1, p. 72; José Lopes de Oliveira, op. cit., p. 25. *Vide,* ainda, as observações de W. Barros Monteiro, op. cit., p. 15; *RF, 111*:292.
19. Mackeldey, *Droit romain,* § 631.
20. *Vide* José Lopes de Oliveira, op. cit., p. 24.
21. Silvio Rodrigues, op. cit., p. 27; W. Barros Monteiro, op. cit., p. 19. Como lembram Lacerda de Almeida, op. cit., § 6º, e Lafayette, *Direito de família,* § 141, é preciso esclarecer que a sucessão universal não transmite todos os direitos, pois alguns não podem ser transferidos, como os de família puros (pátrio poder, tutela, curatela) ou mesmo alguns de cunho patrimonial (direito a alimentos). *Vide,* sobre o assunto, a lição de Caio M. S. Pereira, op. cit., p. 8.

tador contemplar alguém com coisa concreta, definida, singularizada, ter-se-á a nomeação de legatário[22].

Para finalizar, é preciso lembrar que a sucessão legítima será sempre a título universal, transferindo-se aos herdeiros a totalidade ou uma fração ideal do patrimônio do falecido, ao passo que a sucessão testamentária pode ser universal, se o testador instituir herdeiro que lhe sucede no todo ou na quota ideal de seus bens, ou singular, se o testador deixar a um beneficiário uma coisa individuada, caso em que ao legatário se transmite aquele bem determinado[23].

Assim, graficamente, temos:

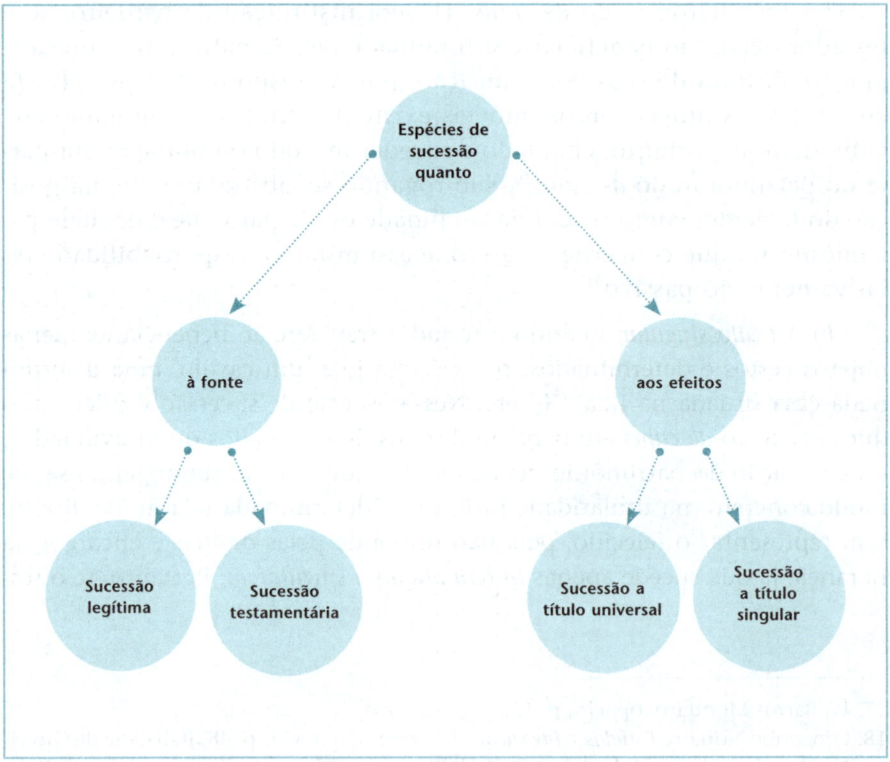

22. José Lopes de Oliveira, op. cit., p. 24; Caio M. S. Pereira, op. cit., p. 7-8; Losana, *Questioni scelte di diritto civile*, p. 59; W. Barros Monteiro, op. cit., p. 19; Clóvis Beviláqua, *Comentários*, cit., v. 3, p. 20; Lomonaco, op. cit., v. 4, p. 128; Itabaiana de Oliveira, op. cit., v. 1, p. 57-8.

23. Caio M. S. Pereira, op. cit., p. 8.

Sobre sucessão empresarial: M. Helena Diniz, Curso de direito civil brasileiro, São Paulo, Saraiva, 2008, v. 8, p. 582-92.

Quadro Sinótico

ESPÉCIE DE SUCESSÃO

1. QUANTO À FONTE DE QUE DERIVA (CC, ART. 1.786)	• *a*) Sucessão testamentária	• É decorrente de testamento válido ou de disposição de última vontade, com a observância do disposto no CC, arts. 1.789, 1.845, 1.846, 1.801, 1.850.
	• *b*) Sucessão legítima ou "ab intestato"	• É resultante de lei nos casos de ausência, nulidade, anulabilidade ou caducidade de testamento (CC, arts. 1.786 e 1.788), passando o patrimônio do falecido às pessoas indicadas pela lei, obedecendo-se à ordem de vocação hereditária (CC, art. 1.829).
2. QUANTO AOS SEUS EFEITOS	• *a*) Sucessão a título universal	• Quando houver transferência da totalidade ou de parte indeterminada da herança, tanto no seu ativo como no passivo, para o herdeiro do *de cujus,* que se sub-roga, abstratamente, na posição do falecido, como titular da totalidade ou de parte ideal daquele patrimônio no que concerne ao ativo, assumindo a responsabilidade relativamente ao passivo.
	• *b*) Sucessão a título singular	• Quando o testador transfere ao beneficiário apenas objetos certos e determinados, p. ex.: uma joia, um cavalo, uma determinada casa situada na Rua "X" etc. Nessa espécie é o legatário que sucede ao *de cujus* sub-rogando-se concretamente na titularidade jurídica de determinada relação de direito, sem representar o morto, pois não responde pelas dívidas da herança.

3. Abertura da sucessão

A *morte natural* é o cerne de todo o direito sucessório, pois só ela determina a abertura da sucessão, uma vez que não se compreende sucessão hereditária sem o óbito do *de cujus,* dado que não há herança de pessoa viva (*viventis nulla est hereditas*). No momento do falecimento do *de cujus* abre-se a sucessão, transmitindo-se, sem solução de continuidade, a propriedade e a posse dos bens do defunto aos seus herdeiros sucessíveis, legítimos ou testamentários, que estejam vivos naquele momento, independentemente de qualquer ato. Essa transmissão é, portanto, automática, operando-se *ipso iure*. A morte é o fato jurídico que transforma em direito aquilo que era, para o herdeiro, mera expectativa; deveras, não há direito adquirido a herança senão após o óbito do *de cujus*[24].

---

24. Walter D'Avanzo, *Delle successioni*, v. 1, § 7º, p. 15; Gianturco, *Diritto civile*, § 67; Lacerda de Almeida, op. cit., §§ 7º e 9º; Colin e Capitant, *Droit civil*, v. 3, n. 526; Caio M. S. Pereira, op. cit., p. 20-1; Itabaiana de Oliveira, op. cit., v. 1, ns. 64, 65, 66, 67; José Lopes de Oliveira, op. cit., p. 25; W. Barros Monteiro, op. cit., p. 26-7, afirma que há sucessões irregulares, ao escrever que, falecido o *de cujus,* transmite-se a herança aos herdeiros legítimos, mas há restrições a esse princípio, ditadas pelo interesse geral ou por motivo de ordem pública. P. ex., o Decreto-Lei n. 3.438/41 proíbe a sucessão de cônjuge estrangeiro em terrenos de marinha (art. 18, § 2º). O Decreto-Lei n. 3.182/41 interdita a sucessão de estrangeiros em ações ou quotas de bancos de depósito. O Decreto-Lei n. 2.063/40 determina, quanto às ações de companhias de seguro, sejam elas vendidas em bolsa, não havendo cônjuge, herdeiros ou legatários brasileiros a quem se faça a transferência (art. 12, parágrafo único). Pelo Decreto-Lei n. 9.760/46, art. 205, depende de pronunciamento do Conselho de Segurança Nacional a transmissão *inter vivos* ou *causa mortis* de terras fronteiriças. O Decreto-Lei n. 227/67 dispunha que a autorização da pesquisa mineral só era transmissível a herdeiros necessários ou cônjuge sobrevivente (art. 22, I). O Decreto-Lei n. 5.384/43 preceitua que, na falta de beneficiário nomeado, pagar-se-á o seguro de vida metade à mulher e metade aos herdeiros do segurado, o mesmo ocorrendo com os pecúlios deixados em Institutos de Previdência, que, na falta de designação especial de beneficiários, se deferem aos herdeiros e ao consorte sobrevi-

Com o óbito do hereditando, seus herdeiros recebem por efeito direto da lei *(son saisis de plein droit)* as suas obrigações, a sua propriedade de coisas móveis e imóveis e os seus direitos.

É o que prescreve o Código Civil no art. 1.784: "Aberta a sucessão, a herança transmite-se, desde logo, aos herdeiros legítimos e testamentários"[25]. Com a abertura da sucessão ter-se-á a delação, deferimento ou devolução da herança aos herdeiros. Adota, assim, nosso Código Civil o *droit de saisine* (direito de saisina), de origens obscuras, ante a necessidade de não se dar ao acervo hereditário a natureza de *res derelicta* ou de *res nullius,* sujeita à dominação do primeiro ocupante[26]. O princípio da *saisine,* introduzido no direito português pelo Alvará de 9 de novembro de 1754[27], donde passou

---

vente. Todavia, não terá este direito algum, se estiver separado do instituidor há mais de 6 meses (Dec. Estadual n. 12.762/42, art. 34, § 3º; Lei paulista n. 4.832/58, art. 12; *RT, 160*:127). Pelo art. 792, *caput,* do CC não havendo indicação do beneficiário, ou se por qualquer razão não prevalecer a que for feita, o capital segurado será pago por metade ao cônjuge não separado (extrajudicial ou judicialmente), e o restante aos herdeiros do segurado observando-se a ordem de vocação hereditária. A Lei n. 9.610/98, art. 42, parágrafo único, sobre direito autoral, reza: "Quando a obra literária, artística ou científica realizada em coautoria for indivisível, o prazo previsto no artigo anterior será contado da morte do último dos coautores sobreviventes. Parágrafo único. Acrescer-se-ão aos dos sobreviventes os direitos do coautor que falecer sem sucessores". O Código Civil de 1916, art. 692, III (em vigor, por força do art. 2.038, *caput,* do Código Civil), prescreve que a enfiteuse se extingue com o falecimento do enfiteuta, sem herdeiros, salvo o direito dos credores, e o atual Código Civil, no art. 520, estatui que o direito de preferência, pactuado no contrato de compra e venda, não pode ser cedido nem passar aos herdeiros. Embora não haja herança de pessoa viva, pode ocorrer a abertura de sucessão de ausente, hipótese em que se tem a *morte presumida* (CC, arts. 6º, 7º, 26 e s.). Sobre sepultamento: Lei n. 6.015/73, art. 77, com a redação da Lei n. 13.484/2017.

25. Pontes de Miranda (*Tratado de direito privado,* Borsoi, t. 4, p. 19) observa ao comentar o art. 1.572 do Código Civil de 1916, correspondente ao art. 1.784 do Código Civil, que aquele artigo torna indiscutível a segurança do herdeiro, ante a doutrina contrária do direito romano, segundo a qual o domínio e a posse da herança não se transferiam aos herdeiros pelo simples fato da morte. Realmente, ensina-nos Caio M. S. Pereira, op. cit., p. 21, no direito romano havia uma distinção: o herdeiro necessário adquiria a herança independentemente de qualquer ato seu, e os demais mediante o ato externo da *additio.* Nesta última hipótese, a sucessão não se dava diretamente do *de cujus* aos herdeiros, mas obedecia a três trâmites: com a morte, a sucessão ficava aberta (*delata*), e apenas com a aceitação (*acquisitio*) se integrava na titularidade dos herdeiros; entre a abertura (*delatio*) e a aceitação (*acquisitio*) permanecia a herança em estado de jacência (*hereditas jacens*). *Vide* Súmulas 112 e 590 do STF.

26. Orozimbo Nonato, *RF, 110*:379. *Vide RT, 160*:127, *464*:242, *752*:339; *JTJRS, 229*:309; *RJTJSP, 61*:167.

27. O Alvará de 9-11-1754, reafirmado pelo Assento de 16-2-1786, assim estatui: "Eu El Rey faço saber aos que este Alvará com força de Lei virem, que querendo evitar os inconvenientes, que resultam de se tomarem posses dos bens das pessoas que falecem, por outras ordinariamente estranhas, e a que não pertence a propriedade deles: sou servido ordenar, que a posse civil, que os defuntos em sua vida houverem tido passe logo nos

para o direito das sucessões pátrio, determina que a transmissão do domínio e da posse da herança ao herdeiro se dê no momento da morte do *de cujus* independentemente de quaisquer formalidades[28]. Essa situação, expressa pelo brocardo *le mort saisit le vif,* encontra-se no art. 724 do Código Civil francês, que dispõe: "*Les héritiers légitimes et les héritiers naturels sont saisis de plein droit des biens, droits et actions du défunt, sous l'obligation d'acquitter toutes les charges de la succession*"[29]. O domínio e a posse são os dois resultados imediatos da transmissão da herança. Mas, na verdade, na transmissão da propriedade e da posse, o que se transfere é aquilo de que o *de cujus* era titular, bem como as dívidas do falecido, as pretensões e ações contra ele, porque a herança compreende o ativo e o passivo; logo, não é só a propriedade, no sentido estrito, que é transmitida aos herdeiros, mas também todos os direitos, pretensões, ações, exceções, de que era titular o defunto, se transmissíveis. Consequentemente, não integrarão o acervo hereditário os direitos personalíssimos nem as obrigações *intuitu personae* do falecido. Os herdeiros, com a abertura da sucessão, estarão habilitados, individual ou coletivamente, a promover a defesa do acervo hereditário, podendo ingressar em juízo com qualquer ação que, em vida, o *auctor successionis* faria jus, mesmo sendo possessória (*RT, 821*:207) ou reivindicatória[30].

A norma do art. 1.784 deve ser entendida com base no art. 1.207 do Código Civil, que dispõe: "O sucessor universal continua de direito a posse do seu antecessor; e ao sucessor singular é facultado unir sua posse à do antecessor, para os efeitos legais", uma vez que o herdeiro se sub-roga, no que concerne à posse da herança, na situação desfrutada pelo *de cujus*[31]. Assim, o que se transmite é o direito de continuar a posse do *de cujus,* de maneira que o herdeiro ou o legatário a adquire, por concessão legal, com os carac-

bens livres aos herdeiros escritos ou legítimos; nos vinculados ao filho mais velho, ou neto, filho do primogênito, e na falta deste, ao irmão ou sobrinho; e sendo morgado, ou prazo de nomeação, à pessoa que for nomeada pelo defunto, ou pela lei".

28. José Lopes de Oliveira, op. cit., p. 25; Sebastião José Roque, *Direito das sucessões*, cit., p. 23-30.

29. *Vide,* sobre o direito francês, os comentários de Planiol, *Traité élémentaire de droit civil,* t. 3, ns. 1.929 e 1.931; Colin e Capitant, *Cours élémentaire de droit civil français,* 9. ed., Paris, 1945, t. 3, n. 1.024; Anna Maria Villela, *La transmission d'hérédité en droit brésilien et en droit français*, p. 26 e s.

30. Pontes de Miranda, op. cit., p. 18; Matiello, *Código Civil comentado*, São Paulo, LTr, 2004, p. 1165. *Vide*: BGB, §§ 1.922 e 1.942. *RT, 776*:368: "Aberta a sucessão, a posse exercida pelo autor da herança passa aos herdeiros, que podem somá-la à anterior, mas não usucapir individualmente, uma vez que não está delimitada a posse".

31. Silvio Rodrigues, op. cit., p. 24.

teres da posse anterior[32], tendo-se em vista o princípio geral sobre o caráter da posse, firmado no art. 1.203 do Código Civil: "Salvo prova em contrário, entende-se manter a posse o mesmo caráter com que foi adquirida". Esta disposição legal contém uma presunção *juris tantum,* no sentido de que a posse guarda o caráter de sua aquisição. Quer isso dizer que, se uma posse começou violenta, clandestina ou precária, presume-se ficar com esses mesmos vícios, que irão acompanhá-la nas mãos dos sucessores do adquirente. Do mesmo modo, se adquirida de boa-fé ou de má-fé, entende-se que ela permanecerá assim mesmo, conservando essa qualificação. Se o *de cujus* era titular de uma posse justa e de boa-fé, o seu herdeiro adquirirá posse justa e de boa-fé. Se a posse do falecido for injusta, injusta será a de seu sucessor. Isso é assim porque o art. 1.206 do Código Civil reza: "A posse transmite-se aos herdeiros ou legatários do possuidor com os mesmos caracteres". Com a abertura da sucessão, o domínio e a posse da herança passam aos herdeiros, sem que estes tenham necessidade de pedi-los ao magistrado, e passam nas mesmas condições em que os tinha o autor da herança (*RT, 464*:242). Criando essas normas, nosso legislador teve em mente evitar que se mude, sem mais nem menos, o título ou a causa da posse. Entretanto, sendo *juris tantum,* tal presunção admite prova em contrário. Dessa maneira, se o sucessor, p. ex., provar que a clandestinidade ou a violência cessaram há mais de ano e dia, sua posse passa a ser reconhecida, convalescendo-se dos vícios que a maculavam (CC, art. 1.208)[33].

É preciso lembrar que o legatário, em relação ao herdeiro legítimo ou testamentário, tem uma situação diferente, pois só entra na posse dos bens após a partilha, adquirindo a propriedade dos bens infungíveis desde a abertura da sucessão, e dos fungíveis somente depois da partilha, tendo em vista que é sucessor a título singular, já que seu direito sucessório se refere a bens determinados e precisos[34].

---

32. *RF, 88*:467.

33. M. Helena Diniz, *Curso de direito civil brasileiro,* Saraiva, 1981, v. 4, p. 50; Tito Fulgêncio, *Da posse e das ações possessórias,* 5. ed., Rio, Forense, 1978, v. 1, p. 44-5; Silvio Rodrigues, op. cit., p. 24. O STJ (Recurso Especial n. 570.723/RJ, j. em 27-3-2007) já decidiu que herdeiros podem exigir pagamento de aluguel de outro herdeiro que ocupe com exclusividade imóvel deixado pelo *de cujus*, pois durante o período compreendido entre a abertura da sucessão e a partilha dos bens do espólio, todos os herdeiros são cotitulares do patrimônio deixado e, por isso, deverão ser observadas as normas alusivas ao condomínio. Entretanto, esse aluguel apenas será devido se aqueles herdeiros se opuserem, mesmo extrajudicialmente, ao uso do imóvel de forma exclusiva. Se assim é, os valores não são devidos desde o óbito do autor da herança, mas a partir da data da manifestação da discordância.

34. W. Barros Monteiro, op. cit., p. 16 e 39.

Do exposto é preciso salientar que:

1º) Só se abre a sucessão hereditária no momento da morte do *de cujus*[35]. Por esta razão, o momento do falecimento precisa ser provado, no plano biológico, pelos recursos empregados na Medicina Legal, e, no plano jurídico, pela certidão passada pelo oficial do Registro Civil, extraída do Livro do Registro de Óbito (Lei n. 6.015/73, arts. 77 a 88; CF, art. 5º, LXXVI, *b*), e, na sua falta, por outros meios admissíveis em direito, arrolados no art. 212 do Código Civil[36]. A morte do *de cujus* deve ser rigorosamente provada, a fim de que não haja quaisquer dúvidas quanto à sua ocorrência, dada a sua relevância, uma vez que determina o exato momento da abertura da sucessão dos bens que constituem a herança, pois o sucessor vivo é chamado a tomar o lugar do defunto em todas as suas relações jurídicas transmissíveis. E, além disso, é a data da abertura da sucessão que define a lei aplicável ao direito de herança[37].

---

35. Itabaiana de Oliveira, op. cit., v. 1, p. 77.

36. Caio M. S. Pereira, op. cit., p. 20; Itabaiana de Oliveira, op. cit., v. 1, p. 78.

37. José Lopes de Oliveira, op. cit., p. 26; Orlando Gomes, *Direito das sucessões*, p. 32. Decreto n. 8.270/2014 cria o Sistema Nacional de Informação de Registro Civil (SIRC), banco de dados que irá captar, processar, arquivar e disponibilizar informações sobre registros de óbitos.

Lei n. 13.114, de 16 de abril de 2015, dispõe sobre a obrigatoriedade de os serviços de registros civis de pessoas naturais comunicarem à Receita Federal e à Secretaria de Segurança Pública os óbitos registrados, acrescentando parágrafo único ao art. 80 da Lei n. 6.015, de 31 de dezembro de 1973.

Com voto-vista do Ministro Gilmar Mendes, o STF, por maioria de votos, negou a uma filha adotiva o direito à herança: prevaleceu a interpretação segundo a qual o direito dos herdeiros rege-se pela lei vigente à época em que ocorre a abertura da sucessão. A decisão foi tomada em ação rescisória que pretendia desconstituir decisão da 1ª Turma do Supremo. A sucessão abriu-se em 1980, quando faleceu a mãe adotiva da autora da ação. Todos os bens que ela possuía foram transferidos aos herdeiros e sucessores, de acordo com a legislação vigente à época, que não contemplava direito do adotado à sucessão hereditária. A filha adotiva pretendia ver aplicado o art. 227, § 6º, da Constituição Federal, que equiparou os filhos biológicos (frutos ou não da relação do casamento) e os filhos adotivos para efeito de direitos e qualificações, proibindo quaisquer designações discriminatórias relativas à filiação. Para ela, esse dispositivo constitucional apenas confirmou preceito legal que estabelecia a igualdade entre filhos biológicos e adotivos (art. 51 da Lei n. 6.515/77). Gilmar Mendes seguiu o voto do relator, Ministro Eros Grau (já aposentado), entendendo que o art. 51 da Lei n. 6.515/77 teve apenas como destinatários os filhos biológicos. Para eles, o art. 377 do Código Civil de 1916 — segundo o qual "quando o adotante tiver filhos legítimos, legitimados, ou reconhecidos, a relação de adoção não envolve a sua sucessão hereditária" — não foi revogado tacitamente pela Lei n. 6.505/77.

A Ministra Cármem Lúcia votou com a divergência aberta pelo Ministro Cezar Peluso (já aposentado) e seguida pelo Ministro Ayres Britto (também aposentado). Para eles, todas as normas que distinguiam as categorias de filhos são inconstitucionais porque violam o princípio da igualdade (AR 1.811).

Apenas excepcionalmente a nossa legislação civil permite a sucessão provisória e definitiva em caso de morte presumida do ausente, ante a inconveniência social e econômica da acefalia do patrimônio em virtude do seu afastamento do domicílio[38]. Todavia, na hipótese de ausência, a sucessão, fundada em presunção de falecimento do ausente, não se confunde com a do morto, em que se trata de óbito verificado e provado pelos meios legais e pela medicina, sendo diferentes as providências legais que se aplicam a uma ou outra espécie. Há diferença na causa, na apuração dos requisitos e nos efeitos dos dois institutos, e, além disso, a transmissão da herança do morto opera-se *ex vi legis*, ou seja, de imediato, ao passo que a do ausente se subordina ao preenchimento de certas formalidades[39]. Como observa Caio Mário da Silva Pereira[40], o que os assemelha é somente a convocação dos herdeiros sucessíveis a que se habilitem, e aos quais venham tocar os bens do ausente, como se houvesse ele falecido.

2º) Os herdeiros, no mesmo instante do óbito do *de cujus,* adquirem a posse e a propriedade dos bens que constituem o acervo hereditário, sem necessidade de praticar qualquer ato ou de requerer ao magistrado a imissão na posse (CF, art. 5º, XXX). Assim sendo, o herdeiro, seja ele legítimo ou testamentário, tem *legitimatio ad causam* para mover ou continuar as ações contra quem quer que traga prejuízo à sua posse ou ao seu domínio. O herdeiro, embora tenha direito a uma fração da herança, tem o poder de defender todo o acervo. Se, após a abertura da sucessão, o herdeiro vier a falecer, transmite a posse e a propriedade da herança aos seus sucessores, mesmo que ainda não tenha manifestado sua aceitação, praticado qualquer ato em relação a ela ou desconheça o óbito do antecessor. O herdeiro pode, se o quiser, ceder, gratuita ou onerosamente, toda a herança ou parte dela, porque a herança é um valor patrimonial que pode ser transmitido *inter vivos,* de modo que o cessionário assumirá, em relação aos direitos hereditários, a mesma condição jurídica do cedente[41].

Fácil é denotar que em momento algum o patrimônio fica acéfalo. Até a morte, o sujeito das relações jurídicas era o *de cujus*; com o seu óbito, os seus herdeiros assumem a titularidade jurídica, havendo uma sub-rogação

---

38. Caio M. S. Pereira, op. cit., p. 21.
39. José Lopes de Oliveira, op. cit., p. 26; Itabaiana de Oliveira, op. cit., p. 20-1; Caio M. S. Pereira, op. cit., p. 21. *Vide* CC, arts. 3º, IV, 22 a 39.
40. Caio M. S. Pereira, op. cit., p. 21.
41. Caio M. S. Pereira, op. cit., p. 23-4. *Vide* CC, arts. 1.793 a 1.795. O momento da morte é de grande importância, devendo ser estabelecido na certidão de óbito.

pessoal *pleno jure,* de maneira que os direitos não se alteram substancialmente, verificando-se apenas uma imediata mutação subjetiva, ou seja, substituição do sujeito de direito[42].

3º) Requer-se, para a devolução da herança ao herdeiro legítimo ou testamentário, a sua sobrevivência ao *de cujus,* ainda que por um instante. Basta que sobreviva um segundo ao *de cujus* para que os bens deste se incorporem ao patrimônio do seu sucessor. Se o herdeiro falecer logo em seguida, transmite aos seus sucessores os bens adquiridos, embora tivesse morrido na ignorância de que herdara tal patrimônio[43]. Assim, é imprescindível que o herdeiro tenha sobrevivido ao defunto, para que possa substituí-lo em suas relações jurídicas.

Daí ser preciso verificar se o herdeiro estava vivo no momento da abertura da sucessão, para que possa tomar o lugar do *de cujus* nas relações jurídicas transmissíveis. Desse modo, a determinação da sobrevivência tornar-se-á um problema, se falecerem num sinistro (incêndio, desastre de automóvel, naufrágio, acidente aeronáutico etc.) pessoas que sejam entre si parentes sucessíveis. Para se saber quem sucumbiu primeiro, recorre-se a todos os meios probatórios admissíveis em direito e cientificamente. Se não se chegar, com esses meios de prova, a um resultado concludente ou satisfatório, o direito brasileiro socorre-se da presunção legal de simultaneidade do óbito. Trata-se da comoriência, regulada pelo Código Civil no art. 8º, que assim estatui: "Se dois ou mais indivíduos falecerem na mesma ocasião, não se podendo averiguar se algum dos comorientes precedeu aos outros, presumir-se-ão simultaneamente mortos". Consequentemente, não haverá transmissão de direitos hereditários entre comorientes. P. ex., se morrerem num mesmo desastre pai e filho, ante a impossibilidade de se saber quem faleceu primeiro, serão chamados à sucessão os respectivos herdeiros, como se os comorientes não fossem parentes[44].

---

42. Caio M. S. Pereira, op. cit., p. 23.

43. Silvio Rodrigues, op. cit., p. 21; Caio M. S. Pereira, op. cit., p. 26; Aubry e Rau, *Cours de droit civil français,* 4. ed., Paris, 1873, v. 6, § 609.

44. *Vide* W. Barros Monteiro, op. cit., p. 17-8; Caio M. S. Pereira, op. cit., p. 26; José Lopes de Oliveira, op. cit., p. 27.

RT, 659:146: "Comoriência. Falecimento do marido e mulher no mesmo desastre. Se o marido e mulher falecem ao mesmo tempo, não haverá transmissão de direitos entre eles. É que os direitos a serem transmitidos não encontrariam sujeito para os receber. Assim, o pecúlio previdenciário do marido é desde logo atribuído a seus dependentes ou ascendentes, sem contemplação aos da esposa, porque ela não sobreviveu a ele."

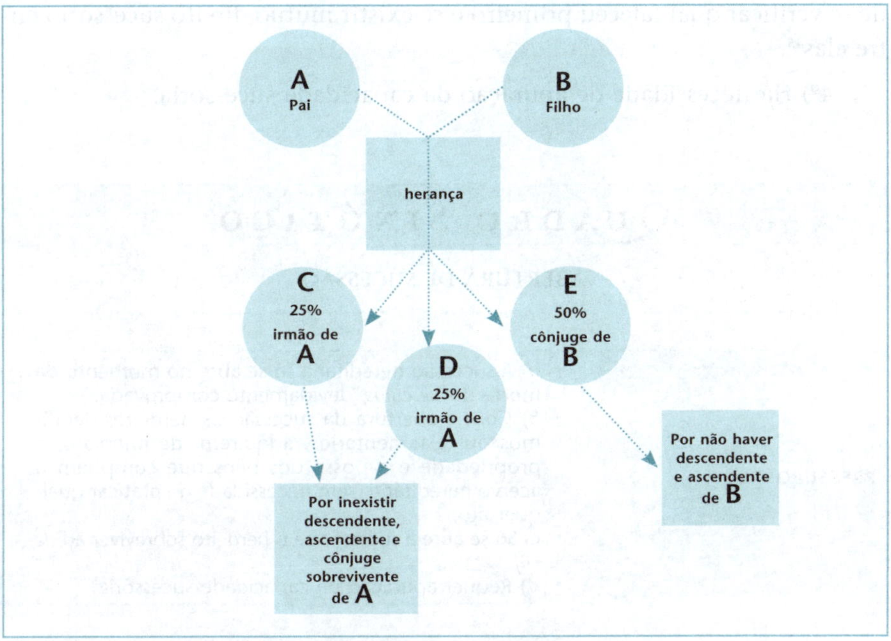

Se o pai veio a falecer primeiro, seus bens transmitir-se-ão ao seu único filho, que os herdará para depois passá-los ao seu sucessor; com isso os colaterais do pai nada receberão.

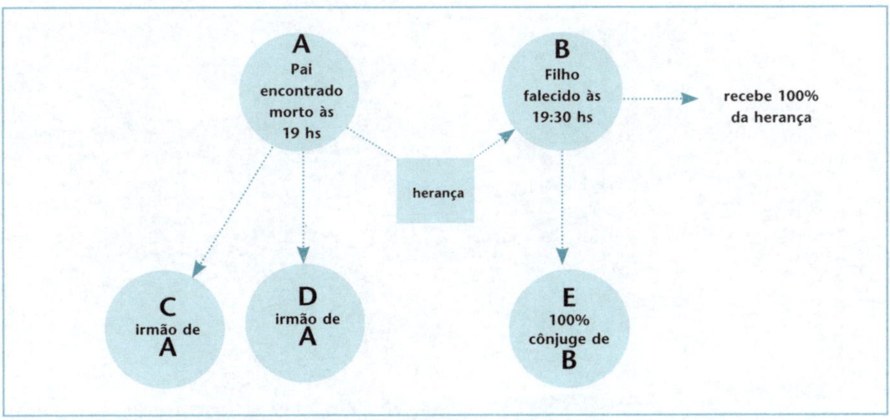

Carvalho Santos entende que o art. 8º pode ser, ainda, aplicado por analogia ao caso de duas pessoas que morrem na mesma ocasião, mas em local diverso, p. ex., uma na Europa e outra na América, não havendo meio de se verificar qual faleceu primeiro e se existir mútuo direito sucessório entre elas[45].

4º) Há necessidade de apuração da capacidade sucessória.

QUADRO SINÓTICO

ABERTURA DE SUCESSÃO

PRESSUPOSTOS	• *a*) A sucessão hereditária só se abre no momento da morte do *de cujus*, devidamente comprovada. • *b*) Com a abertura da sucessão os herdeiros, legítimos ou testamentários, adquirem, de imediato, a propriedade e a posse dos bens que compõem o acervo hereditário, sem necessidade de praticar qualquer ato. • *c*) Só se abre a sucessão se o herdeiro sobreviver ao *de cujus*. • *d*) Requer apuração da capacidade sucessória.

45. Carvalho Santos, *Código Civil interpretado*, v. 1, p. 317; Eduardo de Oliveira Leite, *Comentários ao novo Código Civil* (coord. Sálvio de F. Teixeira), Rio de Janeiro, Forense, 2003, v. 1, p. 3-20.

4. Transmissão da herança

A. Generalidades

Com o falecimento do *de cujus* dá-se, como apontamos alhures, a abertura da sucessão, surgindo as seguintes indagações: Quando se transmite a herança? Onde se abrirá o inventário? Qual o objeto da sucessão hereditária? A quem se devolve a herança? Haveria necessidade de capacidade sucessória?

Dedicar-nos-emos, neste item, a responder, fundamentadamente, a esse questionário.

B. Momento da transmissão da herança

Como já vimos em páginas anteriores, o momento da transmissão da herança é o da *morte* do *de cujus*; daí a importância da exata fixação do dia e da hora do óbito, uma vez que uma precedência qualquer, mesmo de segundos, influi na transmissão do acervo hereditário. Com o falecimento do *de cujus* a herança é oferecida a quem possa adquiri-la, o que envolve a questão da prova da morte, que é feita pela certidão de óbito passada pelo oficial do Registro, devendo, na sua falta, o interessado lançar mão de outros meios admissíveis juridicamente, como, p. ex., o levantamento pericial, a prova testemunhal etc.[46]. O domínio dos bens da herança transfere-se, por-

---

46. Caio M. S. Pereira, op. cit., p. 25; Luigi Ferri, *Successioni in generale*, p. 67; Itabaiana de Oliveira, op. cit., v. 1, ns. 64 a 66; Carlos Maximiliano, *Direito das sucessões*, v. 1, n. 13; Eduardo Oliveira Leite, *Comentários ao novo Código Civil*, Rio de Janeiro, Forense (coord. Sálvio de F. Teixeira), 2003, v. 21. A CF/88, no art. 5º, XXX, garante o direito à herança.

Sobre certidão de óbito: Lei n. 6.015/73, art. 29, III, regulamentada pelo Decreto n.

tanto, ao herdeiro do *de cujus* automaticamente no momento do passamento, e não no instante da transcrição da partilha feita no inventário, de modo que o fisco só poderá cobrar o imposto *causa mortis* baseado nos valores do instante do óbito[47].

C. Lugar da abertura do inventário

c.1. Importância do inventário

Em razão do fim da personalidade jurídica do *de cujus*, em consequência de sua morte, surgindo o direito à herança (CF, art. 5º, XXX), desloca-se a propriedade de seu patrimônio para os seus herdeiros no instante do falecimento. Com isso, é imprescindível legalizar a disponibilidade da herança, para que os herdeiros possam alienar ou gravar os bens que compõem o acervo hereditário. Tal legalização é feita pelo Poder Judiciário, inventariando os bens do *de cujus*. O processo de inventário tem por escopo descrever e apurar os bens deixados pelo falecido, a fim de que se proceda oportunamente à sua partilha entre os herdeiros. O processo de inventário cessa, portanto, com a partilha. Com a inscrição do formal de partilha no Registro de Imóveis, dar-se-á a mudança do nome do falecido para os dos herdeiros, embora estes já tivessem o domínio desde o momento do óbito do *de cujus*[48].

7.231/2010, Lei n. 11.976/2009 e Lei n. 12.842/2013, art. 4º, XIV. A partir de 18-12-2013 os cartórios de registro civil do Estado de São Paulo podem oferecer certidões digitais de óbito.

47. *Vide* Dower, op. cit., p. 296-7. "Legitimidade ativa — Herdeiro que propõe ação em nome próprio para ver obedecida convenção de condomínio, e cessados incômodos que sofre com o desvio de uso de área comum — Legitimidade — Representação do espólio pelo inventariante, previsto no artigo 12, V, do Código de Processo Civil (hoje correspondente ao art. 75, VII, do CPC/2015), que não retira do herdeiro a qualidade de parte — Artigos 1.572 e 1.580, e parágrafo único, do Código Civil de 1916 — Recurso provido para se julgar improcedente a demanda. Com a abertura da sucessão, o domínio e a posse da herança passam, desde logo, para os herdeiros, o que legitima o autor-herdeiro, que mora no Condomínio, a exercer em nome próprio o direito de ver respeitada a Convenção no que pertine ao destino da área comum" (TJSP, 9ª Câm. de Direito Privado, AC 4.652-4, Rel. Ruiter Oliva, j. 16-12-1997).

Sobre morte presumida sem declaração de ausência: CC, art. 7º; LRP, art. 88 e parágrafo único; Lei n. 9.140/95, com a redação da Lei n. 10.536/2002.

Sobre morte presumida com declaração de ausência: CC, art. 22 e s.; CPC, arts. 744 e 745.

48. Dower, op. cit., p. 296; W. Barros Monteiro, op. cit., p. 28; Sebastião Amorim e Euclides de Oliveira, *Inventários e partilhas*, cit., p. 157-274.

c.2. Foro competente para o inventário

O Código Civil, no art. 1.785, determina o lugar da abertura da sucessão recorrendo ao último domicílio do falecido, porque presume que aí esteja a sede principal dos interesses e negócios do *de cujus*, embora o passamento se tenha dado em local diverso ou os seus bens estejam situados em outro lugar. Isto é assim porque o domicílio é a sede jurídica da pessoa e do seu patrimônio. A abertura da sucessão no último domicílio do *auctor successionis* determina a competência do foro para os processos atinentes à herança (inventário, petição de herança) e para as ações dos coerdeiros, legatários e credores relacionadas com os bens da herança[49]. E, "no prazo de 30 dias, contado da abertura da sucessão, instaurar-se-á inventário do patrimônio hereditário, perante o juízo competente no lugar da sucessão, para fins de liquidação e, quando for o caso, de partilha da herança" (CC, art. 1.796). Todavia, é preciso combinar essa norma substantiva com a adjetiva (norma especial posterior), posto que o Código de Processo Civil de 2015, no art. 611, requer que o inventário judicial seja requerido por quem tenha legítimo interesse, dentro de dois meses, a contar da abertura da sucessão, e se ultime dentro de doze meses subsequentes ao seu requerimento. Tal disposição deverá prevalecer ante o critério *lex posterior derogat legi priori*. O atraso do requerimento ou da ultimação do inventário fará com que o espólio se sujeite à penalidade fiscal (Súmula 542 do STF). E, como dificilmente os processos de inventário começam dentro de dois meses ou terminam dentro do prazo de doze meses, o Código de Processo Civil de 2015 (art. 611) autoriza a dilatação desses prazos de abertura ou encerramento pelo magistrado, de ofício ou a requerimento do inventariante.

---

49. Orlando Gomes, op. cit., n. 14, p. 33; Lacerda de Almeida, op. cit., §§ 8º e 9º; Itabaiana de Oliveira, op. cit., ns. 70 e s.; Caio M. S. Pereira, op. cit., p. 25; Marco A. S. Viana, *Ação de petição de herança*, São Paulo, 1986. *Vide*: *RTJ*, *51*:518. Ações cuja competência é determinada pelo juízo de inventário: investigação de paternidade cumulada com petição de herança (*RJTJSP*, *120*:445; *RT*, *731*:375); nulidade absoluta ou relativa de sobrepartilha (CC, art. 2.027) ou de partilha (*RT*, *735*:372); confirmação de deserdação (*JTJ*, *130*:406); prestação de contas de inventariante (*RJTJSP*, *Lex*, *113*:396) etc. Ações em que o juízo do inventário não influi: indenização por ato ilícito praticado pelo falecido (*RT*, *580*:158); cobrança de honorários advocatícios contra o espólio ou o inventariante (*RT*, *561*:96); alienação de bem de incapaz recebido por herança (*JTJ*, *122*:432); nulidade absoluta ou relativa de testamento (*RT*, *606*:52 — em contrário: *RT*, *541*:123). Sobre o assunto: Francisco José Cahali e Giselda Mª F. Novaes Hironaka, *Curso avançado de direito civil — direito das sucessões*, São Paulo, Revista dos Tribunais, 2003, v. 6, p. 72.
Vide art. 16, parágrafo único da Lei n. 14.010/2020 sobre prazo do art. 611 do CPC (Regime Jurídico emergencial no período da pandemia do Covid-19).
Se o autor da herança for interdito, o foro competente para o inventário é o de seu curador (*RSTJ*, *75*:309; *RT*, *713*:224; CPC, art. 48; CC, art. 36). O CPC/2015 reconhece o caráter privado do inventário ao proibir que o magistrado o inicie *ex officio* (art. 616).

O CPC/2015, no art. 48, reza: "O foro do domicílio do autor da herança, no Brasil, é o competente para o inventário, a partilha, a arrecadação, o cumprimento de disposições de última vontade, a impugnação ou anulação de partilha extrajudicial e para todas as ações em que o espólio for réu, ainda que o óbito tenha ocorrido no estrangeiro". Prescreve, ainda, no parágrafo único que: "Se o autor da herança não possuia domicílio certo, é competente: I — o foro da situação dos bens imóveis; II — havendo bens imóveis em foros diferentes, qualquer destes; III — não havendo bens imóveis, o foro do local de qualquer dos bens do espólio".

Em regra, a competência do juiz do último domicílio é absoluta, não só porque o *de cujus* estava sob sua jurisdição no momento em que a herança se transmitiu aos seus herdeiros, em virtude de sua morte, mas também porque é o que está melhor aparelhado para resolver todas as questões relativas à sucessão, e, ainda, pela conveniência da unidade da liquidação[50], concentrando-se os direitos hereditários num só ponto, pois a dispersão da herança por muitos lugares seria incômoda e prejudicial aos interesses dos herdeiros[51].

O Código de Processo Civil de 2015, ante o fato de que o domicílio nem sempre é certo, fornece dados para determinar, subsidiariamente, o foro competente. Assim, na falta de domicílio certo, será competente o foro da situação dos bens imóveis ou, se situados tais bens em foros diversos em qualquer deles e se inexistirem imóveis, o foro do local de qualquer bem do espólio (CPC, art. 48, parágrafo único, I a III), desde que o falecimento tenha ocorrido no Brasil. Se o passamento se deu no estrangeiro, o foro competente é o do último domicílio do *de cujus* no Brasil (CPC, art. 48, *caput*; CC, art. 1.785, e Súmula 58 do extinto TFR). É preciso assinalar, ainda, que, pelo art. 23, II, do Código de Processo Civil, "compete à autoridade judiciária brasileira, com exclusão de qualquer outra, em matéria de sucessão hereditária, proceder à confirmação de testamento particular e ao inventário e à partilha de bens situados no Brasil, ainda que o autor da herança seja de nacionalidade estrangeira ou tenha domicílio fora do território nacional" (nesse sentido: *RT*, *713*:224 e *583*:88). Assim, o fato de o *de cujus* falecer em outro país, onde era domiciliado, não obsta a abertura do inventário no Brasil, devendo o magistrado abster-se de partilhar bens situados no estrangeiro (*RT*, *460*:132; *RJTJSP*, *40*:111)[52].

---

50. É o que nos ensina Clóvis Beviláqua, *Código Civil comentado*, v. 6, p. 21.

51. Carvalho Santos, op. cit., v. 12, p. 49; *RTJ*, *51*:518, *78*:675, *121*:924; *RT*, *560*:83, *674*:92, *786*:435; *RF*, *257*:189.

52. *Vide* W. Barros Monteiro, op. cit., p. 29-30. Consulte os seguintes artigos publicados na *Revista Síntese – Direito da Família n. 102*: Gustavo B. de A. Pedras, Sucessão de bens de estrangeiros no Brasil (p. 9 a 11); Hugo P. A. Gurgel, Direito internacional privado: sucessão internacional (p. 14 a 33); Kauara O. L. Bertoluci, O direito sucessório e sua

Se o autor da herança tinha mais de um domicílio, processar-se-á o inventário em qualquer deles, p. ex., no que for mais conveniente aos interesses dos herdeiros ou do consorte supérstite ou naquele em que se deu o óbito (*RT, 165*:488, *177*:576, *674*:92, *786*:435; *RF, 85*:35). Se porventura se requererem vários inventários em cada um desses inúmeros domicílios, tornar-se-á, por prevenção, competente o juízo que primeiro tomou conhecimento do inventário (*RT, 79*:347, *117*:497)[53].

O juízo do inventário é o competente para as ações concernentes à herança (CPC, art. 48), enquanto esta se conservar *pro indiviso*[54], dado o caráter universal da sucessão (CC, art. 91). Deveras, será ajuizada, no foro do inventário, qualquer ação relativa à herança, como: a sobrepartilha; a divisão geodésica (CPC, arts. 569, II, e 588 e s.); a ação de nulidade de partilha (CC, art. 2.027); a ação anulatória de decisão que concede alvará para venda de bens em inventário (*RT, 283*:359); a ação de sonegados (CC, art. 1.994); a ação de nulidade ou de anulação do testamento; a prestação de contas do inventariante ou do testamenteiro; os pedidos de herdeiros e legatários quanto a substituições e sub-rogações de ônus relativamente aos bens da heran-

---

conexão internacional (p. 34 a 41). "Inventário — Abertura. *De cujus* estrangeiro. Bens situados no exterior. Prevalência do foro da situação. Recurso provido. No tocante ao mérito do recurso, para logo se depreende sua condição de êxito. A Lei de Introdução ao Código Civil, artigo 10, estatui que: 'A sucessão por morte ou por ausência obedece à lei do país em que era domiciliado o defunto ou o desaparecido, qualquer que seja a natureza e a situação dos bens'. Com respaldo doutrinário, cabe salientar que os bens do estrangeiro situados em território brasileiro aqui serão objeto de inventário e partilha. Existentes, todavia, em espaço alienígena, este simples fato acarreta a fixação da competência no foro da respectiva situação. Dentre os argumentos que vêm ao caso sobreleva o da inanidade de decisão judicial brasileira em país estrangeiro, absurdo que implicaria, quando menos, inadmissível lesão à soberania alheia, cediço que jurisdição e soberania constituem temas incindíveis, representando a primeira funcional exteriorização da segunda, com vista ao exercício de desígnios eminentemente práticos, cifrados na composição coativa de litígios e, transcendentemente, no alcance da estabilidade e seguridade jurídico-sociais. Assim, menção dos bens sitos na Espanha deve ser feita no inventário processado no Brasil, mas tem-se notícia nestes autos de que lá já flui igual feito objetivando bens localizados naquele território. Do exposto, rejeita-se a preliminar, dando provimento ao agravo" (TJSP — AgI n. 40.159-1, 4ª Câm. Cív., rel. Des. Ney Almada, *RT, 583*:88). Se o *de cujus* for interdito, o foro competente é o do domicílio do curador (CC, art. 76, parágrafo único; *RT, 713*:224, *RSTJ, 75*:309), mas já se decidiu que é o do autor da herança e não o de seu curador (*JTJ, 141*:216).

53. José Lopes de Oliveira, op. cit., p. 32; W. Barros Monteiro, op. cit., p. 29.

54. *Vide* José Lopes de Oliveira, op. cit., p. 33. Ensina-nos W. Barros Monteiro, op. cit., p. 31-2, que: "Na Capital de São Paulo, os inventários processam-se nas Varas de Família e Sucessões, ou Varas Distritais, de acordo com o domicílio do *de cujus,* segundo tabela organizada anual e antecipadamente pelo Tribunal de Justiça (Código Judiciário do Estado, art. 37, *b*; Resolução n. 2, de 15-12-76, art. 54, *f*). Da inobservância desse preceito resulta nulidade do inventário (*RT, 198*:241). No Estado do Rio de Janeiro a competência é das Varas de Órfãos e Sucessões (Dec.-Lei n. 8.527/45, art. 52, I, *a*)".

ça (*RT, 292*:286, *182*:273, *256*:62; *AJ, 108*:75); a ação de petição de herança (CC, arts. 1.824 a 1.828 e 205; *RT, 236*:120) que visa o reconhecimento da qualidade de herdeiro para que se obtenha não só a totalidade ou parte da herança, mas também frutos, rendimentos e acessórios. Deve ser movida contra o possuidor *pro herede* e não contra quem detiver, a outro título, os bens da herança, dentro do prazo prescricional de dez anos, contado da abertura da sucessão (CC, art. 205; STF, Súmula 149); a ação de entrega de legados; a ação de exclusão do herdeiro por indignidade; a ação de deserdação; a nomeação de tutor, se o *de cujus* deixou herdeiros órfãos; os pedidos de alienação dos bens herdados por esses incapazes (*RT, 145*:108) etc.[55].

Observa, com muita propriedade, Washington de Barros Monteiro[56] que não há competência do juízo do inventário para: as prestações de contas requeridas pelo inventariante contra os herdeiros (*RT, 137*:471); as prestações de contas do mandatário do *de cujus* e entre este e um dos sócios (*RT, 181*:172); a execução do formal de partilha, que compete ao juízo comum e não ao do inventário (*RT, 171*:586); as ações de cobrança contra o espólio, inclusive de letra de câmbio (*RT, 156*:753); as ações reais imobiliárias (*RF, 162*:242); a ação de investigação de paternidade, exceto se cumulada com a de petição de herança; as ações que não forem conexas com o inventário.

É preciso lembrar, ainda, que com o término do estado de indivisão da herança, em razão de partilha, o foro competente será o dos respectivos herdeiros.

Convém, ainda, não olvidar que, pelo art. 610, § 1º, da lei processual civil, esse *inventário judicial* só será obrigatório se o *de cujus* deixar testamento ou herdeiro ou interessado incapaz. Havendo plena capacidade de herdeiro legítimo único, ausência de qualquer outro interessado (herdeiro, meeiro ou credor), de litígio com terceiro sobre o monte hereditário e de testamento, será possível o inventário extrajudicial na presença de advogado. Assim, se todos os herdeiros forem maiores, capazes e concordes, não havendo testamento, poder-se-á, facultativamente, fazer-se o *inventário extrajudicial* e a partilha amigável por escritura pública, que constituirá título hábil para o registro imo-

---

55. Esta é a lição de W. Barros Monteiro, op. cit., p. 31. Sobre a ação de petição de herança: Marco Aurelio S. Viana, *Da ação de petição de herança,* Coleção Saraiva de Prática do Direito, 1986, n. 27. *BAASP, 2746*:2045-01: 1 — Os herdeiros devem ser ouvidos acerca de alienação de bem do espólio, mas a venda deve ser autorizada caso oposta objeção injustificada e não apontada outra fonte para a quitação das dívidas. 2 — Existindo herdeiros com interesses antagônicos, cada qual responde pelos honorários do seu advogado. 3 — Recurso Especial provido em parte (STJ, 4ª T., REsp 972.283-SP, Rel. Min. João Otávio de Noronha, j. 7-4-2011, v.u.).

56. W. Barros Monteiro, op. cit., p. 31.

biliário, desde que cheguem a um consenso e sejam assistidos por advogado comum ou advogados de cada um deles, ou por defensor público, cuja qualificação e assinatura constarão do ato notarial. Se houver discordância relativamente à partilha, o inventário administrativo impossibilitar-se-á. Feito o inventário extrajudicial, o Imposto de Transmissão *Causa Mortis* deverá ser lançado administrativamente[57].

c.3. Inventariante

c.3.1. Função da inventariança

Os sucessores do autor da herança adquirem, de pleno direito, pelo simples fato do seu óbito, que acarreta a abertura da sucessão, o domínio e a posse indireta dos bens do acervo hereditário, pois há alguém que adquire a posse direta dos bens do espólio com o objetivo de administrá-los, inventariá-los e, oportunamente, partilhá-los entre os herdeiros do *auctor successionis*. Essa pessoa que tem a posse direta dos bens da herança designa-se *inventariante* (CC, art. 1.991). Desse modo, são possuidores, simultaneamente, o inventariante e os herdeiros do falecido, e a posse de um não anula a do outro, segundo o disposto no art. 1.197 do Código Civil. Se for preciso lançar mão dos interditos possessórios, compete ao inventariante requerê-los, uma vez que pelo art. 75, VII, do Código de Processo Civil de 2015 cabe a ele representar a herança em juízo, ativa e passivamente (*RSTJ*, *90*:195). Entretanto, o herdeiro também poderá mover ação possessória relativa a bens do espólio (CC, arts. 1.784 e 1.791, parágrafo único)[58].

---

57. José Lopes de Oliveira, op. cit., p. 33. Euclides de Oliveira pondera: "As inovações trazidas pela Lei n. 11.441/2007 possibilitam a realização de inventário e partilha amigável por escritura pública, quando todos os interessados sejam capazes e não haja testamento. Não mais subsiste, portanto, a exclusividade do procedimento judicial, de que tratava o Código de Processo Civil em seus artigos 982 e seguintes — hoje arts. 610 e s. do CPC/2015" (Aspectos práticos da Lei n. 11.441/07 com relação ao inventário e partilha — disponível: <http://www.ibdfam.org.br/public/artigos.aspx?codigo=293> — acesso em 25 fev. 2007). Consulte: Guilherme C. Nogueira da Gama, É possível, com a vigência da Lei n. 11.441/2007, a adjudicação ser feita por escritura pública, in *Separação, divórcio, partilhas e inventários extrajudiciais* (coord. Antônio Carlos M. Coltro e Mário Luiz Delgado), São Paulo, Método, 2007, p. 291-311. Súmula n. 71 do TJSP — A competência para o processamento de inventário ou arrolamento em razão do foro do domicílio do autor da herança é relativa.

58. Silvio Rodrigues, op. cit., p. 24; Dower, op. cit., p. 301; W. Barros Monteiro, op. cit., p. 38-9; Carlos Maximiliano, op. cit., n. 1.422; Adélia A. Domingues, Poderes do inventariante perante as instituições financeiras, *Tribuna do Direito*, n. 34, p. 32; *RT*, *587*:181, *637*:74, *743*:170, *674*:104, *679*:171, *752*:339 e *761*:198.

A inventariança é, sem dúvida, um *munus* público, submetido ao controle ou à fiscalização judicial. Sendo uma função auxiliar da justiça, no inventariante concentram-se os poderes de guarda, administração e assistência dos bens do espólio. Além do mais, atribui-se fé pública ao inventariante, de maneira que sua palavra deve ser ouvida em juízo até prova em contrário[59].

c.3.2. Critérios para nomeação do inventariante

Para a escolha do inventariante, dever-se-á obedecer à enumeração indicada no art. 617, I a VIII, do Código de Processo Civil de 2015; consoante a lei adjetiva, o juiz nomeará inventariante de acordo com a seguinte ordem:

1º) O cônjuge ou companheiro sobrevivente, desde que estivesse convivendo com o outro ao tempo da morte deste. Assim, cabe, em primeiro lugar, ao consorte supérstite a investidura na inventariança, desde que: *a*) o regime de bens do casamento seja o da comunhão universal ou parcial (*RJTJRS*, *127*:200; *RSTJ*, *58*:344), pois, se consorciado em outro regime matrimonial, a inventariança só poderá ser-lhe deferida se for herdeiro legitimário (CC, art. 1.845), legítimo ou testamentário, de maneira que é a sua qualidade de herdeiro, e não a de cônjuge, que o investe na posse e na administração da herança[60]. Na sistemática de nosso direito, tem prioridade na investidura da inventariança o cônjuge sobrevivo casado sob o regime da comunhão, porque antes da abertura da sucessão, em razão do regime matrimonial de bens, já tinha a posse deles. O mesmo se liga do companheiro, visto que é meeiro dos bens onerosamente adquiridos durante a união estável. Logo, cônjuge ou companheiro sobrevivente, é mais capaz para prestar declarações sobre o acervo hereditário, que se vai descrever e partilhar, cabendo-lhe, então, continuar, sem solução de continuidade, na posse da herança até a partilha, já que está, presumivelmente, em melhores condições de exercer a inventariança[61], facilitando o andamento do inventário[62]; *b*) estivesse convivendo com o outro ao tempo do óbito deste; logo, se o casal se encontrava separado, inexiste qualquer preferência para com o sobrevivo.

---

59. W. Barros Monteiro, op. cit., p. 38.

60. Clóvis Beviláqua, *Código Civil*, cit., v. 6, p. 23; *RF*, *161*:182; *RT*, *451*:125, *454*:110, *460*:147, *579*:84, *596*:87, *670*:176 e *789*:323.

61. *Vide* José Lopes de Oliveira, op. cit., p. 33-4.

62. W. Barros Monteiro, op. cit., p. 32. Companheiro poderá ser nomeado inventariante por ter direito sucessório (CC, art. 1.790; CPC/2015, art. 617, I) e por poder ser administrador provisório (CC, art. 1.797, I). Nomeação de companheira, esposa eclesiástica como inventariante: *EJSTJ*, *2*:52; *RSTJ*, *7*:333. Concubina como inventariante: *RJTJSP*, *37*:97. *Vide RT*, *789*:323, *670*:176, *605*:149, *579*:84 e *596*:87. Abertura de inventário por convivente: TJPR, Ac 0377330-8, 12ª C. Cív., rel. Ivan Bortoleto, j. 3-10-2007.

2º) O herdeiro que se achar na posse e administração do espólio, se não houver cônjuge ou companheiro supérstite ou estes não puderem ser nomeados.

3º) Qualquer herdeiro (legítimo ou testamentário — *RT, 503*:103), se nenhum estiver na posse e administração do espólio, caso em que se poderá graduar a preferência pela idoneidade. Nomear-se-á, dentre os filhos do autor da herança, que faleceu em estado de viuvez ou separado judicialmente, o mais idoso, o que convivia com ele na mesma casa, o que melhor conhece os negócios do falecido ou o indicado pelos demais interessados. Todavia, o critério mais importante é o da idoneidade moral do herdeiro.

4º) O herdeiro menor, por seu representante legal. Bastante controvertida era a questão da investidura de herdeiro menor na inventariança, havendo julgados que afirmavam sua incapacidade para exercer a função de inventariante por intermédio de representante legal (*RT, 329*:815; *RF, 110*:464), e outros que consideravam possível a sua investidura, desde que representado no inventário e no cargo, conforme o disposto no art. 115 do Código Civil (*RT, 302*:341)[63]. Com o novel CPC a controvérsia ficou resolvida.

5º) O testamenteiro, se lhe foi confiada a administração do espólio ou se toda a herança estiver distribuída em legados. A investidura do testamenteiro na inventariança só é concedida se o testador não deixou cônjuge ou herdeiros necessários (*RT, 330*:307; *RF, 126*:481).

6º) O cessionário do herdeiro ou do legatário.

7º) O inventariante judicial, se houver. No Rio de Janeiro existe inventariante judicial, que funciona em todos os inventários em que é necessária a nomeação de inventariante estranho à sucessão (Dec.-Lei n. 8.527/45, art. 274, I)[64].

8º) Pessoa estranha idônea, onde não houver inventariante judicial. Trata-se de inventariante dativo (*EJSTJ, 14*:138; *RSTJ, 105*:170), que exerce, mediante remuneração, todas as funções da inventariança, com exceção da representação ativa e passiva da herança. Isso é assim para evitar que indivíduo estranho à sucessão torne litigiosos bens ou direitos que não lhe pertencem[65]. Observa Astolpho Rezende[66] que em circunstâncias excepcionais o magistrado

---

63. W. Barros Monteiro, op. cit., p. 34-5; Itabaiana de Oliveira, op. cit., § 794; Hermenegildo de Barros, *Manual do Código Civil brasileiro*, v. 15, p. 119; *AJ, 52*:46.

64. W. Barros Monteiro, op. cit., p. 35.

65. Pedro Batista Martins, *Comentários ao Código de Processo Civil de 1939*, v. 1, p. 263; W. Barros Monteiro, op. cit., p. 35. O inventariante dativo tem, ao termo do processo, direito a um prêmio e, como a lei não estabeleceu critério para sua determinação, ao magistrado caberá, com prudência objetiva, sua fixação (*RJTJSP, 130*:159).

66. Astolpho Rezende, *Manual do Código Civil brasileiro*, v. 20, p. 148-9.

pode nomear inventariante dativo, só se permitindo a designação de um estranho para a inventariança quando entre os herdeiros houver dissensões que impeçam o andamento do inventário, causando-lhe reais prejuízos.

Tal ordem legal de investidura na inventariança deve ser respeitada, salvo casos especiais em que o magistrado poderá alterar a gradação imposta pela lei se o herdeiro não estiver em condições de exercer o *munus* (*RTJ, 101*:667), podendo, p. ex., preterir pessoa com prioridade, se esta for: inidônea (*RT, 133*:140, *152*:135); devedora ou credora do espólio (*RT, 282*:857, *145*:723); sujeita a prestação de contas (*RT, 156*:576); excluída do título de herdeiro; alvo de discórdia (*RT, 201*:311); domiciliada no estrangeiro, ainda que representada por procurador no Brasil, porque o inventariante deve residir no juízo do inventário ou, pelo menos, no Brasil (*AJ, 98*:278); cessionária de direitos, salvo se faltarem herdeiros ou se for cessionária de todos os herdeiros (*RF, 110*:449, *112*:151; *RT, 206*:339, *264*:386)[67].

D. Objeto da sucessão hereditária

d.1. Noção de herança

O objeto da sucessão *causa mortis* é a herança, dado que, com a abertura da sucessão, ocorre a mutação subjetiva do patrimônio do *de cujus,* que se transmite aos seus herdeiros, os quais se sub-rogam nas relações jurídicas do defunto, tanto no ativo como no passivo até os limites da herança (CC, arts. 1.792 e 1.997). Há, portanto, um privilégio legal concedido aos herdeiros de serem admitidos à herança do *de cujus*, sem obrigá-los a responder pelos encargos além das forças do acervo hereditário. Os herdeiros têm, tão somente, responsabilidade *intra vires hereditatis*. A herança é, portanto, o patrimônio do falecido, ou seja, o conjunto de bens materiais, direitos e obrigações (CC, arts. 91 e 943) que se transmitem aos herdeiros legítimos ou testamentários[68]. O patrimônio do responsável responderá pelo

---

67. *Vide* W. Barros Monteiro, op. cit., p. 36-7. Sobre remoção de inventariante: CPC, arts. 622 e 623; *RT, 479*:97, *514*:100, *550*:205; *RTJ, 109*:751, *94*:738 e 739; *RJTJSP, 192*:205; *Bol. AASP, 877*:273; *EJSTJ, 14*:212, *15*:215; *RSTJ, 83*:193; *Ciência Jurídica, 65*:117; *RF, 260*:259.

68. Itabaiana de Oliveira, op. cit., v. 1, p. 59; Celso Laet de Toledo Cesar, *Herança — orientações práticas*, São Paulo, Ed. Juarez de Oliveira, 2000; Zeno Veloso, *Novo Código Civil comentado*, coord. Fiuza, São Paulo, Saraiva, 2002, p. 1596-7; Maria Odete Duque Bertasi, O dano moral e sua transmissão pela herança, *Informativo IASP, 64*:5-6. *Vide* Lei n. 11.101/2005, art. 125.

Sobre *sucessão de bens digitais,* consulte: Leis n. 12.965/2013 e 13.709/2018, PL

dano moral ou patrimonial. Assim sendo, em caso de responsabilidade civil, vindo a falecer o responsável pela indenização e como seus bens passam aos herdeiros, estes, dentro das forças da herança, deverão reparar o dano ao ofendido. O direito de prosseguir na ação de indenização por dano moral, se o lesado morrer na sua pendência, transmite-se aos seus herdeiros (STJ, 4ª T., REsp 440.626, rel. Min. Ruy Rosado de Aguiar, j. 3-10-2002). Se o lesado vier a falecer, a ação de indenização poderá ser intentada por seus herdeiros (*RSTJ, 71*:183). Mas já se decidiu que, se se tratar de direito personalíssimo, o direito de exigir a reparação do dano e o dever de indenizar o prejuízo serão intransferíveis (STJ, 3ª T., REsp 302.029-RJ, rel. Min.

---

n. 4.099/2012 e 4.847/2012. Os bens digitais são incorpóreos e inseridos progressivamente na internet contendo informações pessoais importantes ou úteis, com conteúdo econômico ou não, como dados, textos, fotos. Podem ter valor econômico ou sentimental. Por tal razão, a herança digital poderá fazer parte do espólio, que além de bens corpóreos poderá abranger ativos digitais, e-mails, documentos, redes sociais, contas de mídias sociais, vídeos, ficheiros eletrônicos, fotos etc. O direito precisa ajustar-se às novas realidades engendradas pela tecnologia digital no que atina ao acesso pelos herdeiros, de arquivos de vídeos, de fotos, filmes, contas de redes sociais armazenadas em serviço de internet. Tais herdeiros poderiam definir o destino das contas, apagar os dados; remover a conta? Deveria a herança digital ser incluída no testamento? Será que direitos ligados à intimidade e à privacidade entrariam no acervo de bens a ser inventariado (conversas em rede social, troca de *e-mails* particulares), se o *de cujus* em vida pode determinar a exclusão definitiva do material digital (Lei n. 12.965/2014, art. 7º, X)?

A Lei n. 12.965/2014 é omissa quanto à transmissibilidade *inter vivos* ou *causa mortis* dos bens digitais (*e-books, Kindle* e *Google Play*), músicas, *softwares* (iTunes), vídeos, aplicativos, bibliotecas digitais, jogos e cursos *on-line*. Isso gera uma insegurança jurídica quanto à transferência da herança digital. Só se os bens digitais forem suscetíveis de aferição econômica são passíveis de serem transmitidos (CC, art. 1.784) (*e-books*, músicas, *softwares* baixáveis, aplicativos, jogos e cursos *on-line*, fotos, mensagens e vídeos públicos que estejam em aberto nas redes sociais, pois não haveria lesão à privacidade ou imagem, visto que o próprio titular os exibiu. (Consulte: Pedro T. P. Greco, Sucessão de bens digitais: Quem tem medo do novo, *Revista Síntese — Direito de Família, 113*:9-28; Vitor Hugo A. Casaralli e Mª Carolina F. de Moraes, *Herança digital*: a relevância dos bens digitais e as controvérsias na destinação dos bens do *de cujus*. *Revista Síntese — Direito da Família, 117*:29-37. Emiliano Landim, Bens digitais: o novo tipo de herança que surgiu na internet, *Revista Síntese — Direito de Família, 113*:38-40; Lacerda, *Bens digitais*, Indaiatuba, Foco jurídico, 2017; Albuquerque Pereira e Santos Costa, Herança digital: as redes sociais e sua proteção pelo direito sucessório brasileiro, *Revista Síntese — Direito Civil e Processual Civil, 124*:117-132.

Sucessão não se confunde com a herança. Sucessão é o ato pelo qual alguém substitui o *de cujus* nos direitos e obrigações. Herança é o conjunto dos direitos e obrigações transmitidos *causa mortis*.

Pelo PL n. 4.099/2012 os herdeiros poderão acessar contas e arquivos digitais de parentes falecidos, pois pretende acrescentar parágrafo único ao art. 1.788 do Código Civil, que transmitiria a eles todos os conteúdos daquelas contas e arquivos de titularidade do autor da herança.

Nancy Andrighi, j. 29-5-2001). Combinando-se os arts. 943 e 12, parágrafo único, legitimados estão os herdeiros, como lesados indiretos, a pleitear indenização por lesão a direito da personalidade do *de cujus*, devendo o lesante, ou seus herdeiros, repará-la, estes últimos somente até as forças da herança. Até mesmo as pretensões e ações de que era titular o falecido e as contra ele propostas, se transmissíveis forem, passarão aos seus herdeiros.

Entretanto, não há a transmissão de todos os direitos e de todas as obrigações do autor da herança, visto que: *a*) há direitos personalíssimos que se extinguem com a morte, como o poder familiar, a tutela, a curatela e os direitos políticos; *b*) há direitos e deveres patrimoniais que não passam aos herdeiros, por serem inerentes à pessoa do *de cujus*, como a obrigação de fazer infungível (CC, art. 247); a empreitada ajustada em consideração à qualidade pessoal do empreiteiro (CC, art. 626, *in fine*); o uso, o usufruto e a habitação (CC, arts. 1.410, I, 1.413 e 1.416), as obrigações alimentares[69], salvo a exceção

---

69. Caio M. S. Pereira, op. cit., p. 29; Walter D'Avanzo, op. cit., § 58, p. 142; Lafayette, op. cit., § 141; Euclides de Oliveira, Alimentos: transmissão da obrigação aos herdeiros, *Anais do IV Congresso Brasileiro de Direito de Família*, IBDFAM, 2004, p. 141-57; M. Helena Diniz, *Código Civil anotado*, São Paulo, Saraiva, 2004, comentário ao art. 1.700. *Vide*: CC, arts. 560, 561, 607, 682, II e 806 (casos de obrigações intransferíveis a herdeiros).

A 4ª Turma do STJ (REsp 759.872) decidiu, por unanimidade, condenar espólio a pagar indenização por danos morais por ofensas veiculadas pela Imprensa, além das custas e honorários advocatícios.

PORTARIA N. 508, DE 16 DE OUTUBRO DE 1997

O Ministro de Estado das Comunicações, no uso das atribuições que lhe confere o art. 87, parágrafo único, inciso II, da Constituição, e

Considerando que, enquanto não instalada e em funcionamento a Agência Nacional de Telecomunicações, remanesce a este Ministério a competência de regulamentação de Serviços de Telecomunicações, nos termos do disposto no parágrafo único do art. 13 da Lei n. 9.295, de 19 de julho de 1996;

Considerando que, estando em plena vigência os atuais Regulamentos de Serviços de Telecomunicações e enquanto não for editada a regulamentação decorrente da Lei n. 9.472, de 16 de julho de 1997, faz-se necessária a continuidade de emissão de normas relativas àqueles serviços, resolve:

Art. 1º A transferência de titularidade de Assinatura do Serviço Telefônico Público, a partir de 1º de novembro de 1997, somente será admitida quando em conformidade com, pelo menos, uma das seguintes situações:

I — por sucessão hereditária, mediante a apresentação de decisão judicial, quando o Assinante for pessoa natural;

II — por sucessão, mediante solicitação do sucessor e apresentação do documento hábil da sucessão, quando o Assinante for pessoa jurídica;

III — por decisão judicial;

IV — por solicitação de Assinante do Serviço Telefônico Público, cuja titularidade tenha sido conferida antes da data de eficácia desta Portaria.

Parágrafo único. O novo titular da assinatura responde pelos débitos do antigo Assinante e por quaisquer outros encargos do cedente perante a respectiva Concessionária, vinculados à prestação do serviço.

Art. 2º Estabelecer, na forma do anexo desta Portaria, os valores máximos da Tarifa de Habilitação a serem praticados pelas Concessionárias do Serviço Telefônico Público.

Art. 3º Esta Portaria entra em vigor na data de sua publicação, produzindo efeitos a partir de 1º de novembro de 1997.

Art. 4º Revoga-se a Portaria n. 60, de 6 de abril de 1990, do então Ministro de Estado da Infraestrutura.

SÉRGIO MOTTA

"A Receita Federal do Brasil (RFB) editou a Instrução Normativa n. 1.425, publicada no *Diário Oficial da União,* de 20 de dezembro de 2013, a fim de alterar outros dois documentos: a Instrução Normativa SRF n. 81/2001, que dispõe sobre as declarações de espólio, e a Instrução Normativa RFB n. 1.300/2012, que estabelece normas sobre restituição, compensação, ressarcimento e reembolso, no âmbito da Secretaria da Receita Federal do Brasil.

Conforme o art. 2º da IN n. 81/2001, considera-se espólio o conjunto de bens, direitos e obrigações da pessoa falecida. A Declaração Final de Espólio visa a apresentar à Receita Federal os bens deixados por um contribuinte falecido, com a finalidade de regularizar os débitos tributários, devendo ser apresentada até o último dia útil do mês de abril, coincidindo com a data final de entrega do Imposto de Renda de Pessoa Física.

Em relação às alterações introduzidas pela nova IN, os arts. 3º, 21, 27, 28, 29, 31, 32, 35, 42, 49, 50, 51, 53, 54, 61, 77, 85 e 113 da Instrução Normativa RFB n. 1.300/2012 passaram a vigorar com a nova redação.

O art. 3º estabelece que a restituição das quantias recolhidas a título de tributo sob administração da RFB, bem como de outras receitas da União, poderá ser efetuada, em caso de óbito, se houver outros bens e direitos sujeitos a inventário ou arrolamento mediante alvará judicial ou escritura (inciso I, § 7º do art. 3º). Também poderá ser restituída caso não haja bens ou direitos sujeitos a inventário ou arrolamento (incisos II e III). Outras alterações relevantes dizem respeito ao prazo para entrega das sucessivas declarações, até o final do inventário. Para esse fim, essas declarações distinguem-se como 'inicial', 'intermediárias' e 'final'; e a disciplina dos prazos harmoniza-se, de modo geral, com a das declarações dos contribuintes pessoas físicas. Vale notar que, se o óbito ocorrer entre o dia 1º de janeiro de determinado ano, mas antes do fim do prazo para entrega da declaração relativa ao ano-base anterior, o responsável pelo espólio (mesmo antes da abertura do inventário ou arrolamento) providenciará essa entrega; mas a declaração, nesse caso, se faz como se vivo estivesse o contribuinte, e será referida apenas ao ano-base anterior ao óbito" (*Bol. AASP, 2.872*:8).

Revista IBDFAM noticia: STJ determina que pensão por morte no trânsito seja transmitida aos herdeiros do causador do acidente.

"O Superior Tribunal de Justiça (STJ) garantiu ao marido e à filha de uma vítima fatal de acidente de trânsito ocorrido em 1997 a manutenção do pagamento de pensão pelos herdeiros do causador do acidente, cuja vítima faleceu em março de 2009. O pagamento da pensão havia sido suspenso pelo Tribunal de Justiça do Rio Grande do Sul (TJRS), baseado no artigo 402 do Código Civil (CC) de 1916, que considerou que a obrigação alimentar se extinguia com o óbito do devedor, respondendo os sucessores apenas pelos débitos até então vigentes. Ao avaliar o recurso dos familiares da vítima, o ministro e relator do caso, Marco Aurélio Bellizze, afirmou que deve mesmo ser aplicado ao caso o Código Civil de 1916, que estava em vigor quando ocorreu o acidente. No entanto, o ministro apontou que não foi correto aplicar o artigo 402, pois esse dispositivo, inserido no capítulo 7º, título 5º, livro I, parte especial do Có-

do art. 1.700. Pelos arts. 1.700, 1.694, 1.821 e 1.792 do Código Civil, o credor de alimentos, se deles necessitado para sua sobrevivência, poderá reclamá-los dos herdeiros do falecido devedor, porque a estes é transmitida a obrigação alimentar, por ser dívida do espólio, visto que já era débito do *de cujus*. Caberá aos herdeiros o pagamento, salvo se o *de cujus* não deixou bens, mas só responderão por tal dívida até as forças da herança (TJSP, AC 164654-1/5; j. 28-5-1992), e, conforme alguns julgados, em relação apenas às parcelas vencidas e não pagas (TJSP, 4ª Câm. de Direito Privado — AgI 294067.4/0; j. 2-10-2003, rel. Des. Armindo Freire Mármora) até a data do falecimento do alimentante. Parece-nos que responderão pelas vincendas também, pois o art. 1.700 refere-se à obrigação de prestar alimentos e não a débito já vencido existente até o óbito do autor da herança. Poderá, então, quem já era credor de alimentos, por ocasião do óbito do devedor, tendo o *quantum* da pensão já estabelecido ou, ainda, discutido em juízo, reclamá-los dos herdeiros, a quem foram transmitidos, *causa mortis*, bens, direitos e obrigações, atuais e não *in potentia*, do *de cujus*. Dentro desta interpretação não estariam incluídas, além das prestações vencidas e não pagas, as vincendas? Será que cada herdeiro não deveria, na qualidade de depositário da reserva alimentícia, aplicar um *quantum*, proporcional ao que recebeu, para saldar o débito alimentício do espólio? Se o credor for também herdeiro do falecido, Euclides de Oliveira entende que as prestações futuras, além da restrição das forças da herança, dependerão da apuração da nova situação do credor que poderá ter sido alterada em razão de sua participação na herança.

---

digo, tratava da obrigação entre parentes de se ajudarem mutuamente com pensão alimentícia em caso de necessidade. O encargo é intrínseco ao direito de família e, por ser personalíssimo, efetivamente não se transmite aos herdeiros do devedor. Bellizze explicou que no caso analisado deve ser aplicado o artigo 1.526, integrante do título 7º, livro 3, que tratava das obrigações por atos ilícitos. A obrigação em debate decorreu de ato ilícito praticado pelo autor da herança, o qual foi considerado culpado pelo acidente de trânsito que matou a vítima. Essa obrigação não se extingue com a morte do causador do dano, mas se transmite aos herdeiros até o limite da herança. Acompanhando o voto do relator, a Turma deu provimento ao recurso para restabelecer a sentença que determinou o prosseguimento da execução contra o espólio do responsável pelo acidente. Entretanto, com fundamento no Código Civil de 1916, e não no de 2002, que havia sido aplicado pelo juízo de primeiro grau. No caso, foi reconhecida a culpa concorrente dos envolvidos. A vítima era transportada no para-lamas de um trator que rebocava uma carreta, atingida pelo motorista, que dirigia embriagado. Ela morreu aos 29 anos de idade, deixando marido e uma filha. Considerando a culpa concorrente, a sentença fixou o dano moral em R$ 50 mil e estabeleceu pensão mensal no valor de 70% do salário mínimo, a ser paga ao marido até a data em que a vítima completaria 73 anos, expectativa de vida média da mulher gaúcha; com isso, serão 44 anos de pensão. No caso da pensão à filha, foi fixado como termo final a data em que ela completasse 25 anos".

O herdeiro não é o representante do *de cujus,* pois sucede nos bens e não na pessoa do autor da herança; assume, pois, apenas a titularidade das relações jurídicas patrimoniais do falecido.

d.2. Indivisibilidade da herança

Para os efeitos legais, a sucessão aberta é tida como imóvel (CC, art. 80, II). Imobilizada a massa hereditária, exige-se, para a sua cessão, escritura pública (CC, art. 1.793), e, para a demanda judicial, outorga conjugal para que o respectivo titular possa estar em juízo[70]. E a herança, conforme o art. 91 do Código Civil, é uma universalidade *juris* indivisível até a partilha, de modo que, se houver mais de um herdeiro, o direito de cada um, relativo à posse e ao domínio do acervo hereditário, permanecerá indivisível até que se ultime a partilha (CC, art. 1.791, parágrafo único). Como já diziam os romanos: *"Nihil aliud est hereditas quam sucessio in universum jus quod defunctus habuit"* (nada mais é a herança do que a sucessão em inteiro daquilo que possuía o defunto). "Com a morte abre-se a sucessão, e todos os bens deixados pelo de *cujus* formam uma massa única denominada espólio, que somente terá capacidade para estar em juízo após a abertura do inventário. Antes da abertura do inventário, existe tão somente uma universalidade de bens que pertence a todos os herdeiros e que não possui capacidade processual. E, nessa hipótese, a ação do credor para haver seu crédito deve ser ajuizada contra todos os herdeiros" (*Bol. BAASP*, *2665*:1794-06). A herança defere-se como um todo unitário, ainda que vários sejam os herdeiros (CC, art. 1.791, *caput*). Cada coerdeiro terá direito de posse e propriedade sobre a herança, que será regido pelas normas relativas ao condomínio. Assim, cada coerdeiro, antes da partilha, poderá, por exemplo, exercer atos possessórios, sem exclusão dos demais compossuidores (CC, art. 1.199), e passará a ter o direito de reclamar, mediante ação reivindicatória, a totalidade dos bens da herança, e não uma parte deles, de terceiro (CC, art. 1.314) que indevidamente a detenha em seu poder, não podendo este opor-lhe, em exceção, o caráter parcial do seu direito nos bens da sucessão hereditária, devido ao princípio da indivisibilidade do direito dos herdeiros sobre toda a herança[71]. Logo, relativamente a terceiro, cada coerdeiro poderá atuar como se fosse o único herdeiro para defender os bens

70. W. Barros Monteiro, op. cit., p. 40.
71. Silvio Rodrigues, op. cit., p. 36; José Lopes de Oliveira, op. cit., p. 36; Matiello, op. cit., p. 1169.

do acervo hereditário. É que, como pondera Hermenegildo de Barros, o coerdeiro não pretende haver a coisa do patrimônio do *de cujus* ou a própria herança para si, mas para a comunhão, visto que, na qualidade de condômino, é ele um mandatário tácito, que defende o acervo hereditário no interesse de todos. Tal mandato cessa após a partilha, hipótese em que ele só poderá reivindicar a parte que lhe foi dada em quinhão[72]. Acertadamente, lembra Washington de Barros Monteiro[73] que, se os bens estiverem em mãos de estranhos, em razão de sentença, será preciso rescindir a decisão judicial antes de reivindicar tais bens da herança. É o que ocorre, exemplificativamente, na hipótese em que o autor da herança, embora casado e com filhos, partilha seu espólio entre os amigos, ao abrir-se-lhe a sucessão. Os legítimos herdeiros devem, para reivindicar os bens, anular a partilha feita entre pessoas indevidamente aquinhoadas. Sem a rescisão de partilha anterior, impossível será ao coerdeiro mover a reivindicatória, embora nada impeça a cumulação das duas ações. Se é o coerdeiro quem detém indevidamente a posse da herança, o outro não poderá reclamá-la, pois ambos têm igual direito, caso em que se promove o inventário, dado que apenas o inventariante, investido na administração da herança, tem autorização de usar ações possessórias contra estranhos ou herdeiros[74].

Nossa lei estabelece esse princípio da indivisibilidade da herança até a partilha, porque os coerdeiros, no período da indivisão, se encontram num regime de condomínio forçado, em que cada um possui uma parte ideal da herança. Esse é o motivo pelo qual o coerdeiro não pode vender ou hipotecar parte determinada de coisa comum do espólio, mas tão somente ceder direitos hereditários concernentes à sua parte ideal[75]. Como não havia acordo doutrinário ou jurisprudencial a respeito da necessidade da anuência dos demais herdeiros, sobre esse assunto, hoje, o Código Civil vigente, no art. 1.794, prescreve: "O coerdeiro não poderá ceder a sua quota hereditária a pessoa estranha à sucessão, se outro coerdeiro a quiser, tanto por tanto". E acrescenta, no art. 1.795: "O coerdeiro, a quem não se der conhecimento da cessão, poderá, depositado o preço, haver para si a quota cedida a estranho, se o requerer até cento e oitenta dias após a transmissão". E "Sendo vários os coerdeiros a exercer a preferência, entre eles se distribuirá

72. Hermenegildo de Barros, op. cit., v. 18, p. 133.

73. W. Barros Monteiro, op. cit., p. 42.

74. Clóvis Beviláqua, *Código Civil,* cit., v. 6, p. 25.

75. Dower, op. cit., p. 303; José Lopes de Oliveira, op. cit., p. 36; W. Barros Monteiro, op. cit., p. 41; Itabaiana de Oliveira, op. cit., v. 1, § 116; Cunha Gonçalves, op. cit., v. 10, p. 468; Gastão Grosse Saraiva, A indivisibilidade da herança, *RT, 208*:27.

o quinhão cedido, na proporção das respectivas quotas hereditárias" (CC, art. 1.795, parágrafo único).

Quem detiver indevidamente a posse de bens da herança deverá devolvê-los aos herdeiros.

Se de boa-fé, terá direito aos frutos percebidos. Os frutos pendentes ao tempo que cessar a boa-fé deverão ser restituídos, deduzindo-se despesas de produção e custeio, bem como os colhidos com antecipação (CC, art. 1.214). Se de má-fé, responderá pelos frutos colhidos e percebidos e pelos que, culposamente, deixou de perceber, mas tem direito às despesas da produção e custeio (CC, art. 1.216). Se de boa-fé, não responde pela perda ou deterioração da coisa a que não deu causa; mas, se de má-fé, responde por isso, mesmo que acidentalmente o evento tenha ocorrido, exceto se comprovar que o fato se daria mesmo que o bem estivesse em poder do reivindicante (CC, arts. 1.217 e 1.218).

Se de boa-fé, terá direito à indenização das benfeitorias necessárias e úteis, e às voluptuárias, se puder levantá-las, se não lhe forem pagas, tendo direito de retenção pelo valor das necessárias e úteis. Se de má-fé, só poderá ser ressarcido das necessárias, sem ter contudo direito de retenção (CC, arts. 1.219 e 1.220). As benfeitorias compensam-se com os danos, obrigando ao ressarcimento se ao tempo da evicção ainda existirem (CC, art. 1.221). O reivindicante, obrigado a indenizar as benfeitorias ao possuidor de má-fé, tem o direito de optar entre o seu valor atual e o seu custo; e ao possuidor de boa-fé indenizará pelo valor atual.

É mister mencionar, ainda, que, quando houver impugnação da qualidade de herdeiro do reclamante que move reivindicatória, este deverá socorrer-se da ação de petição de herança, para que sua condição de herdeiro seja reconhecida, dando-lhe direito de participar da partilha, visto que tem como pressuposto sua legitimação e a prova do alegado. A *petitio hereditatis* visa, portanto, reconhecer a condição de herdeiro para que este obtenha a totalidade ou parte da herança contra quem a possua, seja na qualidade de herdeiro (*possessor pro herede*), seja como terceiro (*possessor pro possessore*) mesmo sem título (CC, art. 1.824). A ação de petição de herança é proposta para o efeito de ser o autor declarado herdeiro do falecido, e o réu condenado a entregar-lhe toda (se for o único de sua classe) ou parte da herança (se a pretensão é restrita a ser incluído como sucessor, dentre os demais herdeiros), com os seus rendimentos e acessórios, que lhe pertencem desde a data do óbito. A petição de herança, mesmo exercida por um dos herdeiros, poderá abranger todos os bens do acervo hereditário (CC, art. 1.825), pois a herança (*universitas juris*) permanece indivisível até a partilha

(CC, art. 1.791, parágrafo único). Logo, o demandado não poderá defender-se alegando que os bens pretendidos não pertencem por inteiro ao demandante. A ação de petição de herança é prescritível (CC, art. 205) e tem sempre cabimento contra quem ofende o direito hereditário do autor; portanto, só deve ser intentada contra o herdeiro (possuidor *pro herede*), ou contra a pessoa que, sem título, possua a herança, ou seja, o possuidor ilegítimo da herança (*pro possessore*), esteja ele ou não de boa-fé, não podendo ser movida contra um possuidor ordinário que detém bens da herança a outro título, pois aqui a ação cabível será a reivindicatória.

O possuidor da herança está obrigado a devolver os bens que estiverem sob seu poder, e, a partir da citação, sua responsabilidade segue as normas relativas à posse de má-fé e à mora (CC, art. 1.826 e parágrafo único), pouco importando que estivesse de boa-fé. Ao possuidor vencido na *petitio hereditatis* (ação de petição de herança) aplicar-se-ão os princípios atinentes às benfeitorias relativas ao possuidor de má-fé[76].

Pelo CC, art. 1.827, *caput*, herdeiro pode demandar bens da herança, em poder de terceiro, sem prejuízo da responsabilidade do possuidor originário pelo valor dos bens alienados. Pode pedir ressarcimento do prejuízo, no valor dos bens alienados, ao possuidor originário.

O herdeiro pode mover ação contra possuidor originário, que detém, indevidamente, bens da herança a outro título. O possuidor (*pro possessore*) ilegítimo da herança (herdeiro aparente) terá responsabilidade pelo valor dos bens do acervo hereditário, que veio a alienar, a título oneroso. Tal valor será aferi-

---

76. Barassi, *Le successioni per causa di morte*, p. 120, n. 48; José Lopes de Oliveira, op. cit., p. 37; Caio M. S. Pereira, op. cit., p. 60-2; W. Barros Monteiro, op. cit., p. 43-4; Celso Barros, op. cit., p. 211; Vitali, *Delle successioni*, v. 5, n. 189, p. 587; Marco Aurelio S. Viana, p. cit., n. 27. Os arts. 1.824 a 1.828 do CC são normas processuais ligadas ao direito material, para obter restituição de toda ou de parte da herança contra quem a possuir. Daí ser real; mas também é pessoal por pretender o reconhecimento da qualidade de herdeiro. Pela Súmula n. 149 do STF: "É imprescritível a ação de investigação da paternidade, mas não o é a de petição de herança". A ação de petição de herança prescreve em 10 anos (CC, art. 205). Outrora entendíamos, como Orlando Gomes, que a ação de petição de herança era imprescritível, mas hoje, ante a nova orientação do art. 205 do atual Código Civil, optamos pela prescritibilidade. Há, porém, ainda, quem ache que tal ação é imprescritível.

Bol. AASP, 2.854:9: "Apelação cível. Sucessões. Ação de petição de herança. Prescrição. Quando da abertura da sucessão, não tinha a ora apelante título de vocação hereditária, porquanto não era filha. Tal título recebeu apenas quando reconhecida a adoção (superveniente à morte), e esta não retroage. Não tem direito, pois, à sucessão hereditária. Recurso desprovido" (TJRS, 7ª Cćív., ApC 70049023161, Caxias do Sul-RS, Rel. Des. Liselena Schifino Robles Ribeiro, j. 13-6-2012, v.u.).

do não pelo preço alcançado na alienação, mas pelo mercadológico à época de sua reclamação. O *herdeiro aparente* é aquele que, por ser possuidor de bens hereditários, faz supor que seja o seu legítimo titular, quando, na verdade, não o é, pois a herança passará ao real herdeiro, porque foi declarado não legitimado para suceder, indigno ou deserdado, ou porque foi contemplado em testamento nulo ou anulável, caduco ou revogado (*RT*, *557*:225, *575*:279; *RTJ*, *137-01*:321, *100*:900; *RF*, *250*:285, *249*:237, *247*:226, *113*:68, *82*:475). Se herdeiro aparente vier a alienar, onerosamente, bens do espólio a terceiro de boa-fé, este não será prejudicado. A venda será válida e eficaz, o alienante terá de entregar ao verdadeiro herdeiro o valor dos bens que alienou, respeitando o direito do adquirente de boa-fé sobre eles. Há proteção à boa-fé do adquirente, pouco importando se o herdeiro aparente esteja ou não de boa-fé. Se, porém, tal alienação for gratuita, esta não terá validade, nem eficácia (CC, art. 1.827, parágrafo único) e o terceiro de boa-fé deverá, então, devolver os próprios bens e não seu valor pecuniário a quem de direito; com isso, evitar-se-á doação que possa lesar o verdadeiro herdeiro.

Se o *herdeiro aparente* entregou, de boa-fé, o legado à pessoa indicada, no testamento, pelo *de cujus*, cumprindo o ato de última vontade, não terá, por isso, nenhuma obrigação de pagar o equivalente ao real herdeiro, que, contudo, poderá agir contra quem indevidamente recebeu aquele legado, para obter a devolução do bem ou o pagamento do seu valor correspondente (CC, art. 1.828).

Além do herdeiro, o cessionário do herdeiro pode intentar qualquer das duas ações contra o que detém, indevidamente, a herança, uma vez que o direito de reclamá-la não é personalíssimo[77].

A ação do legatário não se confunde com a de petição da herança, por ser uma ação reivindicatória, visto que o legatário tem o domínio do bem devido ao seu título de sucessor singular, e reclama a posse porque o herdeiro lhe deve entregar o legado[78].

---

77. W. Barros Monteiro, op. cit., p. 43; José Lopes de Oliveira, op. cit., p. 38. *Sobre herdeiro aparente*: Luiz Roberto Curia, Herdeiro aparente: definição, tratamento legal, controvérsias doutrinárias e efeitos, *Sucessão do cônjuge, do companheiro e outras histórias* (coord. M. Helena Diniz), São Paulo, Saraiva, 2013, p. 135 a 165; Arthur Rabay, Responsabilidade civil do herdeiro aparente, *Sucessão do cônjuge*, cit., p. 129 a 134; CC italiano, arts. 533 e 534; CC português, arts. 2.076 e 2.077; CC grego, arts. 1.882, 1.876 e 1.877; CC da Etiópia, arts. 997 e 1.743; CC argentino, art. 3.430; *RF*, *113*:68, *82*:475, *247*:226, *249*:237, *250*:285; *RTJ*, *34*:136, *105*:1208, *100*:890, *137*:321, *29*:27; *RT*, *557*:225 e *575*:279.
Sobre herdeiro aparente: CC português, arts. 2.076.2 e 2.077.1; CC japonês, arts. 892 a 894; CC italiano, art. 535.

78. *Vide* W. Barros Monteiro, op. cit., p. 43.

Com a partilha, portanto, cessa o estado de indivisão da herança, formando-se o quinhão hereditário de cada herdeiro (CC, art. 2.023) com os bens que passam a se incorporar ao seu patrimônio retroativamente, como se fossem seus desde a data do falecimento do *de cujus*[79], havendo, pois, uma individualização ou materialização do que lhe coube por morte do autor da herança. Todavia, nada obsta a que, na partilha, se estipule que algum bem componente da herança continue em estado de comunhão, ficando em condomínio entre os herdeiros (CC, art. 2.019).

E. Capacidade e incapacidade sucessórias

e.1. Legitimação ou capacidade para suceder

A base do direito sucessório é a transmissão imediata da herança do *de cujus* aos herdeiros legítimos e testamentários, desde que tenham capacidade ou *legitimação sucessória*, ou seja, desde que possam ser invocados para habilitar-se a suceder, por possuírem título jurídico para fazer jus à sucessão. Não é suficiente que o herdeiro invoque a sua vocação hereditária ou o seu direito de herdar por testamento, pois para tanto será imprescindível que seja capaz e não excluído da sucessão[80].

É preciso não confundir a capacidade para suceder com a capacidade civil nem com a capacidade para ter direito à sucessão (*Erbfähigkeit*). A capacidade civil é a aptidão que tem uma pessoa para exercer, por si, os atos da vida civil; é o poder de ação no mundo jurídico. A legitimação ou capacidade sucessória é a aptidão específica da pessoa para receber os bens deixados pelo *de cujus*, ou melhor, é a qualidade virtual de suceder na herança deixada pelo *de cujus*. P. ex., uma pessoa pode ser incapaz para praticar atos da vida civil e ter capacidade para suceder; igualmente, alguém pode ser incapaz de suceder, apesar de gozar de plena capacidade civil[81], como ocorre com o indigno de suceder, que não sofre

---

79. Arnoldo Wald, *Curso de direito civil brasileiro*; direito das sucessões, 2. ed., São Paulo, Sugestões Literárias, 1969, p. 23; Zeno Veloso, *Novo Código Civil*, cit., p. 1605-6.

80. Colin e Capitant, *Droit civil*, cit., v. 3, n. 608; Caio M. S. Pereira, op. cit., p. 30; *Vide*: *RSTJ*, *24*:268; *JSTJ*, *101*:120.

Bol. AASP, *2.888*:9: "Apelação cível. Família. Adoção. Ato declarado ineficaz. Paternidade biológica. Sucessão. Legitimação para suceder. Lei vigente. 1. A legitimação para suceder rege-se pela lei vigente ao tempo da morte do autor da herança. 2. Enquanto perdurou o estado de filiação adotiva, o adotado fez jus a todos os direitos oriundos dessa condição. 3. Não caracteriza enriquecimento ilícito o fato de o filho concorrer à sucessão dos bens do pai biológico, mesmo já tendo herdado de sua mãe adotiva, se o ato de adoção foi supervenientemente declarado ineficaz" (TJMG, 7ª Ccív., ApC 1.0514.09.042198-3/001; Pitangui-MG, Rel. Des. Oliveira Firmo, j. 21-5-2013, v.u.).

81. Caio M. S. Pereira, op. cit., p. 30.

nenhuma diminuição na sua capacidade para os atos da vida civil, mas não a tem para herdar da pessoa em relação à qual é considerado indigno, pelo que não tem eficácia jurídica a declaração que, porventura, tenha feito de aceitar a herança[82]. Trata-se, portanto, da capacidade de agir relativamente aos direitos sucessórios, ou seja, da aptidão para suceder ou para aceitar ou exercer direitos do sucessor (*Erbrechtliche Handlungsfähigkeit*); logo, não teria tal *legitimação para suceder*, p. ex., o deserdado ou o indigno. A legitimação ou capacidade para suceder diz respeito à qualidade para herdar do sucessível, não disciplinando as condições de que depende a situação de herdeiro relativamente à herança do *de cujus*, tampouco à extensão dos direitos sucessórios. Nesse sentido estrito, assevera Caio Mário da Silva Pereira, a incapacidade sucessória identifica-se como impedimento legal para adir à herança[83].

A legitimação para suceder é a do tempo da abertura da sucessão, que se regulará conforme a lei em vigor (CC, art. 1.787). A lei vigente ao tempo da abertura da sucessão é que fixa a capacidade sucessória do herdeiro e disciplina a sucessão, regendo-a. Assim sendo, nenhuma alteração legal, anterior ou posterior ao óbito, poderá modificar o poder aquisitivo dos herdeiros, visto que a lei do dia do óbito rege a sucessão e o direito sucessório do herdeiro legítimo ou testamentário (CC, art. 2.042; *AJ*, *106*:284, *RF*, *332*:316; *EJSTJ*, *16*:56; *RTJ*, *156*:1050; *RSTJ*, *24*:268). E como a abertura da sucessão dá-se no momento da morte do *de cujus* e não em outro momento, ou dia, anterior ou posterior, contém esse dispositivo legal a aplicação do princípio da *saisine* da herança pelos herdeiros[84]. A sucessão, nesse preceito normativo, indica uma qualidade de suceder na herança deixada pelo falecido[85].

Com a morte do *de cujus* aberta estará a sucessão, transmitindo-se o domínio e a posse da herança, de imediato, aos herdeiros, que passam a ser titulares de direitos adquiridos. A capacidade sucessória não se altera, ante o fato de ser o herdeiro apto a herdar, na data da morte ou no tempo em

---

82. Mário de Salles Penteado, A legitimação nos atos jurídicos, *RT, 454*:26.

83. Caio M. S. Pereira, op. cit., p. 30.

84. Laurent, *Droit civil*, v. 6, n. 187; Itabaiana de Oliveira, op. cit., v. 1, p. 140. *Vide* LINDB, art. 10, § 2º. M. H. Diniz, *Lei de Introdução ao Código Civil brasileiro interpretada*, São Paulo, Saraiva, 1994, p. 268-72.

85. Cunha Gonçalves, op. cit., p. 595. Apesar de o Código Civil falar em *legitimação* para suceder, o termo tecnicamente correto seria, na verdade, *capacidade sucessória*.

que se verificou o implemento de alguma condição suspensiva ou resolutiva, imposta pelo testador[86].

Consequentemente: *a*) se capaz o herdeiro por ocasião da feitura do testamento, porém incapaz no momento da abertura da sucessão, não poderá suceder ao *de cujus; b*) se incapaz para suceder no tempo da confecção do testamento, mas capaz no momento em que se abre a sucessão, sucederá ao falecido; *c*) se o testador instituir fideicomisso, com designação alternativa de fideicomissários, serão beneficiários os que já existirem no instante em que se abrir a sucessão do fideicomitente[87].

Para apurar a capacidade sucessória, cumpre observar a ocorrência dos seguintes pressupostos:

1º) Morte do *de cujus*, porque só nesse momento é que a propriedade e a posse da herança se transmitem aos herdeiros legítimos e testamentários.

2º) Sobrevivência do sucessor, ainda que por fração ínfima de tempo, dado que a herança não se transmite ao nada[88]. Se o sucessor falecer antes do autor da herança, perderá a capacidade para suceder, visto que pelo art. 1.798, apenas pessoa viva poderá suceder. A capacidade para adquirir herança, inclusive por via testamentária, pressupõe existência de herdeiro, ou legatário, à época da morte do testador. Se faleceu antes dele, a cédula testamentária não terá validade (*JSTJ, 143*:112). Ao tempo do falecimento do autor da herança o herdeiro deve estar vivo, ou pelo menos concebido (*RF, 292*:298; *RT, 542*:103), para ocupar o lugar que lhe compete[89]. "A regra do art. 1.798 do Código Civil deve ser estendida aos embriões formados mediante o uso de técnicas de reprodução assistida, abrangendo, assim, a vocação hereditária da pessoa humana a nascer cujos efeitos patrimoniais se submetem às regras previstas para a petição da herança" (Enunciado n. 267 do Conselho de Justiça Federal, aprovado na III Jornada de Direito Civil). Se, por ocasião do óbito do autor da herança, já existia embrião crioconservado, gerado com material germinativo do *de cujus*, terá capacidade sucessória, se, implantado num útero, vier a nascer com vida e, por meio de ação

86. Clóvis Beviláqua, *Código Civil*, cit., v. 6, p. 19; Hermenegildo de Barros, op. cit., p. 82; Caio M. S. Pereira, op. cit., p. 31; W. Barros Monteiro, op. cit., p. 22.

87. W. Barros Monteiro, op. cit., p. 22.

88. Caio M. S. Pereira, op. cit., p. 26 e 31; Laurent, op. cit., v. 8, n. 535; Samantha K. C. Dufner, *Direito de herança do embrião*, Porto Alegre, Nuria Fabris, 2015. Pelo art. 8º do Código Civil entre comorientes não há transmissão de direitos, pois presumir-se-ão simultaneamente mortos.

89. José Lopes de Oliveira, op. cit., p. 28.

de petição da herança, que prescreve em dez anos após a sua maioridade (18 anos), poderá pleitear sua parte no acervo hereditário.

Se, por ocasião do óbito do *de cujus,* o herdeiro estiver morto, passa-se o acervo hereditário aos outros de sua classe ou aos da classe imediata, se for ele o único[90].

Pessoa ainda não concebida (*nondum conceptus*) ao tempo da abertura da sucessão não pode herdar, salvo a hipótese do art. 1.799, I, do Código Civil.

A capacidade sucessória do nascituro (CC, art. 1.798) é excepcional, já que só sucederá se nascer com vida, havendo um estado de pendência da transmissão hereditária, recolhendo seu representante legal a herança sob condição resolutiva[91]. O já concebido no momento da abertura da sucessão é chamado a suceder; adquire, em estado potencial, desde logo, o domínio e a posse da herança, como se já fosse nascido; porém, como lhe falta personalidade jurídica material (CC, art. 2º), seu quinhão será reservado em poder do inventariante até o seu nascimento (CPC, art. 650) ou nomeia-se-lhe um curador ao ventre, se, p. ex., a gestante enviuvar e não tiver condições de exercer o poder familiar (CC, art. 1.779). Se nascer vivo, ser-lhe-á deferida a sucessão, com os frutos e rendimentos relativos à deixa, a partir do falecimento do autor da herança (CC, art. 1.800, § 3º). Se nascer morto, será tido como se nunca tivesse existido[92], logo a sucessão será ineficaz. Se nascer com vida, ainda que sua mãe tenha falecido no trabalho de parto ou em acidente ou colapso, terá capacidade para suceder, embora não tenha com ela coexistido[93].

Casos há em que se tem transmissão hereditária condicional, subordinada a evento futuro e incerto, p. ex., se houver testamento contemplando prole eventual de certa pessoa indicada pelo testador, os bens de herança a ela reservados, após a liquidação ou a partilha, serão confiados a um curador nomeado pelo juiz (CC, arts. 1.800, §§ 1º e 2º, e 1.775), para que este, na qualidade de depositário, os guarde e administre, até que venha a nascer, quando, então, receberá não só a deixa, como também seus frutos e ren-

90. Caio M. S. Pereira, op. cit., p. 31; Trabucchi, *Istituzioni di diritto civile*, n. 368. *Vide*: CC argentino, arts. 3.290 e 3.733; CC italiano, art. 462, alínea I; CC francês, art. 906; CC chileno, arts. 961 e 962 e CC mexicano, art. 1.314; BGB, § 1.923.

91. Orlando Gomes, op. cit., p. 48; *RT*, *542*:103; *RF*, *292*:298.

92. Planiol, Ripert e Boulanger, *Traité élémentaire de droit civil*, v. 3, n. 1.534. O mesmo raciocínio jurídico relativo ao nascituro é aplicável analogicamente ao embrião congelado (art. 2º do Código Civil), que tem capacidade sucessória sob condição resolutiva.

93. Caio M. S. Pereira, op. cit., p. 32.

dimentos, ou uma pessoa jurídica ainda não constituída, cuja organização foi determinada pelo testador sob forma de fundação para a consecução de fins úteis, culturais ou humanitários (CC, art. 1.799, I e III). Estipula-se um prazo de dois anos de espera em caso de *nondum conceptus* para a consolidação da herança; com o seu escoamento, sem que ocorra a concepção, a condição ter-se-á como não cumprida, e caduca estará a disposição testamentária, deferindo-se a herança aos herdeiros legítimos (CC, art. 1.829), salvo disposição em contrário do testador. Se não houvesse estipulação legal desse prazo, ter-se-ia a inconveniência de a herança ficar indefinidamente em aberto, e os interessados poderiam promover a verificação do implemento ou do inadimplemento da condição[94] (CC, art. 1.800, § 4º).

A pessoa jurídica em geral, com exceção dos Municípios, do Distrito Federal e da União (CC, art. 1.844), não pode ser chamada a suceder *ab intestato,* embora tenha capacidade para suceder por testamento[95], desde que exista legalmente, ou seja, a partir da inscrição de seu ato constitutivo no registro competente (CC, art. 1.799, II). Entretanto, tolera-se que o testador transmita bens a um ente moral, sob a condição de constituir-se regularmente, ou a uma sociedade de fato, aguardando-se sua constituição legal, quando, então, opera-se a transmissão hereditária[96]. Todavia, a pessoa jurídica em liquidação não poderá receber herança, porque já cessou de existir, uma vez que se prolonga sua personalidade apenas em atenção aos atos necessários à liquidação patrimonial[97].

---

94. Caio M. S. Pereira, op. cit., p. 32; De Page, *Traité élémentaire de droit civil belge,* v. 9, n. 44. *Vide*: CC italiano, art. 462, al. 1 e 3; CC português, art. 2.033, 2; CC francês, art. 906; CC suíço, arts. 539 e 544; CC mexicano, art. 1.314, e CC argentino, arts. 3.290 e 3.733. O Projeto de Lei n. 6.960/2002 propõe a seguinte alteração ao art. 1.800, § 1º: "Salvo disposição testamentária em contrário, a curatela caberá à pessoa cujo filho o testador esperava ter por herdeiro, e, sucessivamente, às pessoas indicadas no art. 1.797" (no mesmo sentido o PL 699/2011); isto porque a remissão que o § 1º deste artigo faz ao art. 1.775 não está correta. São as pessoas indicadas no art. 1.797 que devem, no caso, exercer a curatela dos bens hereditários (cf. art. 1.988 do Anteprojeto de Código Civil — Revisto (1973), in *Código Civil — Anteprojetos*, Senado Federal, Subsecretaria de Edições Técnicas, Brasília, 1989, v. 5, t. 2, p. 422). O Parecer Vicente Arruda não acata tal proposta, argumentando que: "A remissão do artigo está correta ao art. 1.775, que se refere às pessoas que devem ser indicadas como curador; ao passo que o art. 1.797 refere-se às pessoas que devem administrar a herança até a nomeação do inventariante".
95. Luigi Ferri, op. cit., p. 134.
96. Trabucchi, op. cit., p. 368; Ferri, op. cit., p. 135; Orlando Gomes, op. cit., n. 29; Caio M. S. Pereira, op. cit., p. 33.
97. Caio M. S. Pereira, op. cit., p. 33; Ferri, op. cit., p. 135.

3º) O herdeiro precisa pertencer à espécie humana, dado que só o homem e as pessoas jurídicas por causa dos homens podem adquirir *causa mortis*. Coisas inanimadas e animais não têm capacidade sucessória, porque não podem ser sujeitos de direito. Não fere este requisito essencial a circunstância de se conceder a herança ou o legado a uma pessoa com o encargo de cuidar de determinada coisa — móvel, imóvel ou semovente —, visto que o herdeiro instituído é ser humano; os cuidados com o bem ou com o animal são obrigações a ele impostas[98].

4º) Título ou fundamento jurídico do direito do herdeiro, pois para herdar deve atender à convocação do testador ou da lei (CC, art. 1.786)[99]. Em nosso direito o testador pode dispor de parte de seus bens, respeitando os direitos de seus herdeiros necessários, aplicando-se o remanescente às normas da sucessão legítima. Assim: *a*) se não houver testamento, são chamados a suceder na ordem seguinte, prevista em lei (CC, arts. 1.829, 1.838, 1.839 e 1.840): os descendentes, em concorrência com o cônjuge sobrevivente, salvo se casado este com o falecido no regime da comunhão universal, ou no de separação obrigatória de bens; ou se, no regime da comunhão parcial, o autor da herança não houver deixado bens particulares; os ascendentes, em concorrência com o cônjuge; o cônjuge sobrevivo; os colaterais até o 4º grau, o mais próximo em grau, excluindo o mais remoto; *b*) se o testamento for considerado nulo ou caduco, dar-se-á a sucessão como se nunca tivesse havido qualquer disposição testamentária; *c*) se o testamento não disser respeito a todos os bens do testador, quanto aos não compreendidos no ato de última vontade, serão chamados a suceder os herdeiros legítimos, ainda que não tenham sido contemplados pelo testador; *d*) se os bens ultrapassarem a parte considerada indisponível por lei, por ser reserva dos herdeiros necessários, sucederão quanto a eles os herdeiros legítimos[100].

e.2. Exclusão do herdeiro ou do legatário da herança por indignidade

e.2.1. Conceito de indignidade

Instituto bem próximo da incapacidade sucessória é o da exclusão do herdeiro ou do legatário, incurso em falta grave contra o autor da herança

98. Caio M. S. Pereira, op. cit., p. 33-4.
99. Walter D'Avanzo, op. cit., § 28.
100. Caio M. S. Pereira, op. cit., p. 27.
Pedro T. P. Greco, A revolução pelo (do) (para) (por) amor: a família poliafetiva no direito das sucessões, *Revista Síntese — Direito da Família, 122*:49 a 64.

e pessoas de sua família, que o impede de receber o acervo hereditário[101], dado que se tornou indigno.

A indignidade vem a ser uma pena civil que priva do direito à herança não só o herdeiro, bem como o legatário que cometeu os atos criminosos, ofensivos ou reprováveis, taxativamente enumerados em lei, contra a vida, a honra e a liberdade do *de cujus*[102] ou de seus familiares.

Antonio Cicu e Ferri, dentre outros, ressaltam, acertadamente, o fundamento ético da indignidade, pois repugna à ordem jurídica como à moral que alguém venha auferir vantagem do patrimônio da pessoa que ofendeu[103]. Deveras, a sucessão hereditária baseia-se na afeição real ou presumida do falecido para com o herdeiro ou legatário; se este último, por atos inequívocos, demonstrar ingratidão, desapreço ou ausência de sentimento afetivo para com o *de cujus,* nada mais justo do que privá-lo do que lhe caberia em razão do óbito do autor da herança[104].

e.2.2. Causas de exclusão por indignidade

As causas que autorizam a exclusão do herdeiro ou do legatário da sucessão estão arroladas no art. 1.814 do Código Civil, podendo ser resumidas em: atentados contra a vida, a honra e a liberdade do *de cujus*[105] ou de membros de sua família. Como se trata de uma pena civil, a exclusão por indignidade só pode ocorrer nos casos expressamente mencionados em lei,

101. Enneccerus, Kipp e Wolff, *Derecho de sucesiones*, v. 2, § 141; Caio M. S. Pereira, op. cit., p. 34-5; Hermenegildo de Barros, op. cit., p. 217-318. *Vide*: *RT*, *630*:86, *624*:154, *532*:199; *JM*, *119*:220.

102. Conceito baseado em W. Barros Monteiro, op. cit., p. 68; Hermenegildo de Barros, op. cit., p. 217-318; Clóvis Beviláqua, *Sucessões*, § 30; Itabaiana de Oliveira, op. cit., v. 1, p. 142; Enneccerus, Kipp e Wolff, op. cit., § 141; Carlos Eduardo M. Poletto, *Indignidade sucessória e deserdação*, São Paulo, Saraiva, 2013.

103. Antonio Cicu, *Le successioni*, v. 1, p. 88; Ferri, op. cit., p. 145; Azzariti-Martinez, *Successioni per causa di morte e donazione*, p. 29; Branca Martins da Cruz, *Reflexões críticas sobre indignidade e deserdação*, Coimbra, 1986.

104. W. Barros Monteiro, op. cit., p. 69; Lacerda de Almeida, op. cit., Rio, 1915, § 12; José de Oliveira Ascensão, *As actuais coordenadas do instituto da indignidade sucessória*, 1970; Marcelo Fortes Barbosa Filho, *A indignidade no direito sucessório brasileiro*, 1996; Leonardo D'Angelo Vargas Pereira, Indignidade sucessória, *Revista IOB de Direito de Família*, *45*:100-19.

105. Paoli, *Nozioni elementari di diritto civile*, p. 171.

não comportando interpretação extensiva ou aplicação analógica ante o princípio *nulla poena sine lege*[106].

Assim, de conformidade com aquele dispositivo legal, consideram-se indignos:

1º) Os que houverem sido autores ou cúmplices em crime de homicídio doloso ou voluntário, ou em sua tentativa (CP, art. 14, II), contra a pessoa de cuja sucessão se tratar, seu cônjuge, companheiro, ascendente ou descendente. Não se estende, no caso, ao homicídio culposo por imprudência, imperícia ou negligência, como ainda não tem cabimento no *error in persona;* na *aberratio ictus* (CP, art. 20, § 3º); nos casos de: legítima defesa, estado de necessidade, exercício regular de um direito, loucura ou embriaguez (CP, arts. 23, I a III, 26 e 28, II). Em todas essas circunstâncias o ato lesivo não é voluntário, para efeito de afastar o agente da sucessão[107], visto que o dolo é elementar na determinação da causa da exclusão; daí não se poder cogitar de qualquer situação em que a perda da vida resultou de uma ausência de *animus necandi*[108]. Além do mais, sendo o autor inimputável, se ocorrer uma

---

106. *Vide* José Lopes de Oliveira, op. cit., p. 52; W. Barros Monteiro, op. cit., p. 70. Indignidade: TJSP — Proc. 0019882-54.2012.8.26.0348 — 2ª Câm. D. Priv., rel. José J. dos Santos, j. 7-10-2014; TJRS, Ap. Civ. 70059097105 — 8ª Câm. Cível, Rel. Luiz Felipe B. Santos, j. 4-11-2014; STJ, REsp n. 1.102.360-RJ, 3ª T., Rel. Massami Uyeda, j. 9-2-2010.

107. W. Barros Monteiro, op. cit., p. 71; Degni, *Lezioni di diritto civile;* successioni a causa di morte, v. 1, p. 73; Vinicius P. Marques e Isa O. M. de Freitas, Exclusão da sucessão por indignidade: por um redimensionamento ético e hermenêutico do art. 1.814, I, do Código Civil, *Revista Síntese — Direito de Família, 99*: 9 a 26; Marcos Paulo dos S. B. Merheb e Debora F. Recanello, A exclusão do herdeiro por indignidade, *Revista Síntese — Direito de Família, 99*: 27 a 37. "Não pode ser acoimado de homicídio voluntário, para efeito de ser excluído da sucessão, na forma do art. 1.595, I, do Cód. Civ. [atual art. 1.814] o do herdeiro ou legatário que foi absolvido em processo criminal com base no CP. A absolvição, em virtude do reconhecimento da excludente de responsabilidade — doença mental, a gerar inimputabilidade absoluta —, afasta a exclusão da legatária, embora autora da morte do testador" (STF, *ADCOAS,* n. 90.341, 1983).

108. É a lição de Caio M. S. Pereira, op. cit., p. 36; Vitali, op. cit., v. 2, n. 1.049. "Abertura pelos netos, filhos de herdeiros condenados por homicídio doloso contra os falecidos pais e, por indignidade, excluído da sucessão — Intervenção da União Federal, reclamando a perda da herança, em seu favor, como efeito da condenação penal do indigno (artigo 91, II, 'b', do Código Penal) — Descabimento por ser caso de sucessão, por representação, dos descendentes do herdeiro indigno (artigos 1.599 do Código Civil de 1916 e 1.816 do novo Código Civil) — Reconhecimento, porém, de interesse e legitimação de participação no inventário, onde arrolados valores de seguros de vida deixados pelos falecidos, bens esses que, não integrando o patrimônio constitutivo da herança, podem configurar produto do crime — Agravo provido, em parte" (2ª Câm. de Férias "Julho/2004" de Direito Privado (AgI 361.166-4/5-Marília, Rel. J. Roberto Bedran, j. 8-3-2005, v.u.).

das causas de extinção da punibilidade, também não incorre em indignidade. Há, ainda, autores que entendem que a instigação ao suicídio deve ser equiparada ao homicídio, para efeito da indignidade[109]. A tentativa de homicídio permite a exclusão do herdeiro faltoso da sucessão, porque na sistemática de nosso direito sua incriminação tem os mesmos fundamentos dos crimes consumados[110].

Nosso direito não segue os passos da lei portuguesa, belga ou francesa[111], que requerem, como requisito dessa pena civil, a prévia condenação criminal do herdeiro ou do legatário, de modo que, no Brasil, a defesa invocada pelo apelante, segundo a qual ele ainda não foi julgado criminalmente, não tem qualquer procedência (*RT*, *164*:707). A prova da indignidade pode ser produzida no cível. É óbvio, porém, que uma absolvição do acusado, pelo reconhecimento de uma excludente de criminalidade, impede o questionamento do fato no cível, de acordo com o art. 935 do Código Civil, visto que a sentença criminal produz efeito de coisa julgada em relação aos efeitos civis; lícito não será, portanto, reconhecer a indignida-

---

109. Cicu, op. cit., p. 86.

110. W. Barros Monteiro, op. cit., p. 71. Há quem entenda que "não deve ser excluído da sucessão o que auxiliou o suicídio do *de cujus*, ou, a pedido deste, lhe apressou a morte, para minorar-lhe os sofrimentos. É que, em tal hipótese, desaparece a razão da lei. Pois, ao invés de revelar o agente do auxílio que lhe faltava amizade ao morto, demonstrou tê-la em excesso, a ponto de se expor a um processo e uma condenação criminal". É a lição de Dolor Barreira, *Sucessão legítima*, Rio de Janeiro, Borsoi, 1970, p. 96.
Ao que responde Sílvio Venosa (*Direito civil*, cit., p. 67): "Não cremos que esta seja a melhor orientação, abrindo válvulas no inciso legal. Enquanto a morte piedosa for considerada crime, não há como excluí-la dos casos de indignidade".
Já se decidiu que: "Meação — Divórcio — Indignidade. Quem matou o autor da herança fica excluído da sucessão. Este é o princípio consagrado no inc. I do art. 1.595 do CC de 1916, que revela a repulsa do legislador em contemplar com direito sucessório quem atenta contra a vida de alguém, rejeitando a possibilidade de que, quem assim age, venha a ser beneficiado com seu ato. Esta norma jurídica de elevado teor moral deve ser respeitada ainda que o autor do delito não seja herdeiro legítimo. Tendo o genro assassinado o sogro, não faz jus ao acervo patrimonial decorrente da abertura da sucessão. Mesmo quando do divórcio, e ainda que o regime do casamento seja o da comunhão de bens, não pode o varão receber a meação constituída dos bens percebidos por herança" (TJRS, 7ª Câm. Cív., AC 70005798004, Rel. Luiz Felipe Brasil Santos, j. 4-9-2003, m.v.).

111. Código Civil francês, art. 727: "*Sont indignes de succéder, et, comme tels, exclus des successions: 1º celui qui sera condamné pour avoir donné ou tenté de donner la mort au défunt; (...)*". *Vide* Planiol e Ripert, *Traité pratique de droit civil*, Paris, 1928, v. 3, n. 1.738, e v. 4, n. 46; Colin e Capitant, *Droit civil*, cit., v. 3, n. 611. E, quanto ao direito belga, consulte De Page, op. cit., n. 76. *Vide*: CC francês, art. 727, al. 1 e CC português, art. 2.034.

de no juízo cível[112]. O mesmo não se dirá da extinção da pena (prescrição ou indulto), que não tem o condão de ilidir a exclusão do herdeiro[113].

Para afastar herdeiro ou legatário em caso de homicídio voluntário ou de sua tentativa, imprescindível será a prova do fato; mera suspeita não é o bastante[114].

2º) Os que acusarem o *de cujus* caluniosamente em juízo ou incorrerem em crime contra a sua honra, ou de seu cônjuge ou companheiro.

Conforme o art. 339 do Código Penal (com a redação da Lei n. 10.028/2000), a denunciação caluniosa consiste em dar causa a instauração de investigação policial ou de processo judicial de investigação administrativa, inquérito civil ou ação de improbidade administrativa contra alguém, imputando-lhe crime de que o sabe inocente (*RT*, *562*:294; *510*:351). Tal acusação caluniosa deveria, outrora, ser feita em juízo criminal, mediante formulação de queixa ou representação ao Ministério Público, de maneira que não se configurava indignidade se o herdeiro acusasse, caluniosamente, o autor da herança em juízo cível (*RT*, *145*:693; *AJ*, *97*:45). Hoje, será indigno tanto quem fizer denunciação caluniosa no juízo criminal como em inquérito civil ou em investigação administrativa. Constitui, ainda, causa de indignidade o fato de o sucessor cometer qualquer dos crimes contra a honra do *de cujus,* arrolados nos arts. 138, 139 e 140 do Código Penal, que são: calúnia, difamação e injúria[115]. Orlando Gomes lembra-nos que a expressão *crime contra a honra* abrange as ofensas contra a memória do morto[116]. Pondera Carlos Maximiliano que não é necessária a condenação do herdeiro, bastando que este haja provocado ação penal contra o autor da herança[117]. Sem embargo dessa opinião, parece-nos que a razão está com Washington de Barros Monteiro, que entende que a prática de crimes contra a honra do hereditando só ficará apurada se houver prévia condenação do indigno no juízo criminal[118].

---

112. W. Barros Monteiro, op. cit., p. 70; Hermenegildo de Barros, op. cit., v. 18, p. 339; Caio M. S. Pereira, op. cit., p. 36. *Vide*: CPP, art. 65; *RSTJ*, *121*:255; *RT*, *629*:140; *RF*, *251*:286.
113. Caio M. S. Pereira, op. cit., p. 36.
114. Caio M. S. Pereira, op. cit., p. 37.
115. *Vide* Silvio Rodrigues, op. cit., p. 62; Caio M. S. Pereira, op. cit., p. 37; José Lopes de Oliveira, op. cit., p. 53; W. Barros Monteiro, op. cit., p. 71.
116. Orlando Gomes, op. cit., p. 52.
117. Carlos Maximiliano, op. cit., v. 1, n. 72.
118. W. Barros Monteiro, op. cit., p. 72.

3º) Os que, por violência ou fraude, inibiram ou obstaram o *de cujus* de livremente dispor de seus bens por ato de última vontade. O Código Civil, ao prescrever essa causa de indignidade, teve por escopo defender a liberdade de disposição do *de cujus*, punindo o herdeiro que, fraudulenta, dolosa ou coativamente, praticar atos, omissões, corrupção, alterações, falsificação, inutilização, ocultação, atentando contra essa liberdade ou obstando a execução do ato de última vontade[119]. Incorre, p. ex., nessa penalidade o legatário (CC, art. 1.939, IV) que: constrangeu o *de cujus* a fazer testamento ou codicilo (CC, art. 1.881); o impediu de revogar ou modificar testamento anterior; suprimiu seu testamento cerrado ou particular; elaborou testamento falso; fez uso de testamento contrafeito[120]. Como não se caracteriza aqui um delito criminal, ter-se-á, segundo Caio Mário da Silva Pereira[121], de provar o fato por qualquer meio. O ato lesivo do sucessor não será punido se ele tiver tempo de corrigir seus efeitos, p. ex., se induziu a facção testamentária e, posteriormente, inutiliza a cédula[122]. Igualmente não sofrerá punição se o testamento, por ele alterado, era nulo, dado que não há revogação do que não poderia produzir consequências jurídicas[123].

e.2.3. Declaração jurídica da indignidade

A exclusão do herdeiro ou legatário por indignidade não é arbitrária nem se dá *ipso iure*. É imprescindível o pronunciamento da indignidade por sentença proferida, por ser matéria que requer produção de provas não documentais, em via ordinária (CC, art. 1.815; CPC, art. 612), movida, em regra, contra o herdeiro, que praticou o ato insidioso passível de excluí-lo da herança, por quem tenha legítimo interesse (CPC, arts. 17 e 18) na sucessão, isto é, coerdeiro, legatário, donatário, fisco, ou melhor, o Município, o Distrito Federal ou a União (na falta de sucessores legítimos e testamentários) e qualquer credor, prejudicado com a inércia desses interessa-

---

119. Carlos Maximiliano, op. cit., v. 1, n. 75; Silvio Rodrigues, op. cit., p. 63.

120. Esta é a lição de W. Barros Monteiro, op. cit., p. 72.

121. Caio M. S. Pereira, op. cit., p. 37.

122. Carlos Maximiliano, op. cit., ns. 78 e 79.

123. Vitali, *Delle successioni,* cit., v. 1, § 21, citado por Caio M. S. Pereira, op. cit., p. 38. Pela Lei n. 6.515/77, qualquer herdeiro do hereditando, até mesmo o filho havido fora do casamento e reconhecido, pode ser privado da herança em todos esses casos do Código Civil, art. 1.814.

dos; logo, o representante do Ministério Público só tem legitimação para ajuizá-la na hipótese do inciso I do art. 1.814, ou seja, quando herdeiro ou legatário for autor, coautor ou participe de homicídio doloso ou tentativa deste, contra *de cujus* seu cônjuge, companheiro, ascendente ou descendente (art. 1.815, § 2º, acrescentado pela Lei n. 13.532/2017). Antes da Lei n. 13.532/2017, havia quem achasse, como nós, que, como o atual Código Civil era omisso a respeito, o Ministério Público poderia também propô-la, por ser o guardião da ordem jurídica (CF, art. 127) e pelo fato de haver interesse social e público de evitar que herdeiro ou legatário desnaturado receba vantagem, beneficiando-se da fortuna deixada pela sua vítima[124]. E, assim, já entendia o enunciado n. 116 do CJF (aprovado na I Jornada de Direito Civil de 2002): "o Ministério Público, por força do art. 1.815 do novo Código Civil, desde que presente o interesse público, tem legitimidade para promover ação visando à declaração da indignidade de herdeiro ou legatário". Só se caracterizará a exclusão do herdeiro por indignidade se a sentença, transitada em julgado, assim o declarar. Esse processo ordinário é, indubitavelmente, uma garantia, visto que assegura o direito de defesa do réu, considerando-se que nele o autor procura provar uma das causas legais da exclusão, enquanto o réu pretende evidenciar o contrário[125].

O prazo para a propositura da ação declaratória de indignidade é de quatro anos, contado da abertura da sucessão, sob pena de decadência (CC, art. 1.815, § 1º, com alteração da Lei n. 13.532/2017); portanto, tal ação não pode ser proposta em vida do hereditando. Exclui-se, assim, a iniciati-

---

124. Carlos Maximiliano, op. cit., n. 82. Já Walter D'Avanzo entende que os credores daqueles que se beneficiariam, se fosse o herdeiro declarado indigno e como tal excluído, não podem intentar essa ação (op. cit., v. 1, § 21). *Vide*: Zeno Veloso, *Novo Código*, cit., p. 1632. "Direito civil. Ação de exclusão de herdeiro (filho) da sucessão por indignidade. Pedido formulado pela autora (mãe) da futura e suposta herança. Ilegitimidade e impossibilidade jurídica. Quem pretender privar da legítima herdeiro necessário, deve fazê-lo por testamento. Para a ação de exclusão de herdeiro, prevista no art. 1.815, do Código Civil, 'possuem legitimidade ativa para a lide, além dos herdeiros, os legatários, os credores, o Fisco, os donatários, isto é, todos aqueles que, pelo resultado do inventário, serão contemplados com alguma parcela da herança'" (TJSC, AC 2005.036556-1-Timbó, rel. Des. Newton Janke, j. 31-7-2008).

125. Silvio Rodrigues, op. cit., p. 63-4. No direito comparado, a respeito do reconhecimento jurídico da indignidade, consulte Laurent, *Cours élémentaire de droit civil,* Paris, 1881, v. 2, n. 22; Colin e Capitant, *Droit civil,* cit., v. 3, n. 615; Huc, *Commentaires au Code Civil,* v. 5, n. 47; De Page, op. cit., t. 9, n. 79; Enneccerus, Kipp e Wolff, op. cit., v. 2, § 141.

va dessa ação pelo próprio ofendido[126], que terá apenas o direito de deserdar o ofensor, como logo mais veremos[127].

A ação deve ser proposta em vida do que praticou o ato ofensivo. Com o óbito do indigno extinguir-se-á a ação intentada contra ele, não se estendendo a seus sucessores, porque a indignidade é uma pena, e nenhuma pena deverá ir além do criminoso. Como a exclusão do indigno não opera *ipso iure,* com a abertura da sucessão transmitem-se-lhe o domínio e a posse da herança, ainda que tenha cometido qualquer um dos atos arrolados no art. 1.814 do Código Civil. Isto é assim porque antes do trânsito em julgado da sentença que o exclua da sucessão é ele plenamente capaz, e exerce, em toda sua plenitude, o direito hereditário que lhe compete. Se falecer antes da declaração de sua indignidade, seu direito hereditário passará a seus sucessores[128].

e.2.4. Efeitos da indignidade

O reconhecimento da indignidade produz os seguintes efeitos jurídicos:

1º) Os descendentes do excluído o sucedem, por representação, como se o indigno já fosse falecido na data da abertura da sucessão (CC, art. 1.816)

---

126. *Vide* Vitali, op. cit., n. 1.132. O Projeto de Lei n. 699/2011, acatando sugestão de Zeno Veloso, propunha a seguinte alteração, para o art. 1.815, parágrafo único: "O direito de demandar a exclusão do herdeiro ou legatário extingue-se em dois anos, contados da abertura da sucessão". Observou a respeito o referido jurista: "O direito de que trata o parágrafo único deste artigo é potestativo, sujeito, portanto, a prazo de decadência. Em sua redação original, o dispositivo repete o art. 178, § 9º, IV, do CC/16 estabelecendo um prazo decadencial de quatro anos, o que é excessivo. Decorridos quatro anos após o óbito de '*de cujus*', o inventário normalmente já está concluído e a partilha feita, acabada e julgada, não parecendo conveniente, em benefício da própria segurança jurídica, permitir-se, até aquela data, a introdução de uma questão que não foi suscitada antes, contra herdeiro ou legatário que se habilitou oportunamente. Este novo Código, por seu turno, vem diminuindo os prazos de prescrição, bastando comparar-se o art. 205 do CC/2002 com o art. 177 do CC/16. Por essa razão, proponho a redução de quatro para dois anos do prazo mencionado no parágrafo único do art. 1.815, à semelhança do que já ocorre no CC Português (arts. 2.036 e 2.167)". Rejeitando essa sugestão, ao comentar o PL n. 6.960/2002 (ora substituído pelo PL n. 699/2011), o Parecer Vicente Arruda, assim, argumentou: "A proposta busca reduzir o prazo de quatro para dois anos para que se possa demandar a exclusão do herdeiro. Levando-se em conta a severidade do ato praticado por aquele que está sendo excluído da herança por indignidade, é de ser mantido o prazo". Na redação dada ao § 1º do artigo 1.815, pela Lei n. 13.532/2017, o prazo de quatro dias foi mantido.

127. Caio M. S. Pereira, op. cit., p. 38. Há quem ache, como Leonardo D'Angelo V. Pereira (Indignidade sucessária, *Revista IOB de Direito de Família, 45*:112), que a sentença que reconhece a indignidade é constitutiva negativa por modificar a qualidade do herdeiro, tratando-o como indigno. Este recebe a herança, mas não poderá mantê-la em razão de decisão judicial.

128. Hermenegildo de Barros, *Direito das sucessões*, cit., p. 353-4; Carvalho Santos, op. cit., v. 22, p. 223.

equiparando-se, portanto, ao herdeiro premorto, hipótese em que se abre exceção ao princípio de direito sucessório de que não se pode representar pessoa viva (*viventis nulla est representatio*). Com isso acata-se o princípio constitucional da responsabilidade pessoal (CF, art. 5º, XLV) e a velha parêmia: *nullum patris delictum innocenti filio poena est* (nenhum crime do pai pode prejudicar o filho inocente). Os bens que o indigno deixa de herdar são devolvidos às pessoas que os herdariam, como se ele nunca tivesse sido herdeiro, devido ao caráter personalíssimo da pena, que não deve ultrapassar a pessoa do delinquente, ante a injustiça de estender-se a outrem as consequências de um fato a que se mostrou alheio. Entretanto, a substituição do excluído da sucessão ocorre tão somente na linha reta descendente; assim sendo, não poderá ser sucedido pelos ascendentes ou colaterais[129]. P. ex., suponha-se que A e B sejam filhos do *de cujus*; com a declaração da indignidade de B, 50% da herança será deferida a A e 50% a C e D (filhos de B), que herdam por estirpe, na representação do indigno.

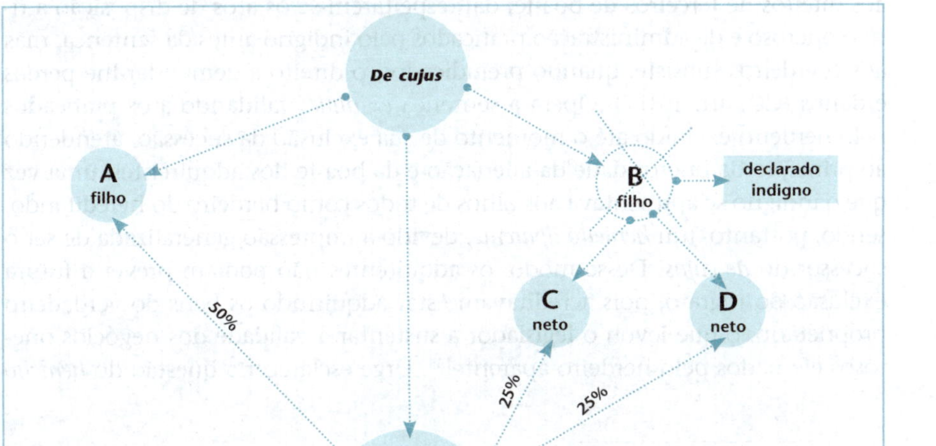

2º) Retroação *ex tunc* dos efeitos da sentença declaratória da indignidade, pois, embora se reconheça a aquisição da herança pelo indigno, a lei faz

129. W. Barros Monteiro, op. cit., p. 74; Silvio Rodrigues, op. cit., p. 65. *Consulte*: CC espanhol, art. 761; CC português, art. 2.037, 2; CC italiano, art. 467, al. 1 e CC argentino, art. 3.301.

os efeitos da decisão judicial retroagirem à data da abertura da sucessão, considerando o indigno como premorto ao *de cujus*[130].

Ante o exposto, fácil é perceber que, na pendência da ação até o seu desfecho, com o trânsito em julgado da sentença, o herdeiro está na posse dos bens do acervo hereditário; porém, ante o efeito retrooperante da sentença à data do falecimento do autor da herança, o excluído por indignidade deverá restituir os frutos e os rendimentos percebidos (CC, art. 1.817, parágrafo único), equiparando-se ao possuidor de má-fé, uma vez que nunca foi dono dos bens da herança, nem ignora que o ato de ingratidão que praticou contra o hereditando resultará em perda do direito à sucessão[131]. Apesar disso, o excluído tem direito ao reembolso das despesas feitas com a conservação dos bens do acervo hereditário (CC, art. 1.817, parágrafo único), que não se confundem, obviamente, com seu direito hereditário, ante o princípio de que a ninguém é lícito locupletar-se à custa alheia[132] (CC, art. 884).

Todavia, no seu efeito retroativo, a sentença não poderá causar prejuízo aos direitos de terceiros de boa-fé, daí respeitarem-se os atos de disposição a título oneroso e de administração praticados pelo indigno antes da sentença; mas aos coerdeiros subsiste, quando prejudicados, o direito a demandar-lhe perdas e danos (CC, art. 1.817). Opera a sentença *ex nunc,* validando atos praticados pelo herdeiro excluído até o momento de sua exclusão da sucessão, atendendo ao princípio da onerosidade da alienação e da boa-fé dos adquirentes, uma vez que o indigno se apresentava aos olhos de todos como herdeiro do hereditando, sendo, portanto, um *herdeiro aparente,* devido à impressão generalizada de ser o sucessor do *de cujus*. Desse modo, os adquirentes não podiam prever a futura exclusão do ingrato, pois acreditavam estar adquirindo os bens do verdadeiro proprietário, o que levou o legislador a sustentar a validade dos negócios onerosos efetuados pelo herdeiro aparente[133]. Urge esclarecer a questão do *herdeiro*

---

130. Silvio Rodrigues, op. cit., p. 66; Laurent, op. cit., v. 2, n. 23.

131. Caio M. S. Pereira, op. cit., p. 39; Duranton, *Cours de droit civil français,* 4. ed., Bruxelles, 1841, t. 3, n. 123; Silvio Rodrigues, op. cit., p. 67. Os bens que o indigno recebeu, mas deve devolver, designam-se *bens ereptícios*. Os romanos já diziam: *indignus potest cabere, sed non potest retinere* (indigno pode receber, mas não pode reter). Isto é assim porque, como ensina Pontes de Miranda (*Tratado de direito privado*, São Paulo, 1984, t. 55, § 5.602, p. 128), com a sentença, o indigno deixa de ser herdeiro, *ex tunc*: foi, porém, não é mais. *Vide*: Código Civil português, art. 2.037, al. 1.

132. W. Barros Monteiro, op. cit., p. 75.

133. Mário Moacyr Porto, Teoria da aparência e o herdeiro aparente, *RT, 260*:14; Caio M. S. Pereira, op. cit., p. 40; Silvio Rodrigues, op. cit., p. 67-9 e 73; Giselda M. F. N. Hironaka, *Direito civil — estudos*, Belo Horizonte, Del Rey, 2000, p. 253; Vabres, Les actes de l'héritier apparent, *Revue Trimestrielle de Droit Civil*, 1947; Crémieu, Validité des actes accomplies par l'héritier apparent, *Revue Trimestrielle de Droit Civil*, 1910. *Vide RTJ, 137*:321, *100*:890, *87*:930.

aparente. É o considerado como verdadeiro e legítimo titular do direito sucessório, embora não o fosse em razão de um erro (ignorância da existência de um herdeiro mais próximo do autor da herança; reconhecimento *post mortem* da paternidade de filho pelo *de cujus*), de exclusão da herança por indignidade ou deserdação, de falsidade ou nulidade de testamento.

No direito romano, o *possessor pro herede*, sob aparência de herdeiro, possuía de boa-fé bens hereditários. Em regra, seus atos de disposição não poderiam ter validade, ante o brocardo: *nemo ad allium transferre potest quam ipse habet*, mas o direito não pode prescindir das aparências, em prol da boa-fé, da paz e segurança social. É preciso levar em conta a boa-fé do adquirente, que acreditou não só na legalidade do ato negocial efetivado, mas também na condição de herdeiro do alienante, que até o instante da exclusão, aos olhos de todos, era o "real" herdeiro. Logo, merecem proteção jurídica as alienações feitas onerosamente pelo herdeiro aparente a terceiro de boa-fé (CC, art. 1.827, parágrafo único), sob pena de acarretar instabilidade nas relações jurídicas, desde que levadas a efeito antes da exclusão. O verdadeiro herdeiro apenas poderá pleitear perdas e danos do excluído. O real herdeiro pode exigir do aparente a reposição patrimonial, mas não do terceiro adquirente de boa-fé, porque a lei lhe retira a eficácia reivindicatória da ação. Se a alienação for gratuita não deverá ser mantida, porque não haverá qualquer dano, prevalecendo a situação do herdeiro real. E, além disso, pelo art. 1.828, o herdeiro aparente de boa-fé que houver pago legado está liberado do dever de restituir o equivalente ao verdadeiro sucessor, ressalvado a este o direito de proceder contra quem o recebeu.

3º) O excluído da sucessão não terá direito ao usufruto e à administração dos bens que a seus sucessores couberem na herança, ou à sucessão eventual desses bens (CC, art. 1.816, parágrafo único). Uma vez que é equiparado ao morto civil, nada mais natural que se lhe retirem a administração e o usufruto dos bens dos filhos menores sob o pátrio poder, que o substituíram no título de herdeiro ou inventário do *de cujus*. E se um de seus filhos, que o substituiu, vier a falecer, sem descendentes, não poderá o excluído receber esses bens[134].

4º) O indigno não está proibido, para alguns autores, de representar, p. ex., seu pai na sucessão de outro parente, já que a pena deve ser considerada restritivamente[135].

---

134. W. Barros Monteiro, op. cit., p. 75.

135. Planiol, Ripert e Boulanger, *Traité élémentaire*, cit., v. 3, n. 1.551; Caio M. S. Pereira, op. cit., p. 40.

5º) O excluído da sucessão por indignidade, uma vez apurada a obstação, ocultação ou destruição do testamento por culpa ou dolo, deverá responder ainda por perdas e danos, na forma do direito comum[136].

e.2.5. Reabilitação do indigno

Segundo o nosso direito, é possível a reabilitação do indigno, pois reza o art. 1.818 do Código Civil que o indivíduo incurso em atos que determinem a exclusão da herança será, não obstante, admitido a suceder, se a pessoa ofendida o tiver expressamente reabilitado por ato autêntico, ou testamento.

O herdeiro que incorreu em indignidade pode ser perdoado pelo ofendido, porque ninguém melhor do que este para avaliar o grau da ofensa. O direito de perdoar é privativo e formal; tem o condão de revogar os efeitos da indignidade e de admitir o ofensor à herança, reabilitando-o. Para tanto, a lei impõe ao ofendido a declaração expressa em testamento ou ato autêntico, como a escritura pública, de que, apesar da ofensa recebida, o ofensor deve ser chamado a gozar os benefícios da sucessão[137]. Uma vez concedido o perdão, este será irretratável, não mais se reconhecendo aos coerdeiros legitimação para reabrir o debate. "Não havendo reabilitação expressa, o indigno, contemplado em testamento do ofendido, quando o testador, ao testar, já conhecia a causa da indignidade, pode suceder no limite da disposição testamentária" (CC, art. 1.818, parágrafo único). Trata-se da reabilitação de indigno "tácita", por ser curial que o está perdoando. A contemplação do ofensor, em deixa testamentária pelo ofendido, que da ofensa já sabia, indica que não quer sua punição. Explica Orlando Gomes que, morto o ofendido, a abertura do testamento ou a divulgação do ato autêntico importa necessariamente em carência da ação. E se vier um ou outro a ser encontrado depois da sentença declaratória, vale como reaquisição da capacidade sucessória e cancelamento da pena de exclusão[138]. Trata-se de caso em que o herdeiro receberá os bens da herança com seus frutos e rendimentos, para o que deverá haver prolação de sentença que destrua os efeitos da primeira. E se porventura não mais existirem os bens que lhe couberem por direito hereditário, o reabilitado poderá ressarcir-se contra os que se beneficiaram de sua exclusão, recebendo o seu valor com todos os acrescidos[139].

---

136. Vitali, op. cit., v. 1, n. 259.

137. *Vide* Hermenegildo de Barros, *Direito das sucessões*, cit., p. 358.

138. Orlando Gomes, op. cit., n. 35. *Vide*: Código Civil italiano, art. 466, al. 2; CC português, art. 2.038, al. 2 e CC francês, art. 1.317.

139. É o que nos ensina Caio M. S. Pereira, op. cit., p. 43. *Vide*: CC português, art. 2.038,

e.3. Distinção entre incapacidade sucessória, indignidade e deserdação

Embora a indignidade esteja bastante próxima da incapacidade sucessória, com ela não se confunde, porque[140]: *a*) a incapacidade impede que surja o direito à sucessão e a indignidade obsta a conservação da herança; *b*) a incapacidade é um fato oriundo do enfraquecimento da personalidade do herdeiro, enquanto a indignidade é uma pena que lhe é imposta, se violou o art. 1.814 do Código Civil; *c*) o incapaz não adquire a herança em momento algum, ao passo que o indigno já recebe a posse e o domínio dela por ocasião da abertura da sucessão, vindo a perder os bens hereditários somente com o trânsito em julgado da sentença declaratória de sua indignidade; *d*) o incapaz nunca foi herdeiro, nada transmitindo a seus sucessores; o indigno, por sua vez, foi herdeiro, e, devido ao caráter personalíssimo da pena, transmite sua parte na herança, como se morto fosse, a seus descendentes.

Apesar de a deserdação e a indignidade terem o mesmo objetivo — a punição de quem ofendeu o *de cujus* —, são institutos distintos, pois: *a*) a indignidade funda-se, exclusivamente, nos casos expressos do art. 1.814 do Código Civil, ao passo que a deserdação repousa na vontade exclusiva do *auctor successionis,* que a impõe ao ofensor no ato de última vontade, desde que fundada em motivo legal (CC, arts. 1.814, 1.962 e 1.963); *b*) a indignidade é própria da sucessão legítima, embora alcance o legatário (CC, art. 1.814), enquanto a deserdação só opera na seara da sucessão testamentária; *c*) a indignidade priva da herança sucessores legítimos e testamentários, e a deserdação é o meio usado pelo testador para afastar de sua sucessão os seus herdeiros necessários (descendentes e ascendentes)[141].

---

2 e CC italiano, art. 466, al. 2. Trabucchi (*Instituciones de derecho civil*, Madrid, Revista de Derecho Privado, 1967, v. II, p. 383-4) pondera: "O indigno pode ser expressamente reabilitado em documento público ou por testamento posterior do autor da herança. Os efeitos da indignidade podem ser limitados por expressa vontade do *de cujus*, quando este, tendo ciência da causa da indignidade, vier a dispor, em posterior testamento, de um legado a favor do indigno. Tal deixa produz efeito (art. 466), ainda que para o restante da herança, à falta de uma reabilitação expressa, o beneficiado seja indigno para suceder".

140. *Vide* Carlos Maximiliano, op. cit., v. 1, n. 60; Itabaiana de Oliveira, op. cit., v. 1, p. 148; Planiol, *Traité élémentaire,* cit., v. 2, n. 1.731; Lacerda de Almeida, op. cit., §§ 10, 12, 13 e 30; *RT, 532*:200, *231*:222, *164*:707, *126*:692, *145*:693.

141. W. Barros Monteiro, op. cit., p. 68; Silvio Rodrigues, op. cit., p. 57; Thaís B. Marçal, Por uma releitura dos institutos da deserdação e da indignidade sucessória à luz do princípio da dignidade da pessoa humana: algumas proposições, *Revista Síntese — Direito de Família, 86*:58-72; Felipe C. de Almeida, Da indignidade à deserdação: formas de exclusão da sucessão na visão da doutrina e da jurisprudência, *Revista Síntese — Direito de Família, 86*:9-32.

Quadro Sinótico

TRANSMISSÃO DE HERANÇA

1. MOMENTO DA TRANSMISSÃO DA HERANÇA	Transmite-se a herança aos herdeiros na data da morte do *de cujus;* daí a importância da exata fixação do dia e da hora do óbito, uma vez que uma precedência qualquer, mesmo de segundos, influi na transmissão do acervo hereditário.		
2. LUGAR DA ABERTURA DO INVENTÁRIO	*a*) Importância do inventário	O processo de inventário visa descrever e apurar os bens deixados pelo hereditando, a fim de que se proceda à sua partilha entre os sucessores, legalizando, assim, a disponibilidade da herança.	
	b) Foro competente para o inventário	CC, art. 1.785; CPC, arts. 48, parágrafo único, I a III, 23, II.	
	c) Inventariante	Função da inventariança	A inventariança é um *munus* público, submetido à fiscalização judicial; o inventariante, tendo uma função auxiliar da justiça, adquire a posse direta dos bens do espólio para administrá-los, inventariá-los, e oportunamente partilhá-los entre os herdeiros.
		Critérios para a nomeação do inventariante	Para a escolha do inventariante dever-se-á obedecer à ordem indicada pelo art. 617 do CPC, salvo casos excepcionais.
3. OBJETO DA SUCESSÃO HEREDITÁRIA	*a*) Noção de herança	Herança é o patrimônio do falecido, isto é, o conjunto de direitos e deveres que se transmitem aos herdeiros legítimos ou testamentários, exceto se forem personalíssimos ou inerentes à pessoa do *de cujus.*	
	b) Indivisibilidade da herança	A herança é uma universalidade *juris*, indivisível até a partilha; assim, se houver mais de um herdeiro, o direito de cada um, relativo ao domínio e à posse do acervo hereditário, permanecerá indivisível até que se ultime a partilha, havendo um regime de condomínio forçado.	

4. CAPACIDADE E INCAPACIDADE SUCESSÓRIA	• *a*) Capacidade para suceder	• É a aptidão da pessoa para receber os bens deixados pelo *de cujus* no tempo da abertura da sucessão (CC, art. 1.787); para tanto, é preciso haver os seguintes pressupostos: morte do *auctor successionis*; sobrevivência do sucessor; herdeiro pertencente à espécie humana e fundamento ou título jurídico do direito do herdeiro.	
	• *b*) Exclusão do herdeiro ou do legatário por indignidade	• Conceito de indignidade	• É uma pena civil, que priva do direito à herança não só o herdeiro, bem como o legatário que cometeu os atos reprováveis, taxativamente enumerados em lei contra a vida, a honra e a liberdade do *de cujus*.
		• Causas da exclusão por indignidade (CC, art. 1.814)	• Autoria ou cumplicidade em crime de homicídio voluntário, ou em sua tentativa, contra o autor da herança. • Acusar o *de cujus* caluniosamente em juízo ou incorrer em crime contra a sua honra. • Inibir, por violência ou fraude, o *de cujus* de dispor livremente de seus bens em testamento ou codicilo ou obstar-lhe a execução dos atos de última vontade.
		• Declaração jurídica da indignidade	• A indignidade não opera ipso iure, mas é pronunciada por sentença proferida em ação ordinária, movida contra o herdeiro por quem tenha legítimo interesse na sucessão e pelo Ministério Público na ocorrência da hipótese prevista no inciso I, do art. 1.814 (CC, art. 1.815 e § § 1º e 2º).
		• Efeitos da indignidade	• Descendentes do indigno sucedem-no por representação, como se ele já fosse falecido na data da abertura da sucessão (CC, art. 1.816).

<table>
<tr>
<td rowspan="3">4. CAPACIDADE E INCAPACIDADE SUCESSÓRIA</td>
<td rowspan="2">• b) Exclusão do herdeiro ou do legatário por indignidade</td>
<td>• Efeitos da indignidade</td>
<td>• Retroação ex tunc dos efeitos da sentença declaratória da indignidade, salvo nos casos em que se causar prejuízo aos direitos de terceiros de boa-fé; daí respeitarem-se os atos de disposição a título oneroso e de administração praticados pelo indigno antes da sentença.
• O indigno não terá direito ao usufruto e à administração dos bens que a seus filhos menores couberem na herança ou à sucessão eventual desses bens (CC, art. 1.816 e parágrafo único).
• O excluído da sucessão poderá representar seu pai na sucessão de outro parente.
• O indigno, apurada a obstação, ocultação ou destruição do testamento por culpa ou dolo, deve responder por perdas e danos.</td>
</tr>
<tr>
<td>• Reabilitação do indigno</td>
<td>• O art. 1.818 do CC possibilita a reabilitação do indigno, permitindo-lhe ser admitido na herança, se a pessoa ofendida, cujo herdeiro ele for, assim o resolveu por ato autêntico ou testamento.</td>
</tr>
<tr>
<td>• c) Distinção entre incapacidade sucessória e indignidade</td>
<td colspan="2">• A incapacidade sucessória impede que nasça o direito à sucessão; a indignidade obsta a conservação da herança.
• A incapacidade é um fato oriundo do enfraquecimento da personalidade do herdeiro, enquanto a indignidade é uma pena civil.
• O incapaz não adquire a herança em momento algum; o indigno a adquire quando da abertura da sucessão, vindo a perdê-la com o trânsito em julgado de sentença declaratória de sua indignidade.</td>
</tr>
</table>

4. CAPACIDADE E INCAPACIDADE SUCESSÓRIA	• *c*) Distinção entre incapacidade sucessória e indignidade	• O *incapaz*, como nunca foi herdeiro, nada transmite a seus sucessores, ao passo que o *indigno*, ante o caráter personalíssimo da pena, transmite sua parte na herança, como se morto fosse, a seus herdeiros.
	• *d*) Distinção entre indignidade e deserdação	• A *indignidade* funda-se, exclusivamente, nos casos do art. 1.814 do CC, enquanto a *deserdação* repousa na vontade exclusiva do autor da herança, que a impõe ao ofensor no ato de última vontade, desde que fundada em motivo legal (CC, arts. 1.814, 1.962 e 1.963). • A *indignidade* é própria da sucessão legítima, embora alcance o legatário, ao passo que a *deserdação* só opera na seara da sucessão testamentária. • A *indignidade* priva da herança sucessores legítimos e testamentários; a *deserdação* é o meio empregado pelo testador para excluir da sucessão os seus herdeiros necessários.

5. Aceitação da herança

A. Conceito de aceitação da herança

A aceitação, ou adição da herança (*additio hereditatis*), vem a ser o ato jurídico unilateral pelo qual o herdeiro, legítimo ou testamentário, manifesta livremente sua vontade de receber a herança que lhe é, *ipso iure*, transmitida[142], visto que ninguém pode ser herdeiro contra sua vontade, em razão da parêmia *invito non datur beneficium*. Tem efeito meramente confirmativo da aquisição *ipso jure* da posse e da propriedade do acervo hereditário. Aceita a herança, torna-se definitiva a sua transmissão ao herdeiro, desde a abertura da sucessão (CC, art. 1.804). A aceitação produz, portanto, efeito *ex tunc*.

Como pondera Luigi Ferri, não se pode dizer que a aquisição da herança se dá com a aceitação, porque os direitos hereditários não nascem com ela, mas recuam *ipso iure* à data do óbito do *auctor successionis,* independentemente de qualquer ato, de modo que a aceitação produz efeito retrooperante[143]. A aceitação tão somente confirma o direito que o falecimento do *de cujus* atribuiu ao herdeiro, consolidando os direitos deste, chamado por ocasião da abertura da sucessão[144].

---

142. Sobre sua conceituação, *vide* Antonio Cicu, op. cit., v. 1, p. 135; Orlando Gomes, op. cit., n. 23; Silvio Rodrigues, op. cit., p. 37; W. Barros Monteiro, op. cit., p. 46; Caio M. S. Pereira, op. cit., p. 46; R. Limongi França, Aceitação da herança, in *Enciclopédia Saraiva do Direito*, v. 4, p. 24.

Delação hereditária ou *devolução sucessória* é o período que medeia a abertura da sucessão à espera da aceitação ou renúncia do sucessor. Trata-se da possibilidade de aceitação ou de renúncia da herança.

143. Ferri, op. cit., p. 98; Sebastião José Roque, *Direito das sucessões*, cit., p. 31-3.

144. Colin e Capitant, *Droit civil,* cit., v. 3, n. 635; De Page, op. cit., v. 9, n. 533; W. Barros Monteiro, op. cit., p. 46. Aplica-se a parêmia *invito non datur beneficium* (ao constrangido ou a quem não quer não se dá o benefício). *Consulte*: Zeno Veloso, *Novo Código,*

Todavia, não é um ato desnecessário, visto que ninguém deve ser herdeiro contra a própria vontade, dado que deverá assumir algumas obrigações, como a de pagar legado ou de cumprir um encargo, embora não mais substitua o *de cujus* em todas as suas relações jurídicas, respondendo pelas suas dívidas acima das forças da herança. Assim sucedia no direito anterior, em que para escapar desse risco era preciso que o herdeiro declarasse, formalmente, que aceitava a herança sob benefício de inventário (*beneficium inventarii*), ou seja, que a sua aceitação só teria eficácia se o ativo superasse o passivo, ficando, então, sua responsabilidade pelos encargos da herança circunscrita ao ativo do acervo hereditário[145]. Atualmente, o Código Civil, no art. 1.792, prescreve que o herdeiro não responde pelos encargos superiores às forças da herança; incumbe-lhe a prova do excesso, salvo se houver inventário, que o escuse, demonstrando o valor dos bens herdados e o montante das dívidas. Logo, não será responsável pelos débitos do *de cujus* que ultrapassem as possibilidades de seu quinhão sucessório (*RT, 185*:376; CPC, art. 796; CC, arts. 836 e 276), nem será acionado por dívidas do espólio, se os recursos deste forem insuficientes para solvê-las (*RF, 91*:150), de maneira que não haverá herança, desde que o passivo a absorva integralmente (*RT, 131*:142). É preciso não olvidar que o quinhão hereditário daqueles que herdam por direito de representação não responde pelas dívidas

---

cit., p. 1622. Já pelos Códigos Civis italiano (art. 459) e português (art. 2.050), o domínio e a posse da herança adquire-se pela aceitação. A aquisição da herança, nesses países, depende do ato voluntário da aceitação.

145. Deveras, no direito romano e no direito brasileiro, antes do Código Civil de 1916, a responsabilidade do herdeiro era *ultra vires hereditatis* (além das forças da herança), logo, devia ele pagar, com seu próprio patrimônio, os débitos do *de cujus*. Com isso, corria o risco de sofrer grande prejuízo econômico. Para escapar desse encargo, o herdeiro aceitava a herança a benefício de inventário, resguardando-se, pois, com isso, as dívidas do espólio seriam pagas pelas forças do acervo hereditário. Com o Código Civil de 1916, confirmado pelo atual Código, operou-se a *bonorum separatio*, ou seja, o patrimônio do herdeiro não se confunde com o do *de cujus*. A herança responde pelos débitos do espólio e o herdeiro tem responsabilidade *intra vires hereditatis* (dentro das forças da herança). Se o passivo for maior do que o ativo e se o herdeiro tivesse o dever de pagá-lo, ter-se-ia herança danosa, que poderia levá-lo à ruína. Silvio Rodrigues, op. cit., p. 37-8; Vitali, op. cit., v. 6, n. 353. Terceiro na qualidade de credor do espólio pode requerer abertura de inventário e alvará para cumprimento de obrigações, como passar escritura de compromisso de compra e venda quitado no curso do inventário para cessão de direito de uso de linha telefônica, para transferência de certificado de propriedade de veículo (Normas de Serviço da CGJ, Cap. IV, item 27 com a redação do Provimento 20/89). Tal alvará só autoriza a prática do ato; não obriga nem supre consentimento do herdeiro, nem substitui o contencioso (*RT, 578*:95, *563*:11, *639*:60, *600*:100; *RJTJSP, 118*:32). Se houver recusa o interessado deverá valer-se de ação equivalente.

do representado, mas apenas pelas do autor da herança (*RT, 200*:375), e que os bens doados a título de adiantamento da legítima não respondem pelos encargos da sucessão (*RT, 180*:754). O mesmo se aplica ao pecúlio formado por contribuições de funcionários públicos, em virtude de lei especial, ante o fato de o herdeiro os adquirir em razão de contrato e não de direito sucessório. Igualmente, as pensões militares não respondem pelas dívidas do *de cujus,* mas pelas contraídas pelo herdeiro no gozo da pensão (Lei n. 6.880/80)[146].

É direito potestativo do herdeiro a decisão pela aceitação ou renúncia da herança.

Com a aceitação da herança, no direito brasileiro, o herdeiro não assume os encargos do *de cujus* além das forças do acervo hereditário; para tanto não precisará fazer qualquer ressalva de que aceita a sucessão a benefício de inventário, como sucedia antes do Código Civil. Entretanto, nada obsta que o herdeiro renuncie ao benefício do inventário, declarando expressamente que assumirá todos os débitos do falecido, ainda que superiores ao ativo da herança[147].

B. Espécies de aceitação

Quanto à sua *forma,* a aceitação pode ser[148]:

1º) *Expressa,* se resultar de declaração escrita, pública ou particular (CC, art. 1.805, 1ª parte), do herdeiro manifestando seu desejo de receber a herança. A mera manifestação verbal do herdeiro no sentido de adir a herança, ainda que perante testemunhas, não vale como aceitação. Tal forma de aceitação não é mais tão frequente como outrora, dado que, hodiernamente, pelo disposto nos arts. 1.792 e 1.805 do Código Civil, é desnecessário frisar que se aceita a herança a benefício de inventário. É ociosa a exigência da aceitação expressa por ser ela ato meramente confirmatório da nova

146. É a lição de W. Barros Monteiro, p. 53-6. Benefício do inventário é o privilégio legal concedido ao herdeiro, desobrigando-o de responder pelos encargos além das forças da herança.

147. Walter D'Avanzo, op. cit., v. 1, § 53; Caio M. S. Pereira, op. cit., p. 52.

148. Silvio Rodrigues, op. cit., p. 38-9; W. Barros Monteiro, op. cit., p. 46-7; Clóvis Beviláqua, *Código Civil,* cit., v. 6, p. 27-8; Itabaiana de Oliveira, v. 1, p. 91; Colin e Capitant, *Droit civil,* cit., v. 3, n. 636; Caio M. S. Pereira, op. cit., p. 47-8; José Lopes de Oliveira, op. cit., n. 17. *Vide*: CC português, arts. 2.049, 2 e 2.060; CC italiano, arts. 476, 481 a 483; CC francês, art. 783.

relação jurídica estabelecida com a abertura da sucessão, pois somente a renúncia elide a presunção de aceitação (CC, art. 1.804, parágrafo único).

2º) *Tácita* ou indireta, se inferida da prática de atos, positivos ou negativos, somente compatíveis à condição hereditária do herdeiro (CC, art. 1.805, 2ª parte), que demonstrem a intenção de aceitar a herança, tais como: sua representação por advogado no inventário; cessão onerosa de direitos hereditários; administração, sem caráter provisório, dos bens que integram a herança; cobrança de dívidas do espólio; intervenção no inventário concordando com avaliações ou com outros atos do processo; transporte de bens da herança para o seu domicílio. Entretanto, há atos que, embora sejam praticados pelo herdeiro, não revelam o propósito de aceitar a herança, tais como: simples requerimento de inventário ou mera outorga de procuração para o processo, por serem obrigações legais inerentes ao herdeiro (*RT, 750*:264, *375*:174, *387*:142); atos oficiosos, como o funeral do finado, ou atos meramente conservatórios a fim de impedir a ruína dos bens da herança, ou os de administração e guarda provisória para atender a uma necessidade urgente (CC, art. 1.805, § 1º), por serem meros obséquios, praticados por sentimento humanitário, sem qualquer interesse; cessão gratuita, pura e simples, da herança aos demais coerdeiros (CC, art. 1.805, § 2º), porque importa em repúdio da herança; alienação de coisas suscetíveis de perecimento ou deterioração, se autorizada pelo magistrado; pagamento de débito da herança, porque é permitido pagar dívida alheia etc. Não passam de atos praticados para resolver certas situações de urgência, logo quem os efetivar não age como se fosse herdeiro (*pro herede gestio*).

3º) *Presumida,* se algum interessado em saber se o herdeiro aceita ou não a herança (p. ex., credor do herdeiro, legatário, pessoa que o substituiria se houvesse renúncia — CC, art. 1.947), requerer ao juiz, após 20 dias da abertura da sucessão, que dê ao herdeiro prazo de 30 dias para pronunciar-se. Decorrido esse lapso de tempo, o silêncio do herdeiro será interpretado como aceitação (CC, art. 1.807). Nesta espécie de aceitação, há ausência de qualquer manifestação expressa ou ato comissivo, pois a simples omissão de recusa é havida como aceitação da herança.

Quanto à *pessoa* que a manifesta, tem-se[149]:

---

149. Caio M. S. Pereira, op. cit., p. 48-9; Lacerda de Almeida, *Direito das sucessões,* cit., § 27; W. Barros Monteiro, op. cit., p. 51 e 48; Vitali, op. cit., v. 5, n. 93, p. 513; R. Limongi França, op. cit., p. 25; Arnoldo Wald, *Curso de direito civil brasileiro,* São Paulo, Revista dos Tribunais, 1997, v. 5, p. 39.

Vide Lei n. 11.101/2005, art. 129, V.

1º) Aceitação *direta,* se oriunda do próprio herdeiro.

2º) Aceitação *indireta,* se alguém a faz pelo herdeiro, hipótese em que surge a:

a) Aceitação pelos sucessores, se o herdeiro falecer antes de declarar se aceita ou não a sucessão; o seu direito de aceitar passa aos seus herdeiros, valendo a declaração destes como se daquele partisse. Se "A" vier a falecer deixando dois filhos, "B" e "C", e, logo em seguida, "B" morre, sem ter tido oportunidade de aceitar a herança deixada por "A"; "D", neto de "A" e filho de "B", poderá, então, aceitar a herança do avô, por direito de transmissão e não por direito de representação, visto que não houve premoriência de "B", por ter falecido depois de "A", sem, contudo, aceitar a herança recebida. Trata-se de sucessão hereditária do direito de aceitar, ou como prefere Clóvis Beviláqua, de sucessão *jure transmissionis.* Isto porque a morte do herdeiro, antes da aceitação, impede a transmissão aos seus sucessores de herança ainda não aceita, daí transferir-se-lhes o poder de aceitá-la ou de repudiá-la. Entretanto, essa espécie de aceitação será inadmissível na pendência de condição suspensiva, estipulada pelo testador, ainda não verificada (CC, art. 1.809), pois, se o herdeiro falecer antes do seu implemento, extinguir-se-á seu direito sucessório, já que a condição suspensiva obsta a aquisição do direito (CC, art. 125), perdendo o direito eventual toda sua força originária, devido à inocorrência da condição. P. ex., o testador institui "A" seu legatário, sob a condição de colar grau em ensino superior; se este herdeiro singular vier a morrer antes de terminar seus estudos, seus herdeiros não o sucederão no direito de aceitar o legado.

Os chamados à sucessão do herdeiro falecido antes da aceitação, se concordarem em receber a segunda herança, poderão aceitar ou renunciar a primeira (CC, art. 1.809, parágrafo único). Os herdeiros do herdeiro falecido somente poderão aceitar ou repudiar herança em nome deste, após terem aceito a herança por eles recebida. Se "A" falecer deixando como herdeiro "B" (seu filho), que vem a morrer após a abertura da sucessão, mas antes da aceitação, transmitindo seus bens a "C" (filho de "B" e neto de "A"), "C" não poderá renunciar ou aceitar a herança de "A" (sucessão hereditária do direito de aceitar) sem antes ter aceito a herança de "B".

b) Aceitação pelo tutor ou curador de heranças, legados ou doações, com ou sem encargos, em lugar do incapaz, desde que devidamente autorizado pelo juiz (CC, arts. 1.748, II, e 1.781).

c) Aceitação por mandatário ou gestor de negócios. Realmente, na sistemática de nosso direito cabe aceitação da herança pelo mandatário, embora seja controvertida a admissibilidade de declaração feita pelo gestor de negócios, subordinada tão somente à confirmação do herdeiro.

d) *Aceitação pelos credores* (CC, art. 1.813 e § 1º), se o herdeiro prejudicá-los com sua renúncia. A habilitação dos credores far-se-á no prazo decadencial de 30 dias seguintes ao conhecimento do fato abdicativo. Todavia, é imprescindível autorização judicial para que credores possam aceitar herança em nome do renunciante, só podendo beneficiar-se até o montante dos créditos; pagos tais débitos, o remanescente será devolvido àquele a quem a renúncia beneficia (CC, arts. 1.810 e 1.811; CPC, art. 642, § 3º, c/c art. 647), e não ao renunciante, que não é mais herdeiro (CC, art. 1.813, § 2º).

Daí o gráfico:

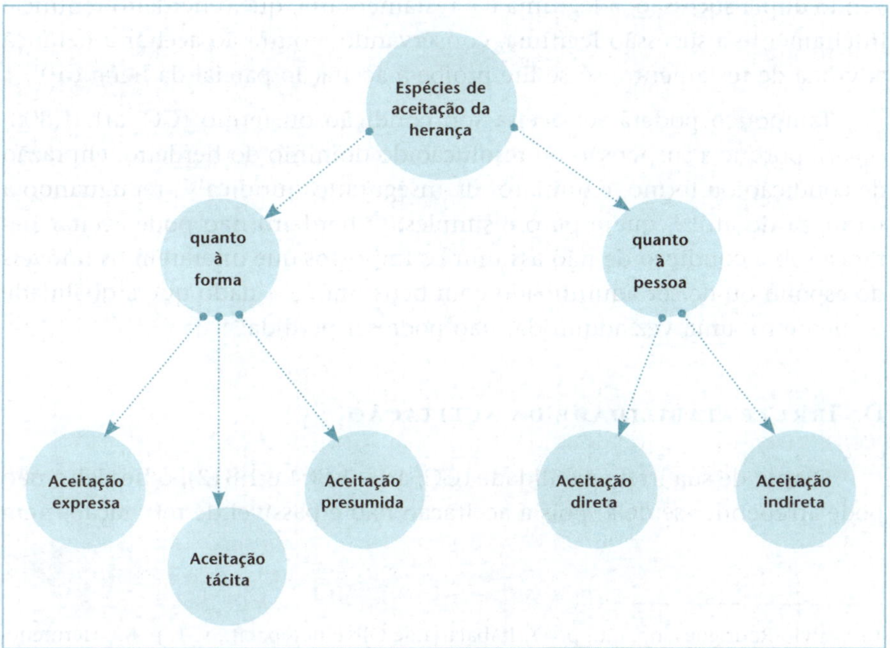

C. Seu conteúdo

Sendo a herança uma universalidade *juris* (CC, art. 91), não se pode admitir sua aceitação parcial, com exclusão de determinados bens. A herança deve ser aceita na sua totalidade, pois, sendo o herdeiro continuador da pessoa do *de cujus* no que concerne às relações jurídicas patrimoniais, seria inadmissível que ele tomasse parcialmente o lugar do *auctor successionis*, aceitando apenas a metade, uma terça ou quarta parte do acervo hereditário, ou somente o ativo, repudiando o passivo[150].

Entretanto, analisemos o caso do herdeiro que sucede simultaneamente a dois títulos. Se o sucessor do *de cujus* for herdeiro e ao mesmo tempo beneficiário de legado, e como não se confundem a herança e o legado, devido a diversidade de causas, poderá: aceitar a herança e o legado; renunciar a ambos; aceitar integralmente a herança e renunciar ao legado, ou, então, aceitar o legado por inteiro e repudiar a herança (CC, art. 1.808, § 1º). O herdeiro chamado, na mesma sucessão, a mais de um quinhão hereditário, sob títulos sucessórios diversos, pode livremente deliberar quanto aos quinhões que aceita e aos que renuncia (CC, art. 1.808, § 2º). Nada obsta, havendo dupla sucessão, a legítima e a testamentária, que o herdeiro renuncie inteiramente a sucessão legítima, conservando a outra ao aceitar a herança advinda de testamento; só se lhe proíbe a aceitação parcial da herança[151].

Tampouco poderá ser aceita sob condição ou termo (CC, art. 1.808, *caput*), porque a suspensão ou resolução do domínio do herdeiro, em razão de condição ou termo, é um fator de insegurança jurídica[152], repugnando à natureza do ato[153], que é puro e simples. O herdeiro não pode aceitar herança sob a condição de não assumir os impostos que onerarem os imóveis do espólio ou de ser aquinhoado com bens imóveis, dado que a qualidade de herdeiro, uma vez adquirida, não pode ser perdida[154].

D. Irretratabilidade da aceitação

Diante de sua irrevogabilidade (CC, arts. 1.804 e 1.812), o herdeiro não pode arrepender-se dela, pois a aceitação não é passível de retratação, nem

150. Silvio Rodrigues, op. cit., p. 41; Itabaiana de Oliveira, op. cit., v. 1, p. 89; Hermenegildo de Barros, *Direito das sucessões*, cit., p. 181-2.

151. R. Limongi França, op. cit., p. 24; Caio M. S. Pereira, op. cit., p. 50; Silvio Rodrigues, op. cit., p. 41; Brugi, *Instituciones de derecho civil*, p. 574; W. Barros Monteiro, op. cit., p. 50.

152. Silvio Rodrigues, op. cit., p. 41.

153. Hermenegildo de Barros, *Direito das sucessões*, cit., p. 181-2; Itabaiana de Oliveira, op. cit., v. 1, p. 89.

154. É o que nos ensina W. Barros Monteiro, op. cit., p. 50; Jorge S. Fujita, *Comentários ao Código Civil* (coord. Camillo, Talavera, Fujita e Scavone Jr.), São Paulo, Revista dos Tribunais, 2006, p. 1296.

poderá, se vier a renunciar, acarretar prejuízo aos credores (*RT, 115*:645). Se houver lesão aos direitos dos credores, estes poderão salvaguardá-los, reclamando a providência referida no art. 1.813 do Código Civil.

Suprimiu-se a previsão de retratação da aceitação, que, outrora, podia dar-se a qualquer tempo, mediante simples declaração unilateral do interessado, por termo nos autos, pagos os impostos devidos, porquanto, asseverava Washington de Barros Monteiro, ocorria transmissão de domínio, sujeita a incidência fiscal (*RT, 251*:357)[155]. Como a retratação da aceitação equivalia à renúncia, ao caso aplicavam-se as normas alusivas a esta, inclusive a da aceitação da herança pelos prejudicados que a requeriam[156].

E. Anulação e revogação

A aceitação pode ser anulada ou revogada, se após sua ocorrência for apurado que o aceitante não é o herdeiro ou que o testamento absorvia a totalidade da herança, havendo herdeiro necessário. Com a declaração da ineficácia da aceitação, a herança passa ao herdeiro a quem regularmente se defere, como se aquela aceitação nunca tivesse havido. Mas, se já houve homologação da partilha, o interessado só poderá reivindicar o que lhe compete por ação de petição de herança[157].

---

155. W. Barros Monteiro, op. cit., p. 53.

156. R. Limongi França, op. cit., p. 26.

157. Vitali, op. cit., v. 5, n. 220; Caio M. S. Pereira, op. cit., p. 50. *Vide*: CC francês, art. 783; CC italiano, arts. 482 e 483 e CC português, art. 2.060.

QUADRO SINÓTICO

ACEITAÇÃO DA HERANÇA

1. CONCEITO	• Aceitação é o ato jurídico unilateral pelo qual o herdeiro, legítimo ou testamentário, manifesta livremente sua vontade de receber a herança que lhe é transmitida.		
2. ESPÉCIES	• *a*) Quanto à sua forma	• Expressa	• Se resultar de manifestação escrita do herdeiro (CC, art. 1.805, 1ª parte).
		• Tácita	• Se inferida de atos, positivos ou negativos, compatíveis à condição hereditária do herdeiro (CC, art. 1.805, §§ 1º e 2º).
		• Presumida	• Se houver ausência de qualquer manifestação do herdeiro, dentro do prazo de até 30 dias, requerido por algum interessado ao juiz, após 20 dias da abertura da sucessão, para pronunciar-se (CC, art. 1.807).
	• *b*) Quanto à pessoa que a manifesta	• Direta	• Se oriunda do próprio herdeiro.
		• Indireta	• Se alguém a faz pelo herdeiro, caso em que se tem: aceitação pelos sucessores (CC, art. 1.809); pelo tutor ou curador (CC, arts. 1.748, II, e 1.781); por mandatário ou gestor de negócios; pelos credores (CC, art. 1.813, §§ 1º e 2º).
3. CONTEÚDO	• Não se pode, ante sua natureza, admitir aceitação parcial, sob condição ou a termo (CC, art. 1.808, §§ 1º e 2º).		
4. IRRETRATABILIDADE	• CC, arts. 1.812 e 1.813.		
5. ANULAÇÃO E REVOGAÇÃO	• Se após a ocorrência da aceitação verificar-se, p. ex., que o aceitante não é o herdeiro.		

6. Renúncia da herança

A. Conceito e requisitos

Renúncia é o ato jurídico unilateral, pelo qual o herdeiro declara expressamente que não aceita a herança a que tem direito, despojando-se de sua titularidade[158]. Deveras, o herdeiro não é obrigado a receber a herança; se a recusar, sua renúncia não lhe cria qualquer direito, pois o renunciante é considerado como se nunca tivesse herdado[159]. Com efeito, o parágrafo

---

158. Clóvis Beviláqua, *Código Civil*, cit., p. 28; *RT*, *264*:390, *427*:237, *544*:282, *526*:176, *611*:195, *672*:103, *639*:85, *675*:102, *693*:131, *696*:94, *750*:264, *756*:177, *759*:222 e *768*:216; *RJTJSP*, *106*:318, *141*:287, *150*:42, *152*:185; *RJ*, *189*:85, *183*:95, *116*:72, *84*:119; *RTJ*, *66*:609, *93*:293; *JM*, *104*:61; *RJTAMG*, *67*:234. Não pode haver renúncia antes da abertura da sucessão, que se opera com o óbito do autor da herança. Não pode haver repúdio de herança de pessoa viva. *Consulte*: Zeno Veloso, *Novo Código*, cit., p. 1622.

159. W. Barros Monteiro, op. cit., p. 48. Não se pode negar ao herdeiro o direito de renunciar, embora possa haver imposição de condições legais para que ele exerça esse direito pessoal. Se a transmissão da herança é automática e concomitantemente com a abertura da sucessão, desde esse instante surge a presunção de sua aceitação. Se ela não se der, a renúncia fará com que tal transmissão nunca tenha ocorrido.

Bol. AASP, *2.887*:12: "Apelação. Execução Fiscal. ITCD incidente sobre quinhão hereditário. Renúncia abdicativa de herança. Não incidência do imposto. Sentença mantida. A renúncia impede a transmissão *causa mortis*, que só ocorre de maneira definitiva com a aceitação. Com a renúncia, a parte ideal do renunciante retorna ao monte mor para a partilha entre os demais herdeiros, de maneira que o montante remanescente ao débito não ficará com o renunciante não podendo esse ser titular do crédito tributário de ITCD".

"Renúncia à herança. Inexistência de doação ou alienação. ITBI. Fato gerador. Ausência de implemento. A renúncia de todos os herdeiros da mesma classe, em favor do monte, não impede seus filhos de sucederem por direito próprio ou por cabeça. Homologada a renúncia, a herança não passa à viúva, e sim aos herdeiros remanescentes. Esta renúncia não configura doação ou alienação à viúva, não caracterizando o fato gerador

único do art. 1.804 do Código Civil assim reza: "A transmissão tem-se por não verificada quando o herdeiro renuncia à herança". A renúncia produz efeito *ex tunc*, retroagindo à data da abertura da sucessão.

A renúncia é um ato importantíssimo, uma vez que, efetivada, o herdeiro deixa de herdar; daí a necessidade, para a sua configuração, dos seguintes *requisitos essenciais*[160]:

1º) *Capacidade jurídica do renunciante*: não somente a genérica, para os atos da vida civil, mas também a de alienar. Assim, os incapazes não poderão renunciar à herança senão por meio de seu representante legal, previamente autorizado pelo juiz; o mandatário, para renunciar pelo mandante, deverá estar munido de poderes especiais e expressos (CC, art. 661, § 1º). A pessoa casada, entendemos, pode aceitar ou renunciar à herança ou legado independentemente de prévio consentimento do cônjuge[161], apesar de o direito à sucessão aberta ser considerado imóvel para efeitos legais, por ser ela a herdeira do *de cujus* (*RT, 605*:38, *538*:92, *524*:207) e não o consorte, que é, p. ex., tão somente, meeiro, se o regime for o de comunhão universal, visto que bens herdados não são comunicáveis nos demais regimes matrimoniais. Renúncia e aceitação da herança são atos próprios de quem é herdeiro, regendo-se pelo direito das sucessões e não pelo direito de família, logo o art. 1.647 não é aplicável. Pondera, nessa linha de pensamento, José Luiz Gavião de Almeida: "Questão que muito se discute diz respeito a saber se a renúncia exige vênia conjugal. Sendo ato unilateral, de não aceitação de direito hereditário, não se pode exigir a anuência do cônjuge. Esta se faz necessária nos casos de disposição patrimonial relativa a bem imóvel (art. 1.647, I). Aqui não há ato de disposição, mas de não aceitação. Para dispor

---

do ITBI, que é a transmissão da propriedade ou do domínio útil de bens imóveis. Recurso provido" (REsp 36.076/MG, 1ª T., rel. Min. Garcia Vieira, j. em 3-12-1998).

160. Dower, op. cit., p. 309; Hélio Borghi, *Da renúncia e da ausência no direito sucessório*, LEUD, 1997; Aspectos controvertidos da renúncia da herança, *Revista Estudos Jurídicos da UNESP*, *5*:37 a 52, 1998; Sebastião José Roque, *Direito das sucessões*, cit., p. 34-8; Olívio A. O. Martins. A substituição testamentária em razão de renúncia, *RJ, 92*:136.

161. De Page, op. cit., v. 9, n. 742; W. Barros Monteiro, op. cit., p. 48; Carlos Maximiliano, op. cit., v. 1, n. 38; Caio M. S. Pereira, op. cit., p. 54-5; Pacifici-Mazzoni, *Istituzioni di diritto civile*, v. 6, n. 219; Francisco José Cahali e Giselda Maria Fernandes Novaes Hironaka, *Curso avançado de direito civil*, São Paulo, Revista dos Tribunais, 2000, v. 6, p. 102; Herondes João de Andrade, Renúncia de herança, *Revista do Curso de Direito da Universidade Federal de Uberlândia, 11*:231-3, 1982; Zeno Veloso, *Novo Código*, cit., p. 1625, *RT, 55*:105, *557*:176; *JB, 147*:308; José Luiz Gavião de Almeida, *Código Civil comentado*, coord. Villaça Azevedo, São Paulo, Atlas, 2003, v. 18, p. 132; Denis Donoso, Da (des)necessidade de outorga uxória na renúncia da herança face aos regimes de bens adotados entre os cônjuges, *Revista IOB de Direito de Família, 58*:49-57.

há necessidade de ser titular do direito, situação que não acontece quando da renúncia". Todavia, há quem ache, como Zeno Veloso, que, se o renunciante for casado, imprescindível será a outorga do cônjuge, salvo se o regime de bens for o da separação absoluta (CC, art. 1.647), para que se opere a renúncia à herança, visto que, por lei, é considerada imóvel e a renúncia equivale à alienação. Nesse mesmo sentido, Francisco Cahali e Giselda Hironaka prelecionam que "tratando a sucessão aberta como imóvel a renúncia à herança depende do consentimento do cônjuge (...) Considera-se que a ausência do consentimento torna o ato anulável, uma vez passível de ratificação (*RT*, 675/102); no mesmo sentido: *RTJ*, *109*:1086)".

2º) *Forma prescrita em lei,* pois é ato solene. Para ter validade a renúncia deve constar, expressamente, de instrumento público, que é a escritura pública ou termo judicial (CC, art. 1.806), sob pena de nulidade absoluta. A *renúncia* só pode ser *expressa,* não se admitindo repúdio tácito ou presumido à herança. A escritura pública e o termo nos autos constituem requisito *ad substantiam* e não apenas *ad probationem* do ato[162].

3º) *Inadmissibilidade de condição ou termo*: a renúncia da herança é ato puro e simples (CC, art. 1.808). Realmente, se o herdeiro ceder a herança, impondo condições ou encargos, na verdade a está aceitando de modo disfarçado, por ser ato compatível somente com a condição de herdeiro. A cessão gratuita, pura e simples, da herança a todos os demais coerdeiros ou em benefício do mon-

---

162. *Vide* Caio M. S. Pereira, op. cit., p. 53-4. Há quem ache que a renúncia por termo nos autos depende de homologação judicial (*RF, 137*:489; *RT, 190*:699), mas o entendimento predominante é o de que a renúncia da herança por termo nos autos independe de homologação pelo juiz (*RT*, *427*:237, *468*:263). Por ser a renúncia ato voluntário do herdeiro, deverá ser expressa, portanto não poderá ser inferida por conjecturas ou presunções. Como o gênero *instrumento público* abrange vários atos expedidos por notários e registradores como: certidão, traslado, registro público, escritura pública etc., claro está que a renúncia só poderá dar-se por meio de escritura pública. *Bol. AASP*, *2682*:5602: "Apelação Cível — Abertura de inventário e partilha dos bens — Herdeiros necessários — Renúncia à herança em prol do cônjuge — Subscrição por mandatário com poderes conferidos por instrumento particular — Vício de forma — Disposição patrimonial que exige subscrição pelos próprios herdeiros renunciantes ou por mandatário com poderes conferidos por instrumento público — Nulidade do ato reconhecida — Recurso provido. A renúncia da herança, por importar em despojamento de direitos, deve ser perfectibilizada expressamente pelos herdeiros renunciantes por meio de instrumento público ou termo nos autos, ou realizada por mandatário imbuído de poderes especiais outorgados por instrumento público" (TJSC, 3ª Câm. de Direito Civil, ApC 2008.076029-6, Lages-SC, Rel. Des. Fernando Carioni, j. 31-3-2009, v.u.). Sobre a forma da renúncia: *RT*, *768*:216, *601*:63, *613*:95, *696*:94, *759*:222, *736*:201, *675*:91, *682*:183, *541*:200, *570*:248, *597*:186, *756*:177, *750*:264, *611*:195; *RTJ*, *93*:253; *RF*, *323*:210; TJSP, AgI 436.848-4/9-00-São Paulo, rel. Ribeiro da Silva; AgI 403.491-4/2, j. 22-11-2005, rel. Galdino Toledo Jr.

te equivale à renúncia. Se o cedente ceder seu quinhão hereditário em favor de certa pessoa, devidamente individualizada, estará aceitando a herança; doando-a logo em seguida àquela pessoa, não se configura renúncia. Nesta última hipótese tem-se a *renúncia translativa* ou *in favorem* (*RT*, *736*:201, *768*:216; *RTJ*, *76*:296, *93*:293), que, na realidade, é aceitação, por conter uma dupla declaração de vontade: a de aceitar a herança e a de alienar à pessoa designada sua quota hereditária. Só é autêntica a renúncia *abdicativa*, ou seja, cessão gratuita, pura e simples, feita indistintamente a todos os coerdeiros (CC, art. 1.805, § 2º). Se a renúncia for abdicativa, ou melhor, pura e simples, o único imposto a ser pago pelo beneficiado é o *causa mortis*, ao passo que, se for translativa, por ser uma doação, ou cessão de herança, que se segue à aceitação da herança, incidirá na tributação *inter vivos* (*RT*, *264*:391) e *causa mortis* (*RT*, *693*:131, *293*:533, *320*:257, *329*:650). Exemplificativamente: se o filho renunciar abdicativamente à herança de seu pai, a lei o considerará como se nunca tivesse herdado; os netos do falecido (filhos do renunciante) serão chamados à sucessão, e, herdando de seu avô, pagarão tão somente o imposto de transmissão *causa mortis*. Porém, se o filho do *de cujus* renunciar translaticiamente em favor de seus filhos (netos do *de cujus*), pretendendo que um receba mais do que os outros, há aceitação da herança, com subsequente transmissão, por ato *inter vivos*, à sua prole; daí haver imposto sobre duas transmissões, uma *causa mortis*, do *auctor successionis* a seu filho, e outra deste aos donatários[163].

4º) *Não realização de qualquer ato equivalente à aceitação da herança*, pois após a sua prática não valerá a renúncia.

5º) *Impossibilidade de repúdio parcial* da herança, por ser esta uma unidade indivisível até a partilha (CC, art. 1.808, 1ª parte). Mas ao herdeiro que suceder, concomitantemente, a título universal, como herdeiro, e a título singular, como legatário, o Código Civil, no seu art. 1.808, § 2º, autoriza que renuncie integralmente à herança, conservando o legado, ou vice-versa; pode também repudiar ou aceitar a ambos. Portanto, convém repetir, se for chamado na mesma sucessão, a mais de um quinhão hereditário, sob títulos sucessórios diferentes (p. ex. descendente herda a legítima e também é contemplado, por testamento, na parte disponível do *de cujus*), poderá decidir qual dos

---

163. W. Barros Monteiro, op. cit., p. 49; Planiol, Ripert e Boulanger, *Traité élémentaire*, cit., v. 3, ns. 2.400 e 2.401; Caio M. S. Pereira, op. cit., p. 55; Silvio Rodrigues, op. cit., p. 42. Na renúncia abdicativa, como a transmissão não se deu, prescinde-se de outorga conjugal. Na renúncia translativa, por haver transferência da herança ao herdeiro, se o regime de bens não for o de separação ou o de participação final dos aquestos (em que se convencionou a dispensa), necessária será a anuência do cônjuge (item III do Cap. XIV das Normas da Corregedoria Geral de Justiça do Estado de São Paulo — Prov. 58/89).

quinhões aceita, qual deles repudia (CC, art. 1.808, § 2º). Deveras, poderá, por exemplo, aceitar a herança, como sucessor testamentário e repudiar sua legítima e vice-versa, ou, ainda, se quiser, poderá aceitar ou renunciar a ambos.

6º) *Objeto lícito,* pois proibida está a renúncia contrária à lei, ou conflitante com direitos de terceiros[164]. O art. 1.813, §§ 1º e 2º, do Código Civil coíbe renúncia lesiva aos credores. Os credores prejudicados com a renúncia do herdeiro poderão, habilitando-se no prazo de 30 dias seguintes ao conhecimento do fato, aceitá-la em nome do renunciante, independentemente de prova de sua má-fé, mediante autorização judicial, para receberem o pagamento do que lhes é devido, assegurando-lhes um meio de, à custa do espólio, satisfazerem os seus direitos creditórios (CPC, art. 642, § 3º, c/c o art. 647). Do contrário, haverá fraude contra credores, pois se o devedor repudiar a herança ficará sem recursos para solver seus débitos. Com o pagamento das dívidas do renunciante, sua renúncia produzirá os demais efeitos, sendo devolvida a parte remanescente aos outros herdeiros (CC, art. 1.813, § 2º) imediatos do *de cujus,* e não ao renunciante, que não é mais herdeiro. Tem-se, portanto, uma suspensão da renúncia pelos credores até se pagar o que lhes é devido, enquanto o remanescente da herança será distribuído entre os demais herdeiros, prevalecendo a renúncia (*RT, 434*:143). Todavia, se o herdeiro renunciante possuir bens para pagar seus credores, poderá repudiar a herança, sem nenhuma restrição[165].

7º) *Abertura da sucessão,* pois só no momento do óbito do autor da herança é que nasce para o herdeiro ou legatário o seu direito à herança ou ao legado[166].

B. Efeitos

A renúncia, uma vez formalizada, passa a produzir os seguintes efeitos, por retroagir ao tempo da abertura da sucessão:

1º) O renunciante é tratado como se nunca tivesse sido chamado à sucessão; consequentemente, não será contado para efeito do cálculo da porção disponível do *de cujus.*

2º) O quinhão hereditário do repudiante, na sucessão legítima, transmite-se *ipso iure* aos outros herdeiros da mesma classe (direito de acrescer). P. ex., se o *de cujus* só tinha dois filhos e um deles repudia a herança, o outro ficará com a totalidade dela.

---

164. W. Barros Monteiro, op. cit., p. 48.
165. É o que nos ensina Silvio Rodrigues, op. cit., p. 43-4. *Vide* Lei n. 11.101/2005, art. 129, V.
166. Pontes de Miranda, op. cit., v. 55, p. 70.

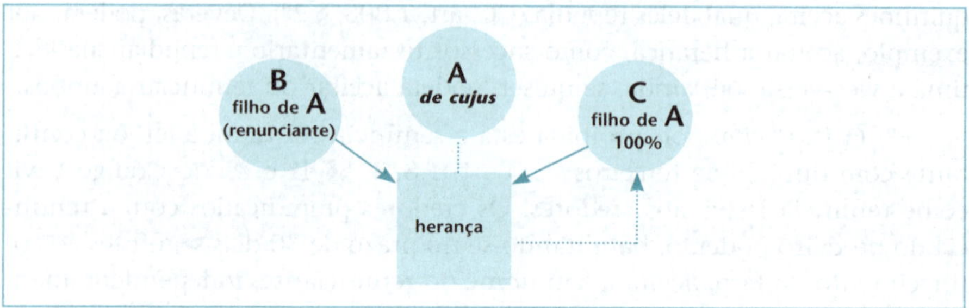

Pelo CJF, o Enunciado 575 (aprovado na VI Jornada de Direito Civil) entendeu que: "concorrendo herdeiros de classes diversas, a renúncia de qualquer deles devolve sua parte aos que integram a mesma ordem dos chamados a suceder", e assim justifica seu posicionamento: "com o advento do Código Civil de 2002, a ordem de vocação hereditária passou a compreender herdeiros de classes diferentes na mesma ordem, em concorrência sucessória. Alguns dispositivos do Código Civil, entretanto, permaneceram inalterados em comparação com a legislação anterior. É o caso do art. 1.810, que prevê, na hipótese de renúncia, que a parte do herdeiro renunciante seja devolvida aos herdeiros da mesma classe. Em interpretação literal, *v. g.*, concorrendo à sucessão cônjuge e filhos, em caso de renúncia de um dos filhos, sua parte seria redistribuída apenas aos filhos remanescentes, não ao cônjuge, que pertence a classe diversa. Tal interpretação, entretanto, não se coaduna com a melhor doutrina, visto que a distribuição do quinhão dos herdeiros legítimos (arts. 1.790, 1.832, 1.837) não comporta exceção, devendo ser mantida mesmo no caso de renúncia".

Se for o único da classe, os bens passam aos da classe subsequente (CC, art. 1.810). P. ex., suponhamos que o autor da herança era casado e não tinha prole, mas apenas mãe viva; se esta renunciar sua metade, a herança passa inteiramente ao consorte supérstite (CC, arts. 1.837 e 1.829, III).

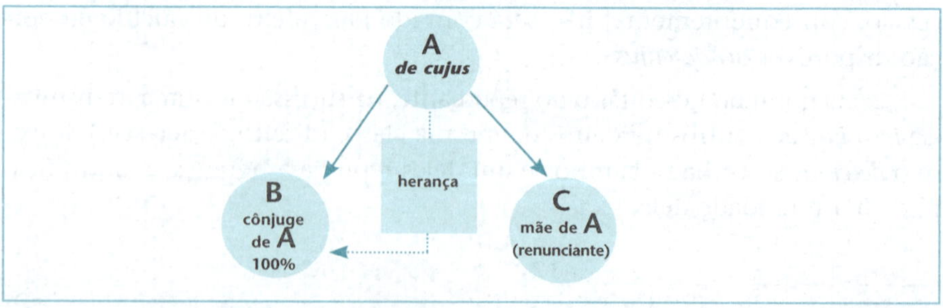

E, se não houver herdeiros, os bens arrecadam-se como vagos e acabam no erário. Essa regra só se aplicará à sucessão testamentária se o testador não determinou substituição[167], aplicando-se os arts. 1.941, 1.944 e 1.947 do Código Civil.

3º) Os descendentes do renunciante não herdam por representação na sucessão legítima; porém, se ele for o único da classe ou se os demais desta também repudiarem a herança, seus filhos poderão ser chamados à sucessão, por direito próprio e por cabeça (CC, art. 1.811). Exemplificativamente: se o *de cujus* apenas tinha dois filhos e netos e um de seus filhos renuncia à herança, a sua parte não será transmitida aos filhos do renunciante;

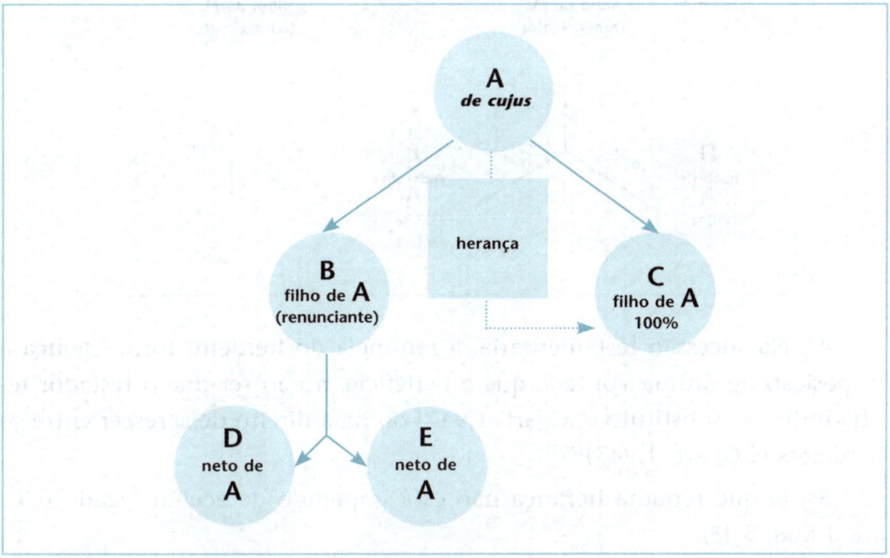

entretanto, se os dois filhos repudiarem a herança, os netos do falecido sucederão por direito próprio e por cabeça, e não por estirpe ou representação[168].

167. Caio M. S. Pereira, op. cit., p. 54 e 57; Dower, op. cit., p. 311; Herondes João de Andrade, op. cit., p. 232-3.

168. Silvio Rodrigues, op. cit., p. 46; J. M. de Carvalho Santos, *Código Civil interpretado*, v. 2, p. 163-73. Zeno Veloso (*Código Civil comentado*, São Paulo, Saraiva, 2011, com. ao art. 1.811) ensina: "Por exemplo: deixando o falecido quatro filhos e um dos filhos renuncia, a parte que seria do renunciante acresce à dos outros herdeiros da mesma classe (e que estão no mesmo grau, o que a lei não disse, mas é lógico). A renúncia opera *ex tunc* e o(s) filho(s) do renunciante não pode(m) suceder, representando-o. No mesmo caso, se os quatro filhos renunciarem, os filhos deles

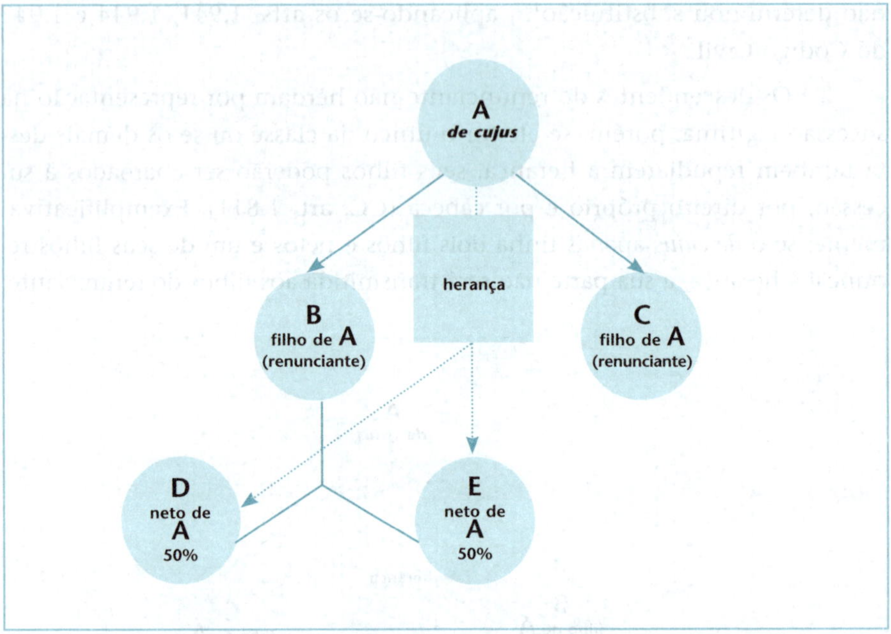

4º) Na sucessão testamentária, a renúncia do herdeiro torna caduca a disposição de última vontade que a beneficie, a não ser que o testador tenha indicado substituto (CC, art. 1.947) ou haja direito de acrescer entre os herdeiros (CC, art. 1.943)[169].

5º) O que repudia herança não está impedido de aceitar legado (CC, art. 1.808, § 1º).

6º) O renunciante pode administrar e ter usufruto dos bens que, em razão de seu repúdio, forem transmitidos a seus filhos menores sob poder familiar[170].

— netos do *de cujus* — poderão vir à sucessão, não por direito de representação, mas por direito próprio e por cabeça. Se, porém, os quatro filhos que renunciaram são todos os herdeiros da mesma classe, isto é, não há outros descendentes, de grau mais afastado, a herança se devolve à classe subsequente — ascendentes —, seguindo-se a ordem da vocação hereditária. Do mesmo modo, se todos os filhos e todos os netos renunciarem, não havendo mais descendentes, são chamados os ascendentes para receber a herança".

169. Silvio Rodrigues, op. cit., p. 46.

170. Caio M. S. Pereira, op. cit., p. 57.

C. Irrevogabilidade

Preenchidas as formalidades legais, a renúncia é irrevogável, irretratável (CC, art. 1.812; *RJTJSP, 28*:85) e definitiva, produzindo efeito imediato, gerando a ficção de não ter o renunciante jamais sido herdeiro[171], pois do contrário ter-se-ia a insegurança das relações jurídicas, por se admitir a perda da propriedade adquirida pelos herdeiros por efeito de renúncia[172].

O Código Civil de 2002 suprimiu a previsão de que, excepcionalmente, poderia ser retratada, quando proveniente de violência, erro ou dolo, ouvidos os interessados (*RT, 226*:395), pois tais atos geram sua anulabilidade.

Sendo a livre manifestação da vontade uma das condições de validade do ato jurídico, não poderia subsistir a renúncia se afetado o consentimento do herdeiro por qualquer um daqueles vícios[173]. Só se poderá obter essa retratação se o renunciante não agiu de má-fé ou maliciosamente (*RT, 256*:552), mediante via ordinária e não na de inventário (CPC, art. 612)[174]. Não obstante, trata-se, na verdade, de caso de anulação da renúncia por vício de consentimento e não de retratação. A renúncia é, como todo ato jurídico, anulável se a vontade, que a externou, manifestou-se viciada por erro, dolo ou coação, nos termos do art. 171, II, do Código Civil[175].

---

171. Orlando Gomes, op. cit., n. 26; Itabaiana de Oliveira, op. cit., v. 1, n. 130; Caio M. S. Pereira, op. cit., p. 55-6. *Vide*: CC português, arts. 2.061 e 2.066.
172. Dower, op. cit., p. 312; Silvio Rodrigues, op. cit., p. 49.
173. *Vide* José Lopes de Oliveira, op. cit., p. 44.
174. W. Barros Monteiro, op. cit., p. 53.
175. Silvio Rodrigues, op. cit., p. 49; Zeno Veloso, *Novo Código Civil comentado*, São Paulo, Saraiva, 2004, p. 1682. "A desistência difere da renúncia pela existência de destinatário, importando aquela numa cessão pura dos direitos e esta fazendo acrescer à parte do renunciante a dos outros herdeiros ou, se feita por todos, devolvendo-se a herança aos da classe subsequente. Uma coisa é desistir e outra é renunciar, diferençando-se uma da outra pela aceitação da herança, que é a antítese da renúncia e, em consequência, pela existência de destinatário, só compatível com a desistência, forma de disponibilidade ou cessão em que a aceitação está ínsita. A renúncia, de regra, é irretratável — Cód. Civ., art. 1.590 [1.812]. Para dispor dos direitos hereditários, cedendo-os, doando-os ou deles desistindo, o desistente terá aceito a herança, o que não se dá com o renunciante, que o é exatamente pela inaceitação. Se não aceita a herança, dela não terá a disponibilidade e, sem tê-la, não pode ceder ou transmitir a outrem. Tecnicamente, pois, a renúncia é de caráter abdicativo, sendo pouco aceitável a chamada renúncia traslativa, possivelmente fundada no art. 1.582 [1.805] do Cód. Civ., que dispõe não importar em aceitação a cessão gratuita, pura e simples, da herança aos demais herdeiros" (TJRJ, *ADCOAS*, n. 82.804, 1982).

Quadro Sinótico

RENÚNCIA DA HERANÇA

1. CONCEITO	• Renúncia é o ato jurídico unilateral pelo qual o herdeiro declara expressamente que não aceita a herança a que tem direito.
2. REQUISITOS	• Capacidade jurídica do renunciante. • Forma prescrita em lei (CC, art. 1.806). • Inadmissibilidade de condição ou termo (CC, art. 1.808). • Não realização de qualquer ato equivalente à aceitação da herança. • Impossibilidade de repúdio parcial (CC, art. 1.808, 1ª parte). • Objeto lícito (CC, art. 1.813, §§ 1º e 2º). • Abertura da sucessão.
3. EFEITOS	• Renunciante é tratado como se nunca tivesse sido chamado à sucessão (CC, art. 1.804). • CC, art. 1.810. • Descendentes do renunciante não herdam por representação (CC, art. 1.811). • Na sucessão testamentária a renúncia do herdeiro torna caduca a disposição que o beneficia, a não ser que o testador tenha indicado substituto (CC, art. 1.947) ou haja direito de acrescer entre os herdeiros (CC, art. 1.943). • O que repudia herança não está impedido de aceitar legado (CC, art. 1.808, § 1º). • O renunciante não perde o direito à administração e ao usufruto dos bens que, pelo seu repúdio, foram transmitidos aos seus filhos menores.
4. IRREVOGABILIDADE	• A renúncia é irretratável e não poderá ser revogada (CC, art. 1.812).

7. Cessão da herança

A herança é um valor patrimonial, mesmo que os bens que a constituam ainda não estejam individualizados na quota dos herdeiros; daí a possibilidade de sua transmissão por ato *inter vivos*, independentemente de estar concluído o inventário. É a hipótese em que se configura a *cessão da herança*, gratuita ou onerosa, consistindo na transferência que o herdeiro, legítimo ou testamentário, faz a outrem de todo o quinhão hereditário ou de parte dele, que lhe compete após a abertura da sucessão (*RT, 753*:174, *735*:224, *711*:103 e 208, *737*:192, *686*:105, *620*:214, *613*:95, *627*:110, *586*:206, *528*:110, *513*:76, *462*:209, *461*:107)[176].

---

176. Caio M. S. Pereira, op. cit., p. 24; Itabaiana de Oliveira, op. cit., v. 1, p. 99. A cessão onerosa corresponderia à compra e venda e a gratuita à doação. A renúncia translatícia ou *in favorem* opera-se quando o herdeiro indica a pessoa em favor de quem renuncia à herança, caso em que ter-se-á, na verdade, a cessão da herança (*RT, 736*:201, *614*:253). Caso em que se terá a incidência do imposto *causa mortis* e *inter vivos* (*RT, 624*:86 e *601*:63). Na renúncia pura e simples ou abdicativa não incide o imposto *inter vivos* (*RT, 750*:264). *Vide* sobre o assunto: Cahali e Hironaka, *Curso avançado*, cit., v. 6, p. 98. "Renúncia — Ato incondicional — Configura cessão de direitos hereditários a renúncia em favor de outro herdeiro — Testamento — Existência de cláusula de inalienabilidade, incomunicabilidade e impenhorabilidade — Possibilidade — Aplicação do artigo 1.723 do Código Civil de 1916 — Abertura da sucessão que se deu na vigência daquele diploma legal, situação que afasta a pretendida revogação com base na legislação civil vigente — Ato jurídico perfeito — Prevalência, em consequência, da vontade do testador — Agravo desprovido" (TJSP, 10ª Câm. de Direito Privado, AgI 403.491-4/2, Rel. Galdino Toledo Júnior, j. 22-11-2005, v.u., Voto n. 776); "Herança — Cessão de todos os direitos de imóvel herdado — Validade de negócio jurídico — Existência de cláusula de inalienabilidade no testamento público — Cláusula restritiva realizada há muito tempo, ajustando-se às necessidades da época, as quais tornaram-se inócuas com o passar do tempo — Cessionário que adquiriu os direitos do imóvel na mais completa boa-fé, ignorando a existência de testamentos — Necessidade de se atenuar, *in casu*, a disposição contida no art. 1.676 do CC/16 (TJSP)

— *RT* 801/188; "Interposição contra decisão que indeferiu pedido de renúncia da meação da viúva meeira em favor de sua única filha e herdeira — Possibilidade — Aplicação do artigo 1.581, do Código Civil de 1916 — Embora inconfundível com a renúncia à herança, dela se aproxima ao ponto em que implica em efetiva cessão de direito, de modo que utilizáveis os mesmos instrumentos para sua formalização — Agravo provido" (TJSP, 1ª Câm. de Direito Privado, AgI 355.193-4/9, Rel. Guimarães e Souza, j. 9-11-2004, v.u.); "Herança — Renúncia — Ação de arrolamento sumário — Cessão de direitos de meação à sua única filha e herdeira do falecido — Ato realizado por termo nos autos — Possibilidade — Desnecessidade da sua efetivação através de escritura pública — Art. 1.806 do novo Código Civil — Recurso provido" (TJSP, 8ª Câm. de Direito Privado, AgI 436.848-4/9-00, Rel. Des. Ribeiro da Silva, j. 18-5-2006, v.u., Voto n. 10.568). Cessão de direito de herança: TJMA, ApC. 145112006, 3ª C. Cív., rel. José S. Nunes Muniz, j. 23-10-2007); "Civil. Cessão de Direitos Hereditários. Ausência de Escritura Pública. Instrumento particular registrado no Cartório de Títulos e Documentos. Ação ajuizada na vigência do Código Civil de 1916. I — O novo Código Civil, em seu art. 1.793, é claro ao dispor que o direito à sucessão pode ser objeto de cessão 'por escritura pública'. Essa precisão, contudo, não existia no direito brasileiro, e a questão era controvertida na doutrina e jurisprudência. II — *In casu*, o documento foi levado a registro no Cartório competente, concedida, assim, a devida publicidade. Além disso, é anterior ao segundo, cuja validade não foi reconhecida pelas instâncias ordinárias, que concluíram pela má-fé dos cedentes e cessionários ora recorrentes. III — Contrato particular de cessão de direitos hereditários registrado em cartório cuja validade se reconhece ante a sua natureza obrigacional e, especialmente, tendo em vista as particularidades ocorridas no presente caso. IV — Recurso especial não conhecido" (STJ, REsp 502.873-MT — 2002.0169713-2, rel. Min. Antônio de Pádua Ribeiro, j. 7-4-2005); *Bol. BAASP, 2.614*:5057: "Agravo de Instrumento — Inventário — Alienação de imóvel — Coerdeiro que não representa o espólio ou os herdeiros. Ausência de autorização judicial. Inexistência do negócio jurídico. É inexistente, por falta de declaração de vontade, a alienação de imóvel deixado pelo *de cujus*, por apenas um dos coerdeiros, que não representa o espólio ou os demais herdeiros e não tem autorização judicial. Outrossim, considerando que a herança é transmitida como um todo unitário e indivisível (art. 1.791 do CC), o que subsiste até a partilha (art. 2.023 do CC), tem-se a ineficácia da cessão pelo coerdeiro de seu direito hereditário sobre qualquer bem da herança considerado singularmente (art. 1.793, § 2º, do CC), ressalvada a hipótese de prévia autorização do Juiz da sucessão (art. 1.793, § 3º, do CC). Recurso parcialmente provido, com observação" (TJSP, 5ª Câm. de Direito Privado, AgI 540.643-4/7-00-SP, rel. Des. Carlos Giarusso Santos, j. 7-5-2008, v.u.). "A respeito, confira-se, novamente, a lição de Maria Berenice Dias: 'A cessão pode ser levada a efeito desde a abertura da sucessão até o momento da partilha. Depois não mais se pode falar em cessão, mas em venda ou em doação, eis que os bens estão individualizados. [...] O cessionário sub-roga-se na posição do cedente, mas não vira herdeiro. Tanto isso é verdade que não pode exercer o direito de preferência caso algum herdeiro ceda seu quinhão hereditário em favor do terceiro. [...] Meação não é herança e meeiro não é herdeiro, mas o cônjuge e o companheiro do falecido podem ceder sua meação. Nada impede que o meeiro abra mão do patrimônio que lhe pertence, até porque a cessão não é instituto restrito ao âmbito sucessório. Não há qualquer óbice à cessão da meação, que pode ser tanto onerosa como gratuita, devendo o cedente indicar os beneficiários. Ainda que de herança não se trate, a cessão deve ser levada a efeito por escritura pública e não por termo nos autos. Mas uma diferença há com relação à cessão da herança. Quando os herdeiros cedem seu quinhão hereditário, significa que receberam a herança e transferiram a outrem, o que leva à incidência de dupla tributação: transmissão do *de cujus*

É preciso ressalvar que o objeto desse negócio jurídico não é a qualidade de herdeiro, por ser esta personalíssima e intransmissível, mas os direitos hereditários que lhe cabem na sucessão aberta[177]. Transmite-se ao cessionário apenas a titularidade do quinhão ou do legado, na mesma condição jurídica do cedente (CC, art. 1.793).

Os princípios que regem a cessão da herança são[178]:

---

ao herdeiro e deste, na condição de cedente, ao cessionário. Já quando a cessão é levada a efeito pelo meeiro, o único tributo que incide é sobre a transmissão ao cessionário. Como não há transferência do falecido ao cônjuge ou companheiro, não há ônus fiscal' (*Manual das sucessões*, 2. ed.; São Paulo, 2011, p. 211, 212 e 217). *In casu*, não obstante o ato translativo de propriedade tenha sido denominado cessão de direitos de meação, certo é que se está diante de uma doação. Nesse passo, deverá o Juízo de Direito encarregado de processar a ação de inventário e partilha dos bens proceder à divisão dos quinhões hereditários, observando a meação do cônjuge supérstite, bem como o ato de doação realizado em favor dos herdeiros" (STJ, EDcl nos EDcl no REsp 977.958-SC, Rel. Min. Marco Buzzi, j. 20-8-2013.

Cessão de herança: TJMG, Ac. 0093307-74.2010.8.13.0016, j. 9-2-2012, Rel. Rogério Medeiros; TJPR, Proc. 796628-3, Acórdão 21.926, 11ª Câmara Cível, Rel. Vilma R. R. Rezende, j. 15-2-2012; STJ, REsp 546.077, Rel. Nancy Andrighi, j. 2-2-2006; TJSP, AI n. 0083924-55-2013-8-26-0000, 8ª Câm. D. Priv., Rel. Salles Rossi, j. 21-8-2013.

177. Caio M. S. Pereira, op. cit., p. 63; Barassi, op. cit., n. 48. "A herança não é indivisível. Os herdeiros podem ceder seu direito hereditário a estranhos sem consentimento dos demais. O que o Código Civil de 1916 pretende significar no art. 1.791, parágrafo único, é apenas que, enquanto não se fizer a partilha, cada herdeiro tem uma parte ideal na herança, porque esta é uma universalidade de bens, cuja reivindicação de terceiros, que os detenham ilicitamente, pode ser promovida por qualquer herdeiro antes da partilha. Antes da partilha não poderá o herdeiro vender ou hipotecar parte determinada da herança comum, mas tão somente sua parte ideal" (STF, *ADCOAS*, n. 75.370, 1981).

178. Itabaiana de Oliveira, op. cit., v. 1, p. 100 e 104; Caio M. S. Pereira, op. cit., p. 63-4; Mario Antonio Zinny, *Cesión de herencia*, Buenos Aires, Librarius, 1992; Lacerda de Almeida, *Direito das sucessões*, cit., § 28; Hermenegildo de Barros, *Direito das sucessões*, cit., v. 18, p. 173; Matiello, *Código*, cit., p. 1170-2; Rodrigo Toscano de Brito, Cessão de direitos hereditários e a discussão sobre os novos requisitos presentes no Código Civil de 2002, in *Novo Código Civil — questões controvertidas*, São Paulo, Método, 2004, v. 3, p. 379-396; Giselda Hironaka, *Comentários ao Código Civil* (coord. Antônio Junqueira de Azevedo, São Paulo, Saraiva, 2003, v. 20, p. 75-6; Mauro Antonini, *Código Civil comentado*, p. 1787; José Osório de Azevedo Junior, Cessão de direitos hereditários. *Doutrinas essenciais — obrigações e contratos* (coord. G. Tepedino e Luiz E. Fachin), São Paulo, Revista dos Tribunais, 2011, v. II, p. 275-90; Luciano L. Passareli, Necessidade de lavratura de escritura pública quando houver cessão de direitos hereditários, *Revista de Direito Material, 2*: 253-623. Se o herdeiro for casado, salvo no regime de separação absoluta de bens (CC, art. 1.647, I), deverá, sob pena de nulidade relativa (CC, art. 1.649), obter para a cessão autorização do consorte. É a lição de Zeno Veloso, *Novo Código*, cit., p. 1608. Nem se deve celebrar cessão de direito hereditário entre cônjuges casados sob o regime de comunhão parcial, separação total ou de participação final nos aquestos, diz Rodrigo Toscano de Brito (Cessão, in *Novo Código*, op. cit., p. 393). *Vide* Eduardo de Oliveira Leite, *Comentários*, cit., p. 82. *RT, 737*:192,

1º) O cedente, além de ser herdeiro, deve possuir não só capacidade genérica para os atos da vida civil, mas também capacidade dispositiva, ou seja, capacidade para alienar.

2º) A cessão só será válida após a abertura da sucessão, por ser nulo qualquer negócio que tenha por objeto herança de pessoa viva (CC, arts. 166, II e VII, e 426). Cessão de direitos sobre herança futura é, portanto, inadmissível e nula *ipso iure*, visto ser um pacto sucessório vedado legalmente. E, como o direito à sucessão aberta é tido como coisa imóvel (CC, art. 80, II), a cessão será feita por escritura pública (CC, art. 1.793; TJSP, AI 482.6854/6-00, rel. Carlos Stroppa, j. 13-3-2007), sob pena de nulidade (CC, art. 166, IV), mesmo que a herança contenha apenas direitos pessoais ou bens móveis. Mas, já se decidiu, mediante aplicação do art. 1.806 do Código Civil, a favor da possibilidade de cessão de direitos hereditários por termo judicial (TJSP, AI 342.603.4/1-SP, rel. De Santi Ribeiro, j. 28-4-2004).

3º) A cessão tem por objeto uma universalidade de direito, ou melhor, um conjunto de bens que formam uma só massa, e não bens individualmente determinados; logo, só pode ser efetivada antes da partilha, pois se for levada a efeito em momento posterior, ter-se-á uma alienação de coisa certa e determinada.

4º) O cedente transfere a sua quota-parte ideal na massa hereditária sem especificar bens; se porventura tiver feito qualquer discriminação, esse fato não tem o condão de obrigar os coerdeiros, sendo ineficaz (CC, art. 1.793, § 2º), pois não lhe é permitido individualizar bens dentro da universalidade; logo, não se responsabiliza pelo *quantum* da herança cedida, daí a aleatoriedade da cessão, visto que aquele dependerá da partilha.

735:224, *726*:188, *711*:103 e 208, *627*:110, *699*:108, *606*:108, *736*:20, *620*:214, *614*:253, *420*:158, *575*:86, *580*:204, *306*:506, *326*:445, *335*:425, *569*:92; *RTJ*, *33*:840, *99*:1302, *88*:1044, *100*:789, *123*:290, *84*:226; *RJ*, *100*:315, *108*:307, *114*:218, *168*:58, *221*:152; *JM*, *118*:93; *Ciência Jurídica*, *51*:107, *50*:67 e 134, *51*:107; *EJSTJ*, *5*:56, *3*:60, *10*:76 e 77, *11*:231, *13*:62; *RF*, *122*:410, *144*:167; *RSTJ*, *89*:220, *71*:180; *RJTJSP*, *46*:51, *67*:166, *114*:94. *Vide*: BGB, §§ 2.033, al. 2, 2.034 e 2.382; CC português, arts. 2.128 e 2.130; CC espanhol, art. 1.067; CC italiano, art. 732.

Já houve decisão (TJSP, AC 70007954480, rel. Des. Antonio Carlos Stangler Pereira, j. 3-6-2004) de que: "A cessão de direitos sobre coisa certa, que, por atingir a universalidade da herança e depender do resultado de futura partilha, exige a expressa concordância de todos os interessados. Escrituras de cessão de direitos hereditários realizadas sem a presença de uma das herdeiras, menor de idade na época. Apelo desprovido".

Também não terá eficácia a disposição, sem prévia autorização judicial, de qualquer herdeiro, de bem componente do acervo hereditário considerado individualmente (p. ex., o apartamento 418 do Edifício *Sol* e *Mar*), pendente a indivisibilidade (CC, art. 1.793, § 3º; CPC, art. 619, I). Por isso, Mauro Antonini pondera que pelo § 3º do art. 1.793, ao prever a ineficácia daquela disposição, será possível que a cessão se torne eficaz com ulterior autorização judicial, convalidando-a, ou, ainda, se, feita a partilha, o bem cedido venha a compor o quinhão do cedente. Se algum coerdeiro quiser alienar bens da herança, dependerá da autorização do juiz, que preside o processo do inventário, que, para tanto, averiguará se há anuência dos demais coerdeiros (maiores e capazes) e se há a necessidade alegada pelo inventariante para pagamento de impostos ou débitos. Na lição de Giselda Hironaka, dever-se-á descontar o valor desse bem da quota cabível àquele herdeiro, que pretendeu cedê-lo.

5º) O cessionário sucede *inter vivos* um bem ou uma universalidade de coisas, sendo sucessor a título singular.

6º) O cessionário assume, relativamente aos direitos hereditários, a mesma condição jurídica do cedente. Pertencerá ao cessionário tudo o que, em virtude da herança, seria do cedente; não, porém, os que foram conferidos ao herdeiro em razão de substituição ou de direito de acrescer, que presumir-se-ão não abrangidos pela cessão. P. ex.: A cede a B, coerdeiro, o quinhão que lhe coube na herança de C. D, irmão de A, renuncia seu direito à herança e sua fração acresce-se à de A. Há presunção de que parte acrescida não está incluída na cessão feita entre A e B, a não ser que haja previsão expressa no contrato em sentido contrário. O cessionário subroga-se, portanto, nos direitos do cedente (CC, art. 1.793, § 1º).

7º) O cessionário, sendo sucessor a título singular, só responde pelas dívidas *intra vires hereditatis,* porque a cessão da herança não retira do cedente a sua qualidade de herdeiro, isto é, de sucessor a título universal do *de cujus*. O cessionário corre o risco de ver a herança ser absorvida pelos débitos, obrigando-se apenas pelo valor do direito cedido.

8º) A cessão da herança é negócio jurídico aleatório, de modo que o cessionário toma sobre si os riscos da quantidade, ou seja, de o quinhão adquirido ser menor do que o esperado. O cedente transfere sua quota-parte, garantindo apenas sua qualidade de herdeiro, mas não a quantidade da herança transmitida; portanto, o cedente não será responsabilizado se na partilha os bens existirem em quantidade menor do que a esperada, a menos que haja disposição expressa em contrário.

9º) O cedente não responde, em regra, pela evicção, por ter a cessão caráter aleatório, salvo se enumerar os bens da herança e estes não existirem, ou se for privado da qualidade de herdeiro, que afirmou ter.

10º) A cessão da herança, realizada sem ciência dos credores do espólio, possibilita que o cedente seja acionado por eles, ainda que o cessionário assuma a dívida, porque para eles a alienação é *res inter alios*. Trata-se de uma novação subjetiva por delegação (CC, art. 360, II), que requer, para a substituição do devedor na dívida, a anuência do credor.

11º) Em caso de cessão onerosa feita a estranho, sem que o cedente tenha oferecido aos coerdeiros a sua quota ideal para que exerçam seu direito de preferência, tanto por tanto, qualquer deles que, dentro do prazo decadencial de 180 dias após a transmissão, depositar a quantia, haverá para si o quinhão hereditário cedido. E, se vários coerdeiros o quiserem, entre eles se distribuirá o quinhão cedido na proporção das respectivas quotas hereditárias (CC, arts. 1.794, 1.795 e parágrafo único; *RT*, 543:144, *432*:229, *699*:144, *620*:214, *686*:105, *726*:188, *737*:192; *RTJ*, *99*:1301, *100*:789). Dessa forma, o cessionário de quotas da herança indivisa não poderá ser admitido no inventário sem que a cessão, que deve ter sido julgada válida, seja intimada aos coerdeiros, para usarem o direito de preferência concedido pelo art. 1.795 do Código Civil, porque a herança, enquanto não se procede à partilha, é coisa indivisível, não podendo, por este motivo, um dos coerdeiros ceder a sua parte a estranho se algum dos outros coerdeiros a quiser, tanto por tanto.

Logo, não há direito de preferência em caso de cessão de quota hereditária a outro coerdeiro, ou, ainda, se a cessão for feita gratuitamente a estranho.

12º) O juiz deve tomar conhecimento da validade do título de cessão de herança, anexado ao processo de inventário, podendo, então, o cessionário intervir desde logo nesse processo, sendo contemplado na partilha, tirando-se em seu nome o pagamento que competiria ao herdeiro cedente. Entretanto, se algum dos coerdeiros usar do direito de preferência antes da partilha, nem o coerdeirr cedente nem o cessionário deste têm legitimidade para continuar na causa.

13º) A cessão poderá ser rescindida havendo dolo ou qualquer outro defeito dos atos jurídicos, nos termos dos arts. 138 e seguintes do Código Civil.

QUADRO SINÓTICO

CESSÃO DA HERANÇA

1. CONCEITO	• A cessão da herança, gratuita ou onerosa, consiste na transferência que o herdeiro, legítimo ou testamentário, faz a outrem de todo quinhão hereditário ou de parte dele, que lhe compete após a abertura da sucessão.
2. PRINCÍPIOS	• Cedente deve ter a capacidade genérica e a dispositiva. • Cessão só valerá após a abertura da sucessão e deverá ser feita por escritura pública (CC, art. 1.793). • Cessão somente poderá ser efetivada antes da partilha. • Cedente transfere sua quota ideal na massa hereditária, sem discriminar bens (CC, art. 1.793, §§ 2º e 3º). • Cessionário sucede *inter vivos*, sendo sucessor a título singular. • Cessionário assume, em relação aos direitos hereditários, a mesma condição jurídica do cedente (CC, art. 1.793, § 1º). • Cessionário só responde pelos débitos *intra vires hereditatis*. • Cessão de herança é negócio jurídico aleatório. • Cedente, em regra, não responde pela evicção. • Cessão de herança feita sem anuência dos credores do espólio autoriza que o cedente seja acionado por eles. • Cessão onerosa realizada a estranho regula-se pelos arts. 1.794, 1.795 e parágrafo único do CC. • Cessionário intervém no processo de inventário, sendo contemplado na partilha, tirando-se em seu nome o pagamento que caberia ao cedente, desde que nenhum dos coerdeiros use do direito de preferência antes da partilha. • A cessão rescindir-se-á se houver qualquer vício do ato jurídico (CC, arts. 138 e s.).

8. Herança jacente e vacante

A. Conceito e natureza jurídica da herança jacente

Com o óbito de alguém, comumente seu consorte, ou herdeiro descendente ou ascendente, ou até mesmo um colateral sucessível passa a administrar sua herança, assumindo no início do inventário, perante o juiz, o compromisso de descrever e partilhar os bens, tornando-se, então, representante do acervo hereditário em juízo ou fora dele, quer ativa quer passivamente. Entretanto, podem ocorrer casos em que, relativamente a herança, inexiste quem a represente e delibere em seu interesse, configurando-se a jacência, que se pode dar tanto com o espólio de quem faleceu *ab intestato*, como com o de quem deixou um testamento[179].

Ter-se-á, portanto, herança jacente quando não houver herdeiro, legítimo ou testamentário, notoriamente conhecido. E, quando a herança for repudiada por todas as pessoas sucessíveis[180], ter-se-á declaração imediata da va-

---

179. Wagner Barreira, Herança jacente, in *Enciclopédia Saraiva do Direito*, v. 41, p. 36-7; Leopoldo Cesar de Miranda Lima, Da herança jacente no direito brasileiro atual, *RT*, *131*:437; Carlos Alberto Violante, *Herança jacente e herança vacante*, São Paulo, Ed. Juarez de Oliveira, 2003; Sebastião Luiz Amorim, Heranças jacente e vacante no atual Código Civil; *Novo Código Civil — questões controvertidas*, São Paulo, Método, 2004, v. 3, p. 359-378; Pedro T. P. Greco, Heranças jacente e vacante: é possível valorizar o bem-estar social com esses institutos jurídicos?, *Revista Síntese — Direito de Família 120:* 48-63.

180. Definição formulada por Lafayette, op. cit., § 172, nota 1, p. 356. Sobre suas conceituações, consulte Dusi, *Eredità giacente*, n. 15; W. Barros Monteiro, op. cit., p. 57; Itabaiana de Oliveira, op. cit., v. 1, p. 109; Sebastião José Roque, *Direito das sucessões*, cit., p. 39-44; *RT, 153*:276, *109*:673, *157*:134, *580*:93, *773*:194, *787*:207, *735*:238, *691*:153, *738*:236, *709*:56, *710*:178, *721*:285, *727*:131, *726*:197, *778*:233, *782*:202 e *792*:249; *EJSTJ, 13:72; JSTJ, 132*:63, *143*:112; *RJTJSP, 133*:235, *134*:342, *153*:193; *CJ, 28*:135. Observa Zeno Veloso (*Novo Código*, cit., p. 1637) que outro era o sentido de herança jacente no direito romano. Neste, entre a abertura da sucessão, com a dela-

cância (CC, art. 1.823), sem necessidade de providências relativas à arrecadação e jacência, e consequentemente a produção de seus efeitos jurídicos.

Deveras, nessas hipóteses a herança não tem dono aparente. Como não há ninguém que alegue a titularidade do acervo hereditário, o Estado, com o escopo de impedir o perecimento ou ruína da riqueza representada por aquele espólio, arrecada-o, para conservá-lo com o intuito de entregá-lo aos herdeiros legítimos ou testamentários que aparecerem e provarem sua qualidade de herdeiro, ou então para declará-lo vacante, se não se apresentar qualquer herdeiro, com o fim de transferi-lo para o patrimônio do poder público. Infere-se daí que a jacência é tão somente uma fase do processo que visa declarar a vacância da herança[181]; daí ser um estado de fato meramente transitório que perdura até o momento da entrega da herança aos herdeiros, que comprovarem sua condição, ou da declaração judicial da vacância.

Modernamente, a herança jacente não representa a pessoa do *auctor successionis* e muito menos os herdeiros, nem tampouco é pessoa jurídica. É um patrimônio despersonalizado, que, por poder atuar em juízo como autor ou réu, representado pelo curador (CPC, art. 75, VI), é considerado pelos processualistas, como nos lembra Zeno Veloso, uma massa patrimonial com personalidade judiciária. Constitui, apenas, um acervo de bens arrecadado por morte do *de cujus* sujeito à administração e representação, judicial ou extrajudicial, de um curador, a quem incumbem os atos conservatórios (CPC, art. 75, VI), sob fiscalização judicial durante um período transitório até sua entrega ao sucessor devidamente habilitado ou à declaração de sua vacância (CC, art. 1.819). Nesse período praticam-se diligências legais para o aparecimento de eventuais herdeiros até a determinação de seu estado definitivo, ou seja, a vacância, que se caracteriza pela devolução dos bens à Fazenda Pública, por não haver habilitação de herdeiro, porque não existe ou porque não quer receber a herança. Havendo jacência, ter-se-á uma de duas consequências: a entrega posterior dos bens aos herdeiros que se habilitarem, ou a decretação da vacância, se, decorrido o prazo legal, não aparecerem herdeiros. Fácil é denotar que a característica principal da jacência é a transitoriedade da situação dos bens[182].

ção da herança e o instante em que o herdeiro a aceitava, havia um lapso de tempo em que a herança jazia sem dono. Sendo designada *hereditas jacens*.

181. Silvio Rodrigues, op. cit., p. 51-2.

182. Itabaiana de Oliveira, op. cit., v. 1, p. 110; Clóvis Beviláqua, *Sucessões*, cit., § 21; Lacerda de Almeida, *Sucessões*, cit., §§ 16 e 19; Celso Barros, op. cit., p. 188. ; Zeno Veloso, *Código Civil comentado* (coord. Regina Beatriz Tavares da Silva), São Paulo, Saraiva, 2008, p. 1999.

A herança jacente não goza de personalidade jurídica, por ser uma massa de bens identificada como núcleo unitário. Massa de bens, identificável como unidade, não se personifica, por lhe faltarem os pressupostos necessários à subjetivação, tais como objetivo social, caráter permanente, reconhecimento pelo Estado, e por não precisar de personalidade, já que pode agir por outro processo técnico que, embora não lhe outorgue a mesma homogeneidade, lhe possibilita a ação sem quaisquer dificuldades[183]. Assim sendo, a herança jacente é uma massa de bens despersonalizada, que não convém deixar ao abandono[184].

Ante o exposto, convém distinguir a herança jacente do espólio, que designa a sucessão aberta até a partilha dos bens, porque ambos os institutos são entes despersonalizados. Todavia, diferem entre si, pois no espólio os herdeiros legítimos ou testamentários são conhecidos, ao passo que na herança jacente se configura uma situação de fato em que ocorre a abertura da sucessão, porém não existe quem se intitule herdeiro[185].

B. Condições da jacência

Conforme o nosso ordenamento jurídico, a herança será considerada jacente, ficando sob a guarda, conservação e administração de um curador no seguinte caso: *não havendo testamento*, ou melhor, quando se tiver sucessão legítima, se o finado não deixar cônjuge, ou companheiro, nem herdeiro descendente ou ascendente, nem colateral até o 4º grau, notoriamente conhecido (CC, arts. 1.819 e 1.844). Realmente, pelo art. 1.829 do Código Civil, defere-se a sucessão legítima aos descendentes em concorrência com o consorte supérstite (nos casos admitidos em lei); na sua falta, aos ascen-

---

183. Orlando Gomes, *Introdução ao direito civil*, Rio de Janeiro, Forense, 1971, p. 185. *Vide*, ainda, Mariano D'Amelio, *Codice Civile*; libro delle successioni, p. 245. Mas, por força do CPC, art. 75, VI, os processualistas conferem à herança jacente personalidade judiciária, visto que atua em juízo como autora ou ré, devidamente representada por curador nomeado pelo juiz.

184. É o que assevera Silvio Rodrigues, op. cit., p. 52.

185. Caio M. S. Pereira, op. cit., p. 59; Vitali, op. cit., v. 1, n. 5. Interessante é a observação de Anna Maria Villela (op. cit., p. 82) de que, se o inventariante representa em juízo o espólio e o curador a herança jacente (CPC, art. 75), originando uma "representação anômala, uma vez que a lei designa representante, posto não atribua personalidade jurídica ao representado, o tratamento dado à herança jacente e ao espólio, na qualidade de massa sucessória, é o de uma pessoa jurídica, ao menos aparente, não obstante esta ausência de personificação legal. A herança jacente e o espólio não são dotados de personalidade, mas possuem todos os elementos necessários para serem tidos como pessoa jurídica".

dentes, em concorrência com o cônjuge sobrevivo; na inexistência destes, ao cônjuge sobrevivente, e, se este não existir, aos colaterais sucessíveis. Cumpre ressaltar que não havendo qualquer parente sucessível (descendente, ascendente ou colateral até 4º grau), ao companheiro será entregue a totalidade da herança (CC, art. 1.790, IV, c/c art. 1.844). Tendo o *de cujus* qualquer um desses sucessores legítimos, sua herança não será jacente. Mas se os herdeiros, cônjuge, ou companheiro, descendentes, ascendentes ou colateral sucessível renunciarem à herança, esta será desde logo considerada vacante (CC, arts. 1.823, 1.819 c/c os arts. 1.804 e parágrafo único, 1.790 e 1.844).

A jacência *ab intestato* surge, portanto, com a inexistência de herdeiros legítimos conhecidos, e a vacância será desde logo declarada, se houver renúncia da herança pelos herdeiros[186] (CC, art. 1.823; *JSTJ*, *143*:112).

O Código Civil vigente foi omisso na questão da jacência, na hipótese de o *de cujus* ter deixado testamento, pois deveria proclamar jacente a herança: se o herdeiro nomeado não existir ou renunciar à herança, e se, suposto isso, inexistir cônjuge, descendente ou ascendente e colaterais sucessíveis, notoriamente conhecidos. E, ainda, esclarecendo que: se não houver herdeiro nem testamenteiro, será jacente, por falta de herdeiro e não de testamenteiro; se houver herdeiro e não houver testamenteiro, não se terá a jacência, pois o herdeiro não deixa de herdar por não haver testamenteiro, e, finalmente, se houver testamenteiro e não existir herdeiro, a herança será jacente, apesar de haver testamenteiro, porque, verificada a inexistência de herdeiro testamentário, o testamenteiro nada teria de fazer[187]; se o herdeiro instituído ainda não tem condições de se tornar titular do patrimônio que se lhe pretende transmitir, p. ex., se o testador nomeia herdeiro universal filho já concebido, mas ainda não nascido; enquanto não ocorrer o evento, ter-se-á a jacência, os bens hereditários serão arrecadados, à espera do beneficiário que está para chegar[188]; se se aguarda formação ou constituição de pessoa jurídica, a que se atribuíram bens[189], ou, ainda, se se tratar de instituição de herdeiro sob condição suspensiva, pendente tal condição[190].

---

186. W. Barros Monteiro, op. cit., p. 59; Carlos Maximiliano, *Sucessões*, 3. ed., v. 1, n. 50, p. 81.

187. Esta é a crítica feita, com muita propriedade, por Agostinho Alvim ao comentar o Código Civil de 1916, art. 1.592, in Do sobrinho em face da sucessão legítima, *RF*, *88*:296-7.

188. Carlos Maximiliano, op. cit., v. 1, p. 51.

189. W. Barros Monteiro, op. cit., p. 60.

190. Ruggiero e Maroi, *Istituzioni di diritto privato*, 8. ed., v. 1, p. 391. *Vide*: *RT*, *735*:232 e 238.

C. Arrecadação da herança jacente

Em princípio, transmitindo-se os bens da herança automaticamente aos herdeiros legítimos com a abertura da sucessão, fica-se na expectativa de a qualquer momento ser definida tal situação, mediante a habilitação dos herdeiros. Porém, enquanto não se habilitam, o patrimônio hereditário não pode ficar a mercê de interesses estranhos ou opostos à herança, motivo pelo qual se impõem medidas para protegê-la, como a arrecadação, sem perda de tempo, dos bens, promovida pelo juiz da comarca em que tiver domicílio o finado (CPC, art. 738), ordenará que o oficial de justiça compareça à residência do *de cujus,* acompanhado do escrivão ou do chefe de secretaria e do curador, e arrole e descreva, em auto circunstanciado, os bens encontrados (CPC, art. 740), com o intuito de obstar danos em consequência de extravio dos bens dessa herança jacente, pondo-se a seguro os objetos e valores que podem desaparecer, confiando sua guarda, conservação e administração a um curador nomeado judicialmente até ser entregue ao sucessor legalmente habilitado, ou até a declaração de vacância (CPC, art. 739). Nessa fase, a herança é tida como jacente, transformando-se em vacante se não surgirem herdeiros após a realização de todas as diligências no sentido de identificá-los e de promover-lhes a habilitação no inventário[191].

Aquele curador terá incumbência de: representar a herança em juízo (CPC, art. 75, VI) ou fora dele, com intervenção do órgão do Ministério Público; guardar e conservar os bens arrecadados; promover a arrecadação de outros porventura existentes; executar as medidas conservatórias dos direitos da herança; apresentar mensalmente ao juiz um balancete da receita e da despesa e prestar contas ao final de sua gestão (CPC, art. 739, § 1º, I a V; *RT, 557*:621). Assim sendo, ao curador compete, sob controle judicial: *a*) a liquidação dos valores; *b*) a alienação: de bens móveis de conservação difícil e dispendiosa; de semoventes, quando não empregados na exploração de alguma indústria; de títulos e papéis de crédito, havendo fundado receio de depreciação; de ações de sociedade, quando, reclamada a integralização, não dispuser a herança de dinheiro para o pagamento; de imóveis, se ameaçados de ruína, não convindo a reparação e se estiverem hipotecados e vencer-se a dívida, não havendo dinheiro para o pagamento (CPC, art. 742). Entretanto, não se procederá à venda se a Fazenda Pública ou o habilitando adiantar a importância para as despesas (CPC/2015, art. 742, § 1º); *c*) recolher o produto a estabele-

191. É o que assevera Celso Barros, op. cit., p. 189. *Vide,* ainda, a lição de Eduardo de Carvalho, *Processo de inventário,* § 19, notas 1 e 4.

cimento oficial; *d*) promover atos assecuratórios de conservação e de administração; *e*) responder pelos prejuízos a que der causa culposamente, podendo até ser removido, se a autoridade judiciária julgar conveniente[192].

Todavia, se até o instante em que o oficial comparece à casa do autor da herança para dar início à arrecadação não houver, ainda, curador nomeado, a autoridade judiciária designará um depositário, que, depois de compromissado, receberá os bens arrecadados, mediante termo nos autos (CPC/2015, art. 740, § 2º), para guardá-los e conservá-los até que lhe tome o lugar um curador nomeado livremente pelo magistrado.

É preciso ressaltar que durante a arrecadação o magistrado inquirirá os moradores da casa e da vizinhança sobre a qualificação do *de cujus,* o paradeiro de seus herdeiros e a existência de outros bens, lavrando tudo em auto de inquirição e informação (CPC/2015, art. 740, § 3º). Se houver bens em outra comarca, o juiz expedirá carta precatória para serem arrecadados no juízo deprecado (CPC/2015, art. 740, § 5º).

Ultimada a arrecadação, a autoridade judiciária mandará expedir edital, que será publicado na rede mundial de computadores, no sítio do tribunal a que estiver vinculado o juízo e na plataforma de editais do Conselho Nacional de Justiça, onde permanecerá por 3 meses ou, não havendo sítio, no órgão oficial e na imprensa da comarca, por 3 vezes com intervalos de um mês, convocando os sucessores do *de cujus* (*RT, 142*:325) para que venham a habilitar-se no prazo de 6 meses, contados da primeira publicação (CPC/2015, art. 741)[193]. O objetivo da publicação dos editais é o de evitar a vacância da herança, trazendo para ela os sucessores do *de cujus* que porventura existirem.

É mister salientar, ainda, que não se fará a arrecadação ou suspender-se-á esta quando, iniciada, se se apresentar para reclamar os bens o cônjuge supérstite ou companheiro, ou herdeiro ou testamenteiro notoriamente reconhecido (CPC/2015, art. 740, § 6º), e não houver oposição motivada do curador, de qualquer interessado, do Ministério Público ou do representante da Fazenda Pública, visto que só se justifica a arrecadação se a herança for jacente; não o sendo, não há razão para arrecadar bens do finado, convertendo-se, então, em inventário a arrecadação iniciada[194].

---

192. Caio M. S. Pereira, op. cit., p. 59. *Vide*: *JSTJ, 132*:63.

193. Sobre o assunto, consulte José Olympio de Castro Filho, *Comentários ao Código de Processo Civil*, p. 204 (Col. Forense, 10); Odilon de Andrade, *Comentários ao Código de Processo Civil*, p. 156; *RSTJ, 94*:215.

194. Wagner Barreira, op. cit., p. 42. É possível computar o prazo para usucapião quando

D. Habilitação de herdeiro para receber herança arrecadada

Os sucessores do finado poderão habilitar-se na herança até então havida como jacente dentro do prazo de 6 meses (CPC, art. 741), contados da data da primeira publicação do edital[195].

A habilitação do herdeiro de herança jacente é o reconhecimento de que alguém é herdeiro sucessível do autor da herança[196]. Tal habilitação processar-se-á de acordo com os arts. 687 a 692 do Código de Processo Civil, para que se assegure o direito eventual do poder público à herança jacente perante o juízo da arrecadação, se ainda não foi pronunciada a vacância (*RT, 157*:134); depois disso, qualquer reclamação será ajuizada na Vara Privativa dos Feitos da Fazenda[197].

A habilitação será requerida pelos sucessores do *de cujus* instruídos com documentos que evidenciem sua qualidade contra a parte, ou seja, o espólio deixado pelo falecido, representado em juízo pelo curador (CPC, arts. 75, VI, e 688, I e II), pedindo que, uma vez habilitados, a herança lhes venha a ser deferida, como de direito[198]. Além do mais, os herdeiros que estejam a promover sua habilitação têm legitimidade de parte para recorrer das decisões prolatadas contra a herança (*RT, 109*:673).

Julgada a habilitação do herdeiro, reconhecida a qualidade do testamenteiro ou provada a identidade do consorte, ou companheiro, a arrecadação converter-se-á em inventário (CPC, art. 741, § 3º). Observa Wagner Barreira que, como isso é determinado em sentença, dela cabe o recurso de apelação por qualquer interessado vencido no processo de impugnação. Assim, se o órgão judicante declarar improcedência do pedido de habilitação, serão os requerentes desta que apelarão da sentença para a instância supe-

---

já instaurado o processo de arrecadação de herança jacente, pois a herança jacente é bem a ser devolvido ao Estado somente com a declaração de vacância. Até então é possível a posse *ad usucapionem* (REsp 13.414-0-RJ). Há quem entenda (minoria) que o processo judicial de vacância é constitutivo e não declaratório. Antes do decurso do prazo do art. 1.594 do CC/16 (art. 1.822 do CC/2002) os bens da herança jacente podem ser adquiridos por usucapião (STJ, AgRg no AI 35.437-SP); STJ, REsp 36.959- SP. 3ª T., Min. Ari Pargendler, *DJU*, 11-6-2001, p. 196; *RTJ, 755*:201; *RSTJ*, 177.

195. Wagner Barreira, op. cit., p. 43.

196. *Vide* Itabaiana de Oliveira, op. cit., v. 1, p. 119.

197. Hermenegildo de Barros, *Direito das sucessões*, cit., v. 18, p. 191; Itabaiana de Oliveira, op. cit., v. 1, p. 119; W. Barros Monteiro, op. cit., p. 66.

198. Wagner Barreira, op. cit., p. 43.

rior. É preciso ainda lembrar que, se a decisão indeferitória for proferida por falta de provas da qualidade invocada pelo habilitando, não haverá perda do direito de promover nova habilitação, dado que a sentença tão somente declara deficiência da prova apresentada pelo interessado, não apreciando a qualidade de herdeiro por ele invocada; logo, não faz coisa julgada material, produzida, em regra, pela sentença de mérito (CPC, art. 966). Assim sendo, os habilitandos terão condições de reclamar os seus direitos novamente, por meio de nova habilitação, que não lhes pode ser negada, desde que ainda se encontrem no prazo[199].

E. Declaração da vacância

Serão declarados vacantes os bens da herança jacente se, após a realização de todas as diligências legais, não aparecerem herdeiros sucessíveis (CC, art. 1.820). Entretanto, essa declaração não será feita senão um ano depois da primeira publicação do edital convocatório dos interessados, desde que não haja herdeiro habilitado ou habilitação pendente.

199. Wagner Barreira, op. cit., p. 43-4; Sebastião Luiz Amorim e Euclides B. de Oliveira, Aspectos da herança jacente e da herança vacante, *RDC, 38*:76. "I — A mitigação do rigor formal em prol da finalidade é critério que se impõe na interpretação dos textos legais. Entretanto, no caso dos testamentos, deve-se redobrar o zelo na observância da forma, tanto por não viver o testador no momento de esclarecer suas intenções, quanto pela suscetibilidade de fraudes na elaboração do instrumento e, consequentemente, na deturpação da vontade de quem dispõe dos bens para após a morte. II — A revogação parcial do testamento, para substituir a herdeira anteriormente nomeada e já falecida, deve dar-se pelo mesmo modo e forma do anterior (art. 1.746 do Código Civil de 1916), não tendo a procuração *ad judicia* por instrumento particular esse condão revogador. III — A capacidade para adquirir por testamento pressupõe a existência do herdeiro, ou legatário, à época da morte do testador. Tendo falecido antes o herdeiro, perde validade a cédula testamentária. IV — Na lição de Pontes, 'a nulidade dos atos jurídicos de intercâmbio ou *inter vivos* é, praticamente, reparável: fazem-se outros, com as formalidades legais, ou se intentam ações que compensem o prejuízo, como a ação de *in rem verso*. Não se dá o mesmo com as declarações de última vontade: nulas, por defeito de forma, ou por outro motivo, não podem ser renovadas, pois morreu quem as fez. Razão maior para se evitar, no zelo do respeito à forma, o sacrifício do fundo' (*Tratado de Direito Privado*, t. LVIII, 2ª ed., Rio de Janeiro, Borsoi, 1969, § 5.849, p. 283). V — Iniciado o inventário e, no seu curso, verificada a inexistência de herdeiro testamentário, é de considerar-se jacente a herança, nos termos do art. 1.592, II, CC de 1916, caso em que 'o juiz, em cuja comarca tiver domicílio o falecido, procederá sem perda de tempo à arrecadação de todos os seus bens' (art. 1.142, CPC — hoje art. 738). A conversão do procedimento e a nomeação do curador dá cumprimento a essa norma e atende ao princípio da economia processual, nele expressamente assentado" (STJ, REsp 147.959-SP, 1997/0064432-4, rel. Min. Sálvio de Figueiredo Teixeira, 4ª Turma, *DJ*, 19-3-2001).

A herança jacente que aguardava herdeiro conhecido passa, então, a ser vacante, pela ausência de herdeiro sucessível, que seria o titular do acervo hereditário. Pendendo habilitação, a vacância será declarada pela mesma sentença que a julgar improcedente. Sendo diversas as habilitações, aguardar-se-á o julgamento da última (CPC, art. 743, § 1º).

Porém, se todos os chamados a suceder renunciarem à herança, será esta desde logo declarada vacante (CC, art. 1.823), com as respectivas consequências jurídicas; não haverá, portanto, a fase da jacência.

A herança vacante é a que é devolvida ao poder público por não haver herdeiros que se habilitassem no período da jacência, sendo, quase sempre, o estado definitivo da herança que foi jacente. Ou melhor, é o resultado da jacência[200]. Porém, a devolução dos bens ao Município ou Distrito Federal, se localizados nas respectivas circunscrições, ou à União, se situados em Território Federal, com a declaração da vacância, não tem o poder de incorporar a herança definitivamente e *ipso facto* ao patrimônio público[201], o que só ocorre decorridos 5 anos da abertura da sucessão (CC, art. 1.822). Logo, a sentença que declara a herança vacante transfere ao poder público a propriedade dos bens arrecadados; contudo, essa propriedade não será plena, mas resolúvel (CC, art. 1.359), pois mesmo vaga a herança permanecerá algum tempo aguardando o aparecimento e a habilitação de herdeiro sucessível[202].

F. Efeitos da vacância

A sentença declaratória da vacância (*RT*, *641*:119, *609*:249) acarreta as seguintes consequências jurídicas[203]:

---

200. Itabaiana de Oliveira, op. cit., v. 1, p. 110; Lacerda de Almeida, *Sucessões*, cit., §§ 16 e 19.

201. Itabaiana de Oliveira, op. cit., p. 121; Wagner Barreira, op. cit., p. 44. O Município, o Distrito Federal ou a União constitui, como diz Caio Mário da Silva Pereira (*Instituições*, cit., v. 6, p. 80), personificação da comunidade em que o falecido viveu e à qual esteve ligado. Urge lembrar que, como Roraima e Rondônia se tornaram Estados, não temos Territórios Federais. *Vide* art. 739 do CPC/2015 elimina a disposição sobre destino da herança vacante, mas a matéria está regulada no CC, art. 1.822.

202. Wagner Barreira, op. cit., p. 44; Walter Moraes, *Teoria geral e sucessão legítima*, São Paulo, Revista dos Tribunais, 1980, p. 82; Orlando Gomes, *Sucessões*, Rio de Janeiro, Forense, 1997, n. 59, p. 71; *RT, 556*:791, *709*:56, *717*:134, *726*:197, *727*:131; *JTJ*, *118*:303, *153*:193, *160*:237 e *206*:147; *RSTJ*, *92*:246.

203. Wagner Barreira, op. cit., p. 45-6; Pontes de Miranda, op. cit., v. 55, p. 113, § 5.599; Silvio Rodrigues, op. cit., p. 54-5; Déborah R. Lambach Ferreira da Costa, *Do Município na ordem de vocação sucessória*, dissertação de mestrado defendida em 1995 na

1ª) Cessação dos deveres de guarda, conservação e administração do curador (CPC, art. 739).

2ª) Devolução da herança à União, se os bens estiverem situados em Território Federal, aos Municípios ou ao Distrito Federal (sucessores irregulares), se localizados nas respectivas circunscrições, conferindo-lhe propriedade resolúvel (CC, art. 1.822; *RT*, *727*:131, *710*:178). Os direitos dessas entidades públicas fundam-se na vida social politicamente organizada.

3ª) Possibilidade de os herdeiros reclamarem os bens vagos, habilitando-se legalmente durante o prazo de 5 anos da abertura da sucessão, findo o qual o acervo hereditário incorporar-se-á ao patrimônio público definitivamente, e nenhum herdeiro poderá pleiteá-lo. Trata-se de um período de carência. Antes de perfazer o quinquênio, contado da data do falecimento do *de cujus,* o cônjuge, ou companheiro, sobrevivente, os descendentes e ascendentes do finado, após o trânsito em julgado da sentença que declarou a vacância, só poderão reclamar o seu direito por ação direta (CPC, art. 743, § 2º), ou seja, os sucessores do *de cujus,* mediante ação de petição de herança (CC, arts. 1.824 e s.). O art. 1.821 do Código Civil assegura aos credores o direito de pedir o pagamento das dívidas reconhecidas, nos limites das forças da herança, habilitando-se ao inventário ou por meio de ação ordinária de cobrança. O Código Civil, no parágrafo único do art. 1.822, pres-

---

PUCSP; W. Barros Monteiro, op. cit., p. 62; Sebastião Luiz Amorim e Euclides Benedito de Oliveira, Aspectos da herança jacente e da herança vacante, *Revista de Direito Civil, 38*:76-81; Destinação da herança vacante, *JB, 167*:69-78; *Inventários e partilhas,* São Paulo, LEUD, 2004, p. 220-23. *Vide*: *RTJ, 101*:267; *RJTJSP, 76*:25; *RT, 510*:111, *556*:791, *606*:249, *615*:62, *641*:119, *709*:56, *787*:207, *773*:194; *RF, 329*:267 e 268; *RJ, 180*:100, *189*:62 e 95; *RJTJSP, 90*:209; *RSTJ, 92*:246. "Lei Federal n. 8.049, de 1990. Anterioridade de óbito. Legitimidade da Universidade de São Paulo para figurar como sucessora. Afastamento da Municipalidade da condição de beneficiária dos bens arrecadados. Recurso provido. Tanto a vacância como a jacência da herança rege-se pela lei vigente quando falece o 'de cujus'" (TJ, 4ª Câm. Cív., AgI 261.601-1-SP, rel. Des. Cunha Cintra, j. 24-8-1995, v. u., em., *BAASP, 1950*:37). O Poder Público não pode renunciar a herança jacente, pois não é herdeiro. Recolhe a herança para que o patrimônio do falecido não fique acéfalo. Tem o dever de diligenciar na busca de eventual herdeiro, bem como administrar os bens para entregá-los aos sucessores. A renúncia é possível em caso de o Poder Público receber um legado com encargo, p. ex. *Vide,* ainda, Lei n. 9.140/95, sobre indenização a famílias de desaparecidos políticos entre 1961 e 1979, e Decreto n. 2.172/97, art. 108, I, II e parágrafo único, sobre concessão de pensão por morte presumida. Tal decreto ora se encontra revogado pelo Decreto n. 3.048/99.

Consulte: CC argentino, art. 3.588; CC francês, arts. 723 e 768; CC uruguaio, art. 1.034; e CC português, art. 2.152.

creve ainda que os colaterais ficam excluídos da sucessão legítima, se não se habilitarem até a declaração da vacância, passando a ser tidos como "renunciantes" de maneira que o seu direito hereditário ficará precluso com a sentença da vacância, ao passo que o efeito preclusivo dos direitos sucessórios dos demais herdeiros (cônjuge, companheiro, descendente ou ascendente) do autor da herança foi deferido para o termo final do prazo de 5 anos, contado da data da abertura da sucessão. Mas aqueles colaterais, pelo CPC, art. 743, § 2º, poderão reclamar seu direito por ação direta de petição de herança (CC, art. 1.824).

Logo, para se excluir o colateral, basta seu desinteresse em habilitar-se até a decretação da vacância, passando a ser considerado como renunciante. Logo, pune-se o seu desinteresse, com a exclusão da herança.

Urge lembrar que, antes da vigência da Lei n. 8.049/90, o Estado de São Paulo entregava, por meio da Procuradoria-Geral do Estado, os bens recebidos, em razão de vacância, à USP, à Unesp ou à Unicamp (Decreto estadual paulista n. 23.296/85), ante o fato de haver obrigação do poder público, que adquiriu o domínio dos bens arrecadados, de aplicá-los em fundações destinadas ao desenvolvimento do ensino universitário, sob fiscalização do Ministério Público (Dec.-Lei n. 8.207/45, art. 3º). Quando insuficientes para constituírem fundação, tais bens deviam ser convertidos em títulos da dívida pública, até que, aumentados com os rendimentos ou novas arrecadações, perfaçam capital bastante (Dec.-Lei n. 8.207, art. 3º, parágrafo único, c/c o art. 25 do CC/16). O art. 63 do Código Civil vigente alterou aquela disposição, ao estabelecer que, "quando insuficientes para constituir a fundação, os bens a ela destinados serão, se de outro modo não dispuser o instituidor, incorporados em outra fundação que se proponha a fim igual ou semelhante". Com a modificação da Lei n. 8.049/90, aqueles decretos foram revogados, e pelo atual Código Civil os bens vacantes passam para o domínio dos Municípios ou ao Distrito Federal para a atribuição que entenderem mais pertinente ao interesse público.

Mas, observam Euclides de Oliveira e Sebastião Amorim que, "tendo em vista os bons resultados alcançados pelo sistema anterior, especialmente pelo benefício social advindo da aplicação dos bens no ensino universitário, parece que não se vislumbra vantagem na alteração determinada pelo legislador e que acabou sacramentada no novo Código Civil, mantendo-se, pois, a priorização do Município no recebimento da herança vacante (arts. 1.822 e 1.844)".

Quadro Sinótico

HERANÇA JACENTE E VACANTE

1. CONCEITO DE HERANÇA JACENTE	• Há herança jacente quando não houver herdeiro legítimo ou testamentário.
2. NATUREZA JURÍDICA DA HERANÇA JACENTE	• A herança jacente é um ente despersonalizado, consistindo numa massa de bens arrecadada por morte do *de cujus*, sujeita a guarda, conservação e administração de um curador nomeado pelo juiz.
3. CONDIÇÕES DA JACÊNCIA	• CC, art. 1.819.
4. ARRECADAÇÃO DA HERANÇA JACENTE	• CPC, arts. 738, 739, 740, §§ 5º e 6º, 741 e 742.
5. HABILITAÇÃO DO HERDEIRO PARA RECEBER HERANÇA ARRECADADA	• Habilitação do herdeiro da herança jacente é o reconhecimento de que alguém é herdeiro sucessível do autor da herança (CPC, arts. 687 a 692 e 741, § 3º).
6. DECLARAÇÃO DA VACÂNCIA	• Declarar-se-á vacante a herança: *a*) se repudiada pelos herdeiros sucessíveis (CC, art. 1.823); e *b*) se após a realização de todas as diligências legais não aparecerem herdeiros sucessíveis, decorrido 1 ano da primeira publicação do edital convocatório dos interessados, desde que não haja herdeiro habilitado ou habilitação pendente (CC, art. 1.820, e CPC, art. 743, § 1º), operando-se a devolução dos bens vagos ao poder público, sem caráter definitivo (CC, art. 1.822).
7. EFEITOS DA VACÂNCIA	• Cessação dos deveres do curador (CPC, art. 739). • Devolução da herança ao poder público, conferindo-lhe propriedade resolúvel, que será definitiva se após 5 anos da abertura da sucessão não surgir herdeiro sucessível (CC, art. 1.822). • Possibilidade de os herdeiros reclamarem os bens vagos antes que se perfaça o quinquênio, contado da data da abertura da sucessão, mesmo após o trânsito em julgado da sentença declaratória da vacância, com exceção dos colaterais que se habilitaram até a declaração da vacância, cujos direitos hereditários ficarão preclusos com a sentença da vacância (CC, art. 1.822, parágrafo único; CPC, art. 743, § 2º).

CAPÍTULO III

Da Sucessão Legítima

1. Ordem de vocação hereditária

A. Sucessão legítima

Com a morte de alguém, verificar-se-á, primeiramente, se o *de cujus* deixou testamento indicando como será partilhado seu patrimônio. Em caso negativo, ou melhor, se faleceu sem que tenha feito qualquer declaração solene de última vontade; se apenas dispôs parte dos bens em testamento válido; se seu testamento caducou ou foi considerado ineficaz ou nulo ou, ainda, se havia herdeiros necessários, obrigando a redução da disposição testamentária para respeitar a quota reservatória, a lei promoverá a distribuição, convocando certas pessoas para receber a herança, conforme ordem nela estabelecida, que se denomina *ordem de vocação hereditária*. Em todas essas hipóteses ter-se-á sucessão legítima, que é a deferida por determinação legal. A sucessão legal absorverá a totalidade da herança se o *auctor successionis* falecer *ab intestato*, ou se nulo ou caduco for o testamento por ele feito, e restringir-se-á à parte não compreendida no testamento, se o testador não dispuser da totalidade da herança e se houver herdeiros necessários, que impõem o respeito à quota que lhes cabe[1].

---

1. Dower, *Curso renovado de direito civil*, São Paulo, Nelpa, v. 4, p. 331; Caio M. S. Pereira, *Instituições de direito civil*, Rio de Janeiro, Forense, 1976, v. 6, p. 68 e 72; Silvio Rodrigues, *Direito civil*, 3. ed., São Paulo, Max Limonad, 1967, p. 77; João Ayres Azevedo, *Da sucessão legítima*, Coimbra, 1927; Luigi Carraro, *La vocazione legittima alla successione*, Padova, CEDAM, 1979; Cafferata, *Legítima y sucesión intestada*, Buenos Aires, 1982; Belluscio, *Vocación sucesoria, sus fuentes en la reforma del Código Civil*, Buenos Aires, 1975; Gustavo R. Nicolau, Sucessão legítima no Código Civil, *Revista da Faculdade de Direito da FAAP*, *2*:102-10; Sebastião José Roque, *Direito das sucessões*, cit., p. 51-74; Walter Morais, *Teoria geral e sucessão legítima*, São Paulo, 1980; Giselda Maria F. Novaes Hironaka, Apontamentos renovados acerca da sucessão legítima no Brasil, in *Direito civil — estudos*, Belo

B. Vocação dos herdeiros legítimos

A ordem de vocação hereditária é, segundo Silvio Rodrigues, uma relação preferencial, estabelecida pela lei, das pessoas que são chamadas a suceder ao finado[2]. Consiste na distribuição dos herdeiros em classes preferenciais[3], baseada em relações de família e de sangue[4] conforme se pode ver pelo disposto no art. 1.829 do Código Civil: "A sucessão legítima defere-se na ordem seguinte: I — aos descendentes, em concorrência com o cônjuge sobrevivente, salvo se casado este com o falecido no regime da comunhão universal, ou no da separação obrigatória de bens (art. 1.640, parágrafo único); ou se, no regime da comunhão parcial, o autor da herança não houver deixado bens particulares; II — aos ascendentes, em concorrência com o cônjuge; III — ao cônjuge sobrevivente; IV — aos colaterais". Portanto, a base dessa sucessão é o parentesco, segundo as linhas e os graus próximos ou remotos, respeitando-se a afeição conjugal[5].

Na sucessão legítima convocam-se os herdeiros segundo tal ordem legal, de forma que uma classe só será chamada quando faltarem herdeiros da classe precedente. A relação é, sem dúvida, preferencial; há uma hierar-

---

Horizonte, Del Rey, 2000, p. 201-52; Rosa M. B. B. de Andrade Nery, Aspectos da sucessão legítima, *O novo Código Civil — estudos em homenagem a Miguel Reale*, São Paulo, LTr, 2003, p. 1368 a 1383; Rui Celso Reali Fragoso, Sucessão legítima, *Revista do IASP*, *14*:52-8; Felipe M. dos S. Vigo, Famílias poliafetivas e sucessão legítima, *Revista Síntese – Direito de Família*, 104: 98 a 130. Silvio Meira, *Instituições de Direito Romano*, SP, IASP, 2017, p. 507-18. *Vide* BGB, § 1.930.

2. Silvio Rodrigues, op. cit., p. 78.

3. Caio M. S. Pereira, op. cit., p. 73. *Vide*: BGB, § 1.930.

4. W. Barros Monteiro, *Curso de direito civil*, 17. ed., São Paulo, Saraiva, 1981, p. 78; Clóvis Beviláqua, *Comentários ao Código Civil*, v. 6, p. 59.

5. Polacco, *Delle successioni*, v. 1, p. 35; Euclides de Oliveira, *Direito de herança* — a nova ordem da sucessão, São Paulo, Saraiva, 2007; José Eduardo Loureiro e Francisco Eduardo Loureiro, Alguns aspectos da ordem de vocação hereditária no novo Código Civil, in *Temas relevantes de direito civil contemporâneo* (coord. G. E. Nanni), São Paulo, Atlas, 2008, p. 667-717; *RF*, *76*:519, *87*:462, *100*:507, *137*:139; *RT*, *136*:701, *305*:637, *568*:53, *656*:82, *614*:82, *753*:231, *754*:252; *RJTJSP*, *119*:381, *157*:194; *JM*, *118*:103 e *109*:305. Pelo art. 2.041 do Código Civil: "As disposições deste Código relativas à ordem da vocação hereditária (arts. 1.829 a 1.844) não se aplicam à sucessão aberta antes de sua vigência, prevalecendo o disposto na lei anterior". Na verdade, a remissão legislativa ao item I do art. 1.829 não seria o art. 1.640, parágrafo único, mas sim o art. 1.641 (*vide* PL 699/2011, que altera o art. 1.829). Os herdeiros legítimos podem ser: *a*) *necessários* ou *legitimários* (descendentes, ascendentes e cônjuge), tendo direito a 50% do acervo hereditário, do qual não poderão ser privados em testamento feito pelo autor da herança; *b*) *facultativos* (colaterais até o 4º grau), que poderão ser excluídos da herança, se o testador não os contemplar, distribuindo por ato de última vontade a quem quiser todo o acervo hereditário. Sobre sucessão legitimária: CC peruano, arts. 724 a 727.

quia de classes obedecendo a uma ordem, porque a existência de herdeiro de uma classe exclui o chamamento à sucessão dos herdeiros da classe subsequente. Assim sendo, se o autor da herança apenas deixar descendentes e ascendentes, só os primeiros herdarão, pois a existência dos descendentes retira da sucessão os ascendentes. Só se convocam ascendentes se não houver descendente; o consorte supérstite, além de, em certos casos, concorrer com descendente ou ascendente, só herdará a totalidade da herança na ausência de descendentes e ascendentes; os colaterais, se não existirem descendentes, ascendentes e cônjuge sobrevivente. Logo, se houver herdeiro sucessível de uma classe considerada preferencial por razões especiais, ele será chamado à sucessão do autor da herança, deixando de fora os herdeiros de outra classe[6]. A lei, ao fixar essa ordem, inspirou-se na vontade presumida do finado de deixar seus bens aos descendentes ou, na falta destes, aos ascendentes, sem olvidar, em ambos os casos, a concorrência com o cônjuge sobrevivo; não havendo nenhum dos dois, ao consorte sobrevivente, e, na inexistência de todas essas pessoas, aos colaterais[7], pois na ordem natural das afeições familiares é sabido que o amor primeiro desce, depois sobe e em seguida dilata-se[8]. Deveras, se o *de cujus* quisesse dar seus bens a uma determinada pessoa, teria feito testamento; se não o fez é porque se conformou que seus bens se incorporassem ao patrimônio das pessoas arroladas na ordem de vocação hereditária; daí ser válida aquela presunção[9].

Todavia, toda regra comporta exceção, pois há casos de sucessão anômala ou irregular, admitidos por lei, de variação da ordem de vocação hereditária, ou seja, em que não se aplica o princípio de que a existência de herdeiro de uma classe exclui da sucessão os herdeiros da classe subsequente, como dispõem:

1º) O art. 5º, XXXI, da Constituição Federal, que repete com pequena alteração o art. 10, § 1º, da Lei de Introdução às Normas do Direito Brasileiro, com redação da Lei n. 9.047/95, que prescreve: "A sucessão de bens de estrangeiros situados no País será regulada pela lei brasileira em benefício do cônjuge ou dos filhos brasileiros, ou de quem os represente, sempre que não lhes seja mais favorável a lei pessoal do *de cujus*". Assim, a ordem de vocação hereditária, estabelecida no art. 1.829 do Código Civil, pode ser alterada tratando-se de bens existentes no Brasil, pertencentes a estrangeiro falecido, casado com brasileira e com filhos brasileiros, se a lei nacional

6. Silvio Rodrigues, op. cit., p. 78.
7. Silvio Rodrigues, op. cit., p. 78.
8. Polacco, op. cit., v. 1, p. 35.
9. Silvio Rodrigues, op. cit., p. 78-9.

do *de cujus* for mais favorável àquelas pessoas do que o seria a brasileira. P. ex., se o autor da herança for mexicano e houver deixado cônjuge brasileiro que deve concorrer com ambos os ascendentes daquele, não se aplicará a lei brasileira, mas a mexicana, pois pelo Código Civil do México, no art. 1.626, concorrendo à sucessão cônjuge supérstite e ascendentes de primeiro grau, dividir-se-á a herança ao meio, ficando uma metade com o consorte e outra metade com os ascendentes; se se fosse aplicar a ordem de vocação hereditária que vigora no Brasil (CC, arts. 1.829, II, e 1.837, 1ª parte), o cônjuge herdaria um terço do acervo hereditário e os ascendentes do *de cujus*, dois terços (*RF, 112*:91; *RT, 148*:237)[10].

2º) O art. 1.831 do Código Civil, com o intuito de proteger o cônjuge sobrevivente, em casamento efetuado sob qualquer regime de bens, confere-lhe o direito real de habitação relativamente ao imóvel destinado à residência da família, desde que seja o único bem daquela natureza a inventariar[11]. Beneficiam-se simultaneamente herdeiros de classes diversas, pois enquanto se transmite a nua propriedade (CC, art. 1.416) aos sucessores legítimos da classe preferencial (descendente ou ascendente), ao consorte supérstite outorga-se um direito real limitado de habitação[12].

3º) A Lei n. 6.858/80, regulamentada pelo Decreto n. 85.845/81, bem como o art. 20, IV, da Lei n. 8.036/90, regulamentada pelo Decreto n. 99.684/90, que mandam pagar, em quotas iguais, aos dependentes habilitados perante a Previdência Social (*RT, 728*:334, *669*:146, *634*:72), e, na sua falta, aos sucessores previstos na lei civil, indicados em alvará judicial (*RT, 637*:74), independentemente de inventário ou arrolamento, os seguintes valores não recebidos em vida pelo respectivo titular: *a*) quantias devidas, a qualquer título, pelos empregadores a seus empregados, em decorrência de relação de emprego; *b*) importâncias devidas, em razão de cargo ou emprego, pela União, Estados, Distrito Federal, Territórios, Municípios e suas autarquias, aos respectivos servidores; *c*) saldos das contas individuais do Fundo de Garantia do Tempo de Serviço e do Fundo de Participação PIS-PASEP; *d*) restituições relativas ao Imposto sobre a Renda e demais tributos recolhidos por pessoas físicas; *e*) saldos de contas bancárias, de cadernetas de poupança e de contas de fundos de investimento (Dec.-Lei n. 2.284/86, art. 6º), desde

10. Silvio Rodrigues, op. cit., p. 81-2; W. Barros Monteiro, op. cit., p. 79.

11. Silvio Rodrigues, op. cit., p. 79; Planiol, Ripert e Boulanger, *Traité élémentaire de droit civil français*, v. 3, n. 1.725.

12. W. Barros Monteiro, op. cit., p. 80 e 87; Silvio Rodrigues, op. cit., p. 81; Luigi Ferri, *Successioni in generale*, p. 44; Santoro-Passarelli, *Vocazione legale*, p. 86; Caio M. S. Pereira, op. cit., p. 107-8.

que não existam, na sucessão, outros bens sujeitos a inventário (CPC/2015, art. 666)[13].

Os sucessores do *de cujus* não poderão levantar esses valores em detrimento das pessoas inscritas na Previdência Social. A Lei n. 6.858/80, regulamentada pelo Decreto n. 85.845/81, faz uma nítida distinção entre dependentes e sucessores. Os sucessores são os herdeiros e os dependentes habilitados são os declarados em documento fornecido pela instituição de Previdência, ou, se for o caso, pelo órgão encarregado do processamento do benefício por morte. P. ex.: o cônjuge ou companheiro do titular falecido é, em regra, dependente deste no PIS (Lei n. 8.213/91, art. 16, I, com redação da Lei n. 13.146/2015); porém só será o único sucessor se o *de cujus* não deixou descendentes ou ascendentes vivos; os

---

13. *Bol. AASP, 2.749*:6137: "Empregador doméstico — Sucessão trabalhista — Inexistência — Bens do cônjuge — Possibilidade de responsabilidade — A sucessão trabalhista pode ser reconhecida em fase de execução, mesmo que o sucessor não tenha participado do processo de conhecimento; contudo, não há falar em sucessão trabalhista no âmbito da relação de emprego como doméstica. Podem existir outros responsáveis pelo crédito trabalhista do doméstico que não tenham participado do processo de conhecimento? No âmbito das demais relações de emprego, as formas de responsabilizar terceiros que não participaram do processo de conhecimento, como parte passiva da lide, consistem nas hipóteses de desconsideração da personalidade jurídica da empresa, para captar bens dos sócios, que não é o caso, a toda evidência e, ainda, na sucessão trabalhista, que também não é o caso. Então, o fato de a executada manter um cônjuge, casada em regime de comunhão universal de bens, durante a prestação de serviços da empregada doméstica, autoriza o prosseguimento da execução em relação a ele. Nos termos do art. 3º, inciso II, do Decreto n. 71.885/1973, o empregador doméstico não é, necessariamente, o membro da família destacado para proceder às anotações na CTPS obreira, mas todo o conjunto familiar que se beneficia com a força de trabalho. Por outro lado, não faz sentido que todos os membros da família componham o polo passivo da reclamação ajuizada. E é forçoso reconhecer que o cônjuge usufruiu dos serviços da empregada doméstica, ainda que, originariamente, não tenha sido o responsável pela admissão da obreira. O cônjuge da empregadora doméstica, condenada judicialmente, que não satisfaz o crédito trabalhista pode ser equiparado a um sócio da empresa insolvente. Tal interpretação é a mais razoável e sistêmica que se faz da ordem jurídica — hipótese que viabiliza a responsabilização do cônjuge da executada, empregadora doméstica inadimplente. O cônjuge do empregador doméstico é diretamente interessado, beneficiário da prestação de serviços do doméstico. Este trabalhador é muitas vezes responsável pelo conforto, pelo equilíbrio do lar e das relações familiares. Reconhecidamente, a sua falta gera muito transtorno. O transtorno também é grande e maior ainda para quem não tem seus direitos trabalhistas respeitados e depende de um processo judicial para a satisfação de seus créditos e ainda assim, não consegue recebê-los. Por todos esses motivos, é juridicamente possível o prosseguimento da execução em relação aos bens do cônjuge que é casado ou foi casado com a executada durante a prestação dos serviços pelo empregado doméstico, diante da inadimplência dessa. O casamento é uma sociedade, ou seja, o cônjuge é sócio do empregador doméstico" (TRT, 3ª Região, 10ª T., AgPet. 0019900-73.2007.5.03.0079, Varginha-MG, Rel. convocada Juíza Federal do Trabalho Taísa Maria Macena de Lima, j. 3-5-2011, v.u.).

descendentes do titular da conta são seus sucessores; todavia, apenas serão dependentes para fins previdenciários se forem menores de 21 anos ou inválidos. Claro está que há dependentes que não são sucessores e sucessores que não são dependentes; daí o cuidado que se deve ter na autorização do levantamento dos valores acima arrolados.

O levantamento será feito, em primeiro lugar, pelos dependentes ou pelos sucessores que têm também a qualidade de dependentes, sem necessidade de autorização judicial, bastando que façam a solicitação junto às pessoas físicas ou jurídicas responsáveis pelo pagamento dos valores. O recebimento de tais valores opera-se administrativamente, bastando comprovação do saldo e apresentação da certidão de dependência fornecida pelo INSS, acompanhada de declaração de inexistência de outros bens a inventariar. Mesmo havendo dependente menor, a solicitação será feita sem intervenção judicial, pois a sua quota ficará depositada em caderneta de poupança, rendendo juros e correção monetária, e somente será disponível após o menor completar 18 anos, salvo autorização do magistrado para aquisição de imóvel destinado à residência do menor e de sua família ou para dispêndio necessário à sua subsistência e educação (Lei n. 6.858/80, art. 1º, § 1º, e Dec. n. 85.845/81, art. 6º). É preciso lembrar que os valores serão pagos, em *quotas iguais,* aos dependentes habilitados; logo, a viúva ou companheira terá apenas uma porção igual às atribuídas aos demais beneficiários, ficando, portanto, afastada a hipótese de meação.

Não havendo dependente habilitado perante a Previdência, para o levantamento será necessário alvará judicial, indicando os sucessores aptos para tanto.

As quotas somente poderão ser levantadas pelos sucessores, mediante alvará judicial, se ficar comprovada a inexistência de dependentes habilitados (Dec. n. 85.845/81, art. 5º).

Se inexistirem dependentes ou sucessores, os valores reverterão em favor do Fundo de Previdência e Assistência Social, do Fundo de Garantia do Tempo de Serviço ou do Fundo de Participação PIS-PASEP, conforme se tratar de quantias devidas pelo empregador ou de contas do FGTS e do Fundo PIS-PASEP (Lei n. 6.858/80, art. 1º, § 2º, e Dec. n. 85.845/81, art. 7º).

4º) A Lei n. 9.610/98, arts. 41 e s., que estabelece prazo de 70 anos (contados após a morte do autor da obra) para que direitos autorais integrem herança dos sucessores do autor, caindo, depois desse lapso temporal, no domínio público, dispõe que, em caso de coautoria, acrescer-se-ão os direitos do coautor falecido, sem sucessor, aos do outro coautor sobrevivente.

5º) A indenização por morte, decorrente de seguro obrigatório de veículos automotores, ocorrida na vigência do matrimônio ou da união estável, deve ser entregue ao sobrevivente e, na falta deste, ao herdeiro legítimo ou ao detentor da guarda de beneficiário incapaz (*RT, 582*:99).

A vocação hereditária restringe-se ao rol apresentado pelo Código Civil, no art. 1.829, não se estendendo em benefício de outras pessoas, tais como: afins, concubino, pessoas incapacitadas para o trabalho ou indigentes que estivessem sob a total mantença do falecido, pessoas jurídicas, salvo as de direito público interno etc.[14].

C. Sucessão dos descendentes

Com a abertura da sucessão legítima, os descendentes do *de cujus* são herdeiros por excelência[15], pois são chamados em primeiro lugar, adquirindo os bens por direito próprio (CC, arts. 1.829, I). E, além disso, são herdeiros necessários (CC, arts. 1.845 e 1.846), de forma que o autor da herança não poderá dispor, em testamento ou doação, de mais da metade de seus bens, sob pena de se reduzirem as disposições de última vontade e de se obrigar o donatário a trazer à colação os bens doados. Esses herdeiros sucessíveis da primeira classe constituem-se pelos filhos, netos, bisnetos, trinetos, tetranetos etc., excluindo os demais de outras classes, e sucedem *ad infinitum*[16], sem dis-

14. Euclides de Oliveira e Sebastião Amorim, *Inventário e partilhas*, 1999, p. 332; W. Barros Monteiro, op. cit., p. 91-2. "Não reconhecer uma união de mais de 40 anos, apesar de não existir o vínculo do casamento, o que não poucas vezes significa mais, por se tratar de uma junção de pessoas feita exclusivamente pelo amor e pela afeição diuturna, é negar todos os pressupostos do Direito Previdenciário, que, por sua própria natureza, deve ter interpretação ampla e protetora daqueles que viviam sob a dependência econômica do contribuinte" (*RT, 594*:105). *Vide* Consolidação das Leis da Previdência Social; Decreto n. 3.048/99. Sobre pensão: Constituição Federal, art. 201, V; Leis n. 9.157/80, 10.371/87 e 10.828/90, relativas ao regime previdenciário dos servidores públicos do Município de São Paulo; Lei n. 15.080/2009 sobre benefício da pensão por morte no Município de São Paulo. Viúva que se casar novamente não perde pensão do INSS por morte do primeiro marido se provar ser esta indispensável à sua sobrevivência. *Vide,* ainda, as Leis n. 8.212/91, 8.213/91, 8.444/92, 8.540/92, 8.619/93 e 8.620/93. Há limitações legais à participação de herdeiro estrangeiro do *de cujus* no que atina às companhias de seguro (Dec.-Lei n. 2.063/40), à aquisição de imóvel rural (Lei n. 5.709/71, regulada pelo Decreto n. 74.965/74) e à exploração de imóveis da Marinha e em zonas fronteiriças (Dec.-Lei n. 9.760/46 e Lei n. 7.542/86). Pelo Enunciado n. 8, de 19 de dezembro de 2001, da Súmula da Advocacia-Geral da União: "O direito à pensão de ex-combatente é regido pelas normas legais em vigor à data do evento morte. Tratando-se de reversão do benefício à filha mulher, em razão do falecimento da própria mãe que a vinha recebendo, consideram-se não os preceitos em vigor quando do óbito desta última, mas do primeiro, ou seja, do ex-combatente" (redação dada pelo Ato de 27-9-2005 — *DOU* de 28, 29 e 30-9-2005. *Vide*, também, a IN n. 3 da AGU, de 27-9-2005 — *DOU* de 28-9-2005).

15. Trabucchi, *Istituzioni di diritto civile,* n. 370. Interessante é o artigo de Silvia B. P. de Figueiredo, Sucessão dos descendentes socioafetivos, *Revista Síntese — Direito de Família, 99*: 70-78.

16. *Vide* José Lopes de Oliveira, *Sucessões*, 1. ed., São Paulo, Sugestões Literárias, 1972, p. 61. Os não concebidos até o óbito do autor da herança não poderão suceder, salvo se houver disposição testamentária (CC, art. 1.799) contemplando-os; o mesmo se diga

tinção de sexo ou idade, desaparecendo o privilégio da varonia ou da primogenitura[17]. Todos herdam em igualdade de condições (CF, art. 227, § 6º).

Prescreve o Código Civil, no art. 1.835: "Na linha descendente, os filhos sucedem por cabeça, e os outros descendentes, por cabeça ou por estirpe, conforme se achem ou não no mesmo grau".

Ante o princípio de que dentro da mesma classe, ou melhor, do mesmo grau, os mais próximos excluem os mais remotos, os filhos serão chamados à sucessão *ab intestato* do pai, recebendo cada um (sucessão por cabeça) quota igual da herança (CC, art. 1.834), excluindo-se os demais descendentes, embora não obste a convocação dos filhos de filho falecido do *de cujus* (sucessão por estirpe), por direito de representação[18] (CC, art. 1.833).

Assim, se os descendentes do *auctor successionis* estão todos no mesmo grau, a sucessão será por direito próprio e por cabeça, recebendo cada um uma quota calculada pela divisão do monte-mor pelo número de herdeiros individualmente considerados, ou seja, quando a herança é dividida em tantas partes iguais quantos são os herdeiros que concorrem a ela, em igualda-

em caso de inseminação artificial homóloga *post mortem* (CC, art. 1.597, III). Resguardam-se os direitos sucessórios do nascituro (art. 2º), que se consolidarão com o seu nascimento com vida e, analogicamente, também os dos embriões crioconservados (CC, art. 1.597, IV), visto que já estavam concebidos, por ocasião da morte do genitor. *Vide*: CC chileno, art. 988.

17. W. Barros Monteiro, op. cit., p. 80.

18. *Consulte*: Caio M. S. Pereira, op. cit., p. 88-9; Carlos Maximiliano, *Direito das sucessões*, v. 1, n. 139; Clóvis Beviláqua, *Direito das sucessões*, § 39; Lázaro A. Martins Júnior, Crítica à múltipla filiação registral e os seus efeitos nas linhas sucessórias à luz de interpretação constitucional com fulcro na teoria dos Valores Substantivos – *Substantive Values* – e do direito fundamental à felicidade. *Revista Síntese — Direito de Família 120*:9-47. *Vide*: CC português, art. 2.135; CC italiano, art. 572; CC francês, art. 734 e CC argentino, art. 3.546; CC peruano, arts. 816, 817 e 822; CC boliviano, arts. 1.061 e 1.083. Observa Zeno Veloso: "os descendentes já são de uma mesma classe. O que o art. 1.834 quis dizer, atualizando a regra do art. 1.605 do Código Civil de 1916, é que estão proibidas quaisquer discriminações ou restrições baseadas na origem do parentesco. Proclama a Constituição, enfaticamente, no art. 227, § 6º, que os filhos, havidos ou não da relação de casamento, ou por adoção, terão os mesmos direitos e qualificações, o que este Código repete e reitera no art. 1.596. Obviamente, o princípio da não discriminação, até por ser uma regra fundamental, se estende e projeta a todos os descendentes. Para efeitos sucessórios, aos descendentes que estejam no mesmo grau". Por isso, o Projeto de Lei n. 699/2011 o alterará propondo a seguinte redação: "os descendentes do mesmo grau, qualquer que seja a origem do parentesco, têm os mesmos direitos à sucessão de seus ascendentes". E o Parecer Vicente Arruda aceitou-a ao comentar o PL n. 6.960/2002 (substituído, hoje, pelo PL n. 699/2011). Enunciado IBDFAM n. 33: "O reconhecimento da filiação socioafetiva ou da multiparentalidade gera efeitos jurídicos sucessórios, sendo certo que o filho faz jus às heranças, assim como os genitores, de forma recíroca, bem como dos respectivos ascendentes e parentes, tanto por direito próprio como por representação".

de de grau de parentesco, desde o momento da abertura da sucessão[19] (CC, art. 1.834).

P. ex., se deixou dois filhos, a herança será dividida em duas partes iguais, ficando uma com cada filho.

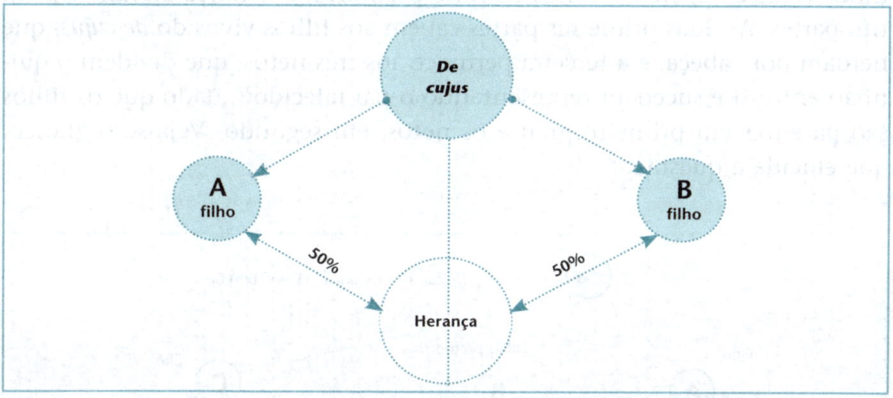

Se tem apenas três netos, por haverem seus filhos anteriormente falecido, o acervo hereditário será dividido pelo número de netos, recebendo cada um quota idêntica, já que se encontram no mesmo grau[20].

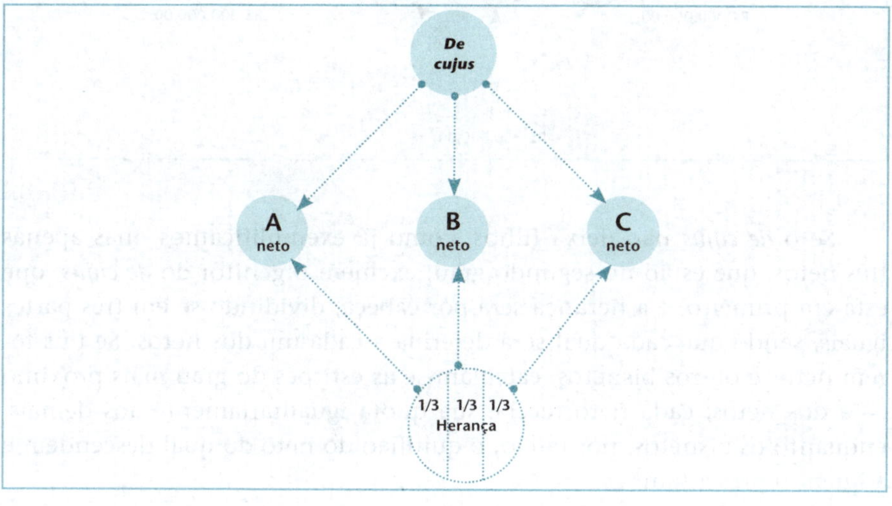

19. R. Limongi França, Herança dos descendentes, in *Enciclopédia Saraiva do Direito*, v. 41, p. 36; Itabaiana de Oliveira, *Tratado de direito das sucessões*, São Paulo, Max Limonad, 1952, v. 1, p. 153.

20. Silvio Rodrigues, op. cit., p. 83.

Entretanto, se à herança concorrerem descendentes de graus diversos, a sucessão processar-se-á por cabeça ou por estirpe (CC, art. 1.835). Nesse último caso os quinhões dos herdeiros se calculam dividindo-se o monte-mor pelo número de linhagens do *de cujus*[21]. P. ex., se o finado tinha dois filhos vivos e três netos, filhos do filho premorto, a herança dividir-se-á em três partes. As duas primeiras partes cabem aos filhos vivos do *de cujus*, que herdam por cabeça, e a terceira pertence aos três netos, que dividem o quinhão entre si e sucedem representando o pai falecido[22], dado que os filhos são parentes em primeiro grau e os netos, em segundo. Veja-se o gráfico, que elucida a questão:

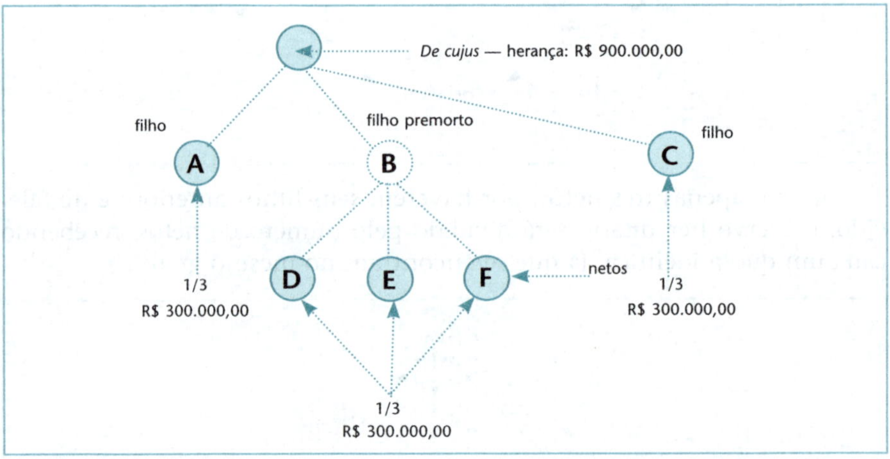

Se o *de cujus* não deixa filhos, como já exemplificamos, mas apenas três netos, que estão no segundo grau, excluem o genitor do *de cujus*, que está em primeiro, e a herança será por cabeça, dividindo-se em três partes iguais, sendo que cada qual será deferida a cada um dos netos. Se uns forem netos e outros bisnetos, calculam-se as estirpes do grau mais próximo — a dos netos; cada neto recebe sua quota igualitariamente aos demais, enquanto os bisnetos, por rateio, o quinhão do neto do qual descendem e a quem representam[23].

21. R. Limongi França, op. cit., p. 36.
22. Silvio Rodrigues, op. cit., p. 84.
23. R. Limongi França, op. cit., p. 36.

Infere-se do exposto que, na falta de filhos, a herança passa aos netos; não os havendo, aos bisnetos, e, assim, sucessivamente são convocados a suceder os descendentes em linha reta, *ad infinitum*, sem qualquer limitação de grau, observando-se sempre o princípio da exclusão do grau mais remoto, com exceção do direito de representação[24], do qual logo mais trataremos minuciosamente.

Antes da vigência da atual Constituição Federal, na linha descendente, para efeitos sucessórios, aos filhos legítimos se equiparavam os legitimados, os naturais reconhecidos e os adotivos (CC de 1916, art. 1.605). Os filhos naturais reconhecidos, voluntária ou judicialmente, e os filhos legítimos ou legitimados tinham em qualquer circunstância os mesmos direitos, pois o art. 1.605, § 1º, do Código Civil de 1916, que dispunha que, "havendo filho legítimo, ou legitimado, só à metade do que a este couber em herança terá direito o filho natural reconhecido na constância do casamento", foi revogado pela Lei n. 6.515/77, no seu art. 54. O mesmo sucedeu com o art. 2º da Lei n. 883/49, que prescrevia: "O filho reconhecido na forma desta lei, para efeitos econômicos, terá direito, a título de amparo social, à metade da herança que vier a receber o filho legítimo ou legitimado", passando a ser assim redigido, por força do art. 51 da Lei n. 6.515: "Qualquer que seja a natureza da filiação, o direito à herança será reconhecido em igualdade de condições". Desse modo, em direito sucessório extinguiu-se a discriminação entre filho natural reconhecido e filho legítimo e legitimado, perdurando apenas relativamente aos incestuosos, que não são passíveis de reconhecimento[25], pois sempre foram repudiados pela ordem jurídica. Como sem o reconhecimento não se estabelece parentesco, os incestuosos não seriam legalmente parentes de seu pai; logo, não poderiam herdar *ab intestato* do seu genitor, salvo se nascidos de casamento putativo, pois os filhos de pessoas cujo casamento foi nulo mas contraído de boa-fé produz efeitos como se fosse válido em relação ao casal e à sua prole. Assim, herdariam como filhos legítimos, sem qualquer restrição, ainda que concorressem com outros filhos legítimos do finado[26].

O filho adotivo, para efeitos de sucessão, equiparava-se ao filho legítimo ou legitimado (CC de 1916, art. 1.605), herdando como se fosse des-

---

24. Caio M. S. Pereira, op. cit., p. 89.
25. W. Barros Monteiro, op. cit., p. 83; Arnoldo Wald, Direito sucessório e Lei do Divórcio, in *Enciclopédia Saraiva do Direito*, v. 28, p. 340 e s.
26. *Vide* Caio M. S. Pereira, op. cit., p. 89.

cendente do autor da herança e afastando da sucessão todos os demais herdeiros do adotante que não tenham a qualidade de filhos legítimos, legitimados e reconhecidos (*RT, 161*:180; *RF, 119*:118)[27]. Assim, não havendo outros descendentes do adotante, herdava todo o seu espólio; porém, com a redação dada pela Lei n. 3.133/57 ao art. 377 do Código Civil de 1916, "quando o adotante tiver filhos legítimos, legitimados ou reconhecidos, a relação de adoção não envolve a da sucessão hereditária", se o adotado concorresse com filhos de sangue do adotante, existentes ao tempo da adoção, ficaria eliminado do direito sucessório, nada herdando. Se os filhos do adotante fossem supervenientes à adoção, aplicava-se a regra do Código Civil de 1916, no seu art. 1.605, § 2º, de que o filho adotivo simples receberá metade do que couber aos filhos legítimos ou legitimados do adotante[28]. Contudo, havia quem achasse, como nós, que o filho adotivo simples era alcançado pelo art. 51 da Lei n. 6.515/77.

É preciso lembrar que o parentesco resultante da adoção simples, embora restringindo-se ao adotante e ao adotado, não excluía da sucessão os descendentes do filho adotivo, por representação, que independe da condição de que o representante seja herdeiro do *de cujus*. Pontes de Miranda esclarecia-nos que o filho do adotado pode representá-lo, porque não faz mais que representar seu pai natural, o que não se lhe pode negar, pois o parentesco natural não se extingue de modo algum[29]. Não havia, realmente, direito sucessório entre o adotado e os parentes do adotante (CC de 1916, art. 1.618), já que a adoção simples estabelecia somente um parentesco civil entre o adotante e o adotado, sem que o vínculo pudesse ser estendido aos outros parentes, salvo na linha reta descendente[30].

A adoção plena, regida pela Lei n. 8.069/90, era irrevogável (art. 48) e conferia a condição de filho ao adotado, com os mesmos direitos e deveres, inclusive sucessórios, desligando-o de qualquer vínculo com pais e parentes, salvo impedimentos matrimoniais (art. 41). Portanto, o filho adotivo pleno não podia sofrer nenhuma restrição no direito sucessório.

---

27. W. Barros Monteiro, op. cit., p. 83.

28. Arnoldo Wald, *Curso de direito civil brasileiro;* direito das sucessões, 2. ed., p. 87; Antônio Chaves, *Adoção e legitimação adotiva*, p. 288; Silvio Rodrigues, op. cit., p. 91; Caio M. S. Pereira, op. cit., p. 95; Pinto Ferreira, *Tratado das heranças e dos testamentos,* São Paulo, Saraiva, 1983, p. 118-23; *RT, 73*:514.

29. Pontes de Miranda, *Tratado de direito de família,* 3. ed., v. 3, p. 188.

30. Clóvis Beviláqua, *Direito*, cit., v. 6, p. 79; *RT, 555*:95, *580*:129, *577*:100, *558*:93, *557*:165; *RJTJRS, 83*:235, *90*:257 e *95*:318; *RSTJ, 95*:208.

Hodiernamente, não há mais que se fazer tais distinções, nem mesmo com relação ao incestuoso, pois a Constituição Federal de 1988, no art. 227, § 6º, e a Lei n. 8.069/90, art. 20, prescrevem: "Os filhos, havidos ou não da relação do casamento, ou por adoção, terão os mesmos direitos e qualificações, proibidas quaisquer designações discriminatórias relativas à filiação". Logo, não mais se poderá discriminar legalmente os filhos havidos fora do matrimônio ou os adotados, conferindo-lhes direitos diferenciados. Pouco importará sua origem, todos os filhos, pelo simples fato de serem filhos, receberão, juridicamente, tratamento igual.

Convém ressaltar, pela Lei n. 10.050, de 14 de novembro de 2000, que acrescentou o § 3º ao art. 1.611 do Código Civil de 1916, o filho portador de deficiência, impossibilitado, em razão desta, para o exercício de uma atividade laborativa, tinha, ainda, direito real de habitação relativamente ao imóvel destinado à residência da família, desde que fosse o único bem daquela natureza a inventariar. E, contudo, o atual Código Civil não lhe conferiu tal direito. Para sanar tal lacuna, o Projeto de Lei n. 699/2011 propõe que ao art. 1.835 seja acrescido o seguinte parágrafo único: "Se não houver pai ou mãe, o filho portador de deficiência que o impossibilite para o trabalho, e desde que prove a necessidade disto, terá, ainda, direito real de habitação relativamente ao imóvel destinado à residência da família, desde que seja o único bem daquela natureza a inventariar, enquanto permanecer na situação que justificou esse benefício". Atender-se-á, assim, sugestão de Márcia Cristina dos Santos Rêgo, compatibilizando o dispositivo com o disposto na Lei n. 10.050, de 14 de novembro de 2000, que acrescentou um parágrafo terceiro ao art. 1.611 do Código Civil de 1916: "Esse dispositivo do velho Código dispunha acerca do chamamento do cônjuge à sucessão legítima e conferia-lhe em seu parágrafo segundo o direito real de habitação em caso de haver um único imóvel residencial, observados alguns requisitos. Pois bem, o parágrafo acrescentado trouxe uma inovação sem precedentes, que foi a extensão daquele direito real de habitação ao filho órfão portador de deficiência que o impossibilitasse para o trabalho, coadunando-se com o inciso XIV do art. 24 da própria Lei Maior. O dispositivo descaradamente protege o portador de deficiência e não a figura do filho em si, partindo da máxima aristotélica de que a igualdade faz-se a partir do tratamento desigual conferido aos desiguais, posto que aquele que se encontra em posição desfavorável, como o deficiente e o consumidor, por exemplo, precisa ser tratado com deferência, ou seja, precisa que o sistema o guarneça com muito mais empenho que os demais. Fato é que dito dispositivo, pouco conhecido, pouco discutido, pouco estudado e pouco aplicado, deixou de figurar no Código Civil, em evidente retrocesso legislativo do chamado direito civil constitucional, que simplesmente o ignorou, como se desconhecesse de sua relevância. Parece-nos o momento, então, de corrigir tal equívoco, reintroduzindo aquele benefício no ordenamento, carreado por novos requisitos indissociáveis, além daqueles em vigor, quais sejam: *a*) ausência dos pais; *b*) ser filho portador de deficiência; *c*) impossibilidade para o trabalho; *d*) necessidade". Infelizmente, o Parecer Vicente Arruda votou, ao tecer comentário ao PL n. 6.960/2002 (atual PL n. 699/2011), pela rejeição da proposta, por entender que: "Pretende-se, com a inclusão do parágrafo único, conceder privilégio a filho portador de deficiência. Ao deficiente é assegurada a proteção do Estado. Suprimir direito de um filho para conceder a outro, mesmo sendo portador de deficiência, não me parece muito justo. Nesses casos, havendo o genitor posses, que faça uma doação (art. 545) ou compra e venda com as cautelas do art. 496".

Não se pode olvidar ainda que havendo consorte supérstite do *de cujus*, este concorrerá se preencher as *condições legais* com os seus descendentes, desde que: ao tempo da morte do autor da herança, não estava dele separado extrajudicialmente (art. 733, §§ 1º e 2º, do CPC) ou judicialmente, nem separado de fato há mais de dois anos, exceto prova, neste último caso, de que essa convivência se tornou impossível sem culpa sua (CC, art. 1.830 — que poderá perder parcialmente sua eficácia social ante a nova redação dada pela EC n. 66/2010 ao art. 226, § 6º, da CF)[31]; não seja casado sob o regime de comunhão universal ou da separação obrigatória de bens (CC, arts. 1.829, I, 1.641); haja bens particulares do autor da herança, se casado sob o regime da comunhão parcial. A concorrência do cônjuge sobrevivente com descendentes do *de cujus* fica na dependência do regime matrimonial de bens. Isto é, apenas concorrerá o consorte supérstite se o regime for o de: comunhão parcial, havendo bens particulares do falecido; participação final nos aquestos e separação convencional de bens. Em concorrência com os des-

---

31. Há quem ache que, com a EC n. 66/2010, o tempo de separação de fato não deverá mais ser considerado. Deveras, observam Pablo Stolze Gagliano e Rodolfo Pamplona Filho (*Novo divórcio*, São Paulo, Saraiva, 2010) que se "estando o casal separado de fato há, p. ex., um ano, tempo suficiente para o pedido do divórcio, visto que não há mais tempo mínimo para a dissolução do vínculo, que sentido haveria em se reconhecer o direito sucessório do cônjuge sobrevivente?", e concluem que se deve "negar o direito sucessório ao cônjuge que já estava separado de fato do falecido, não importando por quanto tempo fosse".

cendentes, o cônjuge sobrevivo terá direito a um quinhão igual ao dos que sucederem por cabeça, não podendo sua quota ser inferior à quarta parte da herança, se for ascendente dos herdeiros com que concorre (CC, art. 1.832).

Se o *de cujus* deixou convivente, este participará da sua sucessão, apenas no que atina aos bens adquiridos onerosamente na vigência da união estável, visto que se concorrer: *a*) com filhos comuns, terá direito a uma quota equivalente à que por lei for atribuída ao filho; *b*) com descendentes só do autor da herança, tocar-lhe-á a metade do que couber a cada um daqueles (CC, art. 1.790, I e II).

D. Sucessão dos ascendentes

Não havendo herdeiros da classe dos descendentes, chamar-se-ão à sucessão do *de cujus*, em concorrência com o cônjuge sobrevivente, que se encontrar nas condições exigidas pelo art. 1.830, qualquer que seja o regime de bens, os seus ascendentes (CC, art. 1.836), sendo que o grau mais próximo exclui o mais remoto, não se devendo atender à distinção de linhas (CC, art. 1.836, § 1º), ou seja, à diversidade entre parentes pelo lado paterno (linha paterna) ou pelo materno (linha materna)[32], porque entre os ascendentes não há direito de representação, de modo que o ascendente falecido não pode ser representado por outros parentes (CC, art. 1.852)[33].

Assim, se o *auctor successionis* deixou pai e mãe, a herança ser-lhes-á deferida diretamente em partes iguais (*RT, 181*:452).

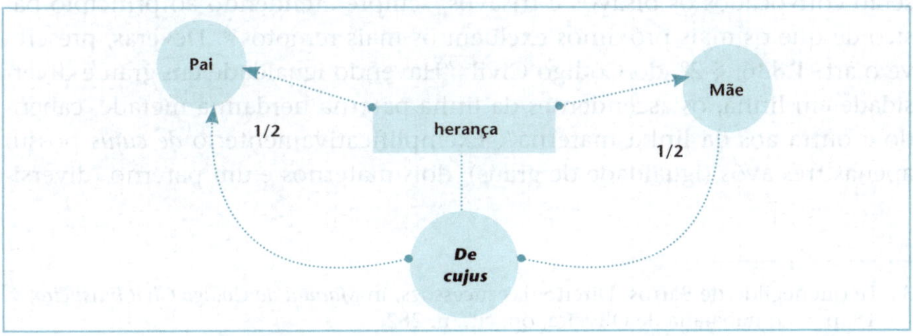

32. R. Limongi França, Herança dos ascendentes, in *Enciclopédia Saraiva do Direito*, v. 41, p. 32; Clóvis Beviláqua, *Direito*, cit., p. 68.

33. Itabaiana de Oliveira, op. cit., v. 1, p. 199.

Se apenas um dos genitores for vivo, a ele devolver-se-á a totalidade do acervo hereditário, ainda que sobrevivam os ascendentes do outro[34], pois existindo pai ou mãe do *de cujus,* não herdam avós ou bisavós tanto da linha materna como paterna[35].

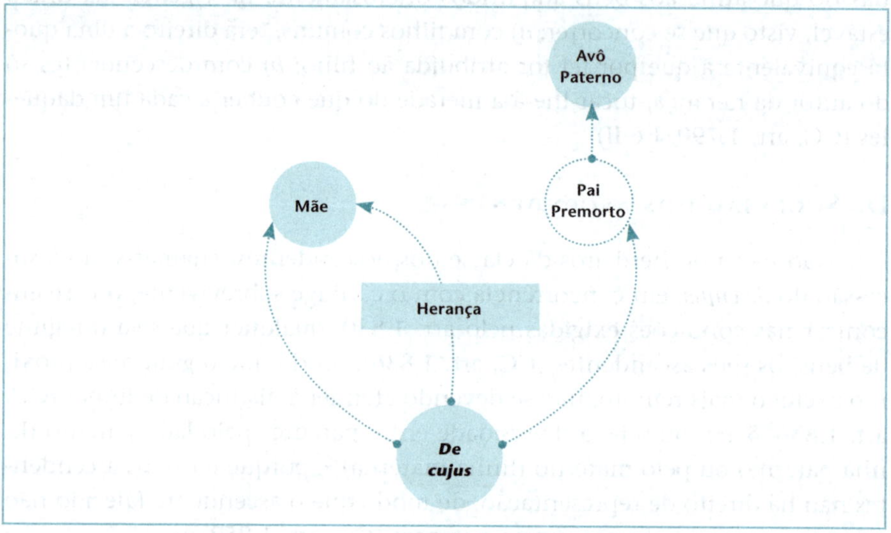

Na falta de ambos os pais do autor da herança, herdarão os avós da linha materna e paterna, partilhando-se o acervo hereditário entre eles, sem fazer qualquer distinção quanto à origem dos bens. Na ausência dos avós, serão convocados os bisavós e trisavós, sempre atendendo ao princípio básico de que os mais próximos excluem os mais remotos[36]. Deveras, prescreve o art. 1.836, § 2º, do Código Civil: "Havendo igualdade em grau e diversidade em linha, os ascendentes da linha paterna herdam a metade, cabendo a outra aos da linha materna". Exemplificativamente: o *de cujus* possui apenas três avós (igualdade de graus), dois maternos e um paterno (diversi-

---

34. Hermenegildo de Barros, Direito das sucessões, in *Manual do Código Civil brasileiro*, v. 18, p. 504; Itabaiana de Oliveira, op. cit., n. 282.

35. *Vide* R. Limongi França, Herança dos ascendentes, cit., p. 32.

Pelo Enunciado n. 642 da VIII Jornada de Direito Civil: " Nas hipóteses de multiparentalidade, havendo o falecimento do descendente, com o chamamento de seus ascendentes à sucessão legítima, se houver igualdade em grau e diversidade em linha entre os ascendentes convocados a herdar, a herança deverá ser dividida em tantas linhas quantos sejam os genitores".

36. W. Barros Monteiro, op. cit., p. 85.

dade em linha). Todos receberão a herança, que será repartida entre as duas linhas meio a meio, metade será devolvida aos dois avós maternos (uma linha) que receberão 1/4 cada um, e metade ao único avô paterno (outra linha)[37]. Elucida a questão o seguinte gráfico:

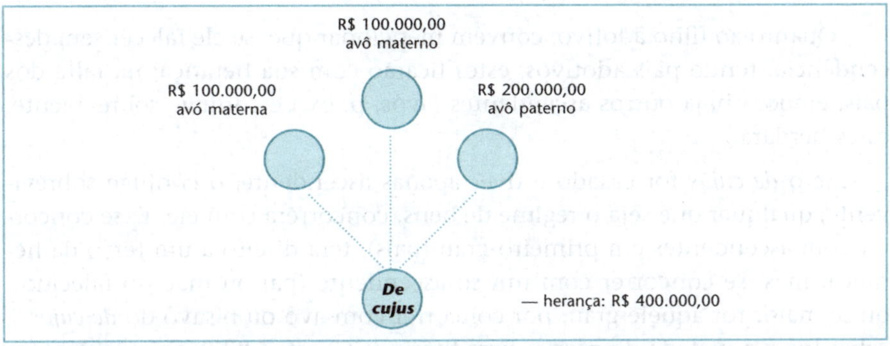

Os pais sucederão a seu filho reconhecido, morto sem descendente sucessível, em partes iguais, se ambos o reconheceram, e se apenas um deles o reconheceu, somente este sucederá ao filho na totalidade da herança. Já se entendeu que só havia uma exceção a essa regra de reciprocidade dos direitos sucessórios: quando se tratava de casamento putativo em que um dos cônjuges o contraiu de má-fé, caso em que o casamento produzia todos os efeitos civis relativamente ao consorte de boa-fé e aos fi-

---

37. Exemplo dado por W. Barros Monteiro, op. cit., p. 85; Giselda M. F. N. Hironaka (*Comentários ao Código Civil*, São Paulo, Saraiva, 2003, v. 20, p. 108) apresenta o interessante quadro esquemático:

Ascendente(s) sobrevivo(s)	*Quota-parte de cada um, existindo apenas ascendente(s) sobrevivo(s)*
Pai	1
Mãe	1
Pai e mãe	1/2 e 1/2
Um avô paterno	1
Dois avós paternos	1/2 e 1/2
Um avô materno	1
Dois avós maternos	1/2 e 1/2
Um avô paterno e um avô materno	1/2 e 1/2
Um avô paterno e dois avós maternos	1/2, 1/4 e 1/4
Dois avós paternos e um avô materno	1/4, 1/4 e 1/2
Dois avós paternos e dois avós maternos	1/4, 1/4, 1/4 e 1/4

lhos; daí a consequência: os filhos herdavam do cônjuge de má-fé, mas este não sucedia aos filhos, porque em relação a ele o matrimônio não produzia efeitos civis, sendo, portanto, progenitor não matrimonial dos filhos, de cuja sucessão ficava privado[38]. Hoje não mais se poderá acatar isso (CC, art. 1.561, §§ 1º e 2º).

Quanto ao filho adotivo, convém mencionar que, se ele falecer sem descendência, tendo pais adotivos, estes ficarão com sua herança; na falta dos pais, embora haja outros ascendentes (avós, p. ex.) e cônjuge sobrevivente, estes herdarão.

Se o *de cujus* for casado e tiver apenas ascendente, o cônjuge sobrevivente, qualquer que seja o regime de bens, concorrerá com ele. E, se concorrer com ascendentes em primeiro grau (pais), terá direito a um terço da herança, mas, se concorrer com um só ascendente (pai ou mãe do falecido), ou se maior for aquele grau, por concorrer com avô ou bisavô do *de cujus*[39], caber-lhe-á a metade do acervo hereditário (CC, art. 1.837). Se o *cônjuge* for *meeiro*, retira sua meação, e concorre na herança, como um todo, com:

a) ambos os *pais* do *de cujus*, assim:

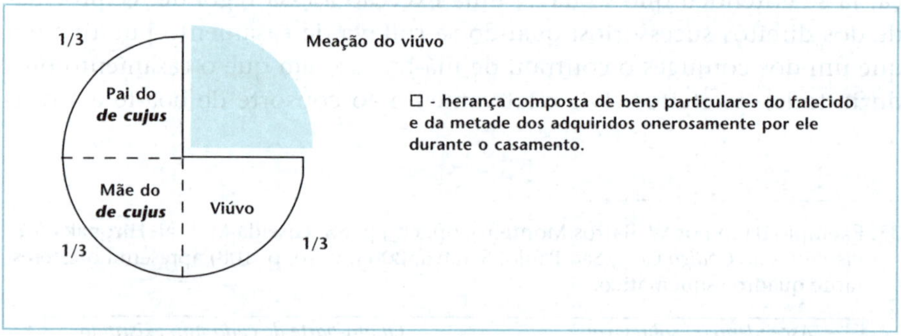

38. Itabaiana de Oliveira, op. cit., v. 1, p. 204; Hermenegildo de Barros, op. cit., n. 310.

39. Rodrigo A. Zaparoli, Cônjuge concorrendo com ascendentes e o cálculo da sua legítima, *Revista Síntese – Direito de família 95*: 897/07. Esclarece Fujita (*Comentários*, cit., p. 1313): Se "A" falece, deixando "B", seu cônjuge, e "C" e "D", seus avós maternos, metade da herança ficará com "B" (50%) e a outra metade dividida entre "C" (25%) e "D" (25%). Se "A" falecer, deixando "B", seu cônjuge; "C" e "D" seus avós maternos e "E", seu avô paterno, aplicar-se-á o art. 1.837 juntamente com o § 2º do art. 1.836; logo, metade da herança ficará para "B" (50%), a outra metade será dividida entre a linha materna e paterna, ficando "C" e "D" com 25% da herança, recebendo cada um 12,5%, e o avô paterno, "E", ficará com 25%.
Vide: CC do Chile, art. 994, e CC do Peru (Dec. Legislativo n. 295), art. 824.

b) o pai ou mãe, ou avô do *falecido*

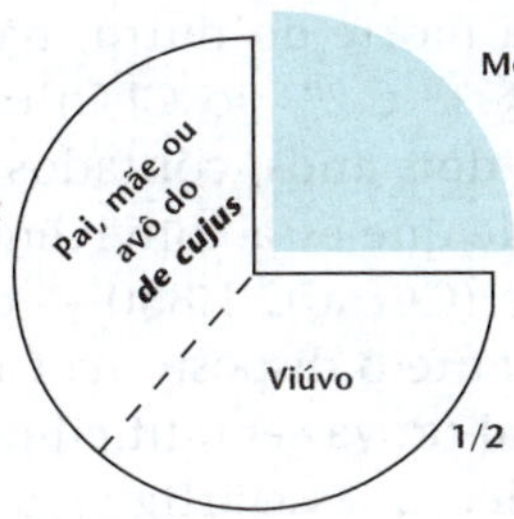

Se o viúvo não for meeiro, por força do regime de bens, herdará nos bens particulares do falecido, por ele adquiridos antes ou depois do casamento, na seguinte proporção:

***a*) em concorrência com pais do falecido cônjuge**

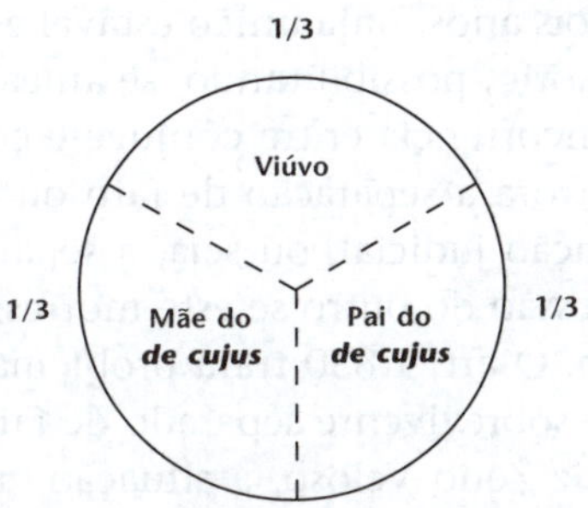

□ - herança

b*) em concorrência com pai, mãe, avô ou bisavô do *de cujus

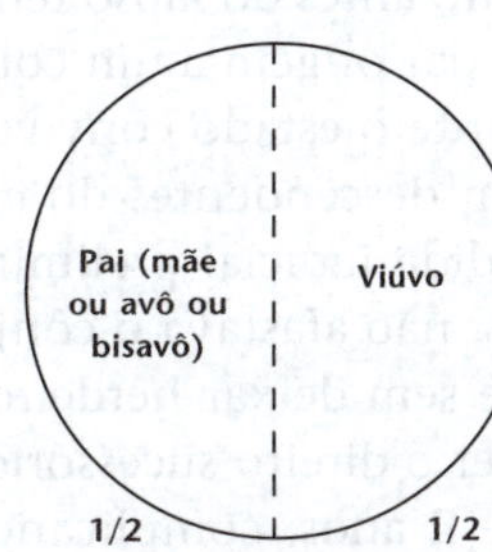

□ - herança

Se o *de cujus*, sem descendentes, viver em união estável, o convivente sobrevivo concorrerá, quanto aos bens adquiridos onerosamente na vigência da convivência, com outros parentes sucessíveis, p. ex., ascendentes, tendo direito a um terço da herança (CC, art. 1.790, III).

E. Sucessão do cônjuge ou do convivente sobrevivente

"Em falta de descendentes e ascendentes, será deferida a sucessão por inteiro ao cônjuge sobrevivente", qualquer que seja o regime matrimonial de bens, (CC, art. 1.838; *JTJ*, *269*:226), caso em que será o herdeiro necessário, único e universal, desde que preenchidos os *requisitos legais gerais* do art. 1.830. Visa-se, com isso, a proteção do consorte supérstite, que, ao tempo da morte do outro, não estava separado extrajudicialmente (art. 733, §§ 1º e 2º, do CPC) ou judicialmente nem separado de fato há mais de dois anos, contados da abertura da sucessão, exceto prova, neste caso, de que essa convivência se tornara impossível sem culpa do sobrevivente (CC, art. 1.830 — que pode perder, parcialmente, sua eficácia social ante o disposto na CF, art. 226, § 6º, com a redação da EC n. 66/2010). Tal prova será difícil de se obter, ante o fato de que um dos cônjuges já faleceu. Esse artigo é um retrocesso, afirma Rolf Madaleno, pois como seria possível comprovar *culpa funerária* ou *culpa mortuária*? Como perquirir a causa daquela separação, provando inocência do viúvo, se o autor da herança não mais está presente para defender-se das acusações que lhe serão feitas? Será preciso demonstrar que a ruptura fática da convivência conjugal não foi provocada, culposamente, pelo viúvo, pois se, p. ex., veio a abandonar o lar imotivadamente, inibido estará de suceder.

Além disso, não está descartada a hipótese de um separado de fato vir a constituir, antes do lapso temporal de dois anos, uma união estável e com seu óbito dar origem a um conflito sucessório, possibilitando, se amealhou bem durante o estado convivencial, a concorrência entre cônjuge e convivente com descendentes do *de cujus*. Outrora a separação de fato ou mesmo a medida judicial preliminar à separação judicial, ou seja, a separação de corpos, não afastava o cônjuge da sucessão do outro se este morresse *ab intestato* e sem deixar herdeiro necessário. O art. 1.830 trará problemas ao reconhecer o direito sucessório a cônjuge sobrevivente separado de fato há menos de 2 anos, complicando, como diz Zeno Veloso, a situação, ainda mais, "se o *de cujus* — embora formalmente casado, mas separado de fato — constituiu união estável com outra pessoa, sabendo-se que, nos termos do art. 1.790 do novo Código Civil, a companheira ou o companheiro participará da sucessão do outro, quanto aos bens adquiridos onerosamente na vigência da união estável", pois surgiria a possibilidade de haver concorrência na herança tanto do cônjuge como do companheiro[40].

---

40. W. Barros Monteiro, op. cit., p. 86-7; Carlos Maximiliano, op. cit., v. 1, n. 146; Zeno Veloso, Sucessão do cônjuge no novo Código Civil, *Revista Brasileira de Direito de Família*, *17*:142-8; Alice de S. Birchal, Ordem de vocação hereditária no novo Código Civil: os direitos sucessórios do cônjuge, *Revista Brasileira de Direito de Família*, *17*:149 a 163; *RF*, *210*:218, *76*:519; *RT*, *274*:400, *277*:448; *AJ*, *96*:63, *75*:227; João A. D. Gandini

Para afastar o cônjuge sobrevivo da sucessão do finado consorte, é imprescindível não só a prova de dois anos ou mais de separação de fato (*RJ, 819*:303), mas também a escritura pública da separação extrajudicial, devidamente averbada, a homologação judicial da separação judicial consensual e

---

e Cristiane B. Jacob, A vocação hereditária e a concorrência do cônjuge com os descendentes ou ascendentes do falecido, *Revista Brasileira de Direito de Família, 25*:9-42; Rolf Madaleno, *Direito de família em pauta*, Porto Alegre, 2004, p. 119; Helena de A. Orselli, Reflexões acerca do direito sucessório do cônjuge no Código Civil de 2002, *Revista IOB de Direito de Família, 44*:68; Regina B. Tavares da Silva e Laura Souza e Brito, Sucessão do cônjuge e regime da separação de bens, *Grandes Temas de Direito de Família e das Sucessões*, São Paulo, Saraiva, 2011, p. 343-366; Daniela A. L. Bufacchi, O papel da separação de fato no direito sucessório do cônjuge à luz da sucessão legítima: a concorrência do cônjuge com o companheiro, *Atualidades Jurídicas*, v. 6, p. 59-66; Carlos Alberto Dabus Maluf, Da sucessão do cônjuge e do companheiro na nova ordem legal, *Atualidades Jurídicas, 7*:35-50; Ney de Mello Almada, *Sucessões*, São Paulo, Malheiros, 2006, p. 175. Já houve decisão de que: "Sucessões. Ex-esposa. A esposa é herdeira, a teor do art. 1.611 do CC de 1916, uma vez que não estava dissolvida a sociedade conjugal à época do falecimento do autor da herança. A separação de corpos não é suficiente para afastar a cônjuge da ordem da vocação hereditária. Recurso desprovido" (TJRS, AgI 70004934741, 8ª Câm. Cív., rel. Jucelana Lurdes Pereira dos Santos, j. 21-11-2002). *BAASP, 2646*: 1739-10: "1 — Em regra, o recurso especial originário de decisão interlocutória proferida em inventário não pode ficar retido nos autos, uma vez que o procedimento encerra-se sem que haja, propriamente, decisão final de mérito, o que impossibilitaria a reiteração futura das razões recursais. 2 — Não faz jus à meação dos bens havidos pelo marido, na qualidade de herdeiro do irmão, o cônjuge que se encontrava separado de fato quando transmitida a herança. 3 — Tal fato ocasionaria enriquecimento sem causa, porquanto o patrimônio foi adquirido individualmente, sem qualquer colaboração do cônjuge. 4 — A preservação do condomínio patrimonial entre cônjuges após a separação de fato é incompatível com a orientação do novo Código Civil, que reconhece a união estável estabelecida nesse período, regulada pelo regime de comunhão parcial de bens (CC art. 1.725). 5 — Assim, em regime de comunhão universal, a comunicação de bens e dívidas deve cessar com a ruptura da vida comum, respeitado o direito de meação do patrimônio adquirido na constância da vida conjugal. 6 — Recurso especial provido" (STJ — 4ª T.; REsp 555.771-SP; rel. Min. Luis Felipe Salomão, j. 5/5/2009; v.u.). Pelo Código Civil, art. 1.830, se o consorte sobrevivente estiver separado de fato há mais de dois anos perderá o direito à sucessão, salvo se provar que não foi o culpado pela impossibilidade de convivência conjugal. E já houve julgados, antes de sua vigência, inclusive do Superior Tribunal de Justiça, entendendo que, após a separação de corpos, a herança recebida por um dos cônjuges não deverá entrar na meação, para depois ser dividida em razão de o regime matrimonial de bens ser o da comunhão universal. Não há razão para se admitir a sucessão entre cônjuges separados de fato ou de corpos, visto não mais haver convivência e afetividade. *Vide*: Código Civil francês, art. 767; BGB, §§ 1.931 e 1.933; CC italiano, arts. 536, 540, 581 a 583 e 585; CC português, arts. 2.133, 3, 2.139, 2.142 e 2.144; CC espanhol, arts. 807, 834 e 837; CC venezuelano, arts. 824 e 825; CC paraguaio, arts. 2.586 e 2.587; CC argentino, arts. 3.570 a 3.572, 3.574 e 3.575; CC mexicano, arts. 1.624 a 1.629; CC boliviano, art. 1.105; CC chileno, art. 1.182; CC colombiano, art. 1.047; CC peruano (Decreto Legislativo n. 295), arts. 724 e 822. Consulte: PL 4.908/2012, que pretende alterar normas sobre sucessão do cônjuge e companheiro.

o trânsito em julgado da sentença, se litigiosa a separação[41]. Se o óbito se der, p. ex., na pendência da ação de separação judicial, a qualidade de herdeiro do cônjuge supérstite reger-se-á pelos parâmetros legais relativos à separação de fato (se inferior a dois anos), pois, como já dissemos, o consorte apenas deixará de ter capacidade para suceder se houver sentença já transitada em julgado por ocasião da abertura da sucessão. Como a separação judicial não produz efeitos irreversíveis, a reconciliação dos consortes, desde que não seja de fato, restabelece a sociedade conjugal e o direito sucessório entre eles[42].

Se o casamento for putativo, o cônjuge de boa-fé (CC, art. 1.561, § 1º) sucede ao pré-defunto se a sentença anulatória for posterior ao falecimento do cônjuge de cuja sucessão se trata, embora o de má-fé não suceda ao de boa-fé, porque relativamente ao que contraiu matrimônio de má-fé os efeitos civis não lhe aproveitarão (CC, art. 1.561, § 2º).

Se o matrimônio putativo for nulo ou anulado em vida dos consortes, extingue-se o direito sucessório entre eles, por não haver mais casamento válido a partir da data da sentença que o torna nulo ou anulado; assim, o sobrevivente, embora de boa-fé, não sucede ao culpado. Se o casamento putativo foi contraído de boa-fé por ambos os cônjuges, qualquer que seja o cônjuge supérstite, sucede ele ao premorto, com exclusão dos colaterais, não havendo descendente ou ascendente, se a dissolução da sociedade conjugal se der após a morte do consorte; se o matrimônio for declarado putativo em vida dos cônjuges, desaparece o direito hereditário entre eles[43].

---

41. Caio M. S. Pereira, op. cit., p. 103. No mesmo sentido, Irmãos Mazeaud, *Leçons de droit civil*, v. 4, n. 794.

42. *Vide* Hermenegildo de Barros, op. cit., v. 18, n. 327, p. 536; Caio M. S. Pereira, op. cit., p. 103; Gustavo Ferraz de Campos Monaco, Direito sucessório no novo Código Civil: problemática dos cônjuges, conviventes e concubinos, in *Contribuições ao estudo do novo direito civil* (coord. Paschoal e Simão), Campinas, Millenium, 2004, p. 325-40. "O cônjuge não desquitado precede aos colaterais na ordem da vocação hereditária, ainda que o regime dos bens do casamento seja de separação absoluta ou limitada, legal ou convencional. Os colaterais até o quarto grau só serão chamados a suceder, se não houver cônjuge sobrevivente ou se ele incorrer na incapacidade do art. 1.611 do Cód. Civ. de 1916" (TJSP, *ADCOAS*, n. 90.442, 1983).

43. José Lopes de Oliveira, op. cit., p. 70; Ruggiero e Maroi, *Istituzioni di diritto privato*, 8. ed., v. 1, p. 439; Itabaiana de Oliveira, op. cit., v. 1, p. 207-9. Ponderam Luiz Edson Fachin e Carlos Eduardo Pianovski Ruzyk (*Código Civil comentado*, coord. Villaça Azevedo, São Paulo, Atlas, 2003, v. 15, p. 193): "Os efeitos sucessórios já produzidos também são preservados em virtude da putatividade. Trata-se, aqui, de caso em que um dos cônjuges vem a falecer antes do decreto da nulidade do casamento; operada antes do trânsito em julgado da sentença anulatória, a transmissão da propriedade por conta de sucessão *mortis causa* de um cônjuge ao outro não será afetada pelo decreto da invalidade. Ressalte-se que a transmissão da propriedade opera-se instantaneamente com o fato do falecimento, pelo princípio da *saisine*."

É preciso ressaltar que o regime de separação convencional de bens no casamento e a existência de cláusula de comunicabilidade ou de incomunicabilidade no pacto antenupcial não interferem na ordem de vocação hereditária do consorte sobrevivente (TJSP, *ADCOAS*, n. 90.443, 1983), não havendo concorrência com descendente, pois, nessa hipótese, não poderá ser chamado a suceder o *de cujus*, se com ele era casado sob o regime da comunhão universal (caso em que retira apenas sua meação) ou da separação obrigatória de bens (CC, art. 1.641), ou, ainda, da comunhão parcial, não havendo bens particulares do autor da herança (CC, art. 1.829, I). Portanto, o cônjuge supérstite *em concorrência com os descendentes* herdará apenas se preencher *requisitos legais especiais*, isto é, se for casado pelo regime de comunhão parcial, em caso de ter o *de cujus* deixado bens particulares; pelo da separação convencional de bens (CC, arts. 1.687 e 1.688; *RJ*, *314*:102; TJSP, Ap. Cível 535.332.4/6-00 — rel. Beretta da Silveira, j. 27-11-2007; *BAASP*, *2992*:12)[44] e pelo de participação final nos aquestos (CC, arts. 1.672

44. Já se decidiu que (STJ, REsp 992.749-MS (2007/0229597-9), rel. Min. Nancy Andrighi, j. 1º-2-2009): Direito civil. Família e sucessões. Recurso especial. Inventário e partilha. Cônjuge sobrevivente casado pelo regime de separação convencional de bens, celebrado por meio de pacto antenupcial por escritura pública. Interpretação do art. 1.829, I, do CC/2002. Direito de concorrência hereditária com descendentes do falecido. Não ocorrência. — Impositiva a análise do art. 1.829, I, do CC/2002, dentro do contexto do sistema jurídico, interpretando o dispositivo em harmonia com os demais que enfeixam a temática, em atenta observância dos princípios e diretrizes teóricas que lhe dão forma, marcadamente, a dignidade da pessoa humana, que se espraia, no plano da livre manifestação da vontade humana, por meio da autonomia da vontade, da autonomia privada e da consequente autorresponsabilidade, bem como da confiança legítima, da qual brota a boa-fé; a eticidade, por fim, vem complementar o sustentáculo principiológico que deve delinear os contornos da norma jurídica. — Até o advento da Lei n. 6.515/77 (Lei do Divórcio), vigeu no direito brasileiro, como regime legal de bens, o da *comunhão universal*, no qual o cônjuge sobrevivente não concorre à herança, por já lhe ser conferida a meação sobre a totalidade do patrimônio do casal; a partir da vigência da Lei do Divórcio, contudo, o regime legal de bens no casamento passou a ser o da *comunhão parcial*, o que foi referendado pelo art. 1.640 do CC/2002. — Preserva-se o regime da *comunhão parcial de bens*, de acordo com o postulado da autodeterminação, ao contemplar o cônjuge sobrevivente com o direito à meação, além da concorrência hereditária sobre os bens comuns, mesmo que haja bens particulares, os quais, em qualquer hipótese, são partilhados unicamente entre os descendentes. — O regime de *separação obrigatória de bens*, previsto no art. 1.829, I, do CC/2002, é gênero que congrega duas espécies: (i) *separação legal*; (ii) *separação convencional*. Uma decorre da lei e a outra da vontade das partes, e ambas obrigam os cônjuges, uma vez estipulado o regime de separação de bens, à sua observância. — Não remanesce, para o cônjuge casado mediante separação de bens, direito à meação, tampouco à concorrência sucessória, respeitando-se o regime de bens estipulado, que obriga as partes na vida e na morte. Nos dois casos, portanto, o cônjuge sobrevivente não é herdeiro necessário. — Entendimento em sentido diverso, suscitaria clara antinomia entre os arts. 1.829, I, e 1.687, do CC/2002, o que geraria uma quebra da unidade sistemática da lei codificada, e provocaria a morte do regime de separação de bens.Por isso deve prevalecer a interpretação que conjuga e torna complementa-

a 1.685). Nesta última hipótese, p. ex., o sobrevivente conserva seu patrimônio particular, retira sua meação e concorre como herdeiro necessário

---

res os citados dispositivos. — No processo analisado, a situação fática vivenciada pelo casal — declarada desde já a insuscetibilidade de seu reexame nesta via recursal — é a seguinte: (i) não houve longa convivência, mas um casamento que durou meses, mais especificamente, 10 meses; (ii) quando desse segundo casamento, o autor da herança já havia formado todo seu patrimônio e padecia de doença incapacitante; (iii) os nubentes escolheram voluntariamente casar pelo regime da separação convencional, optando, por meio de pacto antenupcial lavrado em escritura pública, pela incomunicabilidade de todos os bens adquiridos antes e depois do casamento, inclusive frutos e rendimentos. — A ampla liberdade advinda da possibilidade de pactuação quanto ao regime matrimonial de bens, prevista pelo direito patrimonial de família, não pode ser toldada pela imposição fleumática do direito das sucessões, porque o fenômeno sucessório "traduz a continuação da personalidade do morto pela projeção jurídica dos arranjos patrimoniais feitos em vida". — Trata-se, pois, de um ato de liberdade conjuntamente exercido, ao qual o fenômeno sucessório não pode estabelecer limitações. — Se o casal firmou pacto no sentido de não ter patrimônio comum e, se não requereu a alteração do regime estipulado, não houve doação de um cônjuge ao outro durante o casamento, tampouco foi deixado testamento ou legado para o cônjuge sobrevivente, quando seria livre e lícita qualquer dessas providências, não deve o intérprete da lei alçar o cônjuge sobrevivente à condição de herdeiro necessário, concorrendo com os descendentes, sob pena de clara violação ao regime de bens pactuado. — Haveria, induvidosamente, em tais situações, a alteração do regime matrimonial de bens *post mortem*, ou seja, com o fim do casamento pela morte de um dos cônjuges, seria alterado o regime de separação convencional de bens pactuado em vida, permitindo ao cônjuge sobrevivente o recebimento de bens de exclusiva propriedade do autor da herança, patrimônio ao qual recusou, quando do pacto antenupcial, por vontade própria. — Por fim, cumpre invocar a boa-fé objetiva, como exigência de lealdade e honestidade na conduta das partes, no sentido de que o cônjuge sobrevivente, após manifestar de forma livre e lícita a sua vontade, não pode dela se esquivar e, por conseguinte, arvorar-se em direito do qual solenemente declinou, ao estipular, no processo de habilitação para o casamento, conjuntamente com o autor da herança, o regime de separação convencional de bens, em pacto antenupcial por escritura pública. — O princípio da exclusividade, que reage a vida do casal e veda a interferência de terceiros ou do próprio Estado nas opções feitas licitamente quanto aos aspectos patrimoniais e extrapatrimoniais da vida familiar, robustece a única interpretação viável do art. 1.829, inc. I, do CC/2002, em consonância com o art. 1.687 do mesmo Código, que assegura os efeitos práticos do regime de bens licitamente escolhido, bem como preserva a autonomia privada guindada pela eticidade. Recurso especial provido. Pedido cautelar incidental julgado prejudicado (TJRJ, AI 0057663-53.2010.8.19.0000 — 4ª Câm. Cív., rel. Des. Marcelo L. Buhatem, j. 22.6.2011) vem entendendo que havendo pacto estabelecendo separação total de bens não se tem direito de concorrência de viúvo com descendentes do falecido.

Bol. AASP, *2954*:9. Agravo de Instrumento. Inventário. Inclusão da viúva do *de cujus* no inventário. Casamento celebrado sob o regime de separação convencional de bens. Herdeira necessária. Incidência do art. 1.829, inciso I, do Código Civil. O regime da separação de bens que afasta o cônjuge sobrevivente da sucessão é o obrigatório. Decisão mantida. Recurso não provido (TJSP – 5ª Câmara de Direito Privado, Agravo de Instrumento n. 2045410-62.2014.8.26.0000-Ribeirão Preto-SP, Rel. Des. Erickson Gavazza Marques, 26-11-2014, v.u.).

Enunciado IBDFAM n. 15: "Ainda que casado sob o regime da separação convencional de bens, o cônjuge sobrevivente é herdeiro necessário e concorre com os descendentes".

privilegiado à herança do *de cujus*, composta pelos bens particulares e pela antiga "meação" deste (CC, arts. 1.829, I, 1.845, 1.844 e 1.789). Se concorrer com descendente do falecido cônjuge, terá direito a um quinhão igual ao dos que sucederem por cabeça, não podendo a sua quota ser inferior à quarta parte da herança, se for ascendente dos herdeiros com que concorrer (CC, art. 1.832).

Urge não olvidar que pelo Enunciado n. 609: "O regime de bens no casamento somente interfere na concorrência sucessória do cônjuge com descendentes do falecido" (aprovado na VII Jornada de Direito Civil).

Se o consorte sobrevivo, na falta de descendente do *de cujus*, concorrer com seus ascendentes em 1º grau, terá direito a um terço da herança; e se concorrer com um só ascendente, ou se maior for aquele grau, caber-lhe-á a metade do acervo hereditário (CC, art. 1.837).

Assim, a herança do cônjuge supérstite, baseando-se no Código Civil, nos arts. 1.829, I, II, III, 1.830, 1.831, 1.832, 1.836, 1.837 e 1.838, desde que não haja separação extrajudicial, judicial ou de fato há mais de dois anos, ao tempo da morte do outro, pode dar-se por[45]:

---

45. R. Limongi França, Herança do cônjuge, in *Enciclopédia Saraiva do Direito*, v. 41, p. 27; *Manual de direito civil*, v. 3, p. 231-42, 247-50. Sobre concorrência sucessória: Guilherme C. Nogueira da Gama, Concorrência sucessória à luz dos princípios norteadores do Código Civil de 2002, *Revista Brasileira de Direito de Família, 29*:11-25; Euclides de Oliveira, Concorrência sucessória e a nova ordem da vocação hereditária, *Revista Brasileira de Direito de Família, 29*:26-44; Giselda M. F. N. Hironaka, O sistema de vocação concorrente do cônjuge e/ou do companheiro com os herdeiros do autor da herança, nos direitos brasileiro e italiano, *Revista Brasileira de Direito de Família, 29*:45-87; Aldemiro Rezende Dantas Júnior, Concorrência sucessória do companheiro sobrevivo, *Revista Brasileira de Direito de Família, 29*:128-43; Rolf Madaleno, A concorrência sucessória e o trânsito processual: a culpa mortuária, *Revista Brasileira de Direito de Família, 29*:144-51; Carlos Alberto Dabus Maluf, A sucessão do cônjuge sobrevivente casado no regime de separação convencional de bens, *Revista do Tribunal Regional Federal — 3ª Região, 76*:41-6; Fernando G. de Souza Lima, Questões controvertidas sobre a sucessão do cônjuge no novo Código Civil, *Direito Civil — direito patrimonial e direito existencial* (coord. Tartuce e Castilho), São Paulo, Método, 2006, p. 875-94; Ana Luiza M. Nevares, *A tutela sucessória do cônjuge e do companheiro na legalidade constitucional*, Rio de Janeiro, Renovar, 2008; Glauber Salomão Leite, *Sucessão do cônjuge sobrevivente*, Rio de Janeiro, Lumen Juris, 2008; Julio Pinheiro Faro, A sucessão do companheiro, *Revista Síntese — Direito de família, 65*:99-114. *Vide* art. 18, § 2º, do Decreto-Lei n. 3.438/41, que proíbe a sucessão de cônjuge estrangeiro, em aforamento de terreno de Marinha. Pela Constituição Federal, art. 53, III e VI, do Ato das Disposições Transitórias, a viúva ou companheira ou dependente do ex-combatente que tenha participado de operações bélicas durante a Segunda Guerra Mundial, nos termos da Lei n. 5.315/67, terá não só o direito a uma pensão, como também prioridade na aquisição da casa própria. Pela Lei n. 8.068/90, o cônjuge enviuvado de servidor aposentado será considerado ocupante legítimo do imóvel funcional se nele permanecer residindo. Miguel Reale (O cônjuge no novo Código Civil, *O Estado de S. Paulo*, 12-4-2003) entende que no regime de separação convencional de bens, o cônjuge supérstite não concorreria com os descendentes,

1º) *Sucessão legitimária*, por ser herdeiro necessário privilegiado (CC, arts. 1.845, 1.789 e 1.846), se preenchidas certas condições legais, tem resguardada, de *pleno iure*, a metade dos bens da herança, que constitui a legítima, pois o testador, havendo herdeiros necessários (descendentes, ascendentes e cônjuge sobrevivo), só poderá dispor da metade da herança. Trata-se de importante inovação a inclusão do cônjuge entre os herdeiros legitimários, amparando-o, dando-lhe uma condição hereditária mais benéfica, considerando-se que o vínculo conjugal, a afeição e a intimidade entre marido e mulher não são inferiores ao da consanguinidade. Como herdeiro necessário, é chamado à herança ao lado dos descendentes em certos casos (CC, arts. 1.829, I, 1.830 e 1.832) e ascendentes, com eles concorrendo, respectivamente, na primeira ou na segunda classe, ou isoladamente quando não concorrer com eles. Possui, de pleno direito, a metade dos bens da herança se não houver descendente ou ascendente, tendo-se por pressuposto que o falecimento de um dos consortes não poderia desamparar o outro com a transmissão de todos os bens hereditários a pessoa estranha, por testamento.

2º) *Sucessão legal ou legítima*, em que se poderá ter:

A) A sua inclusão na primeira e na segunda classe de preferência, concorrendo com descendente ou ascendente do *de cujus*, adotando-se diretriz já seguida em vários países (CC, art. 1.829, I e II).

Pelo atual Código Civil, convém repetir, haverá concorrência do cônjuge supérstite com *descendentes* do autor da herança, conforme o regime matrimo-

---

pois isto "feriria substancialmente o disposto no art. 1.687, sem o qual desapareceria todo o regime de separação de bens, em razão de conflito inadmissível entre esse artigo e o de n. 1.829, I, fato que jamais poderá ocorrer numa codificação à qual é inerente o princípio da unidade sistemática". Com o que, respeitosamente, não concordamos diante da redação do art. 1.829, I, que só requer para que não haja concorrência entre cônjuge sobrevivente e descendentes do *de cujus*: regime de comunhão universal e o de separação obrigatória. Pelo Enunciado n. 270 do Conselho da Justiça Federal, "o art. 1.829, I, só assegura ao cônjuge sobrevivente o direito de concorrência com os descendentes do autor da herança quando casados no regime da separação convencional de bens ou, se casados nos regimes da comunhão parcial ou participação final nos aquestos, o falecido possuísse bens particulares, hipóteses em que a concorrência se restringe a tais bens, devendo os bens comuns (meação) ser partilhados exclusivamente entre os descendentes". Em que pese essa opinião, entendemos que o art. 1.829, I, contém tão somente requisitos legais especiais para tal concorrência, pois o cônjuge que os preencher terá sua quota, considerando-se todo o acervo hereditário e não apenas os bens particulares do falecido, em razão do disposto nos arts. 1.791 e parágrafo único, 1.832, 1.845 e 1.846 do Código Civil. Já temos decisão de que: "Viúva casada com o autor da herança no regime de separação convencional de bens. Direito à sucessão legítima em concorrência com a filha do falecido. Inteligência do art. 1.829, I, do Código Civil. Vedação que somente ocorre, entre outras causas, se o regime de casamento for o de separação obrigatória de bens. Recurso improvido" (TJSP, 3ª Câm. de Direito Privado, AgI 313.414/1-00-Barretos-SP, Rel. Des. Flávio Pinheiro, j. 4-11-2003, *RJ*, *314*:102).

nial de bens, isto é, se preenchidos os *requisitos legais* dos arts. 1.830 e 1.829, I. Para tanto, o consorte sobrevivo, por força do art. 1.829, I, só poderá ser casado sob o regime de separação convencional de bens, de participação final dos aquestos ou de comunhão parcial, se o falecido possuía patrimônio particular, embora sua participação incida sobre todo o acervo hereditário e não somente nos bens particulares do *de cujus*. Há quem ache, como Salomão de Araújo Cateb, que a exigibilidade de bens particulares seja condição para haver concorrência do cônjuge nos três regimes de bens apontados no art. 1.829, I.

Surge, aqui, uma questão polêmica: na concorrência com descendente, o cônjuge, que preencher os *requisitos legais gerais* (ausência de separação extrajudicial ou judicial ou de separação de fato há mais de 2 anos) e os *especiais* (regime de comunhão parcial, havendo bens particulares do falecido; regime de separação convencional ou de participação final nos aquestos), terá sua quota, considerando-se todo o acervo hereditário ou apenas os bens particulares do falecido?

Acatamos a primeira posição, como já dissemos, porque a lei não diz que a herança do cônjuge só recai sobre os bens particulares do *de cujus* e para atender ao *princípio da operabilidade*, tornando mais fácil o cálculo para a partilha da parte cabível a cada herdeiro. A existência de tais bens é mera condição ou requisito legal para que o viúvo, casado sob o regime de comunhão parcial, tenha capacidade para herdar, concorrendo, como herdeiro, com o descendente, pois a lei o convoca à sucessão legítima. Além disso: *a*) a herança é indivisível, deferindo-se como um *todo unitário*, ainda que vários sejam os herdeiros (CC, art. 1.791 e parágrafo único); *b*) o viúvo que for ascendente dos herdeiros (descendentes do *de cujus*), tem direito a uma quota não inferior a *um quarto da herança* (CC, art. 1.832); *c*) o cônjuge supérstite é herdeiro necessário (CC, arts. 1.845 e 1.846), tendo direito à quota legitimária a ser respeitada na sucessão testamentária, visto que o *de cujus* só poderá dispor de sua porção disponível (*metade da herança*). Se o cônjuge é herdeiro necessário, concorrerá com os descendentes na totalidade da herança do *de cujus*, ou no mínimo em 50% da herança, se o *de cujus* dispôs, de sua parte disponível, em testamento. Se o casal, casado sob o regime de comunhão parcial, tinha em comum R$ 500.000,00, R$ 250.000,00 seriam a meação de cada um, retirando o viúvo a sua parte. Logo a *herança* será constituída de R$ 250.000,00 (antiga meação do *de cujus*) e R$ 200.000,00 (bens particulares do falecido). Desses R$ 450.000,00, a *legítima* dos herdeiros necessários (descendentes ou cônjuge) será de R$ 225.000,00. Havendo testamento, o viúvo concorrerá, no mínimo, com os descendentes do *de cujus* nesses R$ 225.000,00, e, não havendo deixa testamentária, em R$ 450.000,00. A quota indisponível é deferida aos herdeiros necessários (sucessores legitimários), que terão sobre ela quinhão igual, que constituirá a legítima individual; *d*) a separação

convencional pode ser absoluta ou relativa. A absoluta estabelece incomunicabilidade de todos os bens adquiridos antes e depois do casamento, inclusive frutos e rendimentos. A relativa circunscreve-se aos bens presentes, comunicando-se os frutos e rendimentos. Nada obsta a que os nubentes, no pacto antenupcial, disponham sobre a comunicabilidade dos aquestos, para evitar enriquecimento indevido. E, apesar disso, o art. 1.829, I, não exige, para que o viúvo herde, a existência de bens particulares do *de cujus*; logo, o viúvo concorre com descendentes nos aquestos. O mesmo se diga de regime de participação final nos aquestos, pois quanto a ele nenhuma ressalva legal há; *e*) a meação se fará sempre que o vínculo conjugal for desfeito, cessando a comunhão e o condomínio. O viúvo terá direito à sua metade do patrimônio comum. Os bens que integravam "a antiga meação" do *de cujus*, pelo direito de família, passam, agora, a fazer parte do acervo hereditário, juntamente com os bens particulares, formando um todo unitário, imediatamente transmitido, no instante do óbito, aos herdeiros, conforme as normas de direito sucessório. Este todo patrimonial (metade dos bens comuns, patrimônio particular do *de cujus*, débitos e créditos) constitui a herança (universalidade de bens). Fácil é perceber que meação e herança são institutos diversos, um é regido pelo direito de família e o outro pelo das sucessões.

Se o falecido não possuía bens particulares, o consorte sobrevivente não será herdeiro, em concorrência com descendentes do *de cujus*, mas tem assegurada a sua meação, sendo o regime de comunhão universal ou parcial. O óbito gera, convém repetir, duas consequências: *a*) no âmbito do *direito de família*, além da extinção do vínculo matrimonial, opera a cessação do regime de bens; assim sendo, conforme este, o cônjuge na qualidade de *coproprietário*, retira sua *meação* do patrimônio comum, seguindo as normas que regem o regime matrimonial de bens adotado, visto que já é dono de sua parte ideal, antes da abertura da sucessão. A meação é oriunda de uma relação condominial existente em *vida* dos cônjuges; e *b*) na seara do *direito das sucessões*, o patrimônio do *de cujus* é a *herança* (universalidade de bens, que abrange o que seria sua antiga meação e seus bens particulares, inclusive créditos e débitos) por ele deixada, imediatamente transferida, no instante de sua *morte*, a seus herdeiros: seu cônjuge em concorrência com seus descendentes ou ascendentes.

Diante disso, há confusão terminológica, pois o art. 1.829, no inciso I, parece confundir meação com herança, o que não ocorre no inciso II. Da leitura do art. 1.829, *caput*, combinada com os incisos I e II e com os arts. 1.832, 1.845, 1.846 e 1.791, infere-se que se erigiu o regime matrimonial de bens do casamento como mero requisito ao direito de suceder do cônjuge em concorrência com descendente do autor da herança, ao lado dos previstos no art. 1.830: não estar separado extrajudicial ou judicialmente, nem de fato, há mais de dois anos. O cônjuge herda, em concorrência com descendentes do *de cujus*, a totalidade da herança, na proporção estipulada por lei, salvo se: *a*) casado sob o regime de comunhão universal, pois nele há comunicação de bens adquiridos antes e durante o casamento, logo meação do sobrevivente é considerável; *b*) casado sob o regime de separação obrigatória de bens, pois a lei pretende evitar que um dos cônjuges participe do patrimônio do outro; e *c*) casado sob o regime de comunhão parcial sem que haja bens particulares do *de cujus*, hipótese em que, apesar de não ser herdeiro, terá garantida a sua meação, da qual é titular, pois sobre ela exerce direito de propriedade. Meação não é herança, pois os bens comuns são divididos, visto que a porção ideal deles já lhe pertencia. Havendo patrimônio particular, o cônjuge sobrevivo receberá sua meação, se casado sob regime de comunhão parcial, e uma parcela sobre todo o acervo hereditário.

Concorre, no nosso entender, em regra, em igualdade de condições com os descendentes do falecido, e tem direito à meação em face do regime matrimonial de bens. Como ocorre no de comunhão parcial, pois além de receber sua meação, terá uma parte sobre toda a herança. Terá quinhão igual ao dos que sucederem por cabeça, não podendo sua quota ser inferior à quarta parte da herança, se for ascendente dos herdeiros com que concorrer (CC, art. 1.832). Nada mais justo do que lhe garantir uma parcela da herança se o casal não tiver filhos comuns, pois poderia ser o viúvo privado da sucessão pela existência de filho do leito anterior ou extramatrimonial do falecido. Se o *de cujus*, p. ex., tiver quatro filhos, que não são do supérstite, a herança será dividida em cinco partes iguais, cada um receberá 1/5. Se tais filhos também forem do cônjuge sobrevivo, a participação deles ficará reduzida diante do limite da quota mínima estabelecida legalmente, pois, se a parte do cônjuge não pode ser inferior a 1/4, eles concorrerão a 3/4 da herança. Assim, se a herança for de cem mil reais, o cônjuge receberá vinte e cinco mil e entre os quatro filhos serão divididos os setenta e cinco mil reais restantes. Observam Nelson Nery Jr. e Rosa Maria de Andrade Nery que o cálculo dessa quarta parte deve ser feito a partir do que vai ser objeto da sucessão legítima (CC, art. 1.829, I); pode ser no mínimo a parte legitimária (CC, art. 1.847) e, no máximo, o total da herança se o autor faleceu *ab intestato* ou se ocorrerem as hipóteses do art. 1.788 do Código Civil.

E se houver filhos comuns e filhos só do falecido?[46]. O cônjuge sobrevivente teria ainda direito à quota de 1/4 do monte-mor? Surge aqui

---

46. Interessantes a esse respeito são as seguintes observações de Eduardo Oliveira Leite (A nova ordem de vocação hereditária e a sucessão dos cônjuges, in *Novo Código Civil — questões controvertidas*, org. Delgado e Figueirêdo Alves, São Paulo, Método, 2003, p. 458-60), que aqui transcrevemos:

uma lacuna normativa, a ser preenchida pelo critério apontado no art. 4º da Lei de Introdução às Normas do Direito Brasileiro, que é o do *princípio da igualdade jurídica de todos os filhos* (CF, art. 227, § 6º; CC, arts. 1.596 a 1.619), consagrado pelo nosso direito positivo. Se assim é, só importa, para fins sucessórios, a relação de filiação com o *de cujus* (autor da herança) e não a existente com o cônjuge supérstite. Por isso, para que não haja quotas diferentes entre os filhos do falecido, diante da omissão legal, parece-nos, que este deveria receber quinhão igual ao dos filhos exclusivos, que herdam por cabeça, não se aplicando a quota hereditária mínima de 1/4. Nesse sentido o Enunciado n. 527 do Conselho da Justiça Federal, aprovado na V Jornada

---

"Nesse sentido, três são as propostas de solução em decorrência da inquestionável realidade fática (ocorrência de herdeiros comuns e exclusivos).

1ª proposta. Composição pela solução mista, dividindo-se proporcionalmente a herança, segundo a quantidade de descendentes de cada grupo.

Graficamente:

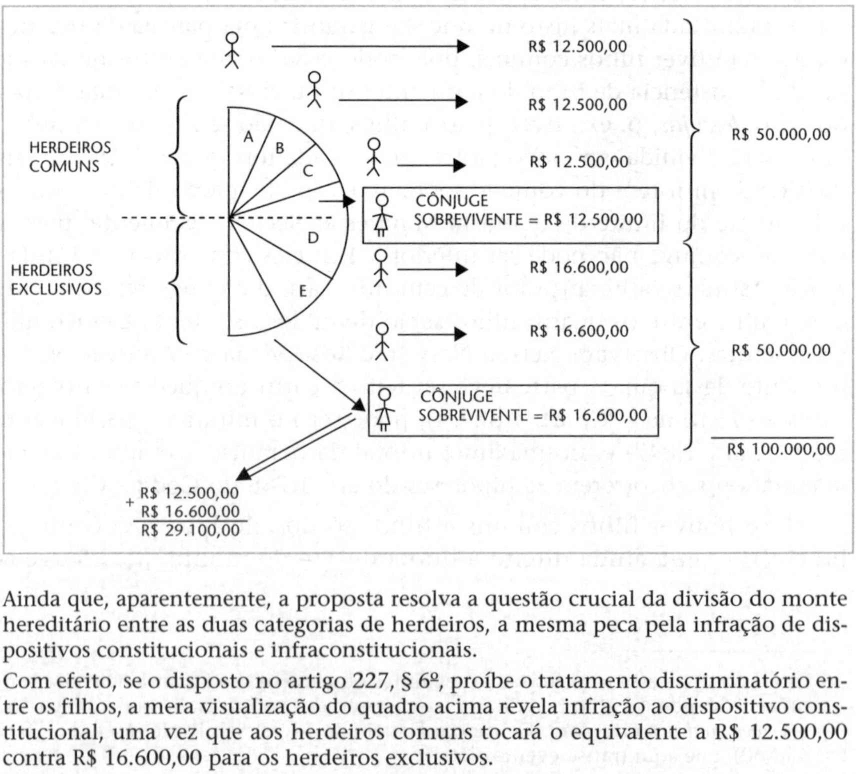

Ainda que, aparentemente, a proposta resolva a questão crucial da divisão do monte hereditário entre as duas categorias de herdeiros, a mesma peca pela infração de dispositivos constitucionais e infraconstitucionais.

Com efeito, se o disposto no artigo 227, § 6º, proíbe o tratamento discriminatório entre os filhos, a mera visualização do quadro acima revela infração ao dispositivo constitucional, uma vez que aos herdeiros comuns tocará o equivalente a R$ 12.500,00 contra R$ 16.600,00 para os herdeiros exclusivos.

de Direito Civil: "na concorrência entre o cônjuge e os herdeiros do *de cujus*, não será reservada a quarta parte da herança para o sobrevivente no caso de filiação híbrida". Acatar-se-ia, assim, além do princípio da isonomia, o da operabilidade (LINDB, art. 5º).

Havendo *filhos (ou outros descendentes) comuns e exclusivos* concorrendo com viúvo, dever-se-á, por força da CF, art. 227, § 6º, e da LINDB, arts. 4º e 5º, dian-

---

Como se não bastasse o flagrante tratamento discriminatório, o texto do artigo 1.832 refere-se exclusivamente à reserva da quarta parte ao cônjuge sobrevivente quando concorre com herdeiros comuns e não, evidentemente, com herdeiros exclusivos. A prosperar tal proposta estar-se-ia fazendo interpretação extensiva do disposto no artigo 1.832, inaplicável à espécie.

Mesmo que vingasse a pretensão, o cálculo da reserva abatida da quota dos herdeiros comuns (R$ 12.500,00) acrescida a mesma reserva retirada da quota dos herdeiros exclusivos (R$ 16.600,00) corresponde a R$ 29.100,00, ou seja, valor superior à quarta parte (num patrimônio de R$ 100.000,00) desejada pelo legislador.

Logo, não há como vingar tal cálculo, que fica negado pela legislação nacional.

2ª proposta. Composição pela solução mista, dividindo-se proporcionalmente a herança, segundo a quantidade de descendentes de cada grupo, sem o abatimento da reserva em relação aos herdeiros exclusivos.

Graficamente:

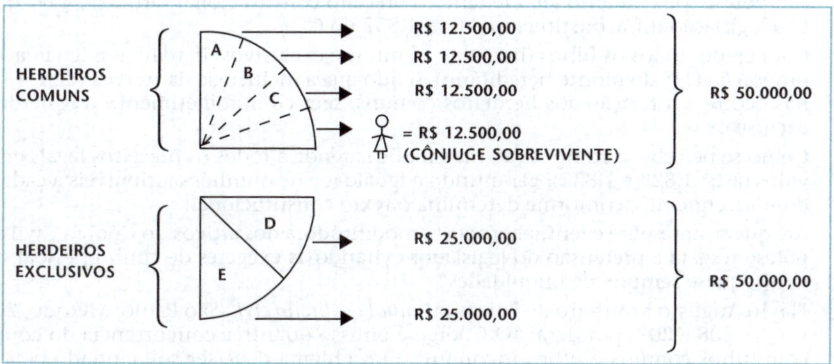

A proposta revela-se mais plausível na medida em que faz incidir a reserva (da quarta parte) apenas sobre a quota dos herdeiros comuns (como quer o artigo 1.832 do Código Civil). Incide, porém, no equívoco anteriormente apontado da desconsideração do princípio constitucional, inserto no artigo 227, § 6º, da CF/88, quando atribui aos herdeiros comuns valor inferior (na realidade, metade) àquele valor atribuído aos herdeiros exclusivos, comprometendo, assim, a hipótese de solução.

3ª proposta. Composição pela solução mista, dividindo-se proporcionalmente a herança, segundo a quantidade de descendentes, com posterior abatimento da reserva na quota dos herdeiros comuns (art. 1.832).

Graficamente:

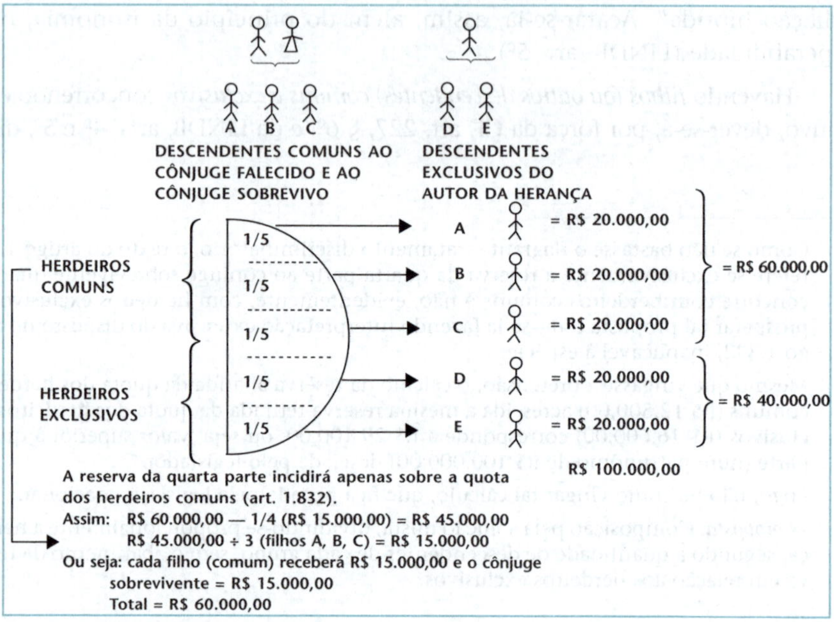

A hipótese sob comento atende tanto o preceito constitucional (art. 227, § 6º) quanto a legislação infraconstitucional (art. 1.832 do CC).

Com efeito, todos os filhos (herdeiros comuns e exclusivos) herdam em igualdade de proporção (1/5 do monte hereditário), sendo que a incidência da reserva (de 1/4) apenas ocorre em relação aos herdeiros comuns, sem comprometimento dos herdeiros exclusivos.

Como se percebe, a composição matemática atende a todos os preceitos legais envolvidos (arts. 1.829 e 1.832), garantindo a igualdade de quinhões atribuíveis a cada um dos descendentes, conforme determina o texto constitucional.

Até que se apresente eventual proposta modificadora dos artigos do Código Civil a hipótese resgata a pretensão do legislador evitando as exegeses de cunho pessoal geradoras, quase sempre, de iniquidades".

Flávio Augusto Monteiro de Barros (*Manual de direito civil*, São Paulo, Método, 2004, v. 4, p. 208 e 209) pondera: "O Código é omisso quanto à concorrência do cônjuge com filhos comuns e filhos incomuns. O problema deve ser solucionado pelas regras de proporção matemática. A propósito, apresentamos a seguinte fórmula:

a) divide-se a herança pela soma dos herdeiros, isto é, pelo total de filhos e o cônjuge;

b) subtrai-se da herança a parte dos filhos incomuns;

c) apura-se 1/4 sobre a herança, sem a parte dos filhos incomuns, encontrando, desse modo, o quinhão do cônjuge;

d) subtrai-se da herança a parte do cônjuge, dividindo o resultado pelo número de filhos". E, a seguir, exemplifica:

"Suponha-se que o sujeito tenha morrido, deixando o cônjuge e uma herança de R$ 1.200,00, além de quatro filhos comuns e um incomum. O cálculo deve ser feito da seguinte forma:

a) divide-se a herança de R$ 1.200,00 por 6, totalizando a importância de R$ 200,00;

b) retira-se da herança a parte do filho incomum, restando a importância de R$ 1.000,00;

c) apura-se a parte do cônjuge, que corresponde a 1/4 da herança, sem a parte do filho incomum, vale dizer, 1/4 sobre R$ 1.000,00, totalizando-se a importância de R$ 250,00. Assim, este é o valor que o cônjuge herdará;

d) subtraia-se da herança a parte do cônjuge, dividindo o resultado entre os filhos, ou seja, R$ 1.200,00 – R$ 250,00 = RS 950,00. Dividindo-se esta importância por cinco, isto é, pelo número de filhos, apura-se R$ 190,00, que é o quinhão correspondente a cada filho".

Já se decidiu que: "A partir da vigência da Lei do Divórcio, contudo, o regime legal de bens no casamento passou a ser da comunhão parcial, o que foi referendado pelo art. 1.640 do CC, e segundo o qual se comunicam os bens que sobrevierem ao casal, na constância do casamento, consideradas as exceções legais previstas no art. 1.659 do CC (art. 1.658 do CC). 5. Essa mudança do regime legal, no entanto, fez surgir uma preocupação, externada na Exposição de Motivos do Supervisor da Comissão Elaboradora e Revisora do CC, professor Miguel Reale, de que 'especial atenção devia ser dada aos direitos do cônjuge supérstite em matéria sucessória' (informação extraída da página eletrônica do Senado Federal: http://www2.senado.leg.br/bdsf/bitstream/handle/id/70319/743415.pdf?sequence= , p. 57), evidenciando, com isso, a influência que a autonomia da vontade exercida com a escolha do regime de bens exerce sobre o direito de herança. Afirmou, então, o jurista: Seria, com efeito, injustificado passar do regime da comunhão universal, que importa a comunicação e todos os bens presentes e futuros dos cônjuges, para o regime da comunhão parcial, sem se atribuir ao cônjuge supérstite o direito de concorrer com descendentes e ascendentes. Para tal fim, passou o cônjuge a ser considerado herdeiro necessário, com todas as cautelas e limitações compreensíveis em questão tão delicada e relevante, a qual comporta diversas hipóteses que exigiram tratamento legal distinto. [...] Outrossim, a permanecer a interpretação conferida por parte da doutrina, de que o cônjuge casado sob o regime da comunhão parcial herda em concorrência com os descendentes, inclusive no tocante aos bens particulares, teremos no direito das sucessões, em verdade, a transmutação do regime escolhido em vida — comunhão parcial de bens — nos moldes do direito patrimonial de família, para o da comunhão universal, somente possível de ser celebrado por meio de pacto antenupcial por escritura pública. A adoção desse entendimento viola a essência do próprio regime estipulado. 13. Logo, essa não é a melhor interpretação do art. 1.829, I, do CC, porque, além do mais, conflita com os princípios que regem o atual diploma — citem-se, a propósito, dignidade da pessoa humana, autonomia privada, autorresponsabilidade, confiança legítima, boa-fé, eticidade — bem assim com as finalidades por ele perseguidas e com os dispositivos que tratam do regime legal de bens. 14. A melhor interpretação, portanto, é aquela que prima pela valorização da vontade das partes na escolha do regime de bens, mantendo-a intacta, assim na vida como na morte dos cônjuges" (STJ, REsp 137.708-4-MG, 3ª T., Rel. Min. Nancy Andrighi, pub. 15-10-2013).

Recurso Especial. Civil. Direito das Sucessões. Cônjuge sobrevivente. Regime de comunhão parcial de bens. Herdeiro necessário. Existência de descendentes do cônjuge falecido. Concorrência. Acervo hereditário. Existência de bens particulares do *de cujus*. Interpretação do art. 1.829, I, do Código Civil. Violação ao art. 535 do CPC. Inexistência.

1. Não se constata violação ao art. 535 do Código de Processo Civil quando a Corte de origem dirime, fundamentadamente, todas as questões que lhe foram submetidas. Havendo manifestação expressa acerca dos temas necessários à integral solução da lide, ainda que em sentido contrário à pretensão da parte, fica afastada qualquer omissão, contradição ou obscuridade.

2. Nos termos do art. 1.829, I, do Código Civil de 2002, o cônjuge sobrevivente, casado no regime de comunhão parcial de bens, concorrerá com os descendentes do cônjuge

te da omissão legal, afastar a reserva da 4ª parte, dando a todos os herdeiros quinhão igual, pois se assim não fosse prejudicar-se-iam os filhos exclusivos, que nada têm que ver com o viúvo. Como todos são descendentes (comuns ou exclusivos) do *de cujus*, em nome desse vínculo de parentesco, mais justo seria que o viúvo recebesse quinhão igual ao deles, para que não haja discriminação entre eles. Para fins sucessórios o que importa é o liame de parentesco consanguíneo ou civil com o *de cujus* e não com seu viúvo. Assim sendo, ante a lacuna normativa, visto que a norma não aborda a questão da concorrência híbrida, aplicar-se-ia o princípio geral de direito constitucional da igualdade jurídica dos filhos (LINDB, art. 4º) e o critério do *justum* (LINDB, art. 5º) e considerar-se-iam *todos* como filhos exclusivos do *de cujus*.

Entretanto, há, como observa Giselda M. F. N. Hironaka, entendimento doutrinário no sentido de: *a*) considerar todos os descendentes (exclusivos e comuns) como prole do cônjuge supérstite para reservar-lhe a quarta parte da herança. Ora, isso não seria justo (LINDB, art. 5º), por lesar os descendentes exclusivos do falecido, que nenhum liame de parentesco consanguíneo têm com o viúvo, que receberia 1/4 do monte partível; e *b*) subdividir a herança em duas partes: uma proporcionalmente ao número de descendentes exclusivos, entregando a eles e ao cônjuge concorrente quota igual e a outra, atendo-se à quantidade de descendentes comuns na divisão do acervo hereditário, reservando uma ao cônjuge sobrevivo. Mas a soma das quotas recebidas, nessas duas situações, pelo viúvo deverá alcançar 1/4 do total da herança. Difícil será tal cálculo matemático. Por isso, entendemos, combinando o art. 1.832 do CC com o art. 227, § 6º, da CF, e com os arts. 4º e 5º da LINDB, que a melhor solução seria afastar a reserva da quota parte do viúvo, na concorrência à sucessão com descendentes comuns e exclusivos.

Para melhor esclarecer esta nossa posição doutrinária, apresentamos alguns gráficos:

---

falecido somente quando este tiver deixado bens particulares.

3. A referida concorrência dar-se-á exclusivamente quanto aos bens particulares constantes do acervo hereditário do *de cujus*.

4. Recurso especial provido (STJ, REsp n. 1.368.123-SP, j. 22-4-2015).

Consulte: CC peruano, art. 822, CC chileno, art. 988; CC português de 1966, c/ alteração do Decreto-Lei n. 496/1977, arts. 2.157º a 2.161º; CC espanhol, art. 944, c/ alteração da Lei n. 11/1981, concorrência entre cônjuge, descendente ou ascendente do falecido sobre o usufruto da parte do acervo hereditário, que corresponderá a 1/3 da *mejora* se concorrer com descendentes, e a 1/2, se com ascendentes; CC italiano, com alteração da Lei n. 151/75, arts. 581, 582 e 583.

a) *Regime de comunhão parcial de bens, com bens particulares do falecido:*

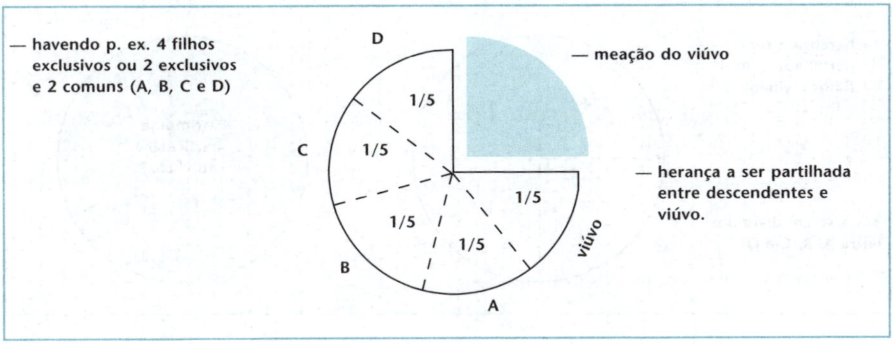

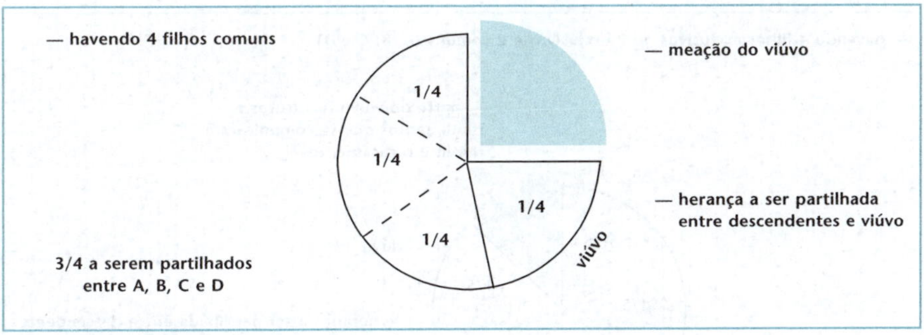

b) *Regime de separação convencional de bens:*

b.1) Absoluta:

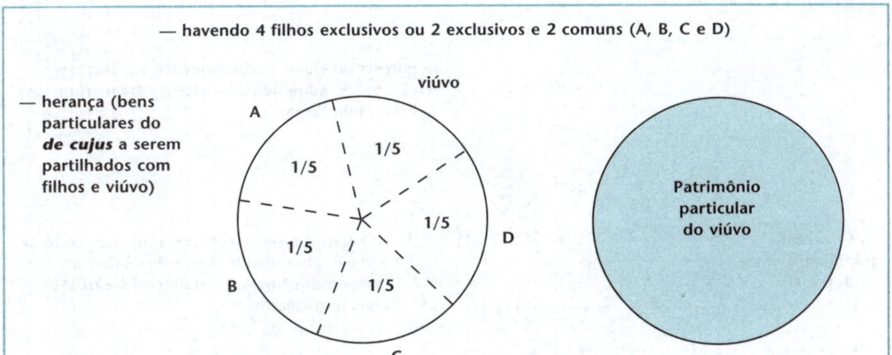

— **havendo 4 filhos comuns (A, B, C e D)**

— **herança a ser partilhada com 4 filhos e viúvo**

3/4 a serem divididos entre A, B, C e D

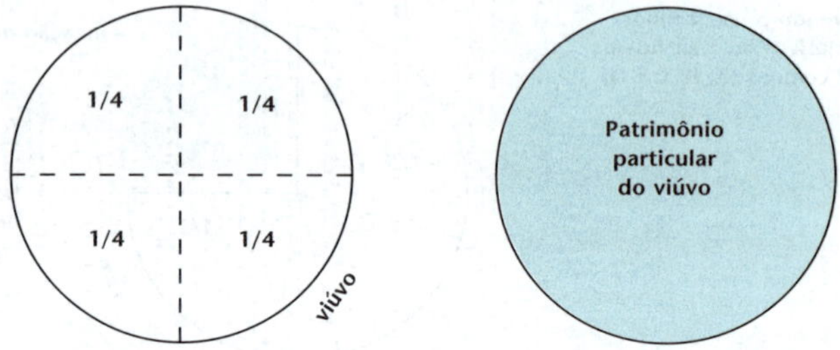

b.2) Relativa:

— **havendo 4 filhos exclusivos ou 2 exclusivos e 2 comuns (A, B, C e D)**

— **parte do viúvo dos frutos e rendimentos que se comunicaram durante o casamento**

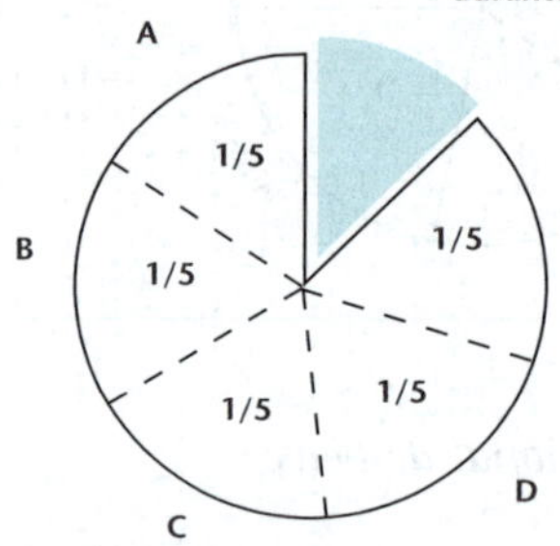

viúvo

— **herança a ser partilhada entre descendentes e viúvo (parte cabível ao *de cujus* dos frutos e rendimentos e bens particulares do falecido)**

— **havendo 4 filhos comuns (A, B, C e D)**

— **parcela do viúvo correspondente aos frutos e rendimentos, adquiridos durante o casamento e que se lhe comunicaram**

3/4 a serem partilhados entre A, B, C e D

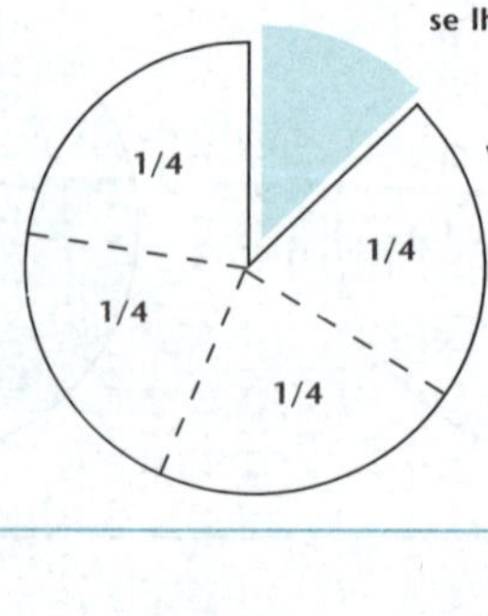

viúvo

— **herança a ser partilhada entre descendentes e viúvo, abrangendo a parcela cabível ao falecido dos frutos e rendimentos e os seus bens particulares**

c) Regime de participação final dos aquestos:

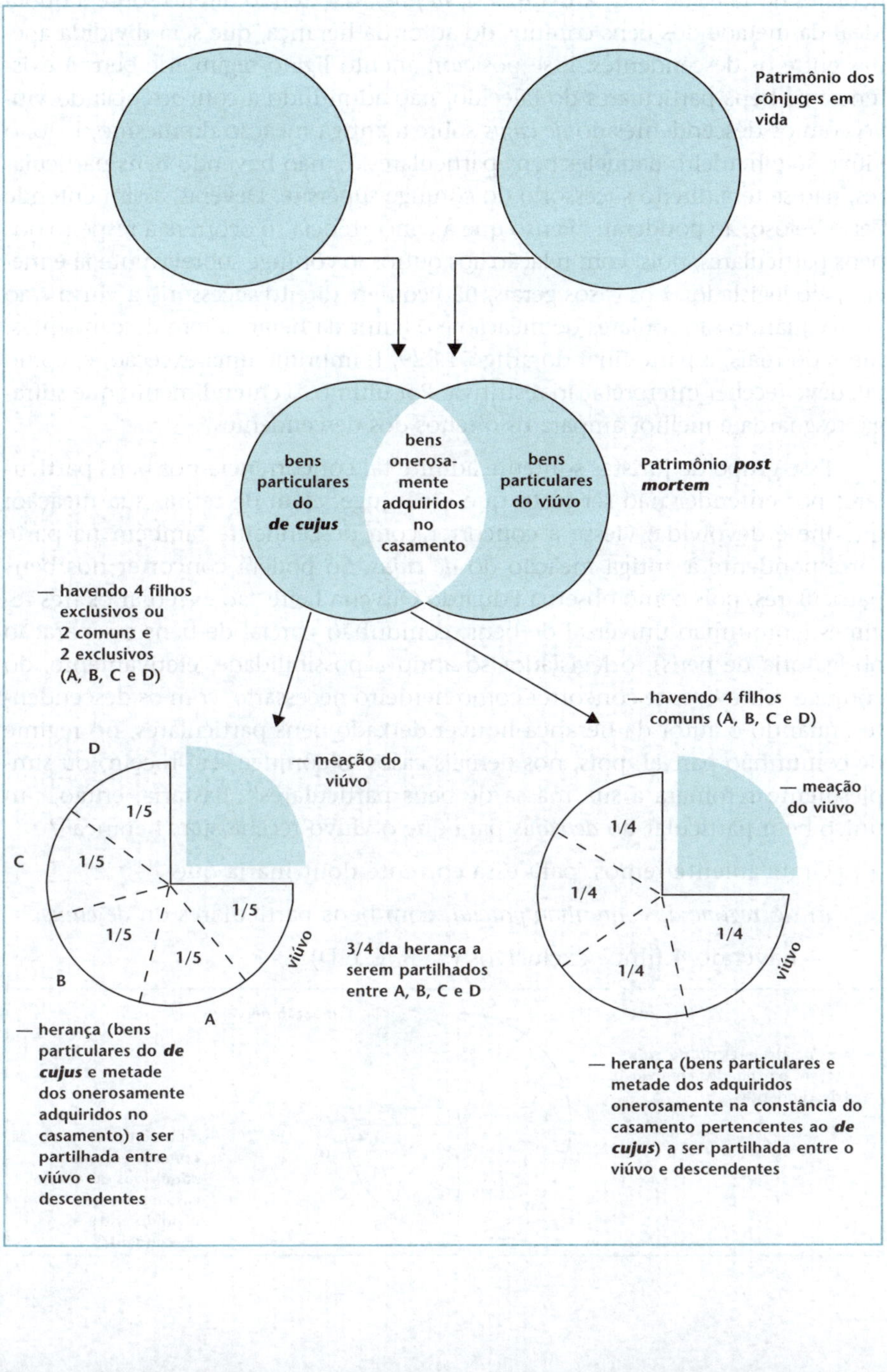

Todavia, há quem ache que, neste caso, o viúvo só concorrerá, por já ter recebido sua meação (CC, art. 1.660, I a V), a uma parcela ideal dos bens particulares do falecido (CC, art. 1.829, I, *in fine*), não tendo direito sobre a quota ideal da metade dos bens comuns do autor da herança, que será dividida apenas entre os descendentes. Esse posicionamento liga o regime de bens à existência de bens particulares do falecido, não admitindo a concorrência do viúvo com os descendentes do *de cujus* sobre a antiga meação do mesmo, logo, o viúvo só é herdeiro daqueles bens particulares. E, não havendo bens particulares, não se terá direito sucessório do cônjuge supérsite. Deveras, assim entende Zeno Veloso, ao ponderar: "Penso que a concorrência só ocorrerá a respeito dos bens particulares, pois, com relação aos outros, o cônjuge sobrevivente já é meeiro, e o legislador, nos casos gerais, não confere direito sucessório à viúva e ao viúvo quando são titulares de meação e o autor da herança tem descendentes. Além do mais, a parte final do artigo 1.829, I, imprime uma exceção, e, como tal, deve receber interpretação restritiva. Por último, o entendimento que sufraga, resguarda e melhor ampara os direitos dos descendentes".

Esse grupo de juristas somente admite tal concorrência nos bens particulares por entender não ser justo que o cônjuge, além de retirar sua meação, que lhe é devolvida, viesse a concorrer com descendente também na parte correspondente à antiga meação do *de cujus*. Só poderá concorrer nos bens particulares, pois como observa Eduardo Oliveira Leite "ao excetuar os três regimes (comunhão universal de bens, comunhão parcial de bens e separação obrigatória de bens), o legislador só abriu a possibilidade, efetivamente, do cônjuge sobrevivente concorrer como herdeiro necessário, com os descendentes, quando o autor da herança houver deixado bens particulares, no regime de comunhão parcial, pois, nos demais casos, o cônjuge será meeiro ou simplesmente retomará a sua massa de bens particulares". Bastaria, então, um único bem particular do *de cujus* para que o viúvo receba sua "herança"?

Graficamente temos, para essa corrente doutrinária que:

a) no *regime de comunhão parcial*, com bens particulares do *de cujus*:

— havendo 4 filhos exclusivos (A, B, C e D)

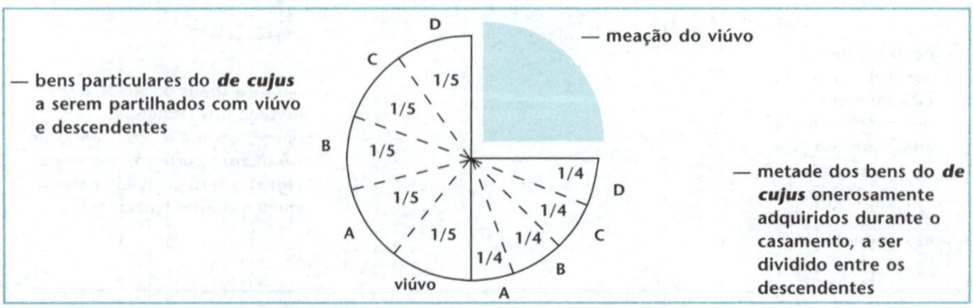

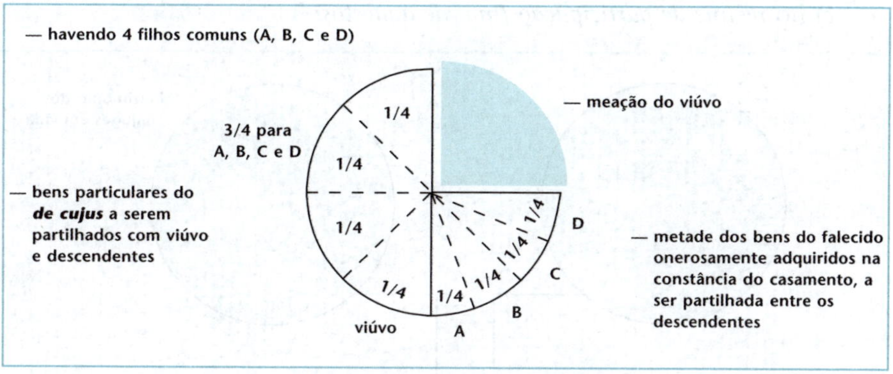

b) no *regime de separação convencional de bens:*

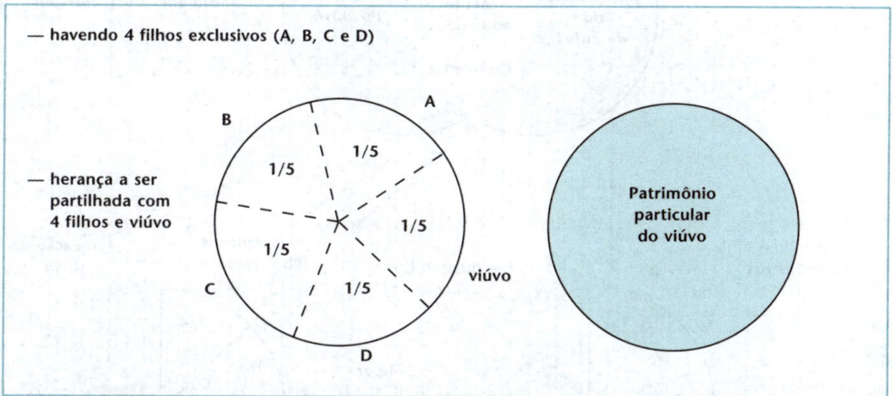

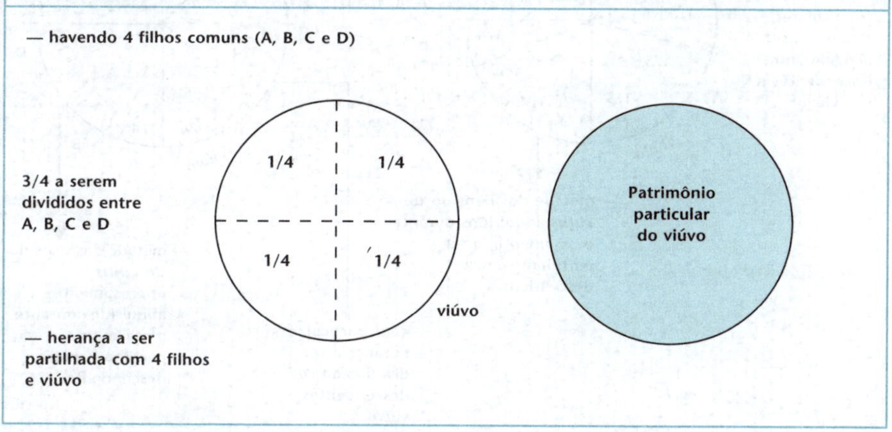

c) no *regime de participação final de aquestos:*

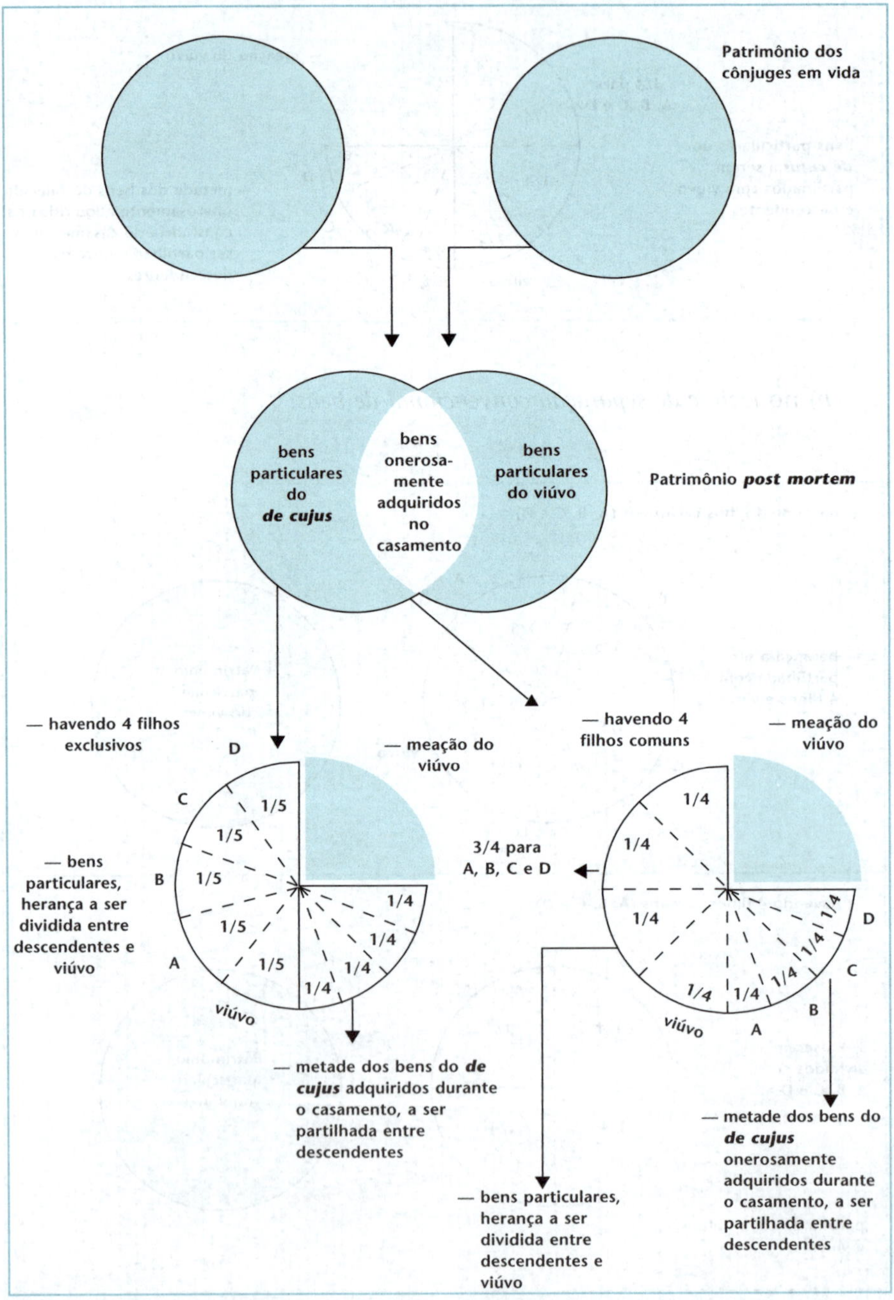

Como conciliar essa ideia com o disposto nos arts. 1.791, 1.832, 1.836 e 1.837 do Código Civil? Admitindo a sua concorrência sobre todo o acervo hereditário não se estaria resguardando a legítima do cônjuge, como herdeiro necessário, pois apesar de estar na terceira classe dos sucessíveis, ao concorrer com descendentes do *de cujus*, passa para a primeira classe dos sucessíveis, e com os ascendentes, para a segunda classe? Relativamente à concorrência, na primeira, ou na segunda classe, é preciso tratar igualmente os iguais (herdeiros necessários) no que atina, inclusive, à reserva legitimária (CC, arts. 1.789, 1.845, 1.846, 1.857, § 1º). Se assim é, como poderia o cônjuge sobrevivente, na qualidade de herdeiro necessário, ser tratado de forma diferenciada, concorrendo com os descendentes, apenas nos bens particulares, se, p. ex., o *de cujus* fez algum testamento, que precisará ser reduzido, ante a sua inoficiosidade, para preservar a quota da *legítima* cabível aos descendentes e a do cônjuge, que com eles concorre na primeira classe? Como fazer tal distinção, retirando bens, onerosamente adquiridos durante o casamento pelo *de cujus*, da herança, na concorrência de viúvo com descendente, se, na sua concorrência com ascendente do *de cujus*, não há qualquer distinção nesse sentido e pouco importará o regime de bens, herdando uma quota em todo o acervo hereditário, que inclui os bens particulares e a metade dos onerosamente adquiridos na constância do matrimônio pelo autor da herança[47]?

---

47. Convém lembrar aqui que pode ocorrer que o casal tenha recebido de terceiro uma doação em comum; os bens doados são tidos como particulares de cada um, mas a parte do que pré-morreu não irá compor o espólio, pois pelo art. 551, parágrafo único, a totalidade dos bens doados irá para o cônjuge sobrevivo. A regra é o direito de acrescer, logo não passará a parte do bem doado, cabível ao *de cujus*, ao acervo hereditário, nem aos herdeiros. Além dessas duas correntes temos: a) uma terceira corrente de pensamento, cuja maior representante é Maria Berenice Dias (*Manual das sucessões*, São Paulo, RT, 2011, p. 166), apresenta entendimento totalmente divergente daqueles dois anteriores. Para essa corrente, a concorrência do cônjuge supérstite com os descendentes, quando da morte do autor da herança, somente poderia se dar sobre os bens comuns do casal, para os quais há presunção legal de que tenha concorrido para sua aquisição, ficando os descendentes com a totalidade dos bens particulares do morto, sob pena de se verificar enriquecimento sem causa por parte do cônjuge supérstite, posto que este último nada contribuiu para a aquisição desses bens particulares do morto, o qual já os possuía antes do casamento ou os recebeu gratuitamente por doação ou herança na vigência do matrimônio, mas sem qualquer participação do cônjuge supérstite; b) uma quarta corrente de pensamento por obra da Ministra Fátima Nancy Andrighi, quando relatora no julgamento do Recurso Especial n. 1.117.563-SP (reiterado posteriormente no REsp n. 1.3773084-MG), perante o Colendo Superior Tribunal de Justiça que, na verdade, é mais ampla e engloba aquela corrente doutrinária anterior. Segundo esse entendimento apresentado pela 3ª Turma daquele Sodalício, a vontade expressada pelos nubentes no momento da escolha do regime patrimonial do casa-

Com a partilha dos bens entre o consorte sobrevivente e os descendentes do *de cujus*, ter-se-á o fortalecimento da família, e evita que os herdeiros fiquem com a propriedade gravada, em razão de usufruto vidual, não mais vigente em nosso país.

Não havendo descendentes, são chamados à sucessão os *ascendentes*, em concorrência com o cônjuge sobrevivo, que preencha os requisitos legais gerais do art. 1.830, pouco importando o regime matrimonial de bens (CC, art. 1.836). Com a morte de um dos consortes, o outro não casado sob o regime de comunhão universal poderia sofrer alteração na sua situação econômica se seus sogros estiverem vivos ou houver avós do falecido, por isso a lei veio a garantir sua participação na sucessão do *de cujus*, reservando-lhe: *1/3 da herança* se concorrer com pai e mãe do finado, ficando estes com 2/3 ou *metade da herança* se concorrer com um dos genitores ou com avô ou bisavô do *de cujus*, que terá direito à outra metade (CC, art. 1.837).

B) *Sucessão pura e simples*, conforme a ordem de vocação hereditária (CC, arts. 1.829, III, e 1.838), pois, na falta de descendentes e ascendentes, ser-lhe-á deferida a herança por inteiro, qualquer que seja o regime matrimonial de bens, inclusive o de separação obrigatória (TJRS, AgI 7006.500.243, 7ª Câm. Cív., rel. Luiz Felipe Brasil Santos, j. 13-8-2003).

3º) *Sucessão no direito real de habitação* (CC, art. 1.831) do imóvel destinado a residência, se este for o único do gênero a inventariar, qualquer que seja o regime de bens e sem prejuízo da participação que lhe caiba na herança (*RT*, *606*:218, *616*:83) na qualidade de herdeiro ou legatário. Não mais se estabelece o limite temporal até a cessação da viuvez por novas núpcias, o que parece não ser uma solução justa, se vier a constituir nova família pelo casamento ou união estável. Esse artigo dará origem a uma lacuna axiológica se aplicado for. Não haveria prejuízo aos herdeiros do *de cujus*,

---

mento deve ser refletida também no momento da sucessão hereditária dos cônjuges, uma vez que, se assim não fosse, haveria quebra da coerência lógica e da unidade sistemática do Código, já que não poderiam ser atribuídos mais direitos aos cônjuges em virtude da morte de seu consorte do que viesse a receber por ocasião da dissolução daquele vínculo conjugal; c) uma quinta corrente, encabeçada pelo Des. Honildo A. de M. Castro, a concorrência sucessória entre o cônjuge supérstite, casado sob o regime da comunhão parcial de bens, e os descendentes do falecido teria um caráter apenas excepcional, ocorrendo tão somente na hipótese do casal não ter amealhado bens comuns durante o tempo de convivência e o falecido ter deixado apenas bens particulares em seu acervo hereditário, pois essa seria a única forma de garantir um mínimo de proteção ao cônjuge supérstite que, a partir do Código Civil de 2002, foi elevado à condição de herdeiro necessário (art. 1.845) (STJ, REsp n. 974.241-DF, 4ª T.).

proprietários de imóvel sobre o qual recai o direito real de habitação, que teriam de suportar cônjuge ou companheiro do ocupante? Se o ocupante habitador, que se recasou, vier a falecer, cessará o direito real de habitação, e o viúvo teria direito de permanecer no imóvel, pagando aluguel àqueles herdeiros? Por isso, tendo por parâmetro o art. 5º da LINDB, parece-nos que o viúvo deveria perder esse direito real de fruição sobre coisa alheia, assim que vier a convolar novas núpcias ou a formar união estável. Por tal razão, o Projeto de Lei n. 699/2011 pretende modificar a redação do art. 1.831 para: "ao cônjuge sobrevivente, qualquer que seja o regime de bens, *enquanto permanecer viúvo ou não constituir união estável*, será assegurado, sem prejuízo da participação que lhe caiba na herança, o direito real de habitação relativamente ao imóvel destinado à residência da família, desde que seja o único daquela natureza a inventariar" (grifo nosso), mas, infelizmente, o Parecer Vicente Arruda não aprovou tal sugestão ao analisar o PL n. 6.960/2002 (substituído pelo PL n. 699/2011), por entender que: "Não há motivos para incluir a exigência de 'enquanto permanecer viúvo ou não constituir união estável'. Tal inclusão apenas veda que uma pessoa se relacione, não havendo razão para tanto". Pode ocorrer, p. ex., que o cônjuge venha a cumular o benefício do direito real de habitação e o da concorrência com descendente, se casado sob o regime de comunhão parcial, e o *de cujus* deixar bens particulares. Os herdeiros não poderão cobrar o aluguel do viúvo pelo exercício do direito real de habitação. O imóvel tem, portanto, destinação específica: servir de morada ao viúvo, que nele deverá residir, a título gratuito (CC, art. 1.414), não podendo alugá-lo, nem cedê-lo em comodato[48].

---

48. *Vide*: CC português, art. 2.103-A. "Ementa: Apelação Cível (...) Direito real de habitação que independe do regime de bens do casamento. Aplicação do art. 1.831 do Código Civil, ainda que o *de cujus* não tenha sido o exclusivo proprietário do imóvel. É garantido ao cônjuge sobrevivente, independente do regime de bens estabelecido para o seu casamento, o direito de permanecer habitando no imóvel destinado à residência da família, desde que este fosse o utilizado pelo casal como moradia (...). Direito real de habitação do agravado que somente se extingue com a morte ou com o advento de novo casamento ou união estável, o que não foi demonstrado nos autos. Frise-se que o cônjuge só poderá continuar a morar no imóvel, mas não poderá, seja a que título for, transferir a sua posse direta, onerosa ou gratuitamente. Precedentes do Superior Tribunal de Justiça e deste Tribunal (...)" (Apelação n. 0371433-71.2009.8.19.0001, Rel. Cezar Augusto Rodrigues Costa, Tribunal de Justiça do Rio de Janeiro, 8ª Câmara Cível, j. 11-3-2014, p. 14-3-2014).

Bol. AASP, 2917:12. Agravo de instrumento. Inventário. Decisão interlocutória nos autos de inventário que reconheceu, em favor da viúva, casada pelo regime da comunhão parcial de bens, direito à herança e direito real de habitação sobre o imóvel de residência do casal, único dessa natureza no espólio, bem particular do inven-

Pelo Enunciado n. 271 do Conselho da Justiça Federal, aprovado na III Jornada de Direito Civil: "O cônjuge pode renunciar ao direito real de habitação, nos autos do inventário ou por escritura pública, sem prejuízo de sua participação na herança".

Havia sucessão no usufruto para o cônjuge supérstite, se o regime não era o da comunhão universal: *a*) da quarta parte dos bens do consorte falecido, em concorrência com os filhos deste ou do casal (*EJSTJ*, *13*:89; *Bol. AASP*, *1.948*:33); *b*) da metade, em concorrência com os ascendentes. Existia, ainda, *sucessão no usufruto,* se o *casamento* for com *cônjuge estrangeiro* em regime que excluísse a comunhão universal: *a*) da quarta parte, se houvesse filhos brasileiros do casal ou do outro consorte; *b*) da metade, se não os houvesse (art. 17 do Dec.-Lei n. 3.200/41, com alteração do Dec.-Lei n. 5.187/43).

O usufruto vidual (*RT*, *642*:117, *707*:93, *710*:178, *713*:219, *599*:261, *470*:55; *RJTJSP*, *55*:139; *RSTJ*, *64*:210; *RJTJ*, *29*:153), admitido, pela sua natureza assistencial, pelo art. 1.611, § 1º, do Código Civil de 1916, não mais vigora hoje (TJSP, AgI 316.674-4/9 — Batatais, 4ª Câm. D. Priv., rel. Jacobina Rabello), pois o cônjuge sobrevivo é herdeiro necessário e concorre com descendentes e ascendentes[49]. A reserva de usufruto em favor do cônjuge

---

tariado. Direitos garantidos. Aplicação do inciso I do art. 1.829 do Código Civil. Alegação de que a viúva mantém nova união. Ausência de provas. Agravo de instrumento desprovido.

Pelo CC português, art. 1.707-A, n. 3: "Sendo a casa de morada de família propriedade do falecido, o cônjuge sobrevivo pode nela permanecer, pelo prazo de cinco anos, como titular de um direito real de habitação e de um direito de uso do recheio". Tal prazo (n. 4) poderá ser prorrogado por igual prazo pelo juiz havendo motivo justo. Esse direito não será concedido se o viúvo tiver casa própria no concelho da casa da morada ou nos concelhos limítrofes (n. 5).

49. "Agravo de Instrumento — Inventário — Sucessão em geral — Direito Intertemporal. A sucessão e a legitimação para suceder devem ser reguladas pela lei vigente ao tempo da abertura daquela. Inteligência dos arts. 1.577 do Código Civil/1916 e 1.787 c/c o art. 2.041 do vigente Estatuto Civil. Sucessão aberta na vigência do Código Civil/1916. Viúva que não ostenta a qualidade de herdeira. Recurso nesta parte improvido. Agravo de instrumento. Inventário. Recolhimento à meação nos aquestos. Usufruto vidual. Direito inexistente, não obstante contraído o casamento sob o regime de comunhão parcial de bens. Direito real de habitação. Possibilidade de extensão à viúva-meeira, ainda que casada sob regime diverso do da comunhão de bens. Homenagem ao princípio constitucional da igualdade na proteção da entidade familiar, seja constituída pelo casamento, seja pela união estável. Recurso parcialmente provido para esse fim" (TJSP, 3ª Câm. de Direito Privado, AgI 555.796-4/9-00-Tupã-SP, rel. Des. Egídio Giacoia, j. 27-5-2008, v.u., *Bol. AASP*, *2.604*:1606-7). *Bol. AASP*, *2.746*:6114. "Direito civil — Sucessões — Direito real de habitação do cônjuge supérstite — Evolução legislativa — Situação jurídica mais vantajosa para o companheiro que para o cônjuge — Equiparação da união estável — 1 — O CC/1916, com a redação que lhe foi dada pelo Estatu-

supérstite, além de não ser satisfatória à economia e à circulação da riqueza, retiraria daquele que tanto colaborou na formação do patrimônio familiar o direito de receber pelo óbito do outro a plena propriedade de sua parte no resultado econômico da sociedade conjugal que se dissolveu. Assim, o cônjuge deixará de obter um auxílio econômico provisório, para ser tido, legalmente, como herdeiro, a título definitivo. O direito ao usufruto apenas tem existência nos regimes legais em que o consorte sobrevivente não participa na herança, sendo, em muitos, considerado herdeiro sob condição resolutiva do direito real de fruição sobre coisa alheia. Logo, diante disso, parece-nos que nem mesmo em caso de casamento de brasileiro com estrangeiro é admitida a sucessão no usufruto de cônjuge supérstite, por ser instituição ora desconhecida, juridicamente, no Brasil.

É mister, convém repetir, não confundir o direito à herança, que se reconhece ao consorte sobrevivente, com sua meação. A meação é um efeito da comunhão, sendo regida por normas alusivas ao direito de família, enquanto o direito sucessório, em regra, independe do regime matrimonial de bens. A meação constitui a parte da universalidade dos bens do casal de que é titular o consorte por direito próprio, de modo que tal meação do cônjuge sobrevivente é intangível; sendo o consorte herdeiro necessário, o *de cujus* não pode dispor de sua meação sem quaisquer restrições, pois, com isso, privaria o supérstite da herança. A herança é objeto de um direito, adquirido com o óbito do outro cônjuge, de que o consorte sobrevivente será ou não titular, conforme a ordem de vocação hereditária do art. 1.829 e os preceitos que lhe complementam, dado que poderá ser privado, como qualquer outro herdeiro, com fundamento em indignidade ou deserdação[50], por

---

to da Mulher Casada, conferia ao cônjuge sobrevivente direito real de habitação sobre o imóvel destinado à residência da família, desde que casado sob o regime da comunhão universal de bens. 2 — A Lei n. 9.278/1996 conferiu direito equivalente aos companheiros e o CC/2002 abandonou a postura restritiva do anterior, estendendo o benefício a todos os cônjuges sobreviventes, independentemente do regime de bens do casamento. 3 — A CF (art. 226, § 3º), ao incumbir o legislador de criar uma moldura normativa isonômica entre a união estável e o casamento, conduz também o intérprete da norma a concluir pela derrogação parcial do § 2º do art. 1.611 do CC/1916, de modo a equiparar a situação do cônjuge e do companheiro no que respeita ao direito real de habitação, em antecipação ao que foi finalmente reconhecido pelo CC/2002. 4 — Recurso Especial improvido" (STJ, 3ª T.; REsp 821.660-DF; Rel. Min. Sidnei Beneti; j. 14-6-2011; v.u.).

50. Caio M. S. Pereira, op. cit., p. 103-4; Antonino Mironi, *I diritti successori del coniuge*, Napoli, 1984; Carlos Maximiliano, op. cit., n. 147; Luis Paulo Cotrim Guimarães, A sucessão do cônjuge sobrevivente no novo Código Civil: um exercício de paciência, *Consulex*, *148*:54-5; Dimas Messias de Carvalho, Sucessão legítima do cônjuge e do

companheiro no novo Código Civil, *Jornal Síntese, 100*:3-7; Lia P. Rodrigues, Direito sucessório do cônjuge sobrevivente, *Revista IOB de Direito de Família, 46*:140-153; Zeno Veloso, Sucessão do cônjuge no novo Código Civil, *Revista Brasileira de Direito de Família, 17*:142-8; Alice de S. Birchal, Ordem de vocação hereditária no novo Código Civil — o direito sucessório do cônjuge, *Revista Brasileira de Direito de Família, 17*:149-63; Aída K. de Carlucci, *Protección jurídica de la vivienda familiar*, Buenos Aires, Depalma, 1995, p. 317-60; R. Limongi França, *Herança do cônjuge*, cit., p. 27; Águida A. Barbosa e Giselle C. Groeninga, Concorrência sucessória e a ampliação dos conflitos familiares, *Introdução crítica ao Código Civil* (org. Lucas A. Barroso), Rio de Janeiro, Forense, 2006, p. 521-42; Giselda Hironaka, *Comentários*, cit., com. ao art. 1.832; Maria Helena Marques B. Daneluzzi, *Aspectos polêmicos na sucessão do cônjuge sobrevivente*, São Paulo, Letras Jurídicas, 2004; Eduardo Oliveira Leite, *Comentários*, cit., v. 21, p. 220; A nova ordem de vocação hereditária e a sucessão dos cônjuges, *Novo Código Civil — questões controvertidas*, coord. Mário Luiz Delgado e Jones Figueirêdo Alves, São Paulo, Método, 2003, p. 445-60; Mário Luiz Delgado Régis, Controvérsias na sucessão do cônjuge e do convivente. Será que precisamos mudar o Código Civil?, *Revista de Direito de Família, 29*:191-222; Nelson Nery Jr. e Rosa Mª A. Nery, *Novo Código Civil e legislação extravagante anotada*, São Paulo, Revista dos Tribunais, 2002, p. 614; Gustavo Tepedino, *Usufruto legal do cônjuge viúvo,* Rio de Janeiro, Forense, 1990; *RT, 707*:93; Antônio Ivo Aidar, A herança dos cônjuges no novo Código, *CDT Boletim, 20*:86; Salomão de Araújo Cateb, *Direito das sucessões*, São Paulo, Atlas, 2003; Maria Isabel J. Costa Canellas, Do direito sucessório dos cônjuges: análise em paralelo com a sucessão do convivente, in *Novo Código Civil — interfaces no ordenamento jurídico brasileiro*, coord. Giselda M. F. N. Hironaka, Belo Horizonte, Del Rey, 2005, p. 503 e s.; Dimas M. de Carvalho, Sucessão legítima do cônjuge e do companheiro no novo Código Civil, *De jure*, Revista Jurídica do Ministério Público do Estado de Minas Gerais, *7*:323-33; Carlos Eduardo de C. Palermo, *Cônjuge e o convivente no direito das sucessões*, São Paulo, Ed. Juarez de Oliveira, 2007; *EJSTJ, 10*:82 e *11*:218; *Lex, 168*:188; *Bol. AASP, 1.948*:33. Já se decidiu que: "No caso de inexistir descendência ou ascendência para suceder o finado, a herança, em sua totalidade, destina-se à viúva, independentemente de o casamento ter sido celebrado sob o regime de separação obrigatória de bens, por figurar o cônjuge supérstite, com exclusividade, na terceira linha da ordem sucessória, desde que não separado (jurídica ou de fato) há dois anos (art. 1.830, do novo CC); o propósito dos colaterais, de inversão dessa regra, não encontra amparo legítimo na lei ou na regra moral das obrigações. Não provimento" (TJSP, 3ª Câm. de Direito Privado, AC 139.185-4/7-SP, rel. Des. Ênio Santarelli Zuliani, j. 3-6-2003, v.u., *JTJ, 269*:226); "Esboço de partilha — Impossibilidade de composição — Decisão agravada: intimação da inventariante para proceder à avaliação dos bens, através de três imobiliárias conceituadas — Agravo — Viúva-meeira e herdeiros sem condições para comprar o quinhão da herdeira discordante e direito real de habitação da viúva — Decisão reformada, em parte. 1 — Existindo entre os bens do espólio um imóvel, que vinha sendo ocupado pela viúva-meeira, esta tem o direito real de habitação (art. 1.831/CC) e 'os titulares da herança serão condôminos do viúvo, que também tem a propriedade em razão da meação'. 2 — Os demais bens do espólio, que são 'insuscetíveis de divisão cômoda' (art. 2.019/CC), serão vendidos, de forma a 'solucionar a dificuldade que surge na partilha, quando o imóvel não cabe no quinhão de um só herdeiro, ou não admite divisão cômoda'" (TJPR, 11ª Câm. Cível, AgI 317.236-7-Curitiba-PR, rel. Des. Accácio Cambi, j. 18-1-2006, v.u.).

A jurisprudência havia feito duas restrições ao usufruto vidual (art. 1.611, § 1º, do CC de 1916): *a*) o consorte sobrevivo não podia ter sido contemplado, por cláusula testamentária, com bens de valor igual ou superior àqueles sobre os quais recaia o usufruto (STJ, REsp 28.151-4-SP, rel. Min. R. Rosado de Aguiar, 4ª T., j. 30-5-1994); e *b*) o cônjuge sobrevivente não podia ter sido beneficiado pela partilha dos bens aquestos (STJ,

REsp 34.714-6-SP, rel. Min. Barros Monteiro, j. 25-4-1994). Urge lembrar que a sucessão se rege pela lei vigente ao tempo da sua abertura, logo: "Espécie em que a abertura se deu na vigência do Código Civil/1916, propiciando, na situação retratada, o usufruto da quarta-parte dos bens deixados, em favor do cônjuge supérstite. Art. 1.611, § 1º do diploma revogado. Desimportância de adotado, no casamento, o regime da separação, porquanto aquele preceito tem fastígio, precisamente, quando o regime de bens não seja o da comunhão universal. Leitura preconizada do art. 2.041, do novo Código Civil, que não prevalece sobre a regra geral, com força de princípio, no sentido de que a sucessão se regula pela lei vigente ao tempo de sua abertura (art. 1.787, do Código Civil/2002). Agravo não provido" (TJSP, 10ª Câm. de Direito Privado, AgI 299.970-4/8-00-SP, rel. Des. Quaglia Barbosa, j. 7-10-2003).

Vide Mauro Mello, Cônjuge concorre com filhos e vira herdeiro necessário, *Tribuna do Direito*, n. 17, 1998; Álvaro Villaça Azevedo, Nova orientação fortalece família, *Tribuna do Direito*, n. 57, 1998, p. 4. Parceiro homossexual não é herdeiro, mas meeiro se provada sua contribuição para a formação do patrimônio comum. Todavia, já se decidiu, no STF, que se deve reconhecer a união estável, sendo a relação homoafetiva, vedando quaisquer discriminações (ADI n. 4277-DF). *Consulte*: Euclides Benedito de Oliveira, Direito de herança entre homossexuais causa equívoco, *Tribuna do Direito*, n. 60, 1998, p. 12. O Código Civil, como se pôde ver, não respeita o pacto antenupcial, nem o regime de bens, pois em muitos casos há incomunicabilidade de bens particulares, adquiridos antes do casamento e por causa alheia a ele (p. ex., doação, herança ou legado), logo o inconformado, para diminuir a quota a que o cônjuge teria direito com seu óbito, deverá fazer testamento dispondo sobre a parte disponível, outorgando-a aos descendentes, ascendentes, colaterais ou até a amigos, entidades beneficentes ou a pessoa jurídica a que pertença.

Observa Zeno Veloso (Do direito sucessório dos companheiros, in *Direito de família* e *o novo Código Civil* (coord. Mª Berenice Dias e Rodrigo da Cunha Pereira), Belo Horizonte, Del Rey, 2003, p. 281), ao se referir à concorrência de cônjuge com descendente que: "Mas a concorrência, se o regime for o da comunhão parcial, será somente com relação aos bens particulares que deixou o falecido, ou terá por objeto todos os bens da herança? Penso que a concorrência só ocorrerá a respeito dos bens particulares, pois, com relação aos outros, o cônjuge sobrevivente já é meeiro, e o legislador, nos casos gerais, não confere direito sucessório à viúva e ao viúvo quando são titulares de meação e o autor da herança tem descendentes. Além do mais, a parte final do artigo 1.829, I, imprime uma exceção, e, como tal, deve receber interpretação restritiva. Por último, o entendimento que sufraga, resguarda e melhor ampara os direitos dos descendentes. Alerto, todavia, que há opiniões em outro sentido, e o problema terá de ser esclarecido e resolvido pelo Poder Judiciário".

Mª Berenice Dias (Ponto e vírgula, *Boletim IBDFAM*, 5:6) observa que: "Em um primeiro momento, o legislador ressalva duas exceções. Fazendo uso da expressão 'salvo se', exclui a concorrência, quando o regime do casamento é o da comunhão universal e quando o regime é o da separação obrigatória. Ao depois, é usado o sinal de pontuação ponto e vírgula, que tem por finalidade estabelecer um seccionamento entre duas ideias. Assim, imperioso reconhecer que a parte final da norma regula o direito concorrente quando o regime é o da comunhão parcial. Aqui abre a lei duas hipóteses, a depender da existência ou não de bens particulares. De forma clara, diz o texto: 'no regime da comunhão parcial há a concorrência 'se' o autor da herança não houver deixado bens particulares' (grifo nosso). *A contrario sensu*, se deixou bens exclusivos, o cônjuge não concorrerá com os descendentes. Outra não pode ser a leitura deste artigo. Não há como 'transportar' para o momento em que é tratado o regime da comunhão parcial a expressão 'salvo se', utilizada exclusivamente para excluir a concorrência nas duas primeiras modalidades, ou seja, no regime da comunhão e no da separa-

haver separação extrajudicial, judicial ou de fato por mais de 2 anos, por ser casado sob o regime de comunhão universal ou separação obrigatória de bens ou por não haver patrimônio particular do *de cujus*, sendo o regime de comunhão parcial.

Fácil é denotar que a ligação *concubinária impura* não estabelece qualquer direito hereditário entre os concubinos. Dessa forma, a morte de um deles não acarreta para o outro nenhum direito à herança, embora nossos tribunais não deixem de ser sensíveis a determinadas situações, admitindo, pela morte do amante, a partilha dos bens adquiridos pelo esforço comum, a título de liquidação de uma sociedade de fato, mas na dependência de ser devidamente provada a existência (Súmula 380 do STF; *RF*, *191*:205, *203*:190) da conjugação de trabalho e economias para a constituição de um patrimônio comum, não bastando para presumi-la a mera convivência, ainda que prolongada.

A *união estável*, por sua vez, gera consequências sucessórias.

Pelo Projeto de Lei n. 699/2011, acrescentar-se-á § 3º ao art. 1.723, no seguinte teor: "A produção de efeitos na união estável, inclusive quanto a direitos sucessórios, havendo litígio entre os interessados, dependerá da demonstração de sua existência em ação própria". Trata-se, porém, de simples técnica de proteção[51].

ção legal. Não existe dupla negativa no dispositivo legal, pois na parte final — após o ponto e vírgula — passa a lei a tratar de hipótese diversa, ou seja, o regime da comunhão parcial, oportunidade em que é feita a distinção quanto à existência ou não de bens particulares. Essa diferenciação nem cabe nos regimes antecedentes, daí a divisão levada a efeito por meio do ponto e vírgula.

Imperiosa a correta compreensão da norma legal, até porque, ao colocar 'o ponto na vírgula', o legislador visou, exatamente, afastar a perplexidade que tem assaltado todos os intérpretes do Código Civil. Quando o regime é o da comunhão parcial e não existem bens particulares, significa que todo o acervo hereditário foi adquirido depois do casamento, ocorrendo a presunção da mútua colaboração em sua formação, o que torna razoável que o cônjuge, além da meação, concorra com os filhos na herança. No entanto, quando há bens amealhados antes do casamento, nada justifica que participe o cônjuge desse acervo. Tal não se coaduna com a natureza do regime da comunhão parcial, sendo descabido que venha o cônjuge sobrevivente a herdar parte do patrimônio quando da morte do par. Sobretudo, quando o autor da herança tem filhos anteriores ao casamento, não há como reconhecer a possibilidade de o cônjuge sobrevivente, que não é genitor dos herdeiros, ficar com parte do patrimônio que era exclusivo do *de cujus*. Essa não é, e nunca foi, a intenção do legislador. Não está na lei. Urge que se deixe de ler o que não está escrito, sob pena de chegar a conclusões distorcidas e consagrar injustiças".

51. Caio M. S. Pereira, op. cit., p. 111-3; Ney de Mello Almada, União estável e sucessão, *Revista Literária de Direito*, n. 17, p. 21 a 23. Sobre herança na relação concubinária: *RSTJ*, *92*:275 e *97*:285; Zeno Veloso, Do direito sucessório dos companheiros, *Direito*

de família — novo Código Civil, p. 225 a 238; Direito sucessório dos companheiros, *Família e Cidadania*, Anais do III Congresso Brasileiro do Direito de Família, IBDFAM, Belo Horizonte, 2002, p. 267 a 291; Cibele Pinheiro M. Tucci, Sucessão legítima do cônjuge ou companheiro, *Tribuna do Direito*, março 2003, p. 30; Euclides de Oliveira, Companheiro leva vantagem na herança, *Tribuna do Direito*, outubro de 2005, p. 8; Giselda M. F. N. Hironaka, *Comentários ao Código Civil*, São Paulo, Saraiva, 2003, v. 20, p. 53 a 66; Francisco José Cahali e Giselda Maria Fernandes Novaes Hironaka, *Curso avançado de direito civil*, 2. ed., São Paulo, Revista dos Tribunais, 2003, v. 6 — Direito das sucessões, n. 9.2.2, p. 227 e s.; Gustavo R. Nicolau, Concorrência sucessória do convivente com descendência híbrida, *A outra face do Poder Judiciário*, coord. Giselda Maria F. Novaes Hironaka, Belo Horizonte, Del Rey, 2005, p. 529-47; Heloisa Helena Barboza, Direitos sucessórios dos companheiros: reflexões sobre o art. 1.790 do Código Civil, *Direito civil, direito patrimonial e direito existencial*, cit., p. 895-910; Jorge Shiguemitsu Fujita, Sucessão concorrencial pelo cônjuge e pelo companheiro de acordo com o novo Código Civil, *Revista do IASP*, *18*:112-38; Nicolau E. B. Crispino, O direito sucessório entre os companheiros, *Direito das famílias* — homenagem a Rodrigo da C. Pereira (org. Mª Berenice Dias), São Paulo, Revista dos Tribunais, 2009, p. 657 a 669; Edgard A. Marx Neto, Sucessão do companheiro, *Grandes Temas de Direito de Família e das Sucessões* (coord. Regina B. Tavares da Silva e Theodureto de A. Camargo Neto), São Paulo, Saraiva, 2011, p. 319-342; Frederico de A. Miguel e José Nelson V. Alves, Direito das sucessões na união estável: exegese à luz do sistema principiológico constitucional, *Estudos contemporâneos de direito* (org. Murilo A. D. dos Santos e Dirceu P. Siqueira), Bauru, Canal 6, 2011, p. 141-84; Tarlei L. Pereira, *Direito sucessório dos conviventes na união estável*, São Paulo, Letras Jurídicas, 2013; Marcella K. M. Cabral e Daniela A. L. Bufacchi, Sucessão do cônjuge e do companheiro — questões polêmicas, *Sucessão do cônjuge, do companheiro e outras histórias*, Saraiva, São Paulo, 2013, p. 11 a 58; Danielle P. Biazi e Davi Cury Neto, Sucessão concorrente do cônjuge — viúvo e do companheiro sobrevivente. *Sucessão do cônjuge*, cit., p. 61 a 94; Tarlei L. Pereira, *Direito sucessório dos conviventes na união estável*, São Paulo, Letras Jurídicas, 2013; Raissa N. O. de Andrade, Efeitos sucessórios decorrentes da união estável, após o julgamento do RE 878.694 no STF, *Revista Síntese — Direito de Família*, *109*:119 a 133; Ana Cristina de B. M. F. Pinto, Reflexões sobre o vínculo homoafetivo no direito sucessório, in *10 anos de vigência do Código Civil brasileiro de 2002* (coord. Christiano Cassetari), São Paulo, Saraiva, 2013, p. 601-11; Denise S. S. Garcia e Flávia das Neves, Relações homoafetivas e o direito sucessório no caso do casamento, *Revista Síntese — Direito de Família*, *88*:113-124. Diferente é o tratamento legal dado ao companheiro, que recebe 50% dos bens onerosamente adquiridos, que é sua meação, e mais 25% pela concorrência com filho comum, p. ex. E o viúvo retiraria apenas 50% dos bens adquiridos onerosamente a título de meação, e o filho, a outra, pois só concorre com ele, segundo uma das posições doutrinárias, nos bens particulares, pois pela outra corrente concorreria tanto na antiga "meação" como nos bens particulares do *de cujus*. *Vide*: *RSTJ*, *97*:285.

Já em nossas Ordenações (4º, 46, § 2º), como lembra Clóvis Beviláqua, consideravam--se com efeitos jurídicos os ajuntamentos dos que viviam em pública voz e fama de marido e mulher, por tanto tempo que, segundo o direito, bastasse para se presumir matrimônio entre eles (Clóvis Beviláqua, *Em defesa do Projeto do Código Civil brasileiro*, Rio de Janeiro, Francisco Alves, 1906, p. 103).

O companheiro, não sendo herdeiro necessário, poderá ser excluído da sucessão por testamento, se o *de cujus* assim o preferir, retirando apenas sua "meação" dos bens onerosamente adquiridos durante a união estável.

Sobre a questão do direito real de habitação do companheiro: Sílvio Venosa, Os direitos sucessórios na união estável, *Jornal Valor Econômico*, 19-4-2002; Zeno Veloso, Direito real de habitação na união estável, in *Novo Código Civil — questões controver-*

tidas, coord. Mário Luiz Delgado e Jones Figueirêdo Alves, São Paulo, Método, 2003, p. 414-5; Mário Luiz Delgado, *Problemas de direito intertemporal no Código Civil*, São Paulo, Saraiva, 2004, p. 150-2; Maria Helena Diniz, *Conflito de normas*, São Paulo, Saraiva, 2003, p. 50 e s.

Por maioria de três votos a dois, a 4ª Turma do Superior Tribunal de Justiça manteve decisão do Tribunal de Justiça do Rio Grande do Sul que assegurou à companheira sobrevivente o direito real de habilitação sobre o imóvel, que serviu de moradia ao casal durante 14 anos de união estável.

Do TJRJ, houve decisão de que: "Sucessão aberta após a vigência do novo Código Civil. Direito sucessório da companheira em concurso com irmãos do obituado. Inteligência do art. 1.790, III, da novel legislação. Direito a um terço da herança. Inocorrência de inconstitucionalidade. Não há choque entre o Código e a Constituição na parte enfocada. A norma do art. 226, § 3º, da Constituição Federal não equiparou a união estável ao casamento nem tampouco dispôs sobre regras sucessórias. As disposições do Código Civil sobre tais questões podem ser consideradas injustas, mas não contêm eiva de inconstitucionalidade. Reconhecimento dos colaterais como herdeiros do 'de cujus'. Provimento do recurso" (AgI 2003.002.14421, 18ª Câm. Cív., rel. Des. Marcus Faver, j. 16-3-2004).

Do TJRS: "Sucessões. União estável. Escritura pública pactuando o regime da comunhão universal de bens. Direito sucessório. Concomitância. Previsão legal. Aquisição onerosa de bem imóvel em período anterior à convivência. 1. O direito à meação não obsta o reconhecimento concomitante do direito sucessório da companheira sobrevivente, em relação ao patrimônio adquirido onerosamente na constância da união estável, por força do art. 1.790, I, do Código Civil. Diferentemente do que ocorre com o cônjuge, o direito sucessório do companheiro não está vinculado ao regime de bens vigorante. 2. A analogia é recurso hermenêutico que se destina a colmatar lacunas legislativas. Inaplicável, porém, aqui, diante de regra expressa que regulamenta a matéria em exame. Incabível, assim, aplicar ao caso, por analogia, o art. 1.829, I, do Código Civil. Inexiste, ademais, qualquer inconstitucionalidade no tratamento sucessório diferenciado com que são contemplados os cônjuges e os companheiros. (segredo de justiça) 3. O direito sucessório da companheira, na concorrência com descendentes, restringe-se aos bens adquiridos onerosamente na constância da união, o que não é o caso aqui. Negaram provimento. Unânime" (AgI 70012430351 da 7ª Câm. Cível, rel. Luiz Felipe Brasil Santos, j. 5-10-2005).

O Tribunal de Justiça de São Paulo rejeitou pretensão de companheira sobrevivente à percepção cumulativa de meação e cota na herança dos filhos. Assenta o julgado que o preceito do art. 1.790, II, do Código Civil comporta interpretação teleológica e sistemática, pois do contrário estar-se-ia admitindo favorecimento maior ao convivente do que em relação ao cônjuge. E acrescenta que o dispositivo citado há de ser entendido em conjunto com os arts. 1.725 e 1.829, I, do referido diploma legal, posto que a intenção do legislador certamente não foi autorizar a cumulação dos direitos de meação e herança acarretando diminuição da participação dos herdeiros necessários no acervo hereditário, mas sim evitar que o convivente ou o cônjuge sobrevivente fique desamparado e desprovido dos bens que pertenciam ao falecido. Ainda, vista a questão sob o plano constitucional: assim, à luz também do preceito contido no art. 226, § 3º, da Constituição Federal, não há razão de se atribuir também à agravante participação na sucessão do companheiro em concorrência com os descendentes do falecido, sendo pertinente salientar que a pretendida duplicidade de direitos, se admitida, redundaria em prejuízo aos herdeiros necessários, os quais teriam suas quotas diminuídas em benefício da companheira, que já tem uma participação considerável em relação aos bens adquiridos em comum pelos conviventes (TJSP, 9ª Câm. de Direito Privado, AgI 336.392-4/8, j. em 29-6-2004, rel. Des. Ruiter Oliva, em *JTJ*, São Paulo, Lex, v. 285 e 278).

Há reconhecimento judicial do direito de parceiros homossexuais à meação ou partilha de bens, em razão de sociedade de fato e de contribuição de ambos na formação do patrimônio comum. Só poderá o sobrevivente ter acesso à herança se for contemplado no testamento do falecido, reservando-se o direito dos herdeiros necessários. Há entendimento jurisprudencial recente (STF) de que é cabível o reconhecimento de uniões homoafetivas como entidades familiares, não podendo haver qualquer discriminação (ADI n. 4277-DF). O parceiro terá direito à meação, e os herdeiros do *de cujus* à herança, ou seja, ao que sobrar da divisão. Já houve decisão de que: "União estável homoafetiva. Direito sucessório. Analogia. Incontrovertida a convivência duradoura, pública e contínua entre parceiros do mesmo sexo, impositivo que seja reconhecida a existência de uma união estável, assegurando ao companheiro sobrevivente a totalidade do acervo hereditário, afastada a declaração de vacância da herança. A omissão do constituinte e do legislador em reconhecer efeitos jurídicos às uniões homoafetivas impõe que a Justiça colmate lacuna legal fazendo uso da analogia. O elo afetivo que identifica as entidades familiares impõe seja feita analogia com a união estável, que se encontra devidamente regulamentada. Embargos infringentes acolhidos, por maioria (Segredo de justiça — 100 fls. — D.)" (EI 70003967676, 4º Grupo de Câmaras Cíveis, TJRS, Red. para Acórdão: Maria Berenice Dias, j. 9-5-2003).

"Direito de família, sucessões e processual civil. União homoafetiva. Reconhecimento. Sucessão regida pelas Leis n. 8.971/1994 e n. 9.278/1996. Ausência de ascendentes e descendentes do *de cujus*. Pedido inicial que se limita a direito real de habitação sobre o imóvel residencial. Sentença que o acolhe nos mesmos termos. Recurso de apelação. Inexistência. Propriedade plena. Pedido realizado em grau de recurso especial. Impossibilidade. 1. No Superior Tribunal de Justiça e no Supremo Tribunal Federal, são reiterados os julgados dando conta da viabilidade jurídica de uniões estáveis formadas por companheiros do mesmo sexo. No âmbito desta Casa, reconheceu-se, inclusive, a juridicidade do casamento entre pessoas do mesmo sexo (REsp 1.1833.78/RS, rel. Ministro Luis Felipe Salomão, Quarta Turma, julgado em 25-10-2011), tendo sido essa orientação incorporada pelo Conselho Nacional de Justiça na Resolução n. 175/2013. 2. Por outro lado, o silêncio da Lei n. 9.278/1996 não excluiu o direito do companheiro à totalidade da herança, na hipótese de inexistência de ascendentes e descendentes do *de cujus*, na verdade, afastando a participação de parentes colaterais, tal como previsto no art. 2º, inciso III, da Lei n. 8.971/1994. Precedentes. 3. Todavia, tendo a inicial se limitado a pedir apenas o direito real de habitação e a sentença a concedê-lo, inexistente também recurso de apelação, descabe pleitear, em recurso especial, a propriedade plena do imóvel no qual residia a recorrente com sua falecida companheira. 4. O direito de herança, embora seja decorrência *ope legis* do reconhecimento da união estável, consiste em direito patrimonial disponível, podendo o titular dele, inclusive, renunciar por expressa previsão legal (arts. 1.804 a 1.813 do Código Civil), razão por que o juiz deve limitar-se ao que efetivamente é pleiteado pela parte, sob pena de, aí sim, incorrer em julgamento *extra* ou *ultra petita*. 5. Recurso especial não provido (STJ, REsp n. 1.204.425-MG, rel. Min. Luis Felipe Salomão, 4ª Turma, pub. 5-5-2014)".

Sobre a constitucionalidade do art. 1.790 do CC: TJRJ, AgI 2003.002.14421, 18ª Câm. Cível, rel. Marcus Faver, *DJE*, 7-4-2004.

Sobre sucessão de companheiro: Lei portuguesa n. 7/2001; CC argentino, arts. 1.084 e 1.085.

Todavia, é preciso ressaltar que, pelo art. 1.790, I a IV, do Código Civil, tratando-se de concubinato puro, ou melhor, de *união estável*, o companheiro supérstite não é herdeiro necessário, nem tem direito à legítima, mas participa da sucessão do *de cujus*, na qualidade de sucessor regular, sendo herdeiro *sui generis*, ou seja, sucessor regular (visto que não figura na ordem de vocação hereditária) somente quanto à "meação" do falecido relativa aos bens *adquiridos onerosamente na vigência do estado convivencial*, nas seguintes condições:

a) se concorrer com filhos comuns, fará jus a uma quota equivalente à que, legalmente, couber a eles. "Aplica-se o inciso I do art. 1.790 também na hipótese de concorrência do companheiro sobrevivente com outros descendentes comuns, e não apenas na concorrência com filhos comuns" (Enunciado n. 266 do Conselho de Justiça Federal, aprovado na III Jornada de Direito Civil)[52];

b) se concorrer com descendentes (filhos, netos ou bisnetos, por direito de representação) só do *de cujus*, terá direito à metade do que couber a cada um deles[53];

---

52. "Único bem imóvel adquirido onerosamente no curso da união estável. Companheira do *de cujus* e herdeiros filhos comuns. Aplicação do art. 1.790, inciso I, do Código Civil. Admissibilidade. Respeito aos direitos constitucionais da garantia da herança, do respeito à união estável e da igualdade entre os filhos. Respeito ao art. 5º, inciso XXX, § 3º do art. 226 e § 6º do art. 227, todos da Constituição Federal. Meação prevista no art. 1.725 do Código Civil igualmente respeitada de forma coerente, dentro do sistema civil. Decisão de partilha nos termos do art. 1.790, inciso I, do Código Civil. Agravo de Instrumento improvido" (TJSP, 5ª Câm. de Direito Privado, AI 568.648-4/4-00-Itatiba/SP, rel. Des. Oscarlino Moeller, j. 26-11-2008, v.u., *BAASP, 2639*:1715-09).

53. "Inventário — Partilha — União estável — Impugnação por ex-companheiro do *de cujus*, que tem direito à metade do que couber a cada um dos descendentes, quanto aos bens onerosamente adquiridos durante a vida em comum — Ausência de litígio entre os herdeiros, que são maiores e capazes — Partilha dos bens anteriores à união estável devendo aquele referente aos bens bloqueados, reservados até o julgamento da ação declaratória de união estável, observar o rito comum — Inteligência do art. 1.790, II do CC/2002. Ementa Oficial: Inventário. Partilha de bens. Concorrendo a companheira com filhos só do autor da herança, ela terá direito à metade do que couber a cada um destes quanto aos bens onerosamente adquiridos durante a vida em comum, nos termos do art. 1.790, II, do CC. Conforme interpretação dada ao dispositivo, por autores especializados em direito sucessório que se afigura como a mais adequada, deve-se atribuir peso 2 a cada filho e peso 1 à convivente, de modo que esta receba a metade do que os descendentes receberem por cabeça.

Tratando-se de herdeiros maiores e capazes, e não havendo litígio, a partilha pode ser promovida pelo rito sumário. A partilha dos bens bloqueados, reservados até o julgamento da ação declaratória de união estável, cujo valor foi impugnado pela sobrevivente, deve observar o rito comum, mantendo-se a reserva na proporção especificada. Recurso parcialmente provido" (*RT, 860*:356-8).

Bol. AASP, 2710:5829: "Direito de sucessão — Inventariante — Dever de conservação dos bens — Ausência de provas de depreciação do patrimônio — União estável reconhecida pelos herdeiros — Aplicação do art. 1.725 do CC — Regime da comunhão parcial de bens — Equiparação constitucional da companheira à cônjuge — Direito à me-

c) se concorrer com outros parentes sucessíveis (ascendentes ou colaterais até o 4º grau), estes receberão 2/3, pois tocar-lhe-á 1/3 de herança, para que não fique em posição superior à do cônjuge[54];

---

ação dos bens — Ausência de bens não onerosos — Reforma parcial da sentença — Nos moldes dos arts. 991 e 992 — atualmente, arts. 618 e 619 — do CPC, é dever do inventariante zelar pelos bens do espólio, devendo promover, sempre que necessário, todas as diligências para manutenção do patrimônio, evitando sua desvalorização e depreciação. Reconhecida a união estável pelos herdeiros, a companheira equiparada constitucionalmente à cônjuge participa do inventário na condição de meeira do *de cujus*, nos bens adquiridos na constância da união a título oneroso. Se há somente bens onerosos, a companheira concorrerá no inventário na condição de meeira, sendo que a cumulação de meeira e herdeira somente ocorre na hipótese de concorrência de bens comuns e particulares" (TJMG, 6ª CCív., ApC 1.0596.04.018852-3/001, Santa Rita do Sapucaí-MG, Rel. Des. Sandra Fonseca, j. 30-3-2010).

54. Se "A" faleceu deixando companheiro, "B", e, pais, "C" e "D": "B" ficará com 1/3 da herança e os pais ("C" e "D") do *de cujus*, com 2/3. Se "A" morrer deixando companheiro ("B"), os primos "C" e "D" e tios-avós "E" e "F": a herança, elucida Jorge S. Fujita (*Comentários ao Código Civil* — coord. Camillo, Talavera, Fujita e Scavone Jr. —, São Paulo, Revista dos Tribunais, 2006, p. 1282), deverá ser dividida em 6 partes, ficando 2/6 para "B" (1/3), 1/6 para "C", 1/6 para "D", 1/6 para "E" e 1/6 para "F". Jurisprudência sobre o art. 1.790: TJSP, AI 498.030-4/0-00, rel. Teixeira Leite, j. 24-5-2007; TJRS, AI 70.020.131.934, rel. Vasconcellos Chaves, j. 8-8-2007; TJRS, AI 70.018.904.763, rel. Raupp Ruschel, j. 23-5-2007; TJRS, AI 70.013.996.293, rel.Raupp Ruschel, j. 15-3-2006; TJRJ, AI 2005.002.14281, rel. Lavigne de Lemos, j. 8-11-2005; TJSP, AI 507.284-4/6, rel. Santarelli Zuliani, j. 30-8-2007; TJSP, AI 522.361-4/8-00, rel. Paulo Alcides, j. 9-10-2007.

Vide: TJRJ, AI 2007.002.04909, 10ª Câm., rel. Antônio C. N. Amado, j. 30-5-2007: "Agravo de instrumento. Inventário. Concorrência da companheira com os colaterais. Aplicação do art. 1.790, III, do Código Civil. Efeito suspensivo indeferido. Agravo regimental que não se conhece. Art. 527, III — hoje art. 1.019, I — e parágrafo único — sem similar no CPC/2015 — do Código de Processo Civil. A expressão 'herança' utilizada na aludida disposição legal refere-se tão somente aos bens adquiridos onerosamente na constância da união estável, não abrangendo os bens particulares e recebidos pelo '*de cujus*' por doação ou sucessão. Eventual iniquidade ou injustiça da lei não é de molde a acarretar a sua não aplicação. Constitucionalidade da referida disposição que reconhece os colaterais como herdeiros em concurso com o(a) companheiro(a). Entendimento doutrinário a respeito e precedentes pretorianos. Manutenção da decisão agravada e desprovimento do agravo. Unânime".

Bol. AASP, 2.666:5475: "Agravo de Instrumento — Sucessões — Inventário — Situação regida pelo CC em vigor na data da abertura da sucessão — Pedido de reconhecimento ao direito à totalidade da herança, com a exclusão dos parentes colaterais da sucessão. Sucessão do companheiro à luz do regramento disposto no CC vigente, aplicável à espécie — Não incidência da regra prevista no art. 1.790, inciso III, do CCB, que confere tratamento diferenciado ao companheiro e ao cônjuge — Observância do princípio da equidade — Pedido de alvará para venda de automóvel de propriedade do falecido — Possibilidade — 1 — Não se pode negar que, tanto à família de direito, ou formalmente constituída, como também àquela que se constituiu por simples fato, há que se outorgar a mesma proteção legal, em observância ao princípio da equidade, assegurando-se igualdade de tratamento entre cônjuge e companheiro, inclusive no plano sucessório. 2 — A própria CF não confere tratamento iníquo aos cônjuges e companheiros, tampouco o faziam as Leis que regulamentavam a união estável antes do advento do novo CC, não podendo, assim, prevalecer a interpretação literal do artigo em questão, sob

d) não havendo parentes sucessíveis, terá direito à totalidade da herança.

Concluímos que, se o companheiro concorrer com descendentes exclusivos e comuns, ante a omissão da lei, aplicando-se o art. 4º da Lei de Introdução às Normas do Direito Brasileiro, que privilegia o princípio da igualdade jurídica de todos os filhos (CF, art. 227, § 6º; CC, arts. 1.596 a 1.629), só importará, na sucessão, o vínculo de filiação com o *auctor successionis* e não o existente com o companheiro sobrevivente, que, por isso, terá, nessa hipótese, direito à metade do que couber a cada um dos descendentes (LINDB, art. 5º c/c CC, art. 1.790, II) do *de cujus*. No entanto, há quem entenda, como Maria Helena Daneluzzi, Francisco José Cahali, Mário Delgado, Sílvio Venosa, Guilherme Calmon Nogueira da Gama etc., que a divisão igualitária do inciso I do art. 1.790 seria a mais adequada para o caso.

O patrimônio dos conviventes (CC, arts. 1.536, 1.727 e 1.723, § 1º) rege-se pelo princípio da liberdade (CC, arts. 1.725, 1.658 a 1.666), pois se não houver convenção escrita sobre o patrimônio a ser seguida durante a união estável prevalecerá entre eles o regime de comunhão parcial. Morto um deles, o seu patrimônio será inventariado, dele retirando a *meação* do convivente, alusiva aos bens adquiridos onerosamente durante a convivência, que não se transmite aos herdeiros. Em relação à outra metade (herança) daqueles bens deverá concorrer com descendentes, ascendentes e colaterais até o 4º grau. Os demais bens do *de cujus* obtidos onerosamente antes da união estável ou por ele recebidos a título gratuito (he-

---

pena de se incorrer na odiosa diferenciação, deixando ao desamparo a família constituída pela união estável e conferindo proteção legal privilegiada à família constituída de acordo com as formalidades da lei. 3 — Reconhecimento da companheira supérstite como herdeira da totalidade dos bens deixados por seu companheiro que se impõe, já que inexistentes herdeiros ascendentes ou descendentes, com a consequente exclusão dos parentes colaterais da sucessão. 4 — Venda de automóvel de propriedade do falecido que deve ser autorizada. Recurso provido" (TJRS, 7ª Câm. Cível, AI 70028139814, Porto Alegre-RS, rel. Des. Ricardo Raupp Ruschel, j. 14-4-2009).

Bol. AASP, *2831*:10: "Inventário. Partilha de bens. A companheira tem direito à sucessão, sem prejuízo da meação, de todos os bens adquiridos a título oneroso. Art. 1.790, inciso III, do CC. *In casu*, concorrendo com outros parentes sucessíveis, tem direito a um terço da herança. Decisão mantida. Recurso improvido, revogado o efeito suspensivo (TJSP — 3ª Câmara de Direito Privado, AI 0478643-58.2010-Serra Negra-SP, Rel. Des. Beretta da Silveira, j. 8-2-2011, v.u.).

Pelo Enunciado n. 525 do Conselho da Justiça Federal, aprovado na V Jornada de Direito Civil: "Os arts. 1.723, § 1º, 1.790, 1.829 e 1.830 do Código Civil admitem a concorrência sucessória entre cônjuge e companheiro sobreviventes na sucessão legítima, quanto aos bens adquiridos onerosamente na união estável".

rança ou doação) serão inventariados e partilhados somente aos seus herdeiros na ordem da vocação hereditária. E se não houver bens comuns amealhados durante a convivência, o companheiro supérstite nada receberá a qualquer título, nem como meeiro, nem como herdeiro, visto que não fará jus a qualquer quinhão hereditário, mesmo que o *de cujus* não tenha descendente ou ascendente, pois sua herança será deferida aos colaterais até o 4º grau.

Há quem ache que, na falta de parente sucessível, o companheiro sobrevivente teria direito apenas à totalidade da herança, no que atina aos bens onerosamente adquiridos na vigência da união estável (CC, art. 1.790), pois o restante seria do Poder Público, por força do art. 1.844 do Código Civil. Este é o posicionamento de Zeno Veloso, que, assim, pondera: "A 'totalidade da herança', mencionada no inciso IV do artigo 1.790, é da herança a que o companheiro sobrevivente está autorizado a concorrer. Mesmo no caso extremo de o falecido não ter parentes sucessíveis, cumprindo-se a determinação do *caput* do artigo 1.790, o companheiro sobrevivente só vai herdar os bens que tiverem sido adquiridos onerosamente na vigência da união estável. Se o *de cujus* possuía outros bens, adquiridos *antes* de iniciar a convivência, ou depois, se a título gratuito, e não podendo esses bens integrar a herança do companheiro sobrevivente, passarão para o Município ou para o Distrito Federal, se localizados nas respectivas circunscrições, ou à União, quando situados no Território Federal (art. 1.844)"[55].

Se o Município, o Distrito Federal ou a União só é *sucessor irregular* de pessoa que falece sem deixar herdeiro, como se poderia admitir que receba parte do acervo hereditário concorrendo com herdeiro *sui generis* (sucessor regular), que, no artigo *sub examine*, seria o companheiro? Na herança va-

55. Luiz Felipe Brasil Santos (*A sucessão dos companheiros no novo Código Civil*, www.gontijofamiliaadv.br/tex243.htm, acesso em 12-2-2008) conclui: "Ocorre que, enquanto o *caput* do artigo 1.790 diz que o companheiro terá direito de herdar apenas os bens adquiridos no curso do relacionamento, o seu inciso IV dispõe que, *não havendo parentes sucessíveis, terá direito à totalidade da herança*. Ora, a expressão *totalidade da herança* deixa dúvida de que abrange todos os bens deixados, sem a limitação contida no *caput*. Evidente a antinomia entre a cabeça do artigo e seu inciso. Entretanto, uma interpretação construtiva, que objetive fazer acima de tudo justiça, pode extrair daí a solução que evite a injustiça e o absurdo de deixar um companheiro, em dadas situações, no total desamparo. Portanto, não havendo outros herdeiros, o companheiro, por força do claro comando do inciso IV, deverá receber não apenas os bens havidos na constância da relação, mas a totalidade da herança".

cante configura-se uma situação de fato em que ocorre a abertura da sucessão, porém não existe quem se intitule herdeiro. Por não existir herdeiro ou sucessor regular é que o Poder Público entra como sucessor irregular. Se houver herdeiro ou sucessor regular, afasta-se o Poder Público da condição de beneficiário dos bens do *de cujus*, na qualidade de sucessor irregular. Daí o nosso entendimento de que, não havendo parentes sucessíveis ou tendo havido renúncia destes, o companheiro receberá a totalidade da herança, no que atina aos adquiridos onerosa e gratuitamente antes ou durante a união estável, recebendo, portanto, todos os bens do *de cujus*, que não irão ao Município, Distrito Federal ou à União, por força do disposto no art. 1.844, 1ª parte, do Código Civil, que é uma norma especial (relativa à herança vacante), sobrepondo-se ao art. 1.790, IV (norma geral sobre sucessão de companheiro). Isto seria mais justo, pois seria inadmissível a exclusão do companheiro sobrevivente, que possuía laços de afetividade com o *de cujus*, do direito à totalidade da herança dando prevalência à entidade pública. Se assim não fosse, instaurar-se-ia no sistema jurídico uma *lacuna axiológica*. Aplicando-se o art. 5º da Lei de Introdução às Normas de Direito Brasileiro, procura-se a solução mais justa, amparando o companheiro sobrevivente.

Graficamente temos:

a) *havendo um filho comum* (A):

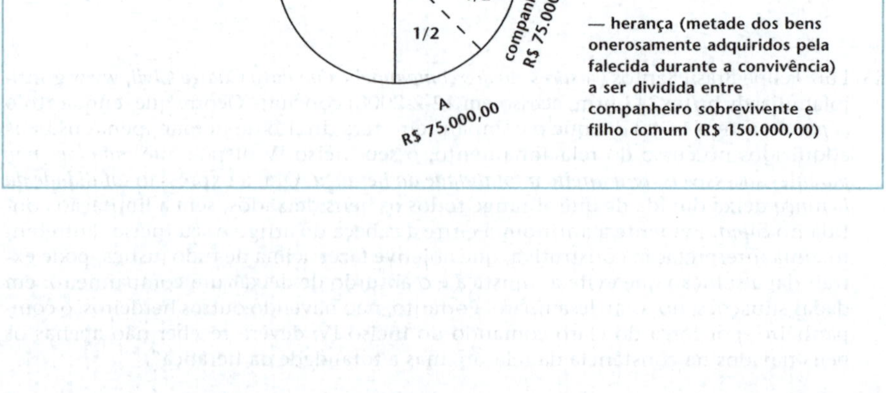

b) havendo descendente exclusivo do de cujus (A):

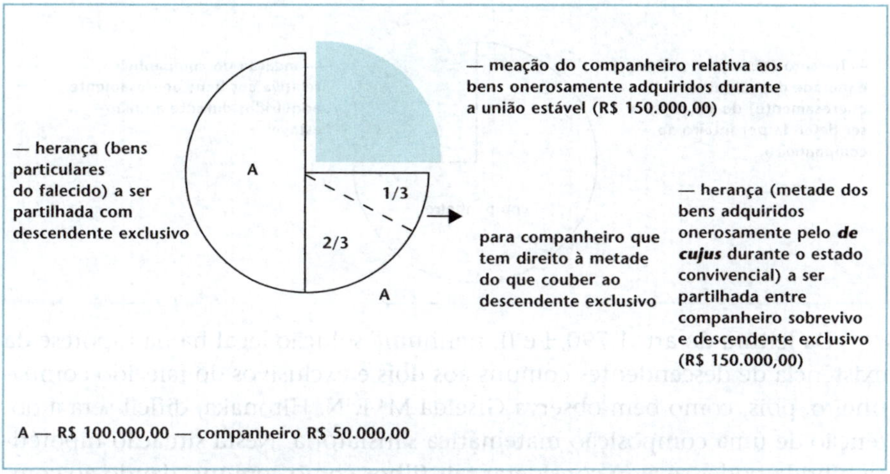

c) havendo 2 ascendentes ou *colaterais até o 4º grau do* de cujus:

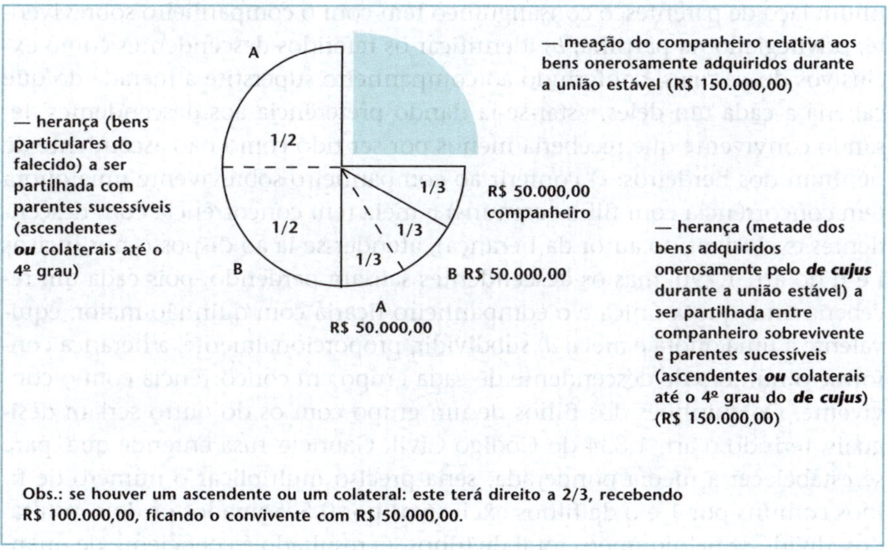

d) não havendo parente sucessível:

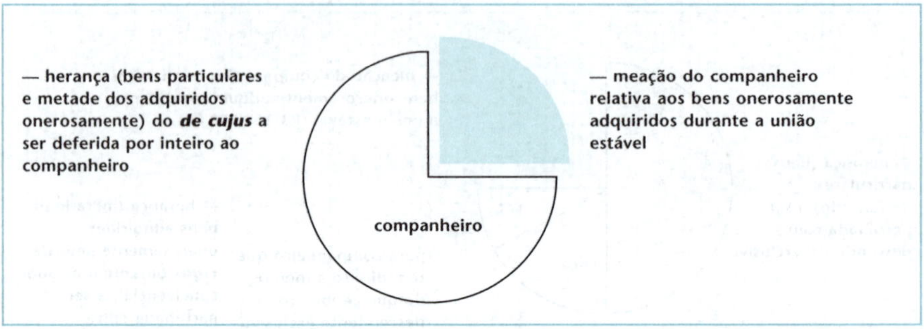

Da leitura do art. 1.790, I e II, nenhuma solução legal há na hipótese da existência de descendentes comuns aos dois e exclusivos do falecido companheiro, pois, como bem observa Giselda Mª F. N. Hironaka, difícil será a obtenção de uma composição matemática satisfatória. Nesta situação hipotética híbrida poder-se-á: *a*) considerar tais filhos como comuns, dando ao companheiro supérstite quota equivalente à deles, mas não se atingiria o objetivo legal pretendido, por prejudicar os filhos exclusivos do *de cujus*, que nenhum laço de parentesco consanguíneo têm com o companheiro sobrevivente, privilegiado na partilha; *b*) identificar os referidos descendentes como exclusivos do *de cujus*, conferindo ao companheiro supérstite a metade do que caberia a cada um deles, estar-se-ia dando preferência aos descendentes, lesando convivente que receberia menos por ser tido como não ascendente de nenhum dos herdeiros; *c*) conferir ao companheiro sobrevivente uma quota (em concorrência com filhos comuns) e meia (em concorrência com descendentes exclusivos do autor da herança), atender-se-ia ao disposto nos incisos I e II do art. 1.790, mas os descendentes sairiam perdendo, pois cada um receberia uma quota única e o companheiro ficaria com quinhão maior, equivalente a uma quota e meia; *d*) subdividir, proporcionalmente, a herança conforme o número de descendente de cada grupo em concorrência com o convivente. Os quinhões dos filhos de um grupo com os do outro seriam desiguais, ferindo o art. 1.834 do Código Civil. Gabriele Tusa entende que, para se estabelecer a média ponderada, seria preciso multiplicar o número de filhos comuns por 1 e o de filhos exclusivos por 0,5. Somados os dois resultados, divide-se pelo número total de filhos. O resultado é coeficiente de quanto o convivente herdaria em relação aos filhos do *de cujus*. P. ex., se este tiver cinco filhos, sendo três comuns e dois exclusivos do autor da herança, multiplica-se o número de filhos comuns por 1 (3 x 1 = 3) e o de filhos exclusivos por 0,5 (2 x 0,5 = 1). A soma dos resultados é quatro, que será dividido pelo número total de filhos (5), levando ao resultado de 4/5 ou 0,8, de forma que o companheiro terá a quota 0,8 e cada filho receberá 1. Logo, ter-se-ão 5,8 quotas para serem distribuídas. Se a herança for R$ 580.000,00, cada filho, pela fórmula de Tusa, receberá 100 mil e o convivente 80 mil[56].

---

56. *Apud* Gustavo R. Nicolau, *Concorrência*, cit., p. 540. 43-D; Flávio Tartuce, Da sucessão do companheiro — o polêmico art. 1.790 do Código Civil e suas principais controvérsias. *Revista Síntese do Direito de Família, 63*: 219-27; Inácio de Carvalho Neto, Projeto de lei pretende corrigir a sucessão do cônjuge e do companheiro. *Revista Síntese — Direito de Família, 77*:9-19; Caroline S. Dias e Fernanda Pederneiras, Cenário jurisprudencial atual sobre a inconstitucionalidade das diferenças no tratamento sucessório de cônjuges e companheiros. *Revista Síntese — Direito de Família, 77*:20-45; Euclides B. de Oliveira (*Direito de herança*: a nova ordem da sucessão, São Paulo, Saraiva, 2005, p. 170) expõe a proposta de Gabriele Tusa, que apresenta fórmula matemática para estabelecer o quinhão cabível a cada filho e ao convivente: havendo concorrência entre companheiro e 3 filhos comuns e 2 exclusivos do *de cujus*: "A companheira não receberá nem igual (inc. I) nem metade (inc. II). Ou, em outras palavras, não receberá (em termos de quinhão) nem 01 nem 1/2, mas um coeficiente que quantifique, justamente, a proporcionalidade entre as duas qualidades, condicionadas pela quantidade de filhos de 'cada modalidade'. Assim, no exemplo, a companheira receberia, em relação aos comuns, igual quinhão; em relação aos unilaterais (exclusivos), metade do quinhão. Como se calcula o coeficiente de seu quinhão? Responde Gabriele Tusa com a fórmula: 3 x 1 + 2 x ½ : 5 = 4/5 (ou seja, 0,8), e explica: 3x1 equivale a 3 filhos comuns vezes 1 quinhão ideal; 2 x ½ equivale a 2 filhos unilaterais vezes ½ do quinhão ideal; 5 é o número total de coerdeiros filhos; e 4/5 ou 0,8 é o coeficiente final da participação da companheira em relação a um quinhão. Dessa forma, entende Gabriele Tusa que 'usando o conceito de média ponderada, acabamos de encontrar, proporcionalmente, a forma de atender aos dois incisos simultaneamente, de acordo com a quantidade de filhos que se apresentam em cada modalidade'. E como encontrar o valor de cada quinhão, uma vez que são todos iguais, exceto o do companheiro? Como são seis herdeiros, e um diferenciado, logo, sendo x o quinhão, aplica-se nova fórmula: 5x + 0,8x = 100%. Assim: x = 17,24%. Enfim, cada filho recebe 17,24% e, nesse caso, a companheira recebe 13,79%".

"Inventário — Modificação do plano de partilha — Inconformismo — Desacolhimento — Ausência de expressa disciplina legal a respeito da sucessão da companheira, quando esta concorre com filhos híbridos — Inteligência do art. 226, § 3º, da CF — Aplicação e inteligência dos arts. 1.725, 1.658, 1.829, I, e 1.790, I, todos do vigente CC — Impossibilidade de se conceder à companheira mais do que teria se casada fosse — Decisão modificada de ofício, para determinar que seja apresentado outro plano de partilha, de forma que à companheira seja reconhecido apenas o direito de meação, com repartição da outra meação entre os descendentes — Recurso desprovido, com reforma de ofício da decisão agravada" (TJSP, 9ª Câm. de Direito Privado, AgI 467.591-4/7-00, rel. Des. Grava Brazil, j. 16-1-2007).

Bol. AASP, 2.705: 1919-09: "Agravo de Instrumento. Preliminar de intempestividade. Rejeição. Inventário. Companheira remetida para as vias ordinárias. Matéria preclusa. Reserva de bens para meação e herança. 1. Não se conhece da parte do recurso que ataca decisão alcançada pela preclusão. 2. Remetida a companheira para as vias ordinárias, com a finalidade de obter o reconhecimento da alegada união estável, deve-se reservar 75% do patrimônio do falecido para resguardar tanto a sua meação quanto a sua quota na herança" (TJMG, 6ª Câm. Cível; AI Cível n. 1.0671.07.002421-9/001, Belo Horizonte-MG, Rel. Des. Maurício Barros, j. 23-2-2010, m.v.).

Diante desse impasse, ante a lacuna normativa, a solução seria aplicar os arts. 4º e 5º da Lei de Introdução às Normas de Direito Brasileiro e, no nosso entender, o princípio constitucional da igualdade dos filhos (CF, art. 227, § 6º), consequentemente, pelo bom senso e prudência objetiva dever-se-á considerar, havendo filhos comuns e exclusivos, o vínculo existente apenas entre eles e o *de cujus*, visto que pleiteiam a herança por ele deixada. Logo serão todos considerados como filhos exclusivos do falecido, para fins de direito sucessório, tendo o companheiro sobrevivente direito à metade do que couber a cada um deles.

Há desigualdade de tratamento sucessório entre cônjuge e convivente sobrevivo, pois aquele é, em certos casos, herdeiro necessário privilegiado, podendo concorrer com descendente, se preencher certas condições, ou com ascendente do falecido. O convivente, não sendo herdeiro necessário, pode ser excluído da herança do outro, se ele dispuser isso em testamento (CC, arts. 1.845, 1.846 e 1.857), pois só tem direito à sua meação quanto aos bens adquiridos onerosamente na constância da união estável. A relação matrimonial na seara sucessória prevalece sobre a estabelecida pela união estável, pois o convivente sobrevivente, não sendo equiparado constitucionalmente ao cônjuge, não se beneficiará dos mesmos direitos sucessórios outorgados ao cônjuge supérstite, ficando em desvantagem. Não poderia ter tratamento privilegiado, porque a disciplina legal da união estável tem natureza tutelar, visto que a Constituição Federal a considera como entidade familiar apenas para fins de proteção estatal, por ser um fato cada vez mais frequente entre nós. Dá-se uma solução humana ao amparar o convivente após o óbito do companheiro, presumindo-se sua colaboração na formação do patrimônio do autor da herança.

Além disso, urge lembrar que o companheiro sobrevivente, por força da Lei n. 9.278/96, art. 7º, parágrafo único, e, analogicamente, pelo disposto nos arts. 1.831 do CC e 6º da CF (Enunciado n. 117 do CJF, aprovado na I Jornada de Direito Civil de 2002), também terá direito real de habitação, enquanto viver ou não constituir nova união ou casamento, relativamente ao imóvel destinado à residência da família; mas pelo Código Civil tal direito só é deferido ao cônjuge sobrevivente. Diante da omissão do Código Civil (norma geral), o art. 7º, parágrafo único daquela Lei estaria vigente, no nosso entender, por ser norma especial. Sem embargo desta nossa opinião, há quem ache, como Francisco José Cahali, que questão tormentosa a ser enfrentada pelos tribunais, à luz dos caminhos traçados pela doutrina, será definir se o direito real de habitação e o usufruto "vidual" em favor do companheiro sobrevivente ainda prevalecem diante do atual Código Civil, o primeiro previsto no art. 7º, parágrafo único, da Lei n. 9.278/96 e o segundo previsto nos incisos I e II do art. 2º da Lei n. 8.971/94. E, para ele, houve revogação dos artigos referidos por incompatibilidade com a nova lei, pois na sucessão decorrente da união estável "o novo Código disciplinou inteiramente a matéria, revogando, assim, os efeitos sucessórios entre os conviventes previstos em normas anteriores". Considera insubsistentes pelo Código Civil vigente o direito real de habitação e o usufruto vidual previstos na legislação anterior. Já Mário Luiz Delgado e Zeno Veloso advertem que, ante o silêncio eloquente (*beredts Schweigen*) do Código Civil a respeito, houve *intentio* de excluir o direito real de habitação do convivente, logo não há lacuna suscetível de preenchimento por analogia (LINDB, art. 4º), consequentemente não há nenhuma possibilidade de se pugnar pela sobrevivência do art. 7º da Lei n. 9.278, exceto no que atina à sucessão aberta antes de 11 de janeiro de 2003. A Lei n. 9.278 "não está esmaecida, mas morreu", diz Zeno Veloso[57].

Ora, na verdade, o usufruto "vidual", em prol do companheiro supérstite, não prevalecerá, por ser, hoje, um instituto não mais existente no direito brasileiro, visto que nem o cônjuge terá direito a esse benefício, por isso, não mais vigora o art. 2º, I e II, da Lei n. 8.971/94, que o considerava como herdeiro sob condição resolutiva do referido direito de fruição sobre coisa alheia, enquanto não constituísse nova união e, além disso, o art. 1.790 ao lhe conferir apenas o direito de participar da sucessão do outro quanto aos *bens adquiridos onerosamente* na vigência da união estável,

---

57. "Apelação cível. Imissão de posse. União estável. Companheiro falecido. Bem imóvel. Moradia. Conviventes. Direito real de habitação à companheira sobrevivente. Inteligência do art. 1.831 do NCCB e art. 7º da Lei 9.278/96. Requisitos. Reconhecimento. O direito real de habitação ao único imóvel residencial, por aplicação analógica do art. 1.831 do NCCB, deve ser estendido ao convivente, independentemente de ter este contribuído, ou não, para a sua aquisição, assegurado, igualmente, pelo art. 7º da Lei 9.278/96, informado pelos arts. 6º e 227, § 3º, da Lei Maior, que reconhecem a moradia como direito social e a união estável entre o homem e a mulher como entidade familiar, para efeito de proteção do Estado" (TJMG, AC 1.0514.06.020813-9/001, 9ª Câm. Cív., v.u., rel. Des. Tarcisio Martins Costa, j. 1º-4-2008, v.u.).

Bol. AASP, 2.780:12: "1. O art. 1.790, inciso II, do Código Civil é incompatível com o art. 226, § 3º, da Constituição Federal, uma vez que promove tratamento desigual entre o direito sucessório do companheiro e o do cônjuge. 2. Afastada a incidência do art. 1.790, inciso II, do Código Civil em razão da incompatibilidade com a Constituição Federal, impõe-se a aplicação da regra destinada ao cônjuge sobrevivente, prevista no art. 1.829, inciso I, do Código Civil, excluindo-se o companheiro meeiro da divisão da legítima, porque, na hipótese dos autos, a autora da herança não deixou bens particulares. 3. Não havendo prova de que o convivente constituiu nova união estável, impõe-se a manutenção da sentença que lhe conferiu o direito real de habitação, com amparo no art. 7º da Lei n. 9.278/1996. Apelo parcialmente provido".

transformou-o em herdeiro *sui generis* (sucessor regular). Mas em relação ao *direito real de habitação*, temos, parece-nos, um caso de *antinomia de segundo grau*, ou seja, um conflito entre norma anterior especial (Lei n. 9.278, art. 7º, parágrafo único) e norma posterior geral (CC, art. 1.831), que, por sua vez, gera antinomia entre o *critério de especialidade* e o *cronológico*, para a qual valeria o metacritério *lex posterior generalis non derogat priori speciali*, segundo o qual a regra de especialidade prevaleceria sobre a cronológica. Com isso, a Lei n. 9.278, seria a mais forte, ante o princípio da especialidade. A metarregra *lex posterior generalis non derogat priori speciali* não tem valor absoluto, dado que, às vezes, *lex posterior generalis derogat priori speciali*, tendo em vista certas circunstâncias presentes. A preferência entre um critério e outro não é evidente, pois se constata uma oscilação entre eles. Não há uma regra definida; conforme o caso, haverá supremacia ora de um, ora de outro critério. Ante a dúvida, surgirá, então, uma *antinomia real* de *segundo grau* ou *lacuna de conflito* (*ausência* de critério ou de metacritério normativo), que só poderá ser solucionada pelos critérios apontados pelos arts. 4º e 5º da Lei de Introdução às Normas de Direito Brasileiro. Deveras, num caso extremo de falta de um critério que possa resolver a antinomia de segundo grau, o *critério dos critérios* para solucionar o conflito normativo seria o *princípio supremo da justiça*: entre duas normas incompatíveis dever-se-á escolher a mais justa. Isso é assim porque os referidos critérios não são axiomas, visto que gravitam na interpretação ao lado de considerações valorativas, fazendo com que a lei seja aplicada de acordo com a consciência jurídica popular e com os objetivos sociais. Portanto, excepcionalmente, o valor *justum* deve lograr entre duas normas incompatíveis, fazendo com que prevaleça a ideia da permanência do art. 7º, parágrafo único, da Lei n. 9.278/96, aplicando-se por *analogia* (LINDB, art. 4º) o disposto no art. 1.831 do Código Civil, em busca do justo (LINDB, art. 5º; CF, arts. 6º e 226, § 3º)[58], atendendo-se, também, o direito à moradia (EC n. 26/2000).

---

58. Bobbio, Des critères pour résoudre les antinomies, in *Les antinomies en droit*, Bruxelles, Bruylant, 1965, p. 237 e 245, 253-8; Perelman, *De la justice*, Bruxelles, 1945, p. 72; Maria Helena Diniz, *Compêndio*, cit., p. 435-6; *Lei de Introdução*, cit., p. 75-8; Tércio Sampaio Ferraz Jr., Antinomia, in *Enciclopédia Saraiva do Direito*, p. 14; Gavazzi, *Delle antinomie*, Torino, 1959, p. 80, 83 e 87; Silance, Quelques exemples d'antinomies et essai de classement, in *Les antinomies*, cit., p. 69 e 70; Du Pasquier, *Introduction à la théorie génerale et à la philosophie du droit*, n. 147 e 148. Já houve decisão no sentido de que: *a*) "União estável — Usufruto vidual — Direito não previsto no novo Código Civil. Pretendida cumulação dos direitos de meação e herança acarretando diminuição na participação dos herdeiros necessários. Inadmissibilidade. Companheira que tem uma participação correspondente à metade dos bens adquiridos juntamente com o falecido. Situação equivalente à que lograria se fosse casada no regime da comunhão parcial de

bens. Inteligência dos arts. 1.725, 1.790, II, e 1.829, I, do CC e do art. 226, § 3º, da CF. Recurso não provido" (TJSP, 9ª Câm. de Direito Privado, AgI 336.392-4/8-SP, rel. Des. Ruiter Oliva, j. 29-6-2004, v.u.); *b*) "União estável — Companheiro falecido — Imóvel que serviu de moradia para os conviventes — Sentença que reconhece direito real de habitação à companheira sobrevivente — Decisão *extra petita* — Juntada de documentos na apelação. 1 — Descabe juntar com a apelação documentos que não sejam novos ou relativos a fatos novos supervenientes. Inteligência do art. 397 — atual art. 435 — do CPC. 2 — Não é *extra petita* a sentença que aborda questão trazida pelas partes, focalizando as teses deduzidas, sem reconhecer o direito à meação da ré, nem deferir a reivindicatória pleiteada pela sucessão, encontrando solução intermediária não discrepante do debate travado entre as partes. 3 — Inexiste razão para alijar a recorrida do direito que lhe fora reconhecido, mesmo que possua outros imóveis, quando é certo que conviveu com o falecido naquele prédio, destinado por ambos como sede do núcleo familiar. 4 — Conforme estabelece o art. 7º, parágrafo único, da Lei n. 9.278/96, o direito real de habitação é deferido ao companheiro sobrevivente independentemente de qualquer condição pessoal, social ou econômica, mas limitado esse exercício apenas e tão somente a 'enquanto durar a viuvez'. 5 — Constitui regra elementar de hermenêutica que, se a lei não impõe quaisquer outras restrições, não é dado ao intérprete fazê-lo. Preliminar de nulidade afastada. Recurso desprovido" (TJRS, 7ª Câm. Cível, AC 70012930913-Dom Pedrito-RS, rel. Des. Sérgio Fernando de Vasconcellos Chaves, j. 9-11-2005, v.u.); *c*) "Ementa: Apelação cível. Ação reivindicatória. União estável reconhecida. Partilha dos bens comuns. Direito real de habitação. Único imóvel para uso residencial. Admissibilidade. Sucumbência. Ônus. Gratuidade de justiça concedida. Exigibilidade suspensa. Primeiro recurso parcialmente provido. Segundo e terceiros recursos não providos. 1. Reconhecida a união estável, o cônjuge sobrevivente tem direito à meação dos bens adquiridos a título oneroso durante a convivência. 2. O convivente que sobrevive à união estável tem direito real de habitação sobre o único imóvel residencial ocupado pela família enquanto mantiver sua condição de celibatário. 3. A parte vencida deve arcar com os ônus da sucumbência mas, se amparada pela gratuidade de justiça, ausente prova em contrário quanto à declarada hipossuficiência financeira, a exigibilidade resta suspensa. 4. Apelações cíveis conhecidas, parcialmente provida a primeira e não providas a segunda e a terceira" (TJMG, 2ª Câm. Cível, j. 9-8-2005, Ap. Cível, rel. Caetano Levi Lopes); *d*) "Sucessões. Inventário. União estável. Pretensão de alienação de imóvel destinado à moradia do companheiro sobrevivente. Direito real de habitação. Despesas condominiais. Apesar do Código Civil não ter conferido expressamente o direito real de habitação àqueles que viveram em união estável, tal direito subsiste no ordenamento jurídico por força do parágrafo único do art. 7º da Lei n. 9.278-96. Impossibilidade de expedição de alvará nos autos do inventário para alienação do bem destinado à moradia do companheiro sobrevivente. Eventual discussão acerca do abuso desse direito e das dívidas decorrentes das quotas condominiais não pagas deve ser travada em ação própria. Negado provimento. Unânime" (TJRS, 7ª Câm. Cível, AgI 70018063016, rel. Mª Berenice Dias, j. 14-2-2007). "Ementa: Direito das sucessões e das coisas. Recurso Especial. Sucessão. Vigência do Código Civil de 2002. Companheira sobrevivente. Manutenção de posse. Possibilidade de arguição do direito real de habitação. Art. 1.831 do Código Civil de 2002. 1. É entendimento pacífico no âmbito do STJ que a companheira supérstite tem direito real de habitação sobre o imóvel de propriedade do falecido onde residia o casal, mesmo na vigência do atual Código Civil. Precedentes (...). 4. Ademais, levando-se em conta a posse, considerada por si mesma, enquanto mero exercício fático dos poderes inerentes ao domínio, há de ser mantida a recorrida no imóvel, até porque é ela quem vem conferindo à posse a sua função social (...)" (REsp 1.203.144/RS, Recurso Especial 2010/0127865-4, Rel. Min. Luis Felipe Salo-

Ante o fato de o Código Civil apresentar, na opinião de muitos, um retrocesso na sucessão entre companheiros, se comparado com as Leis n. 8.971/94 e 9.278/96, o Projeto de Lei n. 699/2011, assim alterará o art. 1.790: "O companheiro participará da sucessão do outro na forma seguinte:

I — em concorrência com descendentes, terá direito a uma quota equivalente à metade do que couber a cada um destes, salvo se tiver havido comunhão de bens durante a união estável e o autor da herança não houver deixado bens particulares, ou se o casamento dos companheiros se tivesse ocorrido, observada a situação existente no começo da convivência, fosse pelo regime da separação obrigatória (art. 1.641);

---

mão, 4ª Turma — STJ, j. 27-5-2014, *DJe* 15-8-2014). Já se decidiu no STJ (Recurso Extraordinário 878.694, Minas Gerais, rel. Min. Roberto Barroso). "Ementa: Direito constitucional e civil. Recurso extraordinário. Repercussão geral. Inconstitucionalidade da distinção de regime sucessório entre cônjuges e companheiros.

1. A Constituição brasileira contempla diferentes formas de família legítima, além da que resulta do casamento. Nesse rol incluem-se as famílias formadas mediante união estável, hetero ou homoafetivas. O STF já reconheceu a "inexistência de hierarquia ou diferença de qualidade jurídica entre as duas formas de constituição de um novo e autonomizado núcleo doméstico", aplicando-se à união estável entre pessoas do mesmo sexo as mesmas normas e as mesmas consequências da união estável heteroafetiva (ADI 4.277 e ADPF 132, rel. Min. Ayres Britto, j. 5-5-2011).
2. Não é legítimo desequiparar, para fins sucessórios, os cônjuges e os companheiros, isto é, a família formada pelo casamento e a formada por união estável. Tal hierarquização entre entidades familiares é incompatível com a Constituição de 1988. Assim sendo, o art. 1.790 do Código Civil, ao revogar as Leis n. 8.971/94 e 9.278/96 e discriminar a companheira (ou companheiro), dando-lhe direitos sucessórios bem inferiores aos conferidos à esposa (ou ao marido), entra em contraste com os princípios da igualdade, da dignidade humana, da proporcionalidade como vedação à proteção deficiente e da vedação do retrocesso.
3. Com a finalidade de preservar a segurança jurídica, o entendimento ora firmado é aplicável apenas aos inventários judiciais em que não tenha havido trânsito em julgado da sentença de partilha, e às partilhas extrajudiciais em que ainda não haja escritura pública.
4. Provimento do recurso extraordinário. Afirmação, em repercussão geral, da seguinte tese: 'No sistema constitucional vigente, é inconstitucional a distinção de regimes sucessórios entre cônjuges e companheiros, devendo ser aplicado, em ambos os casos, o regime estabelecido no art. 1.829 do CC/2002'".

Sobre sucessão de companheiro: Projeto de Lei n. 508/2007, propondo igualdade de direitos sucessórios entre cônjuges e companheiros, visa alterar os arts. 544, 1.829, 1.830, 1.831, 1.832, 1.837, 1.838, 1.839, 1.845 e 2.003 do CC.

Consulte: art. 11 da Lei uruguaia n. 18.246/2007.

Vide: PL 4.908/2012, que pretendeu alterar normas sobre sucessão do cônjuge e companheiro.

II — em concorrência com ascendentes, terá direito a uma quota equivalente à metade do que couber a cada um destes;

III — em falta de descendentes e ascendentes, terá direito à totalidade da herança.

Parágrafo único. Ao companheiro sobrevivente, enquanto não constituir nova união ou casamento, será assegurado, sem prejuízo da participação que lhe caiba na herança, o direito real de habitação relativamente ao imóvel destinado à residência da família, desde que seja o único daquela natureza a inventariar". Essa proposta foi aprovada pelo Parecer Vicente Arruda ao analisá-la no PL n. 6.960/2002 (ora substituído pelo PL n. 699/2011).

É preciso não olvidar que no dia 11/5/2017, o STF decidiu que cônjuges e companheiros (heterossexuais e homossexuais) têm os mesmos direitos de herança, declarando inconstitucional o art. 1.790 do Código Civil (REs 646721 e 878694). Pelo Enunciado da VIII Jornada de Direito Civil n. 641: "A decisão do Supremo Tribunal Federal que declarou a inconstitucionalidade do art. 1.790, do Código Civil, não importa equiparação absoluta entre o casamento e a união estável. Estendem-se à união estável apenas as regras aplicáveis ao casamento que tenham por fundamento a solidariedade familiar. Por outro lado, é constitucional a distinção entre os regimes quando baseada na solenidade do ato jurídico que funda o casamento, ausente na união estável". Entendemos que o casamento e a união estável são famílias diferentes em caracteres, constituição e dissolução. O princípio de isonomia requer tratamento igual ao igual e desigual ao desigual, se assim é não há que se pretender a equiparação plena entre direitos e deveres de cônjuges e companheiros, em respeito não só a autonomia da vontade dos interessados em se submeter ou não a um regime informal (união estável) ou formal (casamento), mas também à CF, que deu tratamento diferenciado ao casamento e à união estável, e até mesmo privilegiou o matrimônio ao solicitar, no art. 226, § 3º, que a lei infraconstitucional facilitasse a conversão da união estável em casamento. Ora, só se poderá converter o desigual, como seria possível então afirmar a inconstitucionalidade do Código Civil se está tratando desigualmente o desigual e igualmente o igual. Parece-nos que só uma emenda constitucional teria força para equiparar direitos entre cônjuges e companheiros e até mesmo para conferir direitos e impor deveres aos companheiros. Só seria possível alegar a inconstitucionalidade do art. 1.790 por ter delimitado direitos sucessórios do companheiro, visto que a CF só pede à lei a indicação de meios para facilitar a conversão da união estável em casamento e, em momento algum, solicita a regulamentação de direitos e deveres de conviventes.

F. Sucessão dos colaterais

Na falta de descendentes, ascendentes, convivente (CC, art. 1.790, III) e de cônjuge sobrevivente, inclusive nas condições estabelecidas no art. 1.830 do Código Civil, são chamados a suceder os *colaterais até o quarto grau* (CC, art. 1.839; *RJTJSP*, *50*:256), atendendo-se ao princípio cardeal de que os mais próximos excluem os mais remotos (*proximior excludit remotiorem*). Assim, se forem convocados à sucessão os irmãos (parentes de segundo grau), excluídos estarão os tios e sobrinhos (terceiro grau); igualmente, os do terceiro grau arredam os do quarto[59] (primos, tios-avós e sobrinhos-netos). Entretanto, ressalva-se o direito de representação, concedido estritamente a filhos de irmãos (CC, art. 1.840), assegurando-se a sucessão por estirpe quando filhos de irmãos concorrem com irmão do falecido, aproximando-se, por ficção, os parentes mais afastados. P. ex., se o autor da herança deixa dois irmãos e dois sobrinhos, filhos de um outro irmão premorto, a herança será dividida em três partes iguais, cabendo as duas primeiras partes aos irmãos sobrevivos, e a terceira aos sobrinhos, que a dividirão entre si.

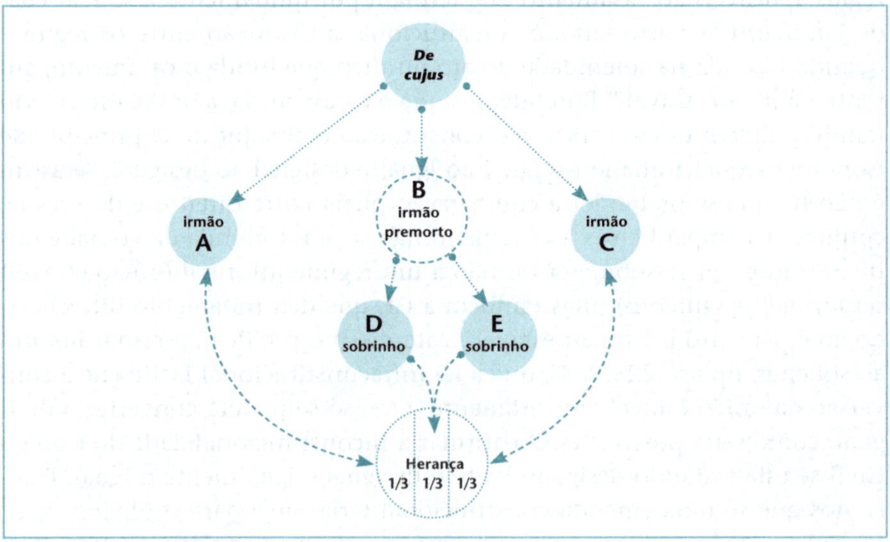

59. Caio M. S. Pereira, op. cit., p. 117; Clóvis Beviláqua, *Direito*, cit., § 49.

Os irmãos, em relação ao *de cujus,* estão em segundo grau, e os sobrinhos em terceiro grau, mas pelo direito de representação, os sobrinhos, filhos de irmãos, aproximam-se do falecido um grau, ficando, ficticiamente, no segundo, excluindo os tios do finado que também se encontram no terceiro grau, porque no que concerne a estes não existe direito de representação (CC, art. 1.853)[60].

Para efeito de herança de colateral, o art. 1.841 do Código Civil distingue o irmão bilateral ou germano, filho do mesmo pai e da mesma mãe, do irmão unilateral consanguíneo ou uterino, aquele em que só um dos genitores é o mesmo, estabelecendo: "Concorrendo à herança do falecido irmãos bilaterais com irmãos unilaterais, cada um destes herdará metade do que cada um daqueles herdar". Hipótese em que a sucessão se opera por direito próprio, partilhando-se o quinhão hereditário por cabeça, atendendo-se, porém, ao privilégio de que gozam os irmãos germanos. A esse respeito, esclarecedor é o exemplo dado por Clóvis Beviláqua, a saber: o *de cujus* deixa uma herança de R$ 240.000,00 a dois irmãos bilaterais e a dois irmãos unilaterais. Os unilaterais receberão duas porções simples e os bilaterais, duas porções dobradas, ao todo seis porções. As simples serão do valor de R$ 40.000,00 (R$ 240.000,00 ÷ 6 = R$ 40.000,00), e as dobradas de R$ 80.000,00 (R$ 40.000,00 × 2), de forma que: (R$ 80.000,00 × 2) + (R$ 40.000,00 × 2) = R$ 240.000,00. Essa partilha submete-se à seguinte regra, que é infalível, qualquer que seja o número de irmãos unilaterais ou bilaterais. Cada irmão bilateral é representado pelo algarismo 2 e cada irmão unilateral pelo 1; divide-se a herança pela soma destes algarismos; o quociente encontrado, multiplicado pelos respectivos algarismos representativos dos bilaterais e unilaterais, será a quota hereditária de cada um[61]. É o que se denotará no seguinte gráfico:

---

60. Itabaiana de Oliveira, op. cit., v. 1, n. 303; R. Limongi França, Herança dos colaterais, in *Enciclopédia Saraiva do Direito*, v. 41, p. 34; Caio M. S. Pereira, op. cit., p. 117; Dower, op. cit., p. 337; *RT*, *305*:632, *284*:691; *RF*, *260*:288; *RJTJSP*, *124*:384.

61. Silvio Rodrigues, op. cit., p. 97; Itabaiana de Oliveira, op. cit., v. 1, p. 212; Clóvis Beviláqua, *Comentários*, cit., v. 6, p. 68; W. Barros Monteiro, op. cit., p. 89. *Vide*: CC português, arts. 2.146 e 2.148; CC italiano, art. 571; CC francês, art. 752; CC espanhol, art. 949; CC argentino, art. 3.586 e CC mexicano, art. 1.631.

O PL 6.880/2010 pretendeu alterar o art. 1.841 do Código Civil, estabelecendo que: "concorrendo à herança do falecido irmãos bilaterais com irmãos unilaterais, cada um destes herdará em partes iguais".

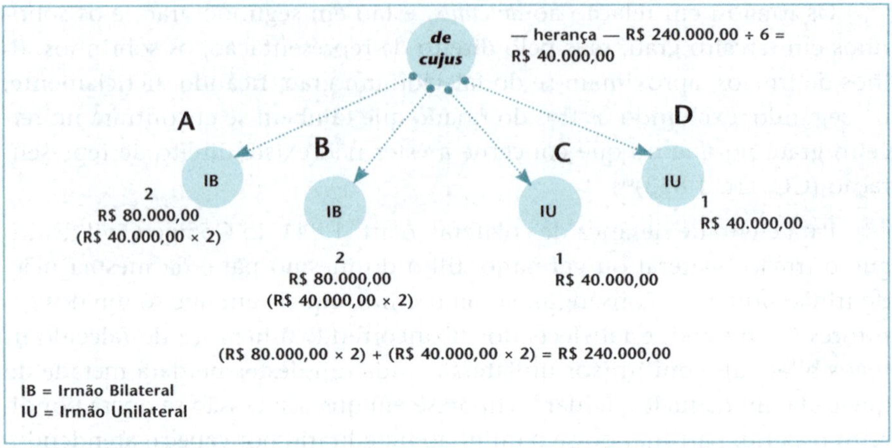

Os representantes podem herdar, como tais, apenas o que herdaria o representado, se vivo fosse (CC, art. 1.854). Por exemplo: Se com tio ou tios concorrerem filhos de irmãos unilateral ou bilateral, terão eles, por direito de representação, a parte que caberia ao pai ou à mãe, se vivessem; portanto, os sobrinhos herdam por estirpe, respeitado o privilégio de duplo sangue em favor dos bilaterais. Assim, concorrendo com tios filhos de irmão unilateral, recolherão a metade do que couber a cada um dos tios, e se concorrerem com tios filhos de irmão bilateral, estes receberão quinhão igual ao de cada um dos irmãos sobrevivos. Para a partilha, pondera Itabaiana de Oliveira, aplica-se a regra anterior, considerando-se, porém, vivos, para efeito de cálculo, os irmãos falecidos, subdividindo-se, depois, a quota destes pelos respectivos filhos; p. ex.: concorrem à herança de "A" seu irmão bilateral "B", dois filhos de seu falecido irmão bilateral "C", seus irmãos unilaterais "D" e "E", e quatro filhos de seu falecido irmão unilateral "F". A herança é de R$ 280.000,00. Aplicando-se a regra acima mencionada, temos: B = 2, C = 2, D = 1, E = 1, F = 1. A soma destes algarismos é 7. Dividindo-se R$ 280.000,00 por 7, o quociente será R$ 40.000,00. Multiplicando-se este quociente pelos respectivos algarismos representativos dos irmãos vivos e falecidos (considerados vivos para efeito de cálculo), teremos: B = 2 × R$ 40.000,00 = R$ 80.000,00; C (falecido) = 2 × R$ 40.000,00 = R$ 80.000,00; D = 1 × R$ 40.000,00 = R$ 40.000,00; E = 1 × R$ 40.000,00 = R$ 40.000,00; F (falecido) = 1 × R$ 40.000,00 = R$ 40.000,00. Realmente, R$ 40.000,00, quota hereditária de cada irmão unilateral, são justamente a metade de R$ 80.000,00, quota hereditária de cada irmão bilateral. Subdividindo-se a quota do falecido "C" (R$ 80.000,00) pelos seus dois filhos, cabem a cada um deles

R$ 40.000,00, e subdividindo-se a quota do falecido "F" (R$ 40.000,00) pelos seus quatro filhos, cabem a cada um deles R$ 10.000,00[62].

Elucida melhor a questão o seguinte gráfico:

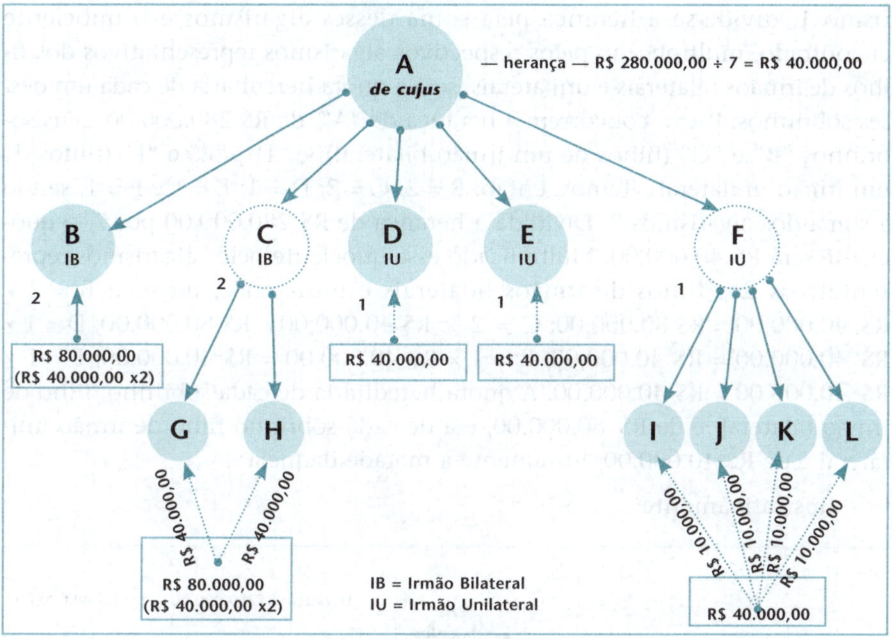

Não concorrendo à herança irmão germano ou bilateral, herdarão, em partes iguais entre si, os unilaterais (CC, art. 1.842), sucedendo por direito próprio, partilhando-se a herança por cabeça, sem se distinguir se os unilaterais são paternos (consanguíneos) ou maternos (uterinos)[63].

Os sobrinhos são parentes em terceiro grau; na falta de irmãos, eles serão chamados à sucessão do *de cujus;* embora os tios também sejam parentes de terceiro grau, a lei dá preferência aos sobrinhos (CC, art. 1.843). Hermenegildo de Barros explica que tal se dá porque a afeição para com sobrinho é maior do que para com os tios. Na concorrência entre sobrinhos, a regra é a sucessão por cabeça e não por estirpe (CC, art. 1.843, § 1º), e, se todos forem germanos ou unilaterais, as quotas hereditárias serão iguais (CC, art. 1.843, § 3º).

62. José Lopes de Oliveira, op. cit., p. 73-4; Itabaiana de Oliveira, op. cit., v. 1, p. 213-4.

63. Itabaiana de Oliveira, op. cit., v. 1, p. 214. O Projeto de Lei n. 6.880/2010 pretende revogar o art. 1.642 do Código Civil.

Mas se concorrerem filhos de irmãos bilaterais com filhos de irmãos unilaterais, cada unilateral receberá a metade do que herdar o bilateral (CC, art. 1.843, § 2º), com base na seguinte regra: cada sobrinho filho de irmão bilateral é figurado pelo algarismo 2, e cada sobrinho filho de irmão unilateral, pelo algarismo 1; divide-se a herança pela soma desses algarismos e o quociente encontrado, multiplicado pelos respectivos algarismos representativos dos filhos de irmãos bilaterais e unilaterais, será a quota hereditária de cada um desses sobrinhos. P. ex., concorrem à herança de "A", de R$ 280.000,00, seus sobrinhos "B" e "C" (filhos de um irmão bilateral); e "D", "E" e "F" (filhos de um irmão unilateral). Temos, então: B = 2; C = 2; D = 1; E = 1 e F = 1, sendo a soma dos algarismos 7. Dividida a herança de R$ 280.000,00 por 7, o quociente será R$ 40.000,00. Multiplicado esse quociente pelos algarismos representativos dos filhos de irmãos bilaterais e unilaterais, ter-se-á: B = 2 × R$ 40.000,00 = R$ 80.000,00; C = 2 × R$ 40.000,00 = R$ 80.000,00; D = 1 × R$ 40.000,00 = R$ 40.000,00; E = 1 × R$ 40.000,00 = R$ 40.000,00; F = 1 × R$ 40.000,00 = R$ 40.000,00. A quota hereditária de cada sobrinho, filho de irmão bilateral, é de R$ 80.000,00, e a de cada sobrinho filho de irmão unilateral é de R$ 40.000,00, justamente a metade daquela[64].

Ilustrativamente:

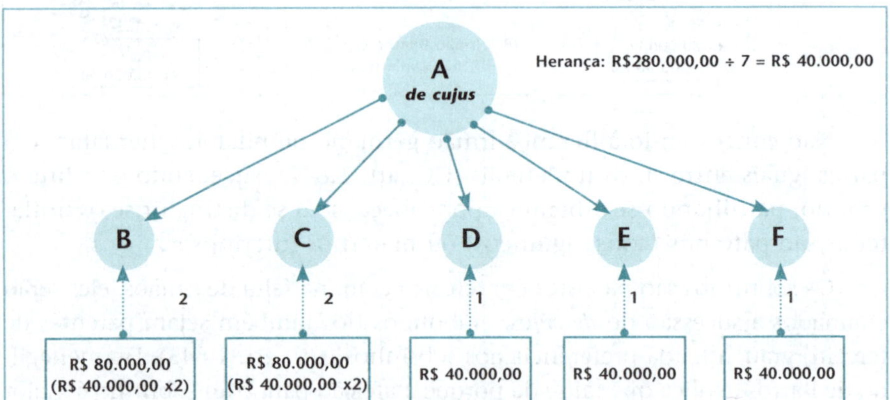

64. Itabaiana de Oliveira, op. cit., v. 1, p. 217; Hermenegildo de Barros, *Manual do Código Civil*, Rio de Janeiro, 1918, v. 18, n. 339, p. 563.

Depois dos sobrinhos chamam-se os tios (3º grau) do *de cujus,* e depois os sobrinhos-netos, tios-avós e primos irmãos do autor da herança, que se encontram no quarto grau de parentesco para com este; inexistindo representação, sucedem por direito próprio, partilhando-se a herança por cabeça[65], sem que se faça qualquer distinção entre os que o são por linha simples e por linha duplicada, herdando todos igualmente[66].

Dispunha o nosso revogado Código Civil, no art. 1.618, que não havia direito de sucessão entre o adotado e os parentes do adotante, visto que o parentesco civil, resultante de adoção simples, limitava-se ao adotante e ao adotado, salvo para efeito de gerar impedimento matrimonial. E pelo Estatuto da Criança e do Adolescente, art. 41, § 2º, adoção plena gerava direito à herança entre adotado e parentes do adotante[67]. Atualmente, no atual Código Civil, na adoção, haverá direito sucessório entre adotado e parentes do adotante, visto que não mais há a dicotomia entre adoção simples e plena.

Quem, não tendo descendente, ascendente, cônjuge, quiser excluir da sucessão os herdeiros colaterais deverá dispor de todos os seus bens em testamento sem contemplá-los (CC, art. 1.850), visto que não são herdeiros necessários.

G. Sucessão do Município, Distrito Federal e União

Não havendo parentes sucessíveis, cônjuge ou companheiro sobrevivente, ou se eles renunciaram à herança, o direito sucessório será transmitido ao Município (*Bol. AASP, 1.947*:30; *EJSTJ, 13*:88) ou ao Distrito Federal, se a herança estiver localizada nas respectivas circunscrições, ou à União, se situada em Território Federal (CC, art. 1.844).

O Poder Público não mais consta do rol dos herdeiros apontados na ordem de vocação hereditária (CC, art. 1.829), sendo chamado à sucessão do *de cujus* na falta de consorte ou companheiro sobrevivente e de parente

65. *Vide* Caio M. S. Pereira, op. cit., p. 119; José Lopes de Oliveira, op. cit., p. 75.

66. W. Barros Monteiro, op. cit., p. 90; Celso A. G. Prats, *Sucessão hereditária: Vocação dos colaterais,* São Paulo, Atlas, 1983. Fujita (*Comentários*, cit., p. 1316) exemplifica: Se "A" deixar herança para 10 sobrinhos-netos, 3 tios-avós e 7 primos, cada um deles receberá 1/20 do quinhão hereditário. *RT, 305*:632; *RJTJSP, 50*:256.

67. W. Barros Monteiro, op. cit., p. 90; Carvalho Santos, *Código Civil interpretado*, v. 22, p. 343.

sucessível até o quarto grau, desde que haja sentença que declare a vacância dos bens, que só passarão ao seu domínio após 5 anos da abertura da sucessão, porque nesse lapso de tempo o herdeiro pode, ainda, reclamar judicialmente a herança.

O Poder Público não é herdeiro, não lhe sendo reconhecido o direito de *saisine*, pois não entra na posse e na propriedade da herança pelo fato da abertura da sucessão; para isso, é necessária a sentença de vacância pela falta de sucessores de outra classe[68] (*RT*, *641*:119; *RJTJSP*, *134*:342, *113*:106, *107*:177, *101*:78). É, portanto, um *sucessor irregular* do que faleceu sem deixar herdeiro legítimo ou testamentário.

O fundamento de sua sucessão é político-social, em reconhecimento do fato de a ordem jurídico-econômica estatal ter possibilitado ao *auctor successionis* o acúmulo patrimonial transmitido[69].

Recolhendo a herança, o poder público não mais estará obrigado a aplicá-la em fundações destinadas a desenvolver o ensino universitário, como exigia o revogado Dec.-Lei n. 8.207/45, art. 3º, pois com a entrada em vigor do Código Civil de 2002 os bens vacantes passaram para a propriedade dos Municípios ou do Distrito Federal, que poderão lhes dar a destinação, que mais convier ao interesse público.

---

68. Lacerda de Almeida, *Direito das sucessões*, § 3º; R. Limongi França, Herança do Estado, in *Enciclopédia Saraiva do Direito*, v. 41, p. 30; Caio M. S. Pereira, op. cit., p. 119; Orlando Gomes, *Direito das sucessões*, n. 37; Vialleton, *Les successions*, p. 64; Itabaiana de Oliveira, op. cit., v. 1, p. 218; Carlos Alberto Bittar, *Direito das sucessões*, Rio de Janeiro, Forense Universitária, 1992, p. 56; Déborah Regina Lambach Ferreira da Costa, *Do Município na ordem de vocação sucessória*, dissertação de Mestrado apresentada na PUCSP, em 1995. O objetivo do art. 1.844 foi evitar que os bens do falecido ficassem como *res nullius* (coisas sem dono) ou *res derelictae* (coisas abandonadas). *Vide*: CC francês, art. 768; CC espanhol, art. 956; CC italiano, art. 586; CC português, arts. 2.152 e 2.153; BGB, § 1.936.

69. Caio M. S. Pereira, op. cit., p. 78.

Quadro Sinótico

ORDEM DE VOCAÇÃO HEREDITÁRIA

1. SUCESSÃO LEGÍTIMA	• A sucessão legítima, deferida por lei, ocorre se o *de cujus* faleceu sem testamento; se seu testamento caducou ou é ineficaz; se houver herdeiro necessário, obrigando à redução da disposição testamentária para respeitar a quota reservatória.
2. VOCAÇÃO DOS HERDEIROS LEGÍTIMOS	• A ordem de vocação hereditária é, segundo Silvio Rodrigues, uma relação preferencial, estabelecida pela lei, das pessoas que são chamadas a suceder ao finado. Pelo CC, art. 1.829, a sucessão legítima defere-se na ordem seguinte: descendentes ou ascendentes em concorrência ou não com o cônjuge sobrevivente, colaterais até o quarto grau. Varia essa ordem nos casos do art. 5º, XXXI, da CF; do art. 17 do Dec.-Lei n. 3.200/41, com a alteração do Dec.-Lei n. 5.187/43; do art. 1.831 do CC, da Lei n. 6.515/77 e da Lei n. 6.858/80, regulamentada pelo Dec. n. 85.845/81-CLPS, aprovada pelo Dec. n. 89.312/84, ora revogado pelo Dec. n. 3.048/99; Lei n. 8.213/91, art. 16, I, com a redação da Lei n. 13.146/2015; Dec. n. 3.048/99.
3. SUCESSÃO DOS DESCENDENTES	• CF/88, art. 227, § 6º; CC, arts. 1.829, I, 1.833 a 1.835, 1.830, 1.832, 1.790, I e II.
4. SUCESSÃO DOS ASCENDENTES	• CC, arts. 1.836, §§ 1º e 2º, 1.837, 1.790, III.
5. SUCESSÃO DO CÔNJUGE SOBREVIVENTE	• CC, arts. 1.829, I, II e III, 1.830, 1.831, 1.832, 1.836,1.837. Quanto ao companheiro sobrevivente: Lei n. 9.278/96, art. 7º, parágrafo único, e CC, art. 1.790, I a IV.
6. SUCESSÃO DOS COLATERAIS	• CC, arts. 1.790, III, 1.829, IV, 1.839, 1841, 1.842 e 1.843.
7. SUCESSÃO DO MUNICÍPIO, DISTRITO FEDERAL E UNIÃO	• CC, art. 1.844.

2. Direito de representação

A. Conceituação

A pessoa sucessível pode ser chamada à sucessão por direito próprio, em razão de não haver entre ela e o *de cujus* outro herdeiro em grau mais próximo, p. ex., na sucessão do filho ao pai[70], ou por direito de representação, caso em que sucede em lugar do herdeiro que falecer antes da abertura da sucessão, p. ex., na sucessão do neto ao avô, chamado a suceder em substituição ao filho do *de cujus* premorto em todos os direitos sucessórios[71].

"Dá-se o direito de representação, quando a lei chama certos parentes do falecido a suceder em todos os direitos, em que ele sucederia, se vivo fosse" (CC, art. 1.851). Assim, os parentes do herdeiro premorto não herdam por direito próprio, mas na qualidade de representantes. Se vivo fosse, o herdeiro receberia os bens da herança; como morreu antes do autor da herança, transmitem-se aqueles bens à sua estirpe — daí a designação sucessão por estirpe[72].

No dizer de Clóvis Beviláqua, "representação sucessória é um benefício da lei, em virtude do qual os descendentes de uma pessoa falecida são chamados a substituí-la na sua qualidade de herdeira legítima, considerando-se do mesmo grau que a representada, e exercendo, em sua plenitude, o direito hereditário que a esta competia"[73].

---

70. Carvalho Santos, op. cit., v. 22, p. 348.

71. José Lopes de Oliveira, op. cit., p. 77; Eduardo de Oliveira Leite, *Comentários*, cit., v. 21, p. 280-96.

72. Caio M. S. Pereira, op. cit., p. 80-1. *Vide*: CC argentino, art. 3.549; CC português, arts. 2.039 e 2.043; CC italiano, art. 467; CC espanhol, art. 924; CC francês, arts. 739, 741 e 744.

73. Clóvis Beviláqua, *Código Civil comentado*, obs. 1 ao art. 1.620 do CC de 1916; *RT*, *284*:691, *202*:207 e *440*:92; *Ciência Jurídica*, *50*:137.

Entretanto, a representação pode aparecer quando houver indignidade, pois o indigno é tido como morto (CC, art. 1.816), de modo que o seu representante participa da herança, desde que seja da linha reta descendente; logo, o excluído da sucessão por indignidade não poderá ser sucedido pelos ascendentes ou colaterais. "Ninguém pode suceder, representando herdeiro renunciante. Se, porém, ele for o único legítimo da sua classe, ou se todos os outros da mesma classe renunciarem a herança, poderão os filhos vir à sucessão, por direito próprio, e por cabeça" (CC, art. 1.811). Se o herdeiro renunciar o seu direito à herança, o seu representante não o sucede, porque o renunciante é considerado como se nunca tivesse sido herdeiro (CC, arts. 1.811 e 1.804, parágrafo único)[74].

Poder-se-á afirmar com Washington de Barros Monteiro que o direito de representação consiste na convocação legal para suceder em lugar de outro herdeiro, parente mais próximo do finado, mas anteriormente premorto, ausente ou incapaz de suceder, no instante em que se abre a sucessão[75].

Como, na realidade, o representante não representa ninguém, sucedendo em seu nome, porque é a lei que o chama à sucessão, sendo uma substituição operada por lei[76], tem havido, hodiernamente, quem entenda ser preferível e tecnicamente mais apropriado dizer-se que a vocação hereditária é direta ou indireta. É direta quando o título de herdeiro advém diretamente de lei ou de ato de última vontade do testador, e indireta, quando a qualidade de herdeiro resulta de lei, mas a primeira convocação não pode efetivar-se por ausência do convocado, substituído, por essa razão, pelo seu descendente. Assim, não mais se deveria dizer que a sucessão opera por direito próprio ou por direito de representação[77].

B. Finalidade

O direito de representação, baseado na substituição *ex lege*, tem por escopo corrigir injustiça da rigorosa aplicação do princípio cardeal da suces-

---

74. *Vide* Dower, op. cit., p. 343; R. Limongi França, *Manual de direito civil*, v. 2, t. 2, p. 64; Robert Besnier, *La représentation successorale en droit normand*, Paris, 1929.

75. W. Barros Monteiro, op. cit., p. 93.

76. Ruggiero e Maroi, op. cit., v. 1, p. 429.

77. Mariano D'Amelio, *Codice Civile;* libro delle successioni, p. 85, citado por W. Barros Monteiro, op. cit., p. 93-4; Mário Neves Guimarães, Direito de representação, *RT*, *315*:349; Vania Maria Carrano, O direito de representação em tema sucessório, *RF*, *282*:113.

são legítima de que os mais próximos excluem os mais remotos, no caso da premorte, ausência ou indignidade de um descendente ou de um irmão[78], favorecendo então os descendentes daqueles que não puderam herdar, por haverem falecido antes do autor da herança, por serem declarados ausentes ou indignos. Realmente, seria injusto que, p. ex., o neto não pudesse concorrer à sucessão do avô, por ter seu pai, filho daquele, falecido antes[79]. O direito de representação constitui, nas palavras de Clóvis, uma imposição da equidade, para reparar, sob o prisma sucessório, a perda sofrida pelo representante com a morte prematura de seu ascendente[80]. É, indubitavelmente, uma instituição jurídica que mantém o equilíbrio entre pessoas sucessíveis da mesma classe, substituindo a que faltar pela sua estirpe, baseada na vontade presumida do *auctor successionis,* que não desejaria despojar a prole do parente premorto de seu quinhão hereditário; por isso, é justo que essa quota passe aos descendentes daquele premorto, em vez de acrescer aos herdeiros imediatos sobrevivos e do mesmo grau[81]. Daí ser peculiar à sucessão legítima, pois na testamentária não se presume, de modo algum, a vontade de substituir o beneficiado pelo seu descendente, já que o direito sucessório oriundo de testamento depende de vontade expressamente manifestada pelo testador[82].

C. Requisitos

Para que haja direito de representação é preciso a ocorrência de certos *requisitos*[83]:

78. Irmãos Mazeaud, op. cit., v. 4, n. 738.
79. Silvio Rodrigues, op. cit., p. 100.
80. Clóvis Beviláqua, *Código Civil,* cit., v. 6, p. 74.
81. W. Barros Monteiro, op. cit., p. 94-5; Cunha Gonçalves, *Tratado de direito civil*, v. 10, t. 2, p. 448.
82. Hermenegildo de Barros, op. cit., v. 18, n. 367; Caio M. S. Pereira, op. cit., p. 82.
83. Carlos Maximiliano, op. cit., v. 1, n. 125; W. Barros Monteiro, op. cit., p. 95-6; José Lopes de Oliveira, op. cit., p. 79-80; Silvio Rodrigues, op. cit., p. 102-4; Planiol, Ripert e Boulanger, op. cit., v. 3, n. 1.608; Colin e Capitant, *Cours élémentaire de droit civil français*, v. 3, n. 538-A.

"Investigação de paternidade cumulada com petição de herança — Extinção do processo quanto à petição de herança — Reconhecida a comoriência entre os supostos pai e avó — Transmissão inocorrida de bens — Necessidade de declaração da filiação para, por representação, pleitear direito à herança da suposta avó — Pedido juridicamente possível — Inexistência de interesse processual — Recurso improvido" (TJSP, 4ª Câm. de Direito Privado, AgI 246.920-4/8-Pedreira, rel. Carlos Stroppa, j. 12-9-2002, v.u.); "Inventário —

1º) *Haver o representado falecido antes do autor da herança,* salvo na hipótese de ausência ou indignidade, que, para efeitos hereditários, se equipara ao morto (CC, art. 1.816). Isso é assim porque a representação só opera em caso de óbito do representado, visto que não se pode representar pessoa viva, salvo o indigno, por ser ele tido como morto para efeito sucessório e por ser pessoal o efeito de exclusão por indignidade, ante o caráter personalíssimo da pena. É possível, ainda, a representação sucessória do ausente, porque a ausência traz em si presunção de morte para efeitos hereditários.

Quanto ao herdeiro renunciante, como já apontamos alhures, não há que se falar em representação, ante o fato de nunca ter sido herdeiro; logo, não pode ser substituído pelo seu descendente, por lhe faltar a qualidade ou condição de sucessor (CC, arts. 1.811 e 1.808, parágrafo único).

2º) *Descender o representante do representado,* caracterizando-se a representação pela chamada do descendente para substituir o ascendente numa sucessão. "O direito de representação dá-se na linha reta descendente, mas nunca na ascendente" (CC, art. 1.852); assim, se o *auctor successionis* morre sem descendência e sem consorte sobrevivente, sua herança irá para os ascendentes

---

Partilha — Anulação — Admissibilidade — Sucessão — Vocação hereditária — Filhos de irmão premorto — Direito à parte da herança do irmão se vivo estivesse ao tempo do falecimento — Sucessão por representação — Decisão mantida — Recurso não provido" (TJSP, 5ª Câm. de Direito Privado, AC 377.594-4/0-00, rel. Silvério Ribeiro, j. 19-10-2005, v.u., voto n. 11.590); "Sucessão — Herança — Ausência de cônjuge supérstite e de descendentes diretos — Tios ascendentes herdeiros, um deles premoriente ao 'de cujus' — Direito de representação da sobrinha evidenciado — Exegese dos arts. 1.836, 1.839, 1.851 e 1.853 do Código Civil — Decisão reformada — Agravo de instrumento provido" (TJSP, 5ª Câm. de Direito Privado, AgI 400.146-4/7-00, rel. Oldemar Azevedo, j. 9-11-2005, v.u., Voto n. 9.583); "Nulidade — Ação movida por filhos de uma prima da falecida, colaterais em quinto grau, que não têm direito à herança — Direito de representação que só beneficia os filhos de irmãos da falecida, quando com irmão desta concorrerem — Inteligência dos artigos 1.612, 1.613 e 1.622 do Código Civil de 1916 — Sentença que julgou improcedente a ação — Confirmação — Recurso conhecido e não provido" (TJSP, 4ª Câm. de Direito Privado, AC 241.698-4/7-Jundiaí, rel. Alexandre Germano, j. 17-2-2004, v.u.); "Sucessão — Linha colateral — Direito de representação — Extensão dos artigos 1.613 e 1.622 do Código Civil de 16 — Recurso provido. Na linha transversal, concorrendo sobrinhos com irmãos do falecido, são excluídos da herança os sobrinhos-netos" (TJSP, 6ª Câm. de Direito Privado, AC 102.762-4, rel. Ernani de Paiva, j. 21-9-2000, v.u.); "Direito de representação — Linha colateral ou transversal — Ocorrência. Sobrinhos filhos de irmãos premortos do falecido concorrem à herança com a irmã deste, na parte que caberia aos seus respectivos representados, partindo-se os quinhões desses em partes iguais entre seus respectivos representantes — Exegese dos artigos 1.613, 1.615, 1.620, 1.622, 1.623 e 1.624, todos do Código Civil de 16 — Recurso não provido" (TJSP, 7ª Câm. de Direito Privado, AgI 141.747-4-Osasco, rel. Leite Cintra, j. 15-12-1999, v.u.).

(CC, art. 1.829, II), e, se somente o pai for vivo, receberá totalmente a herança, ainda que a mãe falecida tenha ascendentes vivos. Igualmente, um irmão não pode representar outro premorto, nem mesmo um sobrinho, o tio. Na linha transversal só haverá direito de representação em benefício dos filhos do irmão falecido, quando concorrerem com irmão deste. Percebe-se que é imprescindível que o representante seja descendente do representado.

3º) *Ter o representante legitimação para herdar do representado* no instante da abertura da sucessão. É mister salientar que tal legitimação não é relativa ao *de cujus,* mas sim ao ascendente premorto. P. ex.: o indigno excluído da sucessão de seu pai não será hábil, segundo alguns autores, para representá-lo na sucessão do avô, apesar de não haver cometido nenhum ato ofensivo para com este. Igualmente, o filho não reconhecido não está legitimado para representar o pai premorto na herança do avô.

4º) *Não ocorrer solução de continuidade no encadeamento dos graus entre representante e sucedido*. P. ex.: o descendente não pode saltar o pai vivo, para representá-lo na sucessão do avô, com exceção dos casos de indignidade; o herdeiro do renunciante não pode representá-lo na herança que este repudiou. Inadmissível, portanto, interrupção da cadeia do grau de parentesco, omitindo-se o lugar do intermediário. Se o representante encontra num grau intermédio um herdeiro sucessível vivo ou renunciante, não terá qualquer direito à sucessão, porque estará impossibilitado de ocupar o lugar do representado. Só poderá ocupar o grau de um herdeiro se este grau estiver vago.

D. Classes de herdeiros passíveis de representação

Como já salientamos anteriormente, o direito de representação só pode dar-se na linha reta descendente e nunca na linha reta ascendente (CC, art. 1.852).

Com a abertura da sucessão, são chamados os descendentes do *de cujus,* que herdam por cabeça, se do mesmo grau. Todavia, se naquele momento já tiver havido o óbito de algum desses descendentes, os filhos deste representá-lo-ão, apesar da diversidade de grau[84], herdando por estirpe. P. ex.: se o autor da herança falece deixando dois filhos e quatro netos, descendentes de outro filho premorto, dividir-se-á o acervo hereditário em três partes: duas caberão aos dois filhos sobrevivos e a outra aos quatro netos, que será partilhada igualmente en-

84. Caio M. S. Pereira, op. cit., p. 83.

tre eles, por serem representantes do filho premorto do *de cujus* (CC, art. 1.855). Na linha reta o direito de representação tem lugar *ad infinitum*, sem quaisquer limitações, ao passo que na linha colateral ou transversal só se opera em favor dos filhos de irmãos do falecido, quando com irmão deste concorrerem (CC, art. 1.853), sendo, portanto, uma exceção à regra de que os parentes mais próximos excluem os mais remotos. Logo, os sobrinhos só herdarão por representação quando concorrerem com os tios, irmãos do *de cujus*, representando seu pai, irmão premorto do autor da herança. P. ex.: se o *de cujus* deixa dois irmãos e dois sobrinhos, filhos de outro irmão já falecido, a herança será dividida em três partes: as duas primeiras pertencerão aos irmãos vivos, e a última, aos sobrinhos, filhos do irmão premorto[85]. Se todos os irmãos do *auctor successionis* já forem falecidos, existindo somente sobrinhos, sua sucessão será por cabeça, não se dividindo a herança em quotas correspondentes aos irmãos premortos, mas será partilhada, igualmente, por todos os sobrinhos[86]. Não haverá direito de representação se o autor da herança deixar um tio e três primos, filhos de outro tio premorto; o tio vivo recolherá por inteiro a herança, excluídos os primos; igualmente, não herdam os filhos de um sobrinho pré-falecido quando concorrem à sucessão outros sobrinhos vivos (*RT*, *202*:207); defere-se, neste caso, a herança por inteiro aos únicos sobrinhos sobreviventes, excluídos os sobrinhos-netos (*RT*, *284*:691, *440*:92; *RF*, *152*:259)[87].

O direito de representação só opera na linha reta descendente e, excepcionalmente, na linha colateral, porque se dá unicamente em favor dos filhos, e nunca dos netos, de irmãos falecidos, quando com os outros irmãos concorrem; jamais na linha ascendente[88].

---

85. José Lopes de Oliveira, op. cit., p. 81.

86. Caio M. S. Pereira, op. cit., p. 85-6.

87. W. Barros Monteiro, op. cit., p. 97. *Vide*: CC português, art. 2.042; CC italiano, art. 468; CC francês, art. 742 e CC argentino, art. 3.560.

88. Dower, op. cit., p. 344. "O direito de representação (...) diz respeito aos filhos de irmãos do falecido, e não a filhos dos primos, não ocorrendo direito de representação a estes filhos, se premortos seus ascendentes" (TJSP, AC. n. 105.491-1, *JB*, *152*:275). "Ação movida por filhos de uma prima da falecida, colaterais em quinto grau, que não têm direito à herança — Direito de representação que só beneficia os filhos de irmãos da falecida, quando com irmão desta concorrerem — Inteligência dos arts. 1.612, 1.613 e 1.622 do Código Civil de 1916 — Sentença que julgou improcedente a ação — Confirmação — Apelo conhecido e improvido" (TJSP, Ap. 241.698-4/7, rel. Alexandre Germano, j. 17-2-2004).

Pelo Enunciado n. 610: "Nos casos de comoriência entre ascendente e descendente, ou entre irmãos, reconhece-se o direito de representação aos descendentes e aos filhos dos irmãos" (aprovado na VII Jornada de Direito Civil).

E. Efeitos do direito de representação

O direito de representação acarreta os seguintes efeitos jurídicos[89]:

1º) Os representantes, colocados no lugar do representado, herdam exatamente o que a ele caberia se vivo fosse e sucedesse (CC, art. 1.854), possibilitando ao representante a participação em uma herança da qual seria excluído em razão do princípio de que o parente mais próximo afasta o mais remoto.

2º) "O quinhão do representado partir-se-á por igual entre os representantes" (CC, art. 1.855). Se o falecido deixou um filho vivo e cinco netos de outro filho premorto, a herança será dividida em duas partes iguais, cabendo uma ao filho vivo, e a outra será dividida em cinco partes iguais, deferindo-se uma para cada neto.

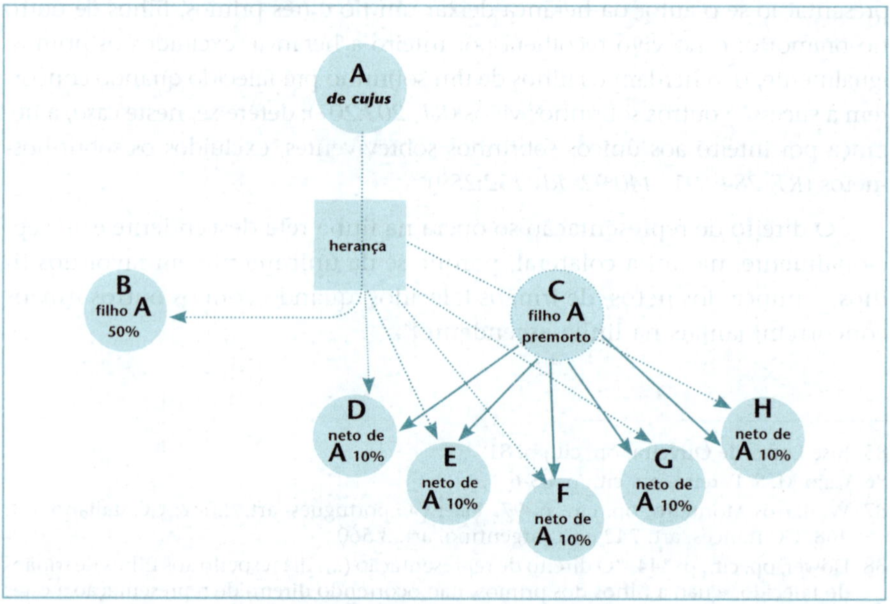

Como se vê, na sucessão por estirpe não se pode dividir o acervo hereditário pelo número de pessoas que irão recebê-lo, pois a ideia central da

89. Planiol, Ripert e Boulanger, op. cit., v. 3, n. 1.609; Silvio Rodrigues, op. cit., n. 49; Caio M. S. Pereira, op. cit., p. 86; W. Barros Monteiro, op. cit., p. 98-9; Colin e Capitant, op. cit., n. 541; *RT, 113*:711, *200*:374, *202*:207. *Vide*: CC espanhol, art. 928.

representação é a partilha da herança em tantas porções quantas forem as estirpes, e, dentro de cada estirpe, subdividir a quota do representado pelo número dos seus representantes.

3º) O representante, parente do *de cujus* em grau mais remoto, herdará como se fosse do mesmo grau do representado, afastando outros parentes, mesmo que sejam de grau mais próximo do que o seu.

4º) A quota hereditária dos que herdam por direito de representação não responde pelos débitos do representado, mas pelos do *de cujus* (*AJ*, *90*:307; *RT*, *200*:375).

5º) Os representantes terão que trazer à colação valores recebidos *donationis causa* pelo representado, ainda que os bens doados não componham a herança e embora não tenham recebido, pessoalmente, do autor da herança nenhuma liberalidade.

6º) "O renunciante à herança de uma pessoa poderá representá-la na sucessão de outra" (CC, art. 1.856). Se um dos filhos do *de cujus* repudiar a herança, seus descendentes, netos do finado, não herdarão por representação, pois o renunciante é tido por estranho à herança. Entretanto, o renunciante poderá representar o *de cujus* na sucessão de terceira pessoa, dado que o repúdio não é extensivo a outra herança, não aludida expressamente pelo renunciante.

7º) O direito de representação só opera no que concerne à sucessão legítima, nunca relativamente à testamentária.

Quadro Sinótico

DIREITO DE REPRESENTAÇÃO

1. CONCEITO	• Segundo Washington de Barros Monteiro, o direito de representação consiste na convocação legal para suceder em lugar de outro herdeiro, parente mais próximo do finado, mas anteriormente premorto, ausente ou incapaz de suceder, no instante em que se abre a sucessão.
2. FINALIDADE	• O direito de representação visa corrigir injustiça da rigorosa aplicação do princípio básico da sucessão legítima de que os mais próximos excluem os mais remotos, no caso da pré-morte, ausência ou indignidade de um descendente ou irmão, favorecendo os descendentes daqueles que não puderam herdar por haverem falecido antes do autor da herança, por serem declarados ausentes ou indignos.

3. REQUISITOS	• Haver o representado falecido antes do *de cujus,* salvo nas hipóteses de indignidade e ausência (CC, art. 1.816). • Descender o representante do representado (CC, art. 1.852). • Ter o representante legitimação para herdar do representado no instante da abertura da sucessão. • Não ocorrer solução de continuidade no encadeamento dos graus entre representante e sucedido.

4. CLASSES DE HERDEIROS PASSÍVEIS DE REPRESENTAÇÃO (CC, ARTS. 1.852 E 1.853)	• O direito de representação só opera *ad infinitum* na linha reta descendente e, excepcionalmente, na linha colateral, porque se dá unicamente em favor dos filhos, e nunca dos netos, de irmãos falecidos, quando com os outros irmãos concorrerem; jamais na linha ascendente.

5. EFEITOS	• Os representantes herdam exatamente o que o representado herdaria, se vivesse (CC, art. 1.854). • O quinhão do representado partir-se-á por igual entre os representantes (CC, art. 1.855). • O representante, parente do *de cujus* em grau mais remoto, herdará como se fosse do mesmo grau do representado. • A quota hereditária do representante não responde pelas dívidas do representado, mas pelas do autor da herança. • Os representantes estão obrigados a trazer à colação os bens doados ao representado. • O renunciante à herança de uma pessoa pode representá-la na sucessão de outra (CC, art. 1.856). • O direito de representação só opera relativamente à sucessão legítima.

CAPÍTULO IV

Da Sucessão Testamentária

1. Sucessão testamentária: noções gerais

A. Conceito e normas reguladoras da sucessão testamentária

Nosso Código Civil admite, além da sucessão legítima, que se dá em virtude de lei e nas hipóteses anteriormente examinadas, a sucessão testamentária, em que a transmissão dos bens do *de cujus* se opera por ato de última vontade, revestido da solenidade exigida por lei, prevalecendo as disposições normativas naquilo que for *ius cogens,* bem como no que for omisso o testamento[1].

A disposição de bens por testamento é um corolário do direito de propriedade, como assevera Silvio Rodrigues, pois a norma jurídica completa a extensão desse direito, permitindo a seu titular, com uma amplitude maior ou menor, ditar o destino de seus bens após o seu falecimento[2], sendo-lhe lícito: dispor de parte de seu patrimônio ou da sua totalidade, na falta de herdeiros ne-

---

1. *Vide* Silvio Rodrigues, *Direito civil,* 3. ed., Max Limonad, 1967, v. 7, p. 110; W. Barros Monteiro, *Curso de direito civil,* 17. ed., São Paulo, Saraiva, 1981, p. 100; Caio M. S. Pereira, *Instituições de direito civil,* 2. ed., Rio de Janeiro, Forense, 1976, v. 6, p. 130; Orozimbo Nonato, *Estudos sobre sucessão testamentária,* Rio de Janeiro, Forense, 1957, v. 2; Vittore Vitali, *Delle successioni testamentarie e legittime,* 1909; Giovanni Criscuoli, *Il testamento,* Milano, CEDAM, 1991; Tito Prates da Fonseca, *Sucessão testamentária,* São Paulo, 1928; Leila Moreira Soares, *Testamento,* São Paulo, Ed. Juarez de Oliveira, 2002; Joaquim Herrera Flores, Testamento, *De Jure, 14*:137-45; Zeno Veloso, *Comentários ao Código Civil,* São Paulo, Saraiva, 2003, v. 21, p. 1 a 234. Silvio Meira, *Instituições de direito romano,* São Paulo, IASP, 2017, p. 470-83 e 485-506. A sucessão testamentária tem por suporte a vontade do testador e, por isso, apenas, indiretamente, se submete ao império do interesse social.
2. Silvio Rodrigues, op. cit., p. 110. A *sucessão testamentária* assenta-se nas definições de: a) Modestino (D. 28.1. fr.1), para quem *testamentum est voluntatis nostrae justa sententia, de eco quod quis post mortem suam fieri velit* (testamento é a justa manifestação de nossa vontade sobre aquilo que queremos que se faça depois da morte), e b) Ulpiano (EU, 20.1), segundo o qual *testamentum est mentis nostrae justa contestatio, in id sollemniter facta, ut post mortem nostram valeat,* ou seja, testamento é a manifestação de última vontade feita de forma solene para valer após o óbito.

cessários; instituir herdeiro ou distribuir os bens em legados; gravar os bens de cláusulas restritivas, mesmo quanto às legítimas; possibilitar a substituição do favorecido[3].

Há possibilidade das duas modalidades de sucessão — a legítima e a testamentária — coexistirem, pois poderá uma sucessão ser legítima, obedecendo ao comando legal na parte em que não houver testamento ou não prevalecer a manifestação de última vontade, e testamentária, na parte em que se obedece à vontade do finado[4].

Entretanto, a sucessão testamentária é pouco usada em nosso país, ante o fato de a lei pátria ter contemplado, na ordem de vocação hereditária da sucessão legítima, justamente aquelas pessoas da família do autor da herança que ele gostaria de beneficiar, principalmente seus descendentes. Realmente, os casos de sucessão testamentária ocorrem quando o testador não tem filhos, netos, bisnetos, ascendentes ou consorte (CC, art. 1.845) e faz testamento para contemplar estranho, em detrimento dos colaterais até o 4º grau (CC, art. 1.850), ou, ainda, para beneficiar certas pessoas por meio de legados[5]. Os herdeiros legítimos facultativos, ou não necessários, como os colaterais até 4º grau, podem, portanto, ser afastados da sucessão se o *de cujus* assim deliberar, ao dispor da totalidade de seus bens em favor de terceiros, não precisando para tanto alegar qualquer justificação.

A sucessão testamentária rege-se pela:

1º) Lei vigente no momento da facção do testamento, que regula a capacidade testamentária ativa (CC, arts. 1.861, 1.864, I, 1.868, III, 1.876, 1.888, 1.893, §§ 1º a 3º, 1.894, parágrafo único, e 1.896)[6] e a forma extrínseca do ato de última vontade[7].

---

3. Caio M. S. Pereira, op. cit., p. 130.
4. Caio M. S. Pereira, op. cit., p. 130.
5. Silvio Rodrigues, op. cit., p. 110. *Vide*: CC italiano, art. 457, al. 2; CC português, art. 2.027; CC espanhol, art. 763.
6. Clóvis Beviláqua, *Comentários ao Código Civil brasileiro*, v. 6, p. 83; Lacerda de Almeida, *Sucessões*, § 45; Itabaiana de Oliveira, *Tratado de direito das sucessões*, São Paulo, Max Limonad, 1952, v. 2, p. 397. Assim, no testamento público o momento determinante da capacidade do testador é o dia de sua escrituração no livro de notas; no cerrado, a data do respectivo auto de aprovação; no particular, a data em que foi escrito pelo testador; no marítimo, o dia em que foi lavrado ou certificado pelo comandante ou escrivão de bordo; no militar, a data em que foi aposta, o dia da apresentação ao oficial ou auditor ou o dia da nuncupação.
7. Itabaiana de Oliveira, op. cit., p. 398; Oscar Tenório, *Direito internacional privado*, n. 447, e *Lei de Introdução ao Código Civil brasileiro*, n. 401.

2º) Lei que vigorar ao tempo da abertura da sucessão, que rege a capacidade testamentária passiva (CC, art. 1.787) e a eficácia jurídica do conteúdo das disposições testamentárias (CC, arts. 1.848, 1.897 a 1.911)[8].

Se a instituição de herdeiro ou de legatário for condicional, a sua capacidade será regulada pela lei vigente ao tempo do implemento da condição de que depende e não ao tempo da abertura da sucessão, visto que não haverá transmissão hereditária antes da realização da condição imposta, bastando que o herdeiro ou o legatário tenham capacidade ao tempo da verificação da condição, embora não a tivessem por ocasião do óbito do *auctor successionis*[9].

B. Restrições à liberdade de dispor

Na transmissão hereditária conjugam-se dois princípios: o da autonomia da vontade, em que se apoia a liberdade de dispor, por ato de última vontade, dos bens, e o da supremacia da ordem pública, pelo qual se impõem restrições a essa liberdade. Com isso protege-se a propriedade e a família, ou melhor, o interesse do autor da herança e o da família. Tendo em vista o interesse social geral, acolhe o Código Civil o princípio da liberdade de testar limitada aos interesses do *de cujus* e, principalmente, aos de sua família[10], ao restringir a liberdade de dispor, no caso de ter o testador *herdeiros necessários*, ou seja, descendentes, ascendentes e o cônjuge, hipótese em que só poderá dispor de metade de seus bens, pois a outra metade pertence de pleno direito àqueles herdeiros (CC, arts. 1.789, 1.845, 1.846 e 1.857, § 1º), exceto se forem deserdados ou excluídos da sucessão por indignidade[11]. Esse sistema é, indubitavelmente, o que

8. Clóvis Beviláqua, *Sucessões*, § 58; Itabaiana de Oliveira, op. cit., p. 398; Ferreira Alves, *Manual do Código Civil brasileiro*, v. 19, p. 84. *Vide*: art. 2.042 do Código Civil.

9. Troplong, *Donations entre-vifs et des testaments*, v. 1, n. 439, nota 4; Ferreira Alves, op. cit., p. 9; Itabaiana de Oliveira, op. cit., p. 398-9.

10. Gustav Radbruch, *Filosofia do direito*, trad. Cabral de Moncada, 4. ed., Coimbra, Arménio Amado Ed., 1961, v. 1, p. 74; Celso Barros, *Código Civil*, Projeto de Lei 634/75 — Direito das Sucessões, p. 279-80.

11. Silvio Rodrigues, op. cit., p. 109. *Vide*: *JM*, *112*:280. Para Nelson Nery Jr. e Rosa Mª A. Nery (*Novo Código Civil*, cit., p. 647), o cálculo da legítima é feito a partir do cálculo do todo patrimonial deixado pelo autor da herança à data da abertura da sucessão, integrando o passivo e o ativo. Do ativo descontar-se-á o passivo: dívidas (CC, art. 1.997) e despesas funerárias (CC, art. 1.998). Ao valor patrimonial da herança deverá ser adicionado o valor das doações recebidas pelos seus descendentes (CC, art. 2.002) e pelo cônjuge sobrevivente (CC, art. 544).
O PL 508/2007 pretende retirar o cônjuge da categoria de herdeiro necessário.
Vide: CC boliviano, arts. 1.059 a 1.061.

melhor atende aos interesses da família. Assim, o testador poderá dispor da totalidade de seus haveres, não existindo herdeiros necessários. Se houver tais herdeiros, deverá respeitar a legítima e não poderá dispor de mais da metade de seus bens nem no testamento (CC, art. 1.857, § 1º), nem em doação (CC, art. 549), por pertencer de pleno direito àqueles herdeiros. Se, por exemplo, o autor da herança for casado sob o regime da comunhão universal de bens, com a abertura da sucessão separar-se-á a meação do consorte supérstite, calculando-se a legítima com base nos bens do falecido, abatidas as dívidas e despesas de funeral (CC, art. 1.847), dividindo-os ao meio. A metade do que pertence ao *de cujus* constitui a parte cabível aos herdeiros necessários, sendo outorgada aos descendentes, pois o cônjuge meeiro, em razão do regime de comunhão universal (CC, art. 1.829, I), com eles não concorrerá e, na falta destes, aos ascendentes em concorrência com o cônjuge sobrevivo (CC, arts. 1.829, II, 1.836 e 1.837). Da outra metade (meação disponível) o testador pode dispor livremente, assegurando-se aos herdeiros necessários, como logo mais veremos, a possibilidade de promover a ineficácia ou a redução das liberalidades que ultrapassarem aquela meação. Não existindo herdeiro necessário, a herança é inteiramente disponível[12]. Assim sendo, se o *de cujus* só tiver colaterais até o 4º grau (herdeiros legítimos, mas não necessários) poderá afastá-los da herança, dispondo em testamento da totalidade de seus bens.

O herdeiro necessário, legitimário ou reservatário, a quem o testador deixar legado ou sua parte disponível, não perderá o direito à legítima (CC, art. 1.849).

---

12. Orozimbo Nonato, *Estudos sobre sucessão testamentária*, v. 2, p. 651 e s.; Clóvis Beviláqua, *Comentários*, cit., v. 6, p. 187; Caio M. S. Pereira, op. cit., p. 134. Se o *de cujus*, casado em comunhão parcial, possuindo bens particulares, deixar como *herança* R$ 80.000,00, tendo o cônjuge sobrevivente já retirado a sua meação, que é R$ 40.000,00. Daqueles R$ 80.000,00, R$ 40.000,00 compõem a legítima dos herdeiros necessários, logo, por exemplo, o cônjuge concorre com descendentes no mínimo nesses R$ 40.000,00, se houver testamento, ou em R$ 80.000,00, se não houver testamento. Consulte: Alice de S. Birchal, Ordem de vocação hereditária no novo Código Civil: os direitos sucessórios do cônjuge, *Revista Brasileira de Direito de Família, 17*:157. Esclarece Fábio Ulhoa Coelho (*Curso de direito civil*, São Paulo, Saraiva, 2006, v. 6, p. 288) que o cômputo da legítima toma por base o valor do acervo líquido, isto é, com desconto dos débitos do *de cujus* e acréscimo do correspondente aos bens conferidos em antecipação de legítima e sujeitos à colação. Assim, se o falecido tinha, na abertura da sucessão, patrimônio de R$ 1.000.000,00 e havia doado a um dos filhos bens avaliados em R$ 200.000,00, e devia a seus credores, em valor atualizado, o *quantum* de R$ 300.000,00, a legítima, então, seria R$ 450.000,00, ou seja, metade do acervo líquido (R$ 1.000.000,00 + R$ 200.000,00 — R$ 300.000,00 = R$ 900.000,00 ÷ 2 = R$ 450.000,00).

Esse herdeiro terá direito à legítima e, ainda, à parte que lhe coube, por via testamentária, da parte disponível do *de cujus* ou ao legado.

É preciso não olvidar que, em nosso direito, vedado está o pacto sucessório, por meio do qual se dispõe convencionalmente dos bens para além da morte, pois só se permitem, como atos de última vontade, os testamentos, os codicilos e declarações de vontade nos casos de pensões devidamente testemunhados e registrados (Lei estadual paulista n. 4.832/58, art. 14, § 3º), afastando-se qualquer possibilidade de contratos que tenham por objeto herança de pessoa viva (CC, art. 426). Igualmente proibida está a doação *mortis causa,* destinada a produzir efeitos após a morte do doador, ante a circunstância de o Código Civil cogitar apenas da sucessão legítima e testamentária, limitada esta às formas enumeradas taxativamente pela lei (CC, arts. 1.862, 1.863, 1.886 e 1.887). Não mais será lícita a doação *propter nuptias* (*RT, 114*:690), que beneficiava, p. ex., a prole de certo casal, apesar de poderem seus efeitos ocorrer após a abertura da sucessão do doador. Isto era admitido porque tal doação não se dava com caráter *mortis causa,* mas se subordinava à condição de se lhe seguirem núpcias, de modo que o efeito posterior à morte do doador era pura coincidência, que não intervinha na natureza jurídica do ato. O atual Código Civil não contempla essa figura. Quanto à partilha de bens feita pelo ascendente, em vida, aos descendentes por ato *inter vivos* (CC, art. 2.018)[13], alguns autores a admitem como exceção ao art. 426 do Código Civil, por corresponder a uma sucessão antecipada, desde que abranja bens presentes.

13. Caio M. S. Pereira, op. cit., p. 131-2; Coelho da Rocha, *Instituições de direito civil,* v. 2, § 751; Orozimbo Nonato, op. cit., p. 281-A, n. 10, e p. 23; João Luís Alves, *Código Civil anotado,* obs. ao art. 1.165; W. Barros Monteiro, op. cit., p. 104-5 e 15; Sebastião José Roque, *Direito das sucessões,* cit., p. 75-8.

QUADRO SINÓTICO

SUCESSÃO TESTAMENTÁRIA

1. CONCEITO	• A sucessão testamentária é aquela em que a transmissão hereditária se opera por ato de última vontade, revestido da solenidade requerida por lei, prevalecendo as disposições normativas naquilo que for *ius cogens*, bem como no que for omisso o testamento.
2. NORMAS REGULADORAS DA SUCESSÃO TESTAMENTÁRIA	• *a*) Lei vigente no momento da facção testamentária, que regula a capacidade testamentária ativa e a forma extrínseca do ato de última vontade. • *b*) Lei que vigora ao tempo da abertura da sucessão, que rege a capacidade testamentária passiva (CC, art. 1.787) e a eficácia jurídica do conteúdo das disposições testamentárias (CC, arts. 1.897 a 1.911).
3. RESTRIÇÕES À LIBERDADE DE DISPOR	• Proibição de dispor de mais da metade de seus bens, havendo herdeiros necessários (CC, arts. 1.789, 1.845 e 1.846), exceto se forem deserdados ou excluídos da sucessão por indignidade; de fazer pactos sucessórios e doações *causa mortis*.

2. Testamento

A. Conceito e caracteres jurídicos

Testamento é o ato personalíssimo e revogável pelo qual alguém, de conformidade com a lei, não só dispõe, para depois de sua morte, no todo ou em parte (CC, art. 1.857, *caput*), do seu patrimônio, mas também faz estipulações: a) *extrapatrimoniais* (CC, art. 1.857, § 2º), tais como: reconhecimento de filhos não matrimoniais (CC, art. 1.609, III); nomeação de tutor para o filho menor (CC, arts. 1.634, IV, e 1.729, parágrafo único; ECA, art. 37, com redação da Lei n. 12.010/2009) ou de testamenteiro (CC, art. 1.976); disposição do próprio corpo para fins altruísticos ou científicos (CC, art. 14); permissão ao filho órfão para convolar núpcias com o tutor (CC, art. 1.523, IV); reabilitação de indigno (CC, art. 1.818); deserdação de herdeiro (CC, art. 1.964); determinação sobre funeral; ou b) *patrimoniais,* como: recomendação sobre o cumprimento de obrigações do testador; constituição de renda (CC, art. 803); estabelecimento de condomínio por unidades autônomas (Lei n. 4.591/64, art. 7º); instituição de fundação (CC, art. 64); substituição de beneficiário na estipulação em favor de terceiro (CC, art. 438, parágrafo único); imposição de cláusulas restritivas (CC, art. 1.848). São, portanto, admitidas as disposições extrapatrimoniais de caráter pessoal e familiar, que podem vir juntamente com as patrimoniais sob a forma de cláusula, ou esgotar inteiramente a declaração do testador, hipótese em que o testamento terá apenas essa finalidade[14]. Logo, serão também válidas as disposições testamentárias de caráter não patrimonial, mesmo que o testador apenas a elas se tenha limitado (CC, art. 1.857, § 2º).

Além da *revogabilidade* (CC, arts. 1.858, *in fine,* 1.969 a 1.972) — pois, ape-

---

14. W. Barros Monteiro, op. cit., p. 103; Itabaiana de Oliveira, op. cit., n. 378; Caio M. S. Pereira, op. cit., p. 141; CC português, art. 2.182.

sar de valer somente após o óbito do testador, a lei quer que a vontade seja livre, admitindo a sua modificação, no todo ou em parte, de modo que testamento posterior revoga o anterior apenas no que concerne às disposições de ordem patrimonial; p. ex.: se no testamento anterior reconhecia-se filho, o subsequente não invalidará essa parte[15] —, possui o testamento outros caracteres jurídicos, que constituem corolários lógicos de sua natureza, tais como:

1º) *Unilateralidade*, porque somente pode ser efetuado pelo testador, isoladamente; daí ser ato *personalíssimo* (CC, art. 1.858, 1ª parte), dado que afasta sua realização por representante legal ou convencional, embora nada impeça a participação indireta de terceiro em sua elaboração, como o parecer de um jurista consultado, o auxílio do notário na sua redação etc. Por ser ato personalíssimo e unilateral, proíbe-se, em nosso direito, não só o testamento de mão comum ou conjuntivo, realizado com a participação de mais de uma pessoa, como também o correspectivo ou recíproco (CC, art. 1.863). Todavia, os cônjuges podem instituir-se, reciprocamente, herdeiros em cédulas diferentes, pois o que a lei condena (CC, art. 1.863) é o encerramento das disposições em um só ato, mas a sua enunciação separada é válida (*EJSTJ*, *2*:47). Não contraria a unilateralidade do testamento a aceitação da herança ou do legado, visto que esta advém após a feitura da disposição de última vontade, por ocasião da abertura da sucessão; logo, não interfere na formação e na eficácia do testamento[16].

2º) *Gratuidade*, porque é inadmissível que o testador, em troca das liberalidades testamentárias, exija uma vantagem correspectiva[17]. Mas o fato de haver um elemento oneroso, p. ex., um encargo, não desvirtua o testamento, a não ser que seja preponderante[18].

3º) *Solenidade*, ante a exigência da observância de formalidades legais para que seja válido o testamento[19], dado que esse requisito formal é *ad substantiam* e não *ad probationem*[20].

4º) *Produção de efeitos "causa mortis"*, porque, destinando-se o testamento a produzir efeitos após o falecimento do testador, verificado este, torna-

---

15. Clóvis Beviláqua, *Direito das sucessões*, p. 185; Dower, *Curso renovado de direito civil*, São Paulo, Nelpa, v. 4, p. 351-2; Zeno Veloso, *Testamentos de acordo com a Constituição de 1988*, 1993; Giovanni Criscuoli, *Il testamento*, Milano, CEDAM, 1991; Pinto Ferreira, *Tratado das heranças e dos testamentos*, São Paulo, Saraiva, 1983; Francisco Amaral, A sucessão testamentária no novo Código Civil brasileiro, *Revista Brasileira de Direito Comparado*, *30*:35-40; Carlos Fernando Brasil Chaves, *Direito sucessório testamentário — teoria e prática do testamento*, São Paulo, Saraiva, 2016.

16. Caio M. S. Pereira, op. cit., p. 137-8; De Page, *Traité élémentaire de droit civil belge*, v. 8, n. 805; Enneccerus, Kipp e Wolff, *Derecho de sucesiones*, v. 1, § 11; W. Barros Monteiro, op. cit., p. 102.

17. Silvio Rodrigues, op. cit., p. 111.

18. W. Barros Monteiro, op. cit., p. 102.

19. *Vide* José Lopes de Oliveira, *Sucessões*, 1. ed., Sugestões Literárias, 1972, p. 87.

20. Caio M. S. Pereira, op. cit., p. 138; De Page, op. cit., n. 806.

-se irrevogável e definitivo. É ato *causa mortis* porque só produz efeitos após o óbito do autor da herança; não pode ser, obviamente, ato *inter vivos,* por estarem proibidos entre nós pactos sucessórios, uma vez que não pode ser objeto de contrato herança de pessoa viva[21].

Com base nessas observações, poder-se-á definir testamento, como o fez José Lopes de Oliveira, como ato personalíssimo, voluntário, unilateral, gratuito, solene e revogável, pelo qual alguém, segundo norma de direito, dispõe, no todo ou em parte, de seu patrimônio para depois de sua morte, ou determina providências de caráter pessoal ou familiar[22].

Quadro Sinótico

TESTAMENTO

1. CONCEITO	• Segundo José Lopes de Oliveira, é ato personalíssimo, unilateral, gratuito, solene e revogável, pelo qual alguém, segundo norma jurídica, dispõe, no todo ou em parte, de seu patrimônio para depois de sua morte, ou determina providências de caráter pessoal ou familiar.
2. CARACTERES	• Unilateralidade. • Gratuidade. • Solenidade. • Revogabilidade. • Produção de efeitos *causa mortis.*

21. José Lopes de Oliveira, op. cit., p. 87; W. Barros Monteiro, op. cit., p. 103.

22. José Lopes de Oliveira, op. cit., p. 86. Sobre testamento: *Bol. AASP, 1.937*:12. Interessante é o artigo de Alliny B. Silva, Bárbara S. da Silva e Vanessa K. Chincolli, O testamento em tempos de pandemia e de isolamento social, *Revista Síntese de Direito de Família, 120*:113-125. Pedro T. P. Greco (Pode existir testamento obrigatório? Uma solenidade adicional para novos matrimônios, *Revista Síntese de Direito de Família, 121*:58 a 69, 2020) comenta o PL n. 3.836/2012 da Câmara dos Deputados, que, ao incluir o art. 1.858-A no Código Civil, pretende tornar obrigatória a instituição de testamento para pessoa divorciada ou viúva que vier a constituir novo casamento, bem como a necessidade de ratificação ou retificação anual das disposições testamentárias, devendo na habilitação declarar que apresentará o testamento, sob pena de não ser habilitado para casar. O PL vulneraria a liberdade de testar, pois testamento é ato voluntário, personalíssimo e espontâneo, logo não se pode obrigar ninguém a fazê-lo ou a ratificá-lo.

B. Capacidade testamentária e deserdação

b.1. Condições para a sucessão testamentária

Sendo o testamento um negócio jurídico, requer para sua validade agente capaz, objeto lícito e forma prescrita ou não defesa em lei (CC, art. 104)[23]. Daí ser imprescindível, para que seja válido, a capacidade testamentária não só ativa como passiva, pois, como nos ensina Clóvis Beviláqua[24], ante a grande importância do testamento por produzir efeitos jurídicos após a morte do disponente, pelos interesses econômico-morais que a ele se prendem, mais apurados devem ser os requisitos para a sua validez. Dessa maneira, sua validade está condicionada à apuração de elementos intrínsecos (capacidade do testador e do herdeiro instituído ou legatário, espontaneidade da manifestação do ato de última vontade, objeto e limites desta) e de elemento extrínseco ou formal, ou seja, sua forma[25].

Infere-se do exposto que as *condições de validade jurídica do testamento* são:

1ª) *Capacidade testamentária,* isto é, conjunto de condições necessárias para que alguém possa, juridicamente, dispor de seu patrimônio por meio de testamento, ou ser por ele beneficiado[26]. Assim, quando o testador tiver capacidade para testar, terá *capacidade testamentária ativa*; para tanto, será preciso inteligência e vontade, ou seja, discernimento, compreensão do que representa o ato, e manifestação exata do que pretende o agente[27]. Terá *capacidade testamentária passiva* todo aquele que for capaz para adquirir bens por meio de testamento. Há hipóteses em que um indivíduo pode ter capacidade para testar e não a ter para receber, como as testemunhas do testamento (CC, art. 1.801, II), e ainda há quem pode adquirir mas não é capaz para transmitir, como, p. ex., os menores de 16 anos (CC, art. 1.860, parágrafo único), os que não tiverem pleno discernimento (CC, art. 1.860, *caput*) e a pessoa jurídica (CC, art. 1.857)[28]. Eis por que os civilistas dividem a *incapacidade testamentária*, ativa ou passiva, em absoluta e relativa. Será *absoluta* se a norma jurídica impedir que alguém disponha de seus bens por ato de última vontade em favor de quem quer que seja, como os menores de 16 anos, os mentalmente insanos etc., ou que, por este título, venha a receber de quem quer que seja, como os indivíduos ainda não concebidos ao tempo da

23. Silvio Rodrigues, op. cit., p. 112.
24. Clóvis Beviláqua, *Comentários,* cit., v. 6, p. 91.
25. Caio M. S. Pereira, op. cit., p. 142; Vitali, *Delle successioni testamentaire legittime*, v. 1, n. 111.
26. Itabaiana de Oliveira, op. cit., v. 2, p. 401.
27. Caio M. S. Pereira, op. cit., p. 142; Enneccerus, Kipp e Wolff, op. cit., v. 1, § 10.
28. Itabaiana de Oliveira, op. cit., v. 2, p. 402; Caio M. S. Pereira, op. cit., p. 142.

morte do testador, exceto se o testamento se referir à prole eventual de pessoas por ele designadas e existentes por ocasião da abertura da sucessão (CC, art. 1.799, I). Será *relativa* a incapacidade testamentária quando houver impedimento legal a que se disponha em favor de certa pessoa, como o testador casado ao seu concubinário (CC, art. 1.801, III), ou que, por ato de última vontade, alguém venha a receber de determinado indivíduo, como aquele que, a rogo, escreveu o testamento (CC, art. 1.801, I). Na averiguação da capacidade testamentária deve-se considerar o momento em que é feito o testamento (CC, art. 1.861), de modo que a incapacidade superveniente não invalida o testamento eficaz, nem o testamento do incapaz se valida com a superveniência da capacidade. Além disso, a capacidade é a regra, e a incapacidade, a exceção, só se afastando a capacidade quando a incapacidade ficar devidamente provada[29] (*RT, 163*:694, *346*:150, *357*:194).

2ª) *Não haver deserdação,* pois é inegável que é condição para receber bens do *de cujus,* por via da sucessão testamentária, que a pessoa beneficiada, embora não seja incapaz de adquirir por testamento, não tenha sido deserdada, já que a lei permitiria a sua exclusão da sucessão se tivesse praticado certos atos contra o *auctor successionis*; no entanto, os descendentes do deserdado sucederão ao testador como se o excluído morto fosse[30].

3ª) *Observância de todas as formalidades legais* nas disposições testamentárias[31].

Somente após o óbito do testador é que se pode questionar a validade de seu testamento; caso contrário, haveria pendência sobre herança de pessoa viva (*RF, 170*:270)[32].

b.2. Capacidade testamentária ativa

A capacidade testamentária ativa é condição da validade jurídica do ato de última vontade, pois para fazer testamento é preciso que o testador seja capaz. Essa capacidade de testar é a regra geral, e a incapacidade, a exceção. Realmente, nosso Código Civil, ao prescrever a capacidade testamentária ativa, reconheceu a todas as pessoas o direito de dispor de seus bens por testamento, qualquer

29. Itabaiana de Oliveira, op. cit., v. 2, p. 402-3; Caio M. S. Pereira, op. cit., p. 143.
30. Essa é a lição magistral de Itabaiana de Oliveira, op. cit., v. 2, p. 403; Ferreira Alves, op. cit., v. 19, p. 391.
31. Itabaiana de Oliveira, op. cit., v. 2, p. 429.
32. W. Barros Monteiro, op. cit., p. 107-8.

que seja sua nacionalidade (LINDB, art. 10), ao firmar o princípio da lei domiciliar como reguladora da sucessão legítima e testamentária, porque a testificação é oriunda do direito de propriedade, reconhecido e garantido a todos[33]. Desse modo, não podem ser admitidos outros casos de incapacidade, além dos que a lei taxativamente determina[34].

Pelo art. 1.860 do Código Civil são incapazes para testar:

1º) *Os menores de 16 anos*. Com isso nega capacidade testamentária ativa apenas aos absolutamente incapazes, pois falta-lhes poder de deliberação e discernimento suficiente para bem testar. Permite que o menor entre 16 e 18 anos faça testamento livremente, mesmo sem a assistência de seu representante legal, sem que seu ato de última vontade seja suscetível de anulação[35], por ser o testamento, como apontamos alhures, ato personalíssimo (CC, art. 1.858).

2º) *Os desprovidos de discernimento para a prática do ato de testar*, por estarem

---

33. Itabaiana de Oliveira, op. cit., v. 2, p. 404. *Vide*: *RJ*, *160*:101; *RT*, *638*:188; *RJTJSP*, *113*:299.

34. Ferreira Alves, op. cit., v. 19, p. 66 e 84; Itabaiana de Oliveira, op. cit., p. 404-5. Paulo Antonio Begalli, Capacidade ativa para testar: todos os casos, *RT*, *791*:65; Paulo Lôbo, *Saisine* e liberdade de testar: a experiência brasileira, *Revista Brasileira de Direito Comparado*, *48*:147 a 162.

35. *Vide* Silvio Rodrigues, op. cit., p. 113. *Vide*: CC italiano, art. 591, al. 2. BGB, § 2.029, al. 2. O Projeto de Lei n. 699/2011 pretende melhorar a redação do art. 1.860, propondo: "Além dos absolutamente incapazes, não podem testar os que, no ato de fazê-lo, não tiverem o necessário discernimento". Isto porque: "A redação original desse artigo menciona os incapazes, sem distinguir os absolutamente incapazes (art. 3º) e os relativamente incapazes (art. 4º). Trata-se de um equívoco, que precisa ser corrigido, sabendo-se que o testamento outorgado por incapaz é nulo de pleno direito. Não há razão para proibir que os ébrios habituais, os viciados em tóxicos, e os que, por deficiência mental, tenham o discernimento reduzido, sejam proibidos de testar, se, apesar de reduzido, tenham entendimento ou compreensão suficiente para saber o que estão fazendo, no momento em que outorgam a disposição de última vontade. É uma questão de fato, a ser apurada em cada caso concreto. Daí a proposta para que o artigo passe a se referir expressamente aos 'absolutamente incapazes'". Mas, para o Parecer Vicente Arruda, emitido por ocasião da análise do PL n. 6.960/2002 (hoje PL n. 699/2011), que continha tal proposta: "A redação proposta é uma tautologia, pois nos termos do inciso II do art. 3º do CC, são considerados absolutamente incapazes 'os que não tiverem o *necessário discernimento* para a prática desses atos'. O Código usou 'pleno discernimento', justamente para não confundir com os incapazes para a prática de qualquer ato, limitando o pleno discernimento no momento preciso do ato de testar". Por isso rejeitou a sugestão. O *limite etário* para testar varia na legislação estrangeira: 18 anos (CC paraguaio, art. 2.608; CC italiano, arts. 2º e 591, II, 1; CC português, arts. 130 e 2.189); 16 anos (BGB, § 2.229, 1; CC mexicano, art. 1.306, II — se testamento público, se for particular, requer, no art. 1.551, a maioridade); 14 anos (CC espanhol, art. 663, I, se o testamento for público, se for particular, exige, no art. 688, a maioridade; CC argentino — arts. 127 e 286 — e Lei argentina n. 23.264); CC uruguaio (art. 831, inc. 1º), 14 anos para os homens e 12 anos para as mulheres.

impossibilitados de manifestar sua vontade ou de emitir vontade livre — pressuposto fundamental da facção testamentária — por não se encontrarem no gozo das faculdades mentais. Embora tenham assegurado o direito ao exercício de sua capacidade legal em igualdade de condições com as demais pessoas (Lei n. 13.146/2015, art. 84) e possam agir na vida civil representados pelo curador (Lei n. 13.146/2015, art. 85, §§ 1º e 2º) ou apoiados por apoiadores (CC, art. 1.783-A), não podem testar, ante o caráter personalíssimo desse ato, incompatível com a participação de representante[36] ou de apoiadores.

Assim, são incapazes: *a*) *os que, ao testar, não estiverem em seu perfeito juízo*, por estarem enfermos ou sujeitos a hipnotismo, a delírios persecutórios, a espasmo cerebral seguido de hemiplegia (*RT, 244*:566), a arteriosclerose (em contrário: TJSP, Ap. 279.541-1, 3ª Câm. de D. Priv., rel. Alfredo Migliore, j. 11-3-1997, se apenas reduziu a capacidade intelectiva do *de cujus*, sem contudo afetar seu entendimento sobre o ato de disponibilidade *post mortem*), a embriaguez completa, a intoxicações provocadas por remédios ou entorpecentes, a sonambulismo etc., hipóteses em que se perdem as condições de reflexão, de plena consciência, de serenidade de espírito, imprescindíveis para o ato de disposição de última vontade[37]; *b*) *os surdos-mudos que não puderem manifestar sua vontade*. Portanto, se receberam educação apropriada, sabendo ler ou escrever, poderão testar, por meio de testamento cerrado, na forma do art. 1.873 do Código Civil. Não lhes será permitido fazer testamento sob a forma pública, porque só será tido como habilitado para tanto o que puder fazer de viva voz suas declarações, e verificar, pela sua leitura, se foram fielmente exaradas, nem elaborar testamento particular, que requer a sua leitura pelo testador perante testemunhas[38].

36. Caio M. S. Pereira, op. cit., p. 144; Ferreira Alves, op. cit., n. 19; CC português, arts. 2.189 e 2.199; CC suíço, art. 467; CC espanhol, art. 663; CC argentino, arts. 3.614 e 3.615. Observa Zeno Veloso (*Novo Código*, cit., p. 1682) que se não ocorreu a interdição (CC, art. 1.767, I e II) que implica presunção *juris et de jure* da incapacidade, cada caso deverá ser comprovado para se concluir se, no momento da feitura do testamento, o testador era capaz ou não. *RF, 89*:178, *102*:82, *111*:464.

37. Itabaiana de Oliveira, op. cit., v. 2, p. 407; Clóvis Beviláqua, *Comentários*, cit., v. 6, p. 82; Silvio Rodrigues, op. cit., p. 114; W. Barros Monteiro, op. cit., p. 106; Caio M. S. Pereira, op. cit., p. 146; Barassi, *Le successioni per causa di morte*, p. 311; José Lopes de Oliveira, op. cit., p. 90.

38. Diante do caráter personalíssimo do testamento, parece-nos que permanece a incapacidade testamentária das pessoas arroladas no CC, art. 1.860 (que não sofreu revogação tácita pela Lei n. 13.146/2015), não se podendo fazer uso da curatela ou da tomada de decisão apoiada. Itabaiana de Oliveira (op. cit., v. 2, p. 408-9) esclarece: "Não se retira do pródigo a sua capacidade testamentária ativa, visto ter espírito lúcido; além disso, sua interdição apenas visa proteger-lhe os bens (CC, arts. 4º, IV, e 1.782). Mas se sua prodigalidade estiver associada a uma anomalia mental, criando perturbação psíquica, não poderá efetuar testamento, por ser um psicopata".

Poder-se-ão acrescentar a esse rol as *pessoas jurídicas,* ante o art. 1.857 do Código Civil, que estatui: "Toda pessoa capaz pode dispor, por testamento, da totalidade dos seus bens, ou de parte deles, para depois de sua morte"? Ora, a capacidade testamentária ativa é um direito exclusivo das pessoas naturais e não das pessoas jurídicas, que, se forem perpétuas, não se sujeitam à morte, e, se forem temporárias, extinguir-se-ão em virtude de fenômeno diverso da morte; assim sendo, não se justifica a disposição de seus bens por facção testamentária[39].

Estes são os únicos casos de incapacidade testamentária ativa. Idade avançada, insolvência, falência, analfabetismo (CC, art. 1.865); surdez (CC, art. 1.866); cegueira (CC, art. 1.867); enfermidade grave (*RT*, *736*:236; *JTJ*, *194*:169) não inibem o indivíduo de testar[40], pois já se decidiu que "a incapacidade mental do testador não pode ser deduzida de sua saúde física" (*RT*, *563*:75).

A capacidade do testador determina-se pela data em que fez o testamento. Se assim é, havendo incapacidade superveniente, esta não invalidará o testamento, uma vez que o testador estava em seu perfeito juízo quando o elaborou, nem o testamento de incapaz se validará com a superveniência da capacidade (CC, art. 1.861).

b.3. Capacidade testamentária passiva

A capacidade para adquirir por testamento ou capacidade testamentária passiva rege-se pela regra genérica de que são capazes de receber por testamento todas as pessoas, naturais ou jurídicas, existentes ao tempo da morte do testador, não havidas como incapazes (CC, arts. 1.798 e 1.799); assim sendo, a capacidade é a regra, e a incapacidade, a exceção. Fazendo referência a pessoas, a norma jurídica exclui animais e coisas inanimadas, a menos que as disposições que lhes são alusivas se apresentem sob a forma de um ônus ou de uma liberalidade a uma pessoa capaz de ser beneficiada em testamento. Além do mais, somente as pessoas naturais, nacionais ou estrangeiras (LINDB, art. 10, § 2º), maiores ou menores, que estiverem vivas ao tempo da abertura da sucessão, podem ser herdeiras ou legatárias, de maneira que, se o herdeiro ou o legatário falecerem antes

---

39. Itabaiana de Oliveira, op. cit., v. 2, p. 410.

40. W. Barros Monteiro, op. cit., p. 106; José Lopes de Oliveira, op. cit., p. 91. Pessoa encolerizada ou perturbada por forte emoção, sem sofrer perturbação mental, poderá testar (Carlos Maximiliano, *Direito das sucessões*, Rio de Janeiro, 1942, V. I, p. 398-9). Poderá fazer testamento o índio que não se encontrar em regime tutelar, por ser capaz (Pontes de Miranda, *Tratado dos testamentos*, Rio de Janeiro, v. 1, p. 117. *Vide*: Código Civil português, art. 219.

do testador, a cláusula testamentária que os contempla caduca ou se torna ineficaz, embora nada obste a que o testador, prevendo a premorte do herdeiro instituído, declare que, na ocorrência desse fato, o direito à sua sucessão passará aos descendentes daquele, que herdarão em razão de substituição ordenada no testamento e não em razão de direito de representação, que inexiste na sucessão testamentária. Inadmissível é a instituição da alma como legatária ou herdeira, por não ter personalidade jurídica, mas nada impede que se faça legado a corporações religiosas para missas e obras pias em sufrágio da alma do testador ou de outrem, caso em que o testamenteiro se encarregará de o fazer cumprir[41]. Podem ser beneficiadas por testamento (como herdeiras ou legatárias) as pessoas jurídicas de direito público ou de direito privado (simples ou empresárias) (CC, art. 1.799, II). Washington de Barros Monteiro assevera que, no tocante às sociedades ou associações, a capacidade testamentária passiva independe do prévio registro de seus contratos, estatutos ou atos constitutivos, equiparando-se para efeitos sucessórios aos nascituros (*RT, 134*:111, *272*:211). Salienta, ainda, esse jurista que o testador, no ato de última vontade, pode reservar bens livres a uma pessoa jurídica *in fieri*, que, ao ser organizada, criaria uma fundação destinada a atender finalidades úteis, culturais ou humanitárias (CC, arts. 62, parágrafo único, e 1.799, III), apesar de a entidade por ele ideada não haver obtido existência real, sendo por isso equiparada, também, ao nascituro, ante a necessidade de se protegerem tais entes morais devido a seus fins de interesse geral. Assim sendo, aberta a sucessão, os bens do espólio ficarão sob a guarda provisória daquele que foi encarregado da instituição da fundação, até que se opere o registro do seu estatuto[42]. É preciso lembrar, ainda, que não terá validade a instituição de pessoa incerta, mas se relativa for essa incerteza, ou seja, se se puder identificar o beneficiado, não se invalida a disposição testamentária que contém imprecisão ou errônea nomeação (CC, arts. 1.900, II e III, e 1.901, I). Na hipótese de testamento em favor de pobres ou de instituições beneficentes, destinar-se-ão, na falta de menção do testador, seus bens aos do seu domicílio, exceto se manifestamente constar que pretendia beneficiar os de outra localidade (CC, art. 1.902)[43].

---

41. Silvio Rodrigues, op. cit., p. 195-6; Carvalho Santos, *Código Civil interpretado*, v. 24, p. 33; Aubry e Rau, *Cours de droit civil français*, v. 10, § 649, nota 10, p. 485; Itabaiana de Oliveira, op. cit., v. 2, n. 357; Caio M. S. Pereira, op. cit., p. 151; Coelho da Rocha, op. cit., § 689; Vitali, op. cit., v. 1, p. 82. *Vide*: *JSTJ, 143*:112.
42. W. Barros Monteiro, op. cit., p. 203; Mário Mazagão, Fundações criadas por testamento, *RF, 109*:16; Caio M. S. Pereira, op. cit., p. 150 ; Carlos Roberto Gonçalves, *Direito civil brasileiro*, São Paulo, Saraiva, 2008, v. 7, p. 59.
43. Caio M. S. Pereira, op. cit., p. 151; Sebastião José Roque, *Direito das sucessões*, cit., p. 145-50.

A *incapacidade* para adquirir por testamento pode ser *absoluta,* se tiver caráter de generalidade e indiscriminação pessoal, e *relativa,* se atingir certas pessoas que não podem receber, por via de testamento, por razões especiais[44].

São *absolutamente incapazes para adquirir por testamento*:

1º) *O indivíduo não concebido* (*nondum conceptus*) *até a morte do testador,* salvo se a disposição testamentária se referir à prole eventual de pessoas designadas pelo testador, desde que estejam vivas, ao abrir-se a sucessão (CC, art. 1.799, I). Para receber herança ou legado será preciso que o beneficiado seja nascido ou esteja ao menos concebido por ocasião do óbito do disponente (CC, art. 1.798). Mas a lei permite que se contemple prole futura de um herdeiro instituído (CC, art. 1.799, I) e, em substituição fideicomissária (CC, art. 1.952), pessoa ainda não concebida. Assim sendo, se o herdeiro nomeado existir por ocasião da abertura da sucessão, o legado estará assegurado ao filho que futuramente vier a ter. A expressão *prole eventual* só compreende os filhos e não os netos da pessoa indicada pelo testador. Diante do estágio atual da lei, o testador deveria excluir filho adotivo, pois a pessoa indicada poderia adotar tão somente para conseguir o benefício testamentário, fazendo com que a adoção deixe de ser um ato de amor para atender a finalidades econômicas, gerando problemas emocionais à criança adotada para tais fins, ante a não aplicabilidade do princípio do superior interesse da criança. E, além disso, é preciso atender a vontade do testador, que poderá ter assim disposto para dar continuidade ao seu patrimônio, em razão de vínculo de consanguinidade. Mas há quem entenda, como Zeno Veloso e Sílvio Venosa, que o filho adotivo deve estar incluído na locução *prole eventual,* apesar da *intentio legis* ter por escopo apenas a filiação consanguínea, por força dos arts. 227, § 6º, da Constituição Federal, 41 do ECA e 1.596 do Código Civil, que não

---

44. Orozimbo Nonato, op. cit., v. 2, n. 402; Caio M. S. Pereira, op. cit., p. 149. *Vide*: *JSTJ, 143*:112. Como o Código Civil brasileiro (art. 1.799, I), o italiano prevê semelhante disposição no art. 462, III, consoante a qual "*Possono inoltre ricevere per testamento i figli di una determinata persona vivente al tempo della morte del testatore, benché non ancora concepiti*".

Pelo CC português, além das pessoas nascidas ou concebidas ao tempo da morte do testador, "podem suceder os nascituros não concebidos (art. 2033/2 a) se a disposição do testador se referir a prole eventual de pessoa determinada, viva ao tempo da abertura da sucessão".

Pelo CC argentino: "*En principio, toda persona, sea de existencia natural o jurídica, tiene derecho a suceder por testamento (art. 3733). Las personas jurídicas lo son desde el momento en que han recibido la autorización del Estado; empero, es válida la institución hereditaria o el legado hecho en favor de una persona jurídica aún no existente, cuando se lo hace con el fin de fundarlas y requerir luego la autorización (art. 3735). Si la persona natural no naciera viva (art. 74) o si la entidad a fundarse no recibiera la autorización del Estado, queda sin efecto la disposición hecha en su favor*".

admitem distinção entre filiação natural e adotiva. Parece-nos que a decisão estaria na prudência objetiva do aplicador do direito, atendendo ao critério do *justum*, caso por caso (LINDB, art. 5º). O futuro genitor, indicado no testamento, precisa estar vivo à época da abertura da sucessão. Se não estiver, não poderá conceber, e a disposição caducará. A deixa, que beneficia prole eventual, valerá, mas sua eficácia dependerá de que o herdeiro esperado seja concebido e nasça com vida. Se, decorridos dois anos após a abertura da sucessão, ele não for concebido, os bens que lhe foram destinados passarão aos herdeiros legítimos, exceto se o testador dispuser o contrário (CC, art. 1.800, § 4º). Essa estipulação de um prazo razoável evita que a situação se perpetue, aguardando o nascimento do sucessor do *de cujus*. Esse prazo de espera para que o herdeiro seja concebido, sob pena de perda do benefício testamentário, justifica-se plenamente, pois a deixa foi feita *sub conditione*. Nem se poderia nomear herdeira, ou legatária, a prole eventual de pessoa que não possa conceber antes de dois anos, contados do falecimento do autor da herança. Por exemplo, se este contemplou, seis meses antes de seu óbito, prole eventual de Maria, que conta com três anos de idade, a verba testamentária caducará, uma vez que a designada não poderia gerar filho, no biênio previsto em lei. Como os bens não podem ficar sem dono durante o intervalo entre a morte do testador e o nascimento do beneficiário, o testador somente poderá atingir seu objetivo mediante fideicomisso (CC, art. 1.952), nomeando fiduciário para guardar tais bens[45]. Estabelece ainda a curatela *nondum conceptus* (art. 1.800, §§ 1º, 2º e 3º), uma vez que os bens da herança que couberem à prole eventual da pessoa indicada pelo testador serão confiados, após a partilha, a curador nomeado pelo juiz, o qual ficará com a guarda provisória, não passando de mero depositário. Em regra, esse curador, salvo disposição testamentária em contrário, será a pessoa cujo filho o testador espera ter por herdeiro, pois suas funções estão ínsitas no poder familiar, ou se ela não puder, as pessoas indicadas no art. 1.775, §§ 1º a 3º, do Código Civil, ou seja, seu cônjuge, ou companheiro, seu herdeiro, e na falta deles, aquele que for escolhido pelo magistrado. Há quem ache, como Zeno Veloso, que a remissão ao art. 1.775 é equivocada, pois a curatela deverá caber aos indicados no art. 1.797. Os poderes, deveres e responsabilidades do curador, assim nomeado, reger-se-ão, no que couber, pelas normas alusivas à curatela dos incapazes. Tal guarda provisória po-

45. Zeno Veloso, *Testamentos de acordo com a Constituição de 1988*, 2. ed., p. 430 e 432; Dower, op. cit., p. 403; W. Barros Monteiro, op. cit., p. 204; Orozimbo Nonato, op. cit., v. 2, p. 26; Itabaiana de Oliveira, op. cit., v. 2, p. 413; Caio M. S. Pereira, op. cit., p. 150; Silvio S. Venosa, *Curso*, cit., v. 6, p. 117 e 118. "Nos termos do inciso I do art. 1.799, pode o testador beneficiar filhos de determinada origem, não devendo ser interpretada extensivamente a cláusula testamentária respectiva" (Enunciado n. 268 do Conselho da Justiça Federal, aprovado na III Jornada de Direito Civil).

derá, excepcionalmente (CC, art. 1.977), recair sobre o testamenteiro, mediante pagamento de vintena (CC, art. 1.987). E se o herdeiro esperado nascer com vida, ser-lhe-á deferida a sucessão, com os frutos e rendimentos relativos à deixa, a partir do óbito do autor da herança. Fácil é denotar que o nascituro, concebido ao tempo da morte do testador (CC, art. 1.798 c/c art. 2º, segunda parte), não está excluído do testamento, pois sua capacidade testamentária passiva é condicional, consolidando-se somente se nascer com vida, caso em que recolherá a herança ou o legado, caducando a disposição testamentária em seu benefício se nascer morto ou se vier a finar antes da abertura da sucessão[46]; a parte que lhe era cabível será devolvida aos herdeiros legítimos ou ao substituto testamentário, retroagindo a devolução à data da abertura da sucessão[47].

2º) *As pessoas jurídicas de direito público externo* (LINDB, art. 11, § 2º), cuja incapacidade é relativa apenas à propriedade imóvel no Brasil e aos bens suscetíveis de desapropriação, salvo os prédios necessários ao estabelecimento das legações e consulados. Tais pessoas estão impedidas de possuir ou adquirir bens imóveis no Brasil não só por testamento, mas também por qualquer título, como compra e venda, doação, permuta, porque permiti-lo representaria um perigo à soberania nacional, criando dificuldades ao seu pleno exercício, dado que nesses bens os governos estrangeiros poderiam instalar seus súditos[48].

O Código Civil, art. 1.801, arrola os casos de *incapacidade testamentária passiva relativa,* proibindo que se nomeiem herdeiros e legatários[49]:

---

46. Caio M. S. Pereira, op. cit., p. 149; Silmara Juny de A. Chinelato e Almeida, *Tutela civil do nascituro*, São Paulo, Saraiva, 2000, p. 236.

47. Silvio Rodrigues, op. cit., p. 198; Zeno Veloso (*Novo Código*, cit., com. ao art. 1.800), ao tecer comentário ao art. 1.800, entende que a remissão ao art. 1.775 está equivocada, pois a curatela caberá aos indicados no art. 1.797, e, por isso, propõe, no PL n. 699/2011, nova redação ao § 1º do art. 1.800, mas o Parecer Vicente Arruda não acatou tal sugestão, ao tecer comentário ao PL n. 6.960/2002 (atual PL n. 699/2011). O embrião humano congelado, por aplicação analógica do art. 2º (segunda parte) do Código Civil, teria capacidade testamentária passiva sob condição resolutiva, por já estar concebido, embora, ainda, não implantado no útero, para sua gestação. Sua capacidade consolidar-se-á apenas com o seu nascimento com vida. Pode receber herança não só na qualidade de herdeiro testamentário como também de herdeiro legítimo.

48. Itabaiana de Oliveira, op. cit., v. 2, p. 413; Ferreira Coelho, *Código Civil comparado*, v. 2, ns. 997-8.

49. W. Barros Monteiro, op. cit., p. 204-7; Itabaiana de Oliveira, op. cit., v. 2, p. 414-7; Silvio Rodrigues, op. cit., p. 199-203; Caio M. S. Pereira, op. cit., p. 152; José Lopes de Oliveira, op. cit., p. 187-9; Orozimbo Nonato, op. cit., v. 2, p. 52; João Luís Alves, *Comentários ao Código Civil*, v. 5, p. 168. Refletindo as transformações vividas pela sociedade dos nossos dias, impõe-se construção jurisprudencial a distinguir a companheira da simples concubina, ampliando, inclusive com suporte na nova ordem constitucional, a proteção à primeira, afastando a sua incapacidade para receber legado em dis-

1º) *A pessoa que, a rogo, escreveu o testamento* (art. 1.870), *seu cônjuge, companheiro, seus ascendentes, descendentes* (CC, art. 1.802) *e irmãos.* Isto é assim porque a pessoa que redigiu o testamento é suspeita, podendo abusar da confiança que o testador nela depositou, alterando o conteúdo de sua última vontade, induzindo-o a beneficiá-la ou a dispor favorecendo seu consorte ou parente próximo.

2º) *As testemunhas testamentárias* (CC, art. 228), evitando-se que alguma delas possa influenciar a vontade do testador para dispor em seu benefício, pois como intervêm na elaboração do testamento devem ficar isentas de quaisquer interesses materiais, para segurança e verdade das disposições de última vontade, mesmo que se trate do auto de aprovação em testamento cerrado, hipótese em que ignoram o conteúdo da disposição testamentária.

3º) *O concubino do testador casado* (CC, art. 1.727; *RT, 237*:246, *249*:485, *608*:249, *651*:170, *685*:63, *751*:385; *RSTJ*, *3*:1705; *RF, 317*:237, *306*:180, *275*:246 e 250, *186*:117; STF, Súmula 447), salvo se este, sem culpa sua, estiver separado de fato do cônjuge há mais de cinco anos à data da abertura da sucessão (CC português, art. 2.196, "a", requer separação de fato de mais de seis anos), ajustando-se às novas condições sociais operadas pela evolução dos costumes e pelo senso moral médio da opinião pública, o que é, no nosso entender, indubitavelmente, ilógico e imoral, ante o fato de, em se tratando de doação efetivada por ato *inter vivos* de cônjuge adúltero ao seu cúmplice, permitir a lei (CC, art. 550, c/c CF, art. 226, § 6º, com a redação da EC n. 66/2010) a sua anulação pelo outro cônjuge ou pelos herdeiros necessários até dois anos após a dissolução do casamento. O prazo de cinco anos é muito excessivo e contraditório, ante o fato de o art. 1.830 não reconhecer ao cônjuge supérstite direito sucessório se, na abertura da sucessão, já se encontrava separado de fato há mais de dois anos, salvo prova de que a convivência se impossibilitou por culpa sua. Observa, ainda, Zeno Veloso que, se o Código Civil permite que casado, separado de fato, constitua união estável (CC, art. 1.723, § 1º), não devia vedar que ele nomeie herdeiro legatário pessoa com quem mantém relação não eventual. Assim sendo, o Projeto de Lei n. 699/2011 propõe a seguinte alteração para o art. 1.801, III: "o concubino do testador casado, salvo se este, sem culpa sua, estiver separado de fato do cônjuge". A esse respeito, argumentou-se, na análise do PL n. 6.960/2002 (substituído pelo PL n. 699/2011), no Parecer Vicente Arruda que:

---

posição de última vontade, em exegese restritiva do art. 1.719, III, do Código Civil de 1916, sendo o testador separado de fato (*RT, 651*:170).

Impende dar à lei, especialmente em alguns campos do direito, interpretação construtiva, teleológica e atualizada (STJ, REsp 196, *JB*, *152*:191).

"O Projeto retira o lapso temporal de cinco anos para aqueles já separados. Proponho que esse prazo, ao invés de retirado, seja apenas reduzido (para dois anos), pelas razões dispostas no art. 1.642; além de ser o prazo no qual a sociedade conjugal pode legalmente ser dissolvida", propondo a seguinte redação: "Art. 1.801 (...) III — o concubino do testador casado, salvo se este, sem culpa sua, estiver separado de fato do cônjuge há mais de 2 (dois) anos".

A proibição do Código Civil, art. 1.801, III, não atinge, p. ex., o separado extrajudicial ou judicialmente — que poderá aquinhoar sua amante livremente, pois seus bens, depois da partilha, permanecem livres — nem o solteiro ou viúvo, que podem contemplar concubina, inexistindo incapacidade testamentária passiva. "A vedação do art. 1.801, III, do Código Civil não se aplica à união estável, independentemente do período de separação de fato (art. 1.723, § 1º)" (Enunciado n. 269 do Conselho da Justiça Federal, aprovado na III Jornada de Direito Civil).

4º) *O tabelião, civil ou militar, nem o comandante ou escrivão perante quem se fizer, assim como o que fizer ou aprovar testamento,* porque não se acham de todo isentos de suspeição. Logo, será preciso resguardar o testamento, para preservar a moralidade de suas disposições, impedindo-se abuso de confiança por parte dos que participam de sua elaboração mediante a proibição de que o testador os contemple, evitando-se que atuem sobre a sua vontade, a fim de afastar dúvidas sobre a sinceridade de suas declarações e a honestidade do serventuário.

Se, apesar das proibições do Código Civil, arts. 1.798 e 1.801, se beneficiarem as pessoas aí mencionadas, nulas serão as disposições testamentárias, ainda quando simulem a forma de contrato oneroso ou os contemplem por interposta pessoa: pai, mãe, descendentes, irmão, cônjuge ou companheiro do incapaz, isto é, do não legitimado a suceder (CC, art. 1.802 e parágrafo único). Ou seja, quando o testador se vale de testa de ferro, realizando obliquamente a operação que tinha em mente, p. ex.: devido à proibição de beneficiar sua amante, o testador casado nomeia legatário o pai da referida mulher, convencido de que, indiretamente, a está beneficiando; ter-se-á, então, uma espécie de simulação relativa, que oculta ato real. Nada impede, porém, que contemple, p. ex., o filho da concubina em seu testamento, desde que ele seja também seu filho (CC, art. 1.803); não há violação à lei que proíbe que se beneficie incapaz, pois o que pretende é favorecer seu próprio filho (*AJ, 70*:229; *RF, 212*:86)[50]. Convém lembrar, como o faz Itabaiana de Oliveira, que não há presunção legal *juris et de jure*, que

50. Silvio Rodrigues, op. cit., p. 203-5; W. Barros Monteiro, op. cit., p. 207-8. STF, Súmula n. 447; *RJTJRGS, 126*:406.

dispensa prova de interposição fora dos casos enumerados no Código Civil, art. 1.802, parágrafo único, o que não impede que os interessados, além desses casos, possam, na declaração de incapacidade, provar a existência de interposição de outra pessoa em favor do incapaz, tendo-se, então, uma presunção comum ou *hominis*. Apesar de não estar estabelecida em lei, funda-se naquilo que ordinariamente acontece, devendo, portanto, o órgão judicante deduzi-la conforme o direito, com prudência, visto que essa presunção é admitida nas mesmas hipóteses em que o é a prova testemunhal[51].

Na execução de disposição testamentária feita por testador capaz, é preciso, portanto, verificar se as pessoas nela contempladas preenchem as condições de capacidade testamentária passiva, exigidas pelo Código Civil, para que possam ser beneficiadas. Para tanto, é preciso ater-se aos seguintes princípios[52]:

1º) Todas as pessoas, naturais ou jurídicas, podem receber por testamento, exceto nos casos em que a lei expressamente o proíbe.

2º) O beneficiado deve existir ou sobreviver ao testador, ao abrir-se a sucessão.

3º) A capacidade para suceder regula-se pela lei vigente no momento da abertura da sucessão e não ao tempo em que se fez o testamento; assim, basta que o herdeiro instituído ou o legatário sejam capazes ao tempo do óbito do *auctor successionis*. Entretanto, na instituição condicional de herdeiro ou legatário, a capacidade testamentária passiva reger-se-á pela lei em vigor ao tempo do implemento da condição imposta pelo testador. Logo, se o beneficiado era incapaz ao tempo da facção testamentária, mas se tornou capaz por ocasião do implemento da condição, a disposição testamentária produzirá todos os efeitos.

b.4. Deserdação

Nem sempre a manifestação da vontade do testador possui caráter positivo, no sentido de beneficiar alguém; pode ser negativo, visto que pode privar um herdeiro necessário de sua legítima (CC, art. 1.961) por meio da *deserdação*, favorecendo com isso, ainda que indiretamente, outro herdeiro[53]. É mister não olvidar que, para afastar da sucessão herdeiros que não pertençam à classe dos necessários (como o colateral até o quarto grau), é suficiente dispor dos bens sem

51. Itabaiana de Oliveira, op. cit., v. 2, p. 418; João Luís Alves, *Comentários*, cit., p. 1212; Zeno Veloso, *Novo Código*, cit., p. 1619.
52. Itabaiana de Oliveira, op. cit., p. 410-1; W. Barros Monteiro, op. cit., p. 202.
53. Caio M. S. Pereira, op. cit., p. 240; De Page, op. cit., v. 2, t. 8, n. 940.

contemplá-los (CC, art. 1.850), independentemente de qualquer ato formal. O mesmo não sucede com os necessários, aos quais, para serem excluídos da sucessão, por terem direito a uma quota hereditária — sendo vedada, por isso, ao testador qualquer liberalidade que exceda a meação disponível —, torna-se imprescindível o recurso à deserdação, atendendo-se ao fato de que não seria justo privar o testador do direito de não beneficiar herdeiro necessário que se portou mal para com ele[54], praticando atos ou faltas previstas em lei. Logo, a deserdação constitui exceção à regra geral que assegura ao herdeiro necessário a reserva legitimária, que corresponde à metade da herança do *de cujus,* uma vez que da outra metade pode o testador dispor como bem lhe aprouver[55].

A deserdação vem a ser o ato pelo qual o *de cujus* exclui da sucessão, mediante testamento, com expressa declaração da causa (CC, art. 1.964), herdeiro necessário, privando-o de sua legítima, por ter praticado qualquer ato taxativamente enumerado no Código Civil, arts. 1.814, 1.962 e 1.963[56] (*RT, 571*:184).

Todavia, é preciso não esquecer que em nosso direito (CC, art. 1.848) está admitida a deserdação *bona mente,* em que o testador, não obstante o direito reconhecido aos descendentes, ascendentes e ao cônjuge no art. 1.846 do Código Civil, pode, declarando justa causa, tomar certas medidas acauteladoras para salvaguardar a legítima dos descendentes — p. ex., em casos de prodigalidade — prescrevendo a incomunicabilidade dos bens, confiando-os à livre administração da mulher herdeira, ou estabelecendo-lhes condições de inalienabilidade temporária ou vitalícia[57].

Para que se efetive a deserdação, é necessária a presença de certos *requisitos* essenciais, como[58]:

---

54. Caio M. S. Pereira, op. cit., p. 241; Orozimbo Nonato, op. cit., v. 3, n. 655; Itabaiana de Oliveira, op. cit., v. 2, n. 364.

55. José Lopes de Oliveira, op. cit., p. 221; Sebastião José Roque, *Direito das sucessões*, cit., p. 173-8; Zeno Veloso, *Comentários*, cit., v. 21, p. 306-388; *RT, 414*:308, *502*:189, *532*:199, *536*:85, *683*:216, *691*:89, *726*:269, *766*:217; *RJ, 218*:69. *Vide*: CC português, art. 2.166; CC espanhol, art. 855; BGB, § 2.335.

56. Conceito baseado nas opiniões de Silvio Rodrigues, op. cit., p. 241; Itabaiana de Oliveira, op. cit., p. 419 e 421; R. Limongi França, Deserdação, in *Enciclopédia Saraiva do Direito*, v. 24, p. 162.

57. Itabaiana de Oliveira, op. cit., v. 2, p. 421; Tarlei L. Pereira, Deserdação por falta de vínculo afetivo e de boa-fé familiar, *Revista Juris da FAAP*, n. *7*:68-79.

58. Silvio Rodrigues, op. cit., p. 244-7; R. Limongi França, op. cit., p. 162-3; W. Barros Monteiro, op. cit., p. 244-6; Itabaiana de Oliveira, op. cit., p. 421-2; Dower, op. cit., p. 426; Caio M. S. Pereira, op. cit., p. 241-3; Orlando Gomes, *Sucessões,* n. 184; José de Oliveira Ascensão, *Direito civil — sucessões*, Coimbra, 2000, p. 147; Tarlei L. Pereira, Deserdação por falta de vínculo afetivo e de boa-fé familiar, *Revista Síntese — Direito de Fa-*

1º) *Exigência de testamento válido com expressa declaração do fato determinante da deserdação* (CC, art. 1.964), ocorrido, obviamente, antes de sua morte. O testador só pode deserdar seus herdeiros necessários por meio do testamento, ante a solenidade com que se reveste esse ato. Se nulo for o testamento, igualmente nula será a deserdação.

2º) *Fundamentação em causa expressamente prevista pela lei*, pois nula será a cláusula testamentária pela qual o testador deserda descendente sem declarar-

---

mília, 86:33-57; CC português, arts. 2.166 e 2.167; CC espanhol, art. 859, com redação da Lei n. 11/81; CC peruano, art. 755; CC argentino, art. 3.749, com alteração da Lei n. 17.711/68. *RT, 160*:717, *271*:362, *331*:129, *185*:219, *108*:238, *263*:135, *277*:477. "Ação ordinária de deserdação — tendo a falecida exarado em testamento a firme disposição de deserdar a filha e as netas, por ofensa moral, injúria e desamparo na velhice e, havendo comprovação destes fatos, há que ser mantida a última vontade da testadora. Apelação desprovida" (TJRS, AC 70.002.568.863, 8ª Câm. Cív., rel. Des. José Ataídes Siqueira Trindade, j. 31-5-2001). "Deserdação — Artigo 1.962 CC — Motivos autorizadores — Não configuração. A deserdação só pode realizar-se através de testamento, mas não basta a exclusão expressa prevista na disposição de última vontade, é necessário que o herdeiro instituído no lugar do deserdado, ou o beneficiário da deserdação, promova ação judicial e prove a existência das causas autorizadoras da deserdação, nos termos do artigo 1.965 do Código Civil. Sem a comprovação dos motivos alegados pelo testador para deserdação, esta é ineficaz, não ficando prejudicada a legítima do deserdado" (TJMG, AC 1.0713.04.037977-6/001 — Comarca de Viçosa, relª. Desª. Vanessa Verdolim Hudson Andrade); "Apelação cível — Testamento — Sentença de procedência — A prova para promover a deserdação deve ser cabal e como fato constitutivo do direito alegado — O ônus dessa prova competia à apelada — Apelantes produziram provas contundentes em sentido contrário — Provas orais não revelam o pleno domínio das ações por parte do testador — Demonstrada a influência que a apelada exercia sobre o testador — Deserdação afastada — Inversão das verbas sucumbenciais — Recurso provido" (TJSP, AC 292.294.4/1-00 — Comarca de Sorocaba, rel. Des. Oldemar Azevedo). "Deserdação — Exclusão de herdeiro — Inquérito policial juntado por xerox, processo criminal e sentença condenatória por concurso material de infrações penais praticado pelo réu contra sua genitora — Existência de testamento público com cinco testemunhas formalmente em ordem — No caso, aplica-se o Código Civil de 1916, art. 1.744, inciso I, ofensas físicas — Não há que se falar em perdão. Se a mãe tivesse perdoado, teria feito outro testamento — Recurso desprovido" (TJSP, AC 291.873-417-00, rel. Des. Ribeiro da Silva, j. 11-5-2006).

Apelação cível. Ação declaratória. Filho adotivo. Deserdação. Ação proposta pelos herdeiros instituídos da testadora, buscando comprovar as alegadas causas que motivaram a testadora a deserdar o filho adotivo. Prova existente nos autos suficiente no sentido de caracterizar conduta indigna do herdeiro deserdado. Agressões físicas pelo mesmo praticadas contra a testadora, o que configura a ocorrência da violação do disposto no art. 1.962 do Código Civil. Contemporaneidade da escritura de deserdação com a existência de registro policial de ocorrência dos maus tratos impostos pelo deserdado à testadora. Sentença que julgou procedente o pedido inicial, excluindo o herdeiro réu e ora apelante da sucessão de sua mãe adotiva, em perfeita harmonia com a legislação civil aplicável. Art. 1.962, I, do Código Civil (TJRJ, Apl. 2009.001.05870, 13ª Câmara Cível, rel. Des. Sirley Abreu Biondi, j. 17-6-2009, *DORJ* 13-7-2009).

-lhe a causa (*RT, 263*:135, *160*:717), ou por motivo não contemplado legalmente. A lei (CC, arts. 1.814, 1.962 e 1.963) retira do arbítrio do testador a decisão quanto aos casos de deserdação, devido à gravidade desse ato, não admitindo interpretação extensiva e muito menos o emprego da analogia.

3º) *Existência de herdeiros necessários* (CC, art. 1.845).

4º) *Comprovação da veracidade do motivo alegado pelo testador* para decretar a deserdação (*RT, 329*:243, *766*:217, *726*:269, *691*:89, *683*:216, *536*:85, *271*:362, *185*:219; *JTJ, 252*:369; *RJ, 218*:69), feita pelo herdeiro instituído ou por aquele a quem ela aproveita (CC, art. 1.965), por meio de ação ordinária movida contra o deserdado dentro do prazo de quatro anos, contado da abertura do testamento (CC, art. 1.965, parágrafo único — o Projeto de Lei n. 699/2011 pretende reduzir, ao dar nova redação ao art. 1.965, acrescentando § 1º, esse prazo para dois anos, mas, pelo Parecer Vicente Arruda, no comentário feito ao PL n. 6.960/2002 (ora substituído pelo PL n. 699/2011): "Não se deve alterar a regra ora proposta. O herdeiro instituído é o decorrente de testamento. Sendo assim, o prazo deve ser contado a partir da abertura do testamento. Por outro lado, o prazo de quatro anos está acorde com o art. 1.815"). Se o herdeiro não intentar ação judicial nesse prazo de decadência, não mais terá o direito de movê-la. O testamenteiro não beneficiado pela deserdação não pode propor essa ação, apesar de poder propugnar a validade do testamento (CC, art. 1.981). Se provar cabalmente o fato, a sentença privará o herdeiro de sua legítima. Se não se conseguir provar a causa da deserdação, ficará sem efeito a instituição de herdeiro e todas as disposições que prejudicarem a reserva legitimária do deserdado (*RT, 181*:708); logo, a falsidade da causa alegada ou a ausência de comprovação de sua veracidade autorizará o herdeiro a receber o que tem direito; mas, se se tratar de legado, cumprir-se-á a liberalidade que comporte a quota disponível.

Além das *causas* que autorizam a *indignidade* (*RT, 630*:85, *620*:154; *JTJ, 144*:17), mencionadas no Código Civil, art. 1.814, as quais já analisamos em páginas anteriores, a *deserdação do descendente pelo ascendente* funda-se, conforme o Código Civil, art. 1.962, I a IV, em:

1º) *Ofensas físicas,* leves ou graves, pois indicam que há no herdeiro absoluta falta de afeto, respeito ou gratidão para com seu ascendente, não sendo justo, por isso, que se lhe suceda[59], autorizando-se, portanto, a deserdação. A cominação dessa pena civil independe de prévia decisão da justiça criminal[60].

---

59. Clóvis Beviláqua, *Comentários,* cit., v. 6, p. 208. Meras ameaças de agressão, provocando medo, não constituem ofensa física, mas injúria grave.

60. W. Barros Monteiro, op. cit., p. 243. Tais lesões corporais precisam ser dolosas.

2º) *Injúria grave*, que atinja seriamente a honra, a respeitabilidade, a dignidade do testador e não de pessoas de sua família ou de seu consorte[61]. A qualidade ofensiva da palavra falada ou escrita depende da opinião, dos hábitos e crenças sociais, variando conforme as circunstâncias; daí deixar-se ao prudente critério do juiz decidir se constitui ou não injúria grave, intolerável e proposital, que justifique a deserdação do ofensor[62]. Washington de Barros Monteiro[63] minuciosamente nos indica os atos que a jurisprudência não tem considerado como injúria grave: *a*) pedido de interdição do testador, formulado pelo herdeiro (*RT*, *87*:640, *331*:129); STJ, REsp n. 1185/22, pub. 2.3.2011; *b*) uso regular de ação em que o autor venha a exceder-se, magoando o testador, ao articular fatos qualificativos do pedido (*RT*, *87*:640); *c*) a circunstância de o herdeiro ter-se insurgido contra doação efetuada pelo testador, propondo ação contra ele (*RT*, *160*:717); *d*) se o herdeiro ofensor for muito idoso, cego ou portador de alienação mental (CC, art. 1.962, IV; *RT*, *108*:238); *e*) o fato de o herdeiro haver requerido destituição do testador do cargo de inventariante (*RT*, *125*:568).

3º) *Relações ilícitas com a madrasta ou o padrasto*, por serem incestuosas e adúlteras, dado que há um parentesco afim, na linha reta, entre padrasto e enteada, e entre madrasta e enteado, que não se extingue com a dissolução do casamento que lhe deu origem (CC, art. 1.595 e § 2º), havendo impedimento matrimonial entre essas pessoas (CC, art. 1.521, II). Além disso, tais relações (como, p. ex., conjunção carnal, concupiscência, lascívia etc.) mancham a pureza do ambiente doméstico, legitimando a deserdação[64].

4º) *Desamparo do ascendente em alienação mental ou grave enfermidade*, por revelar, da parte do herdeiro, desafeição pelo autor da herança, egoísmo, falta de sentimentos de solidariedade humana, autorizando, por essas razões, sua deserdação. Entretanto, há julgados (*RT*, *51*:497; *JTJ*, *231*:172) que entendem que não autoriza a deserdação o fato de o descendente ter internado o ascendente como indigente em hospital, por estar gravemente enfermo, se não se conseguir provar que o filho tinha recursos para custear o tratamento[65].

---

61. Caio M. S. Pereira, op. cit., p. 243; *RT*, *185*:219.

62. Itabaiana de Oliveira, op. cit., v. 2, p. 424; Luiz Teixeira, *Instituições de direito civil*, v. 2, p. 293; *RF*, *105*:270.

63. W. Barros Monteiro, op. cit., p. 243.

64. W. Barros Monteiro, op. cit., p. 244; Itabaiana de Oliveira, op. cit., p. 424-5. Há quem entenda, como Zeno Veloso, que relação ilícita com convivente de genitor poderá levar à deserdação, considerando-se que o parentesco por afinidade não se extingue com a dissolução da união estável (*Comentários ao Código Civil* (coord. Antônio Junqueira de Azevedo), São Paulo, Saraiva, 2003, v. 21, p. 334).

65. Clóvis Beviláqua, *Comentários*, cit., v. 6, p. 208; W. Barros Monteiro, op. cit., p. 244; Gouvêa Pinto, *Tratado dos testamentos e sucessões*, p. 57 e s.; Caio M. S. Pereira, op.

O *descendente*, por sua vez, estará autorizado a deserdar o *ascendente*, se ocorrerem não só os motivos justificadores da exclusão por indignidade (CC, art. 1.814), mas também as causas enumeradas no Código Civil, art. 1.963, I a III: ofensas físicas, injúria grave, relações ilícitas com a mulher ou companheira do filho ou a do neto, ou com o marido ou companheiro da filha ou o da neta, e desamparo do descendente (filho ou neto) em estado de deficiência mental ou grave enfermidade.

Assim temos:

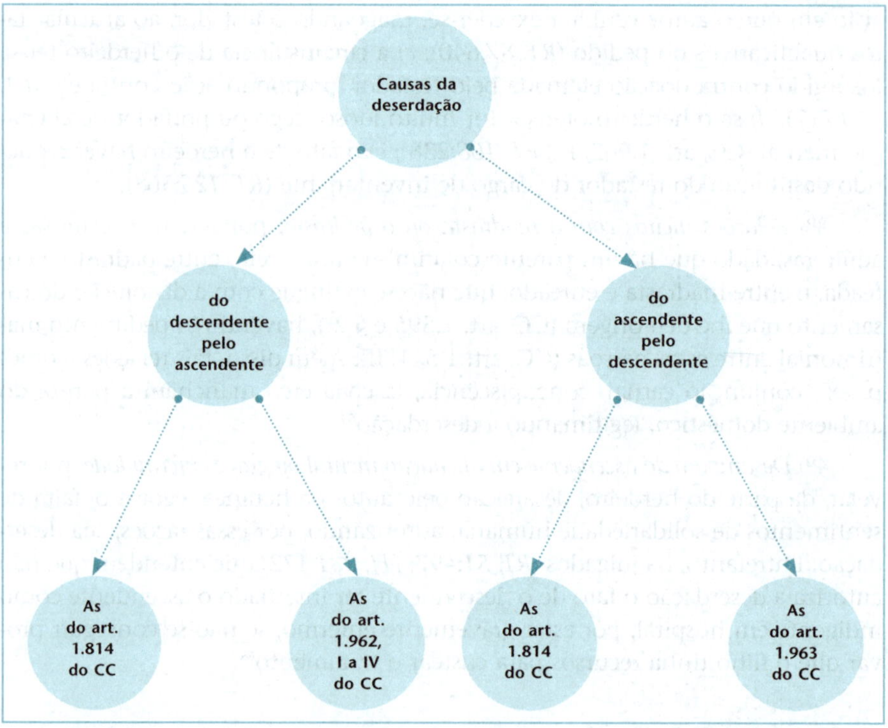

O Projeto de Lei n. 699/2011 propõe o acréscimo do dispositivo 1.963-A, que assim se apresentará redigido: "Além das causas enumeradas no art. 1.814, autorizam a deserdação do cônjuge:

I — prática de ato que importe grave violação dos deveres do casamento, ou que determine a perda do poder familiar;

---

cit., p. 243. O PL 867/2011 visa dar novo tratamento à indignidade e à deserdação, ampliando as causas que as justificam.

II — recusar-se, injustificadamente, a dar alimentos ao outro cônjuge ou aos filhos comuns;

III — desamparo do outro cônjuge ou descendente comum com deficiência mental ou grave enfermidade".

Tal proposta assim se apresenta justificada: "Ao regular a deserdação, o novo Código, embora anunciando, no art. 1.961, que os herdeiros necessários podem ser deserdados, nos artigos seguintes, indicando as causas que autorizam a privação da legítima, só menciona a deserdação dos descendentes por seus ascendentes (art. 1.962) e a deserdação dos ascendentes por seus descendentes (art. 1.963). E o cônjuge, que é, também, herdeiro necessário? Sem dúvida foi um esquecimento, e esta omissão tem de ser preenchida, para resolver o problema. Em muitas legislações, numa tendência que é universal, a posição sucessória do cônjuge foi privilegiada, mas se prevê, igualmente, a possibilidade de ele ser deserdado, com as respectivas causas" (BGB, art. 2.335; Código Civil suíço, art. 477; Código Civil peruano, art. 746; Código Civil espanhol, art. 855; Código Civil português, art. 2.166). O Parecer Vicente Arruda aprovou tal sugestão, também inserida no PL n. 6.960/2002 (atual PL n. 699/2011), com a seguinte redação: "Art. 1.963-A. Além das causas enumeradas no art. 1.814, autorizam a deserdação do cônjuge: I — ofensa física; II — injúria grave; III — conduta desonrosa; IV — desamparo do outro cônjuge ou descendente comum com deficiência mental ou grave enfermidade".

O Projeto de Lei n. 3.145/2015 visa incluir entre os casos de deserdação o abandono de idosos em hospitais, casas de saúde, asilos etc. por filhos e netos ou de filhos e netos por pais e avós, ante a desumanidade e lesividade da falta de afetividade demonstrada por estes atos.

Quanto aos *efeitos da deserdação,* seria de bom alvitre lembrar que:

1º) Pelo art. 1.784 do Código Civil, o deserdado adquire o domínio e a posse dos bens da herança com a abertura da sucessão; todavia, com a publicação do testamento, surge uma condição resolutiva da propriedade. Deveras, se se provar a causa de sua deserdação, será ele excluído da sucessão, retroagindo os efeitos da sentença até a data da abertura da sucessão. Ou seja, o deserdado é considerado como se fosse morto, portanto, como se nunca tivesse tido o domínio daqueles bens do acervo hereditário do autor da herança[66].

2º) Ante o caráter personalíssimo da pena de deserdação, os descendentes do deserdado sucedem como se ele fosse falecido, procedendo à sua substituição, não se estendendo a deserdação aos descendentes do excluído (*RT, 691*:89). Ela atinge exclusivamente o culpado, pois há um princípio geral de direito que

66. Silvio Rodrigues, op. cit., p. 250; Branca Martins da Cruz, *Reflexões críticas sobre indignidade e deserdação,* Coimbra, 1986.

impede a punição do inocente, consagrando a ideia do caráter personalíssimo da pena[67]. Em sentido contrário, Washington de Barros Monteiro, que propugna a exclusão não só do deserdado, bem como de seus descendentes, por não haver no Código Civil, no capítulo atinente à deserdação, norma similar à do art. 1.816, alusivo à indignidade, ao prescrever que são pessoais os efeitos da exclusão do herdeiro por indignidade[68].

3º) Há necessidade de preservar a integridade do acervo hereditário para entregá-lo ao deserdado, se ele vencer a ação proposta pelo beneficiado com sua deserdação; ou para destiná-lo ao herdeiro instituído ou aos outros favorecidos com a exclusão do deserdado, se este for vencido na referida ação. Para tanto, será preciso nomear um depositário judicial, que custodiará a herança até o trânsito em julgado daquela ação[69].

4º) Se não se provar a causa da deserdação, ela não prevalecerá, mas o testamento produzirá todos os seus efeitos naquilo que não contrariar a legítima do herdeiro necessário, reduzindo-se os quinhões dos herdeiros legítimos, dos instituídos e dos legatários, se isso for necessário, para inteirar a legítima do herdeiro que foi ineficazmente deserdado[70].

À guisa de conclusão, convém mencionar que a mera reconciliação do testador com o deserdado não gera a ineficácia da deserdação, se o testador não se valer da revogação testamentária, porque essa pena é imposta por testamento[71].

---

67. Caio M. S. Pereira, op. cit., p. 245; Orlando Gomes, op. cit., p. 184; Silvio Rodrigues, op. cit., p. 250-1; Itabaiana de Oliveira, op. cit., v. 2, p. 427; Ferreira Alves, op. cit., n. 295; Orozimbo Nonato, op. cit., v. 2, p. 163; *RT, 185*:219.

68. W. Barros Monteiro, op. cit., p. 247. O Projeto de Lei n. 276/2007 (atual PL 699/2011) propõe o acréscimo do § 2º ao artigo 1.965, com a seguinte redação: "São pessoais os efeitos da deserdação: os descendentes do herdeiro deserdado sucedem, como se ele morto fosse antes da abertura da sucessão. Mas o deserdado não terá direito ao usufruto ou à administração dos bens que a seus sucessores couberem na herança, nem à sucessão eventual desses bens". Acatou, portanto, sugestão de Zeno Veloso, para quem, "embora, sob a égide do Código Civil de 1916, haja a opinião dominante de que os descendentes do deserdado tomam o lugar dele na herança, exercendo o direito de representação, pois a pena não pode se irradiar aos descendentes do que praticou os atos desabonadores, para espancar dúvidas, convém que esta solução seja dada expressamente na lei". E o Parecer Vicente Arruda, por sua vez, também a aceitou ao comentá-la, analisando o PL n. 6.960/2002 (hoje PL n. 699/2011). Os países [p. ex., Alemanha (CC, art. 2.335); Suíça (art. 477); Espanha (CC, art. 855); Peru (CC, art. 855)] procuram reconhecer a condição de herdeiro do cônjuge supérstite e apontar hipóteses de sua deserdação.

69. Silvio Rodrigues, op. cit., p. 250.

70. Essa é a lição de Silvio Rodrigues, op. cit., p. 251; *RT, 263*:135.

71. Itabaiana de Oliveira, op. cit., p. 422; Ferreira Alves, op. cit., p. 296. Julio César B. Silva, Aspectos polêmicos da anulação da deserdação, *Revista Síntese — Direito da Família, 122*:74 a 83, 2020.

Quadro Sinótico

CAPACIDADE TESTAMENTÁRIA E DESERDAÇÃO

1. CONDIÇÕES DE VALIDADE JURÍDICA DO TESTAMENTO	• Capacidade testamentária ativa e passiva. • Não haver deserdação. • Observância de todas as formalidades legais.	
2. CAPACIDADE TESTAMENTÁRIA ATIVA	• É a capacidade para testar. São incapazes para fazer testamento: os menores de 16 anos, os que não estiverem em seu perfeito juízo (CC, art. 1.860), os surdos-mudos que não puderem exprimir sua vontade (CC, art. 1.873) e as pessoas jurídicas (CC, art. 1.857).	
3. CAPACIDADE TESTAMENTÁRIA PASSIVA	• A capacidade para adquirir por testamento rege-se pela regra geral de que são capazes para isso todas as pessoas, naturais ou jurídicas, existentes ao tempo da morte do testador, não havidas como incapazes (CC, arts. 1.798 e 1.799). São absolutamente incapazes para adquirir por testamento: os não concebidos até a morte do testador, salvo se a disposição testamentária se referir à prole eventual de pessoa designada pelo testador, existente ao abrir-se a sucessão (CC, art. 1.799, I); e as pessoas jurídicas de direito público externo (LINDB, art. 11, § 2º). São relativamente incapazes para receber por testamento as pessoas arroladas no art. 1.801 do CC. Anulam-se todas as disposições testamentárias em favor dos incapazes dos arts. 1.798 e 1.801, ainda quando simulem a forma de contrato oneroso ou os beneficiem por interposta pessoa (CC, art. 1.802, parágrafo único).	
4. DESERDAÇÃO	• Conceito	• É o ato pelo qual o *de cujus* exclui da sucessão, mediante testamento com expressa declaração da causa, herdeiro necessário, privando-o de sua legítima, por ter praticado qualquer ato taxativamente enumerado no CC, arts. 1.814, 1.962 e 1.963.
	• Requisitos	• Exigência de testamento válido com expressa declaração do motivo determinante da deserdação (CC, art. 1.964). • Fundamentação em causa expressamente prevista pela lei. • Existência de herdeiros necessários (CC, art. 1.845). • Comprovação da veracidade do motivo alegado pelo testador (CC, arts. 1.965 e parágrafo único e 1.981).

4. DESERDAÇÃO	• Causas	• CC, arts. 1.814, 1.962 e 1.963.
	• Efeitos	• Deserdado, na abertura da sucessão, adquire o domínio e a posse da herança (CC, art. 1.784); com a publicação do testamento, passa a ter propriedade resolúvel. • Descendentes do deserdado sucedem-no, por substituição, como se ele morto fosse, ante o caráter personalíssimo da pena civil. • Necessidade de preservar a herança durante a ação ordinária proposta pelo beneficiado com a deserdação para comprovar a sua causa geradora, nomeando-se um depositário judicial. • Não provado o motivo determinante da deserdação, o testamento, apesar da ineficácia daquela, produzirá efeitos em tudo o que não prejudicar a legítima do herdeiro necessário.
	• Revogação	• O testador só poderá perdoar o deserdado por meio da revogação testamentária, porque essa pena é imposta por testamento.

C. Formas de testamento

c.1. Notas introdutórias sobre as formas testamentárias

O testamento, como já dissemos em páginas anteriores, é um ato personalíssimo (CC, art. 1.858, primeira parte), formal ou solene, que além de requerer forma escrita está rodeado de requisitos *ad substantiam,* cuja inobservância torna nula a manifestação de última vontade[72]. Sua eficácia jurídica subordina-se à obediência da forma prescrita em lei, sob pena de nulidade absoluta (CC, art. 166, IV), que pode ser decretada de ofício pelo magistrado quando tiver conhecimento desse fato, desde que esteja devidamente provado (CC, art. 168, parágrafo único)[73].

Na facção testamentária dever-se-á atender, concomitantemente, à forma interna ou ao elemento intrínseco — atinente à capacidade testamentária ativa e passiva e ao modo de distribuição dos bens pelos herdeiros instituídos e legatários, quando houver herdeiros necessários, cuja reserva legitimária deve ser respeitada, exceto em hipótese de deserdação, e à forma externa ou ao elemento extrínseco ou formal — alusivo ao número de testemunhas, à sua rogação e capacidade; às espécies de testamento, ou seja, ao modo especial pelo qual o testador deve exprimir sua vontade, para que o testamento tenha eficácia jurídica, e às pessoas encarregadas de cumprir as disposições testamentárias, que são os testamenteiros[74].

A exigência da estrita observância dessas formalidades legais tem por escopo garantir a autenticidade do testamento e preservar a vontade livre do testador[75], possibilitando, na elaboração do testamento, a identificação do testador

---

72. Mazeaud e Mazeaud, *Leçons de droit civil,* v. 4, ns. 961 e 967; Barassi, op. cit., p. 334. "Civil — Sucessão — Testamento — Formalidades — Extensão. O testamento é um ato solene que deve submeter-se a numerosas formalidades que não podem ser descuradas ou postergadas, sob pena de nulidade. Mas todas essas formalidades não podem ser consagradas de modo exacerbado, pois a sua exigibilidade deve ser acentuada ou minorada em razão da preservação dos dois valores a que elas se destinam — razão mesma de ser do testamento —, na seguinte ordem de importância: o primeiro, para assegurar a vontade do testador, que já não poderá mais, após o seu falecimento, por óbvio, confirmar a sua vontade ou corrigir distorções, nem explicitar o seu querer que possa ter sido expresso de forma obscura ou confusa; o segundo, para proteger o direito dos herdeiros do testador, sobretudo dos seus filhos. Recurso não conhecido" (STJ, 4ª T., REsp 302.767-PR, 2001/0013413-0, rel. Min. César Asfor Rocha, j. 5-6-2001).

73. Silvio Rodrigues, op. cit., p. 119-20; Euclides de Oliveira, Formas de testamento, *Direito civil — direito patrimonial e direito existencial,* cit., p. 911-33.

74. Itabaiana de Oliveira, op. cit., v. 2, p. 430-1; Romagnosi, *Prime materie e questioni nelle forme testamentarie,* v. 1, p. 251.

75. Orozimbo Nonato, op. cit., v. 1, n. 148; Silvio Rodrigues, op. cit., p. 119; Caio M. S. Pereira, op. cit., p. 155.

com a declaração por ele feita, a espontaneidade da expressão volitiva de última vontade e a época da declaração, que envolve questões relativas à capacidade do declarante e à subsistência do documento, não revogado por outro subsequente, pois, revestindo-se o testamento das formalidades exigidas pela lei vigente à época de sua feitura, será válido mesmo que outras exigências formais sejam criadas por lei antes da abertura da sucessão[76].

Quanto à forma externa do testamento, nossa lei admite que a manifestação de última vontade se exteriorize por meio de várias espécies de testamento. Assim, classificam-se os testamentos: *a*) *ordinários,* se puderem ser adotados por qualquer pessoa capaz e em qualquer condição, como ocorre com o testamento público, o cerrado e o particular (CC, art. 1.862); *b*) *especiais,* se somente permitidos a certas e determinadas pessoas, colocadas em circunstâncias particulares, designadas em lei, compreendendo o testamento aeronáutico, o militar e o marítimo (CC, arts. 1.886, 1.887, 1.888 a 1.892, 1.893 a 1.896)[77]. Em tais testamentos há simplificação das formalidades e redução dos requisitos exigidos, legalmente, para os ordinários.

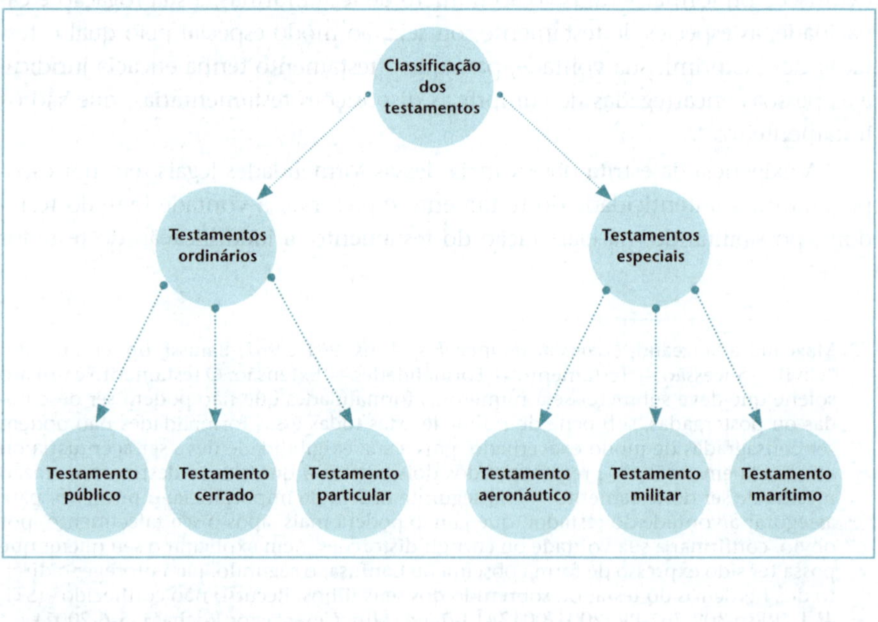

76. Caio M. S. Pereira, op. cit., p. 155.

77. Itabaiana de Oliveira, op. cit., v. 2, p. 431-2; José Lopes de Oliveira, op. cit., p. 92; Sebastião José Roque, *Direito das sucessões*, cit., p. 78-100; Orozimbo Nonato, *Estudos sobre sucessão testamentária*, n. 156; Carlos Maximiliano, *Direito das sucessões*, n. 341; Zeno Veloso,

Nossa ordenação jurídica proíbe forma híbrida nas disposições testamentárias; portanto, não é permitido unir duas formas de testamento numa só[78]. Ante o caráter personalíssimo do testamento, o Código Civil, art. 1.863, proibiu o testamento *conjuntivo* (*RT, 787*:189), seja simultâneo, recíproco ou correspectivo.

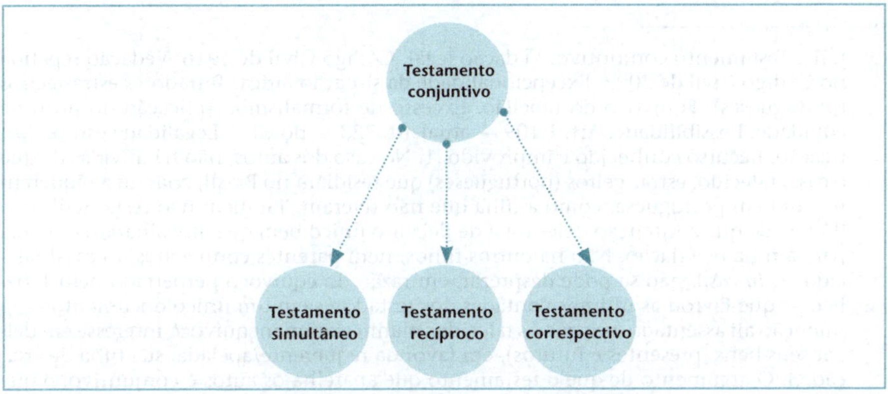

Pelo *simultâneo* ou *de mão comum* ou *mancomunado* figurariam no ato dois testadores (em regra, marido e mulher), que beneficiariam, conjuntamente, terceira pessoa (p. ex., "A" e "B" dispõem que seus bens passariam a ser de "C"). No *recíproco*, os testadores, num só ato, beneficiar-se-iam mutuamente, instituindo herdeiro o que sobrevivesse (p. ex., "A" deixa bens para "B", e "B" estabelece que, se falecer primeiro, seus bens ficarão para "A"). E, no *correspectivo*, os testadores efetuariam disposições testamentárias em retribuição de outras correspondentes (exemplificativamente: "A" deixa uma casa a "B", e este um terreno para "A")[79]. Fácil é denotar que nossa lei proibiu todas essas dis-

---

Testamentos — noções gerais — formas ordinárias, *O novo Código Civil — estudos em homenagem a Miguel Reale*, São Paulo, LTr, 2003, p. 1.384 a 1.409; Caio M. S. Pereira (*Instituições*, cit., v. 6, n. 463, p. 169) chegou a afirmar que se poderia estender o testamento especial às hipóteses em que o testador insulado por inundações, epidemias ou outra causa análoga, que o impeça de dispor em forma ordinária. Parece-nos que estes casos estão, hoje, abrangidos no art. 1.879 do Código Civil. Provimento CG n. 06/94, sobre Registro Central de Testamentos do Estado de São Paulo.

78. Itabaiana de Oliveira, op. cit., v. 2, p. 433.

79. Clóvis Beviláqua, *Comentários*, cit., v. 6, p. 94; Caio M. S. Pereira, op. cit., p. 154; Itabaiana de Oliveira, op. cit., v. 2, n. 339; Gouvêa Pinto, op. cit., p. 156; C. E. Thompson Flores Lenz, Considerações acerca do testamento conjuntivo: análise do artigo 1.863 do Código Civil, *Revista da Escola da Magistratura* do TRF da 4ª Região, n. 3, (2015) p. 63-72; *RT, 134*:111, *787*:189; *RJ, 167*:99.

Ementa: TJDF, 1ª T. Cível, Ap. 20110610113130 APC, rel. Des. Alfeu Machado. Civil. Processual Civil. Sucessão. Registro e cumprimento de testamento. Jurisdição volun-

posições por serem modalidades de pacto sucessório, vedado no direito brasileiro, visto que não pode ser objeto de contrato herança de pessoa viva, e por contravirem um dos caracteres essenciais do ato de última vontade, que é a sua revogabilidade[80]. Cumpre ressaltar que a proibição legal não alcança testa-

tária. Testamento conjuntivo. Vedação legal. Código Civil de 1916. Vedação repetida no Código Civil de 2002. Excepcionalidade da situação fática. Testadores estrangeiros (portugueses). Equívoco do tabelião. Excesso de formalismo. Aplicação do juízo de equidade. Possibilidade. Art. 1.109 — atual art. 723 — do CPC. Legalidade estrita. Mitigação. Recurso conhecido e improvido. 1. No caso dos autos, não há dúvidas de que o casal falecido, estrangeiros (portugueses) que residiam no Brasil, criaram a requerente, também portuguesa, como a filha que não tiveram. Também não resta nenhuma dúvida de que a intenção deles foi a de deixar o único bem que amealharam em vida para a filha de criação. Não há outros filhos, nem parentes conhecidos do casal falecido. 2. *In casu*, não se pode desprezar, em razão do equívoco perpetrado pelo Tabelião — que lavrou as últimas vontades dos testadores em um único documento —, a intenção ali assentada, vez que os falecidos manifestaram inequívoco interesse em deixar seus bens (presentes e futuros), em favor da requerente/apelada, sua filha de criação. 3. O argumento de que o testamento que aparelha os autos é conjuntivo, o que ensejaria, nos termos do art. 1.630 do CC/1916 (dispositivo repetido no art. 1.863 do CC/2002), sua nulidade; encerra excessivo apego ao formalismo, tendo em vista que, em razão da moldura fática apresentada nos autos, os bens deixados pelo casal falecido, em razão da ausência de ascendentes, descendentes e da inexistência de notícia de colaterais, serão entregues à Fazenda Pública. 4. Precedente: "*[...] não se deve alimentar a superstição do formalismo obsoleto, que prejudica mais do que ajuda. Embora as formas testamentarias operem com* jus cogens, *entretanto a lei da forma está sujeita a interpretação e construção apropriadas as circunstâncias. Recurso conhecido, mas desprovido (REsp 1.422/RS, rel. Min. Gueiros Leite, 3ª Turma, j. em 2-10-1990,* DJ *4-3-1991, p. 1.983)*". 5. Magistrada de primeiro grau converteu o feito em Registro e Cumprimento de Testamento, conforme decisão interlocutória, portanto, de jurisdição voluntária. 6. Em sendo assim, o juiz não está obrigado a decidir com base na legalidade estrita (art. 1.109 — hoje art. 723 — CPC), facultando-lhe, portanto, o juízo por equidade, ou seja, poderá adotar, no caso concreto, a solução que reputar mais conveniente ou oportuna. A doutrina entende que tal dispositivo reconhece a presença de certa discricionariedade do juiz. 7. Recurso conhecido e improvido. Sentença mantida.

80. Silvio Rodrigues, op. cit., p. 121; W. Barros Monteiro, op. cit., p. 109. Há julgado entendendo: "I. O testamento é consubstanciado por ato personalíssimo de manifestação de vontade quanto à disponibilização do patrimônio do testador, pelo que pressupõe, para sua validade, a espontaneidade, em que titular dos bens, em solenidade cartorária, unilateral, livremente se predispõe a destiná-los a outrem, sem interferência, ao menos sob o aspecto formal, de terceiros. II. O art. 1.630 da lei substantiva civil de 1916 veda o testamento conjuntivo, em que há, no mesmo ato, a participação de mais alguém além do testador, a indicar que o ato, necessariamente unilateral na sua realização, assim não o foi, pela presença direta de outro testador, a descaracterizá-lo com o vício da nulidade. III. Não se configurando, na espécie, a última hipótese, já que o testamento do *de cujus*, deixando suas cotas para sua ex-sócia e concubina, e o outro por ela feito, constituíram atos distintos, em que cada um compareceu individualmente para expressar seu desejo sucessório, inaplicável, à espécie, a cominação prevista no referenciado dispositivo legal, corretamente interpretado pelo Tribunal *a quo*. IV. Recurso especial não conhecido" (STJ, REsp 88.388-SP, 1996-0009897-

mentos feitos em instrumentos separados por duas pessoas, mesmo se cônjuges (*JB, 162*:259), na mesma data, posto que neles se encontre identidade ou correspondência de cláusulas testamentárias, deixando bens um para o outro, por não serem conjuntivos, conservando cada um a sua própria autonomia (*RF, 140*:328; *RT, 150*:652, *165*:680, *787*:189; *JTJ, 264*:280, *149*:116; *EJSTJ, 2*:47 e 84)[81]. Abolido está em nosso direito o testamento nuncupativo, tal como vigorava na legislação anterior, que permitia testamento de viva voz aos doentes em perigo de vida, feito perante seis testemunhas, que soubessem de bom

---

2, rel. Min. Aldir Passarinho Júnior, j. 5-10-2000). Não admitem o testamento conjuntivo: CC francês, art. 968; CC espanhol, art. 669; CC português, art. 2.181; CC italiano, art. 589; CC mexicano, art. 1.296; CC argentino, art. 3.618; CC paraguaio, art. 2.612. Já a Alemanha, no § 2.265 do BGB, o admite.

81. W. Barros Monteiro, op. cit., p. 110; Lomonaco, *Istituzioni di diritto civile*, v. 4, p. 114; José Lopes de Oliveira, op. cit., p. 93; *JB, 162*:259: "A superveniência de separação entre cônjuges não é suficiente, por si só, para considerar revogado o testamento feito por um em benefício do outro". "Recurso Extraordinário. Testamentos públicos, em instrumentos distintos e sucessivos, feitos por marido e mulher, na mesma data, no mesmo local e perante as mesmas testemunhas e tabelião. 2. Testadores casados pelo regime de comunhão universal de bens sem descendentes, que legaram, nos testamentos aludidos, um ao outro, a respectiva meação disponível. Cada qual, na cédula testamentária própria, estipulou que, por falta do legatário instituído, a parte disponível se destinaria aos irmãos e sobrinhos por consanguinidade. 3. Ação declaratória de nulidade dos referidos testamentos, alegando-se infringência ao art. 1.630 do Código Civil, que proíbe o testamento conjunto, seja simultâneo, recíproco ou correspectivo. 4. Recurso extraordinário, por negativa de vigência do art. 1.630 do Código Civil. 5. Não ocorreu, no caso, testamento conjuntivo, 'uno contextu', ou de mão comum, mas foram feitos dois testamentos em separado, relativamente aos quais o tabelião, com sua fé, certificou, sem qualquer elemento de prova em contrário, a plena capacidade dos testadores e a livre manifestação de sua vontade. 6. Não incidem na proibição do art. 1.630 do Código Civil os testamentos de duas pessoas, feitos na mesma data, no mesmo tabelião e em termos semelhantes, deixando os bens um para o outro, pois, cada um deles, isoladamente, conserva a própria autonomia e unipessoalidade. Cada testador pode livremente modificar ou revogar o seu testamento. A eventual reciprocidade, resultante de atos distintos, unilateralmente revogáveis, não sacrifica a revogabilidade, que é da essência do testamento. Não cabe, também, falar em pacto sucessório, em se tratando de testamentos distintos. 7. Exame da doutrina e da jurisprudência sobre a compreensão do art. 1.630 do Código Civil. Precedentes. 8. O fato de marido e mulher fazerem, cada qual, o seu testamento, na mesma data, local e perante as mesmas testemunhas e tabelião, legando um ao outro a respectiva parte disponível, não importa em se tolherem, mutuamente, a liberdade, desde que o façam em testamentos distintos. Cada um conserva a liberdade de revogar ou modificar o seu testamento. 9. No caso concreto, o acórdão, ao anular dois testamentos feitos em 1936, com atenção às formalidades da lei, fazendo incidir, o art. 1.630 do Código Civil, relativamente a hipótese não compreendida em sua proibição, negou-lhe vigência. 10. Recurso extraordinário conhecido, por negativa de vigência do art. 1.630 do Código Civil, e provido, para julgar improcedente a ação declaratória de nulidade dos referidos testamentos" (*ESTF, 1794-04*:685).

juízo o testador, conhecessem seu ânimo de testar e entendessem sua disposição de última vontade. O testamento tornava-se ineficaz se o testador recuperasse sua saúde. Hodiernamente só é permitida essa espécie de testamento aos militares, quando empenhados em combate ou feridos[82] (CC, art. 1.896).

c.2. Formas ordinárias de testamento

c.2.1. Testamento público

O testamento público é o lavrado pelo tabelião ou por seu substituto legal em livro de notas, de acordo com a declaração de vontade do testador, exarada verbalmente, em língua nacional, perante o mesmo oficial e na presença de duas testemunhas idôneas ou desimpedidas[83].

Os *requisitos* essenciais ou formais extrínsecos desse testamento, sem os quais será nulo, são:

1º) Ser escrito, manual ou mecanicamente, por tabelião ou seu substituto legal — cônsul, tabelião, oficial-maior do tabelionato, escrevente juramentado que esteja legalmente como substituto, no pleno exercício do cargo de tabelião (*RT, 357*:478; *RTJ, 110*:1262) — em seu livro de notas, conforme as declarações

---

82. Silvio Rodrigues, op. cit., p. 120, nota 70; Itabaiana de Oliveira, op. cit., v. 2, p. 433.

83. *Vide* Itabaiana de Oliveira, op. cit., v. 2, p. 434; Silvio Rodrigues, op. cit., p. 122; José Lopes de Oliveira, op. cit., p. 93; Caio M. S. Pereira, op. cit., p. 158; W. Barros Monteiro, op. cit., p. 111; Dower, op. cit., p. 357; Pinto Ferreira, *Tratado das heranças e dos testamentos*, São Paulo, Saraiva, 1983, p. 257-92; Eduardo Antpack, Requisitos essenciais do testamento público, *Ajuris, 17*:93; Derek Knight, Do testamento público em videocassete, *RJ, 96*:35; M. Helena Diniz, Requisitos do testamento público, *Temas atuais de direito*, São Paulo, LTr, 1998, p. 170-82; Elza de F. Rodrigues, Admissibilidade de testamento público de testador nonagenário, *Revista de Direito Notarial, 3*:361-72; *RT, 126*:559 e 714, *233*:162, *308*:208, *687*:80, *617*:238, *625*:59, *603*:227, *697*:157, *716*:255, *790*:378, *787*:223; *575*:202, *569*:52, *687*:71 e 80, *726*:372, *678*:84, *802*:215; *JTJ, 167*:126; *RJTJSP, 119*:295, *122*:312; *RJ, 220*:90, *222*:74; *RJM, 46*:55; *RF, 174*:217, *280*:226; *RDP, 7*:257; *JB, 95*:356. O tabelião ou seu substituto legal têm poderes funcionais para redigir testamento público, e também para assiná-lo a rogo, se o testador não souber ou não puder assinar. Urge esclarecer que *oficial público* é termo amplo que abrange oficial de registro imobiliário, de cartório de títulos e documentos, notário, leiloeiro judicial, porteiro de auditório e escrivão do foro. "Testamento Público — Capacidade testamentária ativa — Presunção não desmerecida pela prova — Viabilidade da sua lavratura por tabeliã substituta ou escrevente autorizada — Inteligência do art. 1.632, I, do CC de 1916 — Meio adequado para o testador reconhecer a existência de convivência estável — Vontade por ele manifestada livremente — Ausência de defeitos de forma a justificar a anulação do ato — Ação julgada improcedente — Recurso improvido" (TJSP-Ap. Cível 132.026-4/1-Osasco).

do testador, podendo este servir-se de minuta (*RTJ*, *44*:154), notas ou apontamentos, em presença de duas testemunhas idôneas ou desimpedidas (CC, art. 1.864, I; CF/88, art. 19, II; CPC, art. 405; Lei n. 8.078/90, art. 6º, X; Lei n. 8.935/94, art. 3º). Tais declarações do testador deverão ser feitas de modo direto e espontâneo, para evitar qualquer equívoco. Embora a lei não o diga, esse testamento deverá ser redigido no idioma oficial do país, ou seja, em língua nacional (português), visto que é feito por meio de escritura pública (CC, art. 215, § 3º).

E, além disso, nem o tabelião nem as testemunhas são obrigados a compreender idioma estrangeiro. Mas "se qualquer dos comparecentes não souber a língua nacional e o tabelião não entender o idioma em que se expressa, deverá comparecer tradutor público para servir de intérprete, ou, não o havendo na localidade, outra pessoa capaz que, a juízo do tabelião, tenha idoneidade e conhecimento bastantes" (CC, art. 215, § 4º). Todavia, redação errada, erros de linguagem, expressões regionais, mistura de vocábulos estrangeiros compreensíveis não prejudicam o ato (*RT, 267*:533). O testador terá de ditar seu testamento, podendo recorrer a apontamentos particulares ou limitar-se a ler, em alta voz, o que escreveu, para melhor enunciar sua vontade, apesar de nada impedir que apresente ao tabelião uma minuta redigida por advogado. Porém, proíbe-se que o testador se limite a responder às perguntas do tabelião e a responder por sinais ou acenos, por mais expressivos que sejam[84]. É bom esclarecer que o tabelião não está obrigado a escrever as próprias palavras do testador, mas não pode fazer alterações que prejudiquem seu pensamento, que deve ser traduzido fielmente. É seu dever, portanto, reproduzir textualmente a manifestação de vontade do testador, fixando a essência do que ele pretende que se faça com seus bens após a sua morte, devendo, é claro, haver exata correspondência entre a vontade do testador e o contexto do testamento[85]; por isso, é lícito ao notário interromper o ditado, para esclarecer-se ou obter melhores informações[86]. Esse testamento pode ser escrito manual ou mecanicamente, bem como ser feito pela inserção da declaração de vontade em partes impressas de livro de notas, cujos espaços em branco vão sendo preenchidos pelo tabelião, conforme as declarações feitas pelo testador,

---

84. Carvalho Santos, op. cit., v. 23, p. 18-9; Carlos Maximiliano, *Direito das sucessões*, v. 1, n. 370 e 379; Vitali, *Delle successione*, v. 3, n. 514; Walter D'Avanzo, *Delle successioni*, v. 2, n. 815; Orozimbo Nonato, op. cit., v. 1, ns. 160 e 168; W. Barros Monteiro, op. cit., p. 111-2; Dernburg, *Deutsches Erbrecht*, 3. ed., v. 5, p. 83.

85. José Lopes de Oliveira, op. cit., p. 94; Carlos Maximiliano, op. cit., v. 1, p. 446.

86. Caio M. S. Pereira, op. cit., p. 159; Derek Knight, Do testamento público em vídeo cassete, *Revista de Informação Legislativa*, *73*:175-8.

desde que rubricadas todas as páginas pelo testador, se mais de uma (CC, art. 1.864, parágrafo único).

E, ainda, o Projeto de Lei n. 699/2011, transformando aquele parágrafo único em § 1º, acrescentará ao art. 1.864 o seguinte § 2º: "A certidão do testamento público, enquanto vivo o testador, só poderá ser fornecida a requerimento deste ou por ordem judicial".

Tal proposta, seguindo sugestão que "já constava do 'Anteprojeto Orlando Gomes' pretende acrescentar o parágrafo segundo ao art. 1.864, para evitar que terceiros tenham acesso a um ato que, embora válido desde a data de sua confecção, só terá eficácia após morte do testador. Não deve, pois, só porque chamado de 'público', ficar aberto, permitindo-se o seu acesso a qualquer pessoa. Neste sentido, é a melhor doutrina, como resume José de Oliveira Ascensão: 'Note-se que a qualificação como público de um testamento não significa que ele esteja aberto desde logo ao conhecimento de todos: a publicidade, aqui, refere-se antes à oficialidade na sua autoria material. Enquanto o testador vive, o testamento é mantido secreto e só após a morte dele se poderá dar conhecimento a outras pessoas' (*Direito Civil — Sucessões*, Coimbra Ed., 2000, n. 33, p. 63). Além das disposições patrimoniais, o testamento pode conter outras disposições de caráter pessoal — uma confissão, o reconhecimento de um filho havido fora do casamento, uma deserdação — e é de extrema inconveniência que essas disposições sejam conhecidas de terceiros. Na Espanha (Código Notarial, art. 226) e em Portugal (Código do Notariado, art. 176, 2) proíbe-se que seja fornecida certidão do testamento público antes do óbito do testador. Devemos seguir esse modelo. Enquanto vivo, somente o testador, a princípio, tem legítimo interesse para requerer a certidão de seu testamento". Para o Parecer Vicente Arruda, comentando o PL n. 6.960/2002 (atual PL n. 699/2011), desnecessária seria "a inclusão do parágrafo proposto, pois a inviolabilidade do testamento, seja ele público, particular ou cerrado, constitui direito individual garantido pela Constituição Federal, no inciso X de seu art. 5º".

É livre, no território nacional, a escolha do tabelião de notas, qualquer que seja o domicílio das partes ou o lugar da situação dos bens, objeto do negócio (Lei n. 8.935/94, art. 8º). O interessado não está, portanto, obrigado a testar somente no cartório de seu domicílio, visto que pode optar por outro, por qualquer motivo, e até mesmo chamar o tabelião a uma casa ou local situado, ante o princípio da competência territorial do tabelião, na sua circunscrição para lavrar e autenticar o instrumento público do testamento. Quanto à competência *ratione loci* do tabelião, é mister ressaltar que sua função legal de tomar as declarações do testador limita-se à respectiva circunscrição, definida na lei de organização judiciária, sendo nulo o ato se redigido por notário fora dos limites de seu território[87]. Esse testamento é público não apenas devido à participação direta do tabelião que o redige, mas porque não se resguarda a declaração de última vontade de nenhum sigilo, dado que seu conteúdo é conhecido das testemunhas, bem como de qualquer pessoa que queira presenciar o ato[88].

2º) Ser presenciado por duas testemunhas idôneas, que deverão, apesar de a lei não exigir, assistir a todo o ato, sem interrupção e sem se afastarem um só instante do cômodo em que é lavrado (CC, art. 1.864, II; *RT*, *308*:208; 596:169, *787*:223, *687*:80, *617*:238; *Ciência Jurídica, 22*:63)[89], vendo, ouvindo e compreendendo o testador, certificando-se de que o tabelião reproduziu exatamente o que ele queria[90], pois, como assevera Carlos Maximiliano[91], como fiscais que são, impostos por lei, precisam estar presentes em corpo e espírito, atentos do princípio ao fim, desde o momento em que o disponente inicia suas declarações, ou leitura, em voz alta, do esboço ou minuta, até que se recolha a última assinatura. Entretanto, já houve decisão (*RT, 149*:153; *RF*, *143*:363) de que "a ausência temporária das testemunhas durante a escrita do testamento não interrompe o ato, porque a sua presença só é exigida pela lei para que vejam, ouçam e compreendam ao testador, certificando-se de que a escritura encerra a vontade manifestada". Imprescindível é que, de preferência, as testemunhas saibam a língua nacional para que, ouvindo as declarações do disponente e a sua leitura, possam verificar se a escritura testamentária é, realmente, a vontade por ele expressa, conforme este a manifestou em sua presença[92].

3º) Ser lido o testamento pelo tabelião, em voz alta, (CC, art. 1.864, II), depois de lavrado (Lei n. 8.935/94, arts. 3º e 7º, II) na presença do testador e das duas testemunhas, ou pelo próprio testador, se o quiser, na presença destas e do oficial, a fim de que possam certificar-se o disponente e as testemunhas de que o testamento está conforme ao que foi declarado ou ditado pelo testador. Essa leitura deverá ser feita na presença de todas essas pessoas conjuntamente, sob pena de nulidade do ato[93].

---

87. Orlando Gomes, *Direito das sucessões,* n. 85; Caio M. S. Pereira, op. cit., p. 160-1; Carlos Maximiliano, op. cit., n. 402.
88. Caio M. S. Pereira, op. cit., p. 159.
89. W. Barros Monteiro, op. cit., p. 112.
90. Clóvis Beviláqua, *Comentários,* cit., v. 6, p. 97.
91. Carlos Maximiliano, op. cit., v. 1, p. 454.
92. Itabaiana de Oliveira, op. cit., v. 2, p. 436.
93. Itabaiana de Oliveira, op. cit., v. 2, p. 436-7. Pela Lei n. 8.935/94, art. 7º, os tabeliães de notas têm competência para lavrar testamento público e aprovar o cerrado. E pelo

4º) Ser assinado o testamento pelo testador, pelas testemunhas e pelo tabelião (CC, art. 1.864, III), seguidamente e em ato contínuo[94]. Pelo Código Civil, art. 1.865, se o testador não souber, em virtude de analfabetismo, ou não puder assinar em razão de qualquer patologia (mal de Parkinson) ou acidente que lhe impeça o uso das mãos, o tabelião ou seu substituto legal assim o declarará, assinando, neste caso, pelo testador, e, a seu rogo, uma das testemunhas instrumentárias, embora não constitua nulidade assinatura a rogo por terceira pessoa, que esteve presente a todo o ato, conforme decisão do Tribunal de Justiça de São Paulo (*RT, 146*:128, *182*:182, *431*:72, *687*:71; *Ciência Jurídica, 18*:102). Apesar de a lei não o exigir, é de boa cautela que o tabelião tome por praxe a impressão digital do disponente à margem do texto, quando se tratar de assinatura a rogo[95]. Será inválido o testamento se o disponente não o assinar, bem como qualquer das testemunhas ou o tabelião, e, se um dos coparticipantes falecer antes da assinatura, não haverá testamento[96].

Haver menção da observância das formalidades era uma das exigências do CC de 1916, art. 1.634, pois não bastava o seu cumprimento, sendo necessário, ainda, que o tabelião portasse por fé, no testamento, ao especificar cada uma dessas exigências formais, haverem sido observadas. O art. 1.634 aludia aos requisitos formais intrínsecos do testamento público, por serem relativos ao seu conteúdo ou teor textual, no que concernia às formalidades do art. 1.632 do revogado Código. Dizia respeito, portanto, à anotação, no testamento, do cumprimento dos requisitos formais extrínsecos.

Se faltasse ou não se mencionasse alguma delas, seria nulo o testamento, respondendo o oficial público civil e criminalmente (CC de 1916, art. 1.634, pa-

---

protocolo CG n. 20.992/95: "o substituto designado pelo notário para responder pelo serviço nas ausências e impedimentos do titular, somente poderá lavrar testamento público, e aprovação do testamento cerrado, nas ausências prolongadas do titular da delegação, quando estiver em pleno exercício do cargo de tabelião".

94. Caio M. S. Pereira, op. cit., p. 162; Orozimbo Nonato, op. cit., n. 192; De Page, op. cit., n. 903; *RT, 787*:223, *802*:25.

95. Caio M. S. Pereira, op. cit., p. 162; CC italiano, art. 603; CC francês, art. 973 e CC argentino, art. 3.662. Observa Eduardo de Oliveira Leite (*Comentários*, cit., v. 21, p. 348) que: "A assinatura a rogo é feita uma só vez, bastando escrever antes de assinar: '*Por mim e a rogo do testador*'. Se, porém, a assinatura não se fizer acompanhar daquela forma sacramental, o ato não perde a validade já que todas as circunstâncias já haviam sido referidas pelo tabelião, sob sua fé pública".

96. José Lopes de Oliveira, op. cit., p. 95. Já se admitiu a validade do testamento mesmo quando a assinatura a rogo se deu por quem não estava presente a todo o ato (*RTJ, 58*:542).

rágrafo único)[97], por serem as formalidades testamentárias substanciais *ad solemnitatem*[98]. Urge lembrar que não se exigia a reprodução taxativa das formalidades referidas no art. 1.632 do Código Civil de 1916, por ser mera formalidade intrínseca, bastando que constem do testamento e que a elas faça menção o oficial, portando por fé haverem sido observadas (*RF, 135*:198, *40*:433, *174*:217; *RT, 100*:123, *116*:123, *261*:327, *137*:584, *171*:757, *242*:642, *126*:714, *492*:213). Seabra Fagundes, em acórdão de que foi relator no TJRN, manifestou-se no sentido de que, se o oficial público não especificou nos termos literais do art. 1.634 a observância das formalidades do art. 1.632, tal especificação e certificação final seriam supérfluas se no testamento pudesse constar o cumprimento de todas elas. Orlando Gomes, por sua vez, entendia que tal declaração não era requisito essencial à validade do testamento. Logo, a omissão do oficial, por esquecimento ou incompetência, em cumprir a formalidade intrínseca do art. 1.634, não podia nem devia determinar a nulidade do testamento, pois o importante é que as formalidades extrínsecas tenham sido observadas e não que se ateste o que pode ser verificado. Nem mesmo ao porte por fé devia atribuir-se maior valor, porquanto a menção do cumprimento das formalidades do art. 1.632 não supria a real falta de qualquer delas.

Silvio Rodrigues afirmava que era extremamente severa a lei que acentuava o propósito de não permitir transigência de nenhuma espécie com o rigor de que desejava revestir o testamento público. A esse rigor legal nem sempre correspondeu igual rigor por parte de juízes, e muitos julgados entenderam não serem absolutas as exigências. Daí proclamar esse jurista a desnecessidade de o oficial público, ao encerrar o testamento, se referir a cada uma das formalidades legais. Continuava ele, ao comentar o art. 1.634 do revogado Código, "essas decisões... se justificam, talvez, no fato de que o excessivo, se não exagerado formalismo imposto pela lei, se cegamente obedecido, iria conduzir a uma solução por vezes iníqua, por proporcionar a nulidade de um ato que efetivamente correspondia ao desejo do testador". E *de lege ferenda* entendia ele que "a solução ideal seria a da lei reduzir esse excessivo formalismo do testamento público, para que não ofereça flanco tão ostensivo às nulidades". E Aliomar Baleeiro, por sua vez, chegou a observar:

---

97. *RT, 100*:123, *116*:123, *242*:642, *261*:327, *431*:72, *492*:213; *RF, 174*:217; *AJ, 90*:283; *RSTJ, 81*:274. O atual Código Civil simplificou o ato de testar, sem que, com isso, houvesse perda dos valores de certeza e segurança de sua validade.

98. Itabaiana de Oliveira, op. cit., v. 2, p. 438; Silvio Rodrigues, *Direito civil*, cit., p. 123 e 124; M. Helena Diniz, Requisitos do testamento público, in *Temas atuais de direito*, LTr, 1998, p. 170-82; *RT, 242*:642, *261*:327 e *431*:72; *RF, 174*:217; *AJ, 90*:283.

"nos últimos decênios a jurisprudência já não leva ao extremo o rigor formalístico dos testamentos" (*RTJ*, *44*:156). A doutrina e a jurisprudência têm entendido que, hodiernamente, não mais se justifica o excessivo e o descomedido tributo às palavras sacramentais ou ao formalismo nas fórmulas tabelioas. O STF tem-se libertado do exacerbado apego às fórmulas ou ritualidades, voltando-se para a realidade do efetivo cumprimento das formalidades legais, deixando em plano secundário a simples e mecânica atestação final do oficial de que as observou.

Por isso andou bem o Código Civil de 2002, com o escopo de acabar com o exagerado apego ao formalismo do testamento público, em não conter preceito similar ao do art. 1.634 ora revogado, embora o art. 215, § 1º, V, do Código Civil vigente exija que na escritura pública haja "referência ao cumprimento das exigências legais e fiscais inerentes à legitimidade do ato". Mas se o tabelião é dotado de fé pública, tendo competência exclusiva para lavrar testamento público (Lei n. 8.935/94, arts. 3º e 7º, II), subsiste para todos os efeitos legais a sua palavra constante no instrumento que lavrou. Eis por que Carlos Poisl, seguindo o pensamento de Welsh, salienta que a função notarial é, em sua essência e conteúdo, fundamentalmente, a de dar fé. A escritura pública dá certeza, pela fé do tabelião, somente podendo ser elidida mediante prova indiscutível (*RT*, *300*:135). Logo, convém repetir que, apesar do disposto no art. 215, § 1º, V, do Código Civil, o tabelião, que especificou, no corpo da cédula testamentária, os requisitos formais extrínsecos, não precisa reproduzi-los novamente, no fecho, ao portar por fé que todos foram satisfeitos.

Pode testar publicamente:

1º) O indivíduo que puder declarar de viva voz sua vontade, e verificar, pela sua leitura, haver sido fielmente exarada; logo, o mudo não poderá testar por essa forma, e muito menos o surdo-mudo, ainda que saiba ler e escrever, porque, além de não poder manifestar sua vontade oralmente, não pode ouvir a leitura do testamento[99].

2º) O inteiramente surdo, que emitirá sua vontade ao tabelião na presença de duas testemunhas, e, sabendo ler lerá seu testamento, e, se não o souber, designará quem o leia em seu lugar, presentes as testemunhas (CC, art. 1.866). Assim, a pessoa por ele designada para proceder à leitura da disposição testamentária não poderá ser uma das duas testemunhas instru-

99. Itabaiana de Oliveira, op. cit., v. 2, p. 434.

mentárias, mas uma terceira pessoa, que será uma testemunha suplementar, e lerá, de viva voz, o testamento, na presença das instrumentárias[100].

3º) O cego, a quem só será permitida essa forma de testamento, que lhe será lido em voz alta, duas vezes, para que possa verificar se o conteúdo da cédula testamentária corresponde, com precisão, à vontade por ele exarada. Imprescindível será, sob pena de nulidade do ato, a dupla leitura: uma pelo tabelião ou por seu substituto legal e outra por uma das testemunhas designadas pelo testador. Dever-se-á fazer de todas as ocorrências (nome da testemunha indicada pelo testador e dupla leitura) circunstanciada menção no testamento (CC, art. 1.867), sob pena de nulidade (*RT, 177*:254, *184*:921, *325*:19).

Com a abertura da sucessão, o traslado é apresentado em juízo (CPC, art. 736), sendo lido na presença do apresentante e dos interessados, que quiserem ouvir, oficiando-se logo em seguida ao Ministério Público. Não havendo vício extrínseco, o magistrado ordena o registro e o cumprimento do testamento, notificando o testamenteiro para que venha assinar o termo de aceitação da testamentaria. E se algum interessado pretender invalidar o testamento, poderá fazê-lo contenciosamente, pela via ordinária, e não em processo de inventário[101].

c.2.2. Testamento cerrado

Testamento cerrado, místico ou secreto é o escrito com caráter sigiloso, feito pelo testador ou por alguém a seu rogo, e por aquele assinado, completado por instrumento de aprovação lavrado pelo tabelião em presença de duas testemunhas idôneas[102]. A sua grande vantagem é seu caráter sigiloso, guardando o segredo de seu conteúdo até a sua abertura[103]; antes disso, apenas o testador co-

---

100. Lopes Praça, *Lições de direito civil*, p. 281; Itabaiana de Oliveira, op. cit., v. 2, p. 435. Em sentido contrário: Clóvis Beviláqua, *Comentários*, cit., v. 6, p. 91, que entende que a leitura pode ser feita pela testemunha instrumentária, não sendo necessária a testemunha suplementar.

101. Caio M. S. Pereira, op. cit., p. 163. Sobre anulação de testamento público: *EJSTJ*, *13*:88.

102. W. Barros Monteiro, op. cit., p. 115; Itabaiana de Oliveira, op. cit., v. 2, p. 439; José Lopes de Oliveira, op. cit., p. 97; Raul Floriano, A qualificação das testemunhas no testamento cerrado, *RF*, *539*:540; Arnoldo Wald, Considerações sobre o testamento cerrado, *RDC*, *15*:27; Elias Farah, Testamento cerrado. Necessidade de novas regras legais, *RIASP*, *33*:45-54; *RTJ*, *67*:167; *RF*, *154*:252; *RJ*, *109*:196.

103. José Lopes de Oliveira, op. cit., p. 97; Pinto Ferreira, op. cit., p. 293-322; *RF*, *61*:57, *145*:271, *173*:280; *RTJ*, *67*:167, *64*:168, *75*:945; *RT*, *154*:252, *187*:960, *121*:229, *300*:753, *141*:726, *189*:960, *473*:235; *RSTJ*, *7*:284; *EJTJSP*, *2*:62.

nhece seu teor. Quem opta pelo testamento cerrado deseja manter sigilo sobre seus herdeiros e a partilha de seus bens.

Contém dois elementos: a *cédula testamentária*, escrita pelo testador ou por alguém a seu rogo, contendo as disposições de última vontade, e o *auto de instrumento de aprovação*, lavrado pelo tabelião[104] para assegurar a autenticidade do ato, visto que atesta a identidade do testador e das testemunhas.

O Código Civil, no art. 1.868, enumera os *requisitos essenciais* dessa espécie de testamento, que são:

1º) Cédula testamentária escrita pelo testador ou por alguém a seu rogo, que pode ser o tabelião (CC, art. 1.870; *RSTJ, 7*:287), parente ou estranho, desde que não seja herdeiro ou legatário, ascendente, descendente, irmão e cônjuge do beneficiado com a disposição de última vontade, em língua nacional ou estrangeira (CC, art. 1.871), dada a natureza íntima desse testamento. Com a abertura da sucessão, o testamento redigido em língua estrangeira deverá ser traduzido por tradutor juramentado (CPC, arts. 192 e parágrafo único), salvo se a língua utilizada pelo testador for a espanhola (*RT, 756*:125; *JTACSP, 112*:176). Quem o escrever não poderá ter qualquer interesse na herança. Nula é a disposição testamentária feita em favor daquele que a escreveu a pedido do testador, mesmo que apareça como beneficiária interposta pessoa: ascendente, descendente, irmão, cônjuge ou companheiro do não legitimado a suceder (CC, art. 1.802). A cédula poderá ser manuscrita ou datilografada (*RF, 158*:91; *RT, 264*:863; *RTJ, 67*:167). Pode ser escrita mecanicamente, por meio de datilografia ou digitação, desde que seu subscritor numere e autentique, com sua assinatura, todas as páginas (CC, art. 1.868, parágrafo único), porém não valerá se grafada em alfabeto Morse ou em qualquer outra escrita não convencional[105]. Pelo art. 1.872, só pode fazer esse tipo de testamento quem puder ou souber ler, motivo pelo qual nem o cego nem o analfabeto podem fazê-lo, porque não poderão certificar-se, pela leitura, se o terceiro, que o fez a seu rogo, seguiu suas instruções.

---

104. Orozimbo Nonato, op. cit., v. 1, n. 221; Caio M. S. Pereira, op. cit., p. 164; W. Barros Monteiro, op. cit., p. 115.

105. Antonio Cicu, *El testamento*, p. 55; W. Barros Monteiro, op. cit., p. 116; Caio M. S. Pereira, op. cit., p. 164-5. Já se decidiu que: "Testamento cerrado. Falta de assinatura da testadora em testamento datilografado por uma sobrinha, que aparece na relação de herdeiros. 1. Por mais elástica que possa ser a interpretação em matéria testamentária, de modo a fazer prevalecer a vontade do testador, não é possível admitir o testamento cerrado, datilografado por outra pessoa, no caso uma sobrinha, ausente a assinatura do testador, que é requisito essencial nos termos da lei (art. 1.638, II, do Código Civil de 1916). 2. Recurso Especial não conhecido" (*JSTJ, 19*:287; *RT, 780*:204; *SJADCOAS, 120*:19).

2º) Assinatura do próprio testador quando o testamento foi por ele escrito, ou por outra pessoa a seu rogo (CC, art. 1.868, 1ª parte; *RT*, *780*:204).

3º) Entrega da carta testamentária pelo testador ao tabelião na presença de duas testemunhas, declarando que aquele é o seu testamento e que deseja a sua aprovação. Se o testador não fizer essa declaração, o tabelião, perante as testemunhas, perguntar-lhe-á se aquele é o seu testamento que quer que seja aprovado. Se o testador for mudo ou surdo-mudo, deverá no ato da entrega escrever, perante o oficial e as duas testemunhas, na face externa do testamento: "Este é o meu testamento, cuja aprovação peço" (CC, arts. 1.868, I e II, e 1.873; *RT*, *121*:229, *187*:960).

4º) Auto de aprovação ou de autenticação, lavrado pelo tabelião, em presença das testemunhas, declarando, sob sua fé, que o testador lhe entregou, para ser aprovado, o testamento e que o tinha por seu (CC, art. 1.868, III, 1ª parte). No testamento do mudo ou do surdo-mudo, o tabelião fará constar, no auto de aprovação, que a declaração escrita na face externa do testamento foi feita em sua presença e das duas testemunhas (CC, art. 1.873). O notário iniciará tal instrumento de aprovação imediatamente, depois da última palavra do testamento, ou seja, após a assinatura do testador, ou em outra folha, em apartado, se na última folha escrita não houver espaço (*RF*, *202*:168), desde que o tabelião ponha nele o seu sinal público e assim o declare no instrumento de aprovação (CC, art. 1.869, parágrafo único). Exige-se a aposição do sinal público do tabelião em qualquer parte do texto do testamento, mencionando o fato no auto de aprovação, a fim de evitar que se substitua a cédula testamentária por outra, uma vez que o instrumento de aprovação ficará separado dela[106]. Se foi o tabelião quem, a rogo do testador, vier a redigir

106. Caio M. S. Pereira, op. cit., p. 166; Itabaiana de Oliveira, op. cit., v. 2, p. 443-6; *EJSTJ*, *2*:62: "Não importa em nulidade do testamento cerrado o fato de não haver sido consignado, na cédula testamentária, nem no auto de aprovação, o nome da pessoa que, a rogo do testador, o datilografou. Inexistência, nos autos, de qualquer elemento probatório no sentido de que qualquer dos beneficiários haja sido o escritor do testamento, ou seu cônjuge, ou parente seu. Exegese razoável dos artigos 1.638, I, e 1.719, I (hoje arts. 1.868, I, e 1.801, I), combinados, do Código Civil. Entende-se cumprida a formalidade do artigo 1.638, XI, do Código Civil (hoje art. 1.869, *in fine*), se o envelope que contém o testamento está cerrado, costurado e lacrado, consignando o termo de apresentação sua entrega ao magistrado sem vestígio algum de violação" (no mesmo sentido: *JB*, *156*:174). "I — Inexistindo qualquer impugnação à manifestação da vontade, com a efetiva entrega do documento ao oficial, tudo confirmado na presença das testemunhas numerárias, a falta de assinatura do testador no auto de aprovação é irregularidade insuficiente para, na espécie, causar a invalidade do ato. Art.

a cédula testamentária, nada obsta a que venha lavrar o auto de aprovação, atuando, não mais como particular, mas como delegado do Poder Público (CC, art. 1.870). O auto de aprovação ou autenticação apresenta três partes: *introdução,* que contém a qualificação dos participantes, a consignação do local e da data; *confirmação,* que atesta a entrega e assegura a autenticidade do testamento; e *encerramento,* de que constam a leitura do termo de aprovação e a coleta de assinaturas[107].

5º) Leitura do auto de aprovação pelo tabelião ao testador e às testemunhas, assinando-o juntamente com as testemunhas e o testador (CC, art. 1.868, III, 2ª parte, e IV). Outrora, se o testador não pudesse assinar, uma das testemunhas assinava por ele, declarando ao pé da assinatura que o fazia a rogo do testador. Se não houvesse a menção dessa circunstância, bastava que o tabelião consignasse o fato, expressamente, no contexto do termo de aprovação que lavrou[108]. Atualmente, há exigência da assinatura do próprio testador (CC, art. 1.868, IV).

6º) Encerramento pelo tabelião que, uma vez formalizado o auto de aprovação, o dobrará, juntamente com a cédula testamentária, num só invólucro, que será por ele cerrado e cosido com cinco pontos de retrós, segundo praxe cartorária, lacrando-se o testamento nos pontos de costura (CC, art. 1.869, *in fine*). Devolvido ao testador, o tabelião lançará, no seu livro, nota do lugar, dia, mês e ano em que o testamento foi aprovado e entregue (CC, art. 1.874). Assim fechado, cosido e lacrado, o testamento deve ser guardado pelo próprio testador ou pela pessoa que ele designar, a fim de ser apresentado em juízo por ocasião da abertura da sucessão. O 22º Serviço Notarial do Rio de Janeiro divulgou que "testamento cerrado pode ficar guardado em cofre do cartório, porém esse detalhe terá que constar de livro do tabelião". Em regra fica com o testador ou sob a guarda de pessoa por ele escolhida e desta escolha ficassem cientes as testemunhas. Como os herdeiros ignoram esse testamento, o testador deve designar pessoa de sua confiança, consignada no testamento, com indicação de como encontrar o testamento ou pode indicar testamenteiro. Elias Farah sugere que de-

---

1.638 do Código Civil de 1916; II — Recurso não conhecido" (STJ, 4ª Turma, REsp 223.799-SP, 1999-0064804-8, rel. Min. Ruy Rosado de Aguiar, *DJ*, 17-12-1999).

107. Ferreira Alves, *Manual do Código Civil brasileiro*, v. 19, p. 114; Caio M. S. Pereira, op. cit., p. 166-7; Orlando Gomes, *Direito*, cit., n. 96.

108. Itabaiana de Oliveira, op. cit., v. 2, n. 397, p. 446, nota 846.

veria o testamento cerrado ser escriturado em livro especial que ficaria sob a guarda exclusiva do tabelião, observada na sua aprovação a exigência das testemunhas presenciais e subscritoras. Ciente o Juízo no inventário pelo Colégio Notarial, da existência daquele testamento, determinará ao tabelião a juntada aos autos do texto do testamento, para regular cumprimento. O ideal seria, portanto, que esse testamento ficasse depositado na serventia, assim como nela são guardados os demais livros, e pudesse ser retomado apenas pelo próprio testador para revisá-lo, alterá-lo ou anulá-lo. Com o óbito do testador, o requerente judicial do inventário informaria o Juízo sobre a existência do testamento cerrado e a serventia dele depositária. O Juízo então determinaria a remessa direta do testamento para sua abertura e cumprimento[109]. Até o momento do óbito do testador o testamento deve permanecer inviolável; se for aberto pelo testador, ter-se-á como revogado (*RF, 173*:280; *RT, 163*:249)[110].

7º) Abertura do testamento pelo juiz do domicílio do testador após o óbito deste, na presença do apresentante e do escrivão. Verificada a integridade da carta testamentária[111], ante a ausência de vício externo que o torne suspeito de nulidade ou falsidade, o abrirá e mandará que o escrivão o leia em presença de quem o entregou. Do termo de abertura deverão constar o nome do apresentante e como ele obteve o testamento, a data e o lugar do falecimento do testador, com as respectivas provas, e qualquer circunstância digna de nota. Tal termo de abertura, rubricado pelo juiz e assinado pelo apresentante (CPC, art. 735, § 1º) deverá ser lavrado.

---

109. Carlos Maximiliano, op. cit., n. 463; Elias Farah, op. cit., p. 47 e 51.

110. W. Barros Monteiro, op. cit., p. 117; *JB, 156*:174; *JSTJ, 129*:153. Observa Zeno Veloso (apud Eduardo de Oliveira Leite, *Comentários*, cit., p. 365) que, “em nosso direito, nada impede que a cédula testamentária seja entregue pelo testador ao tabelião, já cerrada e cosida”. Ensina Zeno Veloso (*Código Civil comentado*, cit., p. 2059) que, “desde o momento em que o testador entrega ao tabelião o seu testamento, pedindo que seja aprovado, na presença de duas testemunhas, até o final da solenidade, com a leitura e assinatura do auto, o fechamento e cosimento do testamento aprovado, exige-se a *unitas actus*, ou seja, todos os participantes (tabelião, testador, testemunhas) devem estar simultaneamente presentes, a unidade do ato não pode ser quebrada, tudo deve ser feito continuadamente (*uno contextu*), sem aditamentos, sem interrupções, admitindo-se, entretanto, breves intervalos, p. ex., para atender a um telefonema urgente, tomar remédio, ir ao banheiro etc.”.

111. Caio M. S. Pereira, op. cit., p. 167.

8º) Estado de conservação da cédula para que tenha autenticidade, pois só depois de apurada a inexistência de vício externo, que o torne suspeito de nulidade ou falsidade (p. ex., adulteração, rasura, supressão de parte do texto etc.), o magistrado, ouvido o órgão do Ministério Público e não havendo dúvidas a serem esclarecidas, mandará registrar (*RJTJ, 157*:197), arquivar e cumprir o testamento (CPC, art. 735, § 2º; CC, art. 1.875), reconhecendo que satisfaz todas as formalidades legais. Se não estiver incólume ou contiver vício de nulidade ou, ainda, for comprovada a falsidade, o magistrado não deverá apor o "cumpra-se" ao testamento[112]. A existência de violação do testamento cerrado faz presumir, até prova em contrário, a sua revogação[113], pois pode ocorrer que, com o tempo decorrido, por acidente, por inadvertência de quem o encontrou ou mesmo por malícia de algum interessado, a carta testamentária entregue ao juiz não esteja cerrada, hipótese em que dever-se-á mencionar o fato, procedendo-se a uma apuração para verificar se o invólucro foi rompido pelo testador ou por outra causa; neste último caso, o magistrado ordenará seu cumprimento[114]. Feito o registro do testamento cerrado, o testamenteiro deverá ser intimado para assinar o termo de testamentaria. E, não havendo testamenteiro nomeado ou se o nomeado estiver ausente e não aceitar o encargo, o juiz nomeará testamenteiro dativo, observando a preferência legal (CPC, art. 735, §§ 3º e 4º). Ensina-nos Washington de Barros Monteiro que depois que, por sentença, foi mandado que se cumpra o testamento, só pelos meios regulares de direito pode ser invalidado, ou seja, o interessado só poderá reclamar-lhe a nulidade por ação ordinária (*RT, 311*:509), para a qual devem ser citados todos os interessados: o testamenteiro, a quem cabe pugnar pela sua validade (CC, art. 1.981), o inventariante, os herdeiros instituídos, o curador de resíduos e o legatário (*RF, 69*:104). Isto é assim porque, conforme orientação do Supremo Tribunal Federal, "as nulidades das declarações de última vontade só devem ser decretadas em face de evidentes provas de postergação da lei. Simples defeitos de forma não podem valer para invalidar a vontade clara e expressa do testador" (*RT, 143*:330). Relativamente ao testamento cerrado, continua esse insigne jurista, só poderá ser anulado por defeito ou omissão de formalidades legais na formação do contexto e do auto de aprovação, quando efetivamente não observadas formalidades legais essenciais. Não estarão nesse caso o emprego, pelo testador, de várias tintas na cédula testamentária; o erro ou omissão de data; o fato de não ter sido o auto de aprovação ini-

---

112. Ferreira Alves, *Manual do Código Civil brasileiro*, cit., n. 45, p. 121.

113. José Lopes de Oliveira, op. cit., p. 101. *Vide* CC, art. 1.972.

114. Caio M. S. Pereira, op. cit., p. 168; Orozimbo Nonato, op. cit., p. 245; Clóvis Beviláqua, *Comentários*, cit., v. 6, art. 1.644, p. 110.

ciado na mesma linha em que assinou o testador; a omissão, no livro de registro de aprovação, do lugar, dia, mês e ano em que o testamento foi entregue e aprovado (*RT, 141*:726; *RF, 166*:181)[115].

Podem utilizar-se dessa espécie de testamento[116]:

1º) Todos os que saibam ou possam ler (CC, art. 1.872). Logo, são inábeis para dispor de seu patrimônio por essa via as pessoas que não souberem ou não puderem ler, mas se souberem ler e não puderem escrever poderão fazer esse testamento, que será, no caso, escrito por alguém a seu rogo (CC, arts. 1.868, 1.870 e 1.871). Só estão privados de fazer testamento cerrado os *analfabetos,* porque não sabem ler, e os *cegos,* porque não podem ler, permitindo-se-lhes o testamento público.

2º) O mudo, ou o surdo-mudo, que souber ler e escrever (CC, art. 1.873), contanto que o escreva todo e o assine de sua mão, e que o entregue ao notário perante duas testemunhas, escrevendo, na face externa do papel ou do envoltório, que aquele é seu testamento, cuja aprovação lhe pede.

c.2.3. Testamento particular

Testamento particular, aberto ou hológrafo, é o escrito e assinado pelo próprio testador, e lido em voz alta perante 3 testemunhas idôneas, que também o assinam (CC, art. 1.876, §§ 1º e 2º)[117].

---

115. W. Barros Monteiro, op. cit., p. 119-20; Matiello, *Código Civil*, cit., p. 1218. "Agravo interno. Ação de anulação de testamento cerrado. Inobservância de formalidades legais. Reexame de prova, Súmula 7/STJ. I — A questão da nulidade do testamento pela não observância dos requisitos legais à sua validade, no caso, não prescinde do reexame do acervo fático-probatório carreado aos autos, o que é vedado em âmbito de especial, em consonância com o enunciado 7 da Súmula desta Corte. II — Em matéria testamentária, a interpretação deve ter por fim o intuito de fazer prevalecer a vontade do testador, a qual deverá orientar, inclusive, o magistrado quanto à aplicação do sistema de nulidades, que apenas não poderá ser mitigado diante da existência de fato concreto, passível de colocar em dúvida a própria faculdade que tem o testador de livremente dispor de seus bens, o que não se faz presente nos autos. Agravo provido" (STJ, AgRg no Ag. 570.748/SC, rel. Min. Castro Filho, Terceira Turma, j. 10-4-2007, *DJ*, 4-6-2007, p. 340).

116. Itabaiana de Oliveira, op. cit., v. 2, p. 439-41; Clóvis Beviláqua *Comentários,* cit., v. 6, p. 98. *Vide*: CC mexicano, arts. 1.530 e 1.531; CC argentino, arts. 3.665, 3.668 e 3.670; CC italiano, arts. 604, al. 3, 605, al. 2, e 607; CC francês, arts. 978 e 979, e CC espanhol, arts. 708, 709 e 715.

117. José Lopes de Oliveira, op. cit., p. 101; Itabaiana de Oliveira, op. cit., v. 2, p. 450; Silvio Rodrigues, op. cit., p. 128; W. Barros Monteiro, op. cit., p. 120; Caio M. S. Perei-

Exigem-se para a sua feitura os seguintes requisitos:

1º) Redação e assinatura de próprio punho do testador (CC, art. 1.876, § 1º; *RT, 327*:137), não admitindo assinatura a rogo, nem o uso de alfabeto Morse ou de qualquer escrita convencional[118]. Pode ser datilografado (*RTJ, 92*:1.234, *64*:399,

---

ra, op. cit., p. 168; Teodora Torres, *El testamento ológrafo*, 1977; Fabrício D. Boeckel, *Testamento particular*, Porto Alegre, Fabris, 2004; Carlos Roberto Gonçalves, *Direito*, cit., V. VII, p. 261; *RTJ, 61*:99; *RSTJ, 98*:246; *RT, 570*:61, *606*:83, *540*:89 e 92, *571*:67, *574*:240, *636*:158, *696*:106, *703*:133, *709*:197, *724*:289, *736*:236; *RF, 334*:351; *RJTJRS, 136*:216; *RJTJSP, 134*:343; *JTJ, 134*:343, *140*:140, *164*:187, *193*:197, *203*:155, *213*:188.

Há quem entenda que além do testamento particular se autoriza (havendo pandemia) que a manifestação da vontade seja feita por vídeo, se o testador não puder escrever, em que todos os sujeitos necessários para a confecção do testamento estejam conectados e acompanhando simultameamente o ato (Alliny B. Silva, Bárbara B. da Silva e Vanessa k. Chincolli, O testamento em tempos de pandemia e de isolamento social, *Revista Síntese — Direito de Família 120*:113-125.

118. Barassi, op. cit., p. 341; Caio M. S. Pereira, op. cit., p. 169; Antonio Cicu, op. cit., p. 55; Itabaiana de Oliveira, op. cit., v. 2, n. 406; Pinto Ferreira, op. cit., p. 323-43; Carlos E. Thompson Flores Lenz, Considerações sobre o testamento particular datilografado, *RT, 620*:33. Jorge José Lawand (*Aspectos jurídicos da assinatura digital*, São Paulo, ed. Juarez de Oliveira, 2010, p. 192 a 207) faz interessante estudo sobre assinatura digital como meio de validação da transmissão *on line* do testamento. *Vide*: CC francês, art. 970; CC italiano, art. 602, al. 1; CC espanhol, art. 688, al. 2; e CC argentino, art. 3.639; BGB, § 2.247; *RT, 327*:240, *264*:236, *300*:230, *311*:288; *EJSTJ, 4*:73 e *10*:104. Sobre testamento particular manuscrito pelo testador e datilografado por terceiro, *vide*: *Bol. AASP, 1955*:47.

Revista IBDFAM noticia que TJSC REDUZ FORMALISMO E VALIDA TESTAMENTO DE PRÓPRIO PUNHO QUE CONCEDE HERANÇA PARA VIÚVA. "O Tribunal de Justiça de Santa Catarina (TJSC) confirmou a validade e determinou o cumprimento dos termos de um testamento particular, escrito de próprio punho, por um homem, agora falecido, para a esposa, ainda que não observados todos os requisitos da lei civil. Dentro do livre convencimento atribuído ao juiz e à Câmara, ambos vislumbraram carga de provas fortes o suficiente para declará-lo legítimo. Os apelantes, netos do falecido, inconformados com a decisão do juiz da comarca, recorreram para dizer que a viúva assinou contratos de previdência privada que envolveram quase 70% do patrimônio partilhado pelo casal, com o único objetivo de beneficiar determinados herdeiros em prejuízo dos restantes. Acrescentaram que um dos planos, no valor total de R$ 523 mil, já foi resgatado em 2013, sem que a ré tenha prestado qualquer informação nos autos do inventário, o que configuraria fraude. Os apelantes argumentaram que os contratos foram firmados sem a autorização do avô e que isso contraria a vontade tácita do falecido, pois posteriores ao óbito e nulos porque já aberta a sucessão. Todas as alegações dos netos do falecido foram desconsideradas pela Câmara e os desembargadores afirmaram que os quatro contratos de previdência foram feitos antes da morte do testador, sem necessidade de sua concessão. Apesar de tudo isso, a conta corrente era conjunta e todos os comprovantes de movimentações foram trazidos ao processo de inventário, não aparecendo nenhum prejuízo aos demais

69:559; *RT*, *724*:289, *264*:236, *390*:157, *397*:372; *RF*, *247*:210), ou escrito mediante processo mecânico (CC, art. 1.876, § 2º), hipótese em que deverá ser impresso, não podendo ficar, p. ex., arquivado em CD. Outrora, ante a omissão legal, houve acórdãos que não permitiam datilografia no testamento particular (*RT*, *210*:194, *447*:213; *RTJ*, *92*:1.234, *69*:559, *64*:339; *AJ*, *112*:319), e também, ainda, julgado que entendeu nulo se datilografado por testemunha instrumentária (*RT*, *509*:83) ou por advogado (*RT*, *540*:92), e, ainda, decisão considerando válido testamento parcialmente datilografado por terceiro, que obedeceu às anotações manuscritas do testador, e parcialmente manuscrito por este (*RT*, *540*:891).

Pode ser redigido em língua estrangeira, desde que as testemunhas a entendam (CC, art. 1.880), para que possam compreender o teor de suas disposições, quando for lido (CC, art. 1.876), devendo-se assinalar a data de sua feitura para que se possa saber se ao tempo o testador era capaz e para que se determine a prevalência, se acaso surgirem vários testamentos; mas como isso não está enumerado em lei, sua falta não anulará o ato[119].

Se escrito do próprio punho, havendo rasuras, correções, estas não invalidarão o ato, desde que devidamente ressalvadas ou autenticadas com a

---

herdeiros. Quanto à validade do testamento, o desembargador substituto e relator da matéria, Jorge Luis Beber, membro do Instituto Brasileiro de Direito de Família (IBDFAM), esclareceu que não há nulidade do ato de disposição de última vontade por ter sido feito sem idade essencial, quando as provas dos autos confirmam, de forma inequívoca, que o documento foi firmado pelo próprio testador, por livre e espontânea vontade, e confirmado por três testemunhas idôneas. Segundo Jorge Luis Beber, o rigor formal deve ceder diante da necessidade de se atender à finalidade do ato, regularmente praticado pelo testador. De acordo com o processo, o falecido estava ciente, lúcido e com saúde física e mental, bem como leu o texto para uma testemunha. Sua assinatura foi reconhecida em tabelionato. Esses detalhes favoreceram a viúva, pois atualmente tem-se admitido, para fins de confirmação, alguma redução do nível das formalidades intrínsecas do testamento particular. Jorge Luis Beber encerrou explicando ainda que notadamente estão presentes, no processo respectivo, elementos aptos a atestar a autenticidade do ato, bem como a veracidade da manifestação de vontade do testador.

119. Caio M. S. Pereira, op. cit., p. 169-70; Ferreira Alves, *Manual do Código Civil brasileiro*, cit., n. 46; Clóvis Beviláqua, *Comentários*, cit., v. 6, p. 101; Butera, *Il Codice Civile italiano;* libro delle successioni, p. 252. Já se decidiu que: "Testamento particular datilografado, em parte, pelo próprio testador, e, em parte, por ele manuscrito, preenchidos os demais requisitos do art. 1.645 do Código Civil, é válido e deve ser cumprido como manifestação de última vontade. Precedentes do Supremo Tribunal Federal. RE conhecido, mas improvido" (STF, RE 87.203-5/SP, 13-9-1979).

firma do autor da herança[120]. Mas se elaborado por processo mecânico, não poderá conter rasuras ou espaços em branco (CC, art. 1.876, § 2º, 1ª parte). O testador deve assinar no final da cédula testamentária para indicar que estão terminadas as disposições de última vontade[121], porém o melhor meio de se evitar que se enxerte alguma folha espúria é a numeração e a autenticação de todas as folhas com a assinatura do disponente[122].

2º) Intervenção de três testemunhas, além do testador (CC, art. 1.876, §§ 1º e 2º), que deverão presenciar o ato para que, ao serem ouvidas em juízo, no processo de publicação, possam depor com perfeito conhecimento do assunto[123].

3º) Leitura do testamento pelo testador, perante todas as testemunhas, que logo em seguida o assinarão (CC, art. 1.876, §§ 1º e 2º), não se admitindo assinatura a rogo, qualificando-se as testemunhas para maior facilidade de sua convocação em juízo, quando necessário[124].

4º) Publicação (abertura) em juízo do testamento, mediante requerimento de herdeiro, legatário ou testamenteiro, ou, ainda, por terceiro detentor do testamento, se impossibilitado de entregá-lo a algum dos outros legitimados para requerê-la, com a citação dos herdeiros legítimos que não requereram, ou genericamente daqueles a quem caberia a sucessão, e do órgão do Ministério Público, assim que falecer o testador (CC, art. 1.877). Esse processo de publicação judicial do testamento (CPC, art. 737) é ato complementar, destinado a confirmá-lo após o depoimento das testemunhas, pois estas

---

120. Caio M. S. Pereira, op. cit., p. 169.
121. Itabaiana de Oliveira, op. cit., v. 2, p. 452.
122. Caio M. S. Pereira, op. cit., p. 170.
123. Itabaiana de Oliveira, op. cit., v. 2, p. 452; *RTJ, 33*:560; *EJSTJ, 4*:73; *RT, 673*:168 e *709*:197.
124. *Vide* Itabaiana de Oliveira, op. cit., v. 2, p. 453; Orlando Gomes, *Direito,* cit., n. 102; *AJ, 103*:48. Zeno Veloso observa (*Código Civil*, cit., p. 2066) que, "quando da *apresentação* do testamento às testemunhas, para a leitura do instrumento, e, depois da leitura, para assinatura de tais testemunhas, estas devem estar em conjunto. É essencial, nesse momento, que ocorra a *unidade de contexto*, sob pena de nulidade". Todavia o STJ (REsp 828.616/MG, 3ª T., rel. Castro Filho, j. 5-9-2006), abrandando o rigor formal, decidiu que: "Não há falar de nulidade do ato de disposição de última vontade (testamento particular), apontando-se preterição de formalidade essencial (leitura do testamento perante as três testemunhas), quando as provas dos autos confirmam, de forma inequívoca, que o documento foi firmado pelo próprio testador, por livre e espontânea vontade, e por três testemunhas idôneas, não pairando qualquer dúvida quanto à capacidade mental do *de cujus*, no momento do ato. O rigor formal deve ceder ante a necessidade de se atender à finalidade do ato, regularmente praticado pelo testador".

serão inquiridas a respeito do seu conteúdo e de suas próprias assinaturas, bem como a do testador; a eficácia desse testamento dependerá, portanto, de confirmação judicial. Não se exige que se recordem do conteúdo do testamento; basta que declarem que a leitura do testamento foi feita perante elas e que reconheçam suas assinaturas e a do testador e a veracidade do ato (CC, art. 1.878). Faltando testemunhas por morte ou ausência ou até mesmo por perda da memória ou das faculdades mentais, e se pelo menos uma delas o reconhecer, o testamento poderá ser confirmado se, a critério do juiz, houver prova suficiente de sua veracidade (CC, art. 1.878, parágrafo único), após ouvir o Ministério Público. Se nenhuma das três testemunhas for encontrada, o testamento não irradiará efeitos, mesmo que não haja dúvida sobre sua autenticidade.

Já no direito anterior, que requeria cinco testemunhas, se faltassem mais de duas testemunhas o testamento particular não podia ser confirmado, perdendo a eficácia jurídica no que concernia às disposições patrimoniais, mas subsistindo relativamente às atinentes ao reconhecimento de filho[125].

Pelo art. 1.879, em casos excepcionais, extraordinários ou emergenciais (desastre, naufrágio, revolução, desmoronamento, terremoto, inundação, avião em pane, internação na UTI, sequestro, epidemia, incêndio ou qualquer circunstância em que o testador esteja em situação anormal e em risco iminente e grave de perder a vida ou, ainda, em situação em que é impossível a intervenção testemunhal por não haver pessoas de sua confiança ou até mesmo pela ocorrência de ausência de testemunhas, ante o fato de o testador morar em lugar desabitado ou ermo) declarados na cédula, o testamento particular escrito de próprio punho e assinado pelo testador em risco de perder a vida, sem testemunhas, poderá ser confirmado a critério do juiz, que poderá, se quiser, valer-se de perícia. Trata-se do *testamento de emergência* (*Nottestament*), ou testamento particular excepcional (forma simplificada de testamento particular), de que poderá lançar mão o testador, que se encontrar numa situação inusitada[126]. Não verificado qualquer fato excepcio-

125. Itabaiana de Oliveira, op. cit., v. 2, p. 454; Caio M. S. Pereira, op. cit., p. 171; Orozimbo Nonato, op. cit., v. 1, n. 255; Zeno Veloso, *Novo Código*, cit., p. 1700 e 170; *Comentários*, cit., v. 21, p. 145; Cahali e Hironaka, *Curso*, cit., v. 6, p. 291. *Vide*: *RT*, *300*:735. Tramita na Câmara dos Deputados o Projeto de Lei n. 204/2011 de autoria do deputado Sandes Júnior (PP/GO), que pretende criar requisitos para a validade do testamento particular impondo o registro de títulos e documentos no prazo de 20 dias a contar de sua elaboração.

126. O testamento de emergência é admitido pelo BGB, §§ 2.449: *"Si si teme que el cau-*

sante fallecerá antes de que sea posible el otorgamiento de un testamento ante notario, éste puede otorgar testamento por acta ante el alcalde del municipio en el que se encuentre. El alcalde debe convocar a dos testigos para el otorgamiento del documento público [...] También se puede otorgar testamento ante quien, según las disposiciones legales, está facultado para representar al alcalde o al presidente de la entidad local menor (...)" e 2.250: "*Quien se encuentra en un lugar que, como consecuencia de circunstancias extraordinarias, se halla incomunicado de tal manera que el otorgamiento de un testamento ante un notario es imposible o muy difícil, puede otorgar testamento en la forma prevista en el § 2249 o mediante declaración oral ante tres testigos. Quien se encuentra en peligro de muerte tan extremo de modo que previsiblemente tampoco es posible el testamento mediante declaración oral ante tres testigos* [...]"; CC francês, art. 985: "*Les testaments faits dans un lieu avec lequel toute communication sera interceptée à cause de la peste ou autre maladie contagieuse pourront être faits devant le juge de paix ou devant l'un des officiers municipaux de la commune em présence de deux têmoins. Cette disposition aura lieu, tant à l'egard de ceux qui seraient attaqués de ces maladies, que de ceux qui seraient dans les lieux qui en sont infectes, encore qu'ils ne fussent pás actuellement malades*"; CC espanhol, arts. 700: "*Si el testador se hallare en peligro inminente de muerte, puede otorgarse el testamento ante cinco testigos idóneos, sin necessidad de notario*", e 701: "*En caso de epidemia puede igualmente otorgarse el testamento sin intervención de notario ante tres testigos mayores de dieciséis años*"; CC italiano, art. 609: "*Quando il testatore non può valersi delle forme ordinarie, perché si trova in luogo dove domina una mallatia reputata contagiosa, o per causa di pubblica calamitá o d'infortunio, il testamento è valido se ricevuto da un notaio, dal conciliatore del luogo, dal sindaco o da chi ne fa le veci, o da un ministro di culto, in presenza di due testemoni di età non inferiore a sedici anni. Il testamento è redatto e sottoscritto da chi lo riceve; è sottoscritto anche dal testatore e dai testimoni. Se il testatore o i testemoni non possono sottoscrivere, se ne indica la causa*"; CC português, art. 222º: "1. Se qualquer pessoa estiver inibida de socorrer-se das formas comuns de testamento, por se encontrar em lugar onde grasse epidemia ou por outro motivo de calamidade pública, pode testar perante algum notário, juiz ou sacerdote, com observância das formalidades prescritas nos artigos 2211º ou 2212º. 2. O testamento será depositado, logo que seja possível, na repartição notarial ou em alguma das repartições notariais do lugar onde foi feito"; CC chileno, art. 1035: "*El testamento verbal no tendrá lugar sino en los casos de peligro tan inminente de la vida del testador, que parezca no haber modo o tiempo de otorgar testamento solemne*"; CC paraguaio, art. 2666: "*Si en caso de epidemia grave no hubiere en una población escribano ante el cual pueda otorgarse testamento, podrá hacerse ante un miembro de la Junta Municipal, un Sacerdote o el Director del Hospital o Centro de Salud*"; CC mexicano, art. 1565: "*El testamento privado está permitido en los casos siguientes: I. Cuando el testador es atacado de una enfermedad tan violenta y grave que no de tiempo para que concurra notario a hacer el testamento; II. Cuando no haya notario en la población, o juez que actue por receptoria; III. Cuando, aunque haya notario o juez, en la población, sea imposible, o por lo menos muy dificil, que concurran al otorgamiento del testamento; IV. Cuando los militares o asimilados del ejército entren en campana o se encuentren prisioneros de guerra*"; CC argentino, art. 3689: "*Si por causa de peste o epidemia no se hallare en pueblo o lazareto, escribano ante el cual pueda hacerse el testamento por acto público, podrá hacerse ante un municipal, o ante el jefe del lazareto, con las demás solemnidades prescriptas para los testamentos por acto público*"; e CC suíço, art. 506: "*1. Le testament peut être fait en la forme orale, lorsque, parsuite de circonstances extraordinaires, le disposant est empêché de tester dans une autre forme; ainsi, en cas de danger de mort imminent, decommunications interceptées, d'épidémie ou de guerre. 2. Le testateur déclare ses dernière volontés à deux témoins, qu'il charge d'en dresser ou faire dresser acte. 3. Les causes d'incapacité des témoins sont les mêmes que pour le testament public.* Art. 507: *1. L'un des témoins écrit immédiatement les dernières volontés, les date en indiquant le lieu, l'année, le mois et le jour, les signe, les fait signer par l'autre témoin et tous deux remettent cet écrit sans délai entre les mains d'une autorité judiciaire, en affirmant que le testateur, qui leur a paru*

nal, que autorize o testamento de emergência, sua confirmação deverá ser recusada pelo órgão judicante (TJGO-5ª Câm. Cível — Ap. 152208-1/188 — rel. Des. Alan Sena Conceição — j. 8-4-2010). Convém lembrar que esse testamento, por ser especial, terá sua eficácia afastada se a morte do testador não se der até 90 dias após sua elaboração, aplicando-se, por interpretação extensiva, as normas atinentes à caducidade dos testamentos especiais. Pelo Enunciado n. 611: "O testamento hológrafo simplificado, previsto no art. 1.879 do Código Civil, perderá sua eficácia se, nos 90 dias subsequentes ao fim das circunstâncias excepcionais que autorizaram a sua confecção, o disponente, podendo fazê-lo, não testar por uma das formas testamentárias ordinárias" (aprovado na VII Jornada de Direito Civil).

5º) Homologação do testamento pelo juiz, que ordenará seu registro, arquivamento e cumprimento (CPC, art. 735, § 2º).

A vantagem do testamento particular está na desnecessidade da presença do notário, visto que terá validade desde que ocorram os requisitos legais mencionados[127]. Além do mais, é simples, cômodo, rápido e nada dispen-

---

capable de disposer, leur a déclaré ses dernières volontés dans les circonstances particulières où ils les ont recues. 2. Les deux témoins peuvent aussi en faire dresser procès-verbal par l'autorité judiciaire, sous la même affirmation que ci-dessus. 3. Si les dernières dispositions émanent d'un militaire au service, un officier du rang de capitaine ou d'un rang supérieur peut remplacer l'autorité judiciaire. Art. 508: *Le testament oral cesse d'être valable, lorsque quatorze jours se sont écoulés depuis que le testateur a recouvré la liberté d'employer l'une des autres formes"*. O *testamento de emergência* não poderá prevalecer se o testador, meses depois, sobreviver ou puder testar sob a forma ordinária; ante a ausência de prazo legal para sua caducidade, poder-se-ia aplicar por analogia o de três meses dos testamentos especiais, tendo-se em vista que, como já observou Carlos Maximiliano (*Direito das sucessões*, Rio de Janeiro, Freitas Bastos, 1952, v. 2, p. 17), a efemeridade (eficácia limitada no tempo) é um dos caracteres do testamento excepcional. O testamento de emergência será cabível sempre que for inviável a forma ordinária de testamento ou quando se configurar caso em que o testamento especial não for aplicável (Pontes de Miranda, *Tratado de direito privado*, Rio de Janeiro, Borsoi, 1973, v. 59, p. 286); José Carlos T. Giorgis, Notas sobre testamento particular excepcional, *Revista Brasileira de Direito de Família, 43*:5-12; Maria Helena Diniz, Testamento emergencial e testamento vital: um paralelo, *10 anos*, cit., p. 612-628. *Vide*: TJMG, 2ª Câm. Cív. — Ap. Cív. 1.0024.07.765508-2/001, rel. Des. Carreira Machado, j. 16-9-2008; TJSP, 7ª Câm. Dir. Priv., Ap. Cív. 434.146-4/0-00, rel. Des. Álvaro Passos, j. 21-5-2008.

Sobre *testamento vital* ou *biológico*: Maria Helena Diniz, *O estado atual do biodireito*, São Paulo, Saraiva, 2013, Cap. II, n. 12 *e*.

127. Silvio Rodrigues, op. cit., p. 128. Há anteprojeto sobre *Testamento em vídeo* do IBDFAM que visa modificar as Leis n. 10.406/2002 e 5.869/73, tornando viável testamento particular confeccionado pelo testador por vídeo na presença de duas testemunhas, que aparecem na imagem, e pretende autorizar o inventário extrajudicial quando houver testamento.

dioso[128]. Entretanto, apresenta inconvenientes de extravio, coação, substituição, alteração, destruição, porque não requer para a sua existência registro em ofício público, de modo que esta só será atestada pela memória das testemunhas testamentárias. A essas desvantagens acrescenta-se o fato de ter sua eficácia subordinada à sobrevivência de certo número de testemunhas, dado que, se duas delas faleceram ou foram declaradas ausentes, o testamento não será cumprido[129], por não poder ser confirmado, salvo se, a critério do magistrado, uma delas o reconhecer e houver comprovação de sua autenticidade. E, além disso, como já apontamos, há casos excepcionais de dispensa de testemunhas testamentárias, dando-se ao órgão judicante o poder de apreciar a validade do testamento.

c.3. Testamentos especiais

c.3.1. Testamento marítimo e aeronáutico

Admite o nosso direito, em caso de emergência e a título provisório, o testamento marítimo e o aeronáutico. Considerando-se que uma viagem prolongada pode suscitar o desejo de prevenir a sucessão e não tendo o testador meios de utilizar uma daquelas formas ordinárias[130], possibilita-se, assim, que não morra na viagem *ab intestato*.

O testamento marítimo é, segundo Itabaiana de Oliveira, a declaração de última vontade feita a bordo dos navios nacionais, de guerra ou mercantes, em viagem[131], com as formalidades pertinentes. O testamento aeronáutico pode ser feito por quem estiver em viagem, a bordo de aeronave militar ou comercial, que, sendo acometido de um mal súbito ou tendo piorado de moléstia de que é portador, desejar dispor de seus bens, exarando sua última vontade, perante pessoa designada pelo comandante na presença de

---

128. Carlos Maximiliano, op. cit., v. 1, p. 539; José Lopes de Oliveira, op. cit., p. 102.
129. Orlando Gomes, *Direito,* cit., p. 147; Silvio Rodrigues, op. cit., p. 129; *RT, 353*:421.
Bol. AASP, 2914:9. Testamento particular. Confirmação. Impossibilidade. Ausência de três testemunhas presenciais. Instrumento, ademais, realizado por meio mecânico, longe da testadora, em um escritório de contabilidade, levado, às vésperas de sua morte, ao hospital em que se encontrava internada, nunca por ela lido às testemunhas. Incerteza sobre a real vontade expressa na deixa. Sentença revista. Recurso provido. (TJSP, 1ª Câmara de Direito Privado, Apelação n. 9247582-78.2008.8.26.0000-SP, rel. Des. Claudio Godoy, j. 14-5-2014, v.u.).
130. Caio M. S. Pereira, op. cit., p. 172; Pinto Ferreira, op. cit., p. 403-16.
131. Itabaiana de Oliveira, op. cit., v. 2, p. 455.

duas testemunhas (CC, art. 1.889). O Código Civil pátrio prescreve duas formas de testamento marítimo e aeronáutico (CC, arts. 1.888 e 1.889): *a*) uma, correspondente ao *testamento público*, quando é lavrado pelo comandante ou, se aeronáutico, por pessoa por ele designada perante duas testemunhas, que estejam presentes a todo o ato e que assinarão o instrumento logo após o testador, e, se este não puder escrever, assinará por ele uma das testemunhas, declarando que o faz a seu rogo; *b*) outra, similar ao *testamento cerrado*, quando escrito pelo testador ou por outra pessoa a seu rogo, e entregue, em seguida, ao comandante perante duas testemunhas, que reconheçam e entendam o testador, declarando este, no mesmo ato, ser seu testamento o escrito apresentado. O comandante, uma vez recebido o testamento, certifica o ocorrido, datando e assinando com o testador e as testemunhas.

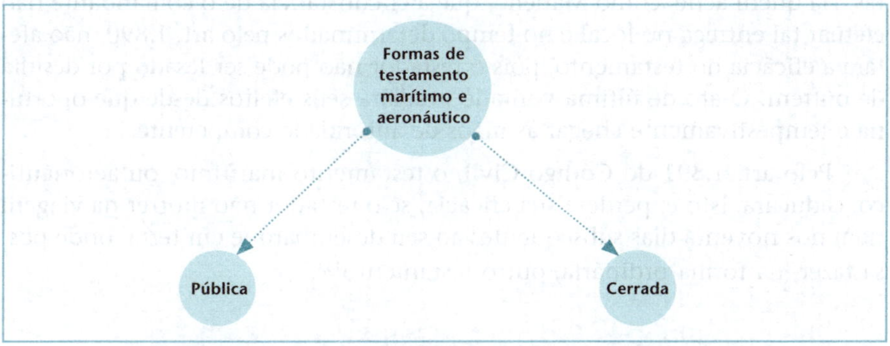

O testamento marítimo pode ser usado quer pela tripulação, quer pelos passageiros, desde que o navio esteja em viagem no mar ou em prolongado percurso fluvial ou lacustre. Se estiver ancorado num porto onde o testador possa desembarcar e testar na forma ordinária (CC, art. 1.892), não poderá ser efetivado, a menos que o testador se ache impossibilitado de desembarcar[132] por estar gravemente enfermo, ou por proibição de desembarque imposta por autoridade local. Pode ocorrer que, mesmo ancorado o navio, haja impossibilidade

132. *Vide* W. Barros Monteiro, op. cit., p. 132; José Lopes de Oliveira, op. cit., p. 111; Zeno Veloso, *Código*, cit., p. 2078; Orozimbo Nonato, op. cit., n. 261; e Caio M. S. Pereira, op. cit., p. 172, que nos esclarecem que, apesar de o Código falar em viagem marítima, não destoa dos princípios se for o percurso ao longo de rio ou lago, em face dos habituais e prolongados percursos fluviais e lacustres. Mas há quem ache, como Matiello (*Código*, cit., p. 1223), que é "fundamental a circunstância de serem águas marítimas, que exclui a possibilidade de testar quando da realização de deslocamentos por vias lacustres ou de rios navegáveis".

de testar pela via ordinária, mesmo que o desembarque seja possível, p. ex., por não haver naquela localidade notário ou consulado brasileiro; por não se conhecer o idioma da região pelo fato de, no lugar, ser feriado etc. Dever-se-á, então, proceder a uma análise acurada, em cada caso, dos motivos que levaram o testador a efetivar testamento especial em lugar do ordinário. Se as causas de impossibilidade forem consideradas irrelevantes, não valerá o testamento. Se as dificuldades forem, realmente, insuperáveis terá ele validade.

O registro do testamento marítimo ou aeronáutico deve ser feito no diário de bordo (CC, art. 1.888, parágrafo único).

O testamento marítimo ou aeronáutico ficará sob a guarda provisória do comandante, em razão de suas funções notariais, que o entregará às autoridades administrativas do primeiro porto ou aeroporto nacional, contra recibo averbado no diário de bordo (CC, art. 1.890), que funciona como livro de notas. Há quem ache, como Matiello, que a circunstância de o comandante não efetuar tal entrega no local e no tempo determinados pelo art. 1.890, não afetará a eficácia do testamento, pois o testador não pode ser lesado por desídia de outrem. O ato de última vontade irradiará seus efeitos desde que oportuna e tempestivamente chegar às mãos de autoridade competente.

Pelo art. 1.891 do Código Civil, o testamento marítimo, ou aeronáutico, caducará, isto é, perderá sua eficácia, se o testador não morrer na viagem nem nos noventa dias subsequentes ao seu desembarque em terra, onde possa fazer, na forma ordinária, outro testamento[133].

c.3.2. Testamento militar

O testamento militar é a declaração de última vontade feita por militares e demais pessoas (médicos, enfermeiros, repórteres ou correspondentes de guerra, engenheiros, telegrafistas, capelães, reféns, prisioneiros etc.) a serviço das Forças Armadas (Exército, Marinha, Aeronáutica — CF, art. 142) em campanha, dentro ou fora do país, ou em praça sitiada ou com as comuni-

---

133. Caio M. S. Pereira, op. cit., p. 173, assevera que: Com a difusão do transporte aeronáutico, cogitou-se do testamento a bordo de aviões, militares ou comerciais. Não cabe objetar a pequena utilidade da prática, dada a rapidez crescente dos percursos aéreos. Mas o que vale são os princípios e nada impede se estendam à hipótese. O Código Civil italiano de 1946 já consignou o testamento aeronáutico (art. 616). Consulte: Antonio Cicu, op. cit., p. 126; Orlando Gomes, *Direito,* cit., n. 79; Ruggiero e Maroi, *Istituzioni di diritto privato*, v. 1, § 96; Matiello, *Código Civil,* cit., p. 1.225. *Vide*: CC português, arts. 2.222, al. 1 e 2.219; CC italiano, arts. 613 a 616; CC francês, arts. 992 e 994; CC espanhol, arts. 725 e 730; CC argentino, arts. 3.681 e 3.684; BGB, § 2.252, al. 1.

cações interrompidas, não havendo tabelião ou seu representante legal[134] (CC, art. 1.893, *caput*).

Comporta três formas:

a) uma, correspondente ao *testamento público*, quando é escrito pela autoridade militar ou de saúde perante duas ou três testemunhas. Se o testador pertencer a corpo ou seção de corpo destacado, o testamento será escrito pelo respectivo comandante, ainda que de graduação ou posto inferior (CC, art. 1.893, § 1º). Se o testador estiver em tratamento no hospital, o testamento será escrito pelo respectivo oficial de saúde ou pelo diretor do estabelecimento (CC, art. 1.893, § 2º), e, se o testador for o oficial mais graduado, o testamento será escrito por aquele que o substituir (CC, art. 1.893, § 3º). O testamento deverá ser assinado pelo testador e pelas testemunhas, e, se o testador não puder, ou não souber assinar, uma das testemunhas assinará por ele (CC, art. 1.893, *caput, in fine*);

b) outra, semelhante ao *testamento particular ou cerrado*, quando é escrito de próprio punho pelo testador e autenticado pelo auditor. É preciso que seja escrito, datado e assinado por extenso pelo próprio testador, e por ele apresentado aberto ou cerrado, na presença de duas testemunhas, ao auditor ou ao oficial de patente que lhe faça as vezes neste mister (CC, art. 1.894). O auditor ou o oficial, a quem o testamento se apresente, notará, em qualquer parte dele, o lugar, dia, mês e ano em que lhe for apresentado, e esta nota será assinada por ele e pelas testemunhas (CC, art. 1.894, parágrafo único);

c) outra, com a *forma nuncupativa*, por ser feito de viva voz (*RT*, *586*:93). Essa espécie de testamento é feita por militar ou pessoa assemelhada que esteja empenhada em combate ou ferida no campo de batalha, confiando verbalmente suas declarações de última vontade a duas testemunhas (CC, art. 1.896; *RT*, *589*:93), que, obviamente, devem escrevê-las e apresentá-las, depois de por elas assinadas, ao auditor. Porém, não terá efeito esse testamento se o testador não falecer na guerra ou convalescer do ferimento (CC, art. 1.896, parágrafo único). Ante a urgência da situação e a gravidade das declarações a serem feitas, as testemunhas deverão ser advertidas dos efeitos das falsidades que alegarem ou das distorções em seus depoimentos e do fato

---

134. Itabaiana de Oliveira, op. cit., p. 458; W. Barros Monteiro, op. cit., p. 133; Pacifici-Mazzoni, *Trattato delle successioni*, v. 3, p. 125, entendem que o testamento militar pode ser empregado durante o armistício. *Vide* Pinto Ferreira, op. cit., p. 395-402. Se houver oficial público, ele deve ser procurado. Todavia, pode ocorrer que este esteja do lado do inimigo e, se assim for, como admitir que o militar faça testamento em seu cartório? A respeito do testamento militar, *consulte*: CC argentino, art. 3.672; CC italiano, art. 617; CC português, art. 2.210; CC francês, art. 981; CC espanhol, art. 716.

de terem sido levadas por outrem a prestar depoimento inverídico de um soldado morto para beneficiar alguém. Eis a razão pela qual Clóvis Beviláqua considerava essa modalidade de testamento como um "romanismo perigoso", que em nada beneficiaria o militar ou as pessoas por ele queridas.

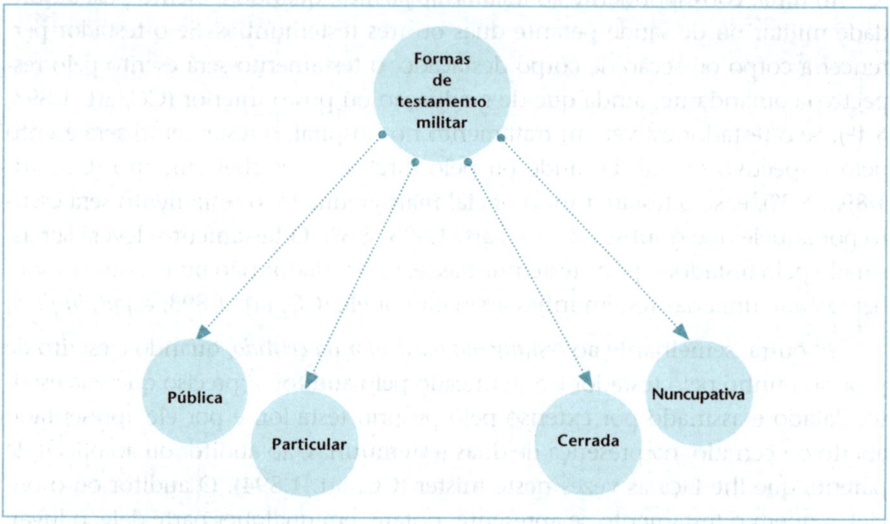

Caducará o testamento militar, desde que, depois dele, o testador esteja noventa dias seguidos em lugar onde possa testar na forma ordinária, salvo se esse testamento apresentar as solenidades prescritas no parágrafo único do art. 1.894, ou seja, anotação do auditor e subscrição de duas testemunhas (CC, art. 1.895). A esse respeito, argumenta Zeno Veloso:

"Se a situação excepcional que justificou o testamento militar já chegou ao fim, o testador voltou da guerra e se ocupa em viagens sem jamais passar noventa dias seguidos na mesma cidade, onde possa testar na forma ordinária, os prazos em que esteve em cada lugar são somados. Ao fim do prazo previsto no art. 1.895, o testamento militar caduca. E isso é razoável e lógico, atendendo ao princípio elementar de hermenêutica de que devemos desprezar a interpretação que leve ao absurdo: *interpretatio illa sumensa, quo evitetur absurdum*.

Mas o prazo de noventa dias se interrompe se o testador for reconvocado, partir para outra campanha ou ficar em situação prevista no art. 1.893"[135].

135. Zeno Veloso, *Comentários ao novo Código Civil*, São Paulo, Saraiva, 2003, v. 21, p. 179; Sebastião Luiz Amorim, *Código Civil*, cit., p. 135.

Quadro Sinótico

FORMAS DE TESTAMENTO

1. IMPORTÂNCIA DAS FORMAS TESTAMENTÁRIAS	• A eficácia jurídica do testamento subordina-se à obediência da forma prescrita em lei, sob pena de nulidade absoluta, pois só ela garante a autenticidade do testamento e preserva a vontade livre do testador.	
2. FORMAS ORDINÁRIAS DE TESTAMENTO	• *a*) Testamento público	• É o lavrado pelo tabelião ou pelo seu substituto legal em livro de notas, de acordo com a declaração de vontade do testador, exarada verbalmente, em língua nacional, perante o mesmo oficial e na presença de duas testemunhas idôneas ou desimpedidas (CC, arts. 1.864 a 1.867; CPC, art. 736).
	• *b*) Testamento cerrado	• É o escrito com caráter sigiloso, feito e assinado pelo testador ou por alguém a seu rogo, completado por instrumento de aprovação lavrado pelo tabelião em presença de duas testemunhas (CC, arts. 1.868 a 1.875; CPC, art. 735, §§ 1º a 3º).
	• *c*) Testamento particular	• É o escrito e assinado pelo próprio testador, e lido em voz alta perante três testemunhas idôneas, que também o assinam (CC, arts. 1.876 a 1.880; CPC, art. 737).
3. FORMAS ESPECIAIS DE TESTAMENTO	• *a*) Testamento marítimo ou aeronáutico	• É a declaração de última vontade feita em viagem a bordo dos navios de guerra ou mercantes ou de aeronaves militares ou comerciais, com as formalidades pertinentes (CC, arts. 1.888 a 1.892), apresentando forma similar ao testamento público ou ao testamento cerrado.

3. FORMAS ESPECIAIS DE TESTAMENTO	• b) Testamento militar	• É a declaração de última vontade feita por militares e demais pessoas a serviço das Forças Armadas em campanha, dentro ou fora do País, ou em praça sitiada ou com as comunicações interrompidas (CC, art. 1.893, *caput*). Comporta três formas: *a*) uma correspondente ao testamento público (CC, art. 1.893, §§ 1º, 2º e 3º); *b*) outra semelhante ao testamento particular ou cerrado (CC, art. 1.894 e parágrafo único), e *c*) outra com a forma nuncupativa (CC, art. 1.896 e parágrafo único). Sua caducidade está prevista no CC, art. 1.895.

D. Testemunhas testamentárias

As testemunhas testamentárias são instrumentárias, pois subscrevem o ato para o qual foram convocadas, intervindo *ad probationem* e *ad solemnitatem*, tendo um dever de fiscalização, assegurando a identidade do testador, a autenticidade e a liberdade da declaração de sua vontade e verificando se sua manifestação volitiva foi reproduzida com fidelidade na facção testamentária. Por isso, não podem ser incapazes de testemunhar por inaptidão de ordem física ou psíquica, por suspeição ou por interesse.

A testemunha testamentária é, portanto, a pessoa que tem capacidade para assegurar a veracidade do ato que se quer provar, subscrevendo-o. É testemunha das solenidades do ato testamentário[136].

Em todas as formas de testamento, ordinárias ou especiais, há intervenção necessária de testemunhas instrumentárias para garantir a liberdade do disponente e a veracidade de suas disposições de última vontade[137]. Nas formas ordinárias de testamento exige-se a presença de duas ou três testemunhas (CC, arts. 1.864, II, 1.868, II e III, 1.873 e 1.876, §§ 1º e 2º); no testamento militar, duas ou três serão as testemunhas (CC, arts. 1.893, 1.894 e

136. Itabaiana de Oliveira, op. cit., v. 2, p. 461 e 465; Pontes de Miranda, *Tratado*, cit., t. 59, p. 200 e 201; *RF*, *132*:119; *JM*, *104*:129.

137. W. Barros Monteiro, op. cit., p. 123.

1.896), e nos testamentos marítimos, ou aeronáuticos, serão duas as testemunhas instrumentárias[138] (CC, art. 1.888).

Todas as pessoas capazes podem testemunhar no ato testamentário, excluindo-se aquelas que a lei determinar de modo expresso[139]. Assim, podem ser testemunhas em testamento todos aqueles que tiverem os requisitos legais para esse fim. Faltando qualquer desses requisitos exigidos legalmente, ter-se-á a incapacidade da testemunha, que pode ser absoluta ou relativa, acarretando, no primeiro caso, a nulidade de pleno direito do testamento, e, no segundo, a sua validade, tornando nula, porém, qualquer disposição em favor do incapaz[140].

São *absolutamente incapazes* de testemunhar o testamento, por serem portadores de incapacidade pessoal, que envolve uma inaptidão de ordem física ou psíquica, retirando discernimento para praticar ato na vida civil[141]: a) *Os menores de 16 anos* (CC, art. 228, I), sem distinção de sexo, por falta de desenvolvimento intelectual ou de maturidade. Os menores entre 16 e 18 anos, embora relativamente incapazes para os atos da vida civil, estando sujeitos à assistência de seu representante legal, podem servir de testemunha[142]; e b) *Os analfabetos*[143], visto que é requisito essencial de todas as formas testamentárias (CC, arts. 1.864, III, 1.868, IV, 1.876, §§ 1º e 2º, 1.888, 1.889, 1.893, 1.894, parágrafo único) que as testemunhas assinem o instrumento de seu próprio punho, não admitindo a lei que as testemunhas instrumentárias assinem umas a rogo das outras. Além do mais, mesmo a que sabe assinar seu nome não poderá servir de testemunha no testamento, porque é imprescindível que saiba ler e escrever para: *a*) assinar a rogo do testador, quando por este designada (CC, art. 1.865), embora a jurisprudência tenha assentado que não implica nulidade a intervenção de outra pessoa para assinar o ato a pedido do disponente[144]; *b*) ler o testamento do cego, quando por ele designada (CC, art. 1.867) e *c*) reconhecer a assinatura do testador (CC, art. 1.878).

---

138. Itabaiana de Oliveira, op. cit., v. 2, p. 465; W. Barros Monteiro, op. cit., p. 123.
139. *Vide* Silvio Rodrigues, op. cit., p. 133.
140. Pontes de Miranda, *Tratado dos testamentos*, v. 2, p. 253, 262-3; Itabaiana de Oliveira, op. cit., v. 2, p. 462 e 466-7.
141. Silvio Rodrigues, op. cit., p. 134; Caio M. S. Pereira, op. cit., p. 157.
142. *Vide* observações de Caio M. S. Pereira, op. cit., p. 157.
143. Só em um único caso se permite ao analfabeto servir de testemunha em testamento: quando este for nuncupativo. Itabaiana de Oliveira, op. cit., v. 2, p. 463 e nota 902; Ferreira Alves, *Manual do Código Civil brasileiro*, cit., v. 19, n. 56; Orozimbo Nonato, op. cit., v. 1, n. 288.
144. W. Barros Monteiro, op. cit., p. 126.

Pessoas portadoras de enfermidade ou deficiência mental e *os surdos e os cegos* podem testemunhar no ato testamentário em igualdade de condições com as demais pessoas, apesar de sua grande complexidade, pois ele requer, para ser observado, o uso concomitante de raciocínio da visão e da audição, dada a série de cerimônias formais que devem ser acompanhadas pelas testemunhas instrumentárias, que não são convocadas tão somente para assinar a cédula testamentária, mas para assistir atenciosamente a tudo, fiscalizando todas as séries de atos que se seguem, para depois terem condições de reconstituí-los, se necessário[145]. Para tanto ser-lhes-ão assegurados todos os recursos de tecnologia assistiva ou ajuda técnica (CC, art. 228, § 2º, acrescentado pela Lei n. 13.146/2015; Lei n. 13.146/2015, arts. 3º, III, 74 e 75), ou seja, de um conjunto de produtos, equipamentos, dispositivos, recursos, metodologias, estratégias, práticas e serviços que visam promover a funcionalidade, relacionada à atividade e à participação da pessoa com deficiência ou com mobilidade reduzida, visando à sua autonomia, independência, qualidade de vida e inclusão social.

São *relativamente incapazes* de testemunhar o testamento, ou melhor, não têm legitimação para intervir no ato testamentário, por suspeição ou interesse, ante sua peculiar posição na relação jurídica[146]:

1º) *O herdeiro instituído, seus ascendentes e descendentes, irmãos e cônjuge* (CC, art. 228, IV e V), que, por falta de absoluta isenção de espírito, poderiam interferir na vontade do disponente, restringindo sua liberdade de testar. Com isso evita-se qualquer atuação captatória, que leve alguém a agir induzido por terceiro, beneficiado diretamente (herdeiro) ou indiretamente (descendente, ascendente, irmão ou cônjuge do herdeiro instituído)[147].

2º) *Os legatários* (CC, art. 228, IV e V), bem como seus ascendentes, descendentes, irmãos e cônjuges[148].

Tendo-se em vista o célebre brocardo *ubi eadem ratio, ibi eadem dispositio* — "onde existe a mesma razão deve haver a mesma solução" — dever-se-á aplicar, analogicamente, o art. 228, IV e V, incluindo herdeiro instituído, legatário e seus ascendentes, descendentes, irmãos e cônjuges entre os

---

145. Silvio Rodrigues, op. cit., p. 134; Caio M. S. Pereira, p. 157.
146. Silvio Rodrigues, op. cit., p. 134; Caio M. S. Pereira, op. cit., p. 157.
147. Itabaiana de Oliveira, op. cit., p. 464; Silvio Rodrigues, op. cit., p. 135; Caio M. S. Pereira, op. cit., p. 158; *RT, 736*:241; *JTJ, 206*:148.
148. Clóvis Beviláqua, *Comentários*, cit., v. 6, obs. 4 ao art. 1.650, p. 116.

incapazes de servir como testemunha testamentária. Seria ilógico não ampliar esse dispositivo legal, embora existam julgados em sentido contrário (*RF, 94*:929, *198*:137), dado que a presença dessas pessoas no ato testamentário introduziria sua suspeição, podendo dar origem a impugnações. Assim, qualquer pessoa que, direta ou indiretamente, obtiver qualquer proveito com a disposição do testador nele não deve intervir, para garantir sua incolumidade[149].

Na apreciação da incapacidade das testemunhas instrumentárias do testamento, deve-se considerar o momento da facção testamentária; se a causa de sua incapacidade for superveniente ao ato testamentário, este não perderá sua validade e sua eficácia[150].

Não há nenhuma outra proibição legal no que concerne à capacidade ou à legitimação para ser testemunha testamentária, de modo que podem servir de testemunha: os funcionários do cartório em que se lavra a disposição de última vontade (*RT, 142*:140, *186*:763); o testamenteiro, apesar de gratificado com a vintena (*RT, 165*:680); os tutores; os estrangeiros; os amigos íntimos do testador; as pessoas obrigadas a guardar segredo profissional, como o médico (*RT, 149*:153); os representantes ou diretores das pessoas jurídicas eventualmente contempladas (*RF, 151*:519); o que escreveu o testamento cerrado[151]; e as mulheres[152].

É preciso acrescentar, ainda, que se faltar a qualificação das testemunhas instrumentárias não haverá infração de formalidade essencial, pois a norma jurídica não prescreve pena de nulidade para a omissão de dados qualificativos (CC, art. 215, § 1º, III; *RT, 171*:562, *191*:714)[153]. Isto é assim porque tal qualificação é mera formalidade *ad probationem*, sua identidade pode ser, posteriormente, apurada por ser *quaestio facti*: cabe ao juiz apreciá-la. Juridicamente é suficiente que as testemunhas tenham capacidade para assegurar a veracidade do ato a que presenciaram (*RT, 787*:223), bastando que preencham, por exemplo, certos requisitos legais arrolados nos arts. 228, I a V, 1.864, III, 1.865, 1.867, 1.868, IV, 1.876, §§ 1º e 2º, 1.878, 1.888, 1.889, 1.893, 1.894, parágrafo único, do Código Civil. A falta dos requisi-

149. W. Barros Monteiro, op. cit., p. 124-5; José Lopes de Oliveira, op. cit., p. 106.

150. Itabaiana de Oliveira, op. cit., v. 2, p. 464; Troplong, op. cit., v. 3, n. 1.864.

151. W. Barros Monteiro, op. cit., p. 125-6; Ferreira Alves, *Manual do Código Civil brasileiro,* cit., v. 19, n. 55; Caio M. S. Pereira, op. cit., p. 158; Itabaiana de Oliveira, op. cit., v. 2, p. 464; José Mendonça, *A prova civil*, p. 153.

152. Anteriormente as mulheres só podiam servir de testemunhas no testamento nuncupativo, no militar e nos codicilos (Ord., Liv. 4º, Tít. 80, parágrafo único, e 83, e Liv. 5º).

153. W. Barros Monteiro, op. cit., p. 126.

tos do Código Civil, art. 215, constitui mera irregularidade, que não acarreta nulidade do testamento público por serem formalidades secundárias daquele ato de última vontade.

Quadro Sinótico

TESTEMUNHAS TESTAMENTÁRIAS

1. CONCEITO	• Testemunha testamentária é a pessoa que tem capacidade para assegurar a veracidade do ato que se quer provar, subscrevendo-o.
2. CAUSAS DE INCAPACIDADE ABSOLUTA DE TESTEMUNHAR	• Menoridade de 16 anos (CC, art. 228, I). • Analfabetismo (CC, arts. 1.864, III, 1.865, 1.867, 1.868, IV, 1.876, §§ 1º e 2º, 1.878, 1.888, 1.889, 1.893, 1.894, parágrafo único).
3. PESSOAS SEM LEGITIMAÇÃO PARA TESTEMUNHAR TESTAMENTO OU RELATIVAMENTE INCAPAZES	• Herdeiro instituído, seus ascendentes e descendentes, irmãos e cônjuge (CC, art. 228, IV e V). • Legatário (CC, art. 228, IV e V), bem como seus ascendentes, descendentes, irmãos e cônjuge, ante o brocardo: *ubi eadem ratio, ibi eadem dispositio*, embora existam julgados em sentido contrário (*RF*, *94*:529, *198*:137).
4. MOMENTO DA APRECIAÇÃO DA INCAPACIDADE DA TESTEMUNHA	• Na apreciação da incapacidade das testemunhas testamentárias dever-se-á levar em conta o instante da feitura do ato de última vontade, pois, se a causa de sua incapacidade for posterior ao ato testamentário, este será válido e eficaz.

E. Disposições testamentárias

e.1. Conteúdo das cláusulas testamentárias

e.1.1. Regras gerais

Uma vez estudados os elementos extrínsecos do testamento, é preciso examinar, pormenorizadamente, seu elemento intrínseco, atinente ao seu objeto ou conteúdo. O objeto ou conteúdo do testamento compreende as disposições de última vontade, que podem ser de caráter patrimonial ou pessoal, traduzindo-se não só na instituição de herdeiro ou legatário, mas também no título ou fundamento pelo qual são estes chamados a recolher a massa hereditária, parte dela ou bem determinado[154].

Regem-se as disposições testamentárias de conformidade com as seguintes regras gerais:

1ª) Todas as disposições concernentes ao elemento intrínseco do testamento emergem diretamente do ato *causa mortis,* sendo impossível o recurso a instrumentos particulares, declarações judiciais ou extrajudiciais. Assim, o que porventura faltar no ato testamentário não pode ser suprido com outros subsídios, devendo a nomeação de herdeiro (que sucede o *de cujus* na totalidade de seu patrimônio ou numa quota-parte deste) ou legatário (que recebe porção certa e determinada da herança) obrigatoriamente constar do ato de última vontade de modo claro e completo, segundo nos ensina Washington de Barros Monteiro. É realmente indispensável que o nome do herdeiro ou legatário esteja no ato testamentário, sendo nula a remissão a documento à parte, mesmo que autenticado[155].

2ª) A instituição de legatário é sempre expressa, mas a de herdeiro pode ser expressa, quando constar no testamento, ou tácita, quando a lei assim o entender. P. ex.: quanto aos bens que não forem compreendidos no testamento, que serão transmitidos aos herdeiros legítimos do testador (CC, art. 1.788); quando forem determinadas as quotas de cada herdeiro testamentário e não absorverem toda a herança, pois o remanescente será devolvido aos herdeiros legítimos do *de cujus,* segundo a ordem de vocação hereditária (CC, art. 1.906); quando o testador dispuser que não será transmitida ao herdeiro testamentário determinada coisa, dentre as do acervo hereditário, hipótese em que ela caberá aos herdeiros legítimos (CC, art. 1.908); quando, existindo herdeiro necessário, o testador só em parte dispuser de sua metade disponível, entender-se-á que instituiu os herdeiros legítimos no remanescente (CC, art. 1.966)[156].

---

154. Itabaiana de Oliveira, op. cit., v. 2, p. 469; W. Barros Monteiro, op. cit., p. 136; Cristiano Chaves de Farias, O cumprimento de testamento no novo CPC e a possibilidade de adaptação procedimental (cláusula geral negocial) do inventário, *MPMG Jurídico — Direito de Família,* 2016, p. 40 a 48.

155. *Vide* Carlos Maximiliano, op. cit., v. 2, n. 566; W. Barros Monteiro, op. cit., p. 136; Ruggiero e Maroi, op. cit., v. 2, § 98; Sebastião José Roque, *Direito das sucessões,* cit., p. 101-12.

156. Itabaiana de Oliveira, op. cit., v. 2, p. 470. Pelo CC peruano (art. 725), *"El que tiene hijos u otros descendientes, o cónyuge, puede disponer libremente hasta del tercio de sus bie-*

3ª) O testamento comportará: *a*) na seara pessoal (CC, art. 1.857, § 2º): nomeação de tutor para filho menor (CC, arts. 1.634, IV, e 1.729) ou de testamenteiro (CC, art. 1.976); reabilitação de indigno (CC, art. 1.818); disposição do próprio corpo para fins altruísticos ou científicos (CC, art. 14); reconhecimento de filho havido fora do casamento (CC, art. 1.609, III); estipulação sobre a educação de prole; deserdação; recomendações relativas ao funeral; disposição sobre o tipo de tratamento de saúde, ou não tratamento, que deseja no caso de se encontrar sem condições de manifestar sua vontade — "testamento vital", que não é bem um testamento, visto que produz efeito *inter vivos* (Enunciado n. 528 do Conselho da Justiça Federal, aprovado na V Jornada de Direito Civil) etc., e *b*) no campo patrimonial: instituição de herdeiro ou legatário; substituições de herdeiros; pagamento de obrigações civis ou naturais; gravames impostos a bem legado ou à legítima etc.[157].

4ª) As disposições testamentárias só podem, como dissemos alhures, beneficiar pessoas naturais ou jurídicas, embora possam favorecer nascituro (CC, art. 1.798), prole eventual ou pessoa jurídica em formação, constituindo, p. ex., uma fundação (CC, art. 1.799, I e III)[158]. A herança deve ser atribuída expressa e diretamente a determinada pessoa ou pessoas, mesmo que a disposição seja contumeliosa ou insultante; p. ex., quando o testador institui herdeiro em tom ofensivo ou áspero, como: "Seja meu herdeiro meu impiíssimo filho, que de mim só merece o mal". Todavia, não pode ser transmitida a gerações inexistentes, salvo em caso de fideicomisso, de instituição condicional, e de prole eventual de certa pessoa, designada pelo testador e existente por ocasião da abertura da sucessão (CC, arts. 1.799, I, e 1.952)[159].

e.1.2. Formas de nomeação de herdeiro e legatário

Pelo Código Civil, art. 1.897: "A nomeação de herdeiro, ou legatário, pode fazer-se pura e simplesmente, sob condição, para certo fim ou modo, ou por certo motivo". Assim, o disponente poderá instituir herdeiro (para

---

nes". Mais: *"El que tiene sólo padres u otros ascendientes, puede disponer libremente hasta de la mitad de sus bienes"* (art. 726). Contudo: *"El que no tiene cónyuge ni parientes de los indicados en los artículos 725 y 726, tiene la libre disposición de la totalidad de sus bienes"* (art. 727).

157. Caio M. S. Pereira, op. cit., p. 178; Silvio Rodrigues, op. cit., p. 138; Tiago V. Bomtempo, A aplicabilidade do testamento vital no Brasil, *Revista Síntese do Direito de Família, 77*:95-120.

158. W. Barros Monteiro, op. cit., p. 137.

159. W. Barros Monteiro, op. cit., p. 137-8; Caio M. S. Pereira, op. cit., p. 180.

receber universalidade ou quota-parte ideal da herança) ou legatário (para ser contemplado com bem certo e individuado) pura e simplesmente, sob condição, ou acrescentando qualquer cláusula, para certo fim ou modo, ou por certo motivo, embora qualquer designação do tempo em que deve iniciar ou findar o direito do herdeiro, exceto nas disposições fideicomissárias, será tida como não escrita (CC, art. 1.898)[160]. Logo, a *nomeação de herdeiro* ou *legatário* pode ser:

1ª) *Pura* e *simples,* quando efetuada sem imposição de qualquer cláusula, de modo que, não havendo qualquer limitação, a instituição de herdeiro ou legatário produzirá efeitos no instante em que a sucessão do *de cujus* se abrir, independentemente de qualquer fato. Portanto, o beneficiado adquirirá a propriedade e a posse da herança desde o momento da morte do testador; por conseguinte, se o herdeiro ou legatário vier a falecer em seguida ao *auctor successionis,* transmitirá esse direito adquirido aos seus sucessores. Todavia, o legatário não poderá entrar, por autoridade própria, na posse da coisa legada, que deverá reclamar do herdeiro, a não ser que o testador, expressa ou tacitamente, lhe permita (CC, art. 1.923, § 1º, *RF, 105*:322; *EJSTJ, 5*:70)[161].

2ª) *Condicional,* se seu efeito estiver subordinado a evento futuro ou incerto (CC, art. 121). O herdeiro ou legatário instituído sob condição é titular de direito eventual. Se sua instituição estiver subordinada a uma condição suspensiva (p. ex., verba "x" a legatário para abrir consultório, se se formar em Odontologia) — que tem por fim criar um direito, suspendendo temporariamente a eficácia do ato jurídico — somente produzirá efeitos após o seu implemento; antes de sua verificação o direito não foi adquirido (CC, art. 125), pois só com a realização da condição suspensiva a herança ou coisa legada integrar-se-á ao patrimônio do herdeiro ou legatário. Se o herdeiro ou legatário falecer antes de se realizar a condição suspensiva, caducará a disposição testamentária, e não haverá transmissão de direitos aos sucessores do beneficiado porque este ainda não os adquirira. Igualmente, se o beneficiado finar antes ou mesmo depois do testador, na pendência da condição, nada herdará e nada transmitirá, embora, pendente tal condição, possa exercer atos destinados à conservação de seu di-

---

160. Itabaiana de Oliveira, op. cit., v. 2, p. 471; Rodrigo S. Neves, Elementos acidentais que limitam a eficácia das disposições testamentárias, *Revista Síntese — Direito de Família, 63*:127-51.

161. Caio M. S. Pereira, op. cit., p. 179; W. Barros Monteiro, op. cit., p. 138; Clóvis Beviláqua, *Direito das sucessões,* cit., § 73; Itabaiana de Oliveira, op. cit., v. 2, p. 474-5.

reito (CC, art. 130), que é eventual[162]. O implemento de condição suspensiva produzirá efeito *ex tunc,* considerando-se existente o direito do herdeiro instituído e do legatário desde a abertura da sucessão, sem prejuízo de terceiros (CC, art. 126)[163]. Se a condição suspensiva falhar, a nomeação de herdeiro ou legatário, como pondera Carvalho Santos[164], é havida como nunca tendo sido feita, caso em que a herança é devolvida aos coerdeiros, com direito de acrescer, ou ao substituto, ou ainda ao herdeiro legítimo, conforme a hipótese. Se a nomeação de herdeiro ou legatário estiver sob condição resolutiva (p. ex., quantia "x" paga a legatário, enquanto for estudante de Direito) — que tem por escopo extinguir um direito, depois de certo tempo, criado pelo ato jurídico[165] — enquanto esta não se verificar, vigorará o testamento, podendo exercer-se desde a abertura da sucessão, de modo que o direito do beneficiário se extinguirá, para todos os efeitos, com o seu implemento, sendo resolúvel a sua propriedade dos bens da herança que lhe couberem em razão de disposição testamentária. Pendente a condição, o herdeiro entrará na posse da herança como se tivesse sido nomeado pura e simplesmente, embora lhe possa ser exigida caução *muciana,* que assegura a devolução do bem, exceto se o testador a dispensou. Realizada, porém, a condição resolutiva, sua nomeação caducará (CC, arts. 127 e 128), com efeito retro-operante, ao tempo em que se deu a abertura da sucessão do *de cujus,* resolvendo-se os direitos constituídos pelo nomeado em favor de terceiros, sob condição resolutiva. O herdeiro ou legatário devolverá o bem deixado, porém os frutos e rendimentos lhe pertencerão; logo, não os restituirá, a não ser que haja cláusula testamentária que o obrigue expressamente a isso. Se vier a falhar a condição resolutiva, a instituição do beneficiado haver-se-á por feita pura e simplesmente, desde o princípio[166].

É preciso lembrar que não subsistirá, por ser inválida, condição ilícita, imoral ou contrária à lei, à ordem pública e aos bons costumes, bem como a incompreensível ou contraditória, a física ou juridicamente impossível, quan-

---

162. Clóvis Beviláqua, *Direito das sucessões,* cit., § 73, e *Comentários ao Código Civil,* cit., v. 1, p. 395; Itabaiana de Oliveira, op. cit., v. 2, n. 472; Caio M. S. Pereira, op. cit., p. 180; José Lopes de Oliveira, op. cit., p. 119. *Vide*: CC francês, art. 900; CC espanhol, art. 792; CC italiano, arts. 634 e 646; CC português, arts. 2.230 e 2.242, 1.

163. Itabaiana de Oliveira, op. cit., v. 2, n. 472.

164. Carvalho Santos, op. cit., v. 23, p. 220.

165. Itabaiana de Oliveira, op. cit., v. 2, p. 488.

166. Caio M. S. Pereira, op. cit., p. 181; Itabaiana de Oliveira, op. cit., v. 2, p. 488; Cunha Gonçalves, apud Carvalho Santos, op. cit., v. 23, p. 228; José Lopes de Oliveira, op. cit., p. 121; Barassi, op. cit., p. 420; Planiol e Ripert, *Traité pratique de droit civil,* v. 7, n. 1.042.

do suspensiva, a que privar o ato de seus efeitos ou a que o sujeitar ao puro arbítrio de uma das partes (CC, arts. 122 e 123), e que será tida por inexistente a condição impossível, quando resolutiva, e a de não fazer coisa impossível (CC, art. 124)[167].

3ª) *Modal ou com encargo,* se se impuser ao beneficiado uma contraprestação (CC, art. 1.897), p. ex.: ficar obrigado por certo débito (*RT, 183*:297), ou a levantar um mausoléu para o autor da herança, ou a alimentar determinada pessoa, pois o modo ou o encargo é a cláusula pela qual se impõe uma obrigação àquele em cujo proveito se constitui um direito nos atos de liberalidade[168]. Há nomeação de herdeiro ou legatário "para certo fim ou modo". A herança ou o legado podem, portanto, vir subordinados a um encargo, que o herdeiro ou o legatário terão de cumprir em decorrência natural da aceitação[169], sendo obrigados, ainda, a prestar caução muciana, se assim o exigirem os interessados no cumprimento do encargo[170].

O encargo não se confunde com a condição (CC, art. 136), visto que o beneficiado não pode ser de modo algum constrangido a cumprir a condição, ao passo que pode ser forçado à execução do modo ou encargo. Além disso, o encargo não obsta a aquisição do direito hereditário; o instituído entra no gozo do benefício antes de cumprir o modo; a impossibilidade superveniente não prejudica a liberalidade. Por isso, se vier a falecer sem executar o encargo que lhe foi imposto, não se tem a caducidade da disposição testamentária. A herança ou o legado passarão a seus herdeiros, que cumprirão o encargo, dado que a sua inexecução, como observa Ferreira Coelho, torna anulável a liberalidade, embora com efeito *ex nunc*, ou seja, sem retroagir, cabendo ação de nulidade aos herdeiros do estipulante ou ao terceiro a quem tiver de reverter, nos termos do art. 562, do Código Civil. Portanto, a caducidade da disposição testamentá-

---

167. Exemplo de condição ilícita: instituo Maria como herdeira, se não casar, se mudar de religião ou se se divorciar; de condição imoral: nomeio Paulo meu herdeiro, se viver na ociosidade; de condição fisicamente impossível: instituo José meu legatário, se ele tocar o céu com o dedo; de condição juridicamente impossível: nomeio João meu herdeiro, se ele contrair matrimônio antes da idade legal; de condição potestativa: Antônio será meu herdeiro, se minha mulher concordar, por estar sujeita ao mero arbítrio de outrem. Sobre o assunto, *vide* W. Barros Monteiro, op. cit., p. 139-41; Barassi, op. cit., p. 409; José Lopes de Oliveira, op. cit., p. 121-7; Orozimbo Nonato, op. cit., v. 2, p. 246-7; Orlando Gomes, *Direito das sucessões,* cit., n. 122; Itabaiana de Oliveira, op. cit., v. 2, p. 475-85; Caio M. S. Pereira, op. cit., p. 181; Silvio Rodrigues, op. cit., p. 147.

168. Silvio Rodrigues, op. cit., p. 148; José Lopes de Oliveira, op. cit., p. 129; W. Barros Monteiro, op. cit., p. 142.

169. Coelho da Rocha, op. cit., § 702.

170. Itabaiana de Oliveira, op. cit., v. 2, p. 499-500.

ria modal não se imporá a pedido de nenhum interessado, exceto se no testamento houver cláusula que consigne essa sanção, ao passo que a condição suspensiva impede a aquisição do direito à herança ou ao legado; logo, se o beneficiado morrer antes de seu implemento, caduca a instituição[171].

Para o cumprimento do encargo, dever-se-á considerar que: se não houver prazo para o seu cumprimento, entende-se ficar isso na dependência das posses do beneficiado; se a sua execução se tornar impossível, sem que haja culpa do instituído, este ficará isento dele, e se ele não puder ser cumprido licitamente pela forma por que o testador determinou, será executado na parte lícita, considerando-se como não escrita a ilícita[172].

4ª) *Por certo motivo* (CC, art. 1.897), quando acompanhada da razão que a determinou, visto que a disposição testamentária está preordenada a uma circunstância do passado, p. ex., instituição de herdeiro por ter salvo a vida do testador[173]. Se o motivo invocado foi o determinante do ato (CC, art. 140), apurada a sua falsidade o testamento não prevalecerá, presumindo-se que o testador não teria feito essa disposição se tivesse ciência da situação real[174]. Entretanto, se o motivo não é expresso como razão determinante da instituição do herdeiro ou legatário, a disposição subsistirá[175].

5ª) *A termo,* apenas nas disposições fideicomissárias, caso em que o fideicomissário é herdeiro *ex die* (termo inicial ou suspensivo), e o fiduciário, herdeiro *ad diem* (termo final ou resolutivo); logo, com o advento do termo, o fideicomissário investe-se no domínio e posse da herança, resolvendo-se o direito do fiduciário. Isto é assim porque pelo Código Civil, art. 1.898, ter-se-á por não escrita, salvo no fideicomisso, a designação do tempo em que deva começar ou cessar o direito do herdeiro, proibição essa que não alcança o legatário, já que o legado pode ser deixado sob termo inicial ou final, em disposição fideicomissária ou não (CC, arts. 1.924 e 1.928). É preciso ressaltar que a nomeação de herdeiro a termo não tem o condão de anular a sua instituição; ter-se-á somente por não escrita a cláusula testamentária que designa o

---

171. Clóvis Beviláqua, *Comentários ao Código Civil,* cit., v. 1, p. 413; Itabaiana de Oliveira, op. cit., v. 2, p. 497; Carlos Maximiliano, op. cit., v. 2, p. 205 e 300; Ferreira Coelho, *Código Civil,* Rio, 1926, v. 8, p. 430; Orozimbo Nonato, op. cit., n. 591; Vitali, op. cit., v. 4, p. 459.

172. Lacerda de Almeida, op. cit., § 75; Itabaiana de Oliveira, op. cit., v. 2, p. 499.

173. Caio M. S. Pereira, op. cit., p. 183; Itabaiana de Oliveira, op. cit., n. 494, p. 500.

174. Itabaiana de Oliveira, op. cit., n. 496, p. 501; Caio M. S. Pereira, op. cit., p. 183-4; Troplong, op. cit., v. 1, ns. 370 e s.; Clóvis Beviláqua, *Comentários,* cit., v. 1, p. 359; W. Barros Monteiro, op. cit., p. 143.

175. *Vide* Trigo de Loureiro, *Direito civil brasileiro,* § 428; Clóvis Beviláqua, *Sucessões,* cit., p. 267; Gouvêa Pinto, op. cit., p. 265-6; Danz, *A interpretação dos negócios jurídicos,* p. 329.

termo — evento futuro e certo a que se subordina a eficácia do ato jurídico — entendendo-se que houve nomeação pura e simples[176].

Graficamente, elucidamos:

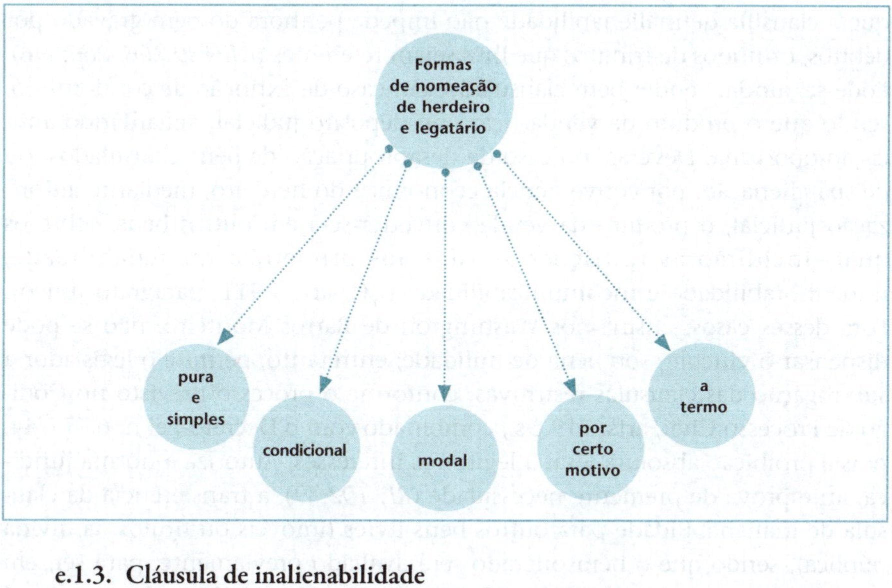

e.1.3. Cláusula de inalienabilidade

O testador pode impor aos bens deixados *cláusula de inalienabilidade* (CC, art. 1.911; *RT*, *650*:168; *JB*, *95*:242) — *vitalícia* (durando enquanto viver o beneficiado, *RT*, *194*:183) ou *temporária* (vigorando por certo tempo), *absoluta* (prevalecendo relativamente a qualquer pessoa) ou *relativa* (possibilitando alienação em certos casos, para determinadas pessoas, sob certas condições) —, impedindo assim que sejam, sob pena de nulidade, alienados, salvo em caso de desapropriação por necessidade ou utilidade pública (*RT*, *153*:160) ou de sua alienação, por conveniência econômica do donatário, ou herdeiro, autorizada judicialmente. Se porventura o bem gravado for alienado, em caso de desapropriação, ter-se-á a sub-rogação no preço pago pelo expropriante, podendo ser aplicado na aquisição de outro imóvel ou títulos da dívida pública, que ficarão clausulados. Igualmente, havendo um sinistro, far-se-á a sub-rogação no imóvel adquirido com a indenização paga pelo segurador (CC,

176. W. Barros Monteiro, op. cit., p. 143-4; José Lopes de Oliveira, op. cit., p. 129; Itabaiana de Oliveira, op. cit., v. 2, n. 478, p. 490-1. *Vide* art. 133 do Código Civil, 1ª parte. *Consulte*: CC italiano, art. 637; CC português, art. 2.243, 2; BGB, § 2.104.

art. 1.408, *in fine*), pois pelo CPC, art. 723, parágrafo único, o juiz poderá adotar a solução que considerar mais conveniente ou oportuna. Em regra, a cláusula de inalienabilidade, imposta aos bens por ato de liberalidade, implica sua impenhorabilidade e incomunicabilidade (CC, art. 1.911, *caput*). Já se decidiu que a cláusula de inalienabilidade não impede penhora do bem gravado por débitos, oriundos de tributos que lhes sejam referentes (*RT, 139*:266, *266*:596). Pode-se, ainda, vender bem clausulado, em caso de extinção de condomínio, sendo que o produto da venda ficará no depósito judicial, aguardando aplicação oportuna. Deveras, no caso de desapropriação de bens clausulados, ou de sua alienação, por conveniência econômica do herdeiro, mediante autorização judicial, o produto da venda converter-se-á em outros bens, sobre os quais incidirão as restrições apostas aos primeiros: inalienabilidade, impenhorabilidade e incomunicabilidade (CC, art. 1.911, parágrafo único). Fora desses casos, ensina-nos Washington de Barros Monteiro, não se pode dispensar o vínculo, sob pena de nulidade; entretanto, permite o legislador a sub-rogação das cláusulas restritivas, conforme o processo previsto no Código de Processo Civil, arts. 719 e s., combinado com o Decreto-Lei n. 6.777/44, pois a proibição absoluta lesaria legítimos interesses. Autoriza a norma jurídica, ante prova de premente necessidade (*RF, 102*:79), a transferência da cláusula de inalienabilidade para outros bens livres (imóveis ou títulos da dívida pública), sendo que o bem onerado será avaliado previamente, para ser, em seguida, subastado (*RT, 180*:223; *RF, 107*:88), e o produto da arrematação será aplicado na aquisição dos títulos, por meio da Bolsa Oficial de Valores, ou de outro imóvel do interessado, desde que seja de valor equivalente ou superior, caso em que o juiz, por mandado, ordenará que se grave o desonerado e se levante o vínculo que pesa sobre o imóvel clausulado (*RT, 304*:581). Se o interessado, continua esse insigne professor, desejar alienar o bem gravado para inverter o produto em outros bens de propriedade de terceiros, ambos os imóveis serão avaliados; havendo equivalência de valores, o magistrado autorizará a operação, exigindo simultaneidade de transações. Na hipótese de inversão das quantias vinculadas em construções devidamente autorizadas, o juiz nomeará fiscal, preferentemente representante do Ministério Público (Lei Estadual paulista n. 4.476/84), que zelará pela fiel aplicação do numerário, averbando-se a cláusula testamentária ao lado do registro referente ao imóvel construído. Com exceção desses casos, o juiz não pode autorizar sub-rogação (*RT, 242*:268, *275*:435, *127*:113, *361*:128, *411*:388, *204*:238)[177].

---

177. Legros, *Des clauses d'inalienabilité*, p. 99; Carlos Alberto Dabus Maluf, *Das cláusulas de inalienabilidade, incomunicabilidade e impenhorabilidade*, São Paulo, Saraiva, 1986;

A cláusula de inalienabilidade é um meio de vincular os próprios bens em relação a terceiro beneficiário, que não poderá dispor deles, gratuita ou onerosamente, recebendo-os para usá-los e gozá-los; trata-se de um domínio limitado, motivo pelo qual a duração da proibição de alienar esses bens deixados a herdeiro ou a legatário não pode exceder a espaço de tempo superior à vida do instituído[178]. Permite a lei que o testador imponha a inalienabilidade dos seus bens quando ele tiver razões justas para temer que sejam dilapidados por herdeiros, conduzindo-os à miséria. Entretanto, autores há, como Ferreira Alves, que a condenam por se opor à lei fundamental da economia política, que exige a livre circulação dos bens; outros entendem que ela é um elemento de insegurança nas relações jurídicas[179]. Com o óbito do beneficiado, cessa o ônus (*RF, 90*:153), passando os bens inteiramente livres aos seus sucessores, cancelando-se a cláusula de inalienabilidade com uma petição dirigida ao juiz competente, que a deferirá após ouvir o curador de resíduos[180].

Convém esclarecer que, embora a herança esteja gravada com inalienabilidade, não há impedimento a que o herdeiro a renuncie em favor do acervo, hipótese em que os bens serão transmitidos a outros herdeiros, que, por sua vez, terão de suportar a inalienabilidade imposta na cláusula testamentária (*RT, 98*:175)[181].

Tem havido decisões judiciais que acatam pedido de cancelamento de cláusula de inalienabilidade imposta pelo testador autorizando venda do bem herdado para fornecer verba ao beneficiado a ser utilizada, p. ex., em tratamento de moléstia grave (*RT*, *724*:417) de que é portador. Mas, em regra, seu cancelamento é proibido.

Modernamente tem-se entendido que a inalienabilidade envolve a impenhorabilidade — se assim não fosse, o beneficiado poderia, para burlar a ina-

---

Rodrigo S. Neves, A inalienabilidade, a incomunicabilidade, a impenhorabilidade e o direito das sucessões, *Revista IOB de Direito de Família, 59*:43-62; Pierre Roquebert, *De la clause d'inalienabilité et d'insaisissabilité*, Paris, 1905; W. Barros Monteiro, op. cit., p. 156-61; Silvio Rodrigues, op. cit., p. 149-50; Caio M. S. Pereira, op. cit., p. 185; Orozimbo Nonato, op. cit., n. 621; Christiano Cassetari, Considerações sobre as cláusulas de inalienabilidade, incomunicabilidade e impenhorabilidade, *10 anos*, cit., p. 629-644; *RT, 311*:208, *539*:167, *549*:549, *578*:110, *579*:212, *614*:156 e *766*:235; *RF, 100*:197, *102*:79, *284*:263; *RSTJ*, *78*:179.

178. Dower, op. cit., p. 374-5; Silvio Rodrigues, op. cit., p. 150.

179. Itabaiana de Oliveira, op. cit., v. 2, p. 651; Ferreira Alves, *Manual do Código Civil brasileiro,* cit., v. 19, p. 190.

180. W. Barros Monteiro, op. cit., p. 156.

181. *Vide* a lição de W. Barros Monteiro, op. cit., p. 157 e *RT, 118*:685.

lienabilidade, contrair débitos e deixar de solvê-los, aguardando a execução do credor sobre o bem gravado, podendo-se estender a impenhorabilidade aos frutos e rendimentos (*RF, 140*:148, *143*:201), mediante cláusula expressa; todavia, não se considera justo estender a inalienabilidade aos frutos e rendimentos porque o direito do beneficiado reduzir-se-ia a nada; além de não ter a disponibilidade do bem, não poderia aproveitar suas rendas[182] — e a incomunicabilidade (Súmula 49 do STF), salvo se a intenção do testador revelar expressamente o contrário[183]. Por isso, como vimos, o art. 1.911, *caput*, do Código Civil reza: "A claúsula de inalienabilidade, imposta aos bens por ato de liberalidade, implica impenhorabilidade e incomunicabilidade". E, se o herdeiro for empresário, o título da herança ou legado, dos bens clausulados de incomunicabilidade, impenhorabilidade ou inalienabilidade deverá ser arquivado e averbado no Registro Público de Empresas Mercantis (CC, art. 979).

e.1.4. Cláusulas testamentárias que podem ser estatuídas relativamente à legítima do herdeiro necessário

O herdeiro necessário é o descendente, ascendente ou cônjuge sucessível do *de cujus,* que só poderá ser afastado da sucessão por deserdação ou por indignidade, de modo que é herdeiro forçado ou obrigatório, a quem se defere a herança até mesmo contra a vontade do testador, que não poderá

182. Orozimbo Nonato, op. cit., ns. 633 e 640; W. Barros Monteiro, op. cit., p. 157-8; Caio M. S. Pereira, op. cit., p. 185.

183. Pontes de Miranda, *Tratado de direito de família*, v. 2, p. 220; *RT, 236*:385, *328*:792; Silvio Rodrigues, op. cit., p. 152; *RT, 145*:337, *148*:369, *194*:183, *311*:208; *RF, 103*:485, *207*:183; *JB, 152*:298. Há quem entenda que as cláusulas restritivas, por tirarem bens de circulação, são lesivas ao interesse social, apesar de protegerem herdeiro contra adversidade ou contra sua própria inexperiência. *Vide* art. 108, § 4º, da Lei n. 11.101/2005.

STJ, REsp n. 1.158.679-MG, rel. Min. Nancy Andrighi, j. 7-4-2011 — Direito das sucessões. Revogação de cláusulas de inalienabilidade, incomunicabilidade e impenhorabilidade impostas por testamento. Função social da propriedade. Dignidade da pessoa humana. Situação excepcional de necessidade financeira. Flexibilização da vedação contida no art. 1.676 do CC/16. Possibilidade. 1. Se a alienação do imóvel gravado permite uma melhor adequação do patrimônio à sua função social e possibilita ao herdeiro sua sobrevivência e bem-estar, a comercialização do bem vai ao encontro do propósito do testador, que era, em princípio, o de amparar adequadamente o beneficiário das cláusulas de inalienabilidade, impenhorabilidade e incomunicabilidade. 2. A vedação contida no art. 1.676 do CC/16 poderá ser amenizada sempre que for verificada a presença de situação excepcional de necessidade financeira, apta a recomendar a liberação das restrições instituídas pelo testador. 3. Recurso especial a que se nega provimento.

preteri-lo e muito menos prejudicá-lo na disposição testamentária. Deveras, atendendo-se ao vínculo que o liga ao *auctor successionis,* tem-se a separação de uma parte do patrimônio do testador, destinada exclusivamente ao herdeiro necessário[184]. Havendo descendente, ascendente ou cônjuge sucessível, o disponente está impedido de dispor de mais da metade de seus bens, visto que a outra será, de pleno direito, desses herdeiros necessários, dos quais constitui a legítima (CC, art. 1.846). Assim, a *legítima* é a porção dos bens de que o testador não pode dispor por estar reservada aos herdeiros necessários, e a *porção disponível* (CC, art. 1.789) é a parte dos bens de que o testador pode dispor, mesmo havendo herdeiro necessário[185]. Por conseguinte, se o testador não tiver descendente, ascendente ou cônjuge sucessível, terá liberdade de testar, podendo dispor da totalidade de seus bens, atribuindo-os a quem quiser, ressalvadas as hipóteses de incapacidade testamentária passiva, arroladas no Código Civil, arts. 1.801 e 1.802[186].

---

184. Itabaiana de Oliveira, op. cit., v. 2, p. 626; W. Barros Monteiro, op. cit., p. 210; Rotondi, *Instituciones de derecho privado*, p. 605; Cláudio L. B. Godoy, Dos herdeiros necessários e da gravação da legítima no novo Código Civil, *Temas relevantes do direito civil contemporâneo* (coord. G. E. Nanni), São Paulo, Atlas, 2008, p. 718-46. O Código Civil (art. 1.845) inclui, no rol dos herdeiros necessários, o cônjuge sobrevivente. Outrora, já se decidiu que: "Se até mesmo o filho adulterino reconhecido na constância do casamento tem sido admitido na qualidade de herdeiro necessário, sendo dispensada a ação de investigação de paternidade para sua habilitação no inventário do próprio pai que o registrou, com muito maior razão devem ser os filhos naturais admitidos no inventário do pai que os reconheceu mediante declaração perante o oficial do Registro Civil anteriormente ao seu casamento com o cônjuge supérstite" (*RT, 594*:104). "Condição de herdeiro necessário único, e não concorrente (art. 1.829, III, do Código Civil), ao qual deve ser assegurada a legítima no espólio de sua falecida esposa, independentemente do regime de bens adotado no casamento, no caso, o da separação convencional (art. 1.829, II, do Código Civil). Incidência e aplicação dos arts. 1.838 e 1.845 do Código Civil. Impugnação dos herdeiros testamentários, que até redundou na exclusão do cônjuge do cargo de inventariante, afastada. Decisão reformada. Agravo provido" (TJSP, 2ª Câm. de Direito Privado, AgI 364.580-4/6, rel. Des. José Roberto Bedran, j. 22-2-2005, v.u.); "Lei da data do óbito — Cônjuge agora também herdeiro necessário — Legado — Cálculo. Os falecimentos ocorridos na vigência do atual Código Civil são regulados pelas regras novidadeiras, tendo o cônjuge sobrevivente direito à legítima, como herdeiro necessário. Todavia, deve-se atentar ao momento da lavratura do instrumento, quando o testador, seu herdeiro necessário, podia dispor livremente de seu acervo. Não se forma, pois, sucessão legítima, mas somente testamentária, com a instituição dos herdeiros. Respeitada a vontade do testador, a partilha e tributos devem observar o que ali foi determinado. Agravo provido, para desconstituir a decisão" (TJRS, 7ª Câm. Cív., AgI 70008701724-Porto Alegre-RS, rel. Des. José Carlos Teixeira Giorgis, j. 26-5-2004, v.u.).

185. José Lopes de Oliveira, op. cit., p. 192.

186. W. Barros Monteiro, op. cit., p. 211.

Calcula-se a legítima (CC, arts. 1.789 e 1.846) sobre o total dos bens existentes ao falecer o testador, abatidas as dívidas e as despesas do funeral, adicionando-se, em seguida, o valor dos bens sujeitos à colação (CC, art. 1.847), uma vez que a herança é somente o que deixa o *de cujus* depois de satisfeitos os seus credores, de maneira que, se as dívidas absorverem todo o patrimônio hereditário, não há herança, e os seus herdeiros respondem pelos débitos até a força de seus quinhões (CC, art. 1.792). Além das dívidas do finado, serão descontadas do total apurado dos bens existentes as despesas funerárias, que, pelo Código Civil, art. 1.998, sairão do monte da herança. Abatidas as dívidas do autor da herança e as despesas do funeral, dividir-se-á o produto em duas metades, uma correspondente à reserva dos herdeiros necessários e a outra à porção disponível. E se for casado o falecido pelo regime de comunhão universal de bens, divide-se o monte líquido pelo meio, sendo uma parte do *de cujus* e a outra do consorte supérstite, que apenas conservará o que já era seu. A meação do finado será, por sua vez, subdividida em duas metades, sendo uma a legítima e a outra a parte disponível, que serão transmitidas, respectivamente, aos herdeiros necessários e aos herdeiros instituídos ou legatários[187].

Se porventura o testador, em vida, doou bens a alguns descendentes,

---

187. Ferreira Alves, *Manual do Código Civil brasileiro,* cit., v. 19, p. 306; W. Barros Monteiro, op. cit., p. 212-3; Silvio Rodrigues, op. cit., p. 208-9. Arnoldo Wald (*Direito das sucessões*, São Paulo, Saraiva, 2002, p. 170-171) ensina: "As operações são, pois, as seguintes:

1. cálculo da herança líquida: realização do ativo e desconto do passivo;

2. anulação das doações inoficiosas e soma de seu valor à herança;

3. como norma geral, somas das doações feitas em vida, que não constituem adiantamento da legítima, com o valor da herança líquida;

4. divisão do valor obtido em duas partes, obtendo-se, assim, a metade indisponível, ou a herança necessária;

5. colação das doações feitas em vida aos herdeiros necessários (descendentes) e soma da legítima previamente calculada com o valor das doações trazidas à colação;

6. divisão da legítima pelo número de herdeiros necessários, descontando-se de cada um o que já recebeu em vida, como adiantamento.

Para melhor esclarecimento, veja-se um exemplo. 'A' faleceu, deixando um ativo de R$ 2.100,00 e um passivo de R$ 1.000,00. A herança líquida será de R$ 1.100,00, e a parte disponível de R$ 550,00. Imaginemos que sejam dois os herdeiros necessários e um tenha recebido, em vida do testador, doação de R$ 150,00; a legítima será calculada somando-se R$ 550,00 com R$ 150,00, dando, assim, um total de R$ 700,00, ou seja, R$ 350,00 para cada herdeiro. O que já recebeu doação terá direito tão somente a R$ 350,00 menos R$ 150,00, ou seja, R$ 200,00, enquanto o outro receberá integralmente os R$ 350,00".

prescreve o Código Civil, art. 1.847, *in fine*, que nesse caso se calcula a legítima sobre a soma que resultar, adicionando-se à metade dos bens que então possuía o disponente a importância das doações por ele feitas àqueles descendentes; assim, impõem-se a estes, a fim de haver igualdade nas quotas cabíveis a cada herdeiro necessário, o dever de conferir essas liberalidades, pois se o testador, em vida, dispôs além da porção disponível, ter-se-á redução das disposições testamentárias até igualar a legítima. Se houve, portanto, doações em favor de um dos descendentes do *auctor successionis*, o beneficiado deverá trazê-las à colação com o escopo de nivelar a sua quota com a dos demais herdeiros (CC, arts. 2.002 e 2.003), apesar da admissibilidade da dispensa da colação, ou seja, desse ato de conferência, se o testador assim o determinar, conforme dispõem os arts. 2.005 e 2.006 do Código Civil. Nada obsta, porém, que um herdeiro necessário venha a receber mais do que o outro, uma vez que, pelo Código Civil, art. 1.849, o testador pode deixar-lhe, se quiser, além da legítima, bens que constituem sua porção disponível. Como a norma jurídica alude apenas às liberalidades feitas a descendentes e a cônjuge (CC, arts. 2.002 e 2.003), se os herdeiros do autor da herança são os ascendentes, que receberam doações em vida do *de cujus*, não se adiciona o respectivo valor ao monte do acervo hereditário para o cálculo da legítima ou da porção disponível; logo, não são obrigados à colação[188]. O testador poderá designar os bens que constituirão a legítima de seus herdeiros necessários (*RF*, *109*:43), desde que não haja detrimento ou desfalque na parte de algum deles[189].

As cláusulas de inalienabilidade, incomunicabilidade e impenhorabilidade não condicionam, nem subordinam a termo ou a encargo os bens legitimários, pois apenas os atingem na eficácia. Tais cláusulas gravativas consti-

---

188. Silvio Rodrigues, op. cit., p. 209; W. Barros Monteiro, op. cit., p. 213; Dower, op. cit., p. 408; Clóvis Beviláqua, *Comentários*, cit., v. 6, p. 189; Carvalho Santos, op. cit., v. 24, p. 77.

189. W. Barros Monteiro, op. cit., p. 214; José Ulpiano Pinto de Souza, *Das cláusulas restritivas da propriedade*, p. 237, n. 195; Mário Júlio de A. Costa, *Cláusulas de inalienabilidade*, Coimbra, 1992; Carlos Alberto Dabus Maluf, *Das cláusulas de inalienabilidade, incomunicabilidade e impenhorabilidade*, São Paulo, Saraiva, 1986, n. 11, p. 69; José Cretella Jr., Cláusula de incomunicabilidade na sucessão testamentária, *Revista do Tribunal Regional Federal — 3ª Região*, *78*:49-56. Pelo art. 2.042 do Código Civil: "Aplica-se o disposto no *caput* do art. 1.848, quando aberta a sucessão no prazo de um ano após a entrada em vigor deste Código, ainda que o testamento tenha sido feito na vigência do anterior, Lei n. 3.071, de 1º de janeiro de 1916; se, no prazo, o testador não aditar o testamento para declarar a justa causa de cláusula aposta à legítima, não subsistirá a restrição". *Vide*: Súmula n. 49 do STF. *Consulte*, ainda: CC italiano, arts. 692 e 1.379; CC português, art. 2.295, 1.

tuem uma restrição de poder. São elementos acidentais do negócio jurídico *mortis causa*, por modificar algumas de suas consequências naturais. São categorias modificadoras dos efeitos normais do testamento e não integram a sua estrutura, por serem modeladoras de sua eficácia, não atingindo o direito à herança. Trata-se de determinação temporal inexa, porque se inserem no negócio jurídico *mortis causa*, traçando seu limite eficacial. A locução "determinação inexa" faz com que não se lhes introduza o sentido de acessoriedade. Não há relação de acessório e principal entre a cláusula testamentária e a restrição de poder, por haver um todo inseparável. A inexão é integral, pois o testamento não se decompõe, senão para análise. Isto é assim, porque a restrição de poder inexa-se à manifestação volitiva do *de cujus*, por ser parte dela, para que o efeito por ele pretendido termine quando se der o desaparecimento do motivo que lhe deu causa. Entende Josserand que tais cláusulas, por serem *liberalités avec affectation spéciale*, têm como efeito criar um *status* real ou um estatuto jurídico determinado para os bens herdados. Por isso José Ulpiano de Souza Pinto, com muita lucidez, manifestou-se no sentido de que a lei, apontando um limite à liberdade de testar, só deveria admitir restrições à legítima, mediante a declaração dos motivos ou causas, sob pena de serem ineficazes. É a exigência da indicação da justa causa determinante da restrição de poder, fixada *a priori*, que dá legalidade à verba testamentária.

Sem embargo da intocabilidade da legítima, o Código Civil possibilita cláusulas testamentárias que lhe podem ser impostas, estabelecendo-lhe certas limitações no interesse do herdeiro ou de sua família, ao estatuir, no art. 1.848, §§ 1º e 2º, que: "Salvo se houver justa causa, declarada no testamento, não pode o testador estabelecer cláusula de inalienabilidade, impenhorabilidade, e de incomunicabilidade, sobre os bens da legítima. § 1º Não é permitido ao testador estabelecer a conversão dos bens da legítima em outros de espécie diversa. § 2º Mediante autorização judicial e havendo justa causa, podem ser alienados os bens gravados, convertendo-se o produto em outros bens, que ficarão sub-rogados nos ônus dos primeiros".

Há exigência de declaração obrigatória da justa causa no testamento para o exercício do direito do testador de estabelecer cláusula restritiva sobre a legítima. Logo, não mais prevalece a nua vontade do testador, mas o justo motivo para validar e tornar efetiva a disposição de última vontade restritiva da legítima, pois o testador é obrigado a indicar a razão pela qual limita a legítima, podendo o órgão judicante averiguar se a causa apontada é justa ou não, tendo-se, então, discricionariedade judicial na apreciação do caso. Deveras, a justa causa alegada (p. ex., perdulariedade, toxicomania) poderá ser discutida, posteriormente em juízo, em ação proposta pelo herdeiro necessário que se sentir prejudicado.

O Projeto de Lei n. 699/2011 pretende alterar o art. 1.848, *caput*, e acrescentar-lhe um § 3º, com isso esse dispositivo passará a ter a seguinte redação:

"Art. 1.848. Salvo se houver justa causa, declarada no testamento, não pode o testador estabelecer cláusula de inalienabilidade e de impenhorabilidade, sobre os bens da legítima.

§ 3º Ao testador é facultado, livremente, impor a cláusula de incomunicabilidade".

Essa sugestão foi apresentada por Zeno Veloso, que assim a justifica:

"O art. 1.848, *caput*, em redação atual só admite a imposição de cláusulas restritivas à legítima — inalienabilidade, impenhorabilidade e incomunicabilidade — se houver justa causa, declarada no testamento. Não devia ter sido incluída na previsão do art. 1.848 a cláusula de incomunicabilidade. De forma alguma ela fere o interesse geral, prejudica o herdeiro, desfalca ou restringe a legítima, muito ao contrário. O regime legal supletivo de bens é o da comunhão parcial (art. 1.640, *caput*), e, neste, já estão excluídos da comunhão os bens que cada cônjuge possuir ao casar, e os que lhe sobrevierem, na constância do casamento, por doação ou sucessão (art. 1.659, I). Assim sendo, se o testador impõe a incomunicabilidade quanto aos bens da legítima de seu filho, que se casou sob o regime da comunhão universal, nada mais estará fazendo do que seguir o próprio modelo do Código, e acompanhando o que acontece na esmagadora maioria dos casos". Ao manifestar, no comentário feito ao PL n. 6.960/2002 (substituído pelo PL n. 699/2011), sua rejeição, o Parecer Vicente Arruda alega que: "A proposta representa uma *capitis diminutio* do exercício do direito sobre a legítima do herdeiro necessário, que são conferidas nos arts. 1.845 e 1.846".

Isto é assim porque os motivos alegados podem ser de foro íntimo e impregnados de subjetivismo, gerando dúvidas, trazendo à tona problemas de ordem familiar, dando azo à anulação da cláusula testamentária, sob alegação de injustiça da razão alegada, acarretando dificuldades ao juiz, pela ausência de critérios normativos ou equitativos que tornem possível a averiguação do acerto, ou não, da medida restritiva, uma vez que o autor da herança não poderá justificar a decisão tomada.

Aplica-se o art. 1.848, *caput*, se houver abertura da sucessão no prazo de um ano após a entrada em vigor do Código Civil vigente, mesmo que o testamento tenha sido feito sob a égide do Código Civil de 1916, se, nesse prazo, o testador, por meio de novo testamento, não vier a aditar o anterior, declarando a justa causa da cláusula que grava a legítima, não subsistirá a restrição (CC, art. 2.042). Isto é assim, porque esta, pelo novel Código, como vimos, somente será válida se acompanhada da razão que a justificou. Outro não poderia ser o entendimento legal, visto que a validade intrínseca do ato de última vontade rege-se pela lei vigente ao tempo da morte do testador. Assim sendo, se o testador, dentro de um ano, não fizer em seu testamento, elaborado sob o império de norma anterior, por meio de outro, nenhum aditamento, declarando a justa causa que o levou a impor a inalienabilidade, impenhorabilidade e incomunicabilidade sobre bens legitimários, com o seu óbito, não subsistirão tais restrições à legítima do herdeiro necessário, aplicando-se, como já dissemos, o art. 1.848 do atual Código Civil. Hipótese em que não mais prevalecerá a vontade do *auctor successionis*, mas a existência de justo motivo para validar cláusula restritiva da legítima, ante a imposição legal da obrigatoriedade de sua indicação. Inexistindo esta, considerar-se-á insubsistente a cláusula testamentária restritiva dos bens da legítima. A finalidade do art. 2.042 foi conceder ao testador um tempo razoável para tornar possível a restrição da legítima, prevista em testamento, por ele feito, antes da vigência do Código Civil de 2002. Não tomando, tempestivamente, as devidas providências, requeridas pelo comando legal, a limitação por ele imposta ao herdeiro necessário cairá por terra, por ser tida, aos olhos da novel lei, como inválida, por falta de alegação de causa justa. Possível será, portanto, o alcance retroativo do art. 1.848, porque enquanto não ocorrer a morte do testador, o testamento por ele feito, anteriormente à vigência da nova lei, não pode ser considerado perfeito, por isso, a lei nova poderá alterar a cláusula restritiva da legítima, dando, porém, o prazo de um ano para que se faça o devido aditamento, declarando a causa que a justifica. Aberta a sucessão há direito adquirido e antes de sua abertura o herdeiro testamentário tem apenas expectativa de direito. Se não há direito adquirido, nem ato jurídico perfeito, a lei nova poderá alcançar aquela cláusula, dentro de certas condições por esta previstas[190].

---

190. Nas escrituras de doação não é necessário justificar a imposição de cláusulas restritivas sobre a legítima. A necessidade de indicação de justa causa (CC art. 1.848) limita-se ao testamento, não se estendendo às doações (Enunciado do Colégio Notarial do Brasil). "Testamento — Público — Declaratória de ineficácia e nulidade de testamento — Cláusulas restritivas instituídas pelo testador sobre a legítima — Insubsistência — Testador que não especifica a justa causa da inserção em seu testamento das cláusulas restritivas, no prazo estabelecido no art. 2.042 do CC — Não havendo justa causa determinante da restrição à legítima, a disposição de última vontade não mais prevalecerá, de acordo com o art. 1.848 do Código Civil — Ausência de efetiva-

A proibição de clausular bens não alcança a parte disponível. Assegura-se, de um lado, a intangibilidade da legítima, e, de outro, permite-se que, excepcionalmente, mediante declaração no testamento de justa causa, seja clausulada. Com isso garantido está o herdeiro necessário contra arbitrariedades do testador. Daí infere-se que o testador poderá:

1º) Ser impedido de determinar a conversão dos bens da legítima em outras espécies (CC, art. 1.848, § 1º), p. ex.: a venda de imóvel para aquisição de títulos da dívida pública ou de ações de uma sociedade anônima.

ção do devido aditamento no prazo estabelecido no art. 2.042 do referido Código — Sentença reformada — Recurso provido (TJSP, AC 565.224-4/8-00-Ribeirão Bonito, 3ª Câm. de Direito Privado, rel. Des. Adilson de Andrade, j. 11-11-2008, v.u.)." "Arrolamento — Alvará — Indeferimento do pedido em virtude da existência de cláusulas de inalienabilidade, incomunicabilidade e impenhorabilidade que gravam o bem — Cabimento — Inexistência, no instrumento público de testamento, de qualquer aditamento relacionando justa causa às cláusulas condicionais — Irrelevância — Óbito da testadora ocorrido em 1994, o que torna válida a sua última disposição — Inaplicabilidade da regra de transição prevista no art. 2.042 do novo Código Civil — Recurso improvido (TJSP, AgI 598.452-4/4-São Paulo, 5ª Câm. de Direito Privado, rel. Des. Oldemar Azevedo, j. 17-12-2008, v.u.)."

STJ, REsp n. 1.207.103, rel. Min. Marco Aurélio Bellizze, j. 2-12-2014 — Recurso especial. Direito sucessório. Cláusula testamentária prevendo a incomunicabilidade dos bens imóveis destinados aos herdeiros. Necessidade de aditamento do testamento para a indicação de justa causa para a restrição que não foi observada pelo testador. Arts. 1.848 e 2.042 do CC. Ineficácia da disposição testamentária que afeta o testamento. Prêmio do testamenteiro. Cabimento. Recurso especial improvido. 1. Embora o autor da herança tenha deixado testamento público no qual fez inserir, como disposição única, que todos os bens imóveis deixados aos seus filhos deveriam ser gravados com cláusula de incomunicabilidade, com a vigência do CC de 2002 passou-se a exigir a indicação de justa causa para que a restrição tivesse eficácia, tendo sido concedido o prazo de 1 (um) ano após a entrada em vigor do Código, para que fosse feito o aditamento (CC, art. 1.848 c/c 2.042), o que não foi observado, no caso, pelo testador. 2. A despeito de a ineficácia da referida cláusula afetar todo o testamento, não há que se falar em afastamento do pagamento do prêmio ao testamenteiro, a pretexto de que a sua atuação no feito teria sido singela, uma vez que o maior ou menor esforço no cumprimento das disposições testamentárias deve ser considerado apenas como critério para a fixação da vintena, que poderá variar entre o mínimo de 1% e o máximo de 5% sobre a herança líquida (CC, art. 1.987), mas não para ensejar a sua supressão. 3. Na hipótese, a fiel execução da disposição testamentária foi obstada pela própria inação do disponente ante a exigência da lei, razão pela qual não pode ser atribuída ao testamenteiro nenhuma responsabilidade por seu descumprimento, sendo de se ressaltar que a perda do direito ao prêmio só é admitida, excepcionalmente, em caso de sua remoção, nas situações previstas em lei (CC, art. 1.989, e CPC, art. 1.140, I e II — sem correspondente no CPC/2015). 4. Recurso especial improvido.

Bol. AASP, 2958:11. Testamento público. Cláusula testamentária prevendo a incomunicabilidade dos bens imóveis destinados aos herdeiros. Necessidade de aditamento do testamento para a indicação de justa causa para a restrição que não foi observada pelo testador. Recurso Especial n. 1.207.103-SP.

Essa cláusula, admitida no Código Civil de 1916, cerceava a disposição do patrimônio e era tida como simples aconselhamento. Muitos doutrinadores entendiam que, sendo a legítima parte reservada dos bens da herança, deveria guardar identidade específica, relativamente a ela; logo, a conversão deveria ser vedada. Outros a acatavam tendo em vista o interesse dos herdeiros, argumentando que a identidade entre a legítima e a herança era meramente valorativa; logo, nada impediria a conversão desde que não se diminuísse o valor da quota legitimária.

Pelo Código Civil nula será cláusula testamentária que ordene a conversão dos bens legitimários em outros. A conversão, gerada por determinação de alienação dos bens gravados da legítima, em outras espécies, que ficarão sub-rogadas nos ônus dos primeiros, entendemos, só poderá ser efetuada havendo justa causa (CC, art. 1.848, § 2º), mediante autorização judicial, antes da partilha, pois, pelo julgamento desta, o direito de cada herdeiro fica circunscrito aos bens do seu quinhão; os bens aquinhoados serão de propriedade exclusiva do herdeiro e a sua entrega não pode ser impedida ou demorada. Para que se realize a conversão, ordenada judicialmente, desde que especificado o justo motivo, sem ofensa aos direitos do herdeiro, o juiz, por ocasião da deliberação da partilha, formará, de acordo com os herdeiros e conforme o art. 2.017 do Código Civil, as quotas de cada um, decretando a conversão dos bens que formarem o quinhão em espécie diferente determinada, excepcionalmente, pela necessidade de sua alienação, p. ex., se o testador deixar gravado um imóvel, impondo cláusula de inalienabilidade, e o herdeiro legitimário não tiver meios para conservá-lo ou precisar de dinheiro para pagar um vultoso tratamento médico. Decretada a alienação, os bens convertendos serão vendidos em hasta pública (CC, art. 2.019); se alcançarem valor superior ao da avaliação, o excesso será partilhado por todos os herdeiros; se o produto da venda for menor do que o seu valor, haverá um rateio entre os coerdeiros até perfazer a igualdade dos quinhões. Caberá ao espólio pagar todas as despesas com a conversão dos bens legitimários gravados em outros, que ficarão sub-rogados nos ônus dos primeiros, já que, se fossem imputadas na quota do herdeiro, desfalcar-se-ia a legítima, e ele receberia menos do que o mínimo que a lei lhe assegura. Assim, p. ex., se um imóvel gravado de inalienabilidade, pertencente a um herdeiro necessário, precisar ser vendido por encontrar-se em ruínas, sendo tal alienação autorizada judicialmente, mediante ação de procedimento especial de jurisdição voluntária (CPC, arts. 719 a 725), o preço alcançado deverá ser usado para adquirir outro imóvel, sobre o qual passará a recair aquele ônus de inalienabilidade.

Além desse caso não será permitido estabelecer a conversão dos bens da legítima em outros de espécie diversa, visto que poderá reduzir os direitos dos herdeiros necessários cujos interesses a lei visa proteger; assim sendo, nula será a cláusula que exigir tal conversão estipulando que os móveis sejam vendidos após a abertura da sucessão, para com o produto da venda adquirir imóveis, que serão entregues ao herdeiro necessário, visto que este tem o direito de receber os bens da legítima no estado em que se encontrarem por ocasião da abertura da sucessão. Portanto, será vedado, ainda, ao testador diminuir a reserva legitimária do herdeiro necessário, que continuará a ser a mesma quantitativamente. Logo, o testador não poderá escolher, no patrimônio hereditário, os melhores bens para contemplar certo herdeiro, pois o respeito da legítima exclui, segundo Clóvis Beviláqua, a liberdade na indicação dos bens da herança, para favorecer um herdeiro em detrimento do outro. A alienação de bem gravado apenas deverá ser levada a efeito mediante autorização judicial, tendo-se em vista o interesse do herdeiro, segundo o justo motivo alegado, sem prejudicar a igualdade dos direitos dos demais herdeiros[191] e desde que haja a conversão do produto da venda em outro bem, que ficará sub-rogado no ônus daquele.

2º) Prescrever a incomunicabilidade dos bens constitutivos da legítima, apenas se declarar na cédula testamentária o motivo justo, excluindo-os da comunhão universal, impedindo, assim, que se comuniquem ao cônjuge do herdeiro necessário, que passará a ter propriedade exclusiva, evitando-se, por exemplo, que com a dissolução da sociedade conjugal tais bens sejam divididos com o consorte, ou que, com a premorte do cônjuge, sejam esses bens partilhados com os seus sucessores[192].

3º) Confiar os bens da legítima à administração da mulher herdeira casada, diante da competência do marido, determinada por pacto antenupcial (CC, arts. 1.665 e 1.670), para administrar os bens do casal e os particulares da mulher. Dessa maneira protegem-se os bens herdados pela mulher casada, evitando-se que sejam dissipados pelo marido estroina[193].

4º) Estabelecer condições de inalienabilidade temporária (*RT, 181*:271)

---

191. Clóvis Beviláqua, *Comentários,* cit., v. 6, p. 192-3; Ferreira Alves, *Manual do Código Civil brasileiro,* cit., v. 19, p. 311; Itabaiana de Oliveira, op. cit., v. 2, p. 643-6; Silvio Rodrigues, op. cit., p. 211.

192. Silvio Rodrigues, op. cit., p. 212; *RT, 117*:603, *145*:265, *152*:651, *232*:277, *245*:241; *RF, 179*:154. "As cláusulas de inalienabilidade, impenhorabilidade e incomunicabilidade, impostas pelo testamento até a morte do marido da herdeira, devem ser canceladas em face da dissolução do vínculo conjugal pelo divórcio, sendo irrelevante a possibilidade de novo casamento" (*JB, 156*:250).

193. Dower, op. cit., p. 408; Silvio Rodrigues, op. cit., p. 212.

ou vitalícia (*RT, 194*:183, *370*:284; *RF, 90*:153; *AJ*, *6*:321), quando descrever expressamente, no testamento, o justo motivo para recear que os bens legitimários sejam dilapidados pelo herdeiro em razão, p. ex., de sua prodigalidade, incompetência administrativa ou inexperiência, impondo-lhe, por isso, o dever de não dispor daqueles bens, devendo conservá-los. Como não se prolongam além da vida do herdeiro, não obstam a livre disposição dos bens por testamento, ou, na falta deste, a sua transmissão aos herdeiros legítimos[194]. Entretanto, há uma forma especial de inalienabilidade, pontifica Washington de Barros Monteiro, prevista no Decreto-Lei n. 8.618/46, que proíbe ao herdeiro do segurador ou associado a alienação de imóveis financiados pelos institutos e caixas de aposentadoria, sem expressa autorização da instituição financiadora[195]. É mister salientar que os frutos e rendimentos dos bens da legítima podem ser clausulados, caracterizando-se por sua alienabilidade, pois se inalienáveis seriam inúteis ao proprietário. Apesar de serem alienáveis, tais frutos e rendimentos podem ser gravados de impenhorabilidade, caso em que não poderão ser penhorados, arrestados ou sequestrados em executivos ou execuções movidas por terceiro contra o devedor, mesmo que ele não possua outros bens livres, sobre os quais possa incidir a execução, desde que haja cláusula expressa. Se não houver estipulação expressa, poderão ser penhorados, exceto se destinados a alimentos de incapazes, ou de mulher viúva ou solteira[196].

---

194. José Lopes de Oliveira, op. cit., p. 196; Pinto Ferreira, op. cit., p. 521-6; *RT, 118*:685, *85*:163, *98*:175, *139*:260; *RF, 144*:106.

195. W. Barros Monteiro, op. cit., p. 216; Clóvis Beviláqua, *Comentários*, cit., v. 6, p. 195.

196. W. Barros Monteiro, op. cit., p. 215-6; José Lopes de Oliveira, op. cit., p. 197. Consulte sobre as cláusulas restritivas de poder: Regelsberger, *Pandekten*, p. 604; Carvalho Santos, *Código Civil brasileiro interpretado*, v. 23; Pontes de Miranda, *Tratado*, cit., v. 56, p. 93, 97 e 303; e *Tratado do testamento*, n. 687; Vicente Ráo, *Ato jurídico*, São Paulo, Revista dos Tribunais, p. 249 e 250; José Abreu, *O negócio jurídico e sua teoria geral*, São Paulo, Saraiva, 1984, p. 161; De Ruggiero, *Instituições de direito civil*, São Paulo, Saraiva, 1957, p. 311; Enneccerus, *Lehrbuch*, I, p. 490; Pinto Ferreira, *Tratado das heranças e dos testamentos*, São Paulo, Saraiva, 1983, p. 521-2; Michel A. Dimitrescu, *Des clauses d'inaliénabilité suivant la jurisprudence*, Paris, 1910; Charles Legros, *Des clauses d'inaliénabilité dans les actes a titre gratuit*, Paris, 1909; Rongier, *Clauses d'insaisissabilité et d'inaliénabilité*, Paris, 1902; Francisco Morato, Das cláusulas de inalienabilidade, incomunicabilidade e impenhorabilidade, *Revista de Direito*, v. 20, 1943; Carlos Alberto Dabus Maluf, *Das cláusulas de inalienabilidade, incomunicabilidade e impenhorabilidade*, São Paulo, Saraiva, 1983; Marguerite Bouyssou, *Les liberalités avec charge en droit civil français*, Paris, 1947, p. 267; Josserand, *Cours de droit civil positif français*, 1940, n. 1.534; José Ulpiano de Souza Pinto, *Das cláusulas restritivas da propriedade*, São Paulo, 1910, p. 97. Se o herdeiro for empresário, o título de herança de bens clausulados

5º) Impor, havendo justa razão, declarada no testamento, a impenhorabilidade de bens da legítima.

Todavia, como vimos, pelo art. 1.848, § 2º, do Código Civil, havendo autorização judicial e justa causa, os bens gravados poderão ser alienados, convertendo-se o produto em outros bens, que ficarão sub-rogados nos ônus dos primeiros.

É preciso lembrar, finalmente, que os bens legitimários não podem ser objeto de fideicomisso (*RT, 271*:403, *302*:275; *RF, 173*:254), porque a substituição fideicomissária pressupõe a transmissão dos bens ao substituto designado pelo testador, ao passo que, em relação à legítima, o herdeiro pode dela dispor por ato de última vontade, conforme rezam os arts. 1.846 a 1.849 do Código Civil[197].

e.1.5. Exclusão da sucessão do herdeiro legítimo não necessário

Para que o testador possa afastar da sucessão herdeiros legítimos não necessários, ou seja, seus parentes colaterais, basta que ele disponha, em favor de terceiros, da totalidade do seu patrimônio, sem os contemplar (CC, art. 1.850), não sendo, portanto, imprescindível a expressa manifestação no sentido de excluí-los. Logo, os parentes *colaterais* são, apesar de legítimos, *herdeiros facultativos*. Sucede exatamente o contrário com os herdeiros necessários, que só podem ser privados do direito hereditário, motivadamente, nas hipóteses legais de indignidade e deserdação[198].

e.1.6. Pluralidade de herdeiros

No testamento pode haver uma disposição conjunta, em que vários her-

---

de incomunicabilidade ou inalienabilidade deverá ser também arquivado e averbado, convém repetir, no Registro Público de Empresas Mercantis (CC, art. 979).

197. *Vide* W. Barros Monteiro, op. cit., p. 215; Zeno Veloso, *Emendas ao Projeto de Código Civil*, Pará, 1985, p. 121. "I. A interpretação da cláusula testamentária deve, o quanto possível, harmonizar-se com a real vontade do testador, em consonância com o art. 1.666 do Código Civil anterior. II. Estabelecida, pelo testador, cláusula restritiva sobre o quinhão da herdeira necessária, de incomunicabilidade, inalienabilidade e impenhorabilidade, o falecimento dela não afasta a eficácia da disposição testamentária, de sorte que procede o pedido de habilitação, no inventário em questão, dos sobrinhos da *de cujus*. III. Recurso especial conhecido e provido" (STJ, REsp 246.693-SP, 4ª T., rel. Min. Rosado de Aguiar).

198. *Vide* Silvio Rodrigues, op. cit., p. 214; W. Barros Monteiro, op. cit., p. 217.

deiros ou legatários são chamados coletivamente para receber os bens do testador, ou uma certa porção deles[199]. Se o testador instituir dois ou mais herdeiros, sem fazer qualquer discriminação da parte cabível a cada um, partilhar-se-á por cabeça, ou seja, por igual, entre todos, a porção disponível do disponente (CC, art. 1.904), pois, se tiver herdeiros necessários, só poderá dispor da metade disponível de seu patrimônio. Entretanto, se do conteúdo da disposição de última vontade resultar que outra era a intenção do testador, impor-se-á sua observância[200].

Se o *de cujus* nomear, por testamento, certos herdeiros individualmente, e outros coletivamente, a herança será dividida em tantas quotas quantos forem os indivíduos e os grupos designados (CC, art. 1.905). Com isso, equiparam-se as pessoas nomeadas coletivamente com a indicada individualmente. P. ex.: se instituir herdeiros "A", "B" e "C", e os filhos de "D". A herança será partilhada em quatro porções idênticas, sendo transferida aos filhos de "D" a quarta parte, que, por sua vez, será repartida entre eles, caso em que a divisão da herança opera-se por estirpe[201].

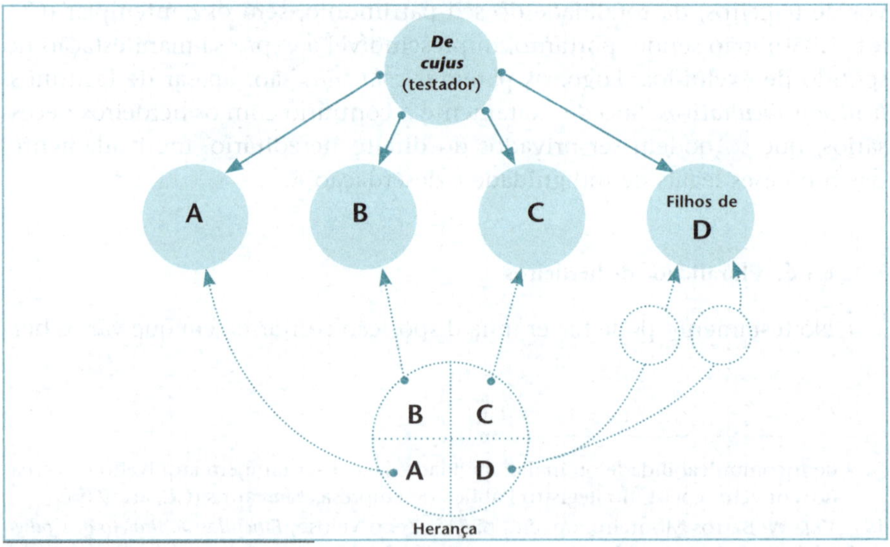

199. Clóvis Beviláqua, *Sucessões*, cit., § 77.

200. Clóvis Beviláqua, *Comentários*, cit., v. 6, p. 136; Meischeider, *Die letztwilligen Verfügungen nach dem BGB*, p. 86 e s. Se o testador não tiver nenhum herdeiro necessário e nomear herdeiros para toda a herança, dever-se-á partilhá-la por cabeça, ou seja, por igual entre todos.

201. *Vide* José Lopes de Oliveira, op. cit., p. 137; W. Barros Monteiro, op. cit., p. 153; Maria Helena Diniz, Interpretação de cláusula testamentária duvidosa, *Revista AMB*, v. 2, 1997, p. 11 a 16.

Os coletivamente nomeados são, aos olhos da lei, considerados como se o fossem individualmente. Logo, cada grupo designado é tido como uma só pessoa para efeito de partilha *per stirpe*. Todavia, se outra foi a intenção do *de cujus*, impor-se-á sua observância, pois o que importa é a vontade real do testador[202].

Prescreve o Código Civil, no art. 1.906: "Se forem determinadas as quotas de cada herdeiro, e não absorverem toda a herança, o remanescente pertencerá aos herdeiros legítimos, segundo a ordem de vocação hereditária". Parece óbvio que a vontade do disponente, ao não dispor em relação a essa sobra, era que prevalecesse a sucessão legítima, segundo a ordem de vocação hereditária estabelecida no art. 1.829; com isso, admite nosso legislador a possibilidade da coexistência da sucessão testamentária com a legítima[203].

"Se forem determinados os quinhões de uns e não os de outros herdeiros, distribuir-se-á por igual a estes últimos o que restar, depois de completas as porções hereditárias dos primeiros" (CC, art. 1.907). Se nada restar, os herdeiros nomeados sem designação de quotas nada poderão reclamar[204].

Se o testador estabelecer que não cabe ao herdeiro instituído certo e determinado objeto, dentre os da herança, tocará ele aos herdeiros legítimos (CC, art. 1.908). O objeto excluído por disposição testamentária é considerado como remanescente do acervo hereditário, sujeitando-se ao estatuído no Código Civil, art. 1.906.

e.2. Regras interpretativas das disposições testamentárias

Às vezes, as cláusulas testamentárias apresentam-se obscuras, duvidosas ou ambíguas, tornando-se imprescindível buscar seu verdadeiro significado; para isso, socorrer-se-á às seguintes regras interpretativas:

1ª) Na interpretação das disposições testamentárias dever-se-á buscar a

---

202. Clóvis Beviláqua, *Código Civil comentado*, v. 6, p. 126; Pontes de Miranda, *Tratado de direito privado*, cit., v. 57, p. 69 e 70; Pinto Ferreira, *Tratado das heranças e dos testamentos*, São Paulo, Saraiva, 1983, p. 518 e 519; Itabaiana de Oliveira, *Tratado de direito das sucessões*, São Paulo, Max Limonad, v. 2, 1952, p. 473; Marco Aurélio S. Viana, *Teoria e prática do direito das sucessões*, São Paulo, Saraiva, 1987, p. 109; Troplong, op. cit., v. 1, p. 106, citado por W. Barros Monteiro, op. cit., p. 154. *Vide*: CC espanhol, art. 769 e CC português, art. 2.227.

203. Carvalho Santos, op. cit., v. 23, p. 314; W. Barros Monteiro, op. cit., p. 154.

204. *Vide* José Lopes de Oliveira, op. cit., p. 138.

vontade ou a intenção do testador, e não o sentido literal da linguagem, ante o princípio disposto no Código Civil, art. 112[205]. Assim, o intérprete deve perquirir a vontade real do disponente e não o conteúdo literal das palavras

---

205. A esse respeito, expressivas são as palavras de Trabucchi (*Istituzioni di diritto civile*, 15. ed., Padova, CEDAM, 1966, p. 890): "*Le espressioni usate dal testatore vanno interpretate 'naturaliter', e non civiliter, cioè non nel significato tecnico-giuridico, ma nel significato che presumibilmente le parole scelte avevano nella mente del 'de cujus'. Dobbiamo tenere ben presente che in ogni caso l'interprete è chiamato a determinare unicamente il contenuto della volontà che è stata espressa nel testamento; non è licito costruire una volontà testamentaria non scritta, anche se vari elementi presuntivi si dessero la convizione che il testatore aveva una precisa intenzione circa quelle che dovevano essere la sua ultima volontà. Ciò non significa, tuttavia, che la volontà del testatore debba essere desunta soltanto indagando sul termini letterali usati nel testamento (così come invece si deve fare per esempio, con i titoli di credito). Gli elementi interpretativi possono essere ricercati anche 'aliunde', ma questo ricorso a elementi di prova stranei al testamento è ammesso soltanto per chiarire il contenuto di una volontà espressa poco nettamente*". *Vide*, ainda, Barbero, *Sistema de derecho privado*, Buenos Aires, 1967, v. 5, p. 289; Carlos Maximiliano, op. cit., v. 2, p. 90; Orlando Gomes, *Direito das sucessões*, cit., p. 173; Roscigno, *Interpretazione del testamento*, Napoli, 1952; Carnelutti, apud Emilio Betti, *La interpretación de la ley y actos jurídicos*, Barcelona, 1975, p. 382; Sérgio Bermudes, Interpretação de cláusula testamentária, *RDC*, *9*:241; Itabaiana de Oliveira, op. cit., v. 2, ns. 524 a 526; Orozimbo Nonato, *Estudos sobre a sucessão testamentária*, Rio de Janeiro, 1957, v. 3, ns. 845 a 847; *RT*, *106*:644, *559*:200, *582*:143, *603*:69, *608*:150 e *630*:171; *RJ*, *180*:103, *115*:174. *Vide*: CC espanhol, art. 675; CC português, art. 2.187, 1; CC argentino, art. 3.619; BGB, § 2.084.

Em Portugal: pelo Tribunal da Relação de Lisboa (Proc. n. 0055181): "o artigo 2.187 do Código Civil Português que trata da interpretação das disposições testamentárias também refere-se à prevalência da vontade do testador, admitindo prova complementar, desde que haja correspondência com o contexto do testamento"; Tribunal da Relação do Porto (Ap. 5.694/07): "na interpretação de disposições testamentárias deve-se, à luz de um critério subjetivo, observar o que parecer ajustado com a vontade do testador, conforme o contexto do testamento; embora se admita prova complementar, esta não surtirá efeito se não tiver um mínimo de correspondência nesse contexto. O modo distingue-se da condição e do termo porque não torna incerta a manifestação de última vontade, que conserva plena e atual eficácia, nem difere a execução do testamento. A testadora estabeleceu no testamento que 'a instituição do herdeiro fica condicionada ao fato do mesmo e até a sua morte a tratar e cuidar na saúde e na doença', prestando-lhe todo o acompanhamento necessário. Não parece que a intenção da testadora foi a inclusão de cláusula condicional resolutiva. O modo (ou encargo) testamentário consiste numa cláusula acessória que se impõe no testamento ao onerado empregar parte do que recebe num determinado fim, em benefício do testador, de um terceiro ou do próprio onerado. É uma limitação da liberalidade, que visa alcançar um fim, que se acrescenta ao fim principal da disposição, sem contudo o destruir. No caso em apreço trata-se de modo e não condição. Não há prova nos autos que o modo (ou encargo) não foi cumprido, não havendo razão para a resolução da disposição testamentária. Além disso, é preciso inferir, na falta de disposição expressa acerca da matéria, se a disposição testamentária teria sido mantida pelo testador, ainda que não cumprido o encargo".

empregadas por ele no ato de última vontade (*RT, 146*:834). Geralmente há correspondência entre a intenção do agente e as suas declarações; algumas vezes, porém, o disponente pode empregar termos que não exteriorizam exatamente seu pensamento, daí a necessidade de se pesquisar sua verdadeira vontade, que deve ser fielmente cumprida, arredando-se a palavra ou frase que a desvirtua ou expressa mal (*RF, 116*:445; *AJ, 100*:217). A intenção do declarante, em caso de dúvida, só poderá ser revelada pelo contexto do testamento. Por isso urge examinar, sob o prisma intrínseco, o conteúdo do testamento, averiguando a verdadeira *mens testantes*, a redação da cláusula testamentária e seu real significado. O testamento, como qualquer ato destinado a produzir efeitos jurídicos com repercussão socioeconômica, requer uma interpretação, por haver possibilidade de conter cláusula duvidosa. Tal interpretação situa-se na seara do conteúdo da declaração volitiva, visto que o intérprete deve buscar a *voluntas testatoris*. Muito importante é a interpretação do testamento, por ser uma *lex specialis* da sucessão *causa mortis*. Na interpretação do testamento, ao se revelar e apreender o verdadeiro sentido de suas disposições, prevalece a exegese subjetiva, ou seja, a que busca a intenção do *de cujus*, subordinada a preceitos legais. Os romanos já diziam: "*In testamentis plenius voluntates testamentum interpretantur*" (Paulo, Dig., Liv. 50, tít. 17, frag. 12). Portanto, deve-se interpretar no testamento, de preferência em toda a sua plenitude, a vontade do disponente. O intérprete não pode esquecer que a vontade testamentária deve ser espontânea, completa e definitiva, isto é, emanada do próprio disponente, sem influência captatória nos elementos de determinação do objeto e do destinatário, contida na cédula testamentária e não em rascunho ou esboço. Trata-se da regra *voluntas spectanda,* resultante do fato de ser o testamento uma liberalidade e um negócio jurídico *mortis causa*. O princípio *voluntas spectanda* rege a interpretação do testamento, por requerer a determinação precisa da verdadeira intenção do testador, mediante a aplicação de normas interpretativas, fazendo com que o sentido subjetivo prevaleça sobre o objetivo, para que se possa respeitá-lo como ato de última vontade, que produz efeitos *post mortem*. Por esse princípio é necessário, portanto, desvendar a vontade contida no negócio jurídico *causa mortis,* procurando suas consequências, pois pode haver não correspondência entre o que o *de cujus* quis exprimir e a redação da cláusula testamentária. Deveras, ensina-nos Giampiccolo: o "critério diretivo de uma interpretação individual e atípica, subjetiva e informada na busca da real *mens* do declarante, independentemente da expressão empregada, tem por única restrição a compatibilidade lógica entre o conteúdo da declaração e a intenção do testador". O que importa é a fixação da real vontade do testador, principal objeto da pesquisa do intérprete da verba testamentária. Não se pode vincular, estritamente, ao teor linguístico, pois deve encontrar o querer do disponente. Caberá, então, ao intérprete investigar qual a verdadeira intenção do testador, já que sua declaração apenas terá significação jurídica quando lhe traduzir a vontade existente. Tal missão, como pondera Pontes de Miranda, "não é fácil, porque joga com toda a linguagem humana, cheia de imperfeições, máxime nos iletrados, ou pior, nos de meia-ciência, e com quase todas as figuras ou categorias do mundo jurídico". Logo, o que se deve procurar é o que o declarante "quis" dizer, mesmo que as palavras, contidas na cláusula testamentária, não o digam bem. Será preciso atingir a *mens testantes* que, bem ou mal, foi expressa. A interpretação do testamento pressupõe sempre a descoberta da vontade real e não a declarada. Daí a importância de se desvendar a intenção consubstanciada na declaração contida no testamento. Por isso urge interpretá-lo subjetivamente, buscando a *voluntas testatoris,* determinando, com precisão, o interesse e a vontade real do testador ao emitir a declaração testamentária, para que se possa respeitá-la como ato de última vontade, pois só produzirá efeitos *post mortem.* Para perquirir a real vontade do testador, poder-se-á utilizar de meios extrínsecos ao instrumento formal do testamento, como diários, depoimentos ou anotações mesmo se anteriores à sua realização, desde que contenham dados delimitadores de sua extensão ou abrangência, desvendando a sua ideia. Se houver obscuridade no texto testamentário, o intérprete deverá considerar as máximas de experiência e as valorações pessoais do testador, levando em conta sua situação socioeconômica, o meio cultural em que viveu, sua religião e moral, seu ambiente afetivo etc., reduzindo, na medida do possível, a ambiguidade e a vagueza dos termos[206]. Se a cláusula testamentária for sus-

206. *Vide* W. Barros Monteiro, op. cit., p. 144-5; Orozimbo Nonato, op. cit., v. 2, ns. 845 e s.; Coelho da Rocha, op. cit., § 693; Trabucchi, op. cit., n. 382; Paulo Eduardo G. Modesto, Hermenêutica do testamento, *Revista do CEPEJ,* Salvador, 1989, v. 3, p. 106 a 111; Juan B. Jordano Barea, *Interpretación del testamento,* Barcelona, Bosch, 1958, p. 25, 37, 40 e 41; Francisco Ferrer, *Como se interpretan los testamentos,* Buenos Aires, Abeledo Perrot, 1994; Maria Helena Diniz, Interpretação de cláusula testamentária duvidosa, *Revista AMB,* v. 2, 1997, p. 11 a 16; Barbero, *Sistema del derecho privado — sucesiones,* v. 5, p. 289; José Lopes de Oliveira, *Curso de direito civil,* São Paulo, Sugestões Literárias, 1982, p. 96; Stolfi, Tema di interpretazione di testamento, *Foro ital.,* I, p. 33; Zeno Veloso, *Testamentos de acordo com a CF de 1988,* Belém, Cejup, 1993, p. 569-90; Coelho da Rocha, *Instituições de direito civil,* v. 2, § 693; Pinto Ferreira, *Tratado das heranças e dos testamentos,* São Paulo, Saraiva, 1983, p. 619-25; Gèza Kiss,

cetível de interpretações diferentes, prevalecerá a que melhor assegurar a observância da real vontade do testador (CC, art. 1.899), que não pode ser desnaturada. Consagrada está a teoria da interpretação subjetiva do ato de última vontade, logo o intérprete deve ante os diversos caminhos que pode seguir, indicar o que deve ser tomado para que se cumpra aquilo que o *de cujus* efetivamente quis. A vontade do disponente é decisiva e deve ser respeitada. A interpretação do testamento deve revelá-la, conforme seu conteúdo. Isto é assim porque, como já dizia Teixeira de Freitas, "os testadores são legisladores", seguindo a esteira da Lei das XII Tábuas: "*dicat testador et erit lex*" (diga o testador e o que disser é lei). A disposição testamentária equipara-se à lei, sendo uma norma individual e como tal deve ser acatada.

2ª) Deve-se considerar o testamento em seu conjunto, evitando-se análise de disposições isoladas. Às vezes, as cláusulas explicam-se umas pelas outras. Por isso, deve o intérprete procurar sistematizá-las, para desvendar a intenção do testador. Se o conjunto das disposições testamentárias não fornecer dados para interpretar a vontade do testador, procurar-se-á: *a*) atender à literalidade das palavras (*Revista de Direito, 50*:321), preferindo-se o seu sentido próprio e geralmente aceito, e *b*) verificar o que, em tais casos, comumente se costuma fazer, utilizando-se de todos os processos técnicos usados pela hermenêutica: o gramatical (estudo das palavras empregadas), o lógico (busca do sentido e alcance das disposições) e o sistemático (exame do conjunto das cláusulas).

3ª) Deve-se procurar o sentido mais cômodo ao objeto de que se trata e à natureza do ato.

4ª) Se uma cláusula testamentária for suscetível de dois sentidos, deve-se entender naquele em que pode ter efeito e não naquele em que nenhum efeito teria.

Soziologische Rechtsanwendung im römischen Recht, *Archiv für Bürgerliches Recht*, 38, p. 232; Pontes de Miranda, *Tratado de direito privado*, São Paulo, Revista dos Tribunais, 1984, t. 56, p. 137-46, 331, 332 e 335; Ernst Rudolf Bierling, *Juristische Prinzipienlehre*, v. 4, p. 233, 245 e 248; Köhler, *Lehrbuch des buergerlichen Rechts*, v. 1, p. 534-5, § 238; M. Allara, *L'elemento volitivo nel negozio testamentario*, Torino, 1967; Grassetti, Interpretazione dei negozi giuridici *mortis causa*, in *Novissimo Digesto Italiano*, t. 8, Torino, 1962, p. 907 e s.; Rescigno, *Interpretazione del testamento*, Napoli, 1952; Erich Danz, *Die Auslegung der Rechtsgeschäfte*, p. 145 e 235; Giampiccolo, *Il contenuto atipico del testamento*, Milano, Giuffrè, 1954, p. 160; Luiz Roberto de Assumpção, Cláusulas testamentárias e seus problemas hermenêuticos, *Atualidades Jurídicas, 2*:187; Márcia P. B. P. Drummond, Testamento; conceituações e questões jurídicas interpretativas, *RDTJRJ, 15*:52.

5ª) Nos testamentos o prazo se presume em favor do herdeiro (CC, art. 133).

6ª) Inadmissível suprir o que não ficou determinado de modo algum pelo testador ou incluir cláusula inexistente no testamento.

7ª) Deve-se preferir a inteligência que faz valer o ato à que o torna insubsistente.

8ª) Se uma cláusula testamentária estiver obscura, incompleta ou truncada, impossibilitando que se conheça a intenção do disponente, será considerada como não escrita. Assim, se o testador dispõe sobre duas coisas que se contradizem, de modo que é impossível saber qual a revogada, têm-se ambas como de nenhum efeito.

9ª) Se houver dúvida atinente ao *quantum* do débito, dever-se-á decidir de modo menos prejudicial ao que prometeu.

10ª) Deve-se preferir a opinião mais benigna nas coisas duvidosas ou nas proposições mais rigorosas.

11ª) Havendo dúvidas quanto à intenção de beneficiar certas pessoas, as quotas deverão ser igualadas, não se invalidando o testamento.

12ª) O termo *prole* abrange os descendentes, isto é, os filhos de sangue (*AJ*, *109*:449). Deve-se admitir, por justa interpretação, que na expressão *filho* compreende-se a filha e parece que o neto também; logo, se o testador contemplou, de modo genérico, seus filhos, e, se um deles já finou, presumir-se-á, na dúvida, que também contemplou a prole deste (*RF*, *110*:389; *AJ*, *66*:348). Nada obsta que alcance o filho adotivo. Pelo STF (RE 16.847-São Paulo): "A expressão 'prole' refere-se aos descendentes (filhos), porém a expressão 'herdeiros legítimos' abrange o filho adotivo. Dispunha o art. 1.605 do CC/1916 (mesmo antes da vigência da CF/88): 'Para os efeitos da sucessão, aos filhos legítimos se equiparam os legitimados, os naturais reconhecidos e os adotivos'".

13ª) A denominação de herdeiro refere-se não só ao herdeiro próximo, mas também aos mais afastados, porque não só o herdeiro do herdeiro como o que vem sucessivamente estão compreendidos nessa expressão.

14ª) O gênero masculino abrange o feminino, porém este não compreende aquele.

15ª) Se o objeto da disposição constituir-se de universalidade (CC, arts. 90 e 91), abarcará todas as coisas que a compõem, ainda que, ignoradas pelo testador, forem descobertas posteriormente. Se o testador referir-se a *bens*, a deixa incluirá todos aqueles que tiverem algum valor como: imóveis, móveis, semoventes, dinheiro etc.

16ª) Se o disponente impuser a um dos herdeiros simultaneamente cláusula de inalienabilidade e de incomunicabilidade e, em relação a outro, só se referir à de inalienabilidade, será porque, quanto a este segundo herdeiro, pretendeu excluir a incomunicabilidade[207].

---

207. "Testamento — Imposição de cláusulas restritivas de inalienabilidade e impenhorabilidade sobre a legítima dos herdeiros necessários, na vigência do Código Civil de 1916 — Óbito ocorrido na vigência da lei anterior — Interpretação do alcance da cláusula e da vontade do testador — Termo 'legítima' com significado técnico-jurídico — Testamento público lavrado por tabelião que certamente conhecia a distinção entre legítimas e quinhões cabentes aos herdeiros necessários — Cláusulas restritivas que não devem receber interpretação extensiva — Recurso provido, para limitar as cláusulas restritivas à metade dos quinhões, que compõem as legítimas, liberando a parte disponível" (TJSP, AC 372.941.4/8-00, 4ª Câm. de Dir. Privado, j. 29-3-2007).

O TJSP (AC 160.318-4/4-Agudos) decidiu sobre interpretação de cláusula de testamento que instituiu cláusulas de inalienabilidade e impenhorabilidade a vigorar pelo prazo de dez anos, a contar do trânsito em julgado dos formais de partilha. Os herdeiros pediram a redução do prazo da restrição, por considerá-lo excessivo. O acórdão esclarece, de início, que não fosse o princípio da *reformatio in pejus*, em plena vigência no sistema recursal brasileiro, seria a hipótese de declarar extintas as cláusulas, porque os testadores não poderiam ter escolhido um prazo condicionado a um evento de termo indefinido e que escapa ao controle dos herdeiros, situação que fazia obrigatório contar o prazo a partir da morte dos testadores. Nesse sentido, a lição de Pontes de Miranda, que a cláusula restritiva ou outro gravame imposto pelo testador começa a vigorar a partir da morte do *de cujus* e o testador não pode opor *dies a quo* ou *ad quem*. Se opõe, é não escrito. O art. 1.898 do Código Civil de 2002 assim dispõe: "A designação do tempo em que deva começar ou cessar o direito do herdeiro, salvo nas disposições fideicomissárias, ter-se-á por não escrita". Assim, com a duração dos processos de inventário, alongaram-se por seis anos as cláusulas restritivas e, consequentemente, a data em que os herdeiros teriam o domínio pleno (sem restrições) dos bens. Carlos Maximiliano também explica que: "Seria incompatível com a natureza e o fim de tal modo de suceder o romper a continuidade das relações jurídico-patrimoniais do falecido. Eis por que ninguém pode fixar tempo diverso de sua morte para se cumprir a instituição: esta é direta e imediatamente". A cláusula de inalienabilidade representa uma limitação ao direito de propriedade e nunca foi bem aceita pela doutrina, pois impossibilita a livre circulação dos bens, que é interesse social. O Código Civil mudou para atender a esse objetivo, devendo haver justo motivo para a imposição de cláusulas restritivas. Assim, a diminuição dos prazos das cláusulas é apropriada para o momento. Embora não se apliquem as regras do Código Civil de 2002 para testamento realizado em momento anterior à sua vigência, não se pode negar a sua influência para a consciência do juiz que vai

17ª) Se o testador beneficiar indeterminadamente certa categoria de pessoas ou ocupantes de certos cargos, p. ex., seus empregados ou o reitor de certa universidade, entender-se-á que contemplou apenas os que estavam às suas ordens ou exercendo o cargo por ocasião da abertura da sucessão.

18ª) Se o disponente instituir herdeiros sucessivos e não simultâneos, ter-se-á *fideicomisso,* embora tenha empregado o termo *usufruto*; haverá usufruto se não transparecer da verba testamentária a sucessividade da transmissão, apresentando-se desmembrado o domínio.

19ª) Se o testador legar à mesma pessoa duas vezes a mesma quantia, entender-se-á que o fez inadvertidamente, restringindo-se o legado a uma só quantia, a não ser que as circunstâncias demonstrem ter sido intenção do disponente multiplicar o legado.

20ª) Se, nos legados pecuniários ou de quantia em dinheiro, tornar-se irrisória a deixa do *de cujus* em virtude de inflação, nem sempre se opera a revalorização; porém, tendo-se em vista a intenção do testador, o propósito por ele manifestado, e demais considerações peculiares a cada caso concreto — p. ex., se o fim do legado for remunerar serviço recebido, alimentar o legatário, custear estudos do beneficiado ou certo encargo — claro está que, ante a desvalorização monetária, dever-se-á entender que a liberalidade está sujeita a corrigir-se quantitativamente, para acompanhar a elevação dos custos.

21ª) Deve-se atender a que o testador teve em vista as diferentes circunstâncias concernentes ao uso local de onde vivia, à qualidade do legatário, à amizade etc. Deve o intérprete, portanto, ficar atento à linguagem pessoal do testador, considerando seu significado no ambiente em que vivia, às circunstâncias que o envolviam e às suas relações familiares e afetivas. Observa Zeno Veloso que essa é a grande responsabilidade do intérprete, ao esclarecer dúvida sobre verba testamentária, numa operação investigatória retrospectiva, tendo por base os termos do testamento, com o escopo de dar sentido às determinações nela exaradas, libertando a vontade do *auctor successionis*, aprisionada nas suas palavras.

---

decidir a validez de uma cláusula imposta sem motivação. Afinal, a lei foi alterada para o bem da justiça.

22ª) Se houver dúvidas que não possam ser solucionadas segundo regras de hermenêutica, procurar-se-á decidir sempre em favor da sucessão legítima.

23ª) Competirá ao juízo do inventário a interpretação das cláusulas testamentárias atinentes ao alcance das disposições, não ficando ele adstrito à exegese dada em outros juízos (*RT, 175*:187).

24ª) Na interpretação do testamento, afasta-se a restrição de inalienabilidade dos rendimentos dos bens legados, já gravados com as cláusulas de inalienabilidade, impenhorabilidade e incomunicabilidade. Se o legatário não pudesse dispor dos rendimentos dos bens legados, de nada lhe adiantaria ter sido contemplado no testamento, diante dos gravames sobre os próprios bens (TJRJ, *ADCOAS*, n. 85.717, 1982).

25ª) Se uma palavra for empregada mais de uma vez, deverá haver presunção de que foi usada sempre no mesmo sentido, salvo se o contexto demonstrar significado diferente.

26ª) Se o testador deixar uma universalidade de coisas, entender-se-ão incluídas as coisas particulares de que a mesma se compõe, mesmo as descobertas posteriormente, desconhecidas do testador[208].

e.3. Redução das disposições testamentárias

Com a finalidade de assegurar a intangibilidade da quota legitimária do herdeiro necessário (*RT, 539*:65, *754*:239), o Código Civil, ao adotar

---

208. Regras de hermenêutica selecionadas por Itabaiana de Oliveira, op. cit., v. 2, ns. 525 e 526; W. Barros Monteiro, op. cit., p. 145-6; José Lopes de Oliveira, op. cit., p. 116-8; Enneccerus, Kipp e Wolff, op. cit., v. 1, § 18; Francisco A. M. Ferrer, *Como se interpretan los testamentos*, Buenos Aires, Librarius, 1994; Caio M. S. Pereira, op. cit., p. 190; Paulo Eduardo G. Modesto, Hermenêutica do testamento, *Revista do CEPEJ*, cit., v. 3, p. 104-13; Zeno Veloso, *Testamentos*, cit., p. 575, 576, 580 e 582. "Segundo o art. 1.126 — hoje art. 735, § 2º — do CPC, o juiz, após ouvir o Ministério Público, mandará registrar, arquivar e cumprir o testamento se não achar vício externo que o torne suspeito de nulidade ou falsidade, devendo eventuais defeitos quanto à formação e manifestação de vontade do testador ser discutidos e decididos no inventário ou em eventual ação de anulação. Dessa forma, a ampla produção de provas, pretendida pela apelante, para desvendar a vontade do testador ou sua capacidade de testar, não é possível neste feito, pois o procedimento delineado a partir do art. 1.125 — atual art. 735 — do CPC não é de cognição ampla" (TJMG, 6ª Câm. Cível, ACi 1.0569.07.009843-3/001-Sacramento/MG, rel. Des. Maurício Barros, j. 4-11-2008, v.u., *Bol. AASP, 2631*:1689-04).

o regime da relativa liberdade de testar, conferiu-lhe o direito de pleitear a redução da liberalidade até completar a legítima, se o testador dispuser além de sua quota disponível, pois disposição excessiva não invalida o testamento (*RT*, *779*:296). Pressupõe-se testamento válido, pois, se este for nulo, não há redução, visto que, então, não se terá nenhuma liberalidade. É preciso lembrar que, se couberem na parte disponível, não há que se falar em redução. Ter-se-á, portanto, a redução *pro rata* das disposições testamentárias, quando a liberalidade exceder a quota disponível do testador (CC, art. 1.967; *RT*, *793*:354, *779*:296, *754*:239, *539*:65, *365*:113), em proporção ao quinhão do herdeiro ou herdeiros instituídos, até onde baste, e, não bastando, também os legados, na proporção do seu valor (CC, art. 1.967, § 1º). E acrescenta o enunciado n. 118 do CJF (aprovado nas Jornadas de Direito Civil de 2002): "o testamento anterior à vigência do novo Código Civil se submeterá à redução prevista no § 1º do art. 1.967, naquilo que atingir a porção reservada ao cônjuge sobrevivente, elevado que foi à condição de herdeiro necessário". Desse modo, se a liberalidade ultrapassar a quota disponível do testador, impor-se-á a redução das disposições testamentárias até que se obtenha o equilíbrio entre a legítima e a parte disponível. Entretanto, essa operação não é arbitrária; sofrê-la-á primeiramente o herdeiro instituído, porque, sucedendo o *de cujus* a título universal, o substitui, devendo cumprir sua vontade, cabendo-lhe o domínio do que sobrar do espólio, depois de deduzidos os débitos que o oneram, a legítima dos herdeiros necessários e os legados, de modo que sua parte será reduzida até onde baste para garantir a integridade da legítima, e, se vários forem os herdeiros, a redução se fará proporcionalmente à quota de cada um; sendo, ainda, insuficiente para recompor a legítima desfalcada, far-se-á a redução dos legados em proporção ao seu valor[209] (*RT*, *793*:354). Prescreve o Código Civil, art. 1.967, § 2º: "Se o testador, prevenindo o caso, dispuser que se inteirem, de preferência, certos herdeiros e legatários, a redução far-se-á nos outros quinhões ou legados, observando-se a seu respeito a ordem estabelecida no

---

209. *Vide* Silvio Rodrigues, op. cit., p. 221; Vitali, op. cit., n. 160; Dower, op. cit., p. 410; Clóvis Beviláqua, *Comentários*, cit., v. 6, p. 200-1; W. Barros Monteiro, op. cit., p. 220; Cafferata, *Legítima y sucesión intestato*, Buenos Aires, 1982; Sebastião José Roque, *Direito das sucessões*, cit., p. 157-62; Zeno Veloso, *Comentários*, cit., v. 21, p. 338 a 344. *Vide*: CC italiano, art. 554; CC francês, art. 921; CC português, art. 2.169; CC espanhol, art. 817; BGB, § 235 e CC argentino, art. 3.795.

parágrafo antecedente", de maneira que, se o testador prevenir a necessidade de redução, dispondo, explicitamente, que o herdeiro "A" ou o legatário "B" sejam, de preferência, pagos integralmente, ter-se-á de obedecer à sua vontade, procedendo-se à redução primeiramente das quotas dos outros coerdeiros; depois, se preciso for, dos demais legatários e, só em último caso, dos preferentes. Entretanto, a determinação do art. 1.967 do Código Civil não é de ordem pública; assim, o disponente poderá, se o quiser, estabelecer prioridade para as reduções, dispondo que primeiro sofram os legatários e depois os herdeiros, ou que ambos suportem, concomitantemente, os descontos necessários etc.[210].

Se o legado sujeito à redução consistir em prédio divisível, far-se-á a redução dividindo-o proporcionalmente (CC, art. 1.968). Separa-se a parcela do imóvel que for necessária para preencher a legítima desfalcada. Se for impossível, porém, sua divisão, por se tratar de prédio indivisível, e o excesso do legado montar a mais de um quarto do valor do prédio, o legatário não ficará com ele, deixando-o em poder do espólio, tendo apenas o direito de pedir aos herdeiros o valor que lhe couber na metade disponível. Se o apartamento, objeto do legado, valer R$ 100.000,00, acusando-se excesso de R$ 40.000,00 sobre a legítima (equivalente a mais de 1/4 do valor do prédio), o imóvel permanecerá no espólio e o legatário receberá em dinheiro R$ 60.000,00 dos herdeiros. Se o seu excesso não for mais de um quarto do valor do prédio, o legatário o guardará, repondo aos herdeiros, em dinheiro, a parte excedente (CC, art. 1.968, § 1º). Se o imóvel indivisível, objeto do legado, valer R$ 100.000,00, apontando-se um excesso de R$ 20.000,00 sobre a legítima, portanto, em *quantum* inferior a um quarto do valor do imóvel, o legatário com ele ficará, mas reporá aos herdeiros a importância de R$ 20.000,00. Todavia, "Se o legatário for ao mesmo tempo herdeiro necessário, poderá inteirar sua legítima no mesmo imóvel, de preferência aos outros, sempre que ela e a parte subsistente do legado lhe absorverem o valor" (CC, art. 1.968, § 2º). Bastante elucidativo é o exemplo dado por Washington de Barros Mon-

---

210. W. Barros Monteiro, op. cit., p. 222; Lino Salis, *La successione necessaria nel diritto civile italiano*, p. 183; Itabaiana de Oliveira, op. cit., v. 2, p. 636. Pelo enunciado n. 118/2002 do Centro de Estudos Judiciários do Conselho da Justiça Federal, "o testamento anterior à vigência do novo Código Civil se submeterá à redução prevista no § 1º do art. 1.967, naquilo que atingir a porção reservada ao cônjuge sobrevivente, elevado que foi à condição de herdeiro necessário".

teiro: "o prédio vale R$ 1.000.000,00, a redução deve montar a R$ 400.000,00 e a legítima do herdeiro é de R$ 600.000,00. Somando esse último valor com a parte subsistente do legado R$ 600.000,00 + R$ 600.000,00 = R$ 1.200.000,00, absorvido fica o valor de todo o prédio. O interessado receberá assim o imóvel, de preferência aos demais herdeiros, repondo apenas o excesso R$ 1.200.000,00 — R$ 1.000.000,00 = R$ 200.000,00"[211].

Se a redução das disposições testamentárias for insuficiente para integrar a quota reservatória do herdeiro necessário, proceder-se-á à redução das doações, visto que o Código Civil, art. 549, estatui: "Nula é também a doação quanto à parte que exceder à de que o doador, no momento da liberalidade, poderia dispor em testamento". Assim sendo, as doações *inter vivos* também sujeitar-se-ão à redução na parte inoficiosa, ou seja, na que exceder ao que o doador poderia dispor em testamento, primeiramente as mais recentes e depois, se não bastar, as mais antigas; se forem da mesma data, a redução será proporcional[212]. Se não houvesse possibilidade de que as doações *inter vivos* ficassem sujeitas à redução naquilo que ultrapassasse a parte que o doador poderia dispor por ato de última vontade, burlar-se-ia a lei que garante ao herdeiro necessário o direito à metade dos bens do *de cujus,* pois, se ele pudesse doar seus bens além da porção disponível, estaria deserdando, fora dos casos legais, o herdeiro necessário[213]. Se se tratar, por exemplo, de doações a descendente que venha a suceder o doador, não se dá a redução por ser caso de colação, ou seja, de mera conferência de valores como antecipação da legítima, para obter o nivelamento dos quinhões, completando as quotas dos prejudicados pela doação, salvo se o testamento dispensar o donatário de trazê-la à colação. Desse modo, a doação a descendente será imputada na meação legitimária, e a que contempla estranho será imputada na metade disponível[214]. Com a abertura da sucessão, ordenado o cumprimento do testamento, dever-se-ão balancear as liberalidades *causa mortis* e *inter*

---

211. Os exemplos foram apontados por W. Barros Monteiro, op. cit., p. 224; *RT, 184*:663; *RF, 181*:188.
212. W. Barros Monteiro, op. cit., p. 222; Itabaiana de Oliveira, op. cit., v. 2, p. 639, n. 707; Caio M. S. Pereira, op. cit., p. 262.
213. Itabaiana de Oliveira, op. cit., v. 2, p. 638, n. 706.
214. Carlos Maximiliano, op. cit., v. 3, p. 47; Caio M. S. Pereira, op. cit., p. 261; Itabaiana de Oliveira, op. cit., v. 2, n. 708.

vivos, para verificar se o testador excedeu a metade disponível, atingindo a legítima de seus herdeiros necessários. Portanto, os bens precedentemente doados serão reunidos à massa dos bens existentes, como integrando o patrimônio do doador, para efeito de apuração da metade disponível, que se obtém adicionando-se as liberalidades presentes e passadas, não podendo a sua soma exceder o total dos bens que, no momento, compreenderem o patrimônio do autor da herança[215]. É necessário ressaltar que o valor dos bens deve ser considerado ao tempo da doação e não o valor dos bens ao tempo da morte; logo, se a doação, no momento em que foi efetuada, era inferior à metade do patrimônio do doador, e, se este vier, posteriormente, a empobrecer, legítimo é o negócio[216].

A ação de redução pode ser proposta pelo herdeiro necessário ou pelo sub-rogado nos seus direitos por cessão ou sucessão, desde que tenha aceito a herança, ou, ainda, pelos credores do herdeiro lesado, para reclamar a integralidade de sua legítima hereditária, desfalcada por liberalidades efetuadas pelo *auctor successionis* mediante atos *inter vivos* ou *causa mortis*[217]. Tal ação, porém, só aproveitará ao herdeiro que a intentou; os demais que, embora prejudicados, não a propuseram, não sofrerão os seus efeitos; assim, as liberalidades do finado só serão reduzidas na proporção do que se insurgiu contra o excesso, presumindo-se que os outros pretenderam respeitar as doações e disposições testamentárias feitas pelo *de cujus*[218]. Em regra, efetua-se essa redução no processo de inventário, desde que exista acordo entre os interessados, corrigindo-se na partilha a desigualdade da legítima (*RT, 365*:113)[219]. Se não houver acordo de vontades, o herdeiro necessário prejudicado deverá intentar ação ordinária, para obter a quota inoficiosa testada em excesso[220]. Só se poderá mover essa ação após a morte do *de cujus,* pois apenas com a abertura da suces-

215. Carvalho Santos, op. cit., v. 16, p. 406; José Lopes de Oliveira, op. cit., p. 202; Caio M. S. Pereira, op. cit., p. 257.

216. José Lopes de Oliveira, op. cit., p. 201.

217. Caio M. S. Pereira, op. cit., p. 257; Silvio Rodrigues, op. cit., p. 223; Mazeaud e Mazeaud, op. cit., v. 4, n. 927; Vitali, op. cit., v. 5, n. 162; Orozimbo Nonato, op. cit., n. 665; Carlos Maximiliano, op. cit., v. 3, n. 1.198.

218. Ferreira Alves, *Manual do Código Civil brasileiro*, cit., v. 19, n. 212; W. Barros Monteiro, op. cit., p. 223.

219. Orozimbo Nonato, op. cit., v. 2, p. 665.

220. W. Barros Monteiro, op. cit., p. 222.

são é que se poderá saber se houve lesão à quota legítima do herdeiro necessário, uma vez que, se o testador ou doador vive, não há herdeiro, e, além do mais, é contra o princípio do art. 426 litigar em torno de herança de pessoa viva[221]. Logo, a redução efetuar-se-á conforme a lei em vigor ao tempo da abertura da sucessão, e não conforme a que vigorava no momento em que se fez o testamento ou a liberalidade[222].

---

221. Carlos Maximiliano, op. cit., v. 3, n. 1.199; W. Barros Monteiro, op. cit., p. 223; Polacco, *Delle successioni*, v. 1, p. 506; Vitali, op. cit., n. 164; José Lopes de Oliveira, op. cit., p. 203; Ruggiero e Maroi, op. cit., v. 1, p. 456; Orlando Gomes, *Direito das sucessões,* cit., p. 102; Caio M. S. Pereira, op. cit., p. 260. Em sentido contrário: Orozimbo Nonato, op. cit., v. 2, n. 666; Clóvis Beviláqua, *Comentários,* cit., v. 4, obs. ao art. 1.176; Hermenegildo de Barros, *Manual do Código Civil brasileiro,* v. 18, n. 35, que sustentam que nas liberalidades inoficiosas por ato *inter vivos,* ante o art. 549 do Código Civil, não há necessidade de aguardar a morte do doador para reduzi-las, que poderá levar anos e o bem poderá ser dissipado ou alienado a terceiro de boa-fé, dificultando a recomposição da legítima. Logo, a ação é admissível desde a época da doação, visto que há nulidade na parte excedente à metade disponível. Sobre esse assunto: Mauro Antonini, *Código,* cit., p. 2113. A ação de redução sujeita-se ao prazo prescricional de 10 anos (CC, art. 205).

222. José Lopes de Oliveira, op. cit., p. 204; *RF, 181*:188, *185*:217; *RT*, *143*:639, *365*:113, *184*:663, *779*:296, *793*:354; *JTJ*, *162*:207.

QUADRO SINÓTICO

DISPOSIÇÕES TESTAMENTÁRIAS

1. CONTEÚDO DAS CLÁUSULAS TESTAMENTÁRIAS	• *a*) Regras gerais	• As disposições sobre o elemento intrínseco do testamento emergem diretamente do ato *causa mortis*. • A instituição do legatário é sempre expressa e a do herdeiro, expressa ou tácita (CC, arts. 1.788, 1.906, 1.908, 1966). • O testamento contém disposições patrimoniais e pessoais. • As disposições testamentárias só podem beneficiar pessoas naturais ou jurídicas.
	• *b*) Formas de nomeação de herdeiro ou de legatário (CC, art. 1.897)	• Nomeação pura e simples (CC, art. 1.923, § 1º). • Nomeação condicional (CC, arts. 121 a 126 e 130). • Nomeação modal ou com encargo (CC, arts. 136 e 562). • Nomeação por certo motivo (CC, art. 140). • Nomeação a termo de herdeiro apenas nas disposições fideicomissárias (CC, art. 1.898), sendo que a de legatário é permitida em disposição fideicomissária ou não (CC, arts. 1.924 e 1.928).
	• *c*) Cláusula de inalienabilidade	• A cláusula de inalienabilidade é um meio de vincular, absoluta ou relativamente, vitalícia ou temporariamente, os próprios bens em relação a terceiro beneficiário, que não poderá dispor deles, gratuita ou onerosamente, recebendo-os para usá-los e gozá-los (CC, arts. 1.911, parágrafo único, e 1.408; CPC/2015, arts. 719 e s.; Dec.-Lei n. 6.777/44; Lei Estadual paulista n. 4.476/2002).
	• *d*) Cláusulas testamentárias que podem ser estatuídas relativamente à legítima do herdeiro necessário (CC, art. 1.848)	• Impedir a conversão dos bens da legítima em outras espécies (CC, arts. 2.017 e 2.019). • Prescrever a incomunicabilidade dos bens constitutivos da legítima, se houver justa causa. • Confiar os bens da legítima à administração da mulher herdeira casada, se o pacto antenupcial estabelecer que a administração compete ao marido.

<table>
<tr><td rowspan="3">1. CONTEÚDO DAS CLÁUSULAS TESTAMENTÁRIAS</td><td>• d) Cláusulas testamentárias que podem ser estatuídas relativamente à legítima do herdeiro necessário (CC, art. 1.848)</td><td>• Estabelecer condições de inalienabilidade temporária ou vitalícia, quando houver motivo justo para recear que os bens legitimários sejam dilapidados pelo herdeiro.
• Impor, havendo justo motivo, cláusula de impenhorabilidade.</td></tr>
<tr><td>• e) Exclusão da sucessão do herdeiro legítimo não necessário</td><td>• Para afastar da sucessão os colaterais, basta que o testador disponha da totalidade de seus bens, sem os contemplar (CC, art. 1.850).</td></tr>
<tr><td>• f) Pluralidade de herdeiros</td><td>• Se houver no testamento disposição conjunta, em que vários herdeiros ou legatários são chamados coletivamente para receber os bens do testador ou uma certa porção deles, observar-se-á o CC, arts. 1.904 a 1.908.</td></tr>
<tr><td>2. REGRAS INTERPRETATIVAS DAS DISPOSIÇÕES TESTAMENTÁRIAS</td><td colspan="2">• Na interpretação do testamento dever-se-á buscar a real intenção do testador e não o sentido literal da linguagem (CC, arts. 112 e 1.899).
• Na ausência de dados para interpretar a vontade do disponente, atender-se-á à literalidade das palavras.
• Deve-se procurar o sentido mais cômodo ao objeto e à natureza do ato.
• Havendo dois sentidos na cláusula testamentária, considerar-se-á o que pode produzir efeito.
• O prazo deve ser presumido em favor do herdeiro (CC, art. 133).
• Não se pode suprir o que o testador não determinou, nem incluir cláusula inexistente no testamento.
• Deve-se preferir a inteligência que faz valer o ato à que o torna insubsistente.
• Cláusula obscura, truncada ou incompleta, que impossibilite determinar a vontade do testador, será tida como não escrita.
• Dúvida relativa ao quantum da dívida será decidida do modo menos prejudicial ao que prometeu.
• Preferir-se-á a opinião mais benigna nas coisas dúbias e nas proposições mais rigorosas.
• Dúvidas quanto à intenção de beneficiar certas pessoas não invalidam o testamento, pois as quotas deverão ser igualadas.
• O termo prole abrange os descendentes. A expressão filho alcança a filha e o neto.
• A denominação herdeiro abrange não só o próximo, mas também o mais afastado.
• O gênero masculino abrange o feminino, porém este não compreende aquele.</td></tr>
</table>

2. REGRAS INTERPRETATIVAS DAS DISPOSIÇÕES TESTAMENTÁRIAS	• Se o objeto da disposição constituir-se de universalidade, abarcará todas as coisas que a compõem, mesmo se desconhecidas do testador, por serem descobertas posteriormente. • Se o testador impuser a um herdeiro, simultaneamente, a cláusula de inalienabilidade e de incomunicabilidade, e a outro apenas a de inalienabilidade, exclui este último da incomunicabilidade. • Se o disponente beneficiar certa categoria de pessoas, p. ex., seus empregados, entender-se-á que apenas contemplou os que estavam às suas ordens no momento da abertura da sucessão. • Se o testador instituir herdeiros sucessivos, ter-se-á *fideicomisso,* embora tenha empregado o termo *usufruto.* • Se o disponente legar à mesma pessoa duas vezes a mesma quantia, restringir-se-á o legado a uma só quantia, salvo se se apurar que a sua vontade era multiplicar o legado. • Se nos legados pecuniários a quantia tornar-se irrisória, em razão de inflação, em atenção ao fim do legado, à intenção do testador, dever-se-á entender que a liberalidade está sujeita a corrigir-se quantitativamente. • Em certos casos dever-se-á verificar que o testador considerou os usos locais de onde vivia, a qualidade do legatário, a amizade etc. • Se não se puderem solucionar as dúvidas, procurar-se-á decidir em favor da sucessão legítima. • Compete a interpretação do testamento ao juízo do inventário. • Se uma palavra for empregada mais de uma vez haverá presunção de que foi usada sempre no mesmo sentido, exceto se o contexto demonstrar significado diferente. • Se o testador deixar uma universalidade de coisas, entender-se-ão incluídas as coisas particulares de que a mesma se compõe, mesmo as descobertas ulteriormente, desconhecidas do testador. • Deve-se afastar restrição de inalienabilidade dos rendimentos dos bens legados, gravados de inalienabilidade, impenhorabilidade e incomunicabilidade.
3. REDUÇÃO DAS DISPOSIÇÕES TESTAMENTÁRIAS	• Com o fim de garantir a intangibilidade da quota legitimária do herdeiro necessário, confere-se-lhe o direito de pleitear a redução da liberalidade efetuada por ato *causa mortis* ou *inter vivos* até completar a legítima, se o testador dispuser além de sua quota disponível, pois disposição excessiva não invalida o testamento (CC, arts. 1.967, §§ 1º e 2º, 1.968, §§ 1º e 2º, e 549).

F. Inexecução do testamento

f.1. Causas de inexecução ou ineficácia das disposições testamentárias

A revogação, o rompimento, a caducidade e a nulidade absoluta e relativa são as causas que impedem o testamento de produzir seus efeitos jurídicos. Ter-se-á sua *revogação* quando o próprio disponente, por modo legítimo, expressa sua vontade de inutilizar seu testamento ou alguma disposição testamentária que tenha feito; logo, se for total a revogação, ter-se-á sucessão legítima, e, se não o for, sucessão testamentária. O *rompimento* do testamento dá-se em razão não só da ignorância da existência de algum herdeiro necessário, mas também de superveniência de descendente sucessível do testador. O testamento inutilizar-se-á pela *caducidade* quando, embora válido, não puder produzir efeitos em razão de algum fato superveniente, independente da vontade do testador, pelo qual o herdeiro instituído fica impedido de receber a herança ou o legado fica sem objeto, dando lugar à sucessão legítima, se sua ineficácia abranger a todos os herdeiros ou legatários e se eles não tiverem substitutos, e à sucessão testamentária, se a sua ineficácia não atingir a todos os herdeiros ou legatários, e, não tendo eles substitutos, houver direito de acrescer entre eles. Nesse caso, tem-se a caducidade parcial, pois sendo parcial subsiste a instituição de algum herdeiro, e desde que este não seja pelo testador privado do direito de acrescer, a ele, e não aos herdeiros legítimos, pertencerão as partes caducas da herança. Apresentar-se-á a *nulidade do testamento* quando, em virtude de um vício de origem ou de defeito congênito, não satisfizer as condições que a lei declara indispensáveis para a sua validade, dando lugar à sucessão legítima[223].

Convém ressaltar que, pelo art. 1.910 do Código Civil, se uma disposição testamentária vier a perder sua eficácia, as demais prevalecerão, a não ser que tenham relação com a que se tornou ineficaz, pois sem esta não teriam sido determinadas pelo testador. Pressupõe-se, portanto, que haja interdependência das disposições de última vontade para que a ineficácia de uma delas importe a das demais.

f.2. Revogação e rompimento do testamento

A *revogação* é o ato pelo qual o testador, conscientemente, torna ineficaz testamento anterior, manifestando vontade contrária à que nele se acha

223. Esta é a lição de Itabaiana de Oliveira, op. cit., v. 2, p. 611-3; Caio M. S. Pereira, op. cit., p. 248.

expressa. Por ser essencialmente revogável, o ato de última vontade pode ser desfeito livremente, a qualquer tempo (CC, art. 1.858, *in fine*), pelo testador, enquanto vivo e capaz, pouco importando os motivos que o levaram a isso, sejam eles justos ou não[224]. Funda-se no princípio da autonomia da vontade, daí ser irrenunciável, não prevalecendo qualquer cláusula testamentária em que o testador declare que nunca revogará seu testamento[225]. Há tão somente um único caso em que se impõe a irrevogabilidade da disposição testamentária, ante o disposto nos arts. 1.609, III, e 1.610 do Código Civil, que é o do reconhecimento de filho havido fora do matrimônio, em testamento[226].

O testamento poderá ser revogado pelo mesmo modo ou forma por que pode ser feito (CC, art. 1.969; *RT*, *799*:355), ou seja, só por uma das formas autorizadas pela norma jurídica, isto é, por outro testamento, seja público, cerrado, particular, marítimo, aeronáutico ou militar; logo, são inidôneos para a revogação o codicilo e a escritura pública (*RF*, *130*:72; *RT*, *464*:84), embora o testamento possa revogar um codicilo. A lei não requer que o testamento seja revogado por outro pela mesma forma que foi feito, nada obsta a que um testamento particular se revogue por um público. O testamento revogatório só tornará ineficaz o anterior se feito sob qualquer uma das formas legais de testar[227] e se for válido, pois, se for declarado nulo

224. José Lopes de Oliveira, op. cit., p. 227; Sebastião José Roque, *Direito das sucessões*, cit., p. 179-86; *RF*, *149*:331.

225. *Vide* Silvio Rodrigues, op. cit., p. 253; Vitali, op. cit., v. 4, n. 9, p. 334; Planiol, Ripert e Boulanger, *Traité élémentaire de droit civil*, v. 3, n. 2.068; Degni, *La successione a causa di morte*, v. 2, p. 165; Caio M. S. Pereira, op. cit., p. 248-9; Colin e Capitant, *Cours élémentaire de droit civil français*, v. 3, n. 1.200; Zeno Veloso, *Comentários*, cit., v. 21, p. 344 a 386. Revogação de testamento não enseja indenização por dano material e/ou moral: TJMG, 14ª Câm. Cív. Ap. Cível, 1.0388.06.011986-3/001, rel. Des. Hilda T. da Costa, j. 14-2-2008.

226. W. Barros Monteiro, op. cit., p. 249-50. No mesmo sentido: Lei n. 8.560/92, art. 1º; *RT*, *467*:84, *158*:697; *JB*, *81*:79, 97, 207, 250 e 271.

227. José Lopes de Oliveira, op. cit., p. 228; W. Barros Monteiro, op. cit., p. 250-1; Pinto Ferreira, Revogação do testamento, *Vox*, *172*:1; Sérgio de Andrea Ferreira, Revogação do testamento por pessoa interditada, *RF*, *301*:285. Interessante é o seguinte julgado: "I — A mitigação do rigor formal em prol da finalidade é critério que se impõe na interpretação dos textos legais. Entretanto, no caso dos testamentos, deve-se redobrar o zelo na observância da forma, tanto por não viver o testador no momento de esclarecer suas intenções, quanto pela suscetibilidade de fraudes na elaboração do instrumento e, consequentemente, na deturpação da vontade de quem dispõe dos bens para após a morte. II — A revogação parcial do testamento, para substituir a herdeira anteriormente nomeada e já falecida, deve dar-se pelo mesmo modo e forma do anterior (art. 1.746 do Código Civil), não tendo a procuração *ad judicia* por

(*RT, 158*:678), não produzirá efeitos; portanto, não poderá invalidar o antigo. Porém, se for caduco, o anterior não readquire vigência; a herança ou o legado será recolhido pelos seus herdeiros legítimos porque a vontade revogatória subsiste como expressão da vontade do falecido. Deveras, a revogação produzirá seus efeitos, ainda quando o testamento, que a encerra, vier a caducar por exclusão, incapacidade ou renúncia do herdeiro nele nomeado; não valerá, se o testamento revogatório for anulado por omissão ou infração de solenidades essenciais ou por vícios intrínsecos (CC, art. 1.971). Essa é a regra geral; todavia, há uma exceção — a do testamento cerrado — pois o Código Civil, art. 1.972, entende que será considerado revogado se

---

instrumento particular esse condão revogador. III — A capacidade para adquirir por testamento pressupõe a existência do herdeiro, ou legatário, à época da morte do testador. Tendo falecido antes o herdeiro, perde validade a cédula testamentária. IV — Na lição de Pontes, 'a nulidade dos atos jurídicos de intercâmbio ou *inter vivos* é, praticamente, reparável: fazem-se outros, com as formalidades legais, ou se intentam ações que compensem o prejuízo, como a ação de *in rem verso*. Não se dá o mesmo com as declarações de última vontade: nulas, por defeito de forma, ou por outro motivo, não podem ser renovadas, pois morreu quem as fez. Razão maior para se evitar, no zelo do respeito à forma, o sacrifício do fundo' (*Tratado de Direito Privado*, t. LVIII, 2ª ed., Rio de Janeiro: Borsoi, 1969, § 5.849, p. 283). V — Iniciado o inventário e, no seu curso, verificada a inexistência de herdeiro testamentário, é de considerar-se jacente a herança, nos termos do art. 1.592, II, CC, caso em que 'o juiz, em cuja comarca tiver domicílio o falecido, procederá *sem perda de tempo* à arrecadação de todos os seus bens' (art. 1.142 — hoje art. 738 —, CPC). A conversão do procedimento e a nomeação do curador dá cumprimento a essa norma e atende ao princípio da economia processual, nele expressamente assentado" (STJ, REsp 147.959, 4ª T., rel. Min. Sálvio de Figueiredo Teixeira).

Decidiu o TJSP (AgI 84.916-4/0-São João da Boa Vista) assim a situação em que o *de cujus* deixou dois testamentos: no primeiro, datado de 1986, determinou o testador a quais pessoas (inclusive reservando 10% das quotas a seu filho — herdeiro necessário) caberiam quotas de uma empresa de sua propriedade. No segundo testamento, datado de 1995, determinou o testador que o único beneficiário de seus bens seria seu filho, nada tendo sido dito a respeito das quotas sociais. Contudo, havia cláusula geral revogando qualquer testamento porventura feito anteriormente. Em vista disso, o juiz de primeira instância entendeu que a cláusula geral de revogação deveria ser entendida como a revogação de qualquer disposição referente ao que foi tratado no segundo testamento, aplicando-se a interpretação lógica (vontade do testador). Contudo, a decisão foi reformada pelo acórdão em comento, por entender que o segundo testamento revogou o primeiro, seja porque alterou as disposições do primeiro, seja porque revogou expressamente qualquer outro existente.

Bol. AASP, 2.774:11: "Testamento. Caducidade. Revogação. Validade. Improcedência do pedido. A alienação de um imóvel após a realização de testamento no qual há a disposição de todos os bens deixados pelo falecimento não importa em caducidade, sequer em revogação tácita, prevalecendo os termos do ato de disposição de última vontade, podendo haver, tão somente, a redução do legado".

o testador deliberadamente o abrir ou o dilacerar[228] ou consentir em sua abertura de dilaceração por outrem. Uma vez revogado o testamento, este só poderá voltar a vigorar se se anular a revogação, mediante novo testamento conforme à lei. Assim, a revogação do testamento revogatório não revigora o ato primitivo, exige-se a confecção de novas disposições testamentárias, em que fique bem clara a vontade real do testador. Para que o testamento anterior, com a revogação do testamento revogatório, possa surtir efeito, o testador deverá manifestar sua vontade nesse sentido, sem que haja necessidade de repetir todas as cláusulas, pois bastará que faça uma declaração genérica e inequívoca nesse sentido. Não se reconhece, em nosso ordenamento, efeito repristinatório automático, como no direito italiano, em que, revogada a revogação, repristinam-se as disposições revogadas, sem haver necessidade de o testador repetir as disposições que quer revigorar[229].

A revogação do testamento pode ser:

1º) *Expressa* ou *direta* (CC, art. 1.969), quando o disponente declarar sem efeito, no todo ou em parte, o testamento por ele feito anteriormente por meio de um outro testamento, embora não seja preciso que se empregue a mesma forma do precedente. P. ex.: nada obsta que um testamento público seja revogado por um particular, dado que, como já frisamos, não se pode revogar um testamento por meio de uma escritura pública ou particular ou de codicilo[230].

2º) *Tácita* ou *indireta*:

a) quando, sem mencionar que revoga as antigas, o testador fizer novas disposições testamentárias que não correspondam, no todo ou em parte, às anteriores; essa incompatibilidade produz revogação do testamento anteriormente feito. Se o testamento feito posteriormente não mencionar expressamente a revogação, total ou parcial, do anterior, este prevalecerá no que não for incompatível com o posterior. Se houver possibilidade de se conciliarem

---

228. Silvio Rodrigues, op. cit., p. 254; Irmãos Mazeaud, op. cit., v. 4, n. 1.038; Ferreira Alves, *Manual do Código Civil brasileiro,* cit., v. 19, n. 325; Caio M. S. Pereira, op. cit., p. 250; W. Barros Monteiro, op. cit., p. 251. *Vide*: CC argentino, art. 3.836; BGB, §§ 2.255 e 2.258, al. 2; CC francês, art. 1.037; CC italiano, art. 681; CC português, arts. 2.314 e 2.315.

229. W. Barros Monteiro, op. cit., p. 251; Caio M. S. Pereira, op. cit., p. 250-1; Ruggiero e Maroi, op. cit., v. 1, p. 489; Guarnieri Citati, La reviviscenza delle disposizioni testamentarie revocate, *Rivista di Diritto Civile,* 1931, p. 221; Orlando Gomes, *Direito das sucessões,* cit., p. 258; Zeno Veloso, *Novo Código*, cit., p. 1781.

230. *Vide* Caio M. S. Pereira, op. cit., p. 249; Itabaiana de Oliveira, op. cit., v. 2, p. 619-20.

esses atos de última vontade, serão considerados como uma só manifestação da vontade, não havendo revogação do anterior pelo subsequente, devendo o magistrado, portanto, dar-lhes cumprimento, respeitando a vontade do testador[231], podendo haver coexistência e execução de ambos, desde que não se contradigam (CC, art. 1.970, parágrafo único). Portanto, é preciso delimitar, com precisão, a data da confecção dos testamentos, para saber, ante a contradição das disposições, qual o mais novo, que prevalecerá sobre o mais antigo[232];

b) quando o testamento cerrado aparecer aberto (*RT, 143*:657) ou dilacerado pelo próprio testador, ou por terceiro com o seu consentimento (CC, art. 1.972), pois claro está que, com esse gesto, o disponente manifestou, implicitamente, a vontade de revogá-lo[233]. Mas também é certo que, se o testamento particular aparecer rasgado, riscado ou cancelado, não poderá prevalecer, visto que a disposição de última vontade é ato escrito, de maneira que riscos ou cancelamentos o viciam ou o suprimem (*Revista de Direito, 56*:413-24). Não se o cancelará se o próprio autor da cédula testamentária ressalvar as rasuras. Se o testamento estiver riscado apenas em parte e não sendo ela substancial, presume-se que somente nessa parte o testador o quis revogar, mas se atingir parte essencial invalidar-se-á todo o testamento. Porém, como o que importa é o *animus* do testador, não há a presunção absoluta; assim sendo, poderão subsistir tais testamentos se se provar que o rompimento foi acidental; daí ser matéria de fato, que deverá ser apreciada pelo magistrado em cada caso concreto. Não se restaurará a disposição testamentária dilacerada, em que o próprio testador colar seus fragmentos. O testamento público não pode ser revogado dessa forma, pois o que vale é o contexto do livro notarial[234];

---

231. W. Barros Monteiro, op. cit., p. 252; Caio M. S. Pereira, op. cit., p. 252; Itabaiana de Oliveira, op. cit., n. 679; Azzariti-Martinez, *Successioni per causa di morte e donazioni*, p. 527, nota 4; Clóvis Beviláqua, *Comentários*, cit., obs. ao art. 1.747 (hoje correspondente ao art. 1.970); Planiol, Ripert e Boulanger, op. cit., p. 2079; De Page, op. cit., v. 2, t. 8, n. 1.196.

232. Caio M. S. Pereira, op. cit., p. 251-2.

233. Itabaiana de Oliveira, op. cit., v. 2, p. 621; W. Barros Monteiro, op. cit., p. 253; Clóvis Beviláqua, *Comentários*, cit., v. 6, p. 214; Calogero Gangi, Distruzione, lacerazione e cancellazione del testamento, effettuata dal testatore, in *Studii in onore di Giovanni Pacchioni*, p. 177; *RT, 143*:659, *163*:294.

234. Enneccerus, Kipp e Wolff, op. cit., v. 1, § 21; Itabaiana de Oliveira, op. cit., v. 2, p. 621-2; Caio M. S. Pereira, op. cit., p. 252-3; Carlos Maximiliano, op. cit., n. 1.339; *RF, 173*:280.

c) quando o testador alienar, voluntariamente, a coisa legada, de modo que será parcial esta revogação se houver outras disposições alusivas a outros bens que não o legado[235].

3º) *Total,* quando o testamento superveniente retirar, no todo, a eficácia das disposições de última vontade feitas precedentemente, embora não atinja a parte não patrimonial, como a alusiva, p. ex., ao reconhecimento de filhos. A revogação total tem por efeito a convocação dos herdeiros legítimos, segundo as regras norteadoras da sucessão legítima[236].

4º) *Parcial,* quando o testamento posterior abranger uma ou mais disposições do anterior, subsistindo em tudo o que não for contrário ou incompatível ao posterior (CC, art. 1.970, parágrafo único)[237].

Daí a representação gráfica:

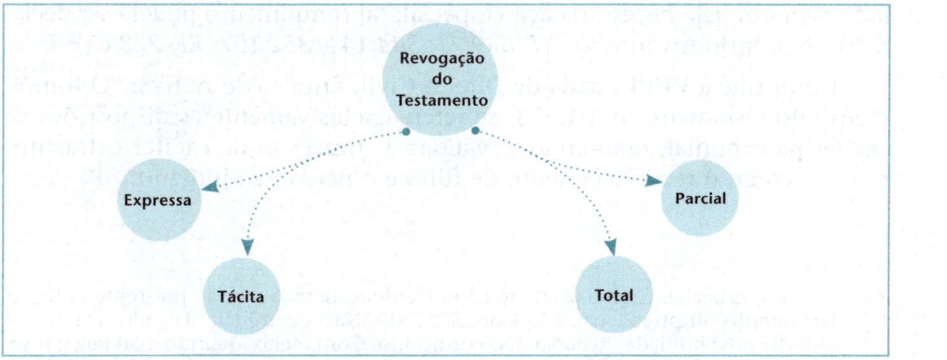

235. Caio M. S. Pereira, op. cit., p. 253; Colin e Capitant, op. cit., v. 3, n. 1.205-B.

236. *Vide* José Lopes de Oliveira, op. cit., p. 228-9; Caio M. S. Pereira, op. cit., p. 255; Itabaiana de Oliveira, op. cit., n. 669.

237. José Lopes de Oliveira, op. cit., p. 228-9; *RT, 114*:762, *690*:72, *546*:93; *JSTJ, 143*:112. TJRJ, 12ª Câm. Cível, Ap. Cível n. 26.266/03, Des. Gamaliel Quinto de Souza, j. 31-8-2004 — Ementa — Direito sucessório — Testamento — Aditamento feito pela testadora, não implica em revogação parcial ou total de testamento anterior, visto que, se esta fosse a sua vontade, teria que ser feito expressamente, como agira anteriormente — Apelo improvido. TJSP, Apelação Cível 0025914-45, rel. Cristiane Santini — Ação de anulação de adjudicação cumulada com petição de herança — Bem imóvel transferido através de testamento — Pretensão de anulação de disposição testamentária em razão da superveniência de separação consensual entre a testadora e o herdeiro testamentário, com cláusula expressa de renúncia ao bem testado — Inadmissibilidade — Separação consensual com cláusula de renúncia que não implica em revogação do testamento — Testamento válido que deve ser cumprido — Manutenção da R. Sentença. Nega-se provimento ao recurso.

O *rompimento do testamento*, também considerado por muitos como revogação presumida, ficta ou legal, é sua inutilização por perda de validade em razão da ocorrência de certos fatos previstos em lei. Assim, o testamento não terá eficácia quer na instituição, quer nos legados, ocorrendo:

a) quando houver superveniência de descendente sucessível ao testador, que o não tinha ou não o conhecia quando testou, hipótese em que o testamento se romperá em todas as suas disposições, se esse descendente sobreviver ao testador (CC, art. 1.973; *RT, 161*:345, *352*:107, *534*:64, *760*:330, *759*:339, *695*:176, *639*:71), ante a presunção de que o disponente não teria disposto de seus bens se tivesse descendente ou se soubesse de sua existência. Assim sendo, se após a feitura do testamento pelo testador nascer-lhe um filho, neto ou bisneto, aparecer um descendente que ele supunha falecido ou que ignorava que existisse (*RT, 248*:268; *RTJ, 45*:469); se promover uma adoção (*RT, 548*:194); se reconhecer, voluntária ou judicialmente, filho seu (CC, art. 1.609; *RT, 148*:622, *181*:207; *AJ, 80*:35), romper-se-á o ato de última vontade, sem que seja necessária ação especial; tal rompimento poderá ser declarado no próprio inventário (*RT, 639:71, 344*:144, *352*:107; *RF, 223*:61)[238].

Conforme a VIII Jornada de Direito Civil, Enunciado n. 643: "O rompimento do testamento (art.1.973) se refere exclusivamente às disposições de caráter patrimonial, mantendo-se válidas e eficazes as de caráter extrapatrimonial, como o reconhecimento de filho e o perdão ao indigno".

---

238. "Recurso especial. Civil e processo civil. Herdeiro neto. Sucessão por representação. Testamento. Ruptura. Art. 1.973 do CC/2002. Não ocorrência. Legado. Direito de acrescer possibilidade. Recurso não conhecido. Com efeito, quando a lei fala em superveniência de descendente sucessível, como causa determinante da caducidade do testamento, leva em consideração o fato de que seu surgimento altera, por completo, a questão relativa às legítimas. Aqui, tal não ocorreu, já que se resguardou a legítima do filho e, consequentemente, do neto. Não havendo determinação dos quinhões, subsiste o direito de acrescer ao colegatário, nos termos do artigo 1.712 do Código de 1916" (REsp 594.535/SP, rel. Min. Hélio Quaglia Barbosa, Quarta Turma, j. 19-4-2007, *DJ*, 28-5-2007, p. 344). Há decisão no sentido de que, se o testador já tinha descendente, quando testou, o fato de, posteriormente, surgir outro descendente não acarretará ruptura do testamento (*RTJ, 84*:597, *45*:469). Se o testador sabia da existência do filho e não o contempla, inaplicável será o art. 1.973 do novo CC (*RT, 759*:330). É fundamental, para que se opere o rompimento do testamento, que o testador ignore a existência de descendente seu (*RT, 352*:107). Nesse sentido, o TJSP (AgI 540.453.4/0-00-Jundiaí): "Aplicação do artigo 1.973 do CC — sobrevindo descendente sucessível ao testador, que não o tinha ou não o conhecia quando testou, rompe-se o testamento. Apesar de o testamento ter sido elaborado 3 dias após o reconhecimento de paternidade, ocasião em que se pode falar de herdeiro sucessível, na interpretação do art. 1.973 deve-se levar em consideração que a razão do rompimento previsto pelo legislador é a imperfeição da manifestação de vontade do testador ante o desconhecimento da existência de herdeiro, de sorte que não importa que somente 3 dias após o testamento é que esse herdeiro se tornou sucessível pelo reconhecimento de paternidade, pois, evidentemente, sua existência era conhecida do testador ao tempo da elaboração do ato (a ação de investigação de paternidade foi ajuizada anos antes)".

b) quando o testamento foi feito na ignorância de existirem outros herdeiros necessários (CC, art. 1.974), hipótese em que se dá, igualmente, o rompimento do testamento, salvo se o testador dispôs de sua metade disponível, não contemplando os herdeiros necessários de cuja existência sabia (*JTJ*, *142*:119), ou quando os excluir, expressamente dessa parte (CC, art. 1.975), reduzindo-se as liberalidades, a fim de que não fique prejudicada a legítima do excluído[239].

f.3. Caducidade da cédula testamentária

A disposição testamentária, embora válida, não prevalecerá, se ocorrer obstáculo superveniente ao momento da testificação, hipótese em que incidirá em *caducidade*[240].

---

239. Itabaiana de Oliveira, op. cit., v. 2, p. 618-9; W. Barros Monteiro, op. cit., p. 255; José Lopes de Oliveira, op. cit., p. 233; Caio M. S. Pereira, op. cit., p. 254; Ruggiero e Maroi, op. cit., § 101; Orlando Gomes, *Direito das sucessões*, cit., p. 256; Zeno Veloso (*Novo Código*, cit., p. 1783) ensina que o rompimento, ruptura ou rupção do testamento, ocorrendo uma das causas legais, opera-se *ope legis*, não havendo qualquer necessidade de se propor ação para tal fim, pois o magistrado pronunciar-se-á, a esse respeito, nos próprios autos do inventário. Indaga Zeno Veloso (*Comentários ao Código Civil*, São Paulo, Saraiva, 2003, v. 21, p. 379): "Valerá no Brasil, cláusula em testamento prevenindo a ruptura? A meu ver, tal disposição é válida. Se o testador prevê a superveniência de filho e refere que suas disposições patrimoniais acomodar-se-ão a essa circunstância eventual e futura, sobrevindo o descendente, o testamento não se rompe, justamente porque o testador previra e remediara o fato. Aplicam-se, nessa hipótese, não o art. 1.973, mas os arts. 1.967 e 1.975. É fácil justificar esse meu posicionamento: se a *ratio legis* da rupção o que visa é resguardar a vontade presumida do testador; se a presunção é que não deixaria o disponente os seus bens para outros parentes — muito menos para estranhos — se tivesse conhecimento da existência de descendente seu, a própria e expressa previsão do testador, a alusão que fez a esse possível descendente, e a ordem para que o testamento seja mantido, faz ruir toda a estrutura em que se baseia a revogação legal do testamento, caem os fundamentos do rompimento, falecem os motivos que justificam sua instituição, na lei. Em suma: se o testador previne a possibilidade de vir a morrer, tendo herdeiro necessário que, no momento, não possui, e ordena o cumprimento do testamento — embora adaptado a essa circunstância —, trata-se de vontade inequívoca, expressamente manifestada pelo disponente, que afasta a incidência da rupção, nada mais que revogação ficta ou legal, fundada na vontade presumida do testador. Ora, como *presumir* que a vontade seria no sentido de revogar o testamento, por aquele motivo, se o testador, *prevenindo* o motivo, faz determinação explícita, e deixa clara e *expressa* a sua vontade? No sentido da admissibilidade da cláusula de ressalva, prevenindo a sobrevinda ou o aparecimento do herdeiro necessário, firma-se a jurisprudência (*RT* 132/718, 311/509)". TJSP, Agravo de Instrumento n. 0056289-70.2011.8.26.000 — rel. Francisco Loureiro: "Rompimento de testamento — Testador que testa em favor de descendente já existente. Posterior nascimento de nova filha não provoca ruptura do testamento, mas tão somente a sua redução, para preservação da legítima. Não incidência de revogação presumida do art. 1.973 do Código Civil, que pressupõe a não existência de descendentes, ou o desconhecimento de sua existência — Correta a decisão que detrminou o cumprimento do testamento apenas promovendo a sua redução — Recurso não provido". *Consulte*: *RT*, *760*:330, *759*:339, *695*:176, *639*:71, *548*:194, *534*:64, *344*:144.

240. Ruggiero e Maroi, op. cit., § 101.

O testamento caducará[241]:

1º) Se o herdeiro instituído premorrer ao testador ou simultaneamente a ele (CC, arts. 8º e 1.943).

2º) Se o nomeado falecer antes do implemento da condição da qual dependia a herança ou legado.

3º) Se a condição suspensiva imposta pelo disponente não puder ser realizada (CC, arts. 125, 1.809 e 1.943).

4º) Se o herdeiro instituído ou o legatário renunciar à herança ou ao legado, for incapaz de herdar ou for excluído da sucessão (CC, arts. 1.943, 1.798, 1.799, 1.801 e 1.971).

5º) Se houver modificação substancial ou perecimento de coisa legada por caso fortuito, pois, se a destruição se der por culpa do herdeiro, o legatário terá direito a perdas e danos, e, se ocorrer o fato por ato culposo do próprio legatário, nenhum direito lhe assiste.

6º) Se, nas hipóteses de testamento especial (marítimo, aeronáutico ou militar), o testador não finar na sua viagem ou em campanha ou não promover as medidas legais para convalescer seu ato de última vontade (CC, arts. 1.891 e 1.895).

Havendo caducidade da cédula testamentária por qualquer uma dessas causas, a sucessão testamentária transformar-se-á em legítima, como se não houvesse qualquer testamento (CC, art. 1.788). Entretanto, a vocação dos sucessores legítimos deixará de ocorrer nos casos em que houver admissibilidade do direito de acrescer (CC, arts. 1.941 a 1.943), ou, então, se o testador nomeou substituto ao herdeiro ou legatário, que recolherá a herança ou o legado (CC, arts. 1.943, 1.947 e 1.951)[242].

f.4. Nulidade e anulabilidade do testamento

Sendo o testamento um ato jurídico, para que possa produzir efeitos jurídicos, precisará satisfazer não só condições intrínsecas, atinentes à vontade legalmente manifestada do disponente, mas também extrínsecas, que objetivam assegurar a autenticidade daquela manifestação volitiva. Daí aplicarem-se-lhe os arts. 166 e 171 do Código Civil[243].

---

241. Itabaiana de Oliveira, op. cit., v. 2, n. 681; Caio M. S. Pereira, op. cit., p. 256; Vitali, op. cit., v. 4, ns. 198 e 259; *RT*, *639*:71; *RTJ*, *94*:375, *JTJ*, *222*:20.

242. Itabaiana de Oliveira, op. cit., v. 2, ns. 669 e 682.

243. Itabaiana de Oliveira, op. cit., v. 2, ns. 670 e 671; *AJ*, *101*:348; *RTJ*, *37*:278; *RT*, *579*:170, *606*:83, *111*:464, *158*:697, *165*:699, *170*:270; *ADCOAS*, n. 90.188, 1983; *JSTJ*, *7*:260; *RJ*, *113*:222; *155*:66, *170*:56, *222*:74; *RJTJSP*, *135*:250; *BAASP*, *3025*: 9 e 10.

Ter-se-á *nulidade absoluta* do testamento, que poderá ser alegada por qualquer interessado, ou pelo Ministério Público, quando lhe couber intervir, e que deverá ser pronunciada pelo magistrado, quando conhecer do ato ou de seus efeitos e a encontrar provada, não lhe sendo, todavia, permitido supri-la, mesmo que haja requerimento das partes (CC, art. 168, parágrafo único), quando[244]:

1º) *For feito por testador incapaz,* isto é, por menor de 16 anos, por pessoa que não pode exprimir seus desejos, por não estar em seu juízo perfeito, por surdo-mudo que não puder manifestar sua vontade, ou por pessoa jurídica[245].

---

244. Itabaiana de Oliveira, op. cit., v. 2, p. 615; Caio M. S. Pereira, op. cit., p. 263; *RF, 92*:392; *RT, 105*:690, *141*:726, *162*:759, *308*:208; *RTJ, 38*:88, *58*:542; *EJSTJ, 9*:75.

245. *Bol. AASP, 2.781*:11: "Direito civil — Ação anulatória de testamento público — Capacidade civil — Regra geral — Hipóteses dos incisos II e III do art. 1.627 do CC/1916 — Não comprovação — Capacidade para testar preservada — Repercussão em sociedade empresária da distribuição de cotas — Perspectiva que não subtrai a validade do testamento — Ausência de comprovação dos fatos constitutivos do direito alegado — Sentença mantida. 1 — Não havendo sido subtraída a capacidade civil do testador até a ocasião da lavratura da escritura pública declaratória de testamento, por decisão para administração provisória de seus bens e direitos por outrem ou mesmo em virtude da decretação de sua interdição, presume-se capaz na ocasião. 2 — Em que pese o testador já possuir o diagnóstico de portador de doença de Parkinson à ocasião da lavratura da escritura pública respectiva, não há comprovação de que, ao prestar a declaração de disposição de última vontade, não estivesse com suas faculdades mentais preservadas e tenha agido em função de desvirtuamento da condição de discernimento. 3 — Não se colhendo das provas carreadas aos autos a ocorrência de comprometimento da manifestação de vontade, reafirma-se a validade do testamento público que se visa anular. 4 — A repercussão do ato testamentário na distribuição de cotas da sociedade empresária de que o testador fora sócio, quando da abertura da sucessão, não pode sobrepor-se ao seu direito atual de legar os bens que deseja, independendo tal ato da anuência dos demais integrantes da sociedade. Aberta a sucessão e transferidas as cotas sociais para a legatária, havendo desacerto entre os sócios, a solução para o impasse há de vir das regras pertinentes do Código Civil, podendo até mesmo aventar-se a dissolução da sociedade empresária em caso de não aceitação da pessoa da legatária como sócia, porém tal perspectiva não implica a subtração da validade do testamento em virtude da alegação de ilicitude do seu objeto ou por eventual contraposição com regras do contrato social. 5 — Não merece abrigo a alegação de ocorrência de erro essencial, que tenha influído na vontade, em virtude de incorreção quanto ao estado civil da legatária na escritura pública de testamento, se não há qualquer dúvida quanto à pessoa que o testador pretendia contemplar no ato de disposição de última vontade. 6 — Não se desincumbindo o autor da comprovação do fato constitutivo de seu direito, reconhece-se o acerto do julgamento da improcedência de seu pedido. Apelação cível desprovida".

"Civil. Testamento público. Vícios formais que não comprometem a higidez do ato ou põem em dúvida a vontade da testadora. Nulidade afastada. Súmula n. 7-STJ. I. Inclina-se a jurisprudência do STJ pelo aproveitamento do testamento quando, não obstante a existência de certos vícios formais, a essência do ato se mantém íntegra,

2º) *Seu objeto for ilícito ou impossível*[246].

3º) *Não observar as formas prescritas em lei* para cada uma das modalidades de cédulas testamentárias, ordinárias (CC, arts. 1.864 a 1.880) e especiais (CC, arts. 1.888 a 1.896). É preciso indagar que, por força do art. 170 do Código Civil, a conversão dos negócios jurídicos nulos poderia alcançar o testamento nulo, convertendo-o em outro, se contivesse os requisitos deste, para salvá-lo? Assim, um testamento cerrado, por exemplo, por defeito de forma (p. ex., no auto de aprovação), poderia ser convertido em testamento particular ou em codicilo, produzindo seus efeitos, se não for impugnado em certo lapso temporal, por ser inconveniente à segurança jurídica sua invalidação, após longo tempo de sua execução?

Um dos mais importantes princípios que regem a sucessão testamentária é o do *tempus regit actum*, pelo qual, na lição de Savigny, regula-se a forma do testamento pela lei vigente à época da feitura da disposição de última

---

reconhecida pelo Tribunal estadual, soberano no exame da prova, a fidelidade da manifestação de vontade da testadora, sua capacidade mental e livre expressão. II. 'A pretensão de simples reexame de prova não enseja recurso especial' (Súmula n. 7/STJ). III. Recurso especial não conhecido" (REsp 600.746/PR, 4ª T., rel. Min. Aldir Passarinho Junior, j. em 20-5-2010).

246. *Vide* Clóvis Beviláqua, *Comentários,* cit., v. 1, p. 447; Zeno Veloso, *Comentários*, cit., v. 21, p. 18 a 20. Os princípios da conversão do ato nulo e da conservação do ato jurídico têm aplicação inequívoca ao conteúdo dos atos jurídicos, mas não à sua forma. Esse é o entendimento proferido pela 4ª Turma do Superior Tribunal de Justiça, no julgamento do Recurso Especial n. 147959-SP, tendo como relator o Ministro Sálvio de Figueiredo Teixeira, do qual constou, *ipsis litteris*: "I — A mitigação do rigor formal em prol da finalidade é critério que se impõe na interpretação dos textos legais. Entretanto, no caso dos testamentos, deve-se redobrar o zelo na observância da forma, tanto por não viver o testador no momento de esclarecer suas intenções, quanto pela suscetibilidade de fraudes na elaboração do instrumento e, consequentemente, na deturpação da vontade de quem dispõe dos bens para após a morte. II — A revogação parcial do testamento, para substituir a herdeira anteriormente nomeada e já falecida, deve dar-se pelo mesmo modo e forma do anterior (artigo 1.746 do Código Civil), não tendo a procuração *ad judicia* por instrumento particular esse condão revogador. III — A capacidade para adquirir por testamento pressupõe a existência do herdeiro, ou legatário, à época da morte do testador. Tendo falecido antes o herdeiro, perde validade a cédula testamentária. IV — Na lição de Pontes, 'a nulidade dos atos jurídicos de intercâmbio ou *inter vivos* é, praticamente, reparável: fazem-se outros, com as formalidades legais, ou se intentam ações que compensem o prejuízo, como a ação de *in rem verso*. Não se dá o mesmo com as declarações de última vontade: nulas, por defeito de forma, ou por outro motivo, não podem ser renovadas, pois morreu quem as fez. Razão maior para se evitar, no zelo do respeito à forma, o sacrifício do fundo' (*Tratado de Direito Privado*, t. 58, 2. ed., Rio de Janeiro: Borsoi, 1969, § 5.849, p. 283)".

vontade. Problema de particular relevância, nesse aspecto, diz respeito à possibilidade de validação de testamento irregular, quando lei posterior à sua elaboração não mais prescreve as formalidades, cuja inobservância o tornou nulo. Com efeito, o CC argentino, em seu art. 3.625, incorporando a doutrina de Savigny, Gabba e Roubier assim reza: "*la validez del testamento depende de la observancia de la ley que rija al tiempo de hacerse. Una ley posterior no trae cambio alguno, ni a favor ni en perjuicio del testamento, aunque sea dada viviendo el testador*". O vigente Código Civil brasileiro, por sua vez, nada dispõe sobre a matéria. Para ilustrar a situação, lembremos que nosso Código Civil anterior (1916) exigia 5 testemunhas nos testamentos público, cerrado e particular (arts. 1.632, I, 1.638, IV, e 1.645, II); já o atual Código (2002) determina a presença de apenas 2 testemunhas nos testamentos público e cerrado (arts. 1.864, II, e 1.868, I) e de 3 no particular (art. 1.876, §§ 1º e 2º). Se uma pessoa tiver outorgado testamento sob a vigência do Código de 1916, sendo a única irregularidade então cometida a convocação de apenas 4 e não 5 testemunhas, poder-se-ia perguntar: o referido testamento seria válido se aberta a sucessão na data de hoje? A dúvida parece ter pertinência se, como observa Zeno Veloso, autores como Mailher de Chasset e Fornieles, apesar de pertencerem a uma corrente minoritária, afirmam que semelhante testamento poderia ser aproveitado e cumprido, pelo princípio da conservação dos negócios jurídicos, considerando que não há dúvida quanto à autenticidade do ato, a capacidade do testador na época em que o fez, e que uma lei mais favorável, quanto ao requisito de forma, passou a vigorar no País. Com base nos pressupostos teóricos do contexto brasileiro, e também à luz de nosso ordenamento jurídico, como poderia ser encaminhada essa questão?

Pela teoria majoritária é princípio, assentado no direito intertemporal, o *tempus regit actum* que rege a capacidade testamentária ativa e a forma extrínseca do testamento (CC, art. 2.035), aplicando-se-lhes a lei vigente por ocasião da elaboração do testamento, sob pena de nulidade, se não observar as formalidades legais. Como converter um testamento nulo em outra modalidade de testamento, se contiver os requisitos deste para salvá-lo, ante o art. 170 do vigente Código Civil, se só se pode converter o desigual? No caso em tela, não há de se falar em conversão porque, na novel lei, houve diminuição do número de testemunhas de 5 para 2, se público ou cerrado o testamento, ou para 3, se particular, pois converter-se-ia o quê? O *testamento público* em *público*? O *testamento público* em *testamento particular* ou *cerrado*? Logo, o art. 170 do atual Código Civil não poderia ser aplicado, porque não há como converter o igual e, além disso, os arts. 166, 168 e parágrafo único, e 171 do Código Civil exigem a observância da solenidade ou forma legal (*formalidade extrínseca*) para sua validade, prevista na época de sua feitura. Assim sendo, se a lei nova simplificar essa solenidade, não poderá ser revalidado pela lei em vigor à época do óbito. Testamento nulo, por preterir forma extrínseca, jamais convalescerá.

Pelos arts. 1.787, 2.041 e 2.042 do Código Civil em vigor, a *forma intrínseca* do testamento (seu conteúdo e capacidade testamentária passiva) reger-se-á pela lei vigente na abertura da sucessão, podendo haver, se for o caso, redução de disposição testamentária, pouco importando que os requisitos para ser herdeiro necessário, p. ex., sejam diferentes dos exigidos pela norma anterior.

A validade extrínseca disciplinar-se-á, portanto, pela lei da feitura do testamento, por isso lei nova não pode retroagir para tornar válido testamento nulo, por inobservância de solenidade, ao tempo da velha lei. Consequentemente, convém repetir, a conversão dos atos nulos não poderá ser aplicada no caso vertente, pois não há como admitir validação de testamento nulo ante o fato de o Código Civil de 2002 ter simplificado a formalidade extrínseca, mesmo diante do princípio da conservação dos negócios jurídicos.

4º) *A lei taxativamente o declarar nulo* ou lhe *negar efeito,* pois, para resguardar a plena autonomia da vontade do testador, proíbe-se o testamento conjuntivo, seja simultâneo, recíproco ou correspectivo (CC, art. 1.863).

5º) *Suas disposições forem nulas* (CC, art. 1.900) por:

a) instituir herdeiro ou legatário sob a condição captatória de que este disponha também por testamento em benefício do testador, ou de terceiro, visto que esse fato contrariaria a liberdade inerente ao ato de última vontade, deturpando sua espontaneidade, pois pela captação alguém poderia iludir o testador, obtendo sua simpatia ou estima, com fingida demonstração de amizade, oferta de presentes, induzindo-o a dispor em seu benefício (*RT, 260*:277, *308*:208, *579*:170; *RF, 175*:220). Por essas razões o Código Civil, arts. 145, 171, II, 1.900, I, impõe a nulidade de disposição testamentária feita por captação (*RT, 579*:170, *390*:138, *308*:208; *RDTJRJ*, *2*:259) ou sugestão dolosa, que favorecer o autor do dolo ou terceiro[247]. Claro está que se

247. W. Barros Monteiro, op. cit., p. 147. Observa Washington de Barros Monteiro que, se a *captação* deturpa a espontaneidade do ato de última vontade, o mesmo dir-se-á da "*sugestão,* que consiste no emprego de meios suasórios, no afã de mover o testador a contemplar o autor do dolo, ou terceira pessoa no ato testamentário". Salienta, ainda, o referido autor que: "Distingue-se a captação da sugestão. Pela primeira, limita-

não houver má-fé e se os meios empregados forem sinceros ou honestos, nada se poderá condenar; portanto, a captação e a sugestão devem ser rigorosamente comprovadas[248];

b) referir-se a pessoa incerta, cuja identidade não se possa averiguar (CC, art. 1.900, II), porque o beneficiado deve ser individuado devidamente, para que possa ser determinado. Assim, o disponente deverá fazer constar no testamento elementos idôneos para a identificação do beneficiário, indicando nome, sobrenome, domicílio, estado civil e outros qualificativos da pessoa que pretende contemplar[249]. Planiol assevera que a liberalidade testamentária estabelece uma relação jurídica entre duas pessoas, envolvendo uma transmissão de bens de uma pessoa à outra, daí ser necessário que o beneficiado seja determinável; caso contrário, o estabelecimento da *relação* torna-se impossível. Todavia, se houver legado que beneficie instituições de caridade que se destinem a certas finalidades ou que preencham determinadas condições, mesmo que o disponente não as individue (*RT, 106*:644), válido será, pois, apesar de ser imprescindível que o herdeiro nomeado ou o legatário sejam rigorosamente individuados, a legislação precisa estimular a caridade; daí abrir mão de seus princípios, procurando favorecer estabelecimentos assistenciais, permitindo-lhes que recebam herança ou legado, ainda que não estejam revestidos de personalidade jurídica, contentando-se com a mera existência de fato (*RT, 134*:111, *272*:211). Deveras, estatui o Código Civil, art. 1.902: "A disposição geral em favor dos pobres, dos estabelecimentos particulares de caridade, ou dos de assistência pública, entender-se-á relativa aos pobres do lugar do domicílio do testador ao tempo de sua morte, ou

---

-se o interessado a conquistar a afeição do testador, predispondo-o, com sua dobrez, ao ato de benemerência. Pela segunda, por meio de atos positivos, o interessado influencia o testador, determinando-o a favorecer esta ou aquela pessoa. A primeira é mais subjetiva; a segunda, mais objetiva. Atente-se, contudo: uma e outra constituem dolo...". Para De Plácido e Silva (*Vocabulário jurídico*, v. 4, p. 1499), a sugestão é a pressão moral ou a influência que alguém exerce sobre outra pessoa para dominar sua inteligência, suas emoções e sua vontade, levando-a a fazer aquilo a que é instigada. A captação consiste no emprego de artifícios ou de atos com os quais uma pessoa consegue obter de outra uma liberalidade em seu proveito ou de outrem; José Lopes de Oliveira, op. cit., p. 132; Clóvis Beviláqua, *Comentários*, cit., v. 6, p. 132.

248. Aubry e Rau, op. cit., v. 10, p. 550; W. Barros Monteiro, op. cit., p. 148; *RT, 206*:154, *197*:35, *191*:695; *RF, 175*:220, *178*:226. *Consulte*: CC espanhol, arts. 794 e 750; CC português, arts. 2.231 e 2.185; CC italiano, arts. 628 e 635; BGB, § 2.065; CC argentino, arts. 1.809, 3.619 e 3.711.

249. Ferreira Alves, *Manual do Código Civil brasileiro*, cit., v. 19, n. 73; W. Barros Monteiro, op. cit., p. 148; Caio M. S. Pereira, op. cit., p. 264; Aubry e Rau, op. cit., v. 5, p. 470.

dos estabelecimentos aí sitos, salvo se manifestamente constar que tinha em mente beneficiar os de outra localidade", acrescentando no parágrafo único que, nestes casos, as instituições particulares preferirão sempre às públicas, não só porque se deve incentivar a iniciativa privada, mas porque, em regra, as particulares são mais necessitadas do que as públicas[250];

c) favorecer a pessoa incerta, cometendo a determinação de sua identidade a terceiro (CC, art. 1.900, III), por perder seu caráter personalíssimo, que lhe é essencial visto que estaria delegando o poder de testar a outrem[251]. Entretanto, será válida a disposição testamentária em favor de pessoa incerta que deva ser determinada por terceiro, dentre duas ou mais pessoas indicadas pelo testador, ou pertencentes a uma família, ou a um corpo coletivo, ou a um estabelecimento por ele designado (CC, art. 1.901, I), dado que a indeterminação é relativa, limitando-se o arbítrio do terceiro, que escolherá tão somente uma das pessoas indicadas pelo testador; logo, não traduz uma incerteza subjetiva[252]. Assim sendo, válido será o legado feito a pessoa incerta, cuja determinação tenha ficado a cargo de terceiro, p. ex., como o feito a obras pias de instituição de caridade "A" ou "B", à escolha do testamenteiro (*RT, 149*:153)[253];

d) deixar ao arbítrio do herdeiro ou de outrem fixar o valor do legado (CC, art. 1.900, IV), por deixar de ser ato exclusivo do testador, a quem compete estabelecer o *quantum* do legado. Porém o Código Civil, art. 1.901, II, abre exceção a essa regra, ao possibilitar que o herdeiro ou o legatário fixe o valor do legado, quando remuneratório de serviços prestados por médico, enfermeiro, fisioterapeuta, farmacêutico etc., ao disponente, por ocasião da moléstia de que faleceu. Logo, válida será a deixa que encarregar herdeiro de entregar uma quantia pecuniária ao médico que mais se dedicou, por demonstrar a gratidão do *de cujus*, pelos serviços por ele prestados;

e) favorecer não só pessoa não legitimada a suceder (CC, art. 1.801), ainda quando se simular um contrato oneroso ou a interposta pessoa (p. ex., que seria, por presunção *juris et de jure*, ascendente, descendente, irmão, cônjuge ou companheiro do não legitimado a suceder — CC, art. 1.802), como também filho de concubino, do qual o testador não é o genitor (CC, art.

---

250. Planiol, Ripert e Boulanger, op. cit., v. 2, n. 2.925; W. Barros Monteiro, op. cit., p. 149-51; João Luís Alves, *Comentários ao Código Civil*, v. 3, p. 85. *Vide*: CC italiano, art. 630; CC espanhol, art. 749; CC português, art. 2.225 e CC argentino, art. 3.722.
251. W. Barros Monteiro, op. cit., p. 149.
252. Clóvis Beviláqua, *Comentários*, cit., v. 6, p. 134; W. Barros Monteiro, op. cit., p. 150; Caio M. S. Pereira, op. cit., p. 264.
253. W. Barros Monteiro, op. cit., p. 150-1.

1.803). Trata-se da *simulação* (CC, art. 167), que é a declaração enganosa da vontade do testador, visando produzir efeito diferente do indicado no testamento, com intenção de violar a norma jurídica. Pode ele, com tal objetivo, simular data, prolongar simulação de doação ou de verba sobre a obrigação de colacionar, e quando quiser beneficiar incapaz, simulando a forma de contrato oneroso, ou por interposta pessoa[254].

Sendo declarado nulo, o testamento deixa de prevalecer, subordinando-se a transmissão da herança à sucessão legítima. É mister não olvidar que sempre deverá haver grande interesse em conservar a disposição testamentária; assim, a ineficácia do testamento poderá ser total ou parcial, ante o fato de que o aplicador da lei não pode presumir interdependência necessária das suas disposições. Dessa forma, a nulidade de uma cláusula não induzirá à de toda a cédula testamentária, que deve ser, sempre que possível, aproveitada e cumprida. Logo, se a ineficácia for de uma cláusula do testamento, subsistirá a sucessão testamentária quanto às demais, a não ser que haja uma conexão tão íntima que impeça uma disposição de prevalecer sem a outra[255].

E o prazo decadencial, para que se possa impugnar a validade do testamento, é de 5 anos, contado da data de seu registro (CC, art. 1.859; CPC, arts. 735, §§ 1º a 3º, 736), que se dá, por ordem do juiz competente a quem foi apresentado, após o óbito do *de cujus*, com a apresentação judicial da cédula testamentária, cumpridos os requisitos contidos no art. 735 do Código de Processo Civil. Se o interessado deixar escoar tal prazo, sem exercer aquele seu direito potestativo de impugnar a validez do ato de última vontade, este será considerado válido, não mais podendo ser contestado.

A nulidade relativa ou *anulabilidade* do testamento, que não tem efeito antes de julgada por sentença nem se pronuncia de ofício, podendo ser alegada somente pelos interessados, aproveita exclusivamente ao que a pleiteou, salvo o caso de solidariedade ou indivisibilidade (CC, arts. 177 e 1.909)[256], e dar-se-á por vício oriundo de:

1º) *Erro substancial (CC, arts. 138 a 142) na designação da pessoa do herdeiro, do legatário (error in personam) ou da coisa legada (error in ipso corpore*

---

254. Tolentino Gonzaga, *Testamento cerrado*, p. 221-2; Itabaiana de Oliveira, op. cit., v. 2, p. 617.

255. Carlos Maximiliano, op. cit., v. 2, n. 718; W. Barros Monteiro, op. cit., p. 146; Enneccerus, Kipp e Wolff, op. cit., v. 1, § 22; *RT*, *509*:95. *Vide*: CC português, art. 2.308.

256. Itabaiana de Oliveira, op. cit., v. 2, p. 617; Enneccerus, Kipp e Wolff, op. cit., v. 1, § 22; Sebastião Luiz Amorim, *Código Civil comentado*, São Paulo, Atlas, 2004, vol. XIX, p. 42; *RT*, *279*:279.

rei), a não ser que, pelo contexto do testamento, por outros documentos, ou por fatos inequívocos, se puder identificar a pessoa ou coisa a que o testador queria referir-se (CC, art. 1.903). É necessário sublinhar uma vez mais que só o erro substancial — que interessa à natureza do ato, ao objeto principal da declaração ou a alguma das qualidades a ele essenciais ou que for concernente às qualidades essenciais da pessoa a quem se refira o testamento — vicia o ato de última vontade, p. ex.: se o disponente pretende beneficiar "A" e contempla "B", anulável é a sua disposição testamentária, ou se quer deixar ao legatário o prédio "A" e lhe dá o "B". Se o erro for acidental — versando sobre qualidades secundárias do objeto ou da pessoa — não se terá anulação do testamento, p. ex.: se o testador deixar um legado a Mário, filho de seu irmão, quando na verdade esse não é o nome de seu sobrinho, ou se o testador contemplar "A", atribuindo-lhe a profissão de advogado, quando, na realidade, é médico[257].

2º) *Dolo* (CC, arts. 145 a 150 e 1.909), ou seja, artifício malicioso para induzir o testador em erro ou para mantê-lo no erro em que já se encontrava. Para que o dolo venha a anular o testamento será necessário que: *a*) haja *intentio* de induzir o testador a deixar herança ou legado para beneficiar ou prejudicar alguém; *b*) os artifícios fraudulentos sejam graves; e *c*) seja a causa determinante da declaração da última vontade. O dolo pode advir do beneficiário da disposição ou pessoa alheia a ela, bastando que a vontade do testador tenha sido emitida em razão do dolo[258].

3º) *Coação* (CC, arts. 151 a 155 e 1.909), que é o estado de espírito em que o disponente, ao perder a energia moral e a espontaneidade da vontade, elabora o testamento que lhe é exigido. Para que a coação anule o testamento, é preciso que: *a*) seja a causa determinante da verba testamentária; *b*) o temor justificado seja de dano, relativo à pessoa da vítima, à sua família, ou aos seus bens[259].

---

257. W. Barros Monteiro, op. cit., p. 152-3. *Vide*: CC português, art. 2.203; CC italiano, art. 625 e CC espanhol, art. 773.

258. Itabaiana de Oliveira, op. cit., v. 2, p. 616. É a lição de Pontes de Miranda, apud Eduardo de Oliveira Leite, *Comentários*, cit., p. 489.

"Testamento — Anulabilidade — Vício de consentimento — Captação da vontade do testador — Erro, dolo ou coação — Vícios do ato jurídico que não vieram demonstrados — *Recurso provido* — Ação improcedente — Sentença reformada — *Agravo retido não conhecido*. A captação da vontade, somente, vicia o testamento como espécie de dolo. Esse ato, todavia, pode ser inocente ou culposo, é só na última hipótese é que se configurará o vício de consentimento, suscetível de anular o testamento" (TJSP, AC 244.312-4/9-00, rel. Des. Octavio Helene, j. 25-7-2006).

259. Orlando Gomes, *Direito das sucessões*, cit., n. 116; Martinho Garcez, *Nulidades dos atos jurídicos*, v. 1, n. 124; Itabaiana de Oliveira, op. cit., v. 2, p. 617; Caio M. S. Pereira, op. cit., p. 265-6; Eduardo de Oliveira Leite, *Comentários*, cit., p. 489-90.

4º) *Fraude* (CC, arts. 158 a 165), que é o emprego de artifícios maliciosos por alguém para enganar o testador, induzindo-o, para lesar seus credores, a dispor de modo diverso do que ele faria, se não houvesse tais artifícios. Hipótese em que se terá concorrência de anulabilidades: a por dolo e a por fraude contra credores. O próprio testador pode, ainda, no testamento fraudar credores, como quando reconhece dívidas[260].

"Testamento — Anulabilidade — Capacidade Civil — Inexistência de vício de consentimento. 1. A idade avançada da testadora não implica sua incapacidade civil, mormente quando as testemunhas atestam a sua plena higidez mental. 2. O testamento feito com a observância dos requisitos legais é um ato jurídico válido, perfeito e acabado, que ganha eficácia com o óbito, desencadeando os efeitos dele decorrentes. Recurso desprovido" (TJRS, 7ª Câm. Cível, rel. Des. Sérgio Fernando de Vasconcellos Chaves, j. 11-8-2004).

260. Carvalho Santos, op. cit., v. 2, p. 415; Itabaiana de Oliveira, op. cit., v. 2, p. 617. Quanto aos prazos decadenciais para pleitear nulidade e anulabilidade de testamento ou de disposição testamentária, o Projeto de Lei n. 699/2011 propõe o seguinte, por sugestão de Zeno Veloso:

"Art. 1.859. Extingue-se em cinco anos o direito de requerer a declaração de nulidade do testamento ou de disposição testamentária, e em quatro anos o de pleitear a anulação do testamento ou de disposição testamentária, contado o prazo da data do registro do testamento".

"Art. 1.909. ....

Parágrafo único. Extingue-se em quatro anos o direito de anular a disposição, contados da data do registro do testamento". E, assim, justifica sua proposta:

"Como a lei não distingue, não cabe ao intérprete distinguir: o prazo de caducidade se aplica tanto ao caso de nulidade como de anulabilidade. A invalidade é o gênero, que comporta as duas espécies (arts. 166 e 171), e não deve ser confundida com a revogação (arts. 1.969 a 1.972), a caducidade (art. 1.971) e o rompimento do testamento (arts. 1.973 a 1.975).

No art. 1.909, o Código afirma que são anuláveis as disposições testamentárias inquinadas de erro, dolo ou coação, e o parágrafo único desse artigo prevê: 'Extingue-se em quatro anos o direito de anular a disposição, contados de quando o interessado tiver conhecimento do vício'.

Como se vê, o prazo para que a ação seja interposta, no caso de anulabilidade da disposição testamentária é elástico, não tem termo inicial rígido, certo, e embora possa servir melhor ao interesse puramente individual, não convém à sociedade, pois introduz um fator de insegurança jurídica. O testamento é negócio jurídico *mortis causa*, que tem eficácia quando o seu autor já não mais está presente. Manter a possibilidade de questionar e atacar uma disposição, por vício de vontade que teria sofrido o testador, e isto por um tempo variável, indeterminado, tornando instável e vacilante o processo de transmissão hereditária, com certeza, não é de melhor política legislativa. Pode ocorrer, inclusive, em muitos casos, que o prazo para anular a mera disposição testamentária — portanto, para anular parcialmente o testamento —, seja maior, e muito maior do que o prazo para arguir a anulação ou para declarar a nulidade do testamento inteiro. A nulidade pode ser total ou parcial, fulminar todo o testamento, ou parte dele, ocorrendo o mesmo com a anulabilidade (art. 184). Pode ser nula, ou anulável, apenas uma cláusula, somente uma disposição do testamento.

Extinguir-se-á no prazo decadencial de quatro anos o direito potestativo de anular a disposição, contados a partir da data em que o interessado tiver ciência do erro, dolo ou coação. Convalidar-se-á a disposição testamentária se tal período passar *in albis*.

Prescreve, ainda, o art. 1.910 do Código Civil: "A ineficácia de uma disposição testamentária importa a das outras que, sem aquela, não teriam sido determinadas pelo testador". Se uma disposição testamentária vier a perder sua eficácia, as demais prevalecerão, a não ser que tenham ligação com a que se tornou ineficaz, pois sem esta não teriam sido determinadas pelo testador. É preciso, portanto, que haja uma relação de interdependência entre as disposições testamentárias para que a ineficácia de uma delas venha a atingir a das demais. Interessante a respeito é o seguinte exemplo de Sebastião Luiz Amorim: "se o testador, afrontando o disposto no inciso IV do artigo 1.900 do Código Civil, numa cláusula deixa ao arbítrio do herdeiro fixar o valor do legado feito a José, Antônio, Pedro e Joaquim e, em outra cláusula, estipula que José, Antônio, Pedro e Joaquim destinem parte do mesmo a terceira pessoa, evidentemente, anulada a primeira cláusula, as demais estarão automaticamente inválidas".

Matiello, por sua vez, exemplifica: "A", induzido em erro substancial, nomeia "B" seu herdeiro, deixando-lhe uma fazenda, indicando "C" como administrador dos recursos obtidos por "B". Há vínculo entre as duas dis-

---

Como está posto, a anulação da disposição testamentária, cuja ação é cabível a partir do momento em que o interessado tiver conhecimento do vício, pode ocorrer num prazo variável, algumas vezes extremamente longo, ocorrendo, eventualmente, muito depois da própria execução da disposição testamentária. Isto gera instabilidade, e não é bom. Um testamento nulo, por exemplo, não pode mais ter a validade impugnada depois de cinco anos do seu registro. Mas uma disposição que ele contém, sob o argumento de que o testador errou, deliberou mediante dolo, ou foi vítima de coação, pode ser anulada muito depois daquele prazo, pois a decadência do direito de atacar a disposição começa a ser contada de 'quando o interessado tiver conhecimento do vício'. É necessário promover uma alteração nos arts. 1.859 e 1.909, parágrafo único, para evitar a contradição e os conflitos que eles podem gerar. O prazo para pleitear a anulação deve corresponder ao que está previsto no art. 178".

O Parecer Vicente Arruda rejeitou, no comentário ao PL n. 6.960/2002 (atual PL n. 699/2011), essas propostas, nos seguintes termos: "O dispositivo em questão (art. 1.859) está vinculado à invalidade do testamento enquanto ato jurídico, prevista nos arts. 104 e 166 e seguintes do Código Civil, e não à anulabilidade das disposições testamentárias, que estão disciplinadas nos arts. 1.909 e 1.910. Por conseguinte, não procede a pretensão de se introduzir no artigo uma distinção entre testamento nulo e anulável e entre disposições testamentárias nulas e anuláveis, como pretende o PL. E como o art. 1.909 trata de vício na declaração de vontade, o prazo só pode iniciar-se a partir do momento em que o interessado tiver ciência do vício".

posições, haja vista que a segunda não existiria sem a primeira. O fato de a elaboração de uma delas ser correta não torna subsistente a outra, logo ambas serão ineficazes.

Finalmente, à guisa de conclusão poder-se-á dizer que, com a decretação da nulidade do testamento, é preciso apurar a responsabilidade notarial nos casos em que a intervenção do tabelião foi necessária, ou seja, na elaboração do testamento público e na aprovação do cerrado, verificando-se se a causa da nulidade se deve à inobservância das exigências formais, pois é óbvio que, se a invalidade do testamento se deu por incapacidade do agente, se afastará, em princípio, a responsabilidade do notário. Se a inexecução do ato de última vontade se deu porque, p. ex., o tabelião adotou forma proibida; lavrou o testamento público ou o auto de aprovação do cerrado sem atender as imposições legais; deixou de portar por fé a observância das solenidades ou de cerrar e coser a cédula testamentária cerrada; permitiu testamento público para quem não se exprime na língua nacional; aceitou testemunha, ciente de que é proibida de figurar no ato, fixada está sua responsabilidade, não sendo necessário que o prejudicado prove sua culpa, pois esta deflui diretamente de falha funcional. Não valerá a escusa do tabelião de que havia alertado o testador, mas valerá essa alegação se houve coação do testador, de herdeiro ou de terceiro. O notário não poderá ser chamado a responder civilmente, compondo perdas e danos, se seguiu orientação calcada em aresto judicial, embora o testamento tenha sido declarado nulo pela prevalência de tendência oposta. O dever ressarcitório do tabelião requer nexo de causalidade entre o dano do herdeiro ou do legatário e o ato incriminado; logo, o interessado deverá provar que seu prejuízo adveio da nulidade testamentária. Assim sendo, se o testamento, apesar de nulo, não puder acarretar dano, ou se este advier independentemente da validade do ato de última vontade, p. ex., se o objeto legado perecer por caso fortuito ou força maior, não haverá qualquer responsabilidade[261].

---

261. Sobre a responsabilidade do notário, *consulte*: Dubas, *La responsabilité notariale*, p. 130 e s.; Caio M. S. Pereira, op. cit., p. 267-9; Vitali, op. cit., v. 4, ns. 270 a 331; Carlos Maximiliano, op. cit., v. 1, n. 408. Sobre o art. 910 *consulte*: Sebastião Luiz Amorim, *Código Civil comentado*, São Paulo, Atlas, 2004, v. XIX, p. 161; Matiello, *Código Civil*, cit., p. 1235.

QUADRO SINÓTICO

INEXECUÇÃO DO TESTAMENTO

1. CAUSAS DE INEFICÁCIA DO TESTAMENTO	• Revogação	• Ocorre quando o testador expressa sua vontade, por modo legítimo, de inutilizar seu testamento.
	• Rompimento	• Dá-se em razão de ignorância da existência de herdeiro necessário ou de superveniência de herdeiro sucessível do testador.
	• Caducidade	• Quando, embora válido o testamento, não puder produzir efeitos em razão de fato superveniente, alheio à vontade do disponente.
	• Nulidade	• Quando o testamento, em virtude de vício de origem, não satisfizer as condições que a lei declara indispensáveis à sua validade.
2. REVOGAÇÃO DO TESTAMENTO	• Funda-se no princípio da autonomia da vontade; daí ser irrenunciável a revogação, não prevalecendo qualquer cláusula testamentária em que o testador declare que nunca revogará seu testamento, salvo o disposto nos arts. 1.609, III, e 1.610 do Código Civil. O testamento revogatório só tornará ineficaz o anterior se feito sob qualquer uma das formas legais de testar, com exceção do estatuído no CC, art. 1.972, e se for válido. A revogação pode ser *expressa,* quando o testador declarar sem efeito, no todo ou em parte, testamento por ele feito anteriormente; *tácita,* quando o testador fizer novas disposições testamentárias que não correspondam às antigas; quando o testamento cerrado aparecer aberto ou dilacerado pelo próprio testador, ou por terceiro com o seu consentimento (CC, art. 1.972), e quando o disponente alienar, voluntariamente, a coisa legada; *total,* quando testamento superveniente retirar, no todo, a eficácia do testamento anterior; *parcial,* quando o testamento posterior abranger uma ou mais disposições do precedente, subsistindo em tudo o que não for contrário ao posterior.	
3. ROMPIMENTO DO TESTAMENTO	• Quando houver superveniência de descendente sucessível ao testador, que não o tinha ou não o conhecia (CC, art. 1.973); quando o testamento foi feito na ignorância de existirem outros herdeiros necessários (CC, arts. 1.974 e 1.975).	

<table>
<tr><td>4. CADUCIDADE DO TESTAMENTO</td><td colspan="2">• Se o herdeiro nomeado premorrer ao testador ou simultaneamente a ele (CC, arts. 8º e 1.943).
• Se o herdeiro instituído falecer antes do implemento da condição imposta pelo testador.
• Se a condição suspensiva, de que depende a herança ou legado, não puder ser realizada (CC, arts. 125, 1.809 e 1.943).
• Se o nomeado renunciar à herança ou ao legado, for incapaz de herdar ou for afastado da sucessão (CC, arts. 1.943, 1.798, 1.799, 1.801 e 1.971).
• Se houver alteração substancial ou perecimento do objeto legado por caso fortuito.
• Se, nos casos do testamento especial, o testador não falecer na viagem ou em campanha ou não providenciar as medidas legais para convalescer o ato testamentário (CC, arts. 1.891 e 1.895).</td></tr>
<tr><td rowspan="2">5. NULIDADE E ANULABILIDADE DO TESTAMENTO</td><td>• Nulidade (CC, art. 168, parágrafo único)</td><td>• Incapacidade do testador.
• Impossibilidade ou ilicitude do objeto.
• Inobservância das formas legais.
• Testamentos proibidos por lei (CC, art. 1.863).
• Nulidade de suas disposições (CC, arts. 167, 1.900, 1.902 e 1.901).</td></tr>
<tr><td>• Anulabilidade (CC, arts. 177 e 1.909)</td><td>• Erro substancial na designação da pessoa do herdeiro, do legatário ou da coisa legada (CC, arts. 138 a 142 e 1.903).
• Dolo (CC, arts. 145 a 150).
• Coação (CC, arts. 151 a 155).
• Fraude (CC, arts. 158 a 165).</td></tr>
</table>

G. Testamenteiro

g.1. Conceito e natureza jurídica da testamentaria

Sendo o testamento um ato jurídico *causa mortis*, só será executado após a abertura da sucessão do *de cujus*, ocasião em que o inventário será aberto, habilitando-se os herdeiros com a demonstração de sua qualidade e de sua identidade; os legatários serão intimados a comparecer; apurar-se-ão os bens, liquidar-se-á a herança, pagar-se-ão os legados; os herdeiros imitir-se-ão no domínio e na posse de seus quinhões hereditários e os encargos que não forem atribuídos individualmente a um deles serão cumpridos pelo espólio. Em tudo isso respeitar-se-á o testamento. O cumprimento efetivo da cédula testamentária é, em regra, confiado aos herdeiros. Contudo, receando que suas disposições de última vontade não sejam atendidas por seus herdeiros, visto que poderá ser-lhes mais conveniente não cumpri-las, pois, talvez por não convir aos seus interesses adotar certos comportamentos para atender a determinados encargos, poderão impugnar a validade das disposições testamentárias, pode por isso o disponente designar uma pessoa de sua confiança para encarregá-la da cabal execução do testamento e da defesa de sua validez[262]. O executor do testamento denomina-se *testamenteiro*. O testamenteiro é, pois, a pessoa encarregada de dar cumprimento às disposições de última vontade do autor da herança, exercendo os poderes que lhe forem conferidos e as obrigações impostas pelo testador, contanto que não ultrapasse os limites legais[263]. *Testamentaria*, como nos ensina Washington de Barros Monteiro, consiste no conjunto de funções que se enfeixam na pessoa do testamenteiro, constituindo o estatuto deste, seu complexo de direitos e deveres[264].

A testamentaria é personalíssima, intransmissível e indelegável (CC, art. 1.985), por ser cargo de confiança. Embora o encargo da testamentaria não se transmita aos herdeiros do testamenteiro, este pode fazer-se representar em juízo e fora dele mediante procurador com poderes especiais (CC, art. 1.985, *in fine*). Isto porque a constituição de mandatário não altera o caráter pessoal e indelegável da testamentaria, pois o procurador é simples

---

262. Caio M. S. Pereira, op. cit., p. 224-5; De Page, op. cit., t. 8, v. 2, n. 1.326; Silvio Rodrigues, op. cit., p. 261; W. Barros Monteiro, op. cit., p. 256; Zeno Veloso, *Comentários*, cit., v. 21, p. 386 a 394.

263. Clóvis Beviláqua, *Comentários*, cit., v. 6, p. 220; José Lopes de Oliveira, op. cit., p. 235.

264. W. Barros Monteiro, op. cit., p. 256; Sebastião José Roque, *Direito das sucessões*, cit., p. 187-92. *Vide*: *RJTJSP*, *115*:174; *RJ*, *89*:341.

mandatário do testamenteiro, responsável perante este, que, por sua vez, é responsável perante os herdeiros e os legatários[265].

A testamentaria é um instituto *sui generis* e autônomo, regido por normas peculiares e próprias, dado que o testamenteiro tem seu campo de ação delimitado pela vontade do testador, sendo mero agente da execução da vontade do *auctor successionis*[266]. É um encargo imposto pelo testador a quem confia, para que fiscalize o cumprimento de seu ato de última vontade, quando ele não mais existir[267], constituindo um *munus* de ordem privada[268].

g.2. Capacidade civil do testamenteiro

O disponente tem amplo direito de nomear seu testamenteiro dentre seus próprios herdeiros, legatários e até pessoas estranhas à sucessão, desde que sejam pessoas naturais e não jurídicas (*RT, 145*:286), e tenham capacidade civil para contrair obrigações[269]. Logo, não poderão ser testamenteiros: os menores de 18 anos, não emancipados; os interditos, já que não podem exprimir sua vontade, ou pródigos; os ausentes, declarados tais por ato judicial, e, em certos casos, os silvícolas[270]. A testamentaria não pode ser conferida a certas pessoas, embora tenham capacidade jurídica, como: as que têm débito com o testador, ou que estiverem litigando com os herdeiros[271], ou que forem inimigas do disponente e de seus sucessores (CC, art. 1.735 — aplicação analógica) (*RT, 102*:610). A capacidade do testamenteiro deve ser considerada ao tempo em que começa a exercer as funções de seu *munus,* subsistindo enquanto durar o encargo[272].

---

265. Itabaiana de Oliveira, op. cit., v. 2, p. 667 e 675-6; Clóvis Beviláqua, *Comentários,* cit., v. 6, p. 250; Carvalho Santos, op. cit., v. 24, p. 295. *Consulte*: CC argentino, art. 3.855; CC português, art. 2.334; CC italiano, art. 700, al. 3; CC espanhol, art. 909 e CC francês, art. 1.032.
266. W. Barros Monteiro, op. cit., p. 257; Alcides de Mendonça Lima, A obrigação do testamenteiro de defender o testamento, *RF, 98*:487.
267. Silvio Rodrigues, op. cit., p. 263.
268. Orozimbo Nonato, op. cit., p. 300; Carlos Maximiliano, op. cit., n. 1.361.
269. Clóvis Beviláqua, *Sucessões,* cit., § 101; Itabaiana de Oliveira, op. cit., v. 2, p. 668, n. 734; Ruggiero e Maroi, op. cit., v. 1, § 102; De Page, op. cit., n. 1.340.
270. Itabaiana de Oliveira, op. cit., v. 2, p. 668-71; Ferreira Alves, *Manual do Código Civil brasileiro,* cit., v. 19, p. 413-4; Pothier, *Traité des donations testamentaires,* n. 211; Troplong, op. cit., v. 3, ns. 2.010 e 2.018. *Vide*: CC, art. 4º, parágrafo único.
271. Caio M. S. Pereira, op. cit., p. 227.
272. José Lopes de Oliveira, op. cit., p. 237, nota 705.

Apesar de inexistir proibição legal de que sejam testamenteiros, não se recomenda a designação de: pessoa que, a rogo, escreveu o testamento, seu cônjuge, ascendentes, descendentes e irmãos; testemunhas do testamento, bem como concubinário do testador casado; oficial público, civil ou militar; o comandante; o escrivão, perante quem se fizer, assim como o que fizer ou aprovar o testamento, porque a nomeação para testamenteiro de quem participou da facção testamentária justificaria o seu afastamento pela consideração de que essa interferência, como pondera Arnoldo Wald, poderia implicar fraude ao art. 1.801[273], e, além disso, a percepção do prêmio (CC, art. 1.987) seria um meio de tirarem algum proveito, a menos que a ele renunciem[274].

Os estrangeiros (*Revista de Direito, 48*:575) não sofrem quaisquer restrições, desde que domiciliados no país, podendo ser testamenteiros, uma vez que a testamentaria não é um *munus* público, mas privado[275]. O falido também pode ser nomeado testamenteiro, visto que sua incapacidade é relativa aos interesses, direitos e deveres da massa; logo, os atos que não lhe disserem respeito podem ser praticados pelo falido[276].

g.3. Nomeação do testamenteiro

A nomeação de testamenteiro é feita, em regra, pelo próprio testador, que poderá nomear, por meio de testamento ou codicilo (CC, art. 1.883), um ou mais testamenteiros, conjunta ou separadamente, para darem cumprimento às suas disposições de última vontade (CC, art. 1.976); trata-se de *testamenteiro instituído*. Havendo nomeação de mais de um testamenteiro, deverá o disponente indicar a ordem em que lhes cumpre servir; sua nomeação será feita em ordem sucessiva, de maneira que apenas na falta ou ausência do primeiro, deve ser chamado o segundo, e assim por diante. E se não houver qualquer indicação da ordem, nem determinação das funções dos testamenteiros, todos servirão, concomitantemente (*RT, 114*:670, *183*:296), cumprindo distinguir se foram ou não nomeados *in solidum* (CC,

---

273. Arnoldo Wald, *Curso de direito civil brasileiro*; direito das sucessões, p. 223.

274. Orlando Gomes, *Direito das sucessões*, cit., ns. 200 e 203; consulte, ainda, a *Revista de Direito, 55*:19 e 545.

275. Carlos Maximiliano, op. cit., n. 1.366; Caio M. S. Pereira, op. cit., p. 228.

276. Itabaiana de Oliveira, op. cit., v. 2, p. 672; Carvalho de Mendonça, *Tratado de direito comercial*, v. 7, n. 429.

art. 1.986). A nomeação *in solidum* deve ser sempre expressa, caso em que um dos testamenteiros poderá, sem o concurso dos demais, executar o testamento. Se não houver menção expressa do disponente, entender-se-á que a testamentaria deverá ser executada por todos os testamenteiros em comum, hipótese em que, havendo divergência entre eles, prevalecerá o voto da maioria e, havendo empate, decidirá o herdeiro ou o magistrado, se o herdeiro se escusar. Enfim, como elucida Fujita, se vários forem os testamenteiros nomeados, poder-se-á ter: a) *nomeação conjunta*: se nenhum deles puder exercer a testamentaria isoladamente, todos a exercerão, prevalecendo o voto da maioria, e, havendo empate, o herdeiro decidirá ou, em caso de recusa deste, o órgão judicante; b) *nomeação solidária*: se cada testamenteiro nomeado puder agir livremente, por disposição expressa, sem o concurso dos demais, para dar cumprimento ao testamento; e c) *nomeação sucessiva*: se houver designação do testador da ordem a ser seguida pelos indicados na execução do testamento, isto é, faltando o primeiro, o segundo atuará[277].

Na falta de *testamenteiro instituído,* a execução testamentária competirá ao consorte supérstite (*testamenteiro legal*), e somente na ausência deste justifica-se a nomeação de *testamenteiro dativo* pelo juiz, que escolherá para exercer essa função um dos herdeiros (CC, art. 1.984; CPC, art. 735, § 4º). Havendo um só herdeiro, nele recairá a nomeação; se a herança toda estiver distribuída em legados, o principal legatário será o testamenteiro. Devido a certas circunstâncias, p. ex., incapacidade do herdeiro, outra pessoa — exceto pessoa jurídica (*RT, 145*:286; *RF, 145*:332) —, em pleno gozo de sua capacidade civil, será nomeada pelo magistrado, recaindo sua preferência em quem estiver em condições de ser inventariante (CPC, art. 735, § 4º, *in fine*); isso, se não houver testamenteiro judicial (*AJ, 97*:78), como acontece no antigo Distrito Federal, cujas funções, conforme o disposto no Decreto-Lei n. 8.527/45, art. 281, são personalíssimas e indelegáveis[278].

277. W. Barros Monteiro, op. cit., p. 258; Itabaiana de Oliveira, op. cit., v. 2, p. 674; Clóvis Beviláqua, *Comentários,* cit., v. 6, p. 233; Planiol, Ripert e Boulanger, op. cit., v. 3, n. 2.177; Fujita, *Comentários*, cit., p. 1375; *RT, 114*:775.

278. W. Barros Monteiro, op. cit., p. 258; Teixeira de Freitas, *Testamentos e sucessões*, § 137, nota 267. Há quem ache que se deve admitir que a testamentaria seja confiada ao companheiro, se o *de cujus* vivia em união estável (Zeno Veloso, *Novo Código*, cit., p. 1789).

A seguinte representação gráfica esclarece melhor a questão:

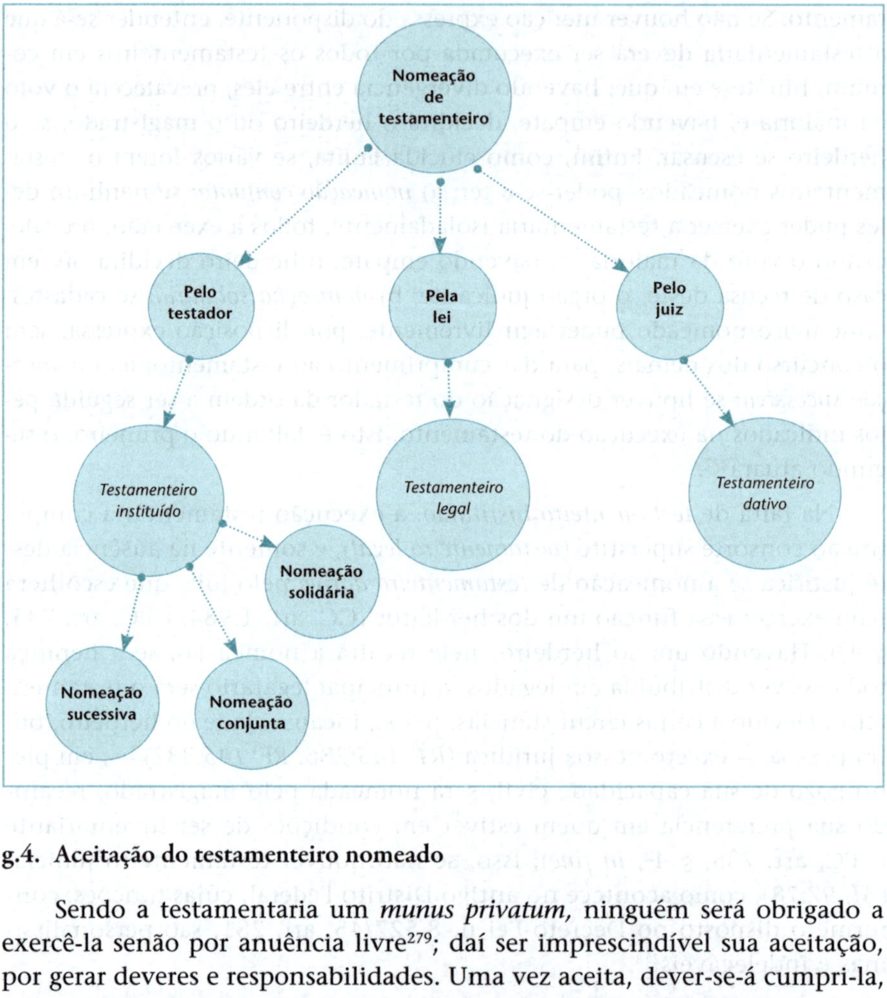

g.4. Aceitação do testamenteiro nomeado

Sendo a testamentaria um *munus privatum,* ninguém será obrigado a exercê-la senão por anuência livre[279]; daí ser imprescindível sua aceitação, por gerar deveres e responsabilidades. Uma vez aceita, dever-se-á cumpri-la, a não ser que surja motivo justo ou de grande gravidade[280]. Se houver aceitação da testamentaria, ante sua indelegabilidade, não se poderá transmiti-la por ato *inter vivos* ou *causa mortis*. A *aceitação* poderá ser: *expressa,* se o nomeado o declarar explicitamente; *tácita*, se iniciar a execução testamen-

279. Orozimbo Nonato, op. cit., v. 3, n. 881.
280. Itabaiana de Oliveira, op. cit., v. 2, p. 673.

tária sem fazer qualquer pronunciamento; *presumida,* se aceitar legado a ele feito para esse fim. A aceitação da testamentaria deve constar de um termo, subscrito pelo juiz e pelo testamenteiro (CPC/2015, art. 735, § 3º). Como é livre a sua aceitação, o testamenteiro, mesmo depois de ter aceitado o encargo ou iniciado a execução do testamento, poderá abdicar da testamentaria, bem como renunciar, comunicando ao juiz o seu propósito, dando as justificativas do seu abandono. Entretanto, para recusar a testamentaria não precisará dar as razões, bastando a simples manifestação do nomeado de que não a aceita[281]. É preciso lembrar que, se forem nomeados vários testamenteiros, conjunta ou separadamente, a recusa ou falta de um deles não anulará a nomeação dos demais, salvo se houver declaração expressa do testador nesse sentido[282].

g.5. Direitos e obrigações do testamenteiro

O testamenteiro tem *direito*:

1º) À posse e à administração da herança, se não houver cônjuge nem herdeiro necessário (CC, art. 1.977; *RJTJSP, 136*:363). Todavia, qualquer herdeiro, legítimo ou testamentário, pode requerer partilha imediata ou devolução da herança, habilitando o testamenteiro com os meios necessários para o cumprimento dos legados, ou dando caução de prestá-los (CC, art. 1.977, parágrafo único). O *testamenteiro* que tiver posse e administração da herança é denominado *universal,* e se não puder dispor desses atributos, chama-se *particular,* restringindo-se sua função à mera fiscalização da execução testamentária, podendo apenas exigir, judicialmente, os meios aptos ao cumprimento do testamento. Se tem a posse e a administração da herança, cabe-lhe cobrar os créditos do monte, perceber os frutos e rendimentos, pagar as dívidas, liquidar o acervo para entregar os quinhões e pagar os legados, alienar onerosamente, e não gratuitamente, os bens, com autorização judicial ou do testador, se isso for necessário para executar o ato de última vontade.

É mister salientar que o testamenteiro não pode adquirir bens da herança, ainda que em hasta pública, sob pena de nulidade do ato (CC, art. 497, I), e, além disso, pelo Código Penal, art. 168, § 1º, II, constitui causa

281. Caio M. S. Pereira, op. cit., p. 226; Clóvis Beviláqua, *Sucessões,* cit., § 101; Orlando Gomes, *Direito das sucessões,* cit., n. 203; Ferreira Alves, *Manual do Código Civil brasileiro,* cit., n. 340.

282. Itabaiana de Oliveira, op. cit., v. 2, p. 674.

de aumento de pena ter sido o crime de apropriação indébita praticado pelo réu na qualidade de testamenteiro[283].

2º) De defender a posse dos bens da herança (CC, art. 1.977).

3º) De requerer o inventário e cumprir o testamento se tiver herança (CC, art. 1.978). Trata-se de um direito-dever.

4º) De requerer, assim como o juiz pode ordenar, de ofício, ao detentor do testamento que o leve a registro (CC, art. 1.979). Logo o detentor de testamento deverá exibi-lo em juízo, para os fins legais; não o fazendo, será procedida, é óbvio, a busca e apreensão deste (CPC, art. 625).

5º) À vintena, ou seja, a um prêmio legal em remuneração (*pro labore et administratione*) pelos serviços prestados, salvo disposição testamentária em contrário, desde que não seja herdeiro ou legatário, por não ser gratuito o exercício da testamentaria (CC, art. 1.987 e parágrafo único; *RT, 711*:97, *664*:142, *533*:93, *167*:184, *157*:665, *203*:340, *237*:141; *RF, 104*:88; *AJ, 82*:195)[284]. Entretanto, pelo Código Civil, art. 1.988, o testamenteiro, que for

---

283. W. Barros Monteiro, op. cit., p. 260 e 269; De Page, op. cit., n. 1.362; Enneccerus, Kipp e Wolff, op. cit., v. 2, § 118; Caio M. S. Pereira, op. cit., p. 230.

284. Sobre o assunto, *vide* João Luís Alves, *Comentários ao Código Civil brasileiro,* cit., v. 3, p. 170; Orozimbo Nonato, op. cit., v. 3, p. 365; Clóvis Beviláqua, *Comentários,* cit., v. 6, p. 234; Carnelutti, Responsabilità e giudizio, *Rivista di Diritto Processuale,* ano XIII, n. 1, p. 3. Denomina-se *vintena,* porque o máximo de 5% corresponde a um vigésimo do valor da herança; *EJSTJ, 11*:219. Já houve decisão de que: "Testamenteiro — Prêmio — Tem como base de cálculo o total da herança líquida, ainda que haja herdeiros necessários, e não apenas a metade disponível, ou os bens de que dispôs em testamento o *de cujus*. Pelo pagamento, entretanto, não responderão as legítimas dos herdeiros necessários, deduzindo-se o prêmio da metade disponível" (STJ, 3ª Turma, REsp 39.891-6-SP-930029239-0, rel. Min. Eduardo Ribeiro, j. 4-10-1994). Mas há julgado entendendo que o prêmio a ser pago ao testamenteiro deverá ser retirado da parte disponível (TJMG Proc. 10702.98.009407-3/002(1). Rel. Vanessa Andrade j. em 12-6-2007).

"Recurso especial. Direito sucessório. Cláusula testamentária prevendo a incomunicabilidade dos bens imóveis destinados aos herdeiros. Necessidade de aditamento do testamento para a indicação de justa causa para a restrição que não foi observada pelo testador. Arts. 1.848 e 2.042 do CC. Ineficácia da disposição testamentária que afeta o testamento. Prêmio do testamenteiro. Cabimento. Recurso especial improvido. 1. Embora o autor da herança tenha deixado testamento público no qual fez inserir, como disposição única, que todos os bens imóveis deixados aos seus filhos deveriam ser gravados com cláusula de incomunicabilidade, com a vigência do CC de 2002 passou-se a exigir a indicação de justa causa para que a restrição tivesse eficácia, tendo sido concedido o prazo de 1 (um) ano após a entrada em vigor do Código, para que fosse feito o aditamento (CC, art. 1.848 c/c 2.042), o que não foi observado, no caso, pelo testador. 2. A despeito de a ineficácia da referida cláusula afetar todo o testamento, não há que se falar em afastamento do pagamento do prêmio ao testamenteiro, a pretexto de que a sua atuação no feito teria sido singela, uma vez que o maior ou menor esforço no cumprimento das disposições testamentárias deve ser considerado apenas como critério para a fixação da vintena, que poderá variar entre o míni-

herdeiro ou legatário, poderá preferir o prêmio à herança ou ao legado, visto que há vedação legal para cumulá-los, e o testamenteiro casado sob o regime de comunhão de bens com herdeiro ou legatário, apesar de não ter direito ao prêmio, ser-lhe-á também admitido preferir o prêmio à herança ou ao legado (*RT, 147*:107). Se o testador expressamente autorizar, poderá o testamenteiro receber cumulativamente prêmio e legado ou herança.

Havendo vários testamenteiros, a vintena será dividida entre eles: *a*) em partes iguais, se não se estabeleceu divisão de trabalho ou funções especificadas a cada um; *b*) proporcionalmente ao trabalho de cada um e ao valor da parte do espólio compreendida nas suas atribuições, se se tratar de funções discriminadas[285].

Se o *quantum* da vintena não tiver sido fixado pelo próprio testador, o juiz arbitrá-lo-á conforme a importância da herança líquida, na base de 1 a 5%, e as maiores ou menores dificuldades do encargo de executar o testamento, deduzindo-se, obviamente, as dívidas do finado e as despesas funerárias, e, se houver herdeiro necessário, estimar-se-á a vintena apenas sobre a porção disponível (*RT, 178*:869, *533*:93, *664*:142, *711*:97; *RF, 147*:312), a fim de não prejudicar a legítima (CC, art. 1.987 e parágrafo único). Se os débitos absorverem toda a herança, o testamenteiro receberá a vintena assim mesmo, sendo arbitrada pelo magistrado, e o seu *quantum* tirar-se-á do monte, sendo paga excepcionalmente pelos credores (*RT, 203*:340)[286]. A vintena será paga em dinheiro, sendo ilícito seu pagamento ao testamenteiro com os bens do espólio. Os escrivães dos cartórios de justiça do Distrito Federal, dos Estados e dos Territórios deverão comunicar a importância da vintena paga ao testamenteiro aos órgãos locais da Secretaria da Receita Federal (Dec. n.

---

mo de 1% e o máximo de 5% sobre a herança líquida (CC, art. 1.987), mas não para ensejar a sua supressão. 3. Na hipótese, a fiel execução da disposição testamentária foi obstada pela própria inação do disponente ante a exigência da lei, razão pela qual não pode ser atribuída ao testamenteiro nenhuma responsabilidade por seu descumprimento, sendo de se ressaltar que a perda do direito ao prêmio só é admitida, excepcionalmente, em caso de sua remoção, nas situações previstas em lei (CC, art. 1.989 e CPC, art. 1.140, I e II — sem similar no CPC/2015). 4. Recurso especial improvido". (STJ, REsp n. 1.207.103-SP, Rel. Min. Marco Aurélio Bellizze, 3ª Turma, j. 2-12-2014).

Não terá direito à vintena: testamenteiro que for herdeiro ou legatário, por já estar gratificado com a liberalidade recebida e o que for cônjuge-meeiro de herdeiro ou legatário (CPC, art. 1.138, § 2º — não há correspondente no CPC/2015). É a lição de Zeno Veloso, *Novo Código*, cit., p. 1791.

285. Orozimbo Nonato, op. cit., v. 3, p. 393; Newton Gabriel Diniz (A vintena do testamenteiro-meeiro e o Código de Processo Civil, *RF, 90*:534) entende que testamenteiro-meeiro não faz jus à remuneração *pro labore*.

286. W. Barros Monteiro, op. cit., p. 267.

76.186/75, art. 456, revogado pelo Dec. n. 85.450/80, que perdeu sua vigência com a entrada em vigor do Dec. n. 3.000/99). São isentos do imposto *causa mortis* os prêmios e legados deixados aos testamenteiros até a importância da vintena (Cód. de Imp. e Taxas, Liv. V, art. 7º, n. 3), sendo considerados como despesa judicial.

O testamenteiro perderá a vintena: no caso de remoção, por terem sido glosadas as despesas, ilegais ou em discordância com o testamento, e por não ter cumprido, culposamente, as disposições testamentárias (CC, art. 1.989); sendo omisso na inscrição da hipoteca legal dos incapazes, ou seja, dos menores, órgãos, interditos ou ausentes (Dec. n. 4.857/39, arts. 267, II, e 270, § 1º ora revogado pela Lei n. 6.015/73); se, notificado, não levar a registro o testamento em seu poder, dentro do prazo legal; se, citado para prestar contas, não acudir à citação dentro do prazo assinado; se, testamenteiro universal, não ultimar o inventário e a partilha no prazo legal (CC, art. 1.796). O testamenteiro, portanto, perderá o direito à vintena se for removido ou se não cumprir o testamento; o prêmio, que reverterá à herança, competirá ao substituto pelo serviço que prestar[287]. Mas, se o testamenteiro falecer no curso da execução testamentária, seus herdeiros terão direito a parte do prêmio proporcional ao trabalho despendido, segundo o arbitramento judicial, não podendo ultrapassar a 5% do que atribuir aos herdeiros e do que couber ao substituto do falecido. Porém, se o testamento for anulado, nenhum prêmio será devido[288].

6º) De reembolsar-se das despesas feitas no desempenho do seu cargo (CC, art. 1.980, 2ª parte) inclusive as concernentes aos honorários de advogado, se teve que propugnar pela validade do testamento (CC, art. 1.981), que devem ser pagas pelo monte. A vintena ser-lhe-á, portanto, paga integralmente, livre de qualquer perda ou dano, não respondendo por qualquer despesa[289] (*RT, 157*:665; *RF, 101*:94).

287. Itabaiana de Oliveira, op. cit., v. 2, p. 694; João Luís Alves, *Comentários ao Código Civil*, cit., p. 1291; Clóvis Beviláqua, *Comentários*, cit., v. 6, p. 257.

288. Orozimbo Nonato, op. cit., ns. 946 e 950. "Civil e processual civil — Agravo de instrumento — Inventário — Testamento — Vintena — Testamenteiro — Herança líquida — Improvimento da irresignação — Inteligência do art. 1.987 do Código Civil e art. 1.138 do CPC — não há similar no CPC/2015. A herança líquida que servirá como base de cálculo para a incidência da percentagem determinada pelo Julgador monocrático limita-se à herança testamentária, ou seja, à porção distribuída em testamento" (TJMG, Ag. 10518.04.072649-0/001, rel. Des. Dorival G. Pereira, j. 12-1-2006).

289. José Lopes de Oliveira, op. cit., p. 242; Troplong, op. cit., v. 3, n. 2.031.

7º) De ser citado para o inventário (CPC, arts. 626, *in fine* e 735, § 3º), já que sua presença é exigida em todos os atos e termos do processo, principalmente nos relativos à execução do testamento, cujo juízo é o da provedoria[290].

8º) De demitir-se do encargo, requerendo ao juiz a escusa, alegando, obviamente, justa causa[291].

Por outro lado, o testamenteiro terá as *obrigações* de:

1º) Prestar compromisso de bem servir, assinando em cartório o respectivo termo[292], e exercer a administração da herança até o compromisso do inventariante (CC, art. 1.797, III).

2º) Executar as disposições testamentárias, praticando todos os atos definidos em lei e pelo testador como próprios da testamentaria (CC, art. 1.982), dentro do prazo marcado pelo testador (CC, art. 1.980, 1ª parte). Não concedendo o testador prazo maior, cumprirá o testamenteiro o testamento e prestará contas em 180 dias, contados da aceitação da testamentaria. Havendo motivo cabal, poderá esse prazo ser prorrogado (CC, art. 1.983, parágrafo único).

3º) Apresentar, em juízo, o testamento para ser aberto se for testamento cerrado, cumprido, registrado e inscrito[293], visto que a sonegação ou subtração de testamento constitui crime previsto no Código Penal, art. 337[294]. Se não tiver o testamento em sua guarda, apontará, como mencionamos anteriormente, ao juiz quem o detenha, pedindo sua intimação para que o apresente (CC, art. 1.979)[295].

4º) Promover, com as formalidades legais, a publicação do testamento particular (CC, art. 1.877).

5º) Fazer as despesas funerárias necessárias, conforme as determinações do testador, ou o costume do lugar, tendo em vista o *status* econômico-social do finado[296].

6º) Requerer o inventário dos bens da herança, se tiver a posse e administração (CC, art. 1.978; CPC, art. 616, IV), competindo-lhe, desse modo, as funções de inventariante e testamenteiro, devendo, então, ao iniciar o

290. W. Barros Monteiro, op. cit., p. 268.
291. W. Barros Monteiro, op. cit., p. 268. *Vide* CPC, art. 890, I.
292. Caio M. S. Pereira, op. cit., p. 230.
293. Lacerda de Almeida, op. cit., § 85.
294. Itabaiana de Oliveira, op. cit., v. 2, p. 680.
295. Caio M. S. Pereira, op. cit., p. 230.
296. Clóvis Beviláqua, *Sucessões,* cit., § 102; Caio M. S. Pereira, op. cit., p. 231.

inventário, prestar as primeiras e últimas declarações, cobrar dívidas ativas, propor ações em nome do espólio, pedir a venda de bens, defender a validade do testamento, contratar advogados, pagar débitos, legados, recolher impostos[297] etc. ... Porém, não pode levantar os pecúlios deixados pelo autor da herança, porque não estão sujeitos a inventário e partilha e serão recebidos diretamente pelos beneficiários (Dec. estadual paulista n. 9.126/38, art. 2º; Lei paulista n. 12.247/2006; *RT, 204*:104).

7º) Defender o testamento, com ou sem o concurso do inventariante e dos herdeiros instituídos (CC, art. 1.981; *RF, 99*:398, *271*:476; *RT, 583*:90), ou dos legatários (*RF, 102*:82), tendo legitimação para propugnar seu cumprimento e para sustentar sua validade total ou parcial (CC, art. 1.981) contra qualquer investida, podendo, para tanto, constituir advogado, submetendo à autorização judicial o respectivo contrato de honorários, pois tais honorários advocatícios, como as despesas processuais, deverão ser considerados dívidas do espólio[298].

8º) Requerer, sendo testamenteiro universal, isto é, inventariante, o registro e a especialização da hipoteca legal dos incapazes, antes de entregar o legado ou a herança aos seus representantes, sob pena de responder por perdas e danos (CC, art. 1.497, §§ 1º e 2º).

9º) Zelar pela conservação, administração e aproveitamento dos bens confiados à sua guarda, pois, por ser executor do testamento, deve agir com diligência e fidelidade, sob pena de responder por todos os danos que causar no exercício de suas funções[299].

10º) Prestar contas do que houver recebido e do que despendeu, enquanto durar a execução do testamento (CC, art. 1.980, 2ª parte), submetendo-as à apreciação do magistrado, dentro do prazo marcado pelo testador, ou, não o havendo, dentro de 180 dias, contados da aceitação da testamentaria, ou excepcionalmente sempre que o órgão judicante determinar (havendo razão justa — litígio sobre os bens da herança, dificuldade de liquidação etc.). Aquele prazo de 180 dias poderá ser prorrogado se houver motivo suficiente (CC, arts. 1.980 e 1.983 e parágrafo único). Essa prestação de contas deverá ser em forma contábil, com a inscrição das despesas a débito da herança (*RF, 84*:136) e dos deveres e rendimentos recebidos ao res-

---

297. W. Barros Monteiro, op. cit., p. 260.

298. Caio M. S. Pereira, op. cit., p. 231; Pontes de Miranda, *Tratado dos testamentos*, cit., v. 5, p. 132; W. Barros Monteiro, op. cit., p. 263-4; Fujita, *Comentários*, cit., p. 1374.

299. Ferreira Alves, *Manual do Código Civil brasileiro*, cit., v. 19, p. 441; Itabaiana de Oliveira, op. cit., v. 2, p. 683.

pectivo crédito, devidamente comprovados por recibos, quitações, certidões, documentos etc. Se houver vendido bens, deverá provar essa venda[300]. Se houver mais de um testamenteiro, todos ficarão solidariamente obrigados a prestar contas dos bens que lhes forem confiados, salvo se cada um tiver, pelo testamento, funções distintas e a elas se limitar (CC, art. 1.986); hipótese em que serão responsáveis dentro dos limites das atribuições que lhes foram conferidas. Assim, se houver testamenteiros simultâneos ficando, por exemplo, um encarregado, pelo testador, da administração dos bens, e o outro de acompanhar o processo de inventário e de litigar em juízo quando for necessário; ante esta divisão de tarefas, cada testamenteiro deverá efetuar prestação de contas das atividades que executou. Tal prestação de contas será processada no juízo do inventário (*RT, 169*:305), com a intervenção do representante do Ministério Público, observando-se o disposto no Código de Processo Civil, art. 551[301]. O órgão judicante apreciará as contas do testamenteiro, glosando o que se despendeu irregular ou ilegalmente e o que não estiver devidamente justificado. Se porventura, como já dissemos, houver glosa de verbas ilegais, ou não conformes ao testamento, o testamenteiro será removido e perderá a vintena. Se a prestação de contas acusar a existência de saldo contra o testamenteiro, será ele reclamado nos próprios autos, como nas execuções de sentenças. A sentença apurará tal saldo e constituirá título executivo judicial (CPC, art. 552)[302]. Havendo homologação judicial da prestação de contas, estará exonerado e quite o testamenteiro[303].

11º) Responder aos herdeiros e aos legatários por todos os prejuízos que causar culposamente, p. ex., se deixou prescrever direitos, se se omitiu de cobrar créditos, se não cumpriu o legado por não ter feito as diligências necessárias para encontrar os favorecidos etc.[304].

12º) Exercer a função de inventariante, se o testador tiver distribuído toda a herança em legados (CC, art. 1.990).

13º) Cumprir as obrigações que lhe foram conferidas pelo testador para o exato cumprimento do testamento desde que não violem coman-

---

300. Caio M. S. Pereira, op. cit., p. 231.

301. W. Barros Monteiro, op. cit., p. 261. "Tendo o testador nomeado testamenteiros sem ordem de precedência no exercício do encargo, devem ambos servir simultaneamente, não sendo possível admitir-se uma presunção de sucessividade" (*RT, 183*:296).

302. W. Barros Monteiro, op. cit., p. 262; Silvio Rodrigues, op. cit., p. 268.

303. Caio M. S. Pereira, op. cit., p. 232.

304. Caio M. S. Pereira, op. cit., p. 233; Enneccerus, Kipp e Wolff, op. cit., v. 2, §§ 118 e 119; De Page, op. cit., ns. 1.374 e s.

do legal (CC, art. 1.982), pois o testador, por ser o testamenteiro o executor das disposições testamentárias, não poderá desobrigá-lo, p. ex., de prestar contas (CC, art. 1.980) ou de defender a validade do testamento (CC, art. 1.981), pois tais cláusulas estariam vedadas legalmente, sendo tidas como não escritas.

Prescrevem essas obrigações do testamenteiro, na falta de disposição expressa, no prazo de 10 anos, contados de quando cessar a testamentaria ou de quando deverá ter cessado[305] (CC, art. 205).

g.6. Destituição do testamenteiro

A destituição do testamenteiro pode ser decretada de ofício ou a requerimento dos interessados ou do Ministério Público (Lei Complementar paulista n. 1.004/2006; Lei n. 3.434/58 (Código do Ministério Público do Distrito Federal), art. 28, VI), cabendo da decisão agravo de instrumento, conforme dispõe o Código de Processo Civil, art. 1.015[306]. Ter-se-á essa destituição[307]; p. ex., se o testamenteiro:

1º) efetuar despesas ilegais;

2º) não cumprir o testamento;

3º) não promover o assento e especialização de hipoteca legal, no caso do Código Civil, art. 1.424;

4º) promover interesses contrários ao espólio, p. ex., aceitando procuração, iniciando contra este ação de cobrança (*RT, 97*:61 e 166);

5º) sofrer interdição judicialmente declarada por incapacidade superveniente (acórdão do TJSP, AC 13.391/42).

É mister lembrar que o testamenteiro não está sujeito à prisão como depositário infiel, mesmo quando inventariante, porque não é considerado depositário judicial. Assim, se o testamenteiro não entrar com o alcance verificado contra ele na prestação de contas, dentro do prazo estabelecido pelo magistrado, sujeitar-se-á a processo criminal, por infringir o art. 168, § 1º, II, do Código Penal[308].

---

305. Caio M. S. Pereira, op. cit., p. 233.

306. W. Barros Monteiro, op. cit., p. 268.

307. W. Barros Monteiro, op. cit., p. 268. *Vide RT*, *583*:90.

308. Itabaiana de Oliveira, op. cit., v. 2, p. 687; Ferreira Alves, *Manual do Código Civil brasileiro,* cit., v. 19, p. 440; Clóvis Beviláqua, *Comentários,* cit., v. 6, p. 227. Sobre testamenteiro: *RF, 98*:97, *101*:94, *104*:277, *105*:310, *107*:492, *118*:495, *147*:295, *192*:285; *RT, 177*:638, *185*:219, *210*:203, *233*:232, *286*:893, *288*:432; *RJTJPR, 41*:223.

Quadro Sinótico

TESTAMENTEIRO

<table>
<tr><td>1. CONCEITO E NATUREZA JURÍDICA DA TESTAMENTARIA</td><td colspan="2">• A testamentaria, segundo Washington de Barros Monteiro, é o conjunto de funções que se enfeixam na pessoa do testamenteiro, constituindo o estatuto deste, seu complexo de direitos e deveres. Sendo um instituto sui generis e autônomo, é regido por normas peculiares, visto que o testamenteiro é mero agente da execução da vontade do testador; logo, a testamentaria constitui um munus de ordem privada.</td></tr>
<tr><td>2. CAPACIDADE CIVIL DO TESTAMENTEIRO</td><td colspan="2">• Para ser nomeado testamenteiro, é preciso ter capacidade civil para contrair obrigações; logo, não poderão sê-lo: os menores de 18 anos, os interditos, os ausentes, os silvícolas e as pessoas jurídicas. A testamentaria também não pode ser conferida a certas pessoas, embora capazes juridicamente, como: as que têm débito com o testador (CC, art. 1.735) ou que forem suas inimigas, ou que estiverem litigando com os herdeiros, sendo inconveniente a nomeação das pessoas arroladas no CC, art. 1.801.</td></tr>
<tr><td>3. NOMEAÇÃO DO TESTAMENTEIRO</td><td colspan="2">• Se feita pelo próprio testador, por meio de testamento ou codicilo, ter-se-á testamenteiro instituído (CC, arts. 1.883 e 1.976).
• Se feita pelo juiz, não havendo testamenteiro instituído e consorte sobrevivente (testamenteiro legal), ter-se-á testamenteiro dativo, que pode ser herdeiro ou legatário, ou, ainda, estranho à sucessão (CC, art. 1.984; CPC, art. 735, § 4º, in fine).</td></tr>
<tr><td rowspan="3">4. ACEITAÇÃO DO TESTAMENTEIRO NOMEADO (CPC, ART. 1.127, PARÁGRAFO ÚNICO)</td><td>• a) Aceitação expressa</td><td>• Se o nomeado o declarar explicitamente.</td></tr>
<tr><td>• b) Aceitação tácita</td><td>• Se iniciar a execução testamentária sem fazer qualquer pronunciamento.</td></tr>
<tr><td>• c) Aceitação presumida</td><td>• Se aceitar legado a ele feito para esse fim.</td></tr>
</table>

5. **DIREITOS DO TESTAMENTEIRO**	• *a*) À posse e à administração da herança, se não houver cônjuge nem herdeiro necessário (CC, art. 1.977). • *b*) De defender a posse dos bens da herança. • *c*) De exigir do juiz, não tendo a posse e a administração da herança, os meios aptos para executar o testamento. • *d*) De requerer ao detentor do testamento que o leve a registro (CC, art. 1.979). • *e*) À vintena (CC, arts. 1.987, 1.988, 1.989, 1.796). • *f*) De reembolsar-se das despesas feitas no desempenho do seu cargo (CC, arts. 1.980, 2ª parte, e 1.981). • *g*) De ser citado para o inventário (CPC, arts. 626, *in fine* e 735, § 3º). • *h*) De demitir-se do encargo.
6. **OBRIGAÇÕES DO TESTAMENTEIRO**	• *a*) Prestar compromisso de bem servir, assinando em cartório o respectivo termo, e exercer a administração até o compromisso do inventariante (CC, art. 1.797, III). • *b*) Executar as disposições testamentárias dentro do prazo (CC, arts. 1.981, 1.980, 1ª parte, e 1.983, parágrafo único). • *c*) Apresentar em juízo o testamento, e, se não o tiver em sua guarda, apontará ao juiz quem o detenha, pedindo sua intimação para que o apresente (CC, art. 1.979). • *d*) Promover a publicação do testamento particular (CC, art. 1.877). • *e*) Fazer as despesas funerárias. • *f*) Requerer inventário dos bens da herança, se tiver a posse e a administração (CC, art. 1.978; CPC, art. 616, IV). • *g*) Defender o testamento, com ou sem o concurso do inventariante e dos herdeiros instituídos ou dos legatários, tendo legitimação para propugnar seu cumprimento e sustentar sua validade (CC, art. 1.981). • *h*) Requerer o registro e a especialização da hipoteca legal dos incapazes (CC, art. 1.497, §§ 1º e 2º). • *i*) Zelar pela conservação, administração e aproveitamento dos bens confiados à sua guarda, sob pena de responder por danos que causar no exercício de suas funções. • *j*) Prestar contas do que recebeu e do que despendeu (CC, arts. 1.980, 2ª parte, 1.983, parágrafo único, e 1.986; CPC, arts. 551 e 552). • *k*) Responder por todos os prejuízos que causar culposamente. • *l*) Exercer função de inventariante, se o testador tiver distribuído toda a herança em legados (CC, art. 1.990). • *m*) Cumprir as obrigações que lhe forem conferidas pelo testador (CC, art. 1.982).

7. DESTITUIÇÃO DO TESTAMENTEIRO (CPC, ART. 522)	• *a*) Se o testamenteiro efetuar as despesas ilegais. • *b*) Se o testamenteiro não cumprir o testamento. • *c*) Se não promover o assento e a especialização de hipoteca legal, no caso do CC, art. 1.424. • *d*) Se promover interesses contrários ao espólio (*RT, 97*:61 e 166). • *e*) Se sofrer interdição judicialmente declarada, por incapacidade superveniente (acórdão do TJSP, AC n. 13.391/42).

3. Codicilo

A. Conceito e objeto

Codicilo vem a ser o ato de última vontade pelo qual o disponente traça diretrizes sobre assuntos pouco importantes, despesas e dádivas de pequeno valor[309].

Contém disposições especiais sobre: o próprio enterro; esmolas de pouca monta a certas e determinadas pessoas ou, indeterminadamente, aos pobres de certo lugar; legado de móveis, roupas ou joias, de pouco valor, de uso pessoal do codicilante (CC, art. 1.881). O critério para apuração do valor é relativo, devendo-se considerar o estado social e econômico do codicilante; para tanto, o juiz examinará, prudentemente, cada caso concreto, considerando o valor da deixa relativamente ao montante dos bens do espólio. Observa Washington de Barros Monteiro que há uma tendência de se fixar determinada porcentagem, havendo-se como de pequeno valor a liberalidade que não ultrapassar 10% do valor do monte, podendo, por isso, ser objeto de codicilo (*RT, 164*:287, *97*:424, *303*:272, *327*:240; *AJ, 101*:184): sufrágios por intenção da alma do codicilante (CC, art. 1.998); nomeação e substituição de testamenteiro (CC, art. 1.883), perdão de indigno (CC, art. 1.818).

---

309. Para Sílvio Venosa (*Direito civil*, cit., v. 7, p. 168): "É negócio jurídico de última vontade inteiramente escrito, datado e assinado pelo qual o autor contemple providências sobre o enterro próprio, dê esmolas de pequeno valor a certas e determinadas pessoas, ou indeterminadamente aos pobres de certo lugar, além de transmitir móveis, roupas e joias de apoucado montante, de uso pessoal, e também nomeie ou substitua testamenteiros e ordene sufrágios pela respectiva alma". Carlos Maximiliano, op. cit., v. 1, p. 557; *RF, 136*:114, *229*:157, *336*:296; *RT, 46*:531, *97*:424, *785*:372, *164*:287, *197*:149, *47*:220, *303*:272, *327*:240, *400*:183; *JB, 81*:62, *163*:349; *JTJ, 132*:236, *216*:214, *246*:251.

O codicilo é meio inidôneo para instituir herdeiro, reconhecer filhos ou efetuar deserdações, e não comporta legados de valor ponderável[310].

B. Forma

Toda pessoa capaz de testar pode ser sujeito de codicilo. Para tanto, deverá fazer disposições especiais sobre assuntos de menor importância, como despesas e donativos de reduzido valor[311], mediante instrumento particular ou documento escrito de próprio punho, datado e assinado (CC, art. 1.881, 1ª parte). Tendo em vista que o Código autorizou a utilização de meios mecânicos para a feitura de testamento ordinário (CC, arts. 1.864, parágrafo único, 1.868, parágrafo único, e 1.876, § 2º), o Projeto de Lei n. 699/2011 propõe o mesmo para o codicilo, acrescentando parágrafo único ao art. 1.881, que assim disporá: "o escrito particular pode ser redigido ou digitado mecanicamente, desde que seu autor numere e autentique com sua assinatura todas as páginas". O Parecer Vicente Arruda aprovou essa sugestão, na análise feita ao PL n. 6.960/2002 (atual PL n. 699/2011), pois: "A proposição apenas procura adequar o texto a outras disposições que permitem o uso mecânico". Logo, não se admite escrita ou assinatura a rogo. O codicilo deve ser inteiramente escrito pelo testador, pois a forma externa adotada pelo Código é a ológrafa, sendo nulo se não for escrito, datado e assinado pelo autor da herança (*RT, 197*:149). A jurisprudência, entretanto, tem admitido codicilo datilografado, desde que datado e assinado pelo disponente (*RT, 46*:351, *164*:287, *327*:240, *400*:183; *RF, 336*:292)[312].

O codicilo pode, salvo direito de terceiro, ser parte integrante ou complementar do testamento anterior, ou existir por si, autônoma ou isoladamente, ante o disposto no Código Civil, art. 1.882: "Os atos a que se refere o artigo antecedente, salvo direito de terceiro, valerão como codicilos, deixe ou não testamento o autor". Daí serem autônomos; logo, não há exigência legal para que alguém só possa fazer codicilo se precedentemente fez algum testamento[313].

---

310. Sobre o objeto do codicilo, *consulte*: Ferreira Alves, *Manual do Código Civil brasileiro*, cit., v. 19, p. 139; Carlos Maximiliano, op. cit., n. 520; Caio M. S. Pereira, op. cit., p. 176; R. Limongi França, Codicilo, in *Enciclopédia Saraiva do Direito*, v. 15, p. 292; W. Barros Monteiro, op. cit., p. 127-9; Dimas Borelli Thomaz Junior, Dos codicilos, *RT, 748*:755-63.

311. W. Barros Monteiro, op. cit., p. 127.

312. W. Barros Monteiro, op. cit., p. 128.

313. W. Barros Monteiro, op. cit., p. 128; Orlando Gomes, *Sucessões*, cit., p. 118.

Devido à sua pouca projeção, não se subordina aos requisitos testamentários formais. Apesar de não estar sujeito a requisito de forma, o codicilo deverá, se estiver fechado, ser aberto do mesmo modo que o testamento cerrado (CC, art. 1.885), exigindo-se necessariamente a intervenção de juiz competente, ou seja, o juiz da provedoria, com a observância do Código de Processo Civil de 2015, art. 735[314].

C. Revogação

Prescreve o art. 1.884 do Código Civil que os codicilos revogam-se por atos iguais, ou seja, por outro codicilo. Um codicilo poderá ser revogado por outro expressamente, ou que contenha disposição incompatível com o anterior. Consideram-se igualmente revogados, se houver testamento posterior de qualquer natureza, que não os confirme ou que os modifique. Todavia, jamais poderão revogar um testamento, embora possam ser revogados por este, desde que lhes seja subsequente, bastando, para tanto, que o testador não faça nenhuma referência a eles ou os modifique no ato de última vontade, posteriormente lavrado[315].

---

314. Caio M. S. Pereira, op. cit., p. 175; R. Limongi França, op. cit., p. 292; W. Barros Monteiro, op. cit., p. 130.

315. Carlos Maximiliano, op. cit., p. 176; W. Barros Monteiro, op. cit., p. 129; José Lopes de Oliveira, op. cit., p. 109. Mas Zeno Veloso, *Comentários*, cit., v. 21, p. 157, é de opinião que codicilo pode revogar testamento anterior: "Em regra, o testamento só se revoga por outro testamento (art. 1.969). Penso, todavia, que se o codicilo posterior ao testamento regula matéria inerente ao seu conteúdo possível (art. 1.881), revoga o que, sobre o mesmo assunto, ditava o testamento. Se, por exemplo, o testador lega seu relógio de algibeira (de pouco valor) a um amigo, e, depois, em codicilo, deixa o mesmo relógio ao sobrinho Luiz Augusto, é o sobrinho que fica com o relógio, após o decesso do autor da sucessão. O codicilo, nessa parte, porque a disposição é compatível, insere-se no seu conteúdo específico, e está conforme os limites possíveis, derroga o testamento. Seria absurdo, ilógico, no caso, que o relógio coubesse ao amigo e não ao sobrinho do *de cujus*".

Quadro Sinótico

CODICILO

1. CONCEITO	• Segundo Carlos Maximiliano, codicilo é o ato de última vontade pelo qual o disponente traça diretrizes sobre assuntos pouco importantes, despesas e dádivas de pequeno valor.
2. OBJETO	• Contém disposições sobre: o próprio enterro; esmolas de pouca monta a determinadas pessoas ou aos pobres de certo lugar; legado de móveis, roupas ou joias, de pouco valor, de uso pessoal (CC, art. 1.881); sufrágios por intenção da alma do codicilante (CC, art. 1.998); nomeação e substituição de testamenteiro (CC, art. 1.883); perdão de indigno (CC, art. 1.818).
3. FORMA	• CC, arts. 1.881, 1ª parte, 1.882, 1.885; CPC, art. 735.
4. REVOGAÇÃO (CC, ART. 1.884)	• Por outro codicilo. • Por testamento posterior, que não o confirme ou que o modifique.

4. Legado

A. Conceito de legado

Não há que se confundir herança com legado. A herança compreende a sucessão legal ou testamentária, incidindo na totalidade dos bens do *de cujus* ou numa quota-parte ideal deles, embora, com a partilha, o direito do herdeiro fique circunscrito aos bens que lhe forem atribuídos. Dessa maneira, o herdeiro sucederá ao *auctor successionis* em seus direitos, obrigações e até mesmo em seus débitos, desde que não sejam superiores às forças da herança. Já o legado é típico da sucessão testamentária, recaindo, necessariamente, sobre uma coisa certa e determinada ou uma cifra em dinheiro, sendo, por isso, uma sucessão *causa mortis* a título singular, assemelhando-se a uma doação, dela diferindo pelo fato de ser ato unilateral e produzir efeitos apenas com o falecimento do *de cujus*[316]. Como bem pondera Carlos Maximiliano, o legado

---

316. Caio M. S. Pereira, op. cit., p. 191-2; W. Barros Monteiro, op. cit., p. 166; Clóvis Beviláqua, *Comentários,* cit., v. 11, p. 131; Dower, op. cit., p. 380; Silvio Rodrigues, op. cit., p. 157; Zeno Veloso, *Comentários*, cit., v. 21, p. 235 a 293. Nossa legislação difere da francesa, que chamou legatário a todo indivíduo que suceder em virtude de testamento, por oposição a herdeiro, que sucede por lei. Com isso, fácil é perceber que o herdeiro testamentário de nosso direito corresponde ao legatário universal ou a título universal do direito francês, conforme receba, por testamento, o patrimônio inteiro do testador ou somente uma quota-parte dele, pois prescreve o Código Civil francês no art. 1.003: *"Le legs universel est la disposition testamentaire par laquelle et le testateur donne à une ou plusieurs personnes l'universalité des biens qu'il laissera à son décès"*, e no art. 1.010: *"Le legs à titre universel est celui par lequel le testateur lègue une quote-part des biens dont la loi lui permet de disposer telle qu'une moitié, un tiers, ou tous ses immeubles, ou tout son mobilier, ou une quantité fixe de tous ses immeubles ou de tout son mobilier. Tout autre legs ne forme qu'une disposition à titre particulier"*. Sobre o direito francês, *vide* as lições de Mazeaud e Mazeaud, op. cit., v. 4, n. 1.018; Planiol, Ripert e Boulanger, op. cit., v. 3, ns. 2.103 e 2.116 e s.; Silvio Meira, *Instituições*, cit. p. 541-3; *RT, 382*:126, *545*:191, *783*:271 e 273.

envolve um conceito negativo a respeito do herdeiro, pois é manifestação de última vontade que não envolve instituição de herdeiro e constitui liberalidade que diminui o quinhão daquele; além do mais, o herdeiro representa o defunto, para efeitos patrimoniais; o legatário não, tanto que só responde pelas dívidas quando a herança for insolvável ou distribuída, por inteiro, em legados válidos (CPC, art. 645, I), ou quando a obrigação de atender ao passivo lhe é imposta pelo testador, explicitamente[317]. Deveras, em regra, consiste numa liberalidade; contudo, não se deve considerar como de sua essência, observa Orlando Gomes, o *animus* de outorgar um benefício, uma vez que o legado não se desfigura, se for totalmente absorvido pelos encargos, ainda que venha a se converter em ônus para o legatário[318].

O legado é, portanto, a disposição testamentária a título singular, pela qual o testador deixa a pessoa estranha ou não à sucessão legítima um ou mais objetos individualizados ou certa quantia em dinheiro[319]. P. ex.: o prédio da Rua Senador Feijó, n. 130, tal automóvel, tal joia, a quantia de 200 mil reais, enfim, qualquer coisa precisa, certa ou determinada, seja ela um imóvel, móvel ou semovente, um crédito, uma ação, uma prestação de fazer ou de não fazer etc., desde que não envolva negócio, venda ou cessão (*RF, 87*:723)[320].

O legado requer a presença de 3 pessoas: *a*) o testador (*legante*), que é o que outorga o legado; *b*) o *legatário,* que adquire o direito ao legado. Qualquer pessoa, parente ou estranha, natural ou jurídica, civil ou comercial, pode ser contemplada com o legado. Como o beneficiário não precisa ser

---

317. Carlos Maximiliano, op. cit., v. 2, p. 307-8. Enunciado n. 181 do Fórum Permanente de Processualistas Civis: "A previsão do parágrafo único do art. 662 é aplicável aos legatários na hipótese do inciso I do art. 660, desde que reservado patrimônio que garanta o pagamento do espólio (art. 647, parágrafo único e art. 645, I, do novo CPC, respectivamente)". Enunciado n. 182 do Fórum Permanente de Processualistas Civis: "Aplica-se aos legatários o disposto no parágrafo único do art. 662, quando ficar evidenciado que os pagamentos do espólio não irão reduzir os legados (art. 647, parágrafo único, do novo CPC)".

318. Orlando Gomes, *Sucessões,* cit., n. 143; no mesmo sentido: Pacchioni, *Corso di diritto romano,* Firenze, 1908, p. 809-10; Gangi, *I legati nel diritto civile italiano,* Roma, 1908, v. 1; Coviello, *Corso completo del diritto delle successioni,* Napoli, 1914, v. 1.

319. Conceito baseado em Clóvis Beviláqua, *Comentários,* cit., v. 6, p. 139; R. Limongi França, *Manual de direito civil,* São Paulo, 1973, v. 2, t. 2, p. 104; Pinto Ferreira, Legado, in *Enciclopédia Saraiva do Direito,* v. 48, p. 158-9; Itabaiana de Oliveira, op. cit., v. 2, n. 527. Quanto aos *legados,* seguiu-se a conceituação de Florentino (D. 30.116 pr) para quem *legatum est delibatio hereditatis, qua testador ex eo, quod universum heredis foret, alicui quid collatum velit.*

320. Dower, op. cit., p. 380; W. Barros Monteiro, op. cit., p. 167.

necessariamente pessoa diversa do herdeiro, se o legado for distribuído ao herdeiro legítimo denominar-se-á legado precípuo ou prelegado, reunindo-se numa só pessoa as qualidades de legatário e herdeiro, de modo que o prelegatário recebe o prelegado além dos bens que constituem sua herança, podendo até recebê-lo antes da partilha, se o disponente assim o determinar; *c*) o *onerado*, sobre quem recai o ônus do legado ou a quem compete prestar o legado. O testador pode indicar a pessoa que deverá fazer cumprir o legado. O legatário poderá pedir o legado a todos os herdeiros instituídos, e, não os havendo, aos legatários, se o disponente não houver indicado aquele (herdeiro ou legatário) que deverá executá-lo, hipótese em que todos os herdeiros ou legatários instituídos serão responsáveis na proporção do que herdarem, uma vez que não haverá responsabilidade solidária.

Se, porventura, o testador houver incumbido mais de um herdeiro, ou legatário, de dar cumprimento aos legados, os onerados deverão dividir entre si o ônus, proporcionalmente ao que receberam da herança. Logo, se o testador indicar um ou mais herdeiros, um ou mais legatários, para executar o legado, o legatário apenas poderá pedir o legado a quem for expressamente designado pelo testador. A prestação do legado ou a sua execução poderá ser atribuída pelo testador a todos os coerdeiros conjuntamente, devendo cada qual satisfazer o legado na proporção da quota que lhe couber (CC, art. 1.934 e parágrafo único), ou a qualquer deles, expressamente designado na verba testamentária. Todavia, pode ocorrer que o disponente tenha legado coisa pertencente a um dos coerdeiros, caso em que o ônus do legado recairá sobre os outros coerdeiros, que compensarão o valor da coisa com dinheiro, proporcionalmente à quota de cada um[321]. No legado, pode figurar como onerada qualquer pessoa que suceda a título universal ao autor da herança; na instituição de herdeiro não há onerado, porque o herdeiro, sucedendo no *universum jus defuncti*, toma conta do patrimônio hereditário pela sua própria qualidade; em virtude desta, passa a ter direito à posse que adquiriu da coisa hereditária. O mesmo não ocorre com o legatário, que deve receber o objeto legado do herdeiro, como no caso de doação entre vivos, em que o donatário receberá o bem doado do doador[322].

---

321. Itabaiana de Oliveira, op. cit., v. 2, n. 529; Troplong, op. cit., v. 2, ns. 877-91; Ruggiero e Maroi, op. cit., v. 1, p. 480 e 676; R. Limongi França, Legado, in *Enciclopédia Saraiva do Direito*, v. 48, p. 150; Pinto Ferreira, op. cit., p. 159; José Lopes de Oliveira, op. cit., p. 147. *Vide*: CC italiano, arts. 588, 662, 683 e 686; CC português, arts. 2.252, 2.254, 2.255, 2261 e 2.265.3 e 2.269; CC argentino, arts. 3.776; BGB, § 2.148; CC francês, arts. 1.003; CC peruano, arts. 735, 756, 759, 762, 768 e 772.

322. Carvalho Santos, op. cit., v. 23, p. 351; Sebastião José Roque, *Direito das sucessões*, cit., p. 113. Sobre prelegado: CC português, art. 2.264; CC italiano, art. 661, CC espanhol, art. 890 e BGB, § 2.150.

B. Objeto

Rubens Limongi França observa, com acerto, que a ampla liberdade de testar, que atende ao princípio da autonomia da vontade, subordinado ao da supremacia da ordem pública, também se aplica ao legado. Assim sendo, a liberdade de legar nada mais é senão a liberdade de fazer testamento aplicada à hipótese de um objeto singular[323], que deve ser lícito, possível, economicamente apreciável e suscetível de alienação[324], podendo ser presente ou futuro, corpóreo (imóveis, móveis, semoventes), incorpóreo (títulos particulares e apólices da dívida pública, ações, direitos de crédito, a alimentos, ao usufruto, patentes de invenção, marcas de fábrica, títulos de estabelecimento etc.), abranger ou não acessórios, pertencente ou não ao testador ou a herdeiro, podendo, ainda, incidir em prestações de fazer ou de não fazer algo[325]. Além disso, o objeto do legado pode ser determinado ou determinável. A coisa legada pode ser determinada em sua própria individualidade ou somente quanto ao seu gênero[326].

C. Espécies

c.1. Legados quanto à sua modalidade

Quanto às modalidades sob que se apresenta a instituição, o legado pode ser, como o testamento[327]:

1º) *Puro* e *simples,* produzindo seus efeitos independentemente de qualquer fato, apesar de o legatário, proprietário da coisa certa, existente no acervo, e dos respectivos frutos, desde a abertura da sucessão (CC, arts. 1.923 e 1.924), não entrar na posse direta da coisa legada (CC, art. 1.923, § 1º) por autoridade própria, devendo pedi-la ao herdeiro, exceto se o testador, expressa ou tacitamente, lhe facultar.

---

323. Limongi França, Legado, cit., in *Enciclopédia Saraiva do Direito,* v. 48, p. 151.

324. Pothier, op. cit., n. 177; Carlos Maximiliano, op. cit., n. 861; Caio M. S. Pereira, op. cit., p. 193; Itabaiana de Oliveira, op. cit., v. 2, p. 530, n. 531; Orlando Gomes, *Sucessões,* cit., p. 206.

325. R. Limongi França, Legado, cit., p. 151; Itabaiana de Oliveira, op. cit., v. 2, n. 531; Caio M. S. Pereira, op. cit., p. 193; Ferreira Alves, *Manual do Código Civil brasileiro,* cit., v. 19, p. 197; W. Barros Monteiro, op. cit., p. 167; Pinto Ferreira, op. cit., p. 162.

326. Ferreira Alves, *Manual do Código Civil brasileiro,* cit., v. 19, p. 197.

327. Itabaiana de Oliveira, op. cit., v. 2, n. 535, p. 532-3; Caio M. S. Pereira, op. cit., p. 194. Sobre legado à concubina: *JTJ, 229*:43, *234*:177; *RT, 183*:297, *543*:199, *573*:219; *608*:249, *651*:170, *685*:63; *726*:372, *783*:271.

2º) *Condicional,* se seu efeito estiver subordinado a evento futuro e incerto, desde que não seja captatório, caso em que será nulo o legado (CC, arts. 1.900, I, e 1.923).

3º) *A termo,* se sua eficácia estiver limitada no tempo, ou seja, a um evento futuro e certo, aperfeiçoando-se ou extinguindo-se com o advento do prazo fixado pelo testador (CC, art. 1.921).

4º) *Modal,* se o testador gravar o legado com encargo ou obrigação do legatário (CC, art. 1.938), caso em que a aceitação indica anuência ao ônus que acompanha a liberalidade, hipótese em que o legatário será obrigado a prestar caução muciana, se assim o exigirem os interessados no adimplemento do modo. Ao legatário, nos legados com encargo, aplica-se o disposto no art. 553 do Código Civil; assim, ele será obrigado a cumprir o encargo como na doação, se for a benefício do testador, de terceiro ou do interesse geral. Se o legatário não cumprir o encargo imposto à liberalidade, esta pode ser revogada como na doação (CC, arts. 555 e 562; *JTJ, 139*:110 — em contrário, *RT, 417*:352). Tal revogação por inexecução do encargo poderá ser pleiteada, desde que se caracterize a mora.

5º) *Subcausa* ou por certa causa, se houver motivo concernente ao passado, que levou o testador a instituí-lo. É o legado em que o testador, no ato de última vontade, declara por que fez a liberalidade.

c.2. Legados quanto ao seu objeto

c.2.1. Legado de coisa alheia

Pelo Código Civil, art. 1.912, dever-se-á considerar ineficaz o legado de coisa alheia, salvo se:

a) A coisa certa legada, embora não fosse de propriedade do testador por ocasião da facção testamentária, for, posteriormente, adquirida por ele, por qualquer título, pois essa aquisição ulterior produz efeito retro-operante, convalidando o ato, tornando válida a liberalidade desde o instante da elaboração da cédula testamentária. Deveras, se for encontrada entre os bens da herança, ao tempo do falecimento, terá eficácia o legado (CC, art. 1.916, 1ª parte — aplicação analógica).

b) O disponente, expressamente, determinar que a coisa alheia seja adquirida pelo herdeiro para ser entregue ao legatário, caso em que se tem uma disposição modal, que impõe ao herdeiro o ônus de adquirir o bem para entregá-lo ao legatário, sendo, portanto, válido, nessas condições, o legado de coisa alheia, ante sua licitude[328].

---

328. *Vide* Caio M. S. Pereira, op. cit., p. 194; Itabaiana de Oliveira, op. cit., v. 2, p. 535, n. 539; Carlos Maximiliano, op. cit., v. 2, p. 89.

c) O testador ordenar que o herdeiro, ou legatário, entregue coisa (sublegado) de sua propriedade a outrem (sublegatário); não o cumprindo ele, entender-se-á que renunciou a herança ou o legado (CC, art. 1.913), impondo, como se vê, um encargo ao herdeiro ou legatário, que tem a opção de aceitar a herança ou o legado, entregando objeto que lhe pertence a terceiro, ou seja, ao sublegatário, conforme disposição testamentária, ou de conservar esse bem em seu patrimônio, renunciando, de modo implícito, a herança ou o legado[329]. Mas, se, em caso de sublegado, cumprir o encargo terá direito ao reembolso do valor do bem legado, pois cada coerdeiro deverá pagar uma quantia em dinheiro, na proporção da quota hereditária, salvo se o testador desobrigá-los de fazer tal reposição (CC, art. 1.935).

d) O legado for de coisa genérica ou que se determine pelo gênero; será cumprido, ainda que tal coisa não exista entre os bens deixados pelo testador (CC, art. 1.915). P. ex.: se o testador dispuser que deixa a "A" um cavalo (determinação pelo gênero), ou seu cavalo Relâmpago. No primeiro caso, mesmo que não se ache entre os bens do finado tal animal, cumprir-se-á o legado, cabendo ao testamenteiro ou herdeiro comprá-lo com os recursos do espólio, para executar a disposição de última vontade, atendo-se a regra do Código Civil, arts. 244 e 1.931, pela qual, ante o princípio de direito obrigacional, cabe a escolha ao devedor, isto é, ao herdeiro, se o contrário não resultar do título, que não poderá dar coisa pior, nem será obrigado a prestar a melhor (CC, art. 1.929). Se tal escolha foi deixada ao arbítrio de terceiro, este deverá guardar o meio-termo entre as congêneres da melhor e pior qualidade. E se não quiser ou não puder fazer aquela opção, o juiz deverá fazê-la, entregando objeto de valor médio (CC, art. 1.930). Mas se a escolha foi deixada ao legatário, este poderá optar, do gênero determinado, pela melhor coisa que houver na herança (CC, art. 1.931). Com essa determinação do objeto legado dentre os que se incluem em certo gênero, considerar-se-á como coisa certa a partir do momento da especificação. No segundo caso, inexistindo o cavalo Relâmpago no momento da abertura da sucessão, por ter morrido ou por ter sido vendido, ter-se-á caducidade do legado (CC, art. 1.939, III)[330].

---

329. W. Barros Monteiro, op. cit., p. 169; R. Limongi França, Legado, cit., p. 151. *Vide*: CC português, art. 2.251, 4; CC italiano, art. 651; e CC espanhol, arts. 861 a 863.

330. W. Barros Monteiro, op. cit., p. 170; *RT, 131*:326, *126*:137; *RF, 147*:234; R. Limongi França, *Manual de direito civil,* cit., v. 4, t. 1, p. 63; José Lopes de Oliveira, op. cit., p. 150; Silvio Rodrigues, op. cit., p. 161-2; Enneccerus, Kipp e Wolff, op. cit., v. 2, § 108; Itabaiana de Oliveira, op. cit., v. 2, p. 538-40.

Se o testador deixar ao legatário coisa certa que na data do testamento já era do legatário, caduco será o legado porque o que já é dele não pode mais uma vez pertencer-lhe, tendo-se igualmente sua caducidade se o bem legado foi transferido a alguém, onerosa ou gratuitamente, pelo testador (CC, arts. 1.912 e 1.939, II)[331].

c.2.2. Legado de coisa comum

Se a coisa legada pertencer ao testador apenas em parte, ou ao herdeiro ou ao legatário, só quanto a essa parte valerá o legado (CC, art. 1.914), de maneira que, em relação à parte que não for do disponente, nulo será o legado, por versar sobre bem alheio, salvo se havia encargo alusivo à sua aquisição. O mesmo ocorrerá se o testador for condômino da coisa legada, restringindo-se a validade da deixa testamentária somente à parte que realmente pertença ao testador[332].

Agostinho Alvim, ante o interesse de se saber da validade de legado de coisa certa, feito pelo cônjuge consorciado pelo regime da comunhão universal de bens, concluiu que: *a*) se a coisa legada, na partilha, vier a ser atribuída ao consorte sobrevivente, a pedido dele, como é de seu direito, o legado terá versado sobre bem alheio, impondo-se-lhe, assim, a nulidade; *b*) se o cônjuge supérstite não reclamar que seja imputada na sua meação a coisa legada, válida será a disposição testamentária, devendo, então, ser cumprida[333].

c.2.3. Legado de coisa singularizada

"Se o testador legar coisa sua, singularizando-a, só terá eficácia o legado se, ao tempo do seu falecimento, ela se achava entre os bens da herança; se a coisa legada existir entre os bens do testador, mas em quantidade

---

331. Itabaiana de Oliveira, op. cit., v. 2, p. 536-7; Caio M. S. Pereira, op. cit., p. 195; Clóvis Beviláqua, *Comentários,* cit., v. 6, p. 135; Orozimbo Nonato, op. cit., v. 3, p. 57. *Vide*: CC português, art. 2.254, 1; CC francês, art. 1.021; CC italiano, art. 654; CC espanhol, art. 861; CC argentino, art. 3.752.

332. Caio M. S. Pereira, op. cit., p. 195; R. Limongi França, *Manual de direito civil,* cit., p. 151; W. Barros Monteiro, op. cit., p. 169; Martinho Garcez, *Testamentos e sucessões*, p. 45.

333. W. Barros Monteiro, op. cit., p. 170; Agostinho Alvim, Do legado de coisa certa, em face do regime de comunhão de bens, *RT, 201*:3. *Vide,* ainda, *RT, 294*:241.

inferior à do legado, este será eficaz apenas quanto à existente" (CC, art. 1.916). O disponente determina não só o gênero e a espécie, mas também o próprio bem legado, singularizando-o, isto é, separando-o, individualizando-o de todos os outros, mesmo que existam muitos do mesmo gênero ou da mesma espécie, p. ex.: o quadro "X" de Picasso; tal cavalo manga-larga castanho; a casa da Avenida Brasil, n. 185; a joia tal. Só valerá o legado se a coisa singularizada for encontrada e pertencer ao autor da herança ao tempo da abertura da sucessão. Se ela não mais existir no patrimônio do testador, dado seu perecimento ou sua alienação, operar-se-á a ineficácia do legado, mas se a coisa legada existir entre os bens do disponente em quantidade inferior à constante do legado, este só valerá quanto à parte subsistente, recebendo o beneficiário a liberalidade diminuída, isto é, apenas o que existir ao abrir-se a sucessão. P. ex.: se o testador lega 3 cavalos árabes premiados em exposição internacional, e só existir um deles, o legado restringir-se-á a este, não abrangendo os demais[334].

c.2.4. Legado de universalidade

Se o testador legar uma espécie inteira e não somente algumas unidades, o legado abrangerá todas as coisas do gênero existentes no espólio — p. ex.: se houver legado dos livros da biblioteca do *de cujus* ou dos seus livros — ressalvando-se aquelas coisas que sejam acessórias de outra ou a ela ligadas como parte integrante[335].

c.2.5. Legado de coisa localizada

O legado de coisa que deva encontrar-se em determinado lugar só terá eficácia se nele for achada, salvo se removida a título transitório (CC, art. 1.917). O legado só valerá se o bem legado for efetivamente encontrado no local indicado; se nada se encontrar, ineficaz será a deixa, salvo se se provar que foi removido a título transitório por outrem, ou pelo *auctor succes-*

334. Clóvis Beviláqua, *Comentários,* cit., v. 6, p. 134; Silvio Rodrigues, op. cit., p. 162; Itabaiana de Oliveira, op. cit., v. 2, p. 541; Orozimbo Nonato, op. cit., v. 3, p. 53; José Lopes de Oliveira, op. cit., p. 151; W. Barros Monteiro, op. cit., p. 171. *Consulte*: CC francês, art. 1.021; CC italiano, art. 654; CC português, art. 2.254; e CC argentino, art. 3.752.

335. Esta é a lição de Caio M. S. Pereira, op. cit., p. 195-6; Clóvis Beviláqua, *Direito das sucessões,* cit., § 87.

sionis. P. ex.: alguém legar todos os móveis de sua casa a "A" e vier, para a preservação deles, a autorizar, antes de seu óbito, por ocasião de um evento social que lá aconteceria, a retirada temporária de objetos valiosos, o legado prevalecerá apesar de ter havido a remoção transitória de alguns bens móveis. E entendemos que terá eficácia o legado se, *dolosamente*, a coisa foi removida por terceiro, de local de onde deveria habitualmente estar e não pelo autor da herança[336]. Segundo Clóvis, trata-se de legado de coisas que devam estar habitual e permanentemente no local indicado pelo testador, porque assim o exige a natureza delas ou o uso comum, ou o do testador em particular — p. ex.: o legado de 120 cavalos da Fazenda Sta. Maria[337] —, e de coisas que temporariamente se encontrarem em lugar diverso, ao qual deverão retornar oportunamente, como na hipótese de o testador ter legado um quadro que se achava na sua casa de campo, e que no momento do óbito havia sido removido para substituição de moldura[338]. Não se compreendem no legado objetos que foram encontrados no local designado pelo testador se foram ali acidentalmente colocados por ele[339]. Deveras, a esse respeito, observa, com perspicácia, Orozimbo Nonato que "assim como não se deve abranger no legado coisa que casual ou acidentalmente se encontrar no lugar indicado, assim se há de nele compreender a coisa que destinada a se guardar no referido lugar, em outro se encontre ao tempo da abertura da sucessão por um motivo acidental qualquer".

c.2.6. Legado de crédito

O legado de crédito (*legatum nominis*) é apenas o legado daquilo que se deve ao testador. O legado de crédito tem por objeto um título de crédito, do qual é devedor terceira pessoa, que é transferido pelo testador ao legatário, e que, entretanto, somente valerá até a concorrente quantia do crédito ao tempo da abertura da sucessão (CC, art. 1.918). O legatário só terá direito aos juros vencidos desde a morte do *de cujus*, exceto se no testamento

336. Clóvis Beviláqua, *Comentários*, cit., v. 6, p. 148; Zeno Veloso, *Código Civil comentado*, cit., p. 1734; Eduardo de Oliveira Leite, *Comentários*, cit., p. 513.

337. W. Barros Monteiro, op. cit., p. 172.

338. Itabaiana de Oliveira, op. cit., v. 2, p. 543; W. Barros Monteiro, op. cit., p. 172; Caio M. S. Pereira, op. cit., p. 196; Ruggiero e Maroi, op. cit., § 100.

339. W. Barros Monteiro, op. cit., p. 152; Orozimbo Nonato, *Estudos sobre sucessão testamentária*, Rio de Janeiro, Forense, 1957, v. 3, p. 54. *Vide*: CC argentino, art. 3.760; CC português, art. 2.255 e CC italiano, art. 655.

houver declaração em contrário. Importa, portanto, numa cessão *mortis causa* ou transferência da dívida ativa do testador, por ato de última vontade, ao legatário, que passará a ser o novo credor, aplicando-se-lhe a mesma regra que rege a transferência *inter vivos*, segundo a qual o cedente não se responsabiliza pela liquidez do crédito, não respondendo o espólio nem mesmo pela insolvência do devedor nem pela existência do crédito. Daí cumprir-se tal legado mediante a mera entrega dos títulos e dos documentos relativos à dívida ao legatário pelo herdeiro (CC, art. 1.918, § 1º); realizada essa entrega, o legatário habilitar-se-á a promover a respectiva cobrança, amigável ou judicial, após o vencimento[340]. Esse tipo de legado só se limita às dívidas existentes na data do testamento, não compreendendo as posteriores (CC, art. 1.918, § 2º), exceto se houver disposição testamentária em contrário. Assim, se o testador expressamente mencionar que tal legado abrangerá créditos, decorrentes de débitos que vierem a existir após seu óbito, o onerado (herdeiro) deverá cumprir essa cláusula, entregando, p. ex., os títulos que estavam em poder do espólio ao legatário. Se a dívida se vencer e for paga em vida do disponente, o legado ficará sem objeto, salvo se o testador guardou em separado, para o legatário, a quantia recebida[341]. Se porventura o disponente, após a facção testamentária, moveu ação contra o devedor para haver o crédito, oriundo da dívida, falecendo antes do término do processo, entender-se-á que com essa atitude revogou o legado[342].

c.2.7. Legado de quitação de dívida

O legado de quitação de dívida apenas terá eficácia até a importância desta ao tempo do óbito do testador.

O legado de quitação de dívida (*legatum liberationis*), existente até a data em que o testamento foi feito (CC, art. 1.918, § 2º), importa o perdão desta por parte do testador, que é o credor, ao legatário devedor, cumprindo-se pela entrega do título ou passando-se a quitação, abrangendo, salvo disposição em contrário, os juros. Se o legatário nada lhe dever, caduca o le-

---

340. Caio M. S. Pereira, op. cit., p. 196; Itabaiana de Oliveira, op. cit., v. 2, p. 544-5; W. Barros Monteiro, op. cit., p. 173; Lacerda de Almeida, op. cit., § 87; João Luís Alves, *Comentários ao Código Civil*, cit., p. 1185.

341. Clóvis Beviláqua, *Comentários*, cit., v. 6, p. 136.

342. Itabaiana de Oliveira, op. cit., v. 2, p. 545. *Vide*: CC espanhol, arts. 870 e 871; CC italiano, art. 658; CC português, arts. 2.261 e 2.262; e CC argentino, art. 3.786.

gado; se tiver pago uma parte do débito, reduzir-se-á ao saldo remanescente, sem direito à restituição[343].

Se for o testador quem deve ao legatário, o legado não compensará a dívida, a não ser que haja expressa declaração do testador. Em regra, o legado prevalecerá, sem prejuízo do débito do testador para com o legatário, logo este além de ficar com o legado poderá cobrar seu crédito do espólio. Mas, se a dívida for posterior ao testamento, não há qualquer compensação com o legado (CC, art. 1.919)[344], que, então, subsistirá.

Se o credor for terceiro, e não o disponente, este pode impor ao herdeiro ou ao legatário o encargo da remissão do débito da pessoa que deseja beneficiar; assim, o legado só permitirá exigir que o herdeiro ou o legatário obtenha a desoneração do legatário devedor[345].

Embora nosso Código Civil não o tenha previsto, o legado de dívida é o feito pelo testador devedor ao seu credor, de modo que, se o disponente pagá-la depois da facção testamentária, cessará o legado[346].

c.2.8. Legado de alimentos

O legado de alimentos abrange o indispensável à vida: alimentação, vestuário, medicamentos, habitação, e, se o legatário for menor, educação (CC, art. 1.920), sendo arbitrado pelo juiz de conformidade com as forças da herança, as necessidades do alimentário e a circunstância de, em vida, estar o alimentário na dependência do *de cujus,* exceto se o disponente legou uma quantia certa em prestações periódicas[347]. Esses alimentos poderão ser legados *in natura,* determinando o autor da herança que se forneça ao legatário hospedagem, ou que lhe sejam entregues gêneros necessários à sua subsistência, ou em dinheiro, cuja prestação deverá ser realizada em determinados períodos, daí denominar-se legado de prestações periódicas[348]. Ante a sua fi-

343. Caio M. S. Pereira, op. cit., p. 197; Itabaiana de Oliveira, v. 2, p. 546-7; Ferreira Alves, *Manual do Código Civil brasileiro,* cit., v. 19, p. 221-2.

344. W. Barros Monteiro, op. cit., p. 174; Caio M. S. Pereira, op. cit., p. 197. *Vide*: CC argentino, art. 3.787; CC português, art. 2.260; CC espanhol, art. 873 e CC francês, art. 1.023.

345. Clóvis Beviláqua, *Comentários,* cit., v. 6, p. 136; Itabaiana de Oliveira, op. cit., v. 2, p. 546.

346. Itabaiana de Oliveira, op. cit., v. 2, p. 547-50; *RT, 256*:213, *305*:422.

347. *Vide* José Lopes de Oliveira, op. cit., p. 155.

348. W. Barros Monteiro, op. cit., p. 174.

nalidade, o legado de alimentos é inalienável e impenhorável[349], extinguindo-se com o falecimento do legatário. Mas há quem entenda que o testador poderá, se quiser, legar alimentos por prazo determinado, estipulando data para seu término, ou impondo sua duração, p. ex., até a maioridade do alimentando[350].

c.2.9. Legado de usufruto

O usufruto é o direito real conferido a alguém de retirar, temporariamente, de coisa alheia os frutos e utilidades que ela produz, sem alterar-lhe a substância. Disto se infere que o usufruto não é restrição ao direito de propriedade, mas à posse direta, que é deferida a outrem, que desfruta do bem alheio, retirando-lhe os frutos e utilidades por ele produzidos, perdendo o proprietário da coisa o *jus utendi* e o *fruendi,* que são poderes inerentes ao domínio. Não perde, porém, o proprietário a substância, o conteúdo de seu direito de propriedade, que lhe fica na nua propriedade.

Sendo a temporariedade um elemento característico seu, se o testador fizer legado de usufruto sem fixação de tempo, entender-se-á que o deixou ao legatário por toda a sua vida (CC, art. 1.921). Se o legatário for pessoa jurídica, não tendo o testador fixado prazo para o exercício do direito real de fruição sobre coisa alheia, o legado de usufruto se extinguirá com ela, ou no caso de subsistência, aos trinta anos da data em que se o começou a exercer (CC, art. 1.410, III). Somente quem tiver a propriedade plena pode fazê-lo; logo, o usufrutuário não poderá legar seu direito de usufruto, porque com a sua morte extingue-se o usufruto, estando ele a dispor de coisa alheia[351]. O usufrutuário só pode ceder, por ato *inter vivos,* a título gratuito ou oneroso, o exercício do usufruto, por um certo prazo ou pelo tempo que tenha de durar. Assim, o testador, proprietário do bem, poderá: legar o usufruto do objeto a alguém, deixando a nua propriedade ao herdeiro; legar a propriedade da coisa, reservando o usufruto ao herdeiro[352]. Não poderá constituir usufruto sucessivo, instituindo dois usufrutuários,

---

349. Itabaiana de Oliveira, op. cit., v. 2, p. 553, n. 585; Vitali, op. cit., v. 2, p. 553; Pothier, *Traité du contrat de constitution de rente,* n. 252; Spencer Vampré, *Manual de direito civil,* v. 3, § 162.

350. Domingos Sávio Brandão Lima, Legado de alimentos, in *Enciclopédia Saraiva do Direito,* v. 48, p. 179-82; Matiello, *Código Civil,* cit., p. 1240.

351. Ferreira Alves, *Manual do Código Civil brasileiro,* cit., v. 19, p. 228; Itabaiana de Oliveira, op. cit., v. 2, p. 555. *Consulte*: Cahali e Hironaka, *Curso avançado*, cit., v. 6, p. 403. *Vide*: CC português, art. 2.258 e CC italiano, art. 678.

352. Itabaiana de Oliveira, op. cit., v. 2, p. 556.

que gozarão do bem escalonadamente; p. ex.: deixar um prédio a "A", que passará, com sua morte, a "B". Entretanto, não se proíbe o legado de um usufruto simultâneo, em que institui ao mesmo tempo dois ou mais usufrutuários, ainda que seu exercício possa ser realizado progressivamente[353].

c.2.10. Legado de imóvel

Há também o legado de imóvel, previsto no Código Civil, art. 1.922, parágrafo único, que estatui: "Se aquele que legar um imóvel lhe ajuntar depois novas aquisições, estas, ainda que contíguas, não se compreendem no legado, salvo expressa declaração em contrário do testador. Parágrafo único. Não se aplica o disposto neste artigo às benfeitorias necessárias, úteis ou voluptuárias feitas no prédio legado".

Assim, as aquisições posteriores, contíguas ou não ao prédio legado, não se compreendem nele, por serem ampliações ou acréscimos que não se incorporam ao imóvel legado, por não estarem em seu patrimônio por ocasião da facção testamentária; delas não poderia cogitar o testador ao legar[354] (p. ex., legado de apartamento no 1º andar e vem, depois, a adquirir outro no mesmo andar), a não ser que tenha disposto, no testamento, o contrário. O mesmo se diga se o próprio testador vier a construir casa no terreno legado, pois pertencerá ao dono do solo tudo o que nele for construído. Todavia, a interpretação da vontade do testador e a lógica poderão determinar solução diversa. Deveras, ensina-nos Zeno Veloso que, no caso de legado de uma casa, se o testador adquirir terreno contíguo, nele construindo garagem, churrasqueira e piscina, formando um conjunto com o prédio, pois sem ele não teriam razão de ser, inequívoca será a sua *intentio* de incluir naquele legado a nova aquisição, já que passou a fazer parte dele. As benfeitorias necessárias, úteis e voluptuárias, feitas no imóvel legado, pertencerão ao legatário, sem haver nenhuma obrigação de indenizá-las, desde que existentes no momento da abertura da sucessão; como são acessórios, presumem-se legadas juntamente com o principal (CC, arts. 92 e 1.937). Entretanto, se posteriores à abertura da sucessão, assistirá aos herdeiros ou ao espólio o direito de reembolso das quantias despendidas, conforme o Código Civil, art. 1.255[355].

---

353. Caio M. S. Pereira, op. cit., p. 198; *RT, 150*:228.

354. Silvio Rodrigues, op. cit., p. 166; Pinto Ferreira, op. cit., p. 165.

355. W. Barros Monteiro, op. cit., p. 175; Clóvis Beviláqua, *Comentários,* cit., v. 6, p. 155; Ferreira Alves, *Manual do Código Civil brasileiro,* cit., p. 231; Enneccerus, Kipp e Wolff, op. cit., v. 2, p. 167; Zeno Veloso, *Novo Código*, cit., p. 1737. *Vide*: CC argentino, art. 3.762; CC italiano, art. 667; CC português, art. 2.269, 2; CC francês, art. 1.019.

Se o testador legar a "A" um prédio no valor de 1 milhão de reais, esse legado deverá cumprir-se, ainda que no acervo hereditário do *de cujus* não haja prédio algum, pois o testamenteiro terá de adquirir o imóvel nas condições descritas pelo testador, para entregá-lo ao legatário[356] (CC, art. 1.915).

Graficamente, temos:

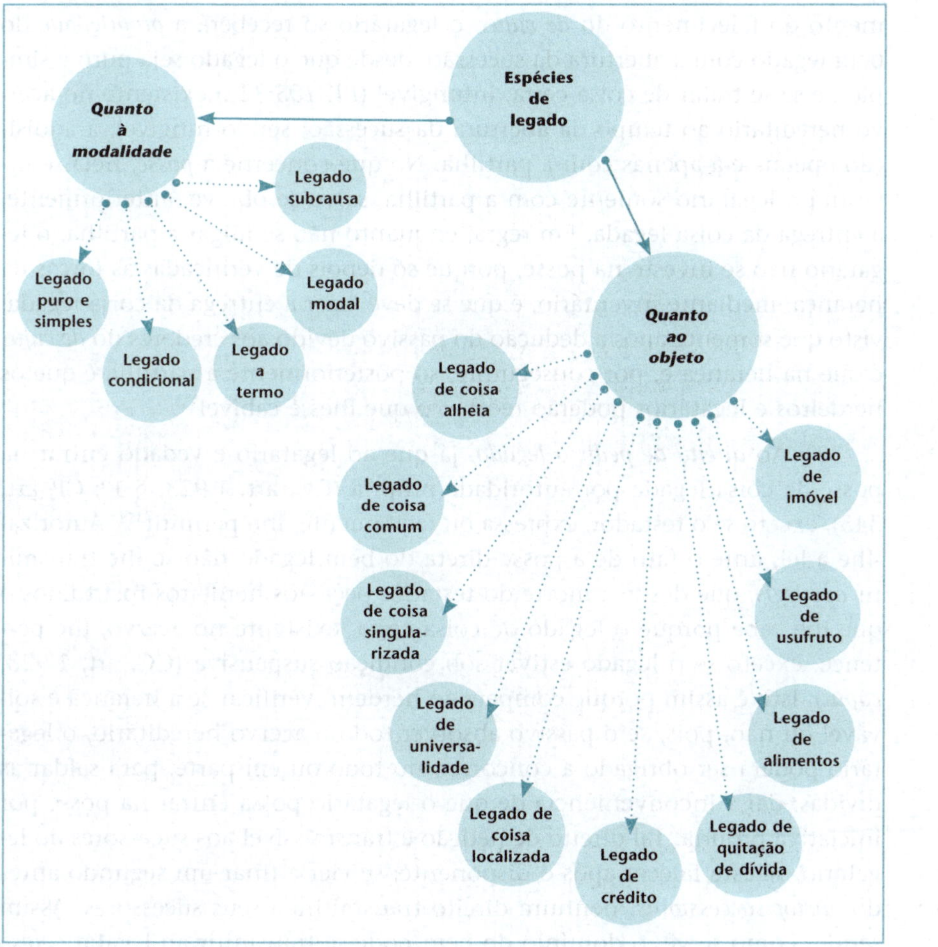

Pelo TJSP (AgI 567.504.4/0-00-São Paulo), é vedada a interpretação extensiva do testamento que institui legado de bem imóvel. Foi afastada a pretensão da legatária de receber bem imóvel e valores em contas-correntes do testador não indicadas em testamento, apesar de o testador não possuir herdeiros necessários.

356. W. Barros Monteiro, op. cit., p. 171.

D. Efeitos

O legado produz *efeitos* quanto:

1º) À *transmissão da propriedade e da posse,* pois, enquanto o herdeiro legítimo ou testamentário adquire o domínio e a posse da herança no momento do falecimento do *de cujus,* o legatário só receberá a *propriedade* do bem legado com a abertura da sucessão, desde que o legado seja puro e simples, e se se tratar de coisa certa, infungível (*RF, 105*:322) existente no acervo hereditário ao tempo da abertura da sucessão; sendo fungível, a aquisição operar-se-á apenas com a partilha. No que concerne à *posse,* nela se investirá o legatário somente com a partilha, salvo se obteve, anteriormente, a entrega da coisa legada. Em regra, enquanto não se julgar a partilha, o legatário não se investe na posse, porque só depois de verificadas as forças da herança, mediante inventário, é que se deve fazer a entrega da coisa legada, visto que somente após a dedução do passivo devido aos credores do *de cujus* é que há herança e, por conseguinte, só posteriormente à partilha é que os herdeiros e legatários poderão receber o que lhes é cabível[357].

2º) Ao *direito de pedir o legado,* já que ao legatário é vedado entrar na posse da coisa legada por autoridade própria (CC, art. 1.923, § 1º; CP, art. 345), exceto se o testador, expressa ou tacitamente, lho permitir[358]. Autoriza-lhe a lei, ante o fato de a posse direta do bem legado não se lhe transmitir *ope legis*, que desde a morte do testador peça aos herdeiros instituídos o que lhe cabe porque o legado de coisa certa, existente no acervo, lhe pertence, exceto se o legado estiver sob condição suspensiva (CC, art. 1.923, *caput*). Isto é assim porque compete ao herdeiro verificar se a herança é solvável ou não, pois, se o passivo absorver todo o acervo hereditário, o legatário poderá ser obrigado a concorrer, no todo ou em parte, para saldar as dívidas; daí a inconveniência de que o legatário possa entrar na posse por iniciativa própria. Tal direito de petição é transmissível aos sucessores do legatário, se este falecer após o disponente; se vier a finar um segundo antes do *auctor successionis,* nenhum direito transmitirá a seus sucessores. Assim sendo, como se vê, o domínio do bem pode-se transmitir ao legatário *ipso iure,* desde que o legado seja puro e simples, e infungível a coisa legada, mas

---

357. W. Barros Monteiro, op. cit., p. 176; Troplong, op. cit., v. 3, n. 1.985; Itabaiana de Oliveira, op. cit., v. 2, p. 564.

358. Ferreira Alves, *Manual do Código Civil brasileiro,* cit., v. 19, p. 235; Itabaiana de Oliveira, op. cit., v. 2, ns. 446 e 599; Silvio Rodrigues, op. cit., p. 167; *EJSTJ*, *5*:70.

não a posse, na qual só será investido quando receber o bem legado[359]. Tem, portanto, propriedade sem posse[360].

Pelo Código Civil, art. 1.924, esse direito de petição não poderá ser exercido:

a) Enquanto se litigue sobre a validade do testamento. Logo, havendo propositura de ação de anulação do testamento, não se entrega o legado, pois se o ato de última vontade for declarado anulado, extinguir-se-á o legado, de modo que, enquanto não for aquela ação julgada por sentença transitada em julgado, não pode o legatário reclamar a entrega da deixa. Pendente a ação, o legatário, apesar de não receber o legado, pode requerer providências acautelatórias para resguardá-lo, como, p. ex., a venda para atender excepcional valorização (*RF*, *109*:411)[361].

b) Na pendência da condição suspensiva, nos legados condicionais. Deveras, se o legado é condicional, a aquisição do bem só se dá com o implemento da condição imposta pelo disponente, de maneira que a capacidade para suceder é a do tempo da verificação da condição e não a do momento da abertura da sucessão (*RT*, *186*:113). Enquanto não se realiza a condição, o legatário terá tão somente uma expectativa de direito, não podendo exigir a entrega da coisa legada; se faleceu antes do implemento da condição, nenhum direito transmitirá a seus sucessores[362].

c) Nos legados a prazo, enquanto o termo não se vencer. Se a termo o legado, o beneficiário receberá o legado desde logo, porém só terá o direito de pedi-lo por ocasião do vencimento. Ferreira Alves esclarece-nos que o Código se refere ao termo *ex die* e não ao *in diem*, pois o primeiro tem efeito de suspender a aquisição de coisa legada, que só poderá ser adquirida vencido o termo para o legatário obtê-la. No legado *in diem* dá-se o efeito resolutivo, que não obsta o legatário de pedir, desde a morte do testador, a coisa legada[363]. Se o legatário vier a falecer depois do testador, porém antes do advento do termo, o domínio do legado transmitir-se-á aos seus suces-

359. José Lopes de Oliveira, op. cit., p. 159; Silvio Rodrigues, op. cit., p. 169; Ferreira Alves, *Manual do Código Civil brasileiro*, cit., n. 111.

360. Lacerda de Almeida, *Direito das sucessões*, Rio de Janeiro, 1915, p. 552.

361. W. Barros Monteiro, op. cit., p. 178.

362. José Lopes de Oliveira, op. cit., p. 160; W. Barros Monteiro, op. cit., p. 178; Silvio Rodrigues, op. cit., p. 168; Dower, op. cit., p. 385; Pinto Ferreira, op. cit., p. 167.

363. Ferreira Alves, *Manual do Código Civil brasileiro*, cit., v. 19, p. 236-7.

sores, apesar da posse continuar sendo inexigível enquanto não advier o vencimento do prazo[364].

O legatário deverá pedir o legado: *a*) ao *testamenteiro*, se ele estiver na posse e na administração dos bens da herança, porque, sendo também inventariante, incumbe-lhe o pagamento do legado (CPC, arts. 618, II, e 619, III) e os encargos da herança; *b*) a *certo herdeiro ou legatário*, a quem o disponente designou para executar os legados, sendo que se o disponente indicou mais de um, os onerados dividirão entre si o ônus na proporção do que recebam da herança (CC, art. 1.934 e parágrafo único, *in fine*); *c*) ao *herdeiro*, ou *legatário*, a quem pertencer a coisa legada, que terá, obviamente, direito regressivo contra os coerdeiros, pela quota hereditária de cada um, para se compensar em dinheiro ou em bens da herança pelo valor do legado, exceto se o testador dispôs o contrário (CC, art. 1.935); *d*) a *todos os herdeiros instituídos*, e, não os havendo, aos *legatários* se o testador não indicar os que deverão executar o legado, caso em que todos serão responsáveis na proporção do que herdarem (CC, art. 1.934)[365].

Para pedir o legado, o beneficiário deverá dirigir-se ao juiz do inventário, que, antes de decidir-se, ouvirá sobre o assunto o testamenteiro, os herdeiros e outros interessados, como a Fazenda. Com o deferimento do pedido lavrar-se-á termo de entrega ou pagamento, com a observância de todas as formalidades legais, depois de pagos os impostos de transmissão. Se não houver, ensina-nos Washington de Barros Monteiro, anuência dos interessados, o legatário será contemplado somente na partilha (CPC, art. 647). Se só vem a receber o bem legado com a partilha, claro está que, antes da entrega da coisa, a defesa do bem por meio de interditos cabe ao herdeiro ou ao inventariante, não podendo o legatário propor ação de despejo para pedir o prédio legado para uso próprio (*RF, 120*:468). Se porventura o bem legado estiver em mãos de terceiros, o legatário entrará com ação reivindicatória[366].

3º) Aos *frutos* e aos *juros* da *coisa certa legada*, uma vez que no legado puro e simples ela pertence ao legatário desde o dia da morte do testador; logo, os frutos e rendimentos a ele caberão (CC, art. 1.923, § 2º), sem, con-

---

364. *Vide* Itabaiana de Oliveira, op. cit., v. 2, p. 563, n. 601.

365. Itabaiana de Oliveira, op. cit., v. 2, p. 562-3; Pothier, *Traité des donations testamentaires*, cit., ns. 212 e s.; Ferreira Alves, *Manual do Código Civil brasileiro*, cit., v. 19, n. 141; Carvalho Santos, op. cit., v. 23, p. 472; Pontes de Miranda, *Tratado dos testamentos*, cit., v. 3, p. 458.

366. W. Barros Monteiro, op. cit., p. 177.

tudo, ter direito aos frutos colhidos antes do óbito do *de cujus* (*RF, 105*:322; *RT, 152*:341). O herdeiro entregar-lhe-á o bem legado no estado em que estiver na data da abertura da sucessão com todos os seus acessórios, respondendo pelos prejuízos que, culposamente, causou, pois tem apenas a administração e guarda da coisa legada[367].

O art. 1.923, § 2º, do Código Civil não será aplicado se: *a*) o legado estiver sob condição suspensiva, dado que o beneficiário só receberá a coisa legada após o implemento da condição, ocasião em que os frutos passarão também a lhe pertencer; *b*) o legado for a termo, hipótese em que os frutos do bem legado pertencerão ao legatário no vencimento do prazo, ante o fato de que o termo inicial imposto impede o exercício do direito e, por consequência, a percepção dos frutos. O legatário terá, então, de aguardar o advento do prazo, para poder perceber os frutos; *c*) o legado for em dinheiro, não abrangendo títulos de crédito, apólices, ações, letras de câmbio, notas promissórias, só vencerão os juros no dia em que se constituir em mora a pessoa obrigada a prestá-lo (CC, art. 1.925), logo dependerá de interpelação. Sendo o legatário mero credor, não tem propriedade sobre o legado, mas tão somente o direito de reclamar judicialmente o seu pagamento se o herdeiro, ou o testamenteiro, recusar-se injustamente a entregar a coisa legada. Tais juros de mora só correrão a partir da interpelação judicial (*RT, 217*:477) da pessoa obrigada a cumprir o legado e que se recusou a isso; logo, só serão devidos a partir da contestação da lide e não da abertura da sucessão; *d*) o legado for de coisa incerta ou de objeto não encontrado no acervo hereditário do *de cujus,* porque nesses casos difícil seria a aplicação do art. 1.923 do Código Civil, embora o Tribunal de Justiça do Rio tenha reconhecido o direito à renda do legado de coisa incerta desde a data da morte do disponente, computada tal renda quando o legado se tornar certo pela partilha (*Revista de Direito, 61*:139)[368].

4º) À *renda* ou às *prestações* ou *pensões* periódicas, temporárias ou vitalícias, que uma pessoa, isto é, o herdeiro, deverá pagar à outra, ou seja, ao legatário, após a morte do testador, em frutos ou em dinheiro. O testador

---

367. *Consulte*: Caio M. S. Pereira, op. cit., p. 200; W. Barros Monteiro, op. cit., p. 179; Orozimbo Nonato, op. cit., v. 3, n. 736; Itabaiana de Oliveira, op. cit., v. 2, n. 602; Clóvis Beviláqua, *Comentários,* cit., v. 6, p. 142. *Vide*: CC francês, arts. 1.014 e 1.015; CC espanhol, arts. 881 a 885; e CC italiano, art. 669.

368. Sobre o assunto, consulte Clóvis Beviláqua, *Comentários,* cit., v. 6, p. 142; W. Barros Monteiro, op. cit., p. 179-80; Silvio Rodrigues, op. cit., p. 170-1; Itabaiana de Oliveira, op. cit., v. 2, p. 565-6; Ferreira Alves, *Manual do Código Civil brasileiro,* cit., v. 19, n. 118; Orozimbo Nonato, op. cit., v. 3, p. 93.

tem liberdade de fixar a época em que se iniciará a renda, mas, se não a determinou, presume-se que começará a correr da data do óbito do disponente (CC, art. 1.926). Se o legatário, porventura, se atrasar em pedir a entrega do legado, terá direito a receber a pensão vencida desde a morte do testador, desde que não tenha havido prescrição da pretensão de pleitear esse seu direito (CC, art. 206, § 2º). Realmente, pode-se constituir renda mediante testamento, entregando-se certo capital, em dinheiro ou em imóveis, a determinada pessoa, que se obrigue a satisfazê-la em prestações periódicas que, conforme foi estipulado pelo disponente, podem ser mensais, bimestrais, trimestrais, semestrais ou anuais[369]. Geralmente, o objeto do legado de renda ou de pensão periódica é assistencial, pretendendo dar ao legatário melhores condições de vida. O testador poderá impor a impenhorabilidade da renda, ao determinar sua isenção de todas as execuções pendentes e futuras, e, em favor dos montepios e pensões alimentícias (CC, art. 813 e parágrafo único; CPC, art. 833, I).

Outrora, se a renda fosse constituída sobre imóvel, era um ônus real que gravava o prédio em todas as suas partes (CC de 1916, arts. 674, VI, 754 e 1.431), produzindo efeito desde o passamento do testador; porém, não valia contra terceiro adquirente do bem gravado, se não estivesse transcrita no registro imobiliário competente (CC de 1916, art. 753). Se houvesse o registro do ônus, o adquirente recebia o imóvel com a renda que o vinculava, devendo, então, pagar as rendas vencidas e por se vencerem (CC de 1916, arts. 677, 750, 753; Lei n. 6.015/73, art. 167, I, n. 8)[370]. Pelo atual Código Civil, a renda constituída sobre imóvel não mais pertence ao rol dos direitos reais.

Se o legado for de quantidades certas, pagáveis em prestações periódicas (mensais, trimestrais, semestrais etc.), sem que o disponente tenha determinado desde quando se devam contar os períodos das prestações, o primeiro período datará da morte do testador, e o legatário terá direito a cada prestação, uma vez encetado, ou iniciado, cada um dos períodos sucessivos, ainda que venha a falecer antes do termo (CC, art. 1.927), caso em que seus sucessores receberão a prestação na sua íntegra, correspondente ao período em que se iniciou, porém, tão somente, poderão reclamá-la no vencimen-

369. Itabaiana de Oliveira, op. cit., v. 2, p. 567, ns. 604 e 606; Silvio Rodrigues, op. cit., p. 172; Dower, op. cit., p. 387.

370. Itabaiana de Oliveira, op. cit., v. 2, p. 569. Sobre contrato de constituição de renda: CC, arts. 803 a 813.

to daquele período. Bastante elucidativo é o seguinte exemplo de Carvalho Santos: se o testador ordenar ao herdeiro que entregue a quantia pecuniária "x", todos os meses a "A" e falece no dia 10 de fevereiro. Nesse mesmo dia "A" adquire o direito de perceber a primeira prestação, e em todos os meses sucessivamente, em igual data, faz jus a igual *quantum*. Mas, se "A" falecer, por exemplo, em 9 de outubro, a mesada, que devia ser paga a 10 deste mês, não é devida aos herdeiros de "A", porque este faleceu antes do início do período; o legado desta mesada, assim como das sucessivas, se extinguiu. Se no dia 15 de fevereiro morrer o legatário "A", este terá direito à prestação integral, cujo período teve início no dia 10. Deveras, só se poderão exigir as prestações no termo de cada período, exceto se forem deixadas a título de alimentos, hipótese em que, pela sua natureza, serão pagas no início de cada período, sempre que outra coisa não tenha disposto o testador (CC, art. 1.928 e parágrafo único), estipulando que os pagamentos não sejam feitos adiantadamente, mas sim ao final de cada ciclo.

5º) À *escolha do legado*, visto que será nulo o legado de coisa indeterminada no gênero ou na espécie. Assim, o testador pode conferir ao herdeiro, ao próprio legatário ou a terceiro a escolha do bem, quando, determinado pelo gênero ou pela espécie, existirem muitos no acervo hereditário, desde que se observem as seguintes regras[371]:

a) A escolha pertencerá ao herdeiro não só no silêncio do testamento, bem como em caso de *legado alternativo*, em que lhe compete optar entre duas ou mais coisas de espécies diferentes (CC, art. 1.932), salvo se outra coisa não dispuser o testador. O legado alternativo é aquele que tem por objeto um bem ou outro, entre os quais apenas um será entregue ao legatário. P. ex.: se o testador deixar a "A" o cavalo "X" ou a joia "Y", o herdeiro escolherá, atendendo o que for mais conveniente aos seus interesses, uma dessas coisas; se somente uma delas existir ao tempo da abertura da sucessão, deverá ser entregue ao legatário a que subsistir. Se vier a perecer parte de uma das coisas legadas, valerá o legado em relação à remanescente. Se todas perecerem ter-se-á a ineficácia do legado (CC, art. 1.939, III), mas se

371. João Luís Alves, *Comentários ao Código Civil*, cit., p. 1193-5; Itabaiana de Oliveira, op. cit., v. 2, p. 571-3; Clóvis Beviláqua, *Comentários*, cit., v. 6, p. 147; Ferreira Alves, *Manual do Código Civil brasileiro*, cit., v. 19, p. 250; W. Barros Monteiro, op. cit., p. 182; Orozimbo Nonato, op. cit., v. 3, p. 105; Vitali, op. cit., v. 2, n. 1.756; Carvalho Santos, *Código Civil brasileiro interpretado*, Rio de Janeiro, Freitas Bastos, 1960, v. 23, p. 454. *Consulte*: CC italiano, arts. 664 e 666; CC francês, art. 1.022; CC português, arts. 2.266, 2, e 2.268; CC espanhol, arts. 875, al. 3, e 877.

tal se der por culpa da pessoa incumbida de cumpri-lo, o legatário fará jus a uma indenização, observa Zeno Veloso (CC, art. 1.940).

b) Se a escolha competir ao herdeiro ou for deixada ao arbítrio de terceiro, este, ou aquele, deverá escolher o bem, determinado pelo gênero, guardando, porém, o meio-termo entre os congêneres da melhor e da pior qualidade (CC, arts. 1.929 e 1.930, 1ª parte), ou seja, dever-se-á entregar ao legatário coisa de valor médio (*mediae aestimationis*), não estando obrigado a dar a melhor nem podendo dar a pior (*nec optimus nec pessimus*). Se o terceiro não quiser ou não puder fazer a escolha, esta competirá ao juiz do inventário, que também guardará o meio-termo (CC, art. 1.930, 2ª parte).

c) Se a opção foi deixada ao legatário, este poderá escolher, do gênero determinado, a melhor coisa que houver na herança; e, se nesta não existir coisa de tal gênero, o herdeiro dará ao legatário outra congênere, guardando o meio-termo entre as de melhor e pior qualidade (CC, arts. 1.931 e 1.915) seguindo o critério de equidade (*nec optimus, nec pessimus*) ou da *mediae aestimationis*. Desse modo, se houver na herança uma só coisa da espécie legada, somente esta será devida, sem que o herdeiro possa pretender dar outra, nem o legatário reclamá-la, exceto se o testador dispôs o contrário.

d) Se o herdeiro ou o legatário, a quem couber a opção, falecer antes de exercê-la, passará esse poder aos seus herdeiros (CC, art. 1.933), por ser um direito que já se integrou ao patrimônio do herdeiro ou legatário.

6º) Aos *riscos* e às *despesas com a entrega do legado*, que correrão por conta do legatário, se o disponente não estipulou expressamente o contrário, conforme o Código Civil, art. 1.936. Feita a entrega da coisa legada, o legatário assumirá todos os riscos oriundos de força maior ou caso fortuito; assim, se ela se deteriorar ou perecer, arcará com todas as consequências, salvo os casos de mora ou culpa da pessoa obrigada à entrega (CC, art. 399)[372]. O legatário deverá pagar o imposto de transmissão *causa mortis* (*RT*, *111*:300), que não corre por conta da herança, salvo determinação diversa do testador, pois não seria justo que a herança fosse onerada, devendo sofrer os incômodos aquele que teve vantagem com o ato testamentário[373]. Se o testador deixar legado livre de imposto, transfere o encargo do legatário para os

372. W. Barros Monteiro, op. cit., p. 184; João Luís Alves, *Comentários ao Código Civil*, cit., p. 1197; Itabaiana de Oliveira, op. cit., v. 2, p. 575. *Vide*: CC argentino, art. 3.767; CC francês, art. 1.016, al. 1; CC espanhol, art. 886, al. 3; CC italiano, art. 672; CC português, art. 2.275.

373. Clóvis Beviláqua, *Sucessões*, cit., § 88.

herdeiros, que receberão a herança com esse ônus (*RT, 256*:213; *RF, 172*:326). O legatário deverá suportar ainda gastos imprescindíveis, como guarda, depósito, transporte, sustento, selos etc., a não ser que o disponente tenha estabelecido o contrário. Quanto aos honorários advocatícios, não responderá por eles o legatário, pois são dívidas dos herdeiros (CPC, art. 89). Deveras, o legatário nada tem que ver com os honorários de advogado do espólio (*RT, 194*:802)[374].

7º) À *entrega da coisa legada,* já que pelo Código Civil, art. 1.937: "A coisa legada entregar-se-á, com seus acessórios, no lugar e estado em que se achava ao falecer o testador, passando ao legatário com todos os encargos que a onerarem" (*RT, 616*:50, *417*:352). Dessa maneira, o legatário deverá receber o bem legado com todos os seus acessórios, isto é, com tudo o que deve segui-lo, como: os animais necessários à exploração de uma propriedade agrícola; os títulos e as chaves do prédio legado; benfeitorias (CC, art. 1.922, parágrafo único); o jardim de uma casa; os instrumentos de uma fábrica[375]. O bem legado passa ao legatário com todos os encargos, ou seja, com os direitos reais (servidão, enfiteuse, penhor, anticrese, hipoteca etc.) que o onerarem, ao passo que as obrigações pessoais ficarão a cargo da herança[376]. Se o ônus deriva do *auctor successionis,* do herdeiro ou de outrem, o legatário receberá o bem legado gravado, mas sem a responsabilidade pessoal da dívida[377].

---

374. W. Barros Monteiro, op. cit., p. 184; Silvio Rodrigues, op. cit., p. 175.

375. Itabaiana de Oliveira, op. cit., v. 2, p. 576; Ferreira Alves, *Manual do Código Civil brasileiro*, cit., v. 19, p. 253.

376. João Luís Alves, *Comentários ao Código Civil*, cit., p. 1197; Itabaiana de Oliveira, op. cit., v. 2, p. 576; Clóvis Beviláqua, *Comentários,* cit., v. 6, p. 166; Orozimbo Nonato, op. cit., v. 3, p. 120.

377. Orozimbo Nonato, op. cit., v. 3, p. 121; Carlos Maximiliano, *Direito das sucessões*, Rio de Janeiro, 1964, v. 2, p. 408. *Vide*: CC francês, arts. 1.018 e 1.020; CC espanhol, arts. 883, 867 e 868; CC italiano, arts. 667 e 668; CC português, arts. 2.269, 1, e 2.272; CC argentino, arts. 3.766 e 3.755.

O TJMG (Ap. Cível 1.0701.02.017767-4/001-Uberaba) julgou "pretensão de legatário de bem imóvel (em construção) de que as dívidas referentes ao imóvel até a data do falecimento do *de cujus* fossem saldadas pelo espólio. A sentença de primeiro grau acolheu a pretensão, sob o fundamento de que, uma vez que referidas dívidas eram de responsabilidade do *de cujus,* deveriam ser suportadas pelo espólio. Contudo, a decisão foi reformada em segunda instância. Verifica-se, pelo testamento, que o imóvel foi dado em legado de forma condicional, isto é, 'no estágio de construção em que se encontrar'. A intenção do testador, portanto, era entregar o imóvel da forma e no estado em que se encontrasse quando do passamento, sendo claro que nesta forma e neste estado todos os encargos que acompanham a construção devem ser compu-

8º) À *aceitação* e à *renúncia do legado,* pois é preciso lembrar que se adquire o legado sem aceitação; se o legatário finar depois do *de cujus,* mas antes de se pronunciar sobre a aceitação, o direito de aceitação ou não do legado transmite-se aos seus sucessores, uma vez que, apesar do direito ao legado nascer *ipso iure* (CC, art. 1.923, *caput*), o legatário não está obrigado a recebê-lo. O legatário pode renunciar à liberalidade por ser-lhe inconveniente sua aceitação, ante suas relações pessoais com o testador, os encargos, os impostos etc. Para tanto, basta que não o peça, e, se for notificado, com o escoamento do prazo *in albis* haverá presunção de sua recusa. Uma vez feita a renúncia, esta será irrevogável, podendo ser retratada somente nas hipóteses de erro ou dolo. A renúncia do legatário terá de ser total, jamais poderá ser parcial; porém o herdeiro, a quem se deixaram legados, pode aceitá-los, renunciando à herança, ou aceitar a herança, repudiando os legados (CC, art. 1.808, § 1º). Mas, se o legatário aceitar o legado e depois o recusar, essa sua recusa importará em cessão, beneficiando aquele a quem o objeto vá enriquecer[378].

E. Caducidade

A caducidade do legado é a sua ineficácia em razão de causa superveniente à sua instituição[379]. Havendo caducidade, o legado, embora feito validamente, perderá a razão de existir, por circunstância posterior à facção testamentária[380].

O Código Civil, art. 1.939, enumera os casos em que o legado caduca. São eles:

1º) *Modificação substancial no bem legado,* feita pelo próprio testador ou à sua ordem após o testamento, transformando-o em nova espécie, a ponto de já não ter a forma, nem lhe caber a denominação que possuía, visto

---

tados. A esse respeito, o artigo 1.706 do CC/1916 (equivalente ao 1.937, CC/2002) previa: 'a coisa legada entregar-se-á, com seus acessórios, no lugar e estado em que se achava ao falecer o testador, passando ao legatário com todos os encargos que a onerarem'".

378. *Vide* Caio M. S. Pereira, op. cit., p. 201; Carlos Maximiliano, op. cit., v. 2, p. 493-4; José Lopes de Oliveira, op. cit., p. 161; Orlando Gomes, *Sucessões,* cit., p. 217; W. Barros Monteiro, op. cit., p. 193.

379. W. Barros Monteiro, op. cit., p. 186; Dower, op. cit., p. 389; Itabaiana de Oliveira, op. cit., v. 2, p. 577; Caio M. S. Pereira, op. cit., p. 202.

380. Silvio Rodrigues, op. cit., p. 177; Sebastião José Roque, *Direito das sucessões,* cit., p. 133-8. CC português: art. 2.317.

que essa atitude revela seu intuito de cancelar a liberalidade anteriormente feita[381]. Logo, não se invalidará o legado se a transformação da coisa (*specificatio*) for oriunda de caso fortuito ou força maior, ou de terceiro à revelia do testador, ou, ainda, se o testador lhe introduziu melhoramentos ou benfeitorias[382]. P. ex.: se legou uma jarra de prata e depois a derreteu para fazer correntes e anéis, caduco estará o legado porque houve alteração substancial e não acidental, tirando do objeto sua forma anterior; mas, se a jarra de prata se derreter em virtude de incêndio, prevalecerá a deixa[383].

2º) *Alienação voluntária da coisa legada,* por qualquer título (gratuito ou oneroso), no todo ou em parte, pelo testador, indicando a mudança de sua intenção a respeito do legado. Mesmo que a coisa legada volte ao patrimônio do disponente, em razão de nova aquisição, consumada estará a caducidade, embora o testador prove que a readquiriu para restaurar o legado, pois, se esse era o seu objetivo, deveria ter feito novo testamento. Entretanto, se a alienação for anulada, revigorado estará o legado[384]. Se a alienação for parcial, subsistirá a deixa até onde a coisa permanecer no patrimônio do autor da herança[385]. Se a alienação for compulsória, como na hipótese de desapropriação, não acarreta caducidade do legado (*RT, 153*:160) pela intenção de revogar a liberalidade. Esta, porém, não poderá subsistir, por ter desaparecido do patrimônio do testador o objeto do legado, passando para a propriedade do expropriante, sendo, portanto, nulo o legado de coisa alheia[386]. Todavia, se o testador, tendo alienado o bem legado, guardar, em separado, num cofre ou mesmo em invólucro especial, em mãos de terceiro, o produto da venda, deixando indicada na quantia conservada a sua identificação com o legado feito, não haverá caducidade[387].

---

381. Silvio Rodrigues, op. cit., p. 178; W. Barros Monteiro, op. cit., p. 187.

382. Caio M. S. Pereira, op. cit., p. 202; Itabaiana de Oliveira, op. cit., v. 2, n. 624; Ferreira Alves, *Manual do Código Civil brasileiro,* cit., v. 19, p. 257-8.

383. *Vide* W. Barros Monteiro, op. cit., p. 187.

384. W. Barros Monteiro, op. cit., p. 189; Carlos Maximiliano, op. cit., v. 2, p. 475.

385. R. Limongi França, *Legado,* cit., p. 157.

386. W. Barros Monteiro, op. cit., p. 191; Caio M. S. Pereira, op. cit., p. 203; Clóvis Beviláqua, *Comentários,* cit., v. 6, p. 168-9; Silvio Rodrigues, op. cit., p. 179; José Lopes de Oliveira, op. cit., p. 174.

387. Carlos Maximiliano, op. cit., v. 2, n. 1.050. "A desapropriação do objeto legado, após a morte do autor da herança, não acarreta a sua caducidade" (*RF, 280*:261). O TJSP (EI 142.131.4/0-01-Santos), sobre declaração em testamento destinando um imóvel para cada um dos dois filhos, um deles tendo sido alienado antes do falecimento do testador, entendeu que caduca o legado se o testador alienar a coisa (art. 1.939, II, CC), mas a caducidade de um legado não contamina os demais, devendo-se enten-

3º) *Perecimento ou evicção da coisa legada,* vivo ou morto o testador, sem culpa do herdeiro ou legatário incumbido do seu cumprimento, dado que nesses casos faltará objeto ao legado. Se o herdeiro, legatário ou inventariante, que tiver o dever de executar o legado, for culpado, responderá por perdas e danos para com o legatário (CC, arts. 927, 402 a 405), mas, se a culpa for de terceiro, o legatário não poderá acioná-lo para obter o valor da coisa legada; essa ação compete ao próprio testador ou a seus herdeiros[388]. O perecimento do bem legado sem culpa do herdeiro, ou legatário, encarregado da execução da deixa, acarreta caducidade da liberalidade, seja qual for a sua causa (destruição, morte, inutilização, perda), não tendo o legatário direito de reclamar o valor da coisa legada. Se o perecimento desta for apenas parcial, o legado valerá na parte remanescente; p. ex.: se o prédio legado for destruído por incêndio, subsiste o legado quanto ao terreno em que foi construído[389]. A evicção também torna caduco o legado, porque demonstra ser alheia a coisa legada. Por ser a sua perda total ou parcial, em razão de sentença judicial, que proclama pertencer a outrem o bem, tem-se a ineficácia do legado, ante o art. 1.912 do Código Civil, apesar de não se tornar caduca a herança, legítima ou testamentária, após a partilha, pois o herdeiro evicto será indenizado pelos coerdeiros, proporcionalmente às suas quotas (CC, arts. 2.024 e 2.025). Sendo parcial a evicção, subsistirá o legado quanto à parte restante[390]. No legado de gênero, observa Carlos Maximiliano, não se opera esta caducidade, em virtude da parêmia *genus nun-*

---

der que o restante do testamento é válido. Ora, se o testador, ao alienar um dos imóveis, não desfez o testamento, nem expressou vontade de excluir também a outra liberalidade (art. 1.969 do CC — o testamento pode ser revogado pelo mesmo modo e forma como pode ser feito), é de entender que a sua vontade foi a de preservar essa declaração de vontade e não de desfazê-la. Claro está que a vontade inicial do testador foi a de beneficiar ambos os filhos, promovendo a partilha de seus bens mediante disposição testamentária, de modo a prevenir conflitos posteriores e resolver o problema sucessório. Contudo, resolveu, posteriormente, alienar um dos imóveis e não revogou o testamento. Não se pode supor que a alienação de um dos bens represente que o testamento deixou de corresponder à intenção do testador quanto ao segundo legado. Aliás, poderia tê-lo revogado, se não fosse sua intenção manter o segundo legado, possivelmente para evitar o condomínio do bem entre os filhos. Assim, válido o segundo legado, sendo certo que, evidenciando-se desequilíbrio entre os herdeiros (na legítima) — a ser verificado por intermédio da avaliação do monte-mor —, será preciso aquinhoar com mais o que recebeu menos.

388. Caio M. S. Pereira, op. cit., p. 203; João Luís Alves, *Comentários ao Código Civil,* cit., p. 579; W. Barros Monteiro, op. cit., p. 190.

389. W. Barros Monteiro, op. cit., p. 190.

390. W. Barros Monteiro, op. cit., p. 191-2; João Luís Alves, *Comentários ao Código Civil,* cit., p. 1200.

quam perit, ainda que deixem de existir para o testador todas as coisas desse gênero que se encontravam entre os seus bens[391].

4º) *Indignidade do legatário,* pois, se algum interessado provar que ele praticou contra a vida, honra ou liberdade do *de cujus* qualquer um dos atos dos arts. 1.814 e 1.815 do Código Civil, ter-se-á a caducidade da cláusula testamentária que o contempla. Não se terá, porém, tal caducidade, se houver direito de acrescer entre os colegatários, ou se o disponente houver dado substituto ao legatário indigno[392]. É preciso lembrar que, se cometeu tais atos antes da facção testamentária, o legado implica, é claro, o perdão do legatário, impedindo sua condenação[393].

5º) *Premoriência do legatário,* isto é, se o legatário falecer antes do testador, caduca estará a deixa que o beneficia, pois presume-se que o disponente deseja outorgar vantagem ao próprio legatário, considerando a sua própria pessoa, e não a dos seus sucessores, e, além do mais, não cabe direito de representação na sucessão testamentária. Com a morte do legatário, o legado fica sem sujeito, daí sua caducidade (*RT, 202*:208, *386*:177)[394]. Entretanto, não caducará em caso de substituição e se houver entre os colegatários o direito de acrescer[395].

Além desses casos de caducidade do legado, poder-se-ão apontar outros, como: *renúncia do legado* pelo legatário não conjunto e sem substituto, ficando a liberalidade sem sujeito, visto que não haverá substituição nem direito de acrescer; *falecimento do legatário antes do implemento da condição suspensiva* a que estava subordinado o legado, e *incapacidade ou falta de legitimação do legatário* para recebê-lo, nos termos do art. 1.801 do Código Civil, no momento da abertura da sucessão[396].

Havendo caducidade do legado por qualquer uma dessas hipóteses, voltará ele à massa hereditária, sendo partilhado entre os herdeiros legítimos (CC, art. 1.788), salvo os casos de substituição e de direito de acrescer[397].

---

391. Carlos Maximiliano, op. cit., n. 1.056.
392. Silvio Rodrigues, op. cit., p. 182; Itabaiana de Oliveira, op. cit., p. 579.
393. Caio M. S. Pereira, op. cit., p. 203.
394. W. Barros Monteiro, op. cit., p. 192.
395. Itabaiana de Oliveira, op. cit., v. 2, p. 579.
396. Itabaiana de Oliveira, op. cit., v. 2, p. 580; W. Barros Monteiro, op. cit., p. 193.
397. Pinto Ferreira, *Legados*, cit., p. 169. Sobre legado: *RF, 181*:188, *198*:137; *RT, 117*:220, *202*:172, *307*:394, *366*:149, *382*:126.
Adenção é a revogação do legado pelo testador.

QUADRO SINÓTICO

LEGADO

1. CONCEITO	• Legado é a disposição testamentária a título singular, pela qual o testador deixa a pessoa estranha ou não à sucessão legítima um ou mais objetos individualizados ou uma certa quantia em dinheiro.	
2. OBJETO	• O objeto do legado deve ser lícito, possível, economicamente apreciável e suscetível de alienação, podendo ser presente ou futuro, determinado ou determinável, corpóreo ou incorpóreo, e nada obsta que incida sobre prestação de fazer ou não fazer.	
3. ESPÉCIES	• *a*) Quanto à sua modalidade	• Legado puro e simples (CC, art. 1.923, § 1º). • Legado condicional (CC, art. 1.900, I). • Legado a termo (CC, art. 1.921). • Legado modal ou com encargo (CC, arts. 1.938, 553 e 562). • Legado subcausa.
	• *b*) Quanto ao seu objeto	• Legado de coisa alheia (CC, arts. 1.912, 1.913 e 1.915). • Legado de coisa comum (CC, art. 1.914). • Legado de coisa singularizada (CC, art. 1.916). • Legado de universalidade. • Legado de coisa localizada (CC, art. 1.917). • Legado de crédito (CC, art. 1.918, §§ 1º e 2º). • Legado de quitação de dívida (CC, art. 1.919). • Legado de alimentos (CC, art. 1.920). • Legado de usufruto (CC, art. 1.921). • Legado de imóvel (CC, art. 1.922, parágrafo único).

4. EFEITOS	• Quanto à transmissão da propriedade e da posse. • Em relação ao direito de pedir o legado (CC, arts. 1.923, 1.924, 1.934; CPC, art. 647). • Relativamente aos frutos e juros da coisa legada (CC, arts. 1.923, § 2º, e 1.925). • Quanto à renda ou prestações periódicas que o herdeiro deverá pagar ao legatário, após a morte do testador (CC, arts. 206, § 2º, 813 e parágrafo único, 1.927 e 1.928, parágrafo único; CPC, art. 833, I). • Em relação à escolha do legado (CC, arts. 1.932, 1.940, 1.929, 1.930, 1.931, 1.915 e 1.933). • Concernentes aos riscos e às despesas com a entrega do legado (CC, arts. 1.936 e 399, 957; CPC, art. 89). • Atinentes à entrega da coisa legada (CC, art. 1.937). • Quanto à aceitação e à renúncia do legado (CC, arts. 1.923 e 1.808, § 1º).
5. CASOS DE CADUCIDADE	• Modificação substancial no bem legado (CC, art. 1.939, I). • Alienação voluntária da coisa legada, por qualquer título (CC, art. 1.939, II). • Perecimento ou evicção da coisa legada (CC, art. 1.939, III). • Indignidade do legatário (CC, art. 1.939, IV). • Premoriência do legatário (CC, art. 1.939, V). • Renúncia do legado pelo legatário. • Falecimento do legatário antes do implemento da condição suspensiva. • Incapacidade do legatário para receber o legado (CC, art. 1.801).

5. Direito de acrescer entre herdeiros e legatários

Se o testador designar, no ato de última vontade, vários herdeiros ou legatários para receberem, coletivamente, a herança ou o legado, é mister interpretar sua vontade, verificando se, na ausência de aceitação devida a falecimento antes da abertura da sucessão, renúncia da parte ideal ou exclusão da sucessão de um dos coerdeiros ou colegatários, a nomeação conjunta operará a transferência dos bens do *de cujus* para os sucessores de outra classe ou se o quinhão do faltoso beneficiará os demais coerdeiros ou colegatários; neste último caso, ter-se-á o direito de acrescer (*jus accrescendi*). Se o disponente deixar todos os bens, ou parte deles, ou ainda uma determinada coisa a duas ou mais pessoas, caracterizando a parte de cada um dos herdeiros ou legatários, a morte, a renúncia ou a exclusão de um deles não irá beneficiar os demais coerdeiros ou colegatários; não haverá direito de acrescer, de modo que a parte cabível ao finado, ao renunciante ou ao excluído será transmitida aos herdeiros legítimos do *auctor successionis*; todavia, se não houver determinação da porção de cada um dos coerdeiros ou colegatários, surgirá o direito de acrescer[398]. O direito de

398. Caio M. S. Pereira, op. cit., p. 236; Clóvis Beviláqua, *Direito das sucessões*, cit., § 77; Dower, op. cit., p. 397; Pinto Ferreira, *Tratado das heranças*, cit., p. 453-9; Pablo B. de Heredia, El derecho de acrescer, *Revista de Derecho Privado*, Madrid, 1956; Sebastião José Roque, *Direito das sucessões*, cit., p. 139-44; Alcino P. Falcão, Da inexistência do direito de acrescer entre herdeiros e legatários — Proposta de alteração legislativa, *RDC*, *25*:22; Simão Isaac Benjó, *Da inexistência do direito de acrescer entre herdeiros e legatários* (tese), Rio de Janeiro, 1979; Cláudio Luiz Bueno de Godoy, Do direito de acrescer entre herdeiros e legatários, *Revista IASP*, *19*:17-29; Antonio C. Morato, Do direito de acrescer entre herdeiros e legatários, *Temas relevantes de direito civil contemporâneo* (coord. G. E. Nanni), São Paulo, Atlas, 2008, p. 749-67.

acrescer consiste no direito do coerdeiro ou colegatário de receber o quinhão originário de outro coerdeiro ou colegatário, que não quis ou não pôde recebê-lo, desde que sejam, pela mesma disposição testamentária, conjuntamente chamados a receber a herança ou o legado em quotas não determinadas. Tem por fundamento a vontade presumida do testador[399], pois se este, na mesma disposição do testamento, nomear herdeiros para toda a herança, ou para uma quota-parte dela, ou deixar a vários legatários o mesmo objeto, ou parte dele, leva a crer que pretendia instituir direito de acrescer para os demais coerdeiros ou colegatários, se um deles viesse a faltar, apesar de não fazer menção, na cédula testamentária, a esse direito[400].

O coerdeiro ou colegatário só poderá repudiar a parte acrescida se também renunciar à herança ou ao legado. A aquisição do acréscimo opera-se de pleno direito; logo o beneficiário não pode repudiá-lo separadamente da herança ou do legado que lhe caiba. Permite-se, porém, que o beneficiário não exerça o direito de acrescer, sem que haja necessidade de renunciar herança ou legado, se o acréscimo comportar encargos especiais impostos pelo testador. O beneficiário do acréscimo não terá, então, a obrigação de aceitá-lo juntamente com a herança ou legado, podendo recusá-lo, ficando apenas com a parte que receberia se não houvesse tal acréscimo. A esse respeito Eduardo de Oliveira Leite aponta o seguinte exemplo: se sobre o acréscimo recair um legado de alimentos; nesse caso, uma vez repudiado, rever-

399. Machelard, *Dissertation sur l'acroissement,* cap. I, § 2º; Clóvis Beviláqua, *Direito das sucessões,* cit., § 77; Orlando Gomes, *Sucessões,* cit., p. 186; Carlos Maximiliano, op. cit., v. 3, n. 1.085. Observa W. Barros Monteiro (op. cit., p. 194-5) que o direito de acrescer não é peculiar à teoria das sucessões, podendo ser convencionado, no *direito das coisas,* entre usufrutuários conjuntos (CC, art. 1.411) e em relação à obra literária, científica e artística feita em colaboração (Lei n. 9.610/98, art. 42, parágrafo único), e, no *direito das obrigações,* no capítulo atinente à constituição da renda (CC, art. 828). Em todos esses casos há vocação conjunta de várias pessoas sobre a mesma coisa, sem determinação de porções, recolhendo os sobrevivos as quotas dos que venham a faltar.

400. W. Barros Monteiro, op. cit., p. 195; *RT, 138*:105, *501*:170, *594*:178; *RJTJSP*, *139*:136; *RF*, *31*:129, *35*:441. No direito de acrescer tem-se acréscimo legal que ocorre na sucessão testamentária, em prol de herdeiros ou legatários, de ver adicionada a quota do outro à sua parte, quando aquele vier a faltar. Tais acréscimos podem ser: *re et verbis*, se houver atribuição de toda a coisa a todos os contemplados; *re tantum*, se se configurar disposição de um mesmo bem, em mais de uma frase do testamento, a mais de uma pessoa; *verbis tantum*, se ocorrer disposição de um bem, na mesma frase, com distinção de quotas aos contemplados (Roberto Senise Lisboa, *Manual elementar de direito civil*, São Paulo, Revista dos Tribunais, 2002, v. 5, p. 253). *Consulte*: Eduardo de Oliveira Leite, *Comentários*, cit., p. 585; Matiello, *Código Civil*, cit., p. 1252-3. *Vide*: CC francês, arts. 786 e 1.044; CC espanhol, art. 982; CC italiano, arts. 674 e 677; CC português, arts. 2.301, 2.303 e 2.306; CC argentino, arts. 3.812 e 3.822.

te o acréscimo para a pessoa a favor de quem os encargos foram instituídos, ou seja, ao titular daquela prestação alimentícia (CC, art. 1.945), que passa a ser o beneficiário da porção cabível àquele incumbido de cumprir o legado. Substitui-se, assim, o direito de crédito que o testamento lhe conferia sobre o coerdeiro repudiante. O repúdio da parte acrescida só será lícito se ela for danosa ou desfavorável ao coerdeiro ou colegatário, não cobrindo as obrigações impostas pelo autor da herança. Havendo o repúdio, o acréscimo reverterá para a pessoa em favor de quem aqueles encargos foram instituídos.

É uma modalidade de compensação, pois, como observa Matiello, em lugar de tirar vantagem com o cumprimento do encargo incidente sobre a quota vaga, retirará proveito da incorporação ao seu patrimônio.

Pode-se ter direito de acrescer:

1º) *Entre coerdeiros* (CC, art. 1.941), desde que se verifiquem os seguintes requisitos[401]:

a) *nomeação dos herdeiros na mesma cláusula testamentária* para recolher o acervo hereditário ou porção dele.

Assim, havendo instituição distinta e não conjunta, não se terá o aumento das quotas dos coerdeiros com a parte do herdeiro falecido ao mesmo tempo ou antes do testador, ou antes do implemento da condição suspensiva, do renunciante, do excluído da sucessão ou daquele que não cumprir a condição suspensiva que lhe foi imposta, salvo o direito do substituto à parte dos coerdeiros conjuntos (CC, art. 1.943). Dessa forma, somente se não houver substituto designado pelo testador, o quinhão do herdeiro faltoso acrescer-se-á aos coerdeiros conjuntos (CC, art. 1.941). Se não houver disposição conjunta, ou melhor, não se efetuar o direito de acrescer, a parte não recolhida pelo nomeado será transmitida ao herdeiro legítimo (CC, art. 1.944). É preciso lembrar que pelo Código Civil, art. 1.943, parágrafo único, os coerdeiros, ou colegatários que receberem a quota do que deixou de herdar, deverão sujeitar-se às obrigações e encargos que a oneravam, pouco importando a que título se deu a caducidade, exceto se tiverem caráter personalíssimo. Aplica-se aqui o princípio *portio portioni adcrescit, non per-*

---

401. Orozimbo Nonato, op. cit., n. 831; W. Barros Monteiro, op. cit., p. 197-200; Caio M. S. Pereira, op. cit., p. 238; Carlos Maximiliano, op. cit., v. 1, p. 654, v. 2, p. 509; Ruggiero e Maroi, op. cit., v. 1, p. 409; Dower, op. cit., p. 399; Carvalho Santos, op. cit., v. 29, p. 12 e 15; Silvio Rodrigues, op. cit., p. 189-91; *RT, 264*:383; *AJ, 116*:119.

sonae. P. ex.: se o disponente deixar a "A" e a "B" a totalidade de sua fortuna com a condição de este, por ser um pintor famoso, fazer um retrato a óleo seu, e se "B" falecer antes do implemento da condição, "A" beneficiar-se-á com o acréscimo da quota de "B", sem que esteja obrigado a cumprir o dever de "B", por ser estritamente pessoal; mas se o testador tivesse imposto a "B" o ônus de pagar o legado, com seu óbito e consequente exclusão da herança, "A" passaria a ter essa obrigação. Portanto, havendo acrescimento, aos beneficiários transmitem-se os ônus que acompanham as liberalidades, e não apenas as vantagens que deveriam caber ao herdeiro faltoso;

b) *incidência na mesma herança,* já que a deixa deve compreender os mesmos bens ou a mesma porção de bens;

c) *ausência de determinação das quotas de cada um dos herdeiros,* pois, se houver quinhão hereditário determinado, não se terá direito de acrescer entre os coerdeiros, transmitindo-se, então, aos herdeiros legítimos o quinhão vago do nomeado (CC, arts. 1.941 e 1.944).

2º) *Entre colegatários,* se[402]:

a) *forem nomeados conjuntamente* e desde que não haja indicação de substituto (CC, arts. 1.941, *in fine,* e 1.943, segunda parte);

b) o legado recair em *uma só coisa determinada e certa* ou *quando esta for indivisível,* isto é, quando não puder ser dividida sem o risco de se deteriorar ou desvalorizar (CC, art. 1.942). P. ex.: se o testador legar a "A", "B" e "C" a casa "X" sem designar a parte de cada um, sem especificar que quota é de cada um. Se "A" renunciar, falecer, for excluído da sucessão, ou se a condição sob a qual foi nomeado não se realizar, sua parte acrescerá, salvo direito do substituto, à quota dos colegatários (CC, art. 1.943), que ficarão sujeitos às obrigações e encargos que a oneravam (CC, art. 1.943, parágrafo único). Esclarece Washington de Barros Monteiro que "a expressão *uma só coisa*, apesar da sua literalidade, não impede o direito de acrescer, quando o legado consista em *muitas coisas* certas e determinadas. Uma só coisa disse o legislador, decerto para exigir somente que sobre o mesmo objeto e em todo ele recaia o direito de cada colegatário";

402. Itabaiana de Oliveira, op. cit., v. 2, p. 510-4; Caio M. S. Pereira, op. cit., p. 238-40; Carvalho Santos, op. cit., v. 24, p. 14; José Lopes de Oliveira, op. cit., p. 182-4; W. Barros Monteiro, op. cit., p. 200-1; Carlos Maximiliano, op. cit., v. 2, p. 523; Vieira Ferreira, Direito de acrescer, *RT, 163*:489; Orozimbo Nonato, op. cit., v. 2, p. 36; Ferreira Alves, *Manual do Código Civil brasileiro,* cit., v. 19, p. 276-7; Vitali, op. cit., v. 3, n. 2.172; *RT, 150*:228.

c) *um deles* vier *a faltar,* em razão de *premoriência, renúncia, exclusão* (CC, art. 1.943); desde que o testador não lhe tenha dado substituto, sua quota será acrescida à dos remanescentes, sujeita, convém repetir, aos mesmos ônus ou encargos que a gravavam exceto, é óbvio, se forem personalíssimos. Não havendo direito de acrescer entre colegatários, a parte do faltoso acresce à do herdeiro ou legatário designado para cumprir esse legado, ou a todos os herdeiros em proporção dos seus quinhões, se o legado se deduziu da herança (CC, art. 1.944, parágrafo único). Como em nosso direito está prevista a possibilidade de legado de usufruto (CC, art. 1.921) em que o beneficiário recebe o direito de usar e gozar de bem alheio, por certo tempo ou vitaliciamente, se for legado um só usufruto conjuntamente a duas ou mais pessoas, a parte da que faltar acresce aos colegatários (CC, art. 1.946). Se, porém, não houve conjunção entre estes, ou se, apesar de conjuntos, só lhes foi legada certa parte do usufruto, as quotas dos que faltarem consolidar-se-ão na propriedade, à medida que eles forem faltando (CC, art. 1.946, parágrafo único). Só haverá, portanto, direito de acrescer, em caso de premoriência, renúncia, exclusão de um dos colegatários ou usufrutuários, se existir disposição conjunta de usufruto (*RT, 150*:22), sem distribuição de quinhões entre eles. Assim, se o testador não faz disposição conjunta, isto é, se o usufruto for legado em partes certas, apesar de conjuntos os colegatários, se um deles vier a faltar, não se terá acrescimento, porém consolidação da propriedade, e assim sucessivamente, até que haja extinção desse direito real, de tal modo que o nu proprietário irá, paulatinamente, recebendo o uso e o gozo do bem.

À guisa de conclusão, poder-se-á afirmar que não haverá direito de acrescer[403]:

1º) Se o testador distribuir o acervo hereditário, designando a cada um dos nomeados a quota que lhe cabe na herança ou legado, ou declarando que os coerdeiros ou colegatários, ao serem chamados à sucessão, deverão partilhar por

---

403. Caio M. S. Pereira, op. cit., p. 239; Itabaiana de Oliveira, op. cit., v. 2, p. 509-10; De Page, op. cit., n. 1.274; Clóvis Beviláqua, *Comentários,* cit., v. 6, p. 239. Já há julgado no sentido de que: "I — Quando o testador fixa a cota ou o objeto de cada sucessor, não há direito de acrescer entre os demais herdeiros ou legatários. Ocorre a conjunção *verbis tantum* quando são utilizadas as expressões *partes iguais*, *partes equivalentes*, ou outras que denotem o mesmo significado, o que exclui o direito de acrescer. II — No âmbito do recurso especial, é inadmissível a verificação da real intenção ou vontade do testador, em razão do enunciado n. 7 da Súmula desta Corte. Recurso especial não conhecido" (STJ, 3ª Turma, REsp 565.097-RS, rel. Min. Castro Filho, *DJ*, 19-4-2004, p. 197).

igual o que lhes foi transmitido (CC, art. 1.941). P. ex.: se o testador dispõe que deixa a "A" e a "B" seus bens, para que os partilhem pela metade.

2º) Se o disponente nomeou substituto ao herdeiro ou legatário instituído (CC, arts. 1.941 e 1.943).

3º) Se a cédula testamentária foi declarada nula ou anulada, caso em que subsistirá a sucessão legítima (CC, art. 1.788).

Quadro Sinótico

DIREITO DE ACRESCER ENTRE HERDEIROS E LEGATÁRIOS

1. CONCEITO	• Direito de acrescer consiste no direito do coerdeiro ou colegatário de receber o quinhão originário de outro coerdeiro ou colegatário, que não quis ou não pôde recebê-lo, desde que sejam, pela mesma disposição testamentária, conjuntamente chamados a receber a herança ou o legado em quotas não determinadas.
2. DIREITO DE ACRESCER ENTRE COERDEIROS	• *a*) Nomeação dos herdeiros na mesma cláusula testamentária para receber o acervo hereditário ou porção dele (CC, arts. 1.941, 1.943, 1.944). • *b*) Incidência na mesma herança. • *c*) Ausência de determinação das quotas de cada um.
3. DIREITO DE ACRESCER ENTRE COLEGATÁRIOS (CC, ARTS. 1.942, 1.943, PARÁGRAFO ÚNICO, 1.944, PARÁGRAFO ÚNICO)	• *a*) Nomeação conjunta dos colegatários. • *b*) Legado deve recair em uma só coisa, determinada e certa, ou indivisível. • *c*) Ausência de um dos colegatários, em razão de premoriência, renúncia, exclusão da sucessão, desde que o testador não tenha nomeado substituto. • *d*) Legado de um só usufruto conjuntamente a duas ou mais pessoas (CC, art. 1.946, parágrafo único).
4. CASOS EM QUE NÃO HÁ DIREITO DE ACRESCER	• *a*) Distribuição, feita pelo testador, dos bens, designando a cada um dos nomeados a quota que lhe cabe na herança ou no legado, ou declarando que cada qual deverá partilhá-los por igual (CC, art. 1.941). • *b*) Nomeação de substituto ao herdeiro ou legatário constituído (CC, art. 1.943). • *c*) Declaração de nulidade ou anulabilidade da cédula testamentária (CC, art. 1.788).

6. Substituições

A. Conceito de substituição hereditária

O testador tem ampla liberdade de testar, desde que preserve a legítima dos herdeiros necessários. Além de lhe ser permitida a instituição de herdeiro e legatário em primeiro grau, a norma jurídica autoriza-lhe indicar substituto (sucessor de segundo grau) para recolher os bens da herança, na falta de herdeiro ou legatário nomeado, em virtude de falecimento antes da abertura da sucessão, de renúncia, ou de exclusão, ou após o herdeiro ou legatário indicado em primeiro lugar, que, nesse caso, passará os bens transmitidos pelo *de cujus*, depois de um certo tempo, a um substituto[404].

A substituição hereditária é a disposição testamentária na qual o disponente chama uma pessoa para receber, no todo ou em parte, a herança ou o legado, na falta ou após o herdeiro ou legatário nomeado em primeiro lugar, ou seja, quando a vocação deste ou daquele cessar por qualquer causa[405].

Chironi chega a afirmar que a substituição é uma nova instituição de herdeiro ou legatário, que se torna eficaz quando a primeira não produziu efeito, ou depois que o produziu[406]. A substituição hereditária é uma institui-

---

404. Aubry e Rau, op. cit., v. 7, § 693, escrevem: *"La substitution, en général, est une disposition par laquelle un tiers est appellé à recueillir une liberalité, à défaut d'une autre personne ou après elle"*. *Vide* Lacerda de Almeida, *Direito das sucessões*, cit., p. 307; Pacifici-Mazzoni, op. cit., v. 3, p. 368; Silvio Rodrigues, op. cit., p. 225-6; José Lopes de Oliveira, op. cit., p. 205; Vitali, op. cit., v. 2, n. 2.232; Sebastião José Roque, *Direito das sucessões*, cit., p. 163-72; Olivio A. O. Martins, A substituição testamentária em razão de renúncia, *RJ*, *92*:136; Zeno Veloso, *Comentários*, cit., v. 21, p. 293 a 305.

405. W. Barros Monteiro, op. cit., p. 225; Carlos Maximiliano, op. cit., v. 3, n. 1.223; Vitali, op. cit., v. 4, p. 555; Itabaiana de Oliveira, op. cit., v. 2, p. 581.

406. Chironi, *Istituzioni*, § 476, apud Clóvis Beviláqua, *Sucessões*, cit., p. 323.

ção que se subordina a outra, daí Clóvis considerá-la como uma instituição subsidiária e condicional[407], ficando na dependência de evento futuro e incerto, isto é, o não recolhimento da herança pelo substituído só atua se o substituído (primeiro instituído) não quiser ou não puder recolher a herança ou o legado, que, então, passará ao substituto (segundo instituído)[408].

B. Princípios

Os princípios[409] que regem as substituições são:

1º) o substituto deve ter capacidade para ser instituído em primeiro grau; a existência da capacidade do substituto é a do tempo da abertura da sucessão;

2º) podem ser dados substitutos a um só herdeiro ou um substituto único a muitos herdeiros;

3º) não é permitida a substituição de mais de um grau (CC, art. 1.959);

4º) a substituição é uma instituição condicional, porém pode ser subordinada a outra condição, a um termo ou a um encargo;

5º) o substituto pode ser nomeado no mesmo testamento em que for feita a instituição ou em cédula testamentária posterior, desde que observados os requisitos subjetivos e formais;

6º) o substituto deverá cumprir o encargo ou condição imposta ao substituído, exceto se o disponente estabeleceu diferentemente, ou se o contrário resultar das circunstâncias, ou melhor, da natureza da condição ou do encargo (CC, art. 1.949). P. ex.: se a herança ou o legado tiver sido subordinado a encargo em benefício do próprio substituto; se a obrigação for personalíssima, como a de fazer uma cirurgia ou a de compor uma música, tal encargo não se transmitirá ao substituto, mas poderá ser transmitido se o testador o determinar. Pontes de Miranda ensina-nos que se o instituído era pintor e uma parte da herança lhe foi deixada com o *modus* de pintar o retrato da filha do *de cujus*, nomeando-se como seu substituto terceira pessoa,

---

407. Clóvis Beviláqua, *Sucessões*, cit., § 89.

408. Silvio Rodrigues, op. cit., p. 226 e 228; Itabaiana de Oliveira, op. cit., v. 2, p. 581.

409. Clóvis Beviláqua, *Código Civil dos Estados Unidos do Brasil*, cit., v. 6, p. 199; Caio M. S. Pereira, op. cit., p. 206-7; Biondo Biondi, *Successione testamentaria e donazioni*, n. 97; Carlos Maximiliano, op. cit., ns. 1.228 e s.; Ferreira Alves, *Manual do Código Civil brasileiro*, cit., v. 19, n. 242; Orozimbo Nonato, v. 3, ns. 780, 782 e s.; Pontes de Miranda, *Tratado de direito privado*, Rio de Janeiro, Borsoi, 1973, t. 58, p. 114.

impondo-se-lhe o mesmo encargo; ou o substituto, sendo pintor, executará o referido quadro, ou, não o sendo, deverá convidar pintor da mesma categoria do substituído para cumprir a execução daquela tarefa.

C. Espécies de substituição

Nosso Código Civil admite três espécies de substituição: a vulgar ou ordinária (arts. 1.947 e 1.949), a recíproca (arts. 1.948 e 1.950), e a fideicomissária (arts. 1.951 a 1.960), que se subordinam aos mesmos princípios, distinguindo-se por caracteres peculiares ou próprios[410]. Porém, ao lado dessas espécies poder-se-á colocar a substituição compendiosa[411].

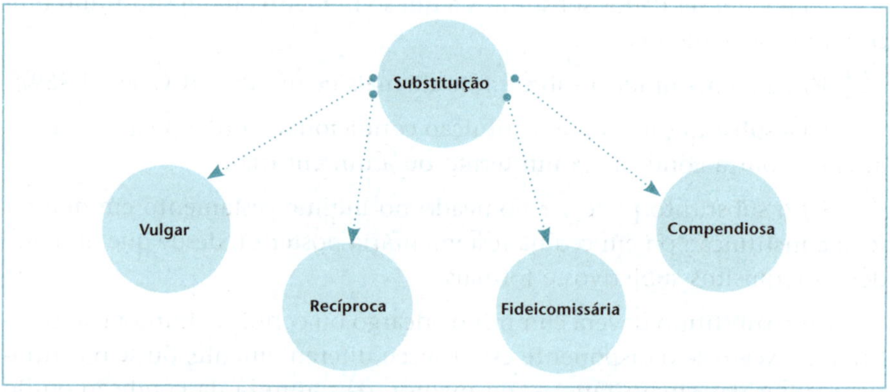

Na substituição vulgar e na recíproca há instituição simultânea de beneficiários, e convocação direta no lugar do substituído, ou seja, o substituto só receberá se o substituído não puder ou não quiser recolher a herança ou o legado. Trata-se de uma substituição direta porque nenhum intermediário se interpõe entre o testador e o substituto. Na fideicomissária, apesar da instituição ser também simultânea, o substituto apenas receberá a herança ou o legado mais tarde, por transmissão que lhe faça o substituído, porque é considerada substituição indireta, por existir intermediário entre o testador e o substituto, pois os sujeitos dessa substituição são: o fideicomitente, que é o instituidor mediante cuja declaração de vontade se processa a substituição, e

410. Itabaiana de Oliveira, op. cit., v. 2, p. 582; Caio M. S. Pereira, op. cit., p. 206.

411. W. Barros Monteiro, op. cit., p. 240; João Luís Alves, *Comentários ao Código Civil,* cit., v. 3, p. 150.

o fiduciário, que é a pessoa que, durante a sua vida, ou certo tempo, é o titular, com caráter resolúvel, do fideicomisso (herança ou legado), tendo o encargo de transmitir a determinada pessoa (fideicomissário) a liberalidade[412].

Sinteticamente, poder-se-á dizer que:

a) a substituição vulgar consiste na indicação da pessoa que deve ocupar o lugar do herdeiro ou legatário que não quer ou não pode aceitar o que lhe compete;

b) a substituição recíproca é aquela em que os herdeiros são designados substitutos uns dos outros;

c) a substituição fideicomissária ocorre quando o herdeiro ou legatário recebe a liberalidade para transmiti-la, por sua morte, ou depois de certo tempo, ao seu substituto;

d) a substituição compendiosa é aquela em que se tem a concorrência da substituição vulgar e da fideicomissária[413].

D. Substituição vulgar ou ordinária

Como já dissemos acima, a substituição vulgar, direta ou ordinária verifica-se quando o testador designa expressamente, no ato de última vontade, uma pessoa que deverá suceder em lugar do herdeiro ou do legatário que não quis ou não pôde aceitar a liberalidade, havendo presunção de que a substituição foi determinada para as duas alternativas, ainda que o disponente tenha-se referido a uma delas no testamento público, particular ou cerrado etc. (CC, art. 1.947). Logo, a substituição vulgar só se realizará, abrindo-se a sucessão para o substituto, se se efetivar uma das duas contingências de que depende, ou seja, somente se o instituído premorrer ao testador, repudiar a herança ou o legado, ou for excluído por indignidade. Daí se infere que o substituto não é herdeiro enquanto não se realizar a condição a que se acha subordinado o seu direito eventual, visto que se o herdeiro ou legatário aceitar a liberalidade, ou não for excluído dela, não haverá substituição[414].

---

412. Caio M. S. Pereira, op. cit., p. 206; W. Barros Monteiro, op. cit., p. 226; Pinto Ferreira, Fideicomisso, in *Enciclopédia Saraiva do Direito*, v. 37, p. 172.

413. *Vide* Pinto Ferreira, op. cit., p. 173.

414. Orlando Gomes, *Sucessões*, cit., n. 166; José Lopes de Oliveira, op. cit., p. 206-7; Clóvis Beviláqua, *Comentários*, cit., v. 6, p. 205; Itabaiana de Oliveira, op. cit., v. 2, p. 583-4; Dower, op. cit., p. 416; *RT*, *192*:245; CC argentino, arts. 3.724 e 3.725; CC francês,

A substituição ordinária pode beneficiar um estranho, um parente sucessível ou não, ou um herdeiro legítimo; porém, somente poderá favorecer herdeiro necessário fora de sua legítima, como na hipótese de se lhe deixar a quota disponível do testador, com indicação de substituto, sem quaisquer danos à sua quota reservatária[415].

O testador poderá substituir muitas pessoas a uma só ou vice-versa, sendo lícito indicar um indivíduo para substituir vários herdeiros e legatários. Nada obsta que o disponente designe mais de um substituto sucessivo para o herdeiro ou legatário, instituído em primeiro lugar; p. ex.: o testador poderá, no caso de "A" não querer ou não poder aceitar a herança, nomear seu substituto "B", declarando que, se "B" não a quiser ou não a puder aceitar, será substituído por "C", e assim *ad infinitum*. A substituição vulgar será singular se se tiver um só substituto ao herdeiro ou legatário instituído, e plural ou coletiva se são vários os substitutos, convocados simultaneamente e não sucessivamente, porque não há substituto além do segundo grau, de modo que o testador não poderá dispor que deixa determinado bem a "A" e que, em sua falta, "B" e "C" herdarão na ordem estabelecida, primeiro um e depois o outro. Na substituição coletiva, a liberalidade será dividida entre eles em partes iguais, procedendo-se à convocação simultânea e não sucessiva[416]. Qualquer que seja o número de substitutos indicados, a instituição é uma só, uma vez que, como pondera Ruggiero e Maroi, só será herdeiro ou legatário aquele que vier a receber a herança ou o legado[417]. Enneccerus, Kipp e Wolff pontificam que, quando houver dúvidas em se saber se um substituto é vulgar ou fideicomissário, dever-se-á considerar como substituição vulgar, segundo a regra de que esta pode conter-se na outra, mas o fideicomisso nunca poderá ser inserido na substituição vulgar[418].

---

art. 898; CC português, art. 2.281; BGB, §§ 2.096 e 2.097; CC espanhol, art. 774 e CC italiano, art. 688.

415. Caio M. S. Pereira, op. cit., p. 207.

416. Silvio Rodrigues, op. cit., p. 229-30; Caio M. S. Pereira, op. cit., p. 208; Lacerda de Almeida, *Direito das sucessões,* cit., § 47; Paul Leuba, *Du régime successoral en droit français et en droit suisse,* p. 209; Itabaiana de Oliveira, op. cit., n. 1.730; W. Barros Monteiro, op. cit., p. 227; Trigo de Loureiro, op. cit., § 401, n. 3; José Lopes de Oliveira, op. cit., p. 207.

417. Ruggiero e Maroi, op. cit., § 99.

418. Enneccerus, Kipp e Wolff, op. cit., v. 1, § 48.

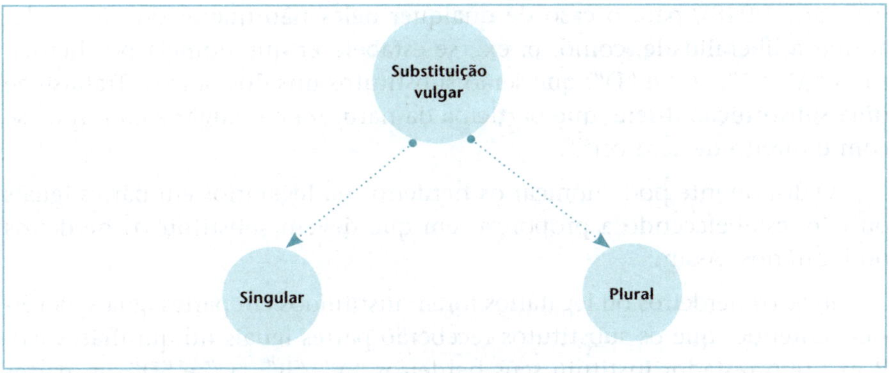

Havendo substituição, é óbvio que o substituto recolherá a herança ou o legado não só com todas as suas vantagens, mas também ficará sujeito aos encargos e condições impostas ao substituído, quando não foi outra a intenção manifestada pelo testador, ou não resultar outra coisa da natureza da condição ou encargo (CC, art. 1.949), p. ex., por ser personalíssimo, como a incumbência a um escritor de fazer a biografia do *de cujus,* hipótese em que tal encargo não se transmite do substituído para o substituto.

Ter-se-á a caducidade da substituição vulgar se houver:

a) aceitação da herança ou do legado pelo primeiro instituído;

b) falecimento do substituto antes do substituído ou do testador;

c) incapacidade do substituto para suceder por testamento;

d) renúncia do substituto à herança ou ao legado;

e) inadimplemento de condição suspensiva imposta à substituição;

f) aceitação da herança ou do legado pelos sucessores do instituído, morto depois de aberta a sucessão, mas antes de se pronunciar sobre ela, visto que o direito de aceitar passa aos seus sucessores[419].

E. Substituição recíproca

A substituição recíproca é aquela em que o testador, ao instituir uma pluralidade de herdeiros ou legatários, os declara substitutos uns dos outros

419. W. Barros Monteiro, op. cit., p. 228; Caio M. S. Pereira, op. cit., p. 209; Itabaiana de Oliveira, op. cit., v. 2, n. 634.

(CC, art. 1.948), para o caso de qualquer deles não querer ou não poder aceitar a liberalidade, como, p. ex., se estabelecer que nomeia por herdeiros a "A", "B", "C" e "D", que serão substitutos uns dos outros. Trata-se de uma substituição direta, que participa da natureza da vulgar e confunde-se com o direito de acrescer[420].

O disponente pode nomear os herdeiros ou legatários em partes iguais ou não, estabelecendo a proporção em que devem substituir os herdeiros ou legatários. Assim:

a) Se os herdeiros ou legatários forem instituídos em partes iguais, dever-se-á entender que os substitutos receberão partes iguais no quinhão vago. P. ex.: se o testador instituiu seus herdeiros "A", "B", "C" e "D" em partes idênticas, cada qual terá, então, uma quarta parte da herança, ordenando que sejam substitutos entre si; falecendo "B", sua parte será subdividida igualmente entre "A", "C" e "D"[421].

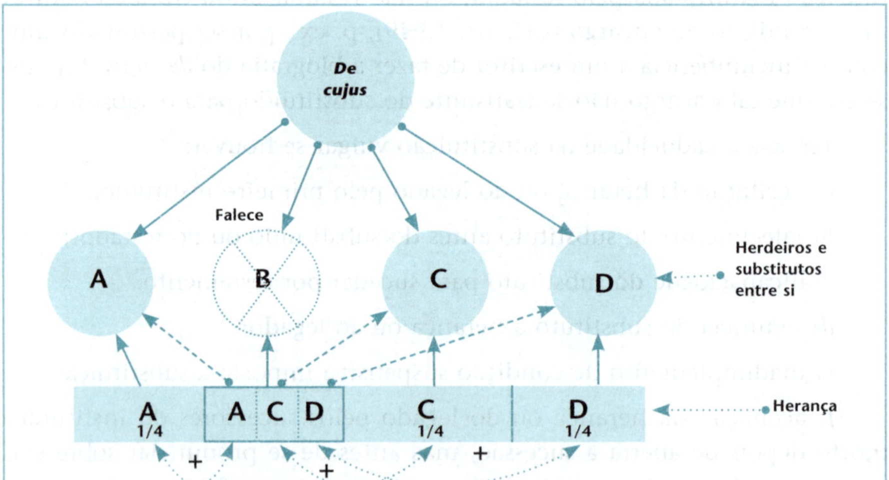

b) Se os herdeiros ou legatários forem instituídos em partes desiguais, a proporção dos quinhões, fixada na primeira disposição, entender-se-á mantida na segunda (CC, art. 1.950, 1ª parte). P. ex.: se forem nomeados herdeiros "A" com 1/6 da herança, "B" com 2/6, e "C" com 3/6, sendo substi-

420. É o que diz Itabaiana de Oliveira, op. cit., v. 2, n. 636.

421. João Luís Alves, *Comentários ao Código Civil*, cit., p. 1224; Itabaiana de Oliveira, op. cit., v. 2, p. 587.

tutos entre si. Se "A" não aceitar a herança, sua quota será dividida entre "B" e "C" na mesma proporção fixada na primeira disposição, isto é, "B" receberá duas partes dela e "C" três[422].

Esclarecedor é o gráfico:

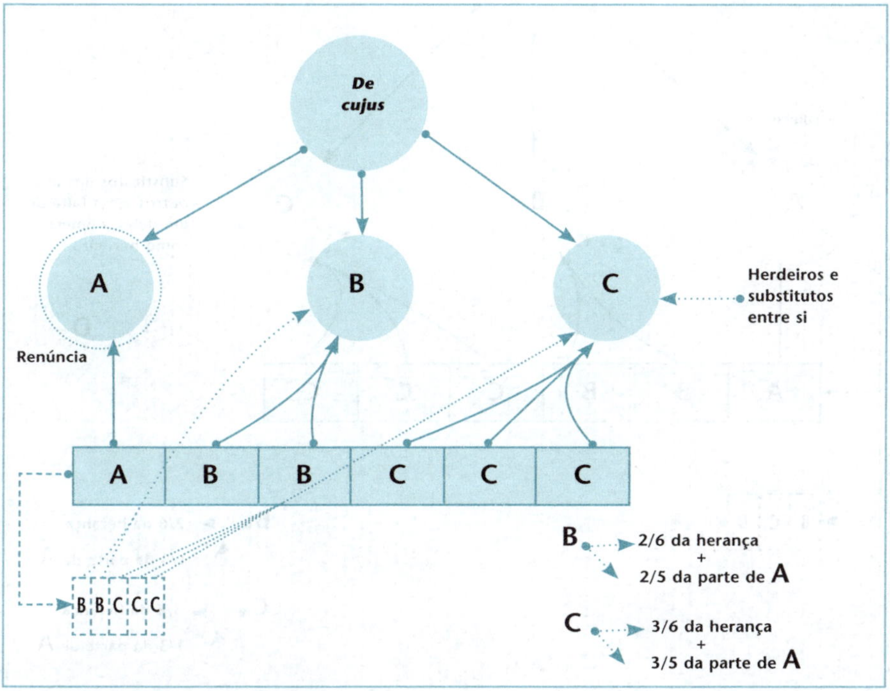

c) Se com os herdeiros ou legatários, instituídos em partes desiguais, for incluída mais alguma pessoa na substituição, o quinhão vago pertencerá em partes iguais aos substitutos (CC, art. 1.950, 2ª parte). P. ex.: se o testador instituir seus herdeiros "A", por 1/6 da herança, "B" por 2/6, e "C" por 3/6, dispondo que, na falta de um deles por premoriência, indignidade ou renúncia, nomeia "D" como herdeiro, juntamente com os demais. Dessa maneira, se "A" falecer, o seu quinhão (1/6) será dividido em partes iguais por todos os outros herdeiros, inclusive "D", que é um substituto vulgar e concorre com os substitutos recíprocos[423].

---

422. Itabaiana de Oliveira, op. cit., v. 2, p. 587. *Vide*: CC italiano, art. 689, al. 2.
423. Itabaiana de Oliveira, op. cit., v. 2, p. 588. *Consulte*: CC português, art. 2.283, al. 2.

Assim, graficamente, ilustramos:

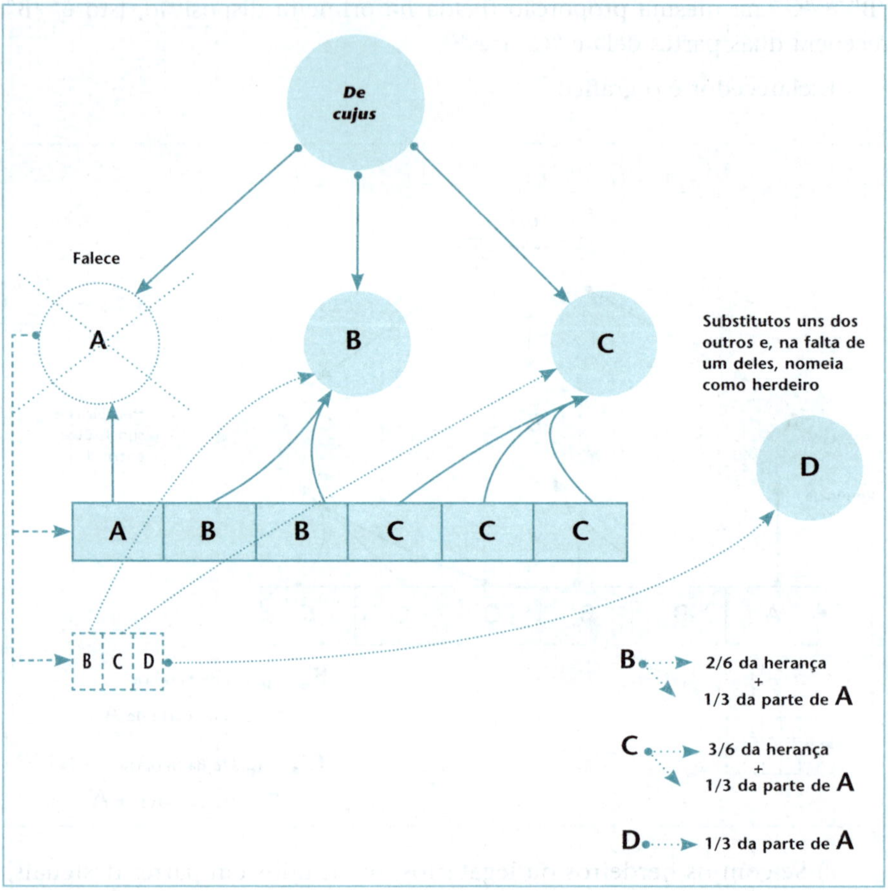

F. Substituição fideicomissária

f.1. Conceito e requisitos

Na substituição fideicomissária a liberalidade não é simultânea, mas sucessiva, havendo uma dupla liberalidade, em ordem sucessiva, ao fiduciário e ao fideicomissário, pois o fiduciário receberá, desde logo, a posse e a propriedade de toda a herança ou de quota parte desta (fideicomisso universal) ou do legado, isto é, de coisa certa e determinada do espólio (fideicomisso particular), transmitindo o recebido ao fideicomissário, depois de sua morte (*quum morietur*), do decurso de certo tempo ou sob certa condição (CC, art. 1.951). Ter-se-á fideicomisso, p. ex., se o testador (fideicomitente) deixar a

"A" (fiduciário — titular da propriedade resolúvel) uma joia, estabelecendo que, após a morte de "A", ela passará a "B" (fideicomissário — titular do direito eventual). "O fideicomisso, previsto no art. 1.951 do Código Civil, somente pode ser instituído por testamento" (Enunciado n. 529 do Conselho da Justiça Federal, aprovado na V Jornada de Direito Civil).

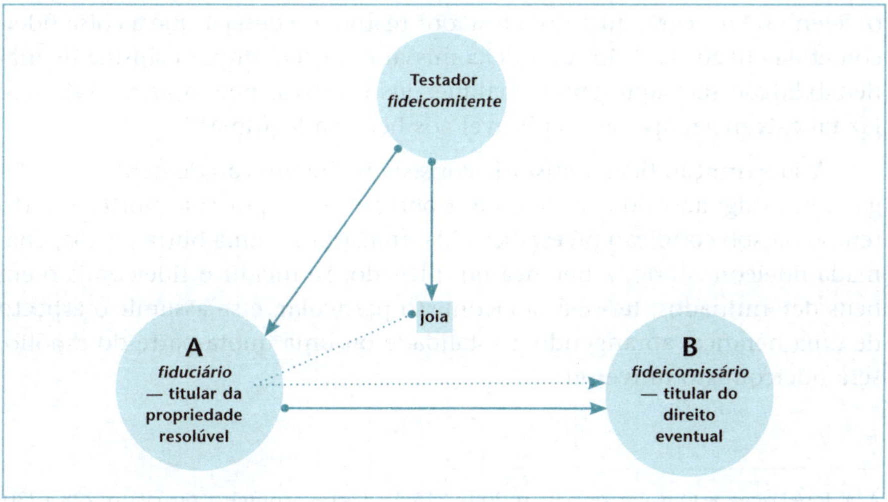

No atual Código Civil a substituição fideicomissária apresenta-se como um recurso técnico-hábil para atender ao desejo do testador de instituir herdeiro não existente ao tempo da abertura da sucessão. Deveras, pelo art. 1.952 só é cabível em favor dos não concebidos ao tempo da morte do testador, ou seja, em favor de prole eventual da pessoa por ele indicada (CC, arts. 1.799, I, e 1.800, § 4º). Assim, p. ex., um avô poderá contemplar futuro neto, ainda não concebido por sua única filha, por ocasião da abertura da sucessão. A nova lei restringe o fideicomisso a essa hipótese apenas, visto que constitui um obstáculo à circulação de bens, não se justificando como meio para atingir resultado a que se poderia chegar mediante constituição de usufruto. Mas se, ao *tempo da abertura da sucessão*, já houver nascido o fideicomissário, adquirirá este a nua propriedade dos bens fideicometidos, convertendo-se em usufruto (CC, art. 1.394) o direito do fiduciário (CC, art. 1.952, parágrafo único) pelo tempo previsto no testamento. Com isso ter-se-á a caducidade do fideicomisso. Prevê, portanto, a conversão do fideicomisso em usufruto.

O domínio do fiduciário sobre a herança ou o legado é resolúvel (CC, art. 1.953), sendo, portanto, proprietário sob condição resolutiva, podendo usar, gozar, dispor, gravar e reivindicar o bem. Se o domínio, porém, vier a resolver-se, a alienação porventura feita pelo fiduciário tornar-se-á ineficaz, e o adquirente deverá devolver o bem ao fideicomissário (CC, art. 1.359). Com a resolução do domínio, resolvem-se os direitos reais instituídos pelo fiduciário, passando ao fideicomissário, em favor de quem se opera a resolução, o bem fideicometido, que pode ser reivindicado do poder de quem o detenha. Em regra, quando o testador realmente desejar que a coisa fideicometida chegue às mãos do fideicomissário, deverá impor cláusula de inalienabilidade sem apresentar qualquer justificativa, pois o art. 1.848, que faz tal exigência, apenas é aplicável aos bens da legítima[424].

A substituição fideicomissária consiste na instituição de herdeiro ou legatário, designado fiduciário, com a obrigação de, por sua morte, a certo tempo ou sob condição preestabelecida, transmitir a uma outra pessoa, chamada fideicomissário, a herança ou o legado. Se incidir o fideicomisso em bens determinados, ter-se-á fideicomisso particular, e se assumir o aspecto de uma herança, abrangendo a totalidade ou uma quota-parte do espólio, será fideicomisso universal[425].

---

424. José Lopes de Oliveira, op. cit., p. 209 e 215; W. Barros Monteiro, op. cit., p. 228 e 230; Silvio Rodrigues, op. cit., p. 235; Pinto Ferreira, *Tratado das heranças,* cit., p. 573-95; Paulo Carneiro Maia, *Substituição fideicomissária,* São Paulo, 1967; Gilberto Valente da Silva, Fideicomisso, *RT, 471*:261 e s.; Alírio G. Barbosa, *Das substituições fideicomissárias,* Lisboa, 1945; Salvatore Piras, *La costituzione fidecommissaria nel diritto civile italiano,* Milano, 1952; *EJSTJ, 10*:79; *RF, 330*:368-374; *RT, 789*:350, *691*:136, *680*:139, *642*:176, *603*:63. Observa Zeno Veloso que, "se o testador não tiver imposto a dita cláusula, pode o fiduciário, não obstante, alienar o bem fideicometido? Como se sabe, embora reversível, resolúvel, o fiduciário é titular da propriedade; não é mero usufrutuário. O fiduciário é dono, ainda que seu domínio seja revogável, restrito. Assim, respeitada a *resolubilidade,* que é inerente ao fideicomisso, pode, sim, o fiduciário alienar o que recebeu em fideicomisso. Resolvendo-se o direito do fiduciário, consolida-se o direito do fideicomissário (art. 1.951), e cai a alienação feita antes, tornando-se ineficaz, aplicando-se, também, o art. 1.359 — *resoluto jure dantis resolvitur jus accipientis*. E à mesma conclusão se chega se o caso for de hipoteca ou de constituição de outro gravame" (*Código,* cit., p. 2134). O STF já admitiu doação com fideicomisso: *RTJ, 70*:394. *Vide*: CC italiano, art. 692; CC espanhol, art. 781; CC chileno, art. 1.164; CC suíço, art. 488; CC português, art. 2.286; BGB, § 2.100. Vedam o fideicomisso: CC paraguaio, art. 2.694; CC mexicano, art. 1.473; CC argentino, art. 3.732. São corretos os termos *fideicometido* ou *fideicomitido*; preferimos o primeiro por ter sido o adotado pelo Código Civil.

425. Silvio Rodrigues, op. cit., p. 230; Itabaiana de Oliveira, op. cit., v. 2, p. 591; Caio M. S. Pereira, op. cit., p. 210 e 212; *RT, 146*:834, *395*:405, *422*:392; Pinto Ferreira, Fideicomisso, cit., p. 169 e 178. "O fideicomisso, admitido pela lei civil em matéria sucessória, pode ser constituído, também, por ato entre vivos e é válido o instituído, no Brasil, por estrangeiro contra disposições de sua lei nacional, vigente ao tempo do ato, se já era ele, então, considerado cidadão brasileiro por preceito da Constituição de 1891.

Fácil é denotar que se distingue, nitidamente, da substituição vulgar, uma vez que nesta uma só pessoa se beneficia com a herança ou o legado, pois o herdeiro ou legatário recebe definitivamente a liberalidade, ou não a recolhe por renúncia, premoriência ou exclusão, caso em que a herança ou o legado será transmitido ao substituto[426]. A temporariedade é uma característica do fideicomisso, de modo que a entrega do bem fideicometido ao fideicomissário ocorrerá por morte do fiduciário, a tempo certo ou sob condição[427].

Não é admissível a instituição de fideicomisso além do segundo grau, isto é, a nomeação de substituto para o fideicomissário (CC, art. 1.959), embora possa haver nomeação plúrima de fideicomissários conjuntos, vigorando entre eles o direito de acrescer[428] (*RT, 472*:210).

É de bom alvitre lembrar que a legítima não pode ser objeto de fideicomisso, que só pode recair na parte disponível do testador.

Aplica-se à doação, por analogia, o princípio que manda prevalecer, na interpretação da cláusula testamentária, a que melhor assegure a vontade do testador" (*RF, 128*:498). Ementa — Inventário — Testamento — Instituição de fideicomisso — Efetiva vontade do testador — Renúncia expressa pelo fideicomissário — Cláusulas restritivas — Não prevalência na hipótese. Recurso provido. Tratando-se de legado que ficou gravado com as cláusulas de inalienabilidade e incomunicabilidade, mas *restando* demonstrado que a efetiva vontade do testador foi a instituição de fideicomisso, explicitando como destinatários seus netos, filhos da legatária, e tendo *havido expressa renúncia* por parte do fideicomissário, como lhe permite o art. 1.735 do Código Civil, admissível é o levantamento de tal gravame, uma vez que a referida renúncia consolida em mãos dos fiduciários a propriedade dos bens que antes eram pela fideicomissária detidos sob forma resolúvel (TJRJ, 3ª Câm. Cível, AC 9.119/2001, rel. Des. Antonio F. Duarte, j. em 22-2-2002).

O TJMG (AC 1.0028.06.012058-2/01-Andrelândia) decidiu sobre interpretação de cláusula testamentária, pela qual o testador nomeou herdeira universal, mencionando que, com a morte da beneficiária, os bens seriam transmitidos à filha dela. A sentença recorrida entendeu que houve constituição de fideicomisso no testamento. A substituição fideicomissária ocorre quando o testador chama à sucessão uma pessoa depois da outra na titularidade de determinada posição jurídica, uma de titularidade temporária, outra definitiva. Contudo, a decisão foi reformada pelo acórdão em comento, com base na interpretação do testamento conforme a vontade do testador, entendendo que, embora na data da lavratura do testamento estivesse em vigor o Código Civil de 1916, que previa o fideicomisso, a vontade declarada pelo testador não contém, expressamente, a substituição fideicomissária (a beneficiária poderia falecer antes de receber a herança e a ressalva visou assegurar que, na sua falta, a filha fosse beneficiada).

426. Silvio Rodrigues, op. cit., p. 231.

427. Caio M. S. Pereira, op. cit., p. 212.

428. Esta é a lição de Caio M. S. Pereira, op. cit., p. 212; Carlos Maximiliano, v. 3, ns. 1.254 e 1.274; Orozimbo Nonato, op. cit., n. 804; W. Barros Monteiro, op. cit., p. 232.

Para a caracterização da substituição fideicomissária, são necessários os seguintes requisitos[429]:

1º) *Dupla vocação,* devendo haver duas disposições do mesmo bem em favor de pessoas diferentes, que receberão a herança, ou o legado, uma depois da outra, visto que três pessoas deverão intervir: o testador ou *fideicomitente,* que institui o *fiduciário,* que receberá a liberalidade com o encargo de transmiti-la ao *fideicomissário,* que, por não estar ainda concebido *ao tempo da abertura da sucessão,* terá a titularidade de um direito eventual (CC, arts. 1.952, parágrafo único, c/c 1.799, I, 1.800, § 4º), mesmo depois de seu nascimento, pois a propriedade do bem fideicometido só lhe será dada após a morte do fiduciário, depois do adimplemento de certa condição ou de decorrido certo prazo. Todavia, é preciso ressaltar que, se, ao tempo da abertura da sucessão, o fideicomissário houver nascido, este passará a ter a nua propriedade e o fiduciário, o usufruto (CC, art. 1.952, parágrafo único), operando-se, então, a caducidade do fideicomisso.

2º) *Eventualidade da vocação do fideicomissário,* pois até que se dê a substituição o fiduciário será proprietário sob condição resolutiva, e o fideicomissário o será sob condição suspensiva. Não há nenhuma transmissão de bens do fiduciário para o fideicomissário, porque este os recebe, indiretamente, do fideicomitente — daí ser uma substituição indireta. Enquanto perdurar o direito do fiduciário, ou seja, não se verificando a substituição, o fideicomissário tem um direito meramente eventual sobre o bem fideicometido.

3º) *Sucessividade* subjetiva nos bens herdados ou legados, de modo que o fideicomissário suceda ao fiduciário, recebendo com a morte deste, p. ex., a propriedade e a posse da coisa deixada pelo fideicomitente. Portanto, somente *após* a abertura do fideicomisso assistir-lhe-á o direito de reivindicar

---

429. Sobre os requisitos da substituição fideicomissária, *vide* Pontes de Miranda, *Tratado de direito privado*; parte especial, Borsoi, t. 58, e *Tratado dos testamentos,* cit., v. 4, p. 170; Celso Barros Coelho, Herdeiro fideicomissário, in *Enciclopédia Saraiva do Direito,* v. 41, p. 98; Demolombe, *Cours de Code Napoléon,* v. 18, n. 89; Pacifici-Mazzoni, *Il Codice Civile italiano commentato,* 8. ed., v. 7, n. 196; Toullier e Duverger, *Le droit civil français,* 6. ed., v. 3, n. 27; Baudry-Lacantinerie e Colin, *Des donations entre-vifs et des testaments,* 3. ed., v. 2, n. 3.310; W. Barros Monteiro, op. cit., p. 230-3; Caio M. S. Pereira, op. cit., p. 214-5; Bicocca, *Le sostituzioni fideicomissarie,* p. 36; Enneccerus, Kipp e Wolff, op. cit., v. 2, § 90; José Lopes de Oliveira, op. cit., p. 211-2; Orozimbo Nonato, op. cit., v. 3, p. 173; Lacerda de Almeida, *Direito das sucessões,* cit., § 54; Carlos Maximiliano, op. cit., v. 2, n. 1.242; *RTJ, 49*:409; *AJ, 118*:141; *RT, 161*:159, *202*:140, *226*:211, *231*:260, *249*:201, *245*:151, *265*:296, *251*:183, *237*:171, *262*:336, *302*:274, *304*:447, *330*:293.

os bens alienados pelo fiduciário (CC, art. 1.359), pois, enquanto não receber a herança ou o legado, não correrá contra ele qualquer prazo prescricional. Logo, não poderá, obviamente, propor nenhuma ação (*RF, 137*:69), embora legítima seja sua intervenção em juízo para requerer medidas conservatórias, até mesmo contra o fiduciário.

4º) *Capacidade testamentária passiva do fiduciário,* que é apurada no momento da abertura da sucessão, e do *fideicomissário,* por ocasião da substituição. Não há necessidade, portanto, para haver fideicomisso, de que o fideicomissário exista no momento da morte do fideicomitente, mas sua existência é imprescindível ao abrir-se a substituição fideicomissária para que esta se converta em usufruto (CC, art. 1.952, parágrafo único), isto é, é preciso que seja nascido. Se já nascido, converter-se-á o fideicomisso em usufruto.

5º) *Obrigação do fiduciário de conservar a coisa fideicometida para depois restituí-la ao fideicomissário,* pois o fideicomitente deposita sua confiança no fiduciário, entregando-lhe bens com o encargo de conservá-los para depois restituí-los, de maneira que, se o testador permitir, expressamente, a alienação da coisa fideicometida por parte do *fiduciário,* não se terá fideicomisso. Entretanto, embora o fiduciário tenha de conservar o bem recebido, isso não significa inalienabilidade absoluta, uma vez que a lei autoriza a sua alienação pelo fiduciário, sob condição resolutiva; só que, com a abertura do fideicomisso, o fideicomissário poderá reivindicar do adquirente a coisa alienada (*RF, 136*:109; *RT, 184*:69; *AJ, 60*:91), tornando sem efeito a alienação feita pelo fiduciário. O fiduciário, por isso, pelo art. 1.953, parágrafo único, é obrigado a proceder ao inventário dos bens gravados, e a prestar caução de restituí-los se o fideicomissário o exigir.

f.2. Direitos e deveres do fiduciário

Ensina-nos Itabaiana de Oliveira[430] que o fiduciário é o primeiro herdeiro, ou legatário, instituído e o único substituído, que transmite por sua morte, a certo tempo, ou sob certa condição, a herança ou o legado ao fideicomissário. Portanto, é um herdeiro ou legatário instituído sob a condição resolutória de transmitir.

430. Itabaiana de Oliveira, op. cit., v. 2, p. 592.

O fiduciário tem o *direito* de:

1º) Ter a propriedade da herança ou do legado, mas restrita e resolúvel (CC, art. 1.953), tendo o direito de usar, gozar e dispor do bem fideicometido (a menos que o testador lhe tenha imposto cláusula de inalienabilidade) (*RT, 231*:165, *274*:875; *RF, 156*:247). Porém, aberta a sucessão do fiduciário, a coisa fideicometida será recolhida pelo fideicomissário, esteja em poder de quem quer que seja, uma vez que se resolve o domínio do adquirente, que se transfere ao fideicomissário. O fiduciário é livre para alienar e gravar de direito real o bem sujeito a fideicomisso; entretanto, ao se abrir a substituição, o fideicomissário poderá, como já pudemos apontar anteriormente, reivindicar a coisa do poder de quem a detenha. Desse modo, terceiro que venha a adquirir bens sujeitos a fideicomisso, ou aceite garantias sobre imóveis assim onerados, está assumindo o risco de ver resolvido o seu direito[431]. Obviamente, excetua-se a disposição de coisa fideicometida para a solução de encargos da herança. O fiduciário pode perceber os frutos e rendimentos do bem fideicometido, usando-os e consumindo-os sem qualquer limitação à sua disponibilidade[432].

2º) Transmitir — se falecer depois do testador, mas antes de vencido o prazo — a propriedade fiduciária a seus herdeiros legítimos ou testamentários, que a gozarão, porque continua gravada da mesma cláusula resolutiva e da mesma obrigação restitutória, até o advento do termo ou da condição resolutória, ocasião em que o fideicomissário receberá os bens fideicometidos[433].

3º) Ter a propriedade plena (*RF, 160*:261; *RT, 231*:260): *a*) havendo renúncia do fideicomissário, inexistindo disposição em contrário; *b*) se o fideicomissário falecer antes do testador, ou antes de realizar-se a condição resolutória do direito do fiduciário[434].

4º) Receber indenização pelas benfeitorias úteis e necessárias que aumentarem o valor da coisa fideicometida, podendo exercer, pelo valor delas, o direito de retenção (CC, arts. 1.219 e 964, III), por ser possuidor de boa-fé. Quanto às benfeitorias voluptuárias, o fideicomissário só as pagará

---

431. W. Barros Monteiro, op. cit., p. 236; Itabaiana de Oliveira, op. cit., v. 2, p. 593; Orlando Gomes, *Sucessões,* cit., n. 174; Orozimbo Nonato, op. cit., n. 805.

432. Clóvis Beviláqua, *Sucessões,* cit., § 96; Troplong, op. cit., v. 1, n. 284; Caio M. S. Pereira, op. cit., p. 215.

433. Itabaiana de Oliveira, v. 2, p. 592; José Lopes de Oliveira, op. cit., p. 215; Caio M. S. Pereira, op. cit., p. 216.

434. *Vide* Pinto Ferreira, *Fideicomisso*, cit., p. 176.

se quiser, e, se não as indenizar, será lícito ao fiduciário levantá-las, desde que não cause dano à coisa a que estiverem unidas[435].

5º) Renunciar expressamente ao fideicomisso, por termo judicial ou escritura pública, pois, como observa Carvalho Santos, não está obrigado a aceitar a liberalidade, salvo disposição em contrário do testador. Repudiando a herança ou o legado, o domínio passa ao fideicomissário, a quem se defere o poder de aceitar (*RT, 102*:146, *125*:551; *RF, 142*:240; CC, art. 1.954)[436].

6º) Sub-rogar o fideicomisso para outros bens, desde que haja prévio consentimento do fideicomissário (*RT, 226*:210, *305*:310), de acordo com o Código de Processo Civil de 2015, art. 725, II, sendo o juízo competente o do inventário (*AJ, 117*:450)[437].

7º) Usar de todas as ações do herdeiro, inclusive a de petição de herança[438].

Por outro lado, o fiduciário tem os *deveres* de:

1º) Proceder ao inventário dos bens fideicometidos (CC, art. 1.953, parágrafo único), que por ser judicial é obrigatório (CC, art. 1.796), visto que é necessário para caracterizar o objeto do fideicomisso e para tornar certa a obrigação do fiduciário de transmitir tais coisas ao fideicomissário, com o implemento do termo ou da condição resolutória. O inventário contém a relação e a descrição das coisas fideicometidas, servindo de ponto de referência às eventuais reclamações do fideicomissário. Compete ao fiduciário responder pelas despesas do inventário e pelo pagamento do imposto de transmissão *causa mortis*[439].

2º) Prestar caução de restituir os bens fideicometidos, se lho exigir o fideicomissário (CC, art. 1.953, parágrafo único), para assegurar a restituição.

3º) Conservar e administrar o bem sujeito ao fideicomisso, enquanto se encontrar em sua guarda, sem contudo ter direito ao reembolso das despesas de conservação[440].

---

435. Astolpho Rezende, *Manual do Código Civil*, v. 7, n. 120; Itabaiana de Oliveira, op. cit., v. 2, p. 594-5; José Lopes de Oliveira, op. cit., p. 216; Caio M. S. Pereira, op. cit., p. 216.

436. Carvalho Santos, op. cit., v. 24, p. 202.

437. W. Barros Monteiro, op. cit., p. 239.

438. Celso Barros Coelho, *Herdeiro fideicomissário*, cit., p. 99.

439. Caio M. S. Pereira, op. cit., p. 216; Itabaiana de Oliveira, op. cit., v. 2, p. 593-4; João Luís Alves, *Comentários ao Código Civil*, cit., p. 1227.

440. Caio M. S. Pereira, op. cit., p. 215; Dower, op. cit., p. 421.

4º) Restituir a coisa fideicometida no estado em que se achar quando da substituição, não respondendo pelas deteriorações devidas ao uso regular, caso fortuito ou força maior, embora deva indenizar as oriundas de culpa sua ou dolo[441].

f.3. Direitos e obrigações do fideicomissário

O fideicomissário, assevera Itabaiana de Oliveira, é o segundo herdeiro ou legatário instituído, e o primeiro e único substituto, que recebe a herança ou o legado por morte do fiduciário, ou quando se realizar a condição resolutória do direito deste último. É, pois, um herdeiro ou legatário instituído sob condição suspensiva de receber, tendo direito eventual sobre a liberalidade, de maneira que só se concretizará seu direito de propriedade com o advento do termo ou da condição que extingue o direito do fiduciário. Daí o Código Civil, art. 1.668, II, excluir da comunhão universal de bens entre cônjuges os bens gravados de fideicomisso e o direito do herdeiro fideicomissário, antes da realização da condição suspensiva[442].

São *direitos* do fideicomissário:

1º) Exigir que o fiduciário proceda ao inventário das coisas fideicometidas e preste caução de restituí-las (CC, art. 1.953, parágrafo único).

2º) Exercer atos destinados à conservação dos bens (CC, art. 130), promovendo medidas cautelares e asseguradoras, embora não possa, por ser mero titular de direito eventual, intentar ações para assegurar a propriedade e a posse dos bens sujeitos ao fideicomisso, sendo-lhe, ainda, permitido exercer atos concernentes à testamentaria e à inventariança, somente se o fiduciário estiver ausente. Também lhe é lícito requerer a curadoria de ausentes (CC, art. 22)[443].

3º) Receber a parte da liberalidade que adveio ao fiduciário por direito de acrescer (CC, art. 1.956), pois, quando o disponente institui dois ou

441. Coelho da Rocha, op. cit., § 718; Caio M. S. Pereira, op. cit., p. 215; Itabaiana de Oliveira, op. cit., v. 2, p. 594; Clóvis Beviláqua, *Sucessões,* cit., § 96.

442. Itabaiana de Oliveira, op. cit., v. 2, p. 595, ns. 649 e 650. *Vide* o que dizem sobre o assunto Enneccerus, Kipp e Wolff, op. cit., v. 2, § 91; Carlos Maximiliano, op. cit., n. 1.275; Orlando Gomes, *Sucessões,* cit., p. 239.

443. Celso Barros Coelho, *Herdeiro fideicomissário,* cit., p. 99.

mais beneficiários conjuntos, haverá entre eles o direito de acrescer. Assim, apenas depois de cessado o direito do último fiduciário é que os bens sujeitos ao fideicomisso serão transmitidos ao fideicomissário, com os respectivos acréscimos[444].

4º) Recolher a herança ou o legado, como substituto do fiduciário, se este falecer antes do testador, renunciar a sucessão (CC, art. 1.954), ou dela for excluído, ou se a condição sob a qual o mesmo fiduciário foi nomeado não se verificar (CC, art. 1.943)[445].

5º) Renunciar ou aceitar a herança ou o legado, inclusive como substituto do fiduciário, que repudiou a liberalidade, visto que a renúncia deste antecipa a vocação hereditária do fideicomissário e converte a substituição fideicomissária em vulgar, passando, então, o fideicomissário, como substituto, a ter, desde logo, o direito de aceitar ou renunciar a herança (CC, arts. 1.954, 1.955 e 1.956). Se renunciar expressamente, por escritura ou termo judicial (*RT, 185*:682; *RF, 137*:118), ter-se-á a caducidade do fideicomisso, ficando o fiduciário com a propriedade plena da coisa fideicometida, desde que não haja disposição contrária do testador (*RF, 169*:232, *142*:240, *160*:261; *RT, 672*:103, *606*:102). Se, todavia, o fideicomitente, antevendo a possibilidade de uma renúncia por parte do fideicomissário, lhe indicar um substituto, não se opera a caducidade do fideicomisso. Seria de bom alvitre esclarecer que tal substituição não vai além do segundo grau, uma vez que o fideicomissário, que estava no segundo grau, desaparece, e seu substituto ocupará a mesma posição; logo, não há um terceiro grau de substituição (*RF, 115*:117). Se aceitar, terá direito ao objeto inicial e à parte que, ao fiduciário, acrescer[446].

6º) Receber os bens, com a extinção do fideicomisso, livres de quaisquer ônus, salvo o caso do art. 1.957.

7º) Recolher, findo o fideicomisso, o valor do seguro ou o preço da desapropriação no qual se sub-roga o bem fideicometido, ocorrendo desapropriação ou destruição ocasionada por sinistro[447].

---

444. Itabaiana de Oliveira, op. cit., v. 2, p. 597.

445. Itabaiana de Oliveira, op. cit., v. 2, p. 597; Clóvis Beviláqua, *Direito das sucessões*, cit., § 97.

446. Pinto Ferreira, *Fideicomisso*, cit., p. 176; José Lopes de Oliveira, op. cit., p. 217; W. Barros Monteiro, op. cit., p. 237; BGB, § 2.142.

447. Clóvis Beviláqua, *Comentários*, cit., v. 6, obs. ao art. 1.736; Orozimbo Nonato, op. cit., n. 807; Caio M. S. Pereira, op. cit., p. 217.

O fideicomissário tem a *obrigação* de:

1º) Responder pelos encargos da herança que ainda restarem quando vier à sucessão (CC, art. 1.957), se o fiduciário não pôde satisfazê-los[448].

2º) Indenizar o fiduciário pelas benfeitorias úteis e necessárias, que aumentarem o valor da coisa fideicometida (CC, arts. 964, III, 1.219).

f.4. Causas de caducidade do fideicomisso

A caducidade do fideicomisso advém de causas alheias à vontade do fideicomitente ou testador, pois elas ocorrem em razão de fatos supervenientes à facção testamentária, de modo que o testamento, embora válido, será ineficaz quando se verificar[449]:

1º) Incapacidade testamentária passiva, ou exclusão do fideicomissário, ou, ainda, se ele falecer antes do testador (CC, arts. 1.939, IV e V, e 1.971), hipóteses em que o fiduciário ficaria sem ter a quem transmitir a coisa fideicometida, por falta de sucessor de segundo grau; com isso, ter-se-á a consolidação da propriedade plena na pessoa do fiduciário, exceto se houver disposição contrária do fideicomitente.

2º) Falecimento do fideicomissário depois do testador, mas antes do fiduciário, ou antes da realização do termo ou da condição resolutória do direito deste último; nesse caso, a propriedade consolida-se no fiduciário, nos termos do art. 1.955 (CC, art. 1.958; *RT*, *715*:318, *602*:89, *554*:113). Como o fideicomissário tem apenas direito eventual à propriedade do bem sujeito ao fideicomisso, consolidar-se-á o domínio na pessoa do fiduciário, que ficará sendo o proprietário definitivo do bem.

3º) Renúncia da herança ou do legado feita pelo fideicomissário (CC, art. 1.955), que só se pode operar depois da abertura da substituição, caso em que os bens fideicometidos deixam de ser propriedade resolúvel e passam a ser de propriedade plena, pura e ilimitada do fiduciário, salvo disposição contrária do fideicomitente.

---

448. Itabaiana de Oliveira, op. cit., v. 2, p. 597.

449. Sobre a caducidade do fideicomisso, *vide* Enneccerus, Kipp e Wolff, op. cit., v. 2, § 90; Itabaiana de Oliveira, op. cit., v. 2, p. 598-601; José Lopes de Oliveira, op. cit., p. 218-9; Clóvis Beviláqua, *Direito das sucessões*, cit., § 98; Caio M. S. Pereira, op. cit., p. 218; Carlos Maximiliano, op. cit., n. 1.280; Pinto Ferreira, Fideicomisso, cit., p. 178-9. *Consulte*: CC português, art. 2.293, 2; CC espanhol, art. 784.

4º) Perecimento total do bem sujeito ao fideicomisso, sem que tenha havido culpa ou dolo do fiduciário (CC, art. 1.939, III), e desde que não ocorra sub-rogação no valor do seguro estipulado sobre a coisa, pois se parcial a destruição o fideicomissário receberá a parte subsistente (CC, art. 1.940), extinguindo-se o fideicomisso apenas na parte que pereceu, sem dolo ou culpa do fiduciário.

5º) Conversão do fideicomisso em usufruto, se o fideicomissário já houver nascido ao tempo da morte do testador (CC, art. 1.952, parágrafo único).

f.5. Nulidade do fideicomisso

O Código Civil, art. 1.959, proíbe o fideicomisso além do segundo grau. Com isso, nula será a disposição testamentária em que o fideicomitente determinar que o fideicomissário entregue a terceiro (*RF*, *115*:117) os bens que recebeu do fiduciário, mas prevalecerá a deixa instituída em benefício do fiduciário, que, então, terá a propriedade plena e livre da coisa fideicometida, sem qualquer encargo resolutório (CC, art. 1.960)[450]. P. ex., se "A" (testador ou fideicomitente) deixar a "B" (fiduciário) um sítio, para que dele use enquanto viver, passando-o depois a "C" (fideicomissário), que após dez anos o transferirá a "D", nula será a transferência a "D", por configurar fideicomisso de terceiro grau. Urge lembrar que já se decidiu que pode haver nomeação plúrima de fideicomissários conjuntos, vigorando entre eles o direito de acrescer (*RT*, *472*:210).

f.6. Distinção entre fideicomisso e usufruto testamentário

Há semelhança entre fideicomisso e usufruto, já que:

a) o fiduciário e o usufrutuário devem prestar caução, inventariar bens, conservá-los e restituí-los na época estabelecida pelo testador (CC, arts. 1.400, 1.951 e 1.953, parágrafo único);

450. A respeito da nulidade do fideicomisso, consulte Orozimbo Nonato, op. cit., n. 825; José Lopes de Oliveira, op. cit., p. 219-20; Caio M. S. Pereira, op. cit., p. 217; Carlos Maximiliano, op. cit., v. 3, p. 91; Itabaiana de Oliveira, op. cit., v. 2, p. 601-3; W. Barros Monteiro, op. cit., p. 238-9. "A cláusula testamentária que institui legatários, conjuntamente, os filhos, os netos e bisnetos do testador, não constitui fideicomisso pelo que não pode ser considerada nula, no caso, há a instituição conjunta e não sucessiva de beneficiários, é o que caracteriza o fideicomisso" (*RDTJRJ*, *24*:226). *Vide*: CC espanhol, arts. 781 e 786; CC português, arts. 2.288 e 2.289; BGB, § 2.195.

b) o fideicomissário e o nu-proprietário têm o direito de tomar posse dos bens no termo fixado para a abertura da substituição e para a cessação do usufruto (CC, arts. 1.400, 1.410, II, e 1.951)[451].

Não há que se confundir fideicomisso com usufruto testamentário, pois[452]:

1º) No fideicomisso o testador nomeia herdeiros ou legatários, impondo a um deles (fiduciário) o dever de, por sua morte, ou pelo advento do termo ou de condição resolutiva, transmitir ao outro (fideicomissário) a liberalidade (*RTJ*, *49*:409 e *82*:839); logo, a propriedade, com todos os seus predicados, ou seja, o direito de usar, gozar e dispor, pertencerá, apesar de resolúvel, primeiramente ao fiduciário, e depois ao fideicomissário, que a receberá plena. Já no usufruto o nu-proprietário, a quem pertence a propriedade da coisa, permite que o usufrutuário retire dela, temporariamente, os frutos e as utilidades que produzir (CC, art. 1.394); há, portanto, fragmentação do domínio, ficando o nu-proprietário com a nua propriedade, e o usufrutuário somente com o direito de usar e gozar de coisa alheia (*RT, 162*:687, *185*:350, *193*:230).

2º) No fideicomisso os dois titulares recebem a liberalidade sucessivamente, substituindo um ao outro, sendo a liberalidade imediata e certa para o fiduciário, e futura e incerta para o fideicomissário. No usufruto os direitos do nu-proprietário e do usufrutuário são exercidos simultaneamente, sendo, portanto, certos e imediatos para ambos os titulares.

3º) No fideicomisso o fideicomitente está autorizado a contemplar pessoas incertas ou ainda sem existência ou não concebidas (CC, art. 1.952; *RT*, *66*:520). Mas, se, ao tempo da abertura da sucessão, já houverem nascido os fideicomissários, estes receberão a propriedade, ou melhor, a nua propriedade dos bens fideicometidos, convertendo-se em usufruto o direito do fiduciário (CC, art. 1.952, parágrafo único). Já no usufruto isso seria impossível, pois é imprescindível que tanto o nu-proprietário como o usufrutuário, ao tempo da constituição do direito real de fruição, existam e estejam individuados.

---

451. Itabaiana de Oliveira, op. cit., v. 2, p. 608.

452. W. Barros Monteiro, op. cit., p. 233-4; Itabaiana de Oliveira, op. cit., v. 2, p. 604-8; Gonçalves Maia, *Fideicomisso*, p. 20; Ferreira Alves, *Manual do Código Civil brasileiro*, cit., v. 19, p. 354; Pinto Ferreira, *Fideicomisso*, cit., p. 179-80; Giacomo Venezia, *Dell'usufrutto*, 2. ed., n. 111; Manresa e Navarro, *Comentarios al Código Civil español*, 5. ed., v. 6, n. 111; Colin, Capitant e Morandière, *Cours de droit civil*, 8. ed., v. 3, n. 1.259; Clóvis Beviláqua, *Comentários*, cit., v. 6, obs. ao art. 1.733; Orlando Gomes, *Sucessões*, cit., n. 178; Polacco, op. cit., v. 1, p. 360; De Page, op. cit., v. 2, t. 8, n. 1.747; Salomão de A. Cateb, *Direito das sucessões*, Belo Horizonte, Del Rey, 2000, p. 181; Zeno Veloso, *Novo Código*, cit., p. 1763.

4º) No fideicomisso o fiduciário pode alienar ou gravar o bem fideicometido por ser proprietário, enquanto no usufruto o usufrutuário, por não ter o domínio, não pode praticar validamente tais atos (*Revista de Direito, 17*:194), sendo intransferível o seu direito ao usufruto, embora possa ceder o seu exercício a título gratuito ou oneroso (CC, art. 1.393).

5º) No fideicomisso, com a morte do fiduciário antes de vencido o prazo, a propriedade fiduciária será transmitida aos seus sucessores, ao passo que, no usufruto, se extingue o direito de usufruto com o falecimento do usufrutuário, consolidando-se a propriedade plena na pessoa do nu-proprietário.

6º) No fideicomisso o fideicomissário não pode dispor dos bens enquanto estiverem com o fiduciário. Já no usufruto o nu-proprietário pode aliená-los, respeitados os direitos do usufrutuário.

7º) O fideicomisso, falecendo o fideicomissário antes do fiduciário, ou antes do implemento da condição resolutiva, extinguir-se-á. O usufruto, por sua vez, não cessará com a morte do nu-proprietário, uma vez que a nua propriedade passará aos seus herdeiros, e o usufrutuário continuará a gozar os seus direitos (*Revista de Direito, 5*:37).

8º) No fideicomisso corre contra o fiduciário a prescrição dos direitos da herança, ao passo que no usufruto a prescrição corre contra o nu-proprietário e não contra o usufrutuário.

Pondera Washington de Barros Monteiro que, se tais critérios não permitirem uma rigorosa identificação do instituto criado pelo testador, dever-se-á concluir pelo usufruto (*RF, 92*:719, *93*:316; em contrário: *RT, 245*:151; *RF, 183*:224)[453].

G. Substituição compendiosa

A substituição compendiosa constitui um misto de substituição vulgar e de substituição fideicomissária. É o que se verifica na hipótese em que o testador dá substituto ao fiduciário ou ao fideicomissário, prevendo que um ou outro não queira ou não possa aceitar a herança ou o legado, hipótese essa que não viola o Código Civil, art. 1.960, visto que tal substituição continua sendo de segundo grau, como já mencionamos em páginas anteriores (*AJ, 81*:301; *RF, 115*:117; *RT, 330*:242; *193*:784)[454].

---

453. W. Barros Monteiro, op. cit., p. 235. A respeito do fideicomisso consulte: *RF, 185*:69, *169*:232, *137*:69, *RT, 191*:431, *282*:326, *274*:874, *321*:639, *340*:500, *422*:392. Sobre distinção entre substituição vulgar e fideicomissária: *RTJ, 89*:904.

454. W. Barros Monteiro, op. cit., p. 240; João Luís Alves, *Comentários ao Código Civil*, cit., v. 3, p. 150; Degni, *Lezioni di diritto civile*, v. 2, p. 139.

Quadro Sinótico

SUBSTITUIÇÕES

<table>
<tr><td rowspan="1">1. CONCEITO DE SUBSTITUIÇÃO HEREDITÁRIA</td><td colspan="3">• É a disposição testamentária na qual o testador chama uma pessoa para receber, no todo ou em parte, a herança ou o legado, na falta ou após o herdeiro ou legatário nomeado em primeiro lugar, ou seja, quando a vocação deste ou daquele cessar por qualquer causa.</td></tr>
<tr><td>2. PRINCÍPIOS</td><td colspan="3">• O substituto deve ser capaz para ser instituído em primeiro lugar.
• Podem ser dados substitutos a um só herdeiro ou um único substituto a muitos herdeiros.
• Não é permitida a substituição de mais de um grau (CC, art. 1.959).
• A substituição é uma instituição condicional, que pode ser subordinada a outra condição, termo ou encargo.
• O substituto pode ser nomeado no mesmo testamento em que for feita a instituição ou em cédula testamentária posterior.
• O substituto deverá cumprir o encargo ou condição imposta ao substituído, exceto se o testador estabeleceu diferentemente, ou se o contrário resulta das circunstâncias (CC, art. 1.949).</td></tr>
<tr><td>3. ESPÉCIES DE SUBSTITUIÇÃO</td><td colspan="3">• Substituição vulgar (CC, arts. 1.947 e 1.949).
• Substituição recíproca (CC, arts. 1.948 e 1.950).
• Substituição fideicomissária (CC, arts. 1.951 a 1.960).
• Substituição compendiosa.</td></tr>
<tr><td rowspan="3">4. SUBSTITUIÇÃO VULGAR OU ORDINÁRIA</td><td>• a) Conceito</td><td colspan="2">• A substituição vulgar consiste na indicação da pessoa que deve ocupar o lugar do herdeiro, ou legatário, que não quer ou não pode aceitar a liberalidade.</td></tr>
<tr><td rowspan="2">• b) Espécies</td><td>• Singular</td><td>• Se houver um só substituto ao herdeiro ou legatário instituído.</td></tr>
<tr><td>• Plural</td><td>• Se são vários os substitutos convocados simultaneamente.</td></tr>
</table>

<table>
<tr><td>4. SUBSTITUIÇÃO VULGAR OU ORDINÁRIA</td><td>• c) Caducidade</td><td colspan="2">• Aceitação da herança ou do legado pelo primeiro instituído.
• Falecimento do substituto antes do substituído ou do testador.
• Incapacidade do substituto para suceder por testamento.
• Renúncia do substituto à herança ou ao legado.
• Inadimplemento de condição suspensiva imposta à substituição.
• Aceitação da liberalidade pelos sucessores do instituído, morto depois de aberta a sucessão, mas antes de se pronunciar sobre ela.</td></tr>
<tr><td>5. SUBSTITUIÇÃO RECÍPROCA</td><td colspan="3">• A substituição recíproca é aquela em que o testador, ao instituir uma pluralidade de herdeiros ou legatários, os declara substitutos uns dos outros (CC, arts. 1.948 a 1.950).</td></tr>
<tr><td rowspan="3">6. SUBSTITUIÇÃO FIDEICOMISSÁRIA</td><td>• a) Conceito</td><td colspan="2">• A substituição fideicomissária consiste na instituição, pelo fideicomitente, de herdeiro ou legatário, designado fiduciário, com a obrigação de, por sua morte, a certo tempo ou sob condição preestabelecida, transmitir a uma outra pessoa, chamada fideicomissário, a herança ou o legado.</td></tr>
<tr><td>• b) Requisitos</td><td colspan="2">• Dupla vocação.
• Eventualidade da vocação do fideicomissário.
• Sucessividade subjetiva nos bens herdados ou legados.
• Capacidade testamentária passiva do fiduciário e do fideicomissário.
• Obrigação do fiduciário de conservar a coisa fideicometida para depois restituí-la ao fideicomissário.</td></tr>
<tr><td>• c) Direitos e deveres do fiduciário</td><td>• Direitos</td><td>• Ter a propriedade resolúvel da herança ou legado (CC, art. 1.953).
• Transmitir, se falecer depois do testador, mas antes de vencido o prazo, a propriedade fiduciária a seus sucessores.
• Ter a propriedade plena em caso de renúncia do fideicomissário, falecimento do fideicomissário antes do testador ou antes do implemento da condição resolutiva do direito do fiduciário.</td></tr>
</table>

6. **SUBSTITUIÇÃO FIDEICOMISSÁRIA**	• *c*) Direitos e deveres do fiduciário	• Direitos	• Receber indenização pelas benfeitorias necessárias e úteis, podendo exercer pelo valor delas o direito de retenção, e levantar as voluptuárias (CC, arts. 964, III, e 1.219). • Renunciar expressamente ao fideicomisso, por termo judicial ou escritura pública. • Sub-rogar o fideicomisso para outros bens, desde que haja anuência prévia do fideicomissário (*RT*, *266*:210, *305*:310). • Usar de todas as ações do herdeiro.
		• Deveres	• Proceder ao inventário dos bens fideicometidos (CC, art. 1.953, parágrafo único, 1ª parte). • Prestar caução de restituir os bens fideicometidos, se lho exigir o fideicomissário (CC, art. 1.953, parágrafo único, 2ª parte). • Conservar e administrar o bem sujeito ao fideicomisso. • Restituir a coisa fideicometida no estado em que se achava quando da substituição, respondendo apenas pelas deteriorações oriundas de culpa sua ou dolo.
	• *d*) Direitos e obrigações do fideicomissário	• Direitos	• Exigir que o fiduciário proceda ao inventário dos bens fideicometidos. • Exercer não só atos destinados à conservação dos bens, promovendo medidas cautelares e asseguradoras, mas também atos relativos à testamentaria e à inventariança se o fiduciário estiver ausente, sendo-lhe lícito requerer a curadoria de ausentes (CC, art. 22). • Receber a parte da liberalidade que adveio ao fiduciário por direito de acrescer (CC, art. 1.956). • Recolher a herança ou o legado se o fiduciário falecer antes do testador, renunciar ou for excluído da sucessão, ou ainda se a condição sob a qual o fiduciário foi nomeado não se verificar. • Renunciar ou aceitar a herança ou legado (CC, arts. 1.955 e 1.956). • Receber os bens, com a extinção do fideicomisso, livres de quaisquer ônus, salvo o caso do art. 1.957. • Recolher, findo o fideicomisso, o valor do seguro ou o preço da desapropriação, no qual se sub-roga o bem fideicometido, havendo desapropriação ou destruição ocasionada por sinistro.

6. **SUBSTITUIÇÃO FIDEICOMISSÁRIA**			
	• *d*) Direitos e obrigações do fideicomissário	• Obrigações	• Responder pelos encargos da herança que ainda restarem quando vier à sucessão (CC, art. 1.957), se o fiduciário não pôde satisfazê-los. • Indenizar o fiduciário pelas benfeitorias necessárias e úteis.
	• *e*) Causas de caducidade	• Conversão do fideicomisso em usufruto, se o fideicomissário já tiver nascido ao tempo da abertura da sucessão (CC, art. 1.952, parágrafo único). • Incapacidade testamentária passiva ou exclusão do fideicomissário; falecimento do fideicomissário antes do testador (CC, arts. 1.939, IV e V, e 1.971). • Falecimento do fideicomissário depois do testador, mas antes do fiduciário, ou antes da realização do termo ou condição resolutiva do direito deste último. • Renúncia da herança ou do legado pelo fideicomissário. • Perecimento total do bem sujeito ao fideicomisso, sem culpa ou dolo do fiduciário (CC, art. 1.939, III).	
	• *f*) Nulidade	• Fideicomisso além do segundo grau acarreta nulidade da disposição testamentária, porém prevalecerá a deixa instituída em benefício do fiduciário, que passará a ter a propriedade plena (CC, arts. 1.959 e 1.960).	
	• *g*) Distinção entre fideicomisso e usufruto testamentário	• No *fideicomisso* a propriedade, com todos os seus predicados, pertencerá, apesar de resolúvel, primeiramente ao fiduciário, e depois ao fideicomissário; no *usufruto* há fragmentação do domínio, ficando o nu-proprietário com a nua propriedade, e o usufrutuário com o direito de usar e gozar de coisa alheia. • No *fideicomisso* os dois titulares recebem a liberalidade sucessivamente; no *usufruto*, simultaneamente. • No *fideicomisso* o testador pode contemplar pessoas incertas ou ainda sem existência, e o *usufruto*, ao tempo de sua constituição, requer a existência do nuproprietário e do usufrutuário. • No *fideicomisso* o fiduciário pode alienar ou gravar o bem fideicometido; no *usufruto*, o usufrutuário só pode ceder o exercício de seu direito. • No *fideicomisso*, com o óbito do fiduciário antes de vencido o prazo, a propriedade fiduciária passa aos seus sucessores; no *usufruto*, com o falecimento do usufrutuário, cessa o direito real de gozo sobre coisa alheia.	

6. **SUBSTITUIÇÃO FIDEICOMISSÁRIA**	• *g*) Distinção entre fideicomisso e usufruto testamentário	• No *fideicomisso* o fideicomissário não pode dispor dos bens enquanto estiverem com o fiduciário; no *usufruto* o nu-proprietário pode aliená-los, respeitando os direitos do usufrutuário. • O *fideicomisso* extingue-se com a morte do fideicomissário antes do fiduciário, ou antes do implemento da condição resolutiva; o *usufruto* não cessa com a morte do nu-proprietário. • No *fideicomisso* corre contra o fiduciário a prescrição dos direitos da herança; no *usufruto* a prescrição corre contra o nu-proprietário.
7. **SUBSTITUIÇÃO COMPENDIOSA**	• A substituição compendiosa é um misto de substituição vulgar e de substituição fideicomissária.	

CAPÍTULO V

Da Liquidação da Herança

1. Inventário

A. Definição de inventário judicial

Ocorre a abertura da sucessão com o falecimento do *de cujus,* estabelecendo-se entre os seus herdeiros, relativamente aos bens do acervo hereditário, um estado de comunhão, que cessará com a partilha, com a divisão dos bens que compõem a herança. Eis por que é imprescindível o inventário (judicial ou extrajudicial), que visa relacionar, descrever minuciosamente e avaliar os bens do *auctor successionis,* para possibilitar que se reparta com igualdade o acervo entre os herdeiros. Somente com o inventário será possível a efetiva aquisição da herança pelos sucessores, na proporção de suas quotas hereditárias. Mesmo quando for chamado à sucessão um único herdeiro, não se dispensa o inventário, pois, além dos direitos dos credores do *de cujus* de pleitear o recebimento de seus créditos no inventário, há o interesse da Fazenda Pública na percepção do imposto de transmissão *causa mortis* (CF, art. 155, I e § 1º, I a III), cobrado proporcionalmente, conforme a alíquota incidente sobre o valor da herança líquida. Havendo um só herdeiro maior e capaz, simplificar-se-á o processo, e ter-se-á ausência de partilha, que requer a divisão dos bens do monte por mais de uma pessoa, e, como há um único interessado, este recolherá todo o acervo hereditário[1].

---

1. José Lopes de Oliveira, *Sucessões*, 1. ed., São Paulo, Sugestões Literárias, 1972; W. Barros Monteiro, *Curso de direito civil*, 17. ed., São Paulo, Saraiva, 1981, v. 6, p. 270; Caio M. S. Pereira, *Instituições de direito civil*, 2. ed., Rio de Janeiro, Forense, 1976, v. 6, p. 282-3; Pinto Ferreira, *Inventário, partilha e ações de herança*, São Paulo, Saraiva, 1992; Afrânio de Carvalho, Reflexos do inventário e partilha no registro, *RDI*, *23*:33; Michelle P. Fonseca de Moraes, Inventário e partilha no novo Código Civil brasileiro, *O novo Código Civil — estudos em homenagem a Miguel Reale*, São Paulo, LTr, 2003, p. 1410 a 1423; Zeno Veloso, *Comentários ao Código Civil*, São Paulo, Saraiva, 2003, v. 21, p. 394 a 443; Flávio Tartuce, Do inventário e da partilha no novo Código de Processo Civil, *O novo CPC e o di-*

O inventário é o processo judicial (CC, art. 1.796; CPC, art. 610, *caput*) tendente à relação, descrição, avaliação e liquidação de todos os bens pertencentes ao *de cujus* ao tempo de sua morte, para distribuí-los entre seus sucessores[2]. Mas, se todos os interessados forem capazes e concordes, o inventário e a partilha poderão ser feitos por escritura pública (CPC, art. 610, § 1º).

Claro está que o inventário tem por objetivo não só verificar o patrimônio do autor da herança, mediante a descrição, a avaliação dos bens da massa partível e a apuração das dívidas passivas, mas também liquidar o acervo com a realização do ativo e o pagamento dos débitos. Assim, o inventário, ao fazer um levantamento de todos os bens do finado, revela o acervo líquido, possibilitando, então, a distribuição, entre os herdeiros, da herança, que será objeto da partilha[3]. Infere-se daí que o inventário e a partilha individualizam o direito de propriedade dos sucessores do *de cujus*[4]. Nele não se discutem questões atinentes à validade do casamento e ao reconhecimento de filiação ilegítima. As questões de alta indagação devem ser discutidas em procedimento comum (*Ciência Jurídica, 68*:131; *RT, 611*:195; *RJTJSP, 122*:308), mas já se decidiu que pode haver reconhecimento, nos autos do inventário, de união estável, por não ser considerado de alta indagação (*BAASP, 2757*:6205).

O Código de Processo Civil de 2015 (Liv. I, Tít. III, Cap. VI) entendeu que o inventário e a partilha são procedimentos especiais de jurisdição contenciosa, aplicando-se-lhes todos os princípios gerais de processo concernentes a partes, atos processuais, formação, suspensão e extinção de processo, sistema recursal e preclusões, efeitos da sentença e incidência da coisa julgada[5].

---

reito civil, São Paulo, Método, 2015, p. 477 a 556. Gisele Leite, Inventário & partilha, *Revista Síntese — Direito de Família, 113:*61 a 101. O Decreto n. 1.365/95, que dispunha sobre atribuições de inventariantes e procedimentos de inventários de bens de órgãos e entidades públicas extintas, foi revogado pelo art. 12 do Decreto n. 1.398, de 16 de fevereiro de 1995, que trata da matéria.

2. *Vide* Caio M. S. Pereira, op. cit., p. 274; Itabaiana de Oliveira, *Tratado de direito das sucessões,* 4. ed., São Paulo, Max Limonad, 1952, v. 3, p. 777, n. 775; Silvio Rodrigues, *Direito civil*, 3. ed., São Paulo, Max Limonad, 1967, v. 7, p. 275; Coelho da Rocha, *Instituições de direito civil*, v. 2, n. 476; Mário de Assis Moura, *Inventário e partilha,* 2. ed., p. 9; Wilson de Oliveira, *Inventários e partilhas*, São Paulo, Saraiva, 1975. *Vide* Portaria n. 516/94 do CSMSP. Inventário poderá ser extrajudicial (CPC, art. 610, §§ 1º e 2º).

3. Mário de Assis Moura, op. cit., p. 10; Dower, *Curso renovado de direito civil,* São Paulo, Nelpa, v. 4, p. 446.

4. Demolombe, *Traité des successions*, v. 15, p. 432; Itabaiana de Oliveira, op. cit., v. 3, p. 776; Poujol, *Traité des successions*, v. 2, p. 4.

5. Ernane Fidélis dos Santos, Questões sobre o inventário e a partilha, *Revista do Curso de Direito da Universidade Federal de Uberlândia, 8*(1):17-8, 1979; *Ciência Jurídica, 32*:111,

B. Processo de inventário

b.1. Abertura do inventário

O inventário do patrimônio hereditário deve ser requerido no foro do último domicílio, no Brasil, do autor da herança ou, na falta deste, no indicado pelo art. 48, parágrafo único, do Código de Processo Civil (CC, art. 1.785; CPC, art. 615; *Ciência Jurídica, 64*:95)[6], por quem tenha legítimo interesse, dentro do prazo decadencial de 2 meses, a contar da abertura da sucessão (CC, art. 1.796, combinado com o CPC, art. 611, por ser norma especial posterior). Observa Zeno Veloso que "na prática forense é comum o atraso do requerimento de inventário. Mas o pedido a destempo não traz como consequência o indeferimento pelo juiz, embora fique o espólio sujeito a penalidades fiscais". Se não for requerido dentro do prazo legal, contado do óbito do *de cujus,* o imposto será calculado com o acréscimo de multa de 10%, além dos juros de mora, e se o atraso for além de 180 dias, a multa será de 20% (Lei Estadual paulista n. 10.705/2000, art. 21, I), já que a Súmula do STF 542 entendeu que "não é inconstitucional a multa instituída pelo Estado-membro, como sanção pelo retardamento do início ou da ultimação do inventário". O inventário deverá ser aberto dentro de 2 meses contados da abertura da sucessão e concluir-se dentro dos 12 meses subsequentes ao seu requerimento (CPC, art. 611). Entretanto, como dificilmente os processos terminam nesse prazo, a norma jurídica (CPC, art. 611, *in fine*) autoriza a dilatação do lapso de tempo pelo magistrado, de ofício ou a requeri-

---

35:93, *39*:80, *61*:79, *63*:170, *64*:126. CPC/2015, arts. 610 a 667.

Havendo testamento ou interessado incapaz, o inventário deverá ser judicial. Se todos forem capazes e concordes e não havendo testamento, o inventário poderá ser extrajudicial.

6. Se o *de cujus* tiver vários domicílios, será competente o foro onde foi requerido primeiro (Itabaiana de Oliveira, op. cit., v. 3, n. 784; Caio M. S. Pereira, op. cit., p. 275). *Vide* o que escrevemos, nesta obra, no cap. II, n. 4, letra C, c. 2; Sebastião Amorim e Euclides de Oliveira, *Inventários e partilhas*, cit., p. 191-274; Sebastião José Roque, *Direito das sucessões*, cit., p. 193-202; Antonio Chaves, Lei determinadora do foro competente para o inventário e partilha dos bens imóveis deixados no Brasil por estrangeiro falecido no exterior, *RFDUSP, 55*:241. *Vide*: *RT, 712*:152, *691*:153. Pelo CPC/2015, art. 48, parágrafo único, I a III — O foro do domicílio do autor da herança no Brasil é o competente para inventário, partilha, arrecadação, cumprimento de disposição de última vontade, impugnação ou anulação de partilha extrajudicial e para todas as ações em que o espólio for réu, ainda que o óbito tenha ocorrido no estrangeiro. Se o *de cujus* não possuía domicílio certo, é competente o foro da situação dos bens imóveis; havendo imóveis em foros diferentes, qualquer destes; não havendo bens imóveis, o foro do local de qualquer dos bens do espólio.

Vide art. 16, parágrafo único da Lei n. 14.010/2020 sobre prazo do art. 611 do CPC (Regime Jurídico emergencial no período da pandemia do Covid-19).

mento da parte ou do inventariante, desde que haja, obviamente, motivo justo. Se o excesso de prazo se der por culpa do inventariante, o juiz poderá removê-lo se algum herdeiro o requerer, e, se for testamenteiro, privá-lo-á o magistrado do prêmio a que tenha direito (CC, arts. 1.796, 1.987 e 1.989)[7].

Para requerer a abertura do inventário, basta juntar a certidão de óbito do *de cujus* e a procuração do advogado signatário da petição, exceto se tal requerimento for feito pela Fazenda Pública, que é representada, nas comarcas do interior, por funcionário administrativo, como o coletor (*RT, 140*:139, *173*:893, *176*:729, *188*:842, *190*:346, *317*:270)[8].

O juiz instaurará o inventário (CPC, art. 615) se, dentro do prazo legal do art. 611, houver requerimento:

a) de quem estiver na posse e administração do espólio (CPC, art. 615);

b) do cônjuge ou companheiro sobrevivente (CPC, art. 616, I; *Ciência Jurídica, 31*:133);

c) do herdeiro (CPC, art. 616, II);

---

7. W. Barros Monteiro, op. cit., p. 270, nota 1, e p. 271; Zeno Veloso, *Novo Código*, cit., p. 1610; *Ciência Jurídica, 64*:95. *Vide* Lei Estadual paulista n. 10.705/2000.

A Lei n. 14.010/2020, ao criar um Regime Jurídico Emergencial e Transitório das relações de direito privado no período do coronavírus, no seu art. 16 suspendeu prazos para instauração e encerramento dos processos de inventário e partilha (previstos no art. 611 do CPC) sem cominação de multa fiscal, mas houve quem entendesse que a data de abertura do inventário seria irrelevante pois ITCMD deveria ser recolhido em 180 dias da abertura da sucessão.

8. W. Barros Monteiro, op. cit., p. 272. Terceiro, na qualidade de credor, pode requerer, para obter cumprimento de obrigação do *de cujus,* concessão de alvará e abertura de inventário: *RT, 639*:60, *578*:95, *563*:111, *600*:100; *RJTJSP, 118*:32. Possibilidade da concubina ser inventariante: *Ciência Jurídica, 52*:233. Concubina como mera interveniente: *Ciência Jurídica, 49*:131. "A companheira do *de cujus* não poderá habilitar-se no inventário como meeira e participar da partilha dos bens que alega adquiridos com esforço comum, enquanto não obtiver o reconhecimento judicial de seus direitos através de ação própria, e não no próprio inventário, onde inexiste, ainda, o seu direito material à sucessão. Se algum direito lhe possa advir, amparado pela Lei 8.971/94, é seu o ônus da prova (TJMG)" (*Ciência Jurídica, 72*:156). Nada obsta a que companheiro requeira a abertura de inventário e seja nomeado inventariante (*RSTJ, 7*:333). *Consulte*: Francisco José Cahali, Efeitos não patrimoniais da união estável, in *Repertório de jurisprudência e doutrina sobre direito de família — aspectos constitucionais, civis e processuais*, v. 2, p. 108-9. *Vide*: Decreto Estadual paulista n. 10.000/39, art. 56, n. 11, pois tal dispositivo foi revogado pelo Decreto-Lei Complementar paulista n. 12/70.

O CPC/2015 não prevê abertura de inventário de ofício pelo juiz, visto que não envolve interesse de ordem pública, mas interesses patrimoniais dos sucessores. Com isso, como afirmamos alhures, reconhece o caráter privado do inventário no art. 616, ao impedir que o órgão judicante o inicie *ex officio*. Não há previsão na lei adjetiva da sua abertura de ofício pelo juiz.

d) do legatário (CPC, art. 616, III);

e) do testamenteiro (CPC, art. 616, IV);

f) do cessionário do herdeiro ou do legatário (Lei n. 11.101/2005, art. 22, III, *o*; CPC, art. 616, V);

g) do credor do herdeiro, do legatário ou do *de cujus* (CPC, art. 616, VI);

h) do Ministério Público, havendo herdeiros incapazes (CPC, art. 616, VII);

i) da Fazenda Pública, quando tiver interesse (CPC, art. 616, VIII; *RT, 200*:441);

j) do administrador judicial da falência do herdeiro, do legatário, do *auctor successionis* ou do consorte ou companheiro supérstite (CPC, art. 616, IX).

b.2. Inventariança

b.2.1. Nomeação, função e responsabilidade do inventariante

Requerido o inventário, o magistrado, ao despachar a petição, nomeará o *inventariante,* a quem caberá a administração e a representação ativa e passiva da herança (vista do ângulo da posição dos herdeiros), qualificada como espólio (sob o prisma dos bens que a constituem) (*RT, 465*:98, *686*:104, *746*:347; *RTJ, 71*:881, *89*:895; *RJTJSP, 139*:215 e *235*:101) até a homologação da partilha (CC, art. 1.991), segundo a ordem estabelecida no Código de Processo Civil de 2015, art. 617, salvo casos especiais (*RT, 462*:259, *756*:321; *RTJ, 101*:667), como em páginas anteriores já apontamos[9]. A sua nomeação só pode ser impugnada dentro de 15 dias após a citação das partes (CPC, art. 627, II), caso em que o magistrado nomeará outro inventariante, segundo a ordem do Código de Processo Civil, art. 617, I a VIII, ou seja: cônjuge ou companheiro sobrevivente, desde que estivesse convivendo com o outro ao tempo da morte deste; herdeiro que se achar na posse e na administração do espólio, se não houver cônjuge ou companheiro supérstite ou estes não puderem ser nomeados; qualquer herdeiro, se nenhum estiver na posse e administração do espólio; herdeiro menor, por seu re-

9. W. Barros Monteiro, op. cit., p. 272; Astolpho Rezende, *Manual do Código Civil brasileiro,* v. 20, n. 84; Caio M. S. Pereira, op. cit., p. 278; Anna Maria Villela, *Transmission d'hérédité en droit brésilien et en droit français,* p. 69. Urge esclarecer que *herança* é o patrimônio transmitido *causa mortis* aos herdeiros e *espólio* é o patrimônio do *de cujus* em juízo, ou seja, é a massa patrimonial hereditária. *Vide,* sobre isso: Sílvio de S. Venosa, *Direito civil,* cit., v. 7, p. 54. *RT, 460*:147, *596*:87, *675*:91, *713*:101; *RJ, 158*:99; *JTACSP, 143*:312; *RJTJSP, 30*:168; *Ciência Jurídica, 53*:88, *44*:120, *52*:136, *43*:99, *46*:124.

É possível a lavratura de Escritura Pública de nomeação de inventariante para cumprir obrigações de fazer deixadas pelo falecido (Enunciado n. 3 do Colégio Notarial do Brasil).

presentante legal; testamenteiro se lhe tiver sido confiada a administração do espólio ou se toda a herança estiver distribuída em legados; cessionário de herdeiro ou legatário; inventariante judicial se houver; pessoa estranha idônea, quando não houver inventariante judicial.

A inventariança é encargo pessoal, pois gera responsabilidade própria daquele que a exerce, e de investidura isolada, não podendo ser exercida conjuntamente por duas ou mais pessoas, mesmo que no inventário se tenha mais de um espólio[10].

Assim, o inventariante deverá administrar todos os bens da massa partível, arrolá-los e descrevê-los; separar coisas alheias em poder do inventariado; receber créditos; pagar dívidas, embora não possa quitar dívida hipotecária sem licença do juiz do inventário (*RT, 135*:637); promover o recolhimento de tributos que recaiam sobre os bens da herança e devidos pela sua transmissão aos herdeiros; requerer medidas conservatórias dos direitos; concordar com sublocações e cessões de locação; alugar prédio do espólio, desde que não seja a longo prazo; alienar onerosa e excepcionalmente, com autorização judicial (*RT, 463*:108; *EJSTJ, 15*:215; *JB, 158*:161), as coisas do acervo hereditário, para fazer frente, se necessário, aos encargos do monte (pagamento de débitos e impostos), ou para evitar deterioração ou perecimento; comparecer às assembleias de acionistas; relacionar e individuar os herdeiros e legatários; convocá-los; submeter ao juiz o plano da partilha; custear o processo[11]; representar ativa e passivamente a herança, em juízo ou fora dele (CPC, arts. 618, I, 75, VII). Logo, deverá agir no interesse da herança, movendo as ações que julgar necessárias, ou contestando as que forem propostas contra o espólio, independentemente de autorização do juiz do inventário.

O inventariante não terá direito à remuneração pelas funções ou pelos encargos da inventariança, salvo se for dativo, isto é, se não representar a herança, não podendo, por isso, demandar nem ser demandado em nome do acervo hereditário, a não ser nos processos relativos à sua qualidade de administrador dos bens (medidas conservatórias, interrupção de prescrição, possessórias etc.); mas, por outro lado, terá direito ao reembolso do que despendeu no interesse de todos. Todos os seus atos estão submetidos à fiscalização dos herdeiros, sob a superintendência do juiz. Entretanto, há atos que o inventariante não pode praticar, tais como: doar, hipotecar, empenhar, dividir bens do espólio, obrigar-se cambialmente (aceitar, avalizar ou endossar), contratar honorários advocatícios sem aprovação dos interessados ou sem autorização judicial[12].

---

10. W. Barros Monteiro, op. cit., p. 272.

11. Caio M. S. Pereira, op. cit., p. 279; Ernane Fidélis dos Santos, op. cit., p. 20; Coelho da Rocha, op. cit., § 475; W. Barros Monteiro, op. cit., p. 284.

12. Lopes da Costa, *Direito processual civil*, v. 1, p. 290; José Lopes de Oliveira, op. cit., p. 256-7; Carlos Maximiliano, *Direito das sucessões,* 3. ed., Rio de Janeiro, Forense, 1952, n.

Portanto, se é administrador da herança, gerindo negócios alheios, o inventariante deverá prestar contas (*RT, 469*:83, *292*:656, *400*:186, *473*:180, *481*:97, *532*:103; *596*:64, *662*:84, *645*:208, *684*:82, *756*:347; *RF, 314*:96; *RJTJRGS, 165*:304, *177*:365; *RJTJSP, 39*:121), que estarão sujeitas a aprovação judicial findo o inventário, ou se deixar o cargo por renúncia ou destituição, ou a qualquer momento, quando o juiz determinar (TJRS, *ADCOAS*, n. 83.048, 1982). Essa obrigação de prestar contas, apresentadas na forma adequada (especificando receitas, despesas e investimentos — *RT, 458*:81; CPC, art. 551), não tem caráter personalíssimo, de modo que pode ser transmitida aos herdeiros do inventariante. É preciso lembrar que compete ao espólio e não à viúva meeira a prestação de contas de inventariança exercida pelo *de cujus*.

Se porventura o inventariante não cumpriu suas obrigações, poderá sofrer dupla sanção[13]:

1º) Responsabilidade na forma do direito comum, com o dever de indenizar os prejuízos que causou dolosa ou culposamente, de pagar os juros pelas importâncias que usou em benefício próprio, podendo ainda sofrer as cominações impostas a quem tem o encargo de gerir bem alheio, ainda que seja parcialmente interessado.

2º) Remoção (*Ciência Jurídica, 16*:98; *Bol. AASP, 1.897*:45, *2710*:1934-10; *RSTJ, 83*:193; *JTJ, 192*:205; *Bol AASP, 877*:273; *RT, 779*:292, *777*:266, *604*:47, *587*:76, *514*:100, *479*:97; *RF, 260*:259, *139*:266; *RTJ, 94*:738, *109*:751) por decisão judicial *ex officio* ou a requerimento de herdeiro:

a) se não prestar, no prazo legal, as primeiras e últimas declarações;

b) se não deu ao inventário andamento regular, suscitando dúvidas infundadas ou praticando atos meramente protelatórios;

1.437; W. Barros Monteiro, op. cit., p. 283-4. "Se a inventariante assumiu obrigação em nome do espólio, sem autorização judicial, impõe-se a partilha dos bens para que aquela, com exclusividade, venha a responder pelo compromisso assumido" (*JB, 156*:138). Adélia A. Domingues, Poderes do inventariante perante as instituições financeiras, *A Tribuna do Direito, 34*:32. Ensinam Cahali e Hironaka (*Curso avançado*, cit., v. 6, p. 471) que é preciso alvará judicial, mesmo no processo de inventário, para a prática de atos como alienação de bens de espólio, transação judicial ou extrajudicial, outorga de escritura (*RT, 713*:101 e *712*:154), levantamento de numerário ou movimentação bancária em nome do espólio, retirada de títulos ou ações em custódia de instituições financeiras, ou suas bonificações e dividendos, transferência de bens (veículos, linhas de telefone) etc.

13. Caio M. S. Pereira, op. cit., p. 279-80; W. Barros Monteiro, op. cit., p. 286; Alancardino Vallejos, Inventariante e remoção *ex officio*, *Ajuris, 37*:64. Se a herança está indivisa, não se pode negar aos herdeiros o direito de exercer fiscalização sobre todos os bens do Espólio, de inspecioná-los e de verificar a exatidão das prestações de contas do inventariante (TJRJ, *ADCOAS*, n. 75.762, 1981).

c) se, por culpa sua, se deteriorarem, forem dilapidados ou sofrerem dano bens do espólio (*Ciência Jurídica, 8*:95);

d) se não defender o espólio nas ações em que for citado, deixar de cobrar dívidas ativas, ou não promover as medidas necessárias para evitar o perecimento de direitos;

e) se não prestar contas ou as que prestar não forem julgadas boas;

f) se sonegar (*RT, 257*:265, *465*:199; *RF, 173*:244), ocultar ou desviar bens do espólio (CPC, art. 622, I a VI).

Se não cumprir esses deveres, o inventariante será intimado para, no prazo de 15 dias, defender-se e produzir provas (CPC, art. 623). Decorrido tal prazo, ter-se-á a decisão judicial. Havendo remoção, o magistrado deverá nomear outro, observando a preferência legal do art. 617 do Código de Processo Civil (CPC, art. 624, parágrafo único). O inventariante removido deverá entregar de imediato ao seu substituto os bens do espólio; se não o fizer, será compelido, mediante mandado de busca e apreensão ou de imissão na posse, conforme se tratar de coisa móvel ou imóvel sem prejuízo de multa a ser fixada pelo juiz em montante não superior a 3% do valor dos bens inventariados (CPC, art. 625).

b.2.2. Termo de inventariança e prestação das primeiras declarações

O inventariante, uma vez nomeado, prestará compromisso (*RT, 490*:87), e, dentro de 20 dias contados da data em que o prestou, deverá fazer as primeiras declarações (*Ciência Jurídica, 64*:126), que constituem base do processo de divisão da herança, que serão reduzidas a termo, que, pelo Código de Processo Civil, art. 620, conterá:

I — o nome, estado, idade e domicílio do autor da herança, dia e lugar em que faleceu e bem ainda se deixou testamento, prova relativa ao seu nome, ao seu casamento ou à filiação e, ainda, dos herdeiros, porventura exigida pelo juiz;

II — o nome, estado, idade, endereço eletrônico e residência dos herdeiros e, havendo cônjuge ou companheiro supérstite, além dos respectivos dados pessoais, o regime de bens do casamento ou da união estável;

III — a qualidade dos herdeiros e o grau de seu parentesco com o inventariado;

IV — a relação completa e individualizada de todos os bens do espólio que estavam no domínio e posse do *auctor successionis* ao tempo de seu óbito, situados no Brasil ou no estrangeiro[14], inclusive aqueles que devem ser conferidos à colação, e dos bens alheios que nele forem encontrados, designando seus proprietários, se conhecidos — tais bens, apesar de mencionados nas declarações preliminares, estão excluídos do inventário (*AJ*, *87*:282) — descrevendo-se:

a) os imóveis, com as suas especificações, nomeadamente local em que se encontram, extensão da área, limites, confrontações, benfeitorias, origem dos títulos, números das matrículas e ônus que os gravam;

b) os móveis, com os sinais característicos;

c) os semoventes, seu número, espécies, marcas e sinais distintivos;

d) o dinheiro, as joias, os objetos de ouro e prata, e as pedras preciosas, declarando-se-lhes especificamente a qualidade, o peso e a importância;

e) os títulos de dívida pública, bem como as ações, quotas e títulos de sociedades, mencionando-se-lhes o número, o valor e a data;

f) as dívidas ativas e passivas, indicando-se-lhes as datas, títulos, origem da obrigação, bem como os nomes dos credores e dos devedores;

g) direitos e ações;

h) o valor corrente de cada um dos bens do espólio.

Pelo CPC, art. 620, § 2º, as primeiras declarações podem ser prestadas mediante petição, firmada por procurador com poderes especiais, à qual o termo se reportará, ou seja, dispensa-se a lavratura do termo circunstanciado.

O Código de Processo Civil, no art. 620, § 1º, estatui que o magistrado determinará que se proceda:

I — ao balanço do estabelecimento, se o *de cujus* era empresário individual;

II — à apuração de haveres, se o autor da herança era sócio de sociedade que não anônima (CC, arts. 1.028 e 1.032; *RT*, *500*:205, *509*:104; *RSTJ*, *27*:14). Logo, sua quota nos haveres sociais deverá ser apurada pelo modo estabelecido no contrato social; se este, p. ex., determinar que tal apuração terá por base o último balanço, o perito (CPC, art. 630, parágrafo único), nomeado pelo juiz, com assistência de curador especial, levantá-los-á para trazê-los a inventário, ouvindo os sócios sobreviventes sobre a sua exatidão e maneira de pagamento da quota do finado (*RT*, *152*:766, *155*:652, *458*:249, *282*:283, *310*:271). Se o contrato nada estipular a respeito, o perito nomeado pelo juiz,

14. Haroldo Valladão, Unidade ou pluralidade da sucessão e do inventário e partilha no direito internacional privado, *RT*, *204*:3; ac. do TJSP na AC n. 9.681, publicado no *DJE*, 24 maio 1941.

deverá proceder ao balanço geral do estabelecimento, e numerando e avaliando quotas sociais e todos os bens, móveis e imóveis, procedendo à apuração dos haveres e relacionando o ativo e o passivo, abrangendo as operações comerciais vencidas e as iniciadas em vida do sócio, embora liquidadas depois de sua morte (*RT, 155*:741), atualizando seus valores, não prevalecendo, assim, a avaliação feita em balanço anterior, realizado em vida do autor da herança. Salvo disposição contratual em contrário, não se computarão: o nome comercial, a freguesia, a reputação comercial do estabelecimento, o ponto, o contrato de locação do respectivo prédio e as reservas sociais[15].

Se porventura houver herdeiro incapaz ou ausente, o balanço será feito mediante assistência de seu representante legal e de curador especial, para resguardar os seus interesses. Se a inventariada era mulher de sócio de firma comercial, apurar-se-ão os haveres conforme o último balanço feito no estabelecimento[16].

Todas essas declarações do inventariante poderão ser prestadas por procurador com poderes especiais e serão acreditadas em juízo até prova em contrário (*RT, 437*:103; *RJTJRS, 152*:425)[17].

Prestado o compromisso, lavrado e assinado o termo de inventariança pelo juiz, pelo escrivão e pelo inventariante, o magistrado determinará, mediante requerimento de interessado, que se junte ao inventário cópia autêntica do testamento deixado pelo *de cujus* (CC, arts. 1.877, 1.978, 1.979, 1.991 e CPC, art. 737), ficando o inventariante sujeito à pena de sonegados (CC, arts. 1.992 a 1.996) e outras responsabilidades legais pelas suas omissões ou faltas[18].

b.3. Administrador provisório

O Código de Processo Civil, art. 613, prevê a figura do administrador provisório ou *ad hoc*, que terá, até ser prestado o compromisso do inventariante, a posse do espólio e a legitimidade para representar ativa e passivamente a herança (CPC, art. 614; *RJTJSP, 113*:214), tão amplas quanto as do inventariante. Pelo Código Civil, art. 1.797, I a IV, até o compromisso do inventariante, a administração da herança caberá sucessivamente: ao cônjuge

---

15. Esta é a lição de W. Barros Monteiro, op. cit., p. 276-7, e de Waldemar Ferreira, *Compêndio das sociedades mercantis*, v. 1, § 23, p. 172; *Ciência Jurídica, 40*:116.
16. W. Barros Monteiro, op. cit., p. 277.
17. W. Barros Monteiro, op. cit., p. 277.
18. Itabaiana de Oliveira, op. cit., v. 3, p. 798.

sobrevivente ou companheiro, se com o outro convivia ao tempo da abertura da sucessão. Quanto ao convivente, há quem ache que tal exigência é inócua, visto que não há que se falar em união estável se extinta a convivência (CC, art. 1.723); ao herdeiro que estiver na posse e administração dos bens, e, se houver mais de um nessas condições, ao mais velho que, pela experiência de idade, teria maior conhecimento dos fatos da vida; ao testamenteiro, pessoa nomeada pelo testador para cumprir o testamento; ou a pessoa de confiança do juiz, na falta ou na escusa daquelas ou quando tiverem de ser afastadas por motivo grave levado ao conhecimento do juiz. Tem o administrador, portanto, o dever de trazer à massa partível todos os frutos que perceber desde a abertura da sucessão e de responder pelos prejuízos que causou dolosa ou culposamente, e o direito ao reembolso de todas as despesas necessárias e úteis que fizer[19]. Evita-se, assim, que o espólio fique acéfalo e os bens sem cuidado por falta de administração produtiva, enquanto não se tiver a nomeação e a posse efetiva do inventariante[20].

Ante a provisoriedade de seu cargo, para a sua nomeação está dispensada a ordem de preferência e a assinatura de termo, bastando a sua ciência da nomeação[21]. Dispõe o Código de Processo Civil, art. 615, que a quem estiver na posse e administração do espólio incumbe requerer inventário e partilha, sendo com isso o administrador provisório indicado em primeiro lugar, de modo que as pessoas arroladas no art. 616 terão legitimidade concorrente para a abertura do inventário[22].

b.4. Citação dos interessados

Lavrado e assinado o termo de inventariança, feitas as primeiras declarações e juntada aos autos cópia do testamento, se houver, o magistrado ordenará a citação, para os termos do inventário e partilha, do cônjuge ou

---

19. W. Barros Monteiro, op. cit., p. 279; Zeno Veloso, *Novo Código*, cit., p. 1611. Todavia pode ocorrer que o administrador provisório seja nomeado, posteriormente, inventariante, pois nada há, na lei, que impeça isso.
20. Ernane Fidélis dos Santos, op. cit., p. 24; Eduardo de Oliveira Leite, *Comentários*, cit., p. 95-8.
21. Ernane Fidélis dos Santos, op. cit., p. 24.
22. W. Barros Monteiro, op. cit., p. 279. *Vide*: *RT*, *799*:292. Lei n. 11.441/2007 não requer apresentação de alvará ou ordem judicial para que instituições bancárias ofereçam informações sobre dados do falecido para fins de inventário. Nesse sentido as normas de serviço, art. 106, do Provimento n. 33/2007 da CGJ, alterado pelas Res. 120/2010 e 179/2013, que permite levantamento dessas informações e recolhimento de tributos pelo administrador provisório (CC, art. 1.797) para posterior lavratura da competente escritura pública, facilitando a realização de inventário extrajudicial.

companheiro, dos herdeiros, dos legatários, da Fazenda Pública, do Ministério Público, se existir herdeiro incapaz ou ausente (cujo representante legal será ouvido, sob pena de nulidade, em todos os termos do processo), e do testamenteiro, se o *de cujus* fez testamento (CPC, art. 626); o fideicomissário e o cessionário também deverão ser citados (*RT, 267*:106). Prescinde-se da citação da mulher do herdeiro, embora a mulher que se separou judicialmente após o óbito do sogro possa, segundo alguns julgados, intervir no inventário para defender sua meação na herança cabível ao seu ex-marido (*RT, 488*:106). Essas pessoas, que são as principais interessadas na liquidação da herança, deverão acompanhar todos os atos do inventário. A audiência dos herdeiros legítimos e testamentários é imprescindível, pois estes têm a posse e o domínio dos bens da herança, e, por estar esta em estado de indivisão, têm eles a quota-parte ideal no conjunto do patrimônio hereditário, embora a administração do espólio seja incumbência do inventariante[23]. Contudo, dispensar-se-ão tais citações, se os interessados se derem por cientes ou se fizerem representar nos autos, caso em que se deverá remeter ao respectivo advogado cópia das primeiras declarações[24].

Serão citados por correio, cônjuge ou companheiro, os herdeiros e os legatários residentes fora da comarca por onde corre o inventário, no Brasil e no estrangeiro (CPC, art. 626, § 1º), observado o disposto no art. 247, e por edital, se se tratar de interessado incerto ou desconhecido (CPC, art. 259, III). Concluídas as citações, os interessados deverão pronunciar-se sobre as primeiras declarações dentro de 15 dias, arguindo erros, omissões e sonegação de bens; reclamando contra a nomeação do inventariante ou contestando a qualidade de quem foi incluído no título de herdeiro (CPC, art. 627, I, II, e III; *JB, 158*:191; *147*:307). O juiz decidirá todas as questões de direito e também as de fato, desde que provadas, inequivocamente, por documento, não se tolerando, portanto, inquirições de testemunhas, vistorias e depoimentos pessoais. O magistrado apenas remeterá para as vias ordinárias as que dependerem de outras provas (CPC, art. 612; *Ciência Jurídica, 68*:131). Assim, se julgar procedentes os erros e omissões do termo de inventariança arguidos pelo interessado, mandará retificar as primeiras declarações. Se acolher a reclamação contra a nomeação do inventariante, nomeará outro, obedecendo à ordem legal. Se notar que a impugnação da qualidade de herdeiro comporta demanda ou produção de provas que não documental, remeterá as partes para as vias ordinárias (procedimento comum ou especial, se

---

23. Caio M. S. Pereira, op. cit., p. 280; W. Barros Monteiro, op. cit., p. 278.
24. W. Barros Monteiro, op. cit., p. 278. *Vide*: *RT, 712*:152; *JTJ, 166*:186.

houver) e sobrestará, até o julgamento da ação, a entrega do quinhão que na partilha couber ao herdeiro admitido (CPC, art. 627, §§ 1º a 3º). Se o herdeiro impugnado for vencedor na ação, receberá os bens reservados em poder do inventariante. Se vencido, esses bens serão partilhados ou sobrepartilhados, conforme a fase em que se encontrar o inventário[25].

b.5. Avaliação dos bens inventariados

Feitas as primeiras declarações, ouvidos todos os interessados, resolvidas as questões levantadas, ou remetidas as partes para as vias ordinárias, ter-se-á, em seguida, se for o caso, a avaliação dos bens do espólio por perito nomeado pelo juiz, se não houver na comarca avaliador judicial (CPC, art. 630). Essa avaliação tem por escopo, como observa Caio Mário da Silva Pereira, perpetuar a estimativa da massa partível, pois quando concluída e aprovada servirá de base a todos os atos subsequentes, como cálculo de imposto de transmissão *causa mortis,* partilha de bens, venda judicial ou adjudicação dos que se destinem ao pagamento de dívidas ou não possam ser divididos comodamente. A avaliação é, portanto, a determinação feita pelo avaliador do justo preço dos bens do espólio[26]. O perito ou avaliador deverá examinar os bens descritos, dando-lhes um valor, fornecendo dados justificativos da estimativa[27], atendo-se, p. ex., às seguintes regras:

---

25. Jônathas Milhomens, *Manual de prática forense,* 2. ed., t. 3, p. 34. Já se decidiu que: "I — As questões de fato e de direito atinentes à herança devem ser resolvidas pelo juízo do inventário, salvo as exceções previstas em lei, como as matérias de 'alta indagação' referidas no art. 984 — hoje art. 612 —, CPC, e as ações reais imobiliárias ou as em que o espólio for autor. Com essas ressalvas, o foro sucessório assume caráter universal, tal como o juízo falimentar, devendo nele ser solucionadas as pendências entre os herdeiros. II — O ajuizamento de ação de rito ordinário, por um herdeiro contra o outro, cobrando o aluguel pelo tempo de ocupação de um dos bens deixados em testamento pelo falecido, contraria o princípio da universalidade do juízo do inventário, afirmada no art. 984 — atual art. 612 — do Código de Processo Civil, uma vez não se tratar de questão a demandar 'alta indagação' ou a depender de 'outras provas', mas de matéria típica do inventário, que, como cediço, é o procedimento apropriado para proceder-se à relação, descrição e avaliação dos bens deixados pelo falecido. III — Eventual crédito da herdeira pelo uso privativo da propriedade comum deve ser aventado nos autos do inventário, para compensar-se na posterior partilha do patrimônio líquido do espólio. O ajuizamento de ação autônoma para esse fim não tem *necessidade* para o autor, que se vê, assim, sem interesse de agir, uma das condições da ação, que se perfaz com a conjugação da *utilidade* e da *necessidade.* IV — Sem prequestionamento, não se instaura a via do recurso especial" (STJ, REsp 190.436-SP, 1998-0072841-4; rel. Min. Sálvio de Figueiredo Teixeira).

26. Caio M. S. Pereira, op. cit., p. 288; Itabaiana de Oliveira, op. cit., v. 3, p. 858.

27. Caio M. S. Pereira, op. cit., p. 287; José Lopes de Oliveira, op. cit., p. 255; *RT,*

a) se se tratar de imóvel, considerar-se-ão os lançamentos fiscais dos 3 últimos anos ou qualquer outro fato que influa em sua estimação;

b) regular a estimativa pelo preço médio dos bens e não pelo mais alto que possa alcançar no mercado (*RT, 260*:402, *264*:674, *265*:467, *332*:244);

c) avaliar com base nos valores correntes ao tempo da abertura da sucessão e não nos do tempo do inventário;

d) reavaliar, havendo dolo, erro do avaliador ou diminuição do valor dos bens;

e) as partes têm o direito de indicar assistentes técnicos que acompanhem a avaliação;

f) a avaliação só será dispensada se houver concordância de todos os interessados[28].

O avaliador judicial ou o nomeado pelo juiz apresentará seu laudo de avaliação ao magistrado com a descrição minuciosa dos bens do espólio e com a estimativa do preço devidamente justificada. O órgão judicante mandará, então, que sobre ele se manifestem as partes no prazo de 15 dias, que correrá em cartório, decidindo de plano todas as eventuais impugnações sobre o valor dado pelo perito, e, se as julgar procedentes, determinará que o perito retifique a avaliação, observando os fundamentos da decisão (CPC, art. 635, §§ 1º e 2º).

b.6. Declarações finais do inventariante

Pelo Código de Processo Civil, art. 636, "aceito o laudo ou resolvidas as impugnações suscitadas a seu respeito, lavrar-se-á em seguida o termo de últimas declarações, no qual o inventariante poderá emendar, aditar ou completar as primeiras", suprindo-as, incluindo bens que omitiu ou que foram descobertos posteriormente, declarando não só os frutos e rendimentos que percebeu desde a abertura da sucessão, como também as despesas de funeral; a importância das dívidas ativas e passivas processadas no inventário; a conta das despesas judiciais com o inventário até as declarações finais; a importância em dinheiro pertencente à herança; o valor total dos bens avaliados e colacionados e dos títulos da dívida pública pela cotação oficial[29]. O inventariante só poderá ser arguido de sonegação, como logo mais veremos,

---

747:209, *646*:77, *643*:67, *644*:142, *642*:121, *610*:177, *599*:105, *584*:278, *492*:104; *RJTJSP*, *37*:145.

28. É o que nos ensina, magistralmente, W. Barros Monteiro, op. cit., p. 281-2.

29. José Lopes de Oliveira, op. cit., p. 255; Itabaiana de Oliveira, op. cit., v. 3, p. 863-4.

depois de encerrada a descrição dos bens, com a declaração por ele feita de não existirem outros por inventariar (CPC, art. 621; CC, art. 1.996).

b.7. Liquidação dos impostos

Encerrado o inventário, ouvidas as partes sobre as declarações finais do inventariante no prazo de 15 dias, seguir-se-á o processo preparatório da partilha, ordenando o juiz que se proceda ao cálculo do imposto de transmissão *causa mortis* (CPC, art. 637; *RSTJ, 99*:248; *RT, 604*:82, *444*:144, *313*:521, *562*:201, *677*:218, *734*:461, *747*:238, *764*:220, *769*:163, *793*:234), remetendo-se, então, os autos ao contador do juízo, que deverá ater-se à legislação fiscal (*RT, 482*:108, *480*:229, *480*:97, *484*:91, *490*:110; *RJTJSP, 28*:242, *37*:145, *39*:132, *38*:146, *40*:199), atendendo, obviamente, à natureza da sucessão, ao valor total dos bens, às dívidas passivas, às despesas judiciais, à existência de bens colacionados, que são excluídos do cálculo, ao regime de bens no casamento, se casado o inventariado[30].

Feito o cálculo, sobre ele serão ouvidas todas as partes no prazo de 5 dias, que correrá em cartório e, em seguida, a Fazenda Pública (CPC, art. 638). Se acolher eventual impugnação, o magistrado ordenará nova remessa

---

30. *Vide* Itabaiana de Oliveira, op. cit., v. 3, p. 868-77; Súmulas 112, 113, 114, 115, 116, 331, 435 e 590 do STF; *RT, 566*:83, *622*:231, *544*:283, *393*:196, *589*:108; *RTJ, 87*:295; *RJTJSP, 31*:177.

Enunciado n. 71 do Fórum Permanente de Processualistas Civis: "Poderá ser dispensada a garantia mencionada no parágrafo único do art. 669, para efeito de julgamento de partilha, se a parte hipossuficiente não puder oferecê-la, aplicando-se por analogia o disposto no art. 301, § 1º (art. 654, parágrafo único, e art. 300 do atual CPC, respectivamente — redação revista no III FPPC-Rio).

É possível a nomeação de inventariante para o fim de pagamento do Imposto *Causa Mortis* e, com base neste documento, as instituições financeiras poderão debitar o valor do referido imposto da conta corrente do falecido (Enunciado n. 5 do Colégio Notarial do Brasil).

O art. 610 do CPC e 3º da Resolução n. 35 do CNJ referem-se inclusive aos bens móveis, de forma que as instituições financeiras devem acatar as escrituras públicas para fins de levantamento de valores, bem como a solicitação dos tabeliães de notas para expedir extrato de contas correntes de titularidade do *de cujus* (Enunciado n. 6 do Colégio Notarial do Brasil).

TJSP — AI n. 0043177-97.2012.8.26.000, rel. Miguel Brandi, j. 3-5-2012 — Agravo de instrumento — Inventário e Partilha — Instituição de usufruto e nua propriedade — Valores — Aplicação por analogia da Lei Estadual n. 10.705/2000 (art. 9º, § 2º, n. 3 e 4) — Fração de 1/3 para o usufruto e 2/3 para a nua propriedade — Valores (base de cálculo para imposto) declinados pela agravante inventariante encontram-se corretos — Decisão reformada — Agravo provido.

Pela Súmula 112 do STF: "O imposto de transmissão *causa mortis* é devido pela alíquota vigente ao tempo da abertura da sucessão".

dos autos ao contabilista, determinando as alterações que devam ser feitas no cálculo (CPC, art. 638, § 1º). Cumprido o despacho, o juiz julgará o cálculo do imposto (CPC, art. 638, § 2º) por sentença e mandará expedir guias para o seu pagamento. Uma vez pago o tributo, seguem-se os pedidos de quinhões, o despacho de deliberação da partilha (*RT*, *506*:123; *RJTJSP*, *103*:153) e a partilha[31].

---

31. W. Barros Monteiro, op. cit., p. 283; Euclides de Oliveira, Mudanças na lei do imposto *causa mortis*, *Tribuna do Direito*, mar. 2001, p. 10; Marcello Uchôa da Veiga Jr., Imposto sobre transmissão *causa mortis* e doações: inconstitucionalidade parcial da legislação paulista, *Revista de IASP*, *10*:125 a 143; Sebastião Guedes de Araújo e Cecília Yokoyama, *Imposto sobre a transmissão* causa mortis *e doação de quaisquer bens ou direitos (ITCMD) anotado — Estado de São Paulo*, Editora IOB, 2002. *Vide*: Decreto n. 1.041/94, arts. 9º, 24, 25, IV, ora revogado pelo Decreto n. 3.000/99; Súmulas 112, 113, 114 e 115 do STF. Compete aos Estados e Distrito Federal instituir imposto sobre transmissão *causa mortis* (Emenda Constitucional n. 3/93, que altera o art. 155, I). *Vide* Lei n. 9.532/97, art. 23, Instrução Normativa n. 84/2001 da Receita Federal, acerca de Imposto de Renda sobre herança, e Lei estadual paulista n. 10.705/2000, com a alteração da Lei paulista n. 10.992/2001, sobre imposto de transmissão *causa mortis* e doações. Na lição de Euclides de Oliveira, quando comentava a Lei n. 10.705/2000, antes de sua alteração: "No imposto *causa mortis* a isenção ocorre: a) na transmissão de herança de valor até 7.500 UFESPs (Unidade Fiscal do Estado de São Paulo, cujo valor atual é de R$ 9,83 — o que significa isenção para herança de até R$ 73.725,00); b) na extinção do usufruto pelo nu-proprietário que o instituiu; c) na transmissão por morte de quantia devida pelo empregador ao empregado, por Instituto de Seguro Social e Previdência, verbas de natureza alimentar decorrentes de decisão judicial, FGTS e PIS-PASEP (...)".

"Não incide o imposto *causa mortis* em caso de renúncia pura e simples de herança ou legado, que se formaliza por escritura pública ou termo nos autos. Por ser de cunho abdicativo, a renúncia não gera transmissão do bem ao herdeiro renunciante, razão de escapar ao correspondente tributo. Mas o imposto naturalmente incidirá na transmissão operada em favor do herdeiro que se habilitar em lugar do renunciante (...)."

"A situação difere da chamada renúncia imprópria, translativa, feita em favor de terceira pessoa, que na verdade significa uma cessão de direitos, fazendo incidir não só o imposto *causa mortis* pela transmissão da herança ao renunciante-cedente, como também o imposto *inter vivos*, pela transmissão da herança ao beneficiário indicado."

"A base de cálculo do ITCMD é o valor venal do bem ou direito transmitido, expresso e atualizado em UFESPs. Considera-se valor venal o valor de mercado na data da abertura da sucessão (...)."

"Nos processos de inventário, a apuração do valor se faz por avaliação judicial, mas esta pode ser dispensada se o valor declarado pelo inventariante for aceito pelos demais interessados e pela Fazenda estadual, que intervém nos autos por meio do seu procurador. Em se cuidando de bem imóvel, o valor de base de cálculo não pode ser inferior ao que constar do lançamento fiscal (IPTU, se for imóvel urbano, ou ITR, se rural)."

"Comporta ressalva o inventário simplificado, que se processa por arrolamento (CPC, arts. 1.031 e seguintes — hoje arts. 659 e s.). Nesta forma de procedimento não se avaliam os bens para efeitos fiscais. Prevalece a declaração do inventariante, sem intervenção da Fazenda, que é apenas cientificada, podendo, se discordar do valor, instaurar procedimento próprio de arbitramento da base de cálculo, para fins de lançamento e notificação do contribuinte na esfera administrativa (CPC, art. 1.034 — atual art. 662 —, e artigo 11 da Lei Paulista n. 10.705/00)."

"A nova lei regula os prazos de recolhimento do imposto e as penalidades para recolhimento tardio. Na transmissão *causa mortis*, o imposto será pago até 30 dias após a decisão homologatória do cálculo ou do despacho que determinar seu pagamento. (...) Não sendo pago no prazo, o débito do imposto fica sujeito a acréscimo dos juros de mora e multa. Os juros se contam por mês ou fração, com base na taxa SELIC (Sistema Especial de Liquidação e de Custódia), observado o mínimo de 1% ao mês. No caso de inventário e arrolamento, a multa decorre do atraso no seu ajuizamento: 10% se o processo não for requerido em 60 dias da data da abertura da sucessão (morte do autor da herança), ou 20% se o atraso exceder a 180 dias".

Euclides de Oliveira (Alteração no imposto sobre a herança, *Tribuna do Direito* — maio de 2002, p. 28), com argúcia, ao tecer comentários sobre as alterações que a Lei estadual paulista n. 10.992/2001 trouxe à Lei n. 10.705/2000, assim ensina: "Agora, com as modificações introduzidas no texto da Lei 10.705/00 pela recente Lei estadual 10.992/01, que passou a produzir efeitos a partir de 1º de janeiro de 2002, foram reduzidos os limites de isenção e volta-se à alíquota única de 4% sobre o valor dos bens transmitidos.

"Com a nova redação dada ao artigo 6º da Lei 10.705/00, fica isenta do imposto a transmissão *causa mortis*: a) de imóvel residencial cujo valor não ultrapassar 5.000 Ufesp's, desde que os familiares beneficiados nele residam e não tenham outro imóvel, b) de imóvel cujo valor não ultrapassar 2.500 Ufesp's, desde que seja o único transmitido, c) de bens móveis que guarneçam os imóveis acima referidos, no valor de até 1.500 Ufesp's, d) de depósitos bancários a aplicações financeiras de até 1.000 Ufesp's.

"Além do rebaixamento do valor do limite de isenção, que antes era de 7.500 Ufesp's, a lei manda considerar, agora, o valor total do bem declarado no inventário e não apenas a parte transmitida aos herdeiros. Nesse contexto, a meação integra aquele valor, embora não seja considerada herança.

"Pior, em gravame ao contribuinte: cessa o critério de cálculo do imposto por faixas, que vigorava no texto anterior, quando se fazia a aplicação das alíquotas apenas sobre a parte excedente aos limites de isenção. Pela nova sistemática, o bem que tiver valor acima do limite de isenção é tributado sobre o seu valor total.

"Na isenção concedida a imóvel residencial, a lei põe a condição de que 'os familiares beneficiados nele residam e não tenham outro imóvel'. Não se considera, portanto, o fato de o imóvel ter servido de residência ao autor da herança, mas sim a circunstância de nele residirem os sucessores. Também estão isentas do tributo, independente de valor, as transmissões de verbas salariais, previdenciárias, de caráter alimentar, FGTS e por extinção do usufruto. Como novidade, isenção também para transmissões a entidades destinadas à promoção dos direitos humanos, da cultura ou à preservação do meio ambiente.

"Questão intrigante se coloca na hipótese de estar morando no imóvel a viúva, ou um dos herdeiros-filhos, enquanto outros ocupem diversa moradia. Pela interpretação literal do texto da lei poder-se-ia chegar ao absurdo de excluir a isenção do imposto, ou de aplicá-la somente aos herdeiros residentes no imóvel transmitido. Não há de ser assim, contudo, por prevalência de uma interpretação mais ampla e de acordo com a *mens legis*, que se direciona em aliviar a carga tributária dos sucessores em atendimento à natureza residencial do imóvel deixado à família do falecido, bastando que seja ocupado por qualquer um dos familiares que estejam na ordem da sucessão hereditária.

"Outro aspecto duvidoso no texto da nova lei diz com o requisito de os sucessores não possuírem outro imóvel, para que se beneficiem com a isenção. Mas bem pode configurar-se a hipótese de diversos herdeiros sendo que apenas um ou alguns não tenha outro imóvel. Na dúvida, pende-se pela concessão da isenção a todos os sucessores.

"Quanto à transmissão de imóvel não residencial, cujo valor não ultrapasse 2.500 Ufesp's, a nova lei estabelece como requisito que seja 'o único transmitido'. Decai a isenção, portanto, se o autor da herança deixou outro bem imóvel de qualquer natureza, ainda que a soma do valor dos bens se encaixe no limite de isenção. Desaparece, com o novo texto da Lei 10.705/00, o critério de alíquotas progressivas, que trazia dificuldades de cálculo na transmissão da herança a múltiplos herdeiros com quinhões diferenciados, pois cada quinhão transmitido constituía um fato gerador, a exigir contas específicas para cada herdeiro ou legatário.

"Retorna-se, como já anotado, à alíquota única de 4% sobre o valor fixado para a base de cálculo, conforme estabelece o artigo 16 da citada Lei, com a redação trazida pela Lei 10.992/00 do Estado de São Paulo. Para os bens de valor excedente aos limites previstos no artigo 6º, não se considera a isenção, o que significa sério gravame aos sucessores de bens nesse patamar, uma vez que a sistemática anterior mandava aplicar o imposto somente sobre o excesso.

"O decreto que regulamenta a Lei 10.705/00 determina que o contribuinte proceda à declaração eletrônica do imposto a recolher, e bem assim dos casos de isenção. A declaração se faz por preenchimento de formulário no *site* pfe.fazenda.sp.gov.br.

"Efetuado o recolhimento pelo sistema bancário, deverão ser encaminhados os comprovantes e peças do processo de inventário à repartição fazendária.

"Como se verifica, por comparação com o texto da lei anterior, o novo sistema introduzido para cobrança do imposto *causa mortis* acarreta sensível aumento da carga tributária, além de obrigações acessórias que afligem o contribuinte. Demais disso, o texto legal contém disposições de duvidosa interpretação, não bastasse o cipoal de normas em que se vê enredado o contribuinte pelas reiteradas mutações nos diplomas legais que regem a matéria".

Bol. AASP, 2710:1933-02: "Agravo de Instrumento — Inventário — Decisão que condicionou a expedição dos formais de partilha à quitação de tributo municipal — Exigibilidade do crédito tributário suspensa pelo parcelamento — Certidão Positiva da Fazenda Pública Municipal com efeitos negativos — Direito do agravante ao julgamento da partilha e expedição dos formais — Inteligência dos arts. 1.023 — hoje art. 651 — do CPC, 151, VI, 205 e 206 do CTN — Decisão reformada — Recurso provido. Se a norma prevista no art. 151, inciso VI, do CTN prevê a suspensão da exigibilidade do crédito tributário pelo parcelamento, deve-se concluir que dívidas de tal espécie, cuja última parcela somente vencerá em 2012, não podem obstar o julgamento da partilha e a expedição dos respectivos formais necessários ao exercício do direito de propriedade em sua plenitude sobre o bem do inventário, o que é reforçado pelas normas veiculadas pelos arts. 205 e 206 do CTN, este último dispondo que tem o mesmo efeito de prova de quitação do tributo a certidão de que conste a existência de créditos não vencidos, em estando em curso cobrança executiva que tenha sido efetivada a penhora, ou cuja exigibilidade esteja suspensa. Recurso conhecido e provido para reformar a decisão objurgada e determinar o julgamento da partilha pelo D. Juízo *a quo*" (TJMS, 4ª T. Cível, Ag 2009. 030007-9/0000-00, Campo Grande-MS, Rel. Des. Dorival Renato Pavan; j. 26-1-2010; v.u.).

"Agravo de Instrumento — Processo Civil — Tributário — Dívida tributária parcelada — Dívida vincenda — Expedição de formal de partilha — Possibilidade — Conversão em retido — Preliminar rejeitada. O receio de que o formal de partilha seja expedido, sem ter havido a devida quitação dos tributos, no entender do agravante, se mostra hábil a ensejar a propositura do agravo na via instrumentária. Preliminar rejeitada. Débitos tributários existentes em nome do Espólio, que se encontram parcelados, sen-

Pelo CPC, art. 654, parágrafo único, dívida para com a Fazenda Pública não impede o julgamento da partilha, desde que o pagamento de impostos esteja devidamente garantido.

O inventário encerra-se, portanto, com uma sentença de mérito, que é o julgamento do cálculo do imposto, dando início à partilha.

C. Pagamento das dívidas

É no inventário que se tem a apuração da liquidez da herança, verificando-se o que é cabível aos herdeiros, depois de satisfeitos os direitos de terceiros, dado que só se terá a partilha da herança depois de atendidos os credores do *auctor successionis*. A primeira fase da liquidação da herança consiste em retirar do inventário os bens e direitos alheios que estavam em mãos do *de cujus*. Na segunda fase ter-se-á o pagamento de todos os débitos da herança, anteriores ou posteriores à abertura da sucessão[32], pois pelo Código Civil, art. 1.997, e Código de Processo Civil, art. 796, a herança, até suas forças, responde pelo pagamento das dívidas do falecido, e pelo Código de Processo Civil, art. 642, "antes da partilha, poderão os credores do espólio requerer ao juízo do inventário o pagamento das dívidas vencidas e exigíveis". Entretanto, a responsabilidade dos herdeiros relativamente a essas dívidas é limitada *intra vires hereditatis* (CC, art. 1.792); logo, os credores têm legitimidade para receber seus créditos, porém não poderão acionar os sucessores do devedor senão dentro dos limites patrimoniais do es-

---

do regularmente pagos, têm sua exigibilidade suspensa, a teor do disposto no art. 151, inciso I, CTN. Estando a exigibilidade do crédito tributário suspensa, cuida-se de dívida vincenda, e não vencida, o que autoriza a regular expedição de formal de partilha. Agravo de Instrumento não provido" (TJDFT, 6ª T. Cível, AI 20100020034122-DF, Rel. Des. Ana Maria Duarte Amarante Brito, j. 12-5-2010; *Bol. AASP, 2.720*: 1965-01).

Sobre imposto *causa mortis*: *RT, 793*:234, *769*:163, *747*:238, *764*:200, *604*:82, *685*:145, *694*:904, *689*:164; *RF, 293*:252; *JTJ, 267*:385; *Bol. AASP, 1.399*:247; Súmula 112 de STF.

Sobre imposto de renda na partilha: Instrução Normativa n. 897/2008 da RFB.

Sobre restituição de valores creditados em instituição financeira por ente público em favor de pessoa falecida: Med. Prov. n. 788/2017.

32. Caio M. S. Pereira, op. cit., p. 290. Após a morte, dívidas devem ser cobradas do espólio. Enquanto não há partilha, a herança responde por eventual obrigação deixada pelo falecido, e é do espólio a legitimidade passiva para integrar a lide. Com esse entendimento, o Superior Tribunal de Justiça (STJ) negou recurso em que se pedia que fossem habilitados os sucessores numa ação a que o falecido respondia. Conforme dispõe o art. 597 do Código Civil, o espólio responde pelas dívidas do falecido. Mas, uma vez realizada a partilha, a cada herdeiro responde por elas na proporção da parte que lhe couber a herança.

pólio, assegurando-se, assim, o patrimônio pessoal dos herdeiros contra os credores do monte (*RT, 463*:82)[33]. A herança responde pelas dívidas do espólio antes da partilha, e os herdeiros só responderão depois de feita a partilha, proporcionalmente à parte que lhes coube na herança (CC, art. 1.997). Se um dos herdeiros pagar débito do monte, p. ex., por ser indivisível este, ou porque havia ônus real gravando coisa incluída em sua quota hereditária, ou pagar mais do que a parte que lhe coube, sub-rogar-se-á no excesso contra os demais herdeiros, podendo cobrar destes mediante ação regressiva[34]. Havendo ação regressiva de uns contra outros herdeiros, a parte do coerdeiro insolvente dividir-se-á proporcionalmente entre os demais (CC, art. 1.999). "Os legatários e credores da herança podem exigir que do patrimônio do falecido se discrimine o do herdeiro, e, em concurso com os credores deste, ser-lhes-ão preferidos no pagamento" (CC, art. 2.000). Deveras, ante a possibilidade de confusão entre o patrimônio particular do herdeiro com o que veio a herdar, dificultando a discriminação da parte exequível pelos credores do espólio, estes poderão pedir, mediante requerimento dirigido ao juiz, a separação dos patrimônios. O mesmo direito terá o legatário, pois ao pedir a retirada da coisa certa e determinada, que foi objeto do legado, garantirá a satisfação deste. Concedida a separação de patrimônio, os credores do espólio e o legatário terão preferência sobre os credores do herdeiro. Se o herdeiro for devedor do espólio, sua dívida será partilhada igualmente entre todos, salvo se a maioria consentir que o débito seja imputado inteiramente no quinhão do devedor (CC, art. 2.001). Quanto ao legatário, segundo o Código de Processo Civil, art. 645, só lhe será possível manifestar-se a respeito dos dé-

---

33. Itabaiana de Oliveira, op. cit., v. 3, p. 817; W. Barros Monteiro, op. cit., p. 317; Caio M. S. Pereira, op. cit., p. 290-1; Colin e Capitant, *Cours élémentaire de droit civil français*, 9. ed., Paris, 1945, v. 3, ns. 816 a 818; *RJTJSP, 110*:297; *RT, 615*:60, *676*:98, *622*:231. Há quem entenda que pedido fundado em documento apócrifo não faz prova bastante da obrigação de pagar dívidas do espólio (CC, arts. 107 e 1.997). O herdeiro pode separar bens para pagamento dos débitos para evitar ação de credores sobre certos objetos, embaraçando a liquidação da herança. Trata-se de uma prévia indicação de bens à penhora, que perdurará até a partilha. *Vide*: CC português, art. 2.068; CC francês, arts. 870 e 873; CC espanhol, art. 1.082; CC italiano, art. 752; CC argentino, art. 3.490; BGB, § 1.967.

34. Caio M. S. Pereira, op. cit., p. 294. Ensina-nos Eduardo de Oliveira Leite (*Comentários ao novo Código Civil*, coord. Figueiredo Teixeira, v. XXI, Rio de Janeiro: Forense, 2003, p. 741) que: "a ação regressiva de uns herdeiros contra os demais ocorre, quase sempre, na hipótese de dívida indivisível, material ou juridicamente. Mas pode também se materializar em outras circunstâncias. Assim, quando na partilha lhe cabe um imóvel gravado de ônus real, sem que tenha sido deduzido o valor do encargo; ou, quando, em contrato, o *de cujus* estipulou ficar algum sucessor responsável pelo pagamento de um débito; ou, ainda quando, por conveniência de todos, o herdeiro paga dívida do espólio. Em todos os casos, cada qual responderá na proporção da cota que lhe couber na herança".

bitos do espólio quando toda a herança for dividida em legados ou quando o reconhecimento das dívidas exigir redução dos legados.

O espólio deverá pagar na ordem estabelecida legalmente (CC, art. 965) as[35]:

1º) *Dívidas póstumas,* que surgiram depois do óbito do *de cujus,* ou seja:

a) despesas com o funeral do devedor, feito sem pompa, segundo a condição do falecido e o costume do lugar (*RT, 308*:353), abrangendo, dentre outros, gastos com a obtenção de terreno para inumação, com a cerimônia fúnebre, a cremação, o enterro (*RT*, *602*:206, *676*:98, *622*:231), inclusive publicação e convites, com a edificação de túmulo (*RT, 318*:436, *325*:249, *326*:365). Os credores dessas despesas serão pagos pelo monte da herança, exista ou não herdeiro legítimo, porém serão computadas para o cálculo da metade disponível (CC, art. 1.847). As despesas de sufrágios por alma do morto só obrigarão a herança quando forem ordenadas em testamento ou codicilo (CC, art. 1.998);

b) as custas judiciais e as despesas com a arrecadação e liquidação da massa hereditária;

c) gastos com o luto do cônjuge sobrevivente e dos filhos do finado, se forem moderados. Todas essas despesas serão pagas pelo inventariante, sem depender de habilitação, e incluir-se-ão no passivo do espólio para reembolso.

2º) *Dívidas do falecido,* oriundas de obrigações contraídas em vida pelo *de cujus,* transmitindo-se com sua morte aos herdeiros, tais como:

a) as despesas com a doença de que faleceu o devedor, no semestre anterior à sua morte;

b) os gastos necessários à mantença do devedor falecido e de sua família, no trimestre anterior ao falecimento;

c) o salário devido aos empregados e pessoas de serviço doméstico do devedor, nos seus últimos 6 meses de vida;

d) e demais débitos por ele contraídos, mesmo a prazo, pois o falecimento do devedor não acarreta vencimento de dívida a prazo, passando para seus herdeiros o direito ao prazo de débito não vencido, de modo que o credor não

35. W. Barros Monteiro, op. cit., p. 322-3; Itabaiana de Oliveira, op. cit., v. 3, p. 811-24; Pothier, *Traité des successions*, p. 197; Lozana, *Separazione del patrimonio del defunto da quello dell'erede,* n. 39; Baudry-Lacantinerie, *Précis de droit civil*, v. 3, n. 777; Lopes da Costa, *Da responsabilidade do herdeiro*, p. 168; Sebastião José Roque, *Direito das sucessões*, cit., p. 223-8. *Vide*: CC português, art. 2.068; BGB, § 1.968; *RT*, *463*:82, *622*:231, *785*:349, *786*:336, *729*:231 e 333, *717*:133, *733*:361, *673*:58, *676*:98, *671*:121, *643*:191, *697*:153, *699*:52, *602*:206.

poderá acionar o espólio ou os herdeiros antes do vencimento do prazo convencionado. Entretanto, o credor terá direito de cobrar o débito antes de vencido o prazo: se executado o espólio devedor, se abrir concurso creditório; se os bens hipotecados, empenhados ou gravados com anticrese, forem penhorados por outro credor; se se extinguirem ou forem insuficientes as garantias reais ou fidejussórias dadas pelo *de cujus*, e se o inventariante se negar a reforçá-las. P. ex.: pelo Código Civil, art. 836, morto o fiador, sua obrigação transmite-se aos herdeiros, porém a responsabilidade da fiança se limita ao tempo decorrido até o óbito do fiador, não podendo ir além das forças da herança.

O pagamento das dívidas do falecido dependerá de habilitação do credor no inventário (CPC/2015, art. 642 e parágrafos), requerida antes da liquidação (*RT, 460*:124), para incluir o crédito no passivo do espólio, deduzindo-se-lhe o *quantum* no cálculo do imposto de transmissão *mortis causa* (STF, Súmulas 113, 114, 115 e 435). Entretanto, nada obsta a que o credor se habilite em ação ordinária ou de execução contra o devedor, e há credores, como o hipotecário e a Fazenda Pública em relação à percepção dos tributos (Dec.-Lei n. 960/38, art. 60, ora revogado pelo Decreto-lei n. 1.052/39; CTN, art. 89, ora revogado pela Lei Complementar n. 143/2013; e Lei n. 6.830/80, sobre cobrança judicial das dívidas ativas da Fazenda Pública), que independem de prévia habilitação, visto que têm direito de sequela e que nem se sujeitam ao concurso de credores. Quanto às cambiais não vencidas, se os interessados concordarem com a habilitação, os credores deverão ser atendidos, mas se houver impugnação terão de aguardar o vencimento dos títulos (*RT, 170*:254)[36].

O Código de Processo Civil de 2015, art. 642 e parágrafos, refere-se a pagamento de dívida do falecido, que deverá ser requerido acompanhado de prova literal do débito (embora não se exija rigorosa documentação), somente quando se tiver anuência expressa de todos os interessados (inventariante, cônjuge meeiro, herdeiros, representante fiscal), do curador espe-

---

36. W. Barros Monteiro, op. cit., p. 318. De um modo geral constituem o passivo do espólio: dívidas e encargos do *de cujus*; despesas com manutenção e conservação do patrimônio inventariado; custas processuais; impostos, inclusive o de transmissão *causa mortis*; honorários advocatícios (*RT, 634*:210); despesas funerárias; vintena de testamenteiro e cumprimento dos legados. O saldo positivo, após o cumprimento desses encargos, é transmitido aos herdeiros. É a lição de: Cahali e Hironaka, *Curso avançado*, cit., v. 6, p. 460. Interessante é a *opinio* de Mário Luiz Delgado (Da intransmissibilidade *causa mortis* das obrigações de prestação de fato, *Novo Código Civil — questões controvertidas*, São Paulo, Método, 2005, v. 4, p. 95-126) de que "a obrigação de fazer, ainda que fungível, podendo, portanto, ser desempenhada ou satisfeita por qualquer pessoa, não poderá obrigar aos herdeiros do devedor, senão à reposição do credor ao *statu quo ante*, sem qualquer indenização".

cial (defensor dos interesses dos incapazes), do curador de resíduos (havendo testamento) e do curador à lide (nos casos do art. 72, I). Se essas pessoas não concordarem com o pagamento, ter-se-á indeferimento do pedido do credor, que será remetido para as vias ordinárias (CPC, art. 643), pois (*AJ*, *88*:461; *RT*, *324*:185) o juiz não está, nesse caso, autorizado a determinar pagamento impugnado pelos interessados. Mas o magistrado, pelo Código de Processo Civil, art. 643, parágrafo único, mandará reservar (*RF*, *319*:163; *RT*, *654*:79, *677*:183, *695*:152, *697*:77, *632*:101, *722*:311, *747*:209, *755*:344, *751*:350) em poder do inventariante bens suficientes para pagar o credor, se a dívida constar de documento que comprove suficientemente a obrigação, e a impugnação não se fundar em quitação, isto é, em alegação de pagamento, acompanhada de prova. Ordenada essa reserva de bens, o credor terá 30 dias para iniciar a ação de cobrança, sob pena de tornar ineficaz aquela separação de bens (CC, art. 1.997, §§ 1º e 2º; CPC, art. 668, I), de modo que, escoado aquele prazo sem que se mova aquela ação, cessará a reserva. Por outro lado, se houver acordo sobre a habilitação requerida, o magistrado terá de deferi-la, não podendo alegar, p. ex., falta de prova do crédito[37]. Ao deferir tal pedido, o juiz determinará a separação de dinheiro, se houver, para pagar o crédito (CPC, art. 642, § 2º). Inexistindo ou insuficiente o dinheiro de contado, separar-se-ão bens para serem vendidos em leilão público, a fim de se pagarem os credores, voltando à massa o saldo, para ser partilhado entre os herdeiros. Se, porém, todos os interessados concordarem, inclusive o representante do Ministério Público, o juiz adjudicará aos credores os próprios bens separados para o pagamento de seus créditos, dispensando-se a venda judicial (CPC, art. 642, § 4º). Itabaiana de Oliveira[38] observa que, quando o credor consentir em receber coisa que não seja dinheiro, em substituição da prestação que lhe era devida, ter-se-á um caso de dação em pagamento, visto que ser-lhe-ão adjudicados bens em pagamento dos débitos da herança. Os donatários serão chamados a pronunciar-se sobre a aprovação dos débitos, se estes levarem à redução das liberalidades (CPC, art. 642, § 5º).

Se as dívidas habilitadas ultrapassarem o valor do acervo hereditário, o inventariante ou o credor deverá requerer a declaração de insolvência do espólio (CPC, art. 618, VIII), para que se deem o vencimento antecipado dos débitos, a arrecadação dos bens que puderem ser penhorados e a execução por concurso de credores[39].

---

37. Caio M. S. Pereira, op. cit., p. 292-3; W. Barros Monteiro, op. cit., p. 319; Carlos Maximiliano, op. cit., v. 3, n. 1.527.
38. Itabaiana de Oliveira, op. cit., v. 3, p. 823.
39. W. Barros Monteiro, op. cit., p. 320.

O partidor, ao organizar o esboço da partilha, deverá considerar, primeiramente, os débitos atendidos (CPC, art. 651, I), e o magistrado não poderá prolatar a decisão sem antes ouvir o credor admitido, que ainda não recebeu o pagamento de seu crédito[40].

D. Arrolamento

Arrolamento é um "processo de inventário simplificado" e célere, caracterizado pela redução de atos formais ou de solenidades[41] (CPC, arts. 659 a 667; *RT, 665*:77, *609*:158, *618*:65, *606*:106, *697*:144, *590*:85, *562*:224, *554*:104, *607*:167, *724*:322, *638*:75, *777*:260, *781*:242 e 243, *739*:209, *718*:266, *740*:397; *EJSTJ, 11*:156; *Bol. AASP, 1954*:44; *JB, 134*:332).

Ter-se-á arrolamento:

1º) Quando aos herdeiros maiores e capazes convier fazer a partilha amigável dos bens do espólio, que será de plano homologada pelo juiz, (CPC, art. 659, *caput*, com observância dos arts. 660 a 663). Trata-se do *arrolamento convencional*. Os herdeiros deverão requerer ao juiz a nomeação do inventariante designado, declarando os títulos de herdeiros e bens do espólio,

---

40. W. Barros Monteiro, op. cit., p. 320. *Vide Bol. AASP, 1.937*:11.

41. Sobre o assunto, *consulte*: Caio M. S. Pereira, op. cit., p. 288-9; Orlando de Souza, *Partilhas amigáveis,* São Paulo, Saraiva, 1984; Itabaiana de Oliveira, op. cit., v. 3, p. 889-91; José Lopes de Oliveira, op. cit., p. 257-8; Gil Trotta Telles, Arrolamento em razão do valor dos bens, *RT, 537*:16; W. Barros Monteiro, op. cit., p. 287-8; Ernane Fidélis dos Santos, op. cit., p. 33-5; Sebastião Amorim e Euclides de Oliveira, *Inventários e partilhas,* cit., p. 293-8; Pedro Leonel Pinto de Carvalho, Andamento, *RBDP, 21*:61; Gastão Grosse Saraiva, Inventário e arrolamento, *RT, 304*:23. *Vide* sobre arrolamento: *RT, 810*:221, *677*:120, *607*:167, *724*:322, *638*:158, *618*:65, *777*:260, *781*:243, *697*:144, *739*:209, *740*:397, *718*:266 e *613*:95; *RJTJSP, 107*:243, *37*:31 e *95*:239. Sobre partilha amigável: *RF, 161*:252, *266*:193; *RT, 132*:720, *541*:298, *567*:235.

Bol. AASP, 2.656:595-11: "1. O arrolamento de bens previsto no art. 855, sem correspondente, bem como a reserva de bens de que trata o art. 1.001 — atual art. 628, §§ 1º e 2º —, ambos do Código de Processo Civil, obedecem ao regramento das medidas cautelares, daí por que não procede a alegação de que houve cumulação de pedidos submetidos a procedimentos diversos. 2. A fumaça do bom direito e o perigo da demora, requisitos imprescindíveis para o deferimento da liminar de arrolamento de bens, estão suficientemente demonstrados. 3. Cabe ao juízo onde se processa o inventário do indigitado avô apreciar eventual pedido de reserva de bens para a hipótese de ser julgado procedente o pedido do herdeiro que entende ter sido preterido. Inteligência do art. 1.001 — atual art. 628, §§ 1º e 2º — do Código de Processo Civil. 4. Deu-se parcial provimento" (TJDFT, 6ª T. Cível, AI 20090020013569-DF, Rel. Des. José Divino de Oliveira; j. 19-8-2009).

atribuindo-lhes um valor para fins de partilha (CPC, art. 660, I a III). O mesmo ocorrerá no pedido de adjudicação, quando houver herdeiro único (CPC, art. 659, § 1º), independentemente do valor do acervo hereditário. Não se avaliarão os bens do espólio, salvo no caso de a reserva de bens suficientes para o pagamento de credores do espólio, realizada pelo valor estimado pelas partes, ter sido impugnada pelo credor regularmente notificado, hipótese em que se promoverá a avaliação dos bens a serem reservados (CPC, arts. 661 e 663, parágrafo único). Nem mesmo serão apreciadas, no arrolamento, questões atinentes ao lançamento ou à quitação de taxas judiciárias e de tributos incidentes sobre a transmissão da propriedade dos bens do espólio (CPC, art. 662, *caput*). A taxa judiciária, se devida, será calculada com base no valor atribuído pelos herdeiros, cabendo ao fisco, se apurar em processo administrativo valor diverso do estimado, exigir a eventual diferença pelos meios adequados ao lançamento de créditos tributários em geral (CPC, art. 662, § 1º). O imposto de transmissão será objeto de lançamento administrativo, conforme dispuser a legislação tributária, não ficando as autoridades fazendárias adstritas aos valores dos bens do espólio atribuídos pelos herdeiros (CPC, art. 662, § 2º).

2º) Quando o valor dos bens do espólio for igual ou inferior a 1.000 salários mínimos, caso em que o inventariante nomeado, independentemente da assinatura de termo de compromisso, deverá apresentar, com suas declarações, a atribuição do valor dos bens do espólio e o plano da partilha (CPC, art. 664, e Dec.-Lei n. 2.284/86, art. 6º). Se, porventura, qualquer das partes ou o Ministério impugnar a estimativa, o magistrado nomeará um avaliador que oferecerá laudo em 10 dias, com base no qual o juiz deliberará sobre a partilha, decidindo de plano todas as reclamações e mandando pagar os débitos não impugnados. Em seguida lavrar-se-á de tudo um só termo, assinado pelo juiz, pelo inventariante, e pelas partes presentes ou por seus advogados (CPC, art. 664, §§ 1º, 2º e 3º). Nesta espécie de arrolamento aplicar-se-ão as disposições do art. 672, atinentes ao lançamento, ao pagamento e à quitação da taxa judiciária e do imposto sobre transmissão da propriedade dos bens do espólio (CPC, art. 664, § 4º). Provada a quitação dos tributos relativos aos bens do espólio e às suas rendas, o juiz julgará a partilha (CPC, art. 664, § 5º).

Pelo CPC, art. 666, independerá de inventário ou arrolamento o pagamento dos valores previstos na Lei n. 6.858/80.

Aplicam-se subsidiariamente ao arrolamento as normas concernentes ao inventário, seções VII e VIII (CPC, art. 667).

E. Inventário negativo

Segundo Itabaiana de Oliveira, "o inventário negativo é o modo judicial de se provar, para determinado fim, a inexistência de bens do extinto casal"[42]. Deveras, conforme o Código Civil, art. 1.641, I, combinado com o art. 1.523, I, é obrigatório o regime de separação de bens no casamento do viúvo ou da viúva que tenha filhos do cônjuge falecido, exceto se fez inventário e deu partilha aos herdeiros. Se o extinto casal não possuía haveres, nada impede a comunhão pretendida, que vigorará nas segundas núpcias, a não ser que haja pacto antenupcial em contrário. Apesar de a lei não exigir a realização de inventário negativo, promovido pelo viúvo ou viúva, para evidenciar a inexistência de bens do casal por inventariar e partilhar aos herdeiros, a doutrina e a jurisprudência o consideram necessário (*RF*, *74*:31, *130*:303, *102*:292; *RT*, *268*:300, *488*:97)[43], para que o cônjuge viúvo fique isento da penalidade e do impedimento acima mencionado.

Assim, o consorte viúvo, segundo a praxe, apresentará ao magistrado um requerimento dentro do prazo legal do art. 1.796 do Código Civil; porém, se ultrapassar de muito esse prazo, qualquer interessado poderá exigir que prove suas alegações por meio de testemunhas, instruído com a certidão de óbito, mencionado o nome do inventariado, dia e lugar do falecimento, os nomes, as idades, o estado civil e a residência dos herdeiros, declarando a inexistência de bens por inventariar e partilhar. O magistrado mandará o viúvo afirmar a verdade do conteúdo de sua petição, mediante o respectivo termo, e dar vista dos autos, em curto prazo, aos herdeiros, aos representantes da Fazenda Pública e aos curadores e órfãos e ausentes, se houver herdeiro menor, interdito ou ausente. Ouvidos os interessados, estando todos de acordo, o juiz proferirá sentença, proclamando a negatividade de inventário. Essa decisão será trasladada, mediante certidão, aos autos de habilitação matrimonial[44].

F. Inventário extrajudicial

Com o advento da Lei n. 11.441/2007, procurou-se "desjudicializar o cotidiano", como diz Regnoberto M. de Melo Jr., notarizando-o, ao alterar

---

42. Itabaiana de Oliveira, op. cit., v. 3, p. 894.

43. W. Barros Monteiro, op. cit., p. 286-7; *RJTJSP*, *105*:226; *RTJ*, 94-03/1262; *RT*, *639*:78. É admissível inventário negativo por escritura pública (Grupo de Estudos instituído pela Portaria CGJ n. 1/2007).

44. Itabaiana de Oliveira, op. cit., v. 3, p. 895; W. Barros Monteiro, op. cit., p. 287.

o art. 982 do Código de Processo Civil/1973, prevendo a possibilidade de optar pelo procedimento administrativo de inventário e partilha.

O atual CPC, art. 610, § 1º, admite o inventário extrajudicial.

Livre será a escolha (Prov. TJBA, art. 2º, §§ 1º e 2º; Prov. TJMG, art. 9º, parágrafo único; Prov. TJPR, Cap. 11, Seç. 11.11.2) do tabelião (Lei n. 8.935/94, art. 8º — norma especial — nesse sentido: Prov. TJBA, art. 1º, parágrafo único; Prov. TJPR, Cap. 11, Seç. 11.11.1; CGSP, concl. 1.4) — qualquer que seja o domicílio dos interessados e do *de cujus*, local do óbito ou situação dos bens do espólio no Brasil. O *inventário judicial* submete-se às normas de competência do art. 48 do Código de Processo Civil e o *extrajudicial*, à Lei n. 8.935/94, por ser norma especial e ao CPC, arts. 610, §§ 1º e 2º. Seria possível efetuar-se inventário extrajudicial se o *de cujus*, falecido no estrangeiro e domiciliado no exterior, tiver herdeiros maiores e capazes domiciliados no Brasil e bens aqui situados? Diante da omissão legislativa, pelo art. 4º da LINDB, poder-se-á aplicar o *princípio da livre escolha do tabelião* previsto na Lei n. 8.935/94, art. 8º (norma especial). O *art. 10 da LINDB* apenas indica o elemento de conexão que mostra a *norma substantiva* aplicável à sucessão, que é a *lex domicilii* (esta apontará a ordem de vocação hereditária, a legítima do herdeiro necessário, os limites da liberdade de testar, a causa da deserdação etc.) e não a norma de competência ou procedimental para inventário e partilha. Como no conteúdo da escritura poderá haver aplicação de norma estrangeira por força do art. 10 da LINDB, *dúvidas* surgirão, por tal razão será melhor que se faça o inventário judicial para tutelar interesses dos herdeiros. Se os interessados forem domiciliados no exterior, sendo o *de cujus* brasileiro, tendo deixado bens no Brasil, o inventário poderá ser extrajudicial, recorrendo-se a cônsul brasileiro (LINDB, art. 18) que fará a escritura conforme as exigências do CPC, arts. 610, §§ 1º e 2º.

Para que se aplique o regime notarial na sucessão *causa mortis*, será preciso que: *a*) todos os interessados sejam, além de concordes, maiores e capazes ou emancipados; a análise da incapacidade far-se-á no momento da escritura. Urge lembrar que, se o *de cujus* deixou viúva grávida, não se poderá efetuar o inventário extrajudicial. Se um herdeiro for analfabeto, nenhum empecilho haverá, pois poderá fazer uso de impressão digital e assinatura a rogo; *b*) a sucessão seja legítima, pois o *de cujus* não pode ter deixado testamento contendo disposições de ordem patrimonial. Logo, nada obsta a que o inventário se dê administrativamente, se o testamento por ele feito contiver disposições pessoais, p. ex., emancipação de filho; reconhecimento de prole ou de união estável; instituição de tutor testamentário (CC, art. 1.729, parágrafo único) a filho, que no momento do óbito premorreu ou atingiu a maioridade, ou de bem de família convencional (CC, art. 1.711); revogação de testamento anterior, para que sejam aplicáveis as normas da sucessão legítima. A existência de codicilo (CC, art. 1.881), com conteúdo limitado dispondo sobre funerais, não impede o inventário extrajudicial. O notário deve verificar existência, ou não, do testamento, consultando o Registro Central de Testamentos e pedindo certidão do colégio notarial, comprovando inexistência do ato de última vontade. Se houver testamento com conteúdo patrimonial, pode-se fazer partilha por escritura pública se herdeiros forem capazes, seguida de homologação judicial. É possível o inventário extrajudicial ainda que haja testamento, desde que previamente registrado em juízo ou homologado posteriormente pelo juízo competente (Enunciado n. 1 do Colégio Notarial do Brasil). Pelo Enunciado n. 600: "Após registrado judicialmente o testamento e sendo todos os interessados capazes e concordes com os seus termos, não havendo conflito de interesses, é possível que se faça o inventário extrajudicial" (aprovado na VII Jornada de Direito Civil). Realmente, a existência de testamento não deveria coibir inventário extrajudicial, desde que haja: a) homologação judicial do ato de última vontade; b) plena capacidade dos herdeiros; c) ausência de conflito entre os interessados; e d) invocação da cláusula geral de negócios processuais atípicos (CPC, art. 190), negociando o procedimento a ser utilizado na hipótese de existência de testamento, diminuindo formalidades, possibilitando celeridade e economia de despesas para os sucessores; *c*) partilha de todos os bens do *auctor successionis*, estando os herdeiros concordes e unânimes. Se um for o herdeiro, não haverá partilha, mas adjudicação dos bens deixados pelo *de cujus*. É preciso lembrar que há corrente doutrinária admitindo partilha parcial de bens e sobrepartilha extrajudicial; *d*) comparecimento de todos os interessados perante o tabelião, assistidos por advogado ou por defensor público, cuja qualificação e assinatura constarão do ato notarial (CPC, art. 610, § 2º); *e*) pagamento dos tributos (Decreto n. 85.845/81, art. 1º), a que o notário deverá ficar atento, por ser obrigação sua não só a fiscalização de pagamento de impostos que incidirem sobre atos que redigir (Lei n. 8.935/94, art. 30, XI), mas também do recolhimento do ITCMD pela Secretaria da Fazenda Estadual. Deverá o notário mencionar na escritura a prova da quitação e exigir certidão negativa de tributos. Se os herdeiros não tiverem condições para pagar tributos, deverão partir para o inventário judicial, requerendo alvará para venda de bem do espólio para pagá-los. Herdeiros poderão pedir alvará para levantar numerário, solver tributos e depois pleitear inventário extrajudicial.

A CGJSP, conclusão 4.1, p. ex., vem entendendo que, havendo necessidade, poderá ocorrer, na escritura pública, a nomeação de algum herdeiro (seguindo-se a ordem do art. 617 do CPC); exceto se todos os interessados escolherem, unanimemente, que outra pessoa exerça a inventariança, com os mesmos poderes de inventariante, para representar espólio no cumprimento de obrigações ativas ou passivas pendentes.

É, ainda, admissível *inventário negativo* por escritura pública (Res. n. 35/2007 do CJN, art. 28; Prov. TJBA, art. 29, § 1º; Prov. TJPR, Cap. 11, Seç. 11, 11.11.3). O inventário negativo tem por escopo demonstrar que os interessados não receberam nenhum bem do espólio, principalmente se o *de cujus* deixou credores, para que aqueles não respondam por tais débitos (CC, art. 1.792). Serve também para que viúvo, com filhos, possa casar-se novamente sem incidir no regime obrigatório de separação de bens.

Pode haver *inventário extrajudicial conjunto* se herdeiros forem maiores, capazes e concordes, para inventariar bens de casal, cujos membros faleceram em épocas diferentes.

Com isso o *inventário judicial* será cabível havendo sucessão testamentária ou legítima (*ab intestato*) se, nesta, houver herdeiro incapaz, e o *extrajudicial* ou *administrativo*, mediante escritura pública, ficará adstrito à sucessão legal, ou seja, àquela que se opera por lei porque o autor da herança não fez testamento, requerendo, ainda, que seus herdeiros maiores e capazes estejam de comum acordo na partilha. O inventário deverá realizar-se dentro de 2 meses da abertura da sucessão (CC, art. 1.796 c/c CPC, art. 611) nas dependências do Tabelionato de notas, onde a escritura pública será lavrada. A CGJSP (conclusão 5.1) recomenda que o tabelião tenha uma sala reservada para tanto para que haja privacidade (no mesmo teor: Prov. TJAmapá, art. 7º; Prov. TJSC, art. 10). Mas nada obsta que tal escritura se dê, p. ex., no escritório dos advogados das partes ou em casa particular.

É possível a sobrepartilha (CGJSP, conclusão 4.16) por escritura pública, ainda que referente a inventário e partilha judiciais já findos, mesmo que o herdeiro, hoje maior e capaz, fosse menor ou incapaz ao tempo do óbito ou do processo judicial. Havendo um só herdeiro, maior e capaz, com direito à totalidade da herança, não haverá partilha, lavrando-se a escritura de inventário e a adjudicação dos bens (Res. n. 35/2007 do CNJ, arts. 25 e 26).

A existência de credores do espólio não impedirá a realização do inventário e partilha extrajudicial, ou adjudicação, por escritura pública (Res. n. 35/2007 do CNJ, art. 27), visto que os herdeiros respondem até as forças da herança. A escritura pública poderá ressalvar que os direitos creditórios ficarão garantidos, mas isso é dispensável, porque os credores têm garantia jurídica para reaver seus créditos, pois poderão p. ex. requerer reserva de bens para pagamento de dívida ou resolver seu direito de obter tal pagamento por meio de processo de conhecimento de execução ou monitório.

Os interessados, qualificados devidamente, deverão estar, como já foi dito, assistidos por advogado comum ou advogados de cada um, cuja qualificação completa e assinatura constarão do ato notarial, uma vez que dele participam tecnicamente como assistentes, constituindo sua presença uma exigência legal, dispensando-se a procuração, na lavratura da escritura, da qual constará seu nome e registro na OAB (Res. n. 35/2007 do CNJ, art. 8º). A presença do *advogado* será de grande valia para o notário, auxiliando-o na aferição da obediência aos requisitos legais, na conformação dos interesses dos herdeiros às normas de ordem pública etc., e para os interessados, ajudando-os, p. ex., na divisão da herança, dando-lhes mais segurança, na renúncia de herança, ou na cessão de direitos hereditários, pois estas poderão, como ensina Paulo Nader, constar na escritura pública, onde se formalizarão o inventário e a partilha pelos demais herdeiros etc. Se os interessados não tiverem condições econômicas para contratar advogado, o tabelião, pelas razões acima especificadas, deverá recomendar a *defensoria pública*, onde houver, ou a Seccional da OAB (Res. n. 35/2007 do CNJ, art. 9º; CPC, art. 610, § 2º), e, então, deverá constar do ato notarial a qualificação e assinatura do *defensor público*. Admitem-se inventário e partilha extrajudiciais com viúvo(a) ou herdeiro(s) capazes, inclusive por emancipação, representado(s) por procuração formalizada por instrumento público com poderes especiais (Res. n. 35/2007 do CNJ, art. 12, com alteração da Res. n. 179/2013).

Há entendimento de que os cônjuges dos herdeiros deverão comparecer ao ato de lavratura da escritura pública de inventário e partilha quando houver renúncia ou algum tipo de partilha que importe em transmissão, exceto se o casamento se der sob o regime da separação absoluta (Res. n. 35/2007 do CNJ, art. 17).

É possível a promoção de inventário extrajudicial por cessionário de direitos hereditários, mesmo na hipótese de cessão de parte do acervo, desde que todos os herdeiros estejam presentes e concordes (Res. n. 35/2007 do CNJ, art. 16). O tabelião deve orientar o cessionário, pois este pode: *a*) ser responsabilizado pelas dívidas do espólio; e *b*) perder a cota.

O inventário extrajudicial é uma opção dada pela lei; nada obsta a que os interessados façam uso, se preferirem, do inventário judicial. E, além disso, nada impede que, a qualquer tempo, os interessados possam desistir do meio escolhido (judicial ou extrajudicial), para optar por outro. Apenas se lhes proíbe que siga, simultaneamente, ambos (CGJSP, conclusão 1.2). Poderão desistir do inventário extrajudicial ou judicial já iniciado, para proceder de outro modo à partilha de bens.

Urge não olvidar que a CGJSP, na conclusão 4.26, admite a aplicação do CPC/2015, art. 661, §§ 1º e 2º, de caráter procedimental, também na hipótese de óbito ocorrido antes de sua vigência. Tal se dá porque as normas procedimentais a serem aplicadas são as que estiverem vigorando no instante em que se fizer o inventário; todavia, as normas substantivas relativas à sucessão hereditária serão as da época em que se deu a abertura da sucessão, ou seja, na data do falecimento do *de cujus* (CC, arts. 1.787 e 2.041).

A escritura pública de inventário e partilha não depende de homologação judicial (CGJSP, conclusão 1.3) e é título extrajudicial hábil não só para o registro civil e o de imóveis, bem como para levantamento de importância depositada em instituições financeiras (CPC, art. 610, § 1º), para transferência de bens inclusive móveis e direitos, para promoção de atos necessários à materialização de transferências de bens e levantamento de valores no DETRAN, bancos, Junta Comercial, companhias telefônicas etc. (Res. n. 35/2007 do CNJ, art. 3º). Consequentemente, não se terá formal de partilha.

A escritura pública de inventário e partilha pode ser lavrada a qualquer tempo, cabendo ao tabelião fiscalizar o recolhimento de eventual multa, conforme previsão em legislação tributária estadual e distrital específicas (Res. n. 35/2007 do CNJ, art. 31).

O tabelião poderá se negar a lavrar a escritura de inventário ou partilha se houver fundados indícios de fraude ou em caso de dúvidas sobre a declaração de vontade de algum dos herdeiros, fundamentando a recusa por escrito (Res. n. 35/2007 do CNJ, art. 32). Se sua recusa for imotivada, o prejudicado poderá impetrar mandado de segurança ou suscitar dúvida para a corregedoria (Lei n. 6.015/73, art. 192).

Será obrigatória a nomeação de interessado, na escritura pública de inventário e partilha, para representar o espólio, com poderes de inventariante, no cumprimento de obrigações ativas ou passivas pendentes, sem necessidade de seguir a ordem prevista no art. 617 do Código de Processo Civil (Res. n. 35/2007 do CNJ, art. 11). Orienta-nos o Grupo de Estudos (instituído pela Portaria CGJ-SP n. 01/2007) que, havendo necessidade, poder-se-á nomear um herdeiro com os mesmos poderes do inventariante, para representar o espólio no cumprimento de certas obrigações (p. ex.: comparecimento para lavrar outras escrituras, levantamento de FGTS e de valores depositados em bancos, recebimento de devolução de Imposto sobre a renda etc.). Mas, em regra, o espólio, no período da coleta de documentos e do pagamento de tributos para viabilizar a escritura, será representado pelo administrador provisório (CPC, arts. 613 e 614 c/c CC, art. 1.797).

Cônjuge de herdeiro deverá comparecer ao ato notarial como anuente, exceto se o regime for o da comunhão universal, hipótese em que é parte interessada.

Para a lavratura da escritura dever-se-á: *a*) qualificar o autor da herança, indicando data e local do seu falecimento, livro, folhas, número do termo de unidade de serviço em que consta o registro da morte, data da expedição da certidão de óbito; *b*) mencionar que o *de cujus* não deixou testamento; *c*) apresentar os seguintes documentos (originais ou autenticados): certidão de óbito do autor da herança; RG e CPF dos interessados e do *de cujus*; certidões de nascimento dos interessados. As partes e respectivos cônjuges devem estar, na escritura, nomeados e qualificados (nacionalidade; profissão; idade; estado civil; regime de bens; data do casamento; pacto antenupcial e seu registro imobiliário, se houver; número do documento de identidade; número de inscrição no CPF/MF; domicílio e residência). A escritura pública de inventário e partilha conterá, portanto, a qualificação completa do autor da herança; o regime de bens do casamento; pacto antenupcial e seu registro imobiliário, se houver; dia e lugar em que faleceu o autor da herança; data da expedição da certidão de óbito; livro, folha, número do termo e unidade de serviço em que consta o registro do óbito; a menção ou declaração dos herdeiros de que o autor da herança não deixou testamento e outros herdeiros, sob as penas da lei (Res. n. 35/2007 do CNJ, arts. 20 e 21); certidão de casamento atualizada do cônjuge sobrevivente e as dos herdeiros casados; pacto antenupcial, se houver e seu registro; certidão comprobatória do vínculo de parentesco dos herdeiros; certidão atualizada de propriedade, ônus e alienações dos imóveis, contudo será vedada a lavratura de escritura pública de inventário e partilha referente a bens localizados no exterior (Res. n. 35/2007 do CNJ, art. 29); ato de comprovação do valor venal dos imóveis, relativo ao exercício do ano do óbito ou ao ano imediatamente seguinte; certificado de cadastro de imóvel rural; comprovantes da propriedade e do valor de bens móveis; certidão negativa de tributos municipais, incidentes sobre os imóveis do espólio; certidão negativa conjunta da Receita Federal e PGFN; guia de recolhimento do ITCMD; certidão comprovando inexistência de testamento, obtida no Registro Central de Testamentos, mantido pelo CNB/SP; CCIR e prova de quitação do Imposto Territorial Rural relativo aos últimos cinco anos, para os bens imóveis rurais do acervo hereditário a serem partilhados (Res. n. 35/2007 do CNJ, art. 22)[45]; minuta e esboço de partilha; certidões negativas de ações cí-

45. É possível, em inventário e partilha, por escritura pública, aquisição, por sucessão legítima, de imóvel rural por estrangeiro (Lei n. 5.709/71, art. 2º, ora revogado pela Lei n. 6.815/80) sem necessidade de autorização do INCRA, a não ser que o imóvel esteja localizado em área de segurança nacional, caso em que dependerá de consenso prévio da Secretaria-Geral do Conselho de Segurança Nacional (Lei n. 5.709/71, art. 7º). "Para as verbas previstas na Lei n. 6.858/1980, é também admissível a escritura pública de inventário e partilha" (Res. n. 35/2007 do CNJ, art. 14). Aplica-se a Lei n. 11.441/2007 aos casos de óbitos ocorridos antes de sua vigência (Res. n. 35/2007 do CNJ, art. 30). Por ser lei procedimental, ou seja, uma norma adjetiva de aplicação imediata incidente a fato passado, desde que não haja ato jurídico perfeito, direito adquirido e coisa julgada (LINDB, art. 6º; CF, art. 5º, XXXVI). Logo se a morte se deu antes de 16-3-2015, o inventário, preenchidos os requisitos legais, poderá ser extrajudicial, aplicando-se, como vimos, as normas adjetivas (art. 610, §§ 1º e 2º, do CPC) e as normas substantivas vigentes ao tempo do óbito (CC, arts. 1.787 e 2.041).

O Provimento da CGJSP n. 39/2013 altera parcialmente a relação do item 106 do Capítulo XIV das Normas daquele órgão alusivo à escritura pública de inventário e partilha conforme a nova redação, são admitidos os inventários e partilhas dos quais façam parte viúvo(a) ou herdeiro(s) capazes, inclusive os emancipados, representados por procuração formalizada por instrumento público com poderes especiais.

Do referido item foi excluída a observação que vedava a acumulação de funções de mandatário e de assistente das partes.

BAASP, 3012: 2: "*Inventário extrajudicial: alteração nas normas da* Corregedoria evitará imposição de multa do ITCMD. Em atenção ao pleito da AASP, com posterior adesão do Colégio Notarial do Brasil — Seção de São Paulo (CNB-SP), para evitar a incorreta aplicação da multa prevista no art. 21, I, da Lei Estadual n. 10.705/2000 (Lei do ITCMD) aos inventários extrajudiciais cuja escritura pública seja lavrada após o prazo de 60 dias, a Corregedoria-Geral da Justiça do Estado de São Paulo acolheu sugestão de mudança das Normas de Serviço da Corregedoria-Geral da Justiça (NSCGJ), acrescendo os subitens 105.2 e 105.3. Segundo o parecer exarado pela Corregedoria, tal alteração visa corrigir uma interpretação equivocada da Fazenda Pública sobre a incidência da referida multa aos inventários extrajudiciais, bem como se trata de mais uma iniciativa no sentido de desjudicializar os procedimentos, aduzindo que: 'A lavratura da escritura pública autônoma de nomeação de inventariante pode assemelhar-se ao ato de instauração do inventário judicial. Supera-se, com isso, a dificuldade de os herdeiros terem que reunir, no exíguo prazo de 60 dias, toda a documentação e consenso necessários para a realização do inventário e partilha extrajudiciais. Basta a lavratura da escritura autônoma, com os dados e documentos previstos no item 114, e se considerará iniciado o procedimento — aí sim se poderá falar em sucessão de atos — de inventário extrajudicial. Posteriormente, será lavrada a escritura definitiva de inventário e partilha'. A decisão aprovando o pedido de mudança da redação do item 105 do Capítulo XIV das NSCGJ, com acréscimo dos subitens 105.2 e 105.3, foi publicada no *Diário da Justiça Eletrônico* (*DJe*) do dia 21 de setembro de 2016 e já se encontra em vigor. Para o vice-presidente da AASP, Fernando Brandão Whitaker, a decisão da Corregedoria minimiza os transtornos decorrentes da interpretação equivocada feita pela Secretaria da Fazenda do Estado quanto à apuração do ITCMD nos inventários extrajudiciais, notadamente após a alteração do sistema do posto fiscal eletrônico ocorrida na virada do ano de 2014 para 2015, quando se passou a exigir de forma descabida a multa que somente seria aplicável aos inventários judiciais. Whitaker esclarece que, logo após a mudança do sistema eletrônico de declaração do ITCMD procedida pela Secretaria da Fazenda, atendendo ao reclamo de diversos associados, a AASP realizou vários contatos e for-

veis do *de cujus*, de débitos e de ônus reais que recaiam sobre os bens do espólio; documentos comprobatórios de ativos (conta corrente, valores mobiliários, caderneta de poupança, títulos de crédito etc. ...); instrumento de procuração com poderes especiais para renúncia ou cessão de direitos à herança; declaração de inexistência de outros herdeiros ou de bens. Os documentos apresentados no ato da lavratura da escritura devem ser originais ou cópias autenticadas, salvo os de identidade das partes, que sempre serão originais. A escritura pública deverá fazer menção aos documentos apresentados (Res. n. 35/2007 do CNJ, arts. 23 e 24).

Como ensina Humberto Theodoro Jr., a estruturação do teor da escritura equiparar-se-á à da escritura de divisão de condomínio: *a*) identificação dos bens

---

mulou requerimento ao órgão fazendário, no sentido de que fosse corrigida tal alteração, que passou a incluir, de forma descabida e automática, multa aos inventários extrajudiciais cuja escritura seja lavrada após 60 dias do óbito do *de cujus*, penalidade essa aplicável somente aos inventários judiciais. Diante da negativa da Secretaria da Fazenda ao pleito da AASP, foi apresentada à Corregedoria de Justiça proposta de alteração das Normas de Serviço para se definir um marco na 'abertura' do inventário judicial, capaz de demonstrar o atendimento ao exíguo prazo de 60 dias e, com isso, impedir a incidência da multa, tendo sido instaurado um processo administrativo que contou com a participação do CNB-SP e culminou com a aprovação do pedido formulado pela Associação. 'O resultado desse processo administrativo demonstra a sensibilidade da Corregedoria aos pleitos da advocacia e de toda a sociedade, pois, ao mesmo tempo, corrige uma distorção do sistema do posto fiscal eletrônico do ITCMD e também incentiva a utilização de meios extrajudiciais para realização de inventários, desafogando o Judiciário e proporcionando uma solução célere da partilha de bens', afirma o vice-presidente. Veja abaixo a íntegra do Provimento CGJ n. 55/2016, que normatizou a referida questão. Provimento CGJ n.55/2016: Acrescenta os subitens 105.2 e 105.3 ao item 105, do Capítulo XIV, das NSCGJ. O desembargador Manoel de Queiroz Pereira Calças, corregedor-geral da Justiça, no uso de suas atribuições legais, Considerando a necessidade de aperfeiçoamento do texto da normatização administrativa; Considerando o exposto, sugerido e decidido nos autos do Processo n. 2016/00082279; Resolve: Art. 1º — Acrescentar os subitens 105.2 e 105.3 ao item 105, do Capítulo XIV, das NSCGJ, nos termos que seguem: '105.2. A nomeação de inventariante será considerada o termo inicial do procedimento de inventário extrajudicial; 105.3. Para a lavratura da escritura de nomeação de inventariante será obrigatória a apresentação dos documentos previstos no item 114 deste Capítulo'. Art. 2º — Este provimento entra em vigor na data de sua publicação, revogadas as disposições contrárias."

A recomendação 1.5 da CGJSP propôs a criação de um Registro Central de Inventários (RCT). O *RCT* foi criado pelo Colégio Notarial por ser de grande importância e por trazer segurança jurídica. Apenas inserimos as normas CGJSP e Provimentos de vários Estados a título exemplificativo, por serem aplicáveis apenas no âmbito estadual. Na seara nacional será aplicável a Res. n. 35/2007 do CNJ.

Pelo CPC/2015 a escritura pública de inventário extrajudicial pode ser usada para levantamento de importâncias depositadas (Dimas M. de Carvalho, Fluidez na prática do inventário e partilha, *BAASP*, *3013*: 7).

Enunciado IBDFAM n. 16: "Mesmo quando houver testamento, sendo todos os interessados capazes e concordes com os seus termos, não havendo conflito de interesses, é possível que se faça o inventário extrajudicial".

comuns e dos comunheiros; *b*) atribuição de valor ao acervo e determinação da quota ideal de cada interessado; *c*) elaboração da folha de pagamento de cada um, contendo a descrição dos bens componentes do respectivo quinhão.

O(A) companheiro(a) que tiver direito à sucessão será parte, observada a necessidade de ação judicial se o autor da herança não deixar outro sucessor ou não houver consenso de todos os herdeiros, inclusive quanto ao reconhecimento da união estável. A meação de companheiro(a) pode ser reconhecida na escritura pública, desde que todos os herdeiros e interessados na herança, absolutamente capazes, estejam de acordo (Res. n. 35/2007 do CNJ, arts. 18 e 19).

O recolhimento dos tributos incidentes deve anteceder a lavratura da escritura (Res. n. 35/2007 do CNJ, art. 15). O ITCMD, relativo aos bens móveis e imóveis, por ser de competência estadual (CTN, art. 41; CF art. 155, § 1º, I), será devido conforme o Estado do lugar onde a escritura pública foi lavrada, e o atinente a bens imóveis situados em outros Estados será quitado em todas as Fazendas Estaduais. E o tabelião de notas que lavrou a escritura deverá fiscalizar os recolhimentos desse tributo (Lei n. 8.935/94, art. 30, I). E, como observa Humberto Theodoro Jr., "o tabelião é responsável pelo controle do recolhimento do imposto de transmissão e pela exigência de comprovantes das quitações tributárias que digam respeito aos bens transmitidos e sem os quais a escritura de inventário e partilha não logrará registro no cartório imobiliário".

O tabelião não poderá lavrar escritura pública sem que os impostos tenham sido pagos.

Quanto ao ITCMD, ele deve ser recolhido antes da lavratura da escritura, devendo ser observadas as obrigações acessórias determinadas pela Fazenda Estadual. Deve haver arquivamento de cópia do imposto recolhido em pasta própria, com expressa indicação na escritura pública da guia recolhida e do arquivamento de sua cópia no tabelionato.

Quanto aos bens, o grupo da Corregedoria, dentre várias diretrizes, recomenda:

1) se imóveis, prova de domínio por certidão de propriedade atualizada;

2) em caso de imóvel descaracterizado na matrícula, por desmembramento ou expropriação parcial, o tabelião deve recomendar a prévia apuração do remanescente antes da realização da partilha;

3) imóvel em construção — ou aumento da área construída — sem prévia averbação no registro imobiliário: é recomendável a apresentação de do-

cumento comprobatório expedido pela prefeitura e, se for o caso, Certidão Negativa de Débitos para com o INSS, para inventário e partilha;

4) dinheiro, joias, pedras preciosas, objetos de ouro e prata serão indicados com especificação da qualidade, peso e importância.

Bens situados fora do Brasil não poderão ser aqui partilhados, por haver competência territorial sobre registro imobiliário (*lex rei sitae*) e por serem tais bens sujeitos a procedimentos autônomos do país onde estiverem situados.

A escritura pública pode ser retificada desde que haja o consentimento de todos os interessados. Os erros materiais poderão ser corrigidos, de ofício ou mediante requerimento de qualquer das partes, ou de seu procurador, por averbação à margem do ato notarial ou, não havendo espaço, por escrituração própria lançada no livro das escrituras públicas e anotação remissiva (Res. n. 35/2007 do CNJ, art. 13).

O inventário extrajudicial, portanto, é um negócio jurídico, logo, não se trata de coisa julgada.

O notário, é preciso ressaltar, terá pelos seus atos responsabilidade civil subjetiva, se culposamente causarem dano ao interessado no inventário. Contudo, tal responsabilidade excluída estará, havendo culpa da vítima, culpa de terceiro, força maior ou caso fortuito. Responderá, p. ex., pela não fiscalização de tributos; por erro de dados (CPF, RG, descrição de imóveis, etc.), hipótese em que deverá efetuar escritura de retificação; nulidade de escritura pública. Tal responsabilidade será sempre pessoal, visto que um notário não responde por falha de seu antecessor. Além disso, poderá haver responsabilidade civil objetiva do Estado, em razão da escolha do oficial da serventia por ele feita. O prejudicado, portanto, poderá optar por acionar qualquer deles (o notário ou poder estatal) para fazer valer seu direito e obter a reparação do dano, que lhe foi causado.

O valor dos emolumentos deverá corresponder ao efetivo custo e à adequada e suficiente remuneração dos serviços prestados, conforme estabelecido no parágrafo único do art. 1º da Lei n. 10.169/2000, observando-se, quanto a sua fixação, as regras previstas no art. 2º da citada lei. É vedada a fixação de emolumentos em percentual incidente sobre o valor do negócio jurídico, objeto dos serviços notariais e de registro (Lei n. 10.169/2000, art. 3º, II, e Res. n. 35/2007 do CNJ, arts. 4º e 5º).

A gratuidade não está prevista no CPC/2015, mas deve ante a função social dos cartórios (CF, arts. 1º, III, 3º, I, 5º, LXXIV; CPC, arts. 1.046, § 2º, e 98, § 1º, IX; e Res. 35/2007 do CNJ, art. 7º) compreender as escrituras de inventário e partilha e não se confunde com isenção tributária (Prov. TJSP, art. 7º, § 2º; Prov. do TJBA, art. 30, § 3º; Prov. TJPR, Cap. 11, Seç. 11, 11.11.5.3). Para a obtenção dessa gratuidade, basta a simples declaração dos interessados de que não possuem condições de arcar com os emolumentos, ainda que as partes estejam assistidas por advogado constituído (Res. n. 35/2007 do CNJ, arts. 6º e 7º).

Bastante útil é o Registro Central de Inventários para concentrar informações sobre atos notariais lavrados, prevenindo duplicidade de escrituras de inventário e partilha[46].

G. Sonegados

g.1. Conceito e casos de sonegação

Como pudemos apontar em páginas anteriores, com a abertura da sucessão, durante o trâmite do inventário, o inventariante deverá prestar de-

46. Essas são as orientações aprovadas pelo Grupo de Estudo instituído pela Portaria do CGJ n. 1/2007 (*DOE* de 11-1-2007) e pela Res. n. 35/2007 do CNJ. *Vide* Regnoberto Marques de Melo Jr., Inventário, partilha, separação consensual e divórcio consensual: primeiras notas à Lei n. 11.441/2007, *Diário das Leis — imobiliárias, 3*:9-12; Paulo Nader, *Curso de direito civil*, Rio de Janeiro, Forense, 2007, p. 97; Zeno Veloso, *Lei n. 11.441/2007 — Aspectos práticos da separação, divórcio, inventário e partilha consensuais*, Pará, Anoreg, 2008, p. 23-36; Humberto Theodoro Jr., Inventário e partilha e separação e divórcio por via administrativa — reforma da Lei n. 11.441/2007, *Revista IOB de Direito de Família, 44*:33-47; Christiano Cassettari, *Separação, divórcio e inventário por escritura pública*, São Paulo, Método, 2007, p. 47 a 70; Cahali e outros, *Escrituras públicas*, São Paulo, Revista dos Tribunais, 2008; Marco A. R. Rafael, Inventários e partilhas extrajudiciais e testamento — Da possibilidade de o tabelião lavrar escrituras públicas de inventários e partilhas extrajudiciais ainda quando existente testamento — *Revista IOB de Direito de Família, 58*:214-27; Oliveira Freitas e Gomes, Questões processuais dos requerimentos de separação, divórcio e inventários extrajudiciais, *Revista IOB de Direito de Família, 54*:45 a 55; Demades M. Castro, Do inventário extrajudicial na existência de testamento: breve análise dos planos de existência, validade e eficácia dos negócios jurídicos — exame da hipótese do testamento revogado, *Revista de Direito Notarial, 3*: 351 a 360; Marco Antonio de O. Camargo, Inventário por escritura pública e certidões previdenciárias — desnecessidade de sua apresentação, *Revista de Direito Notarial, 1*: 139-156 (2009). O anteprojeto de lei da OAB-SP visa alterar a redação do art. 982 (hoje art. 610) do CPC nos seguintes termos: "Art. 982. Havendo testamento ou interessado incapaz, proceder-se-á ao inventário judicial; se todos forem capazes e concordes, poderá fazer-se o inventário e a partilha por escritura particular, sob patrocínio de advogado regularmente inscrito na Ordem dos Advogados do Brasil, a qual, subscrita por pelo menos duas testemunhas presenciais, constituirá título hábil para o registro imobiliário".

clarações, enumerando e descrevendo os bens pertencentes ao espólio que estiverem em seu poder. Os herdeiros também deverão declarar e descrever as coisas que tiverem em seu poder, ou as que, com ciência sua, estiverem em poder de outrem, devendo trazer à colação as doações que porventura receberam em vida do *de cujus,* para igualar a legítima dos herdeiros necessários, restituindo-os para que se proceda à partilha. Se o inventariante ou os herdeiros não cumprirem esses deveres, dolosa ou maliciosamente, cometerão sonegação, ficando sujeitos às penas impostas (*RT, 431*:101) nos arts. 1.992 e 1.993 do Código Civil[47].

A sonegação é, nas palavras de Itabaiana de Oliveira, a ocultação dolosa de bens que devam ser inventariados ou levados à colação[48]. Requer para sua caracterização a presença de dois elementos:

a) O *objetivo,* representado pela omissão de conferir, de declarar ou restituir bens do acervo hereditário. Realmente, são *casos de sonegação*: a não descrição dos bens no inventário; a ocultação dos bens que estejam em poder do herdeiro, ou com seu conhecimento no de outrem, do inventariante ou de terceiro (CC, arts. 1.992 e 1.993); a omissão dos bens sujeitos à colação pelo herdeiro a ela obrigado (CC, arts. 1.992 e 2.002); a recusa, por parte do herdeiro ou inventariante, de restituir os bens da herança (CC, arts. 1.992 e 1.993); a negativa, pelo inventariante, da existência de bens indicados pelos herdeiros ou pelos credores (CC, art. 1.993).

b) O *subjetivo,* a intenção maliciosa[49]. Deveras, a sonegação revela propósito malicioso de subtrair bens do inventário, visando prejudicar alguém. Sonegar é dizer que não tem haveres, tendo; não dizer que possui, possuindo, com a intenção de defraudar um herdeiro, purgando-o de parte da herança, ou de iludir a lei. Claro está que àquele que oculta bens cumpre

---

47. É o que nos ensina Silvio Rodrigues, op. cit., p. 307; Carlos Maximiliano, op. cit., v. 3, § 1.533, p. 379; W. Barros Monteiro, op. cit., p. 300; Sebastião José Roque, *Direito das sucessões*, cit., p. 211-6; Luiz Pereira de Melo, Dos sonegados, RDC, *12*:21. *Vide*: CC português, art. 2.096; CC francês, art. 792; CC italiano, art. 527; CC espanhol, arts. 1.002 e 1.024 e CC argentino, arts. 3.331 e 3.404. *Consulte*: *RT, 381*:164, *471*:201, *559*:78, *554*:78, *533*:79, *577*:297, *396*:141, *302*:503, *431*:101, *544*:203, *777*:251, *582*:51, *589*:109, *704*:111; *RJ, 170*:75; *Ciência Jurídica, 55*:258; *EJSTJ, 21*:166; *JTJRS, 1*:225.

48. Itabaiana de Oliveira, op. cit., v. 3, p. 838; Luiz Cunha Gonçalves (*Tratado de direito civil,* v. 10, n. 1.586) pontifica: "Sonegar significa ocultar dolosamente os bens alheios que alguém possui e tem o dever de apresentar, ou mencionar na respectiva relação ou descrição; negar a existência desses bens em seu poder".

49. Silvio Rodrigues, op. cit., p. 309; José Lopes de Oliveira, op. cit., p. 267.

provar que não houve malícia ou dolo; portanto, compete ao próprio faltoso demonstrar que agiu de boa fé (*RT, 158*:219, *297*:556, *302*:503, *396*:141, *465*:199)[50]. O dolo não se presume; deverá ser provado. Havendo dúvida, dever-se-á presumir que a ocultação é fruto da ignorância[51].

Do exposto conclui-se que não serão tidos como sonegados os bens ainda não descritos porque: o herdeiro ignora sua existência ou porque pertence ao espólio; o suposto sonegador se julga proprietário exclusivo do bem; a omissão é involuntária[52].

g.2. Pessoas sujeitas à pena de sonegados

Todas as pessoas que puderem ocultar bens da herança, com o escopo de prejudicar herdeiros, impedindo que o monte partível alcance sua integralidade, estão sujeitas à pena de sonegados[53]. É o que se dá com:

1º) o herdeiro que oculta bens do espólio em seu poder, não os descrevendo no inventário;

2º) o herdeiro que não denuncia a existência de bens da herança que, com ciência sua, estiverem em poder de outrem;

3º) o herdeiro que deixa de conferir no inventário bens sujeitos à colação;

4º) o inventariante (*RT, 756*:347, *684*:82, *645*:208; *RF, 276*:152) que não inclui ou omite, em suas declarações, bens do espólio, ou que, sendo herdeiro, deixa de trazer à colação bens que devia conferir;

5º) o cessionário do herdeiro, que afirma não possuir bens do acervo hereditário;

6º) o testamenteiro que, ao exercer também a inventariança, subtrai dolosamente bens da herança[54].

---

50. Mário de Assis Moura, op. cit., p. 347; Luiz Pereira de Melo, Herança (Sonegação de bens), in *Enciclopédia Saraiva do Direito*, v. 41, p. 8-12; Pedro Rita, *Estudos de direito*, Lisboa, p. 62-3; Astolpho Rezende, *Manual do Código Civil brasileiro*, v. 7, p. 369-70.

51. Itabaiana de Oliveira, op. cit., v. 3, n. 845; Carlos Maximiliano, op. cit., v. 3, n. 1.549; Caio M. S. Pereira, op. cit., p. 294; João Luís Alves, *Código Civil anotado*, v. 5, p. 1.304; Dower, op. cit., p. 457.

52. Luiz Pereira de Melo, op. cit., p. 11; *RT, 484*:72.

53. Silvio Rodrigues, op. cit., p. 310; *RT, 428*:194, *582*:51, *554*:78, *533*:79, *465*:199, *431*:101, *396*:141, *302*:503, *684*:82, *589*:109, *544*:203, *704*:111; *777*:251, *756*:347; *RF, 276*:152, *269*:215, *320*:161; *JM, 111*:125; *RTJ, 94*:378.

54. W. Barros Monteiro, op. cit., p. 301; Silvio Rodrigues, op. cit., p. 310.

Lapidarmente, observa Washington de Barros Monteiro[55] que:

a) a sonegação é praticada pelo inventariante que reúne também a qualidade de herdeiro;

b) a sonegação é cometida por inventariante não herdeiro (p. ex., cônjuge meeiro);

c) a sonegação é perpetrada por um herdeiro ou pelo seu cessionário;

d) a sonegação é efetivada por testamenteiro que exercer inventariança.

g.3. Pena civil de sonegação

Se se tratar de *herdeiro* sonegador, seja ele legítimo ou testamentário, a pena será a perda do direito sobre o bem sonegado, que será restituído ao espólio e partilhado entre os outros coerdeiros, como se o sonegador nunca tivesse existido[56]. Se porventura o bem sonegado não mais estiver em seu poder, por já o ter alienado ou perdido, o sonegador deverá pagar o seu valor, mais as perdas e danos (CC, art. 1.995). A pena de sonegados tem caráter civil e consiste na perda do direito sobre o bem ocultado ou não colacionado[57].

Se o sonegador for o *inventariante* (CC, art. 1.993), herdeiro do autor da herança, sofrerá dupla sanção: perda dos direitos sobre os bens sonegados e remoção do cargo. Mas, se não for sucessor do *de cujus,* incorrerá apenas na destituição do cargo, uma vez que se não é herdeiro não poderá perder direito sobre os bens do espólio, já que não o tinha. A perda da inventariança, por ser pena administrativa, é ato de jurisdição administrativa, em que o magistrado aprecia as provas, sem o rito do processo contencioso comum. Tal remoção poderá dar-se no próprio processo de inventário (CPC, arts. 622, VI, e 623), desde que provada a sonegação com documento[58]. Entretanto, a perda do quinhão do objeto sonegado, que deveria caber ao herdeiro ou inventariante, só poderá ser imposta em ação ordinária (*RF, 72*:350)[59].

---

55. W. Barros Monteiro, op. cit., p. 301.

56. Carlos Maximiliano, op. cit., v. 3, n. 1.557; Clóvis Beviláqua, *Direito das sucessões*, § 111.

57. Planiol e Ripert, *Traité pratique de droit civil*, v. 9, n. 856 e 858; José Lopes de Oliveira, op. cit., p. 268; W. Barros Monteiro, op. cit., p. 301; *EJSTJ, 15*:55.

58. Clóvis Beviláqua, *Comentários ao Código Civil*, v. 6, p. 277; Silvio Rodrigues, op. cit., p. 312; Luiz Pereira de Melo, op. cit., p. 8-9.

59. José Lopes de Oliveira, op. cit., p. 269.

O *testamenteiro* sonegador, além de ser destituído da testamentaria (CC, art. 1.993) e será removido também do cargo de inventariante[60].

Além do mais, o sonegador poderá ser responsabilizado penalmente, conforme o disposto no Código Penal, art. 168, com o aumento da pena previsto no § 1º, II, desse preceito legal.

g.4. Ação de sonegados

A pena de sonegados só se pode requerer e impor em ação própria, movida pelos herdeiros legítimos ou testamentários (*RT, 166*:210), ou pelos credores da herança, que apenas poderão arguir de sonegação o inventariante depois de encerrada a descrição dos bens com a declaração, por ele feita, de não existirem outros por inventariar e partir (*RT, 150*:215, *324*:123), e o herdeiro, depois de declarar-se no inventário que não os possui (CC, art. 1.996; CPC, art. 621; *RT, 112*:643). Essa ação ajuizar-se-á no foro do inventário (*RT, 381*:164)[61].

---

60. W. Barros Monteiro, op. cit., p. 302; Silvio Rodrigues, op. cit., p. 313.

61. W. Barros Monteiro, op. cit., p. 303-4; *RT, 112*:643, *135*:141; Caio M. S. Pereira, op. cit., p. 295. Já houve decisão de que: "Inventário — Ação de sonegados — Prescrição — Prazo — Lapso que começa a fluir para os herdeiros ou credores do espólio uma vez concluída pelo inventariante a descrição dos bens, com as últimas declarações, iniciando-se o prazo vintenário (hoje, dez anos), para o herdeiro menor à época do inventário a partir da maioridade — Aplicação dos arts. 168, II, 169, I, 17 e 1.784, c/c o art. 1.780, do CC de 1916. *Ementa oficial*: Recurso extraordinário. Ação de sonegados. Prescrição. CC/1916, arts. 1.780, 1.781, 1.782, 1.784 e 177. A ação de sonegados nasce, para os herdeiros ou para os credores do espólio, concluída pelo inventariante a descrição dos bens no inventário, com as últimas declarações. Se se trata de herdeiro menor à época do inventário, o prazo de prescrição começa a fluir alcançada a maioridade. Hipótese em que o inventário foi concluído em 1935, havendo a autora, herdeira do espólio, adquirido maioridade em 1949. Contando-se o prazo vintenário (hoje, o prazo é de dez anos) a partir desse ano, e de reconhecer a prescrição da ação de sonegados aforada em 1973. Recurso extraordinário e provido para declarar prescrita a ação, restabelecida a sentença" (RE 85.944-6-RJ, 1ª T., rel. Min. Néri da Silveira, j. 15-12-1987, *DJU*, 10-3-1989, *RT, 645*:208).

STJ, REsp n. 1.196.946, rel. Min. Sidnei Beneti, j. 19-8-2014 — Recursos especiais. Ação de sonegados. Bens imóveis adquiridos com valores prestados pelo *de cujus* e não declarados pelos herdeiros. Negativa de prestação jurisdicional afastada. Prescrição decenal contada a partir da data do encerramento do inventário. Citação do cônjuge. Desnecessidade ante a sonegação do valor dos bens, e não de imóveis. Inexistência de dolo. Afastamento da pena de perda dos bens. Restituição em dinheiro, pela metade, dos valores doados. Ilegitimidade ativa da viúva meeira para a ação de sonegados. 1. Afasta-se a alegação de negativa de prestação jurisdicional (CPC, art. 535 — atual art. 1.022) quando há suficiente motivação do acórdão recorrido, congruente com o dis-

A Fazenda Pública, por ter direitos fiscais relativos aos bens sonegados, poderá reclamar que eles sejam inventariados, propondo a ação; porém não poderá pedir a aplicação da pena de sonegados, que é inadmissível quando não se descrevem os bens, com a anuência dos herdeiros, com o intuito de diminuir o montante do imposto *mortis causa* (*RT, 134*:171, *156*:683)[62].

---

positivo que deles decorreu, de modo a constituir julgamento válido. 2. É cabível o ajuizamento da ação de sonegados quando não trazidos à colação os numerários doados pelo pai a alguns dos herdeiros para a aquisição de bens imóveis. 3. A prescrição da ação de sonegados, de dez anos, conta-se a partir do encerramento do inventário, pois, até essa data, podem ocorrer novas declarações, trazendo-se bens a inventariar. 4. No caso de entrega de dinheiro pelo *de cujus* para a aquisição de bens imóveis, a sonegação é dos valores entregues, e não dos próprios imóveis, o que afasta o acionamento dos cônjuges em litisconsórcio necessário (CPC, arts. 10, § 1º, I, e 47 — hoje arts. 73, § 1º, I, e 114). 5. A simples renitência do herdeiro, mesmo após interpelação, não configura dolo, sendo necessário, para tanto, demonstração inequívoca de que seu comportamento foi inspirado pela fraude. Não caracterizado o dolo de sonegar, afasta-se a pena da perda dos bens (CC, art. 1.992). 6. No regime da comunhão universal de bens, cada cônjuge tem a posse e propriedade em comum, indivisa de todos os bens, cabendo a cada um a metade ideal. Assim, entende-se que cada cônjuge contribui com metade das doações feitas, razão pela qual não se pode apontar como sonegada, no inventário do marido, a metade doada pela esposa. 7. Como a colação tem por escopo equalizar as legítimas dos herdeiros necessários, falece interesse jurídico à viúva meeira para o ajuizamento das ações de sonegados, visto que estes não serão acrescidos à sua meação. 8. Recursos especiais providos em parte.

BAASP, 2924:9 — Sonegados. Inventariante que deixa de referir no processo de inventário bens existentes quando da abertura da sucessão. Nulidade inexistente. Preclusão. 1 — Considerando que a ré não alegou a nulidade apontada no recurso, nas oportunidades em que se manifestou nos autos, operou-se a preclusão. Inteligência do art. 245 — atualmente art. 278 — do CPC. 2 — Sonegados são os bens ocultados ao inventário ou que não tenham sido levados à colação. 3 — Se a própria inventariante admitiu não ter arrolado a conta bancária do *de cujus*, correta a decisão que a condenou a restituir ao espólio as importâncias ocultadas, devidamente corrigidas, declarando a perda de qualquer direito hereditário dela quanto aos valores sonegados, pois tinha ela a obrigação de defender os interesses do espólio e de informar a existência de contas bancárias de titularidade do inventariado. Recurso desprovido (TJRS, 7ª Câmara Cível, Apelação Cível n. 70057481780-Santiago-RS, rel. Des. Sérgio Fernando de Vasconcellos Chaves, 29-1-2014, v.u.).

Apelação Cível. Família. Ação de sonegados — 1. Sonegados são os bens ocultados ao inventário ou que não tenham sido levados à colação. 2. A ação de sonegados pressupõe a ocultação dolosa de bens por quem deveria trazê-los à colação, sendo imprescindível provar não apenas a existência dos bens sonegados, mas, sobretudo, do dolo na ocultação. 3. Não estando configurado o dolo, não se cogita de sonegação, nem da aplicação da pena de sonegados. Recurso desprovido (Apelação Cível n. 70064830961, 7ª Câmara Cível, Tribunal de Justiça do RS, rel. Liselena Schifino Robles Ribeiro, j. 23-5-2015).

62. W. Barros Monteiro, op. cit., p. 304. *Vide* Instrução Normativa n. 81/2001, que revogou a de n. 53/98 da Secretaria da Receita Federal, sobre declarações de rendimentos de espólio.

Essa ação requer que o autor prove que o bem sonegado pertence ao espólio, não podendo servir de testemunhas as pessoas arroladas no Código Civil, art. 228, IV.

g.5. Efeitos

A pena civil de sonegação só poderá ser decretada após a sentença que julgar procedente a ação de sonegado[63]. A sentença que se proferir na ação de sonegados, movida por qualquer um dos herdeiros, ou credores, aproveitará aos demais interessados (CC, art. 1.994, parágrafo único).

Julgada procedente a ação que tem natureza condenatória, os bens sonegados deverão ser restituídos ao espólio para sobrepartilha (CC, art. 2.022); se isso for impossível, porque foram alienados ou porque pereceram por culpa do sonegador, como o juiz não pode, em ação de sonegados, declarar a nulidade da alienação feita pelo sonegador, ordenará o pagamento da importância correspondente ao valor da coisa, mais perdas e danos (CC, art. 1.995)[64] e, ainda, a remoção do cargo, se o sonegador for o inventariante (CC, art. 1.993; CPC, art. 622, VI).

---

63. Silvio Rodrigues, op. cit., p. 314.
64. José Lopes de Oliveira, op. cit., p. 270; W. Barros Monteiro, op. cit., p. 305.

QUADRO SINÓTICO

INVENTÁRIO

1. DEFINIÇÃO DE INVENTÁRIO JUDICIAL	• O inventário é o processo judicial tendente à relação, descrição, avaliação e liquidação de todos os bens pertencentes ao *de cujus* ao tempo de sua morte, para distribuí-los entre os seus sucessores.		
2. PROCESSO DE INVENTÁRIO	• Abertura do inventário	• CC, art. 1.785; CPC, art. 48; Lei estadual paulista n. 10.705/2000, art. 27 e parágrafo único. • CPC, art. 611; CC, arts. 1.796, 1.987 e 1.989. • CPC, arts. 615 e 616; Lei n. 11.101/2005, art. 22, III, *o*; Dec. estadual n. 10.000/39, art. 56, n. 11.	
	• Inventariança	• Nomeação do inventariante	• CPC, arts. 617 e 627, II. *RT, 462*:259.
		• Função do inventariante	• Administrar e representar ativa e passivamente a herança (CPC, art. 618, I e II) até a homologação da partilha.
		• Responsabilidade do inventariante	Se não cumprir suas obrigações, poderá sofrer dupla sanção: • 1ª) Responsabilidade na forma do direito comum, com o dever de indenizar prejuízos que causou dolosa ou culposamente, de pagar juros pelas importâncias que usou em seu próprio benefício, podendo ainda sofrer penas impostas a quem tem o dever de gerir bem alheio. • 2ª) Remoção, por decisão judicial *ex officio*, ou a requerimento de herdeiro (CPC, arts. 622, 623, 624 e 625).
		• Termo de inventariança	• CPC, art. 620 e § 1º.

2. PROCESSO DE INVENTÁRIO	• Administrador provisório	• CPC, arts. 613, 614 e 615; CC, art. 1.797. • O administrador provisório terá, até ser prestado o compromisso do inventariante, a posse do espólio e a legitimidade para representar ativa e passivamente a herança.
	• Citação dos interessados	• CPC, arts. 626, § 1º, 627 e 612.
	• Avaliação dos bens inventariados	• A avaliação é a determinação feita pelo avaliador do justo preço dos bens do espólio (CPC, arts. 630 e 635, §§ 1º e 2º).
	• Declarações finais do inventariante	• CPC, arts. 636 e 621. • CC, art. 1.996.
	• Liquidação dos impostos	• CPC, arts. 637 e 638.
3. PAGAMENTO DAS DÍVIDAS	• CPC, arts. 642, 643, 645, 668, I, 796, 618, VIII, 651, I; CC, arts. 1.997, 1.847, 1.792, 1.998, 1.999, 2.000, 2.001 e 836.	
4. ARROLAMENTO	• Arrolamento é um processo de inventário simplificado, caracterizado pela redução de solenidades (CPC, arts. 659 a 667).	
5. INVENTÁRIO NEGATIVO	• Segundo Itabaiana de Oliveira, o inventário negativo é o modo judicial de se provar, para determinado fim, a inexistência de bens do extinto casal (CC, arts. 1.641, I, e 1.523, I).	
6. INVENTÁRIO EXTRAJUDICIAL	• Pelo art. 610, § 1º, do CPC, se todos os herdeiros forem maiores, capazes e concordes, não havendo testamento, poder-se-á fazer inventário extrajudicial e partilha amigável, por escritura pública, que constituirá título hábil para o registro imobiliário.	

7. SONEGADOS		
	• Conceito de sonegação	• Para Itabaiana de Oliveira, a sonegação é a ocultação dolosa de bens que devam ser inventariados ou levados à colação.
	• Casos de sonegação	• Não descrição dos bens no inventário. • Ocultação dos bens que estejam em poder do herdeiro, do inventariante ou de terceiro. • Omissão dos bens sujeitos à colação pelo herdeiro a ela obrigado. • Recusa, por parte do herdeiro ou inventariante, de restituir os bens da herança. • Negativa, pelo inventariante, da existência de bens indicados pelos herdeiros ou pelos credores.
	• Pessoas sujeitas à pena de sonegados	• Herdeiro que oculta bens do espólio em seu poder, não os descrevendo no inventário. • Herdeiro que não denuncia a existência de bens da herança, que, com ciência sua, estiverem em poder de outrem. • Herdeiro que deixa de conferir, no inventário, bens sujeitos à colação. • Inventariante que não inclui, em suas declarações, bens do espólio, ou que, sendo herdeiro, deixa de trazer à colação bens que devia conferir. • Cessionário do herdeiro, que afirma não possuir bens do acervo hereditário. • Testamenteiro que, ao exercer também a inventariança, subtrai dolosamente bens do espólio.
	• Pena civil da sonegação	• Herdeiro sonegador perderá direito sobre o bem sonegado, e, se não o puder restituir ao espólio, deverá pagar seu valor, mais perdas e danos (CC, art. 1.995). • Inventariante sonegador, também herdeiro, sofrerá dupla sanção: perda do direito sobre os bens sonegados e remoção do cargo; se não for herdeiro, será apenas destituído da inventariança. • Testamenteiro sonegador será destituído da testamentaria e será removido da inventariança.
	• Ação de sonegados	• CC, art. 1.996; CPC, art. 621.
	• Efeitos	• CC, arts. 1.994, parágrafo único, e 1.995.

2. Partilha

A. Conceito de partilha

Com a abertura da sucessão, desde logo os herdeiros legítimos e testamentários recebem a posse e a propriedade dos bens da herança, tendo a quota ideal e indeterminada sobre a totalidade dos bens e direitos do espólio, ignorando o que lhes cabe especificamente. O acervo hereditário é indiviso, pertencendo a todos os sucessores do *de cujus* conjuntamente, visto que todos têm igual direito sobre a massa, aplicando-se-lhes as normas atinentes ao condomínio[65]. Esse estado de indivisão possui caráter transitório, embora possa ser mantido por livre convenção dos interessados ou por determinação testamentária; qualquer herdeiro, mesmo que o testador o proíba, cessionário e credor do herdeiro poderão a todo tempo pedir a partilha (CC, art. 2.013), para pôr termo à comunhão sobre a universalidade dos bens da herança. Outrora não obstava à partilha estar um ou mais herdeiros na posse de certos bens do espólio, salvo se da morte do proprietário houvessem decorrido 20 anos (CC de 1916, art. 1.772, § 2º; *RT, 238*:174, *239*:310; STF, Súmula 445), caso em que se tinha a usucapião extraordinária em favor do possuidor, ainda que não esteja de boa-fé nem tenha justo título[66].

65. Mazeaud e Mazeaud, *Leçons de droit civil*, v. 4, n. 1.601; Caio M. S. Pereira, op. cit., p. 298; Silvio Rodrigues, op. cit., p. 281; Pinto Ferreira, *Inventário, partilha e ações de herança*, São Paulo, Saraiva, 1992; José da Silva Pacheco, *Inventários e partilhas*, Forense, 1994; Sebastião Amorim e Euclides de Oliveira, *Inventários e partilhas*, cit., p. 275-92; Jose Perez Lasala, *Acciones judiciales del derecho sucesorio*, Buenos Aires, Librarius, 1992; Ernane Fidélis dos Santos, Questões sobre inventário e partilha, *RCDUFU, 8*:71; Maria José Silva D'Ambrósio, Natureza jurídica do inventário e da partilha, *RP, 40*:290.

66. Clóvis Beviláqua, *Comentários ao Código Civil*, cit., v. 6, obs. 4 ao art. 1.772; *RT, 536*:110; *JB, 117*:227; *EJSTJ, 12*:83.

É a partilha o ponto culminante da liquidação da herança, já que é por meio dela que se especifica o quinhão de cada herdeiro (CC, art. 2.023). Assim sendo, a herança, até a partilha, é uma unidade legalmente indivisível, embora seja de natureza divisível, razão pela qual existe a partilha. Esta tem efeito declaratório (*JB, 147*:198), pois não consiste em ato de transferência de domínio, visto que o herdeiro já o recebeu no momento da morte do *auctor successionis*. A sentença homologatória da partilha tem efeito retro-operante, fazendo retroagir a discriminação dos bens à data do óbito, isto é, o herdeiro não passa a ser dono de sua quota a partir da sentença, porém esta retroage à data da morte do *de cujus*; cada herdeiro, que até a homologação tinha direito a quota ideal do todo, será considerado titular das coisas a ele atribuídas, como se o fosse desde a abertura da sucessão[67]. Durante o inventário, como vimos, é feito um levantamento geral de todos os bens deixados pelo autor da herança, verificando-se o ativo e o passivo do espólio com o respectivo pagamento de todos os débitos do *de cujus*, de modo que a diferença entre o ativo e o passivo é que será objeto de distribuição entre os herdeiros. Por isso, "Os herdeiros em posse dos bens da herança, o cônjuge sobrevivente e o inventariante são obrigados a trazer ao acervo os frutos que perceberam, desde a abertura da sucessão; têm direito ao reembolso das despesas necessárias e úteis que fizeram, e respondem pelo dano a que, por dolo ou culpa, deram causa" (CC, art. 2.020).

Somente a herança líquida é que será objeto da partilha, constituindo o monte partível. A partilha incidirá exclusivamente sobre esse acervo líquido, pois onde houver débitos não há herança[68].

"Com o advento da partilha cessa a comunhão hereditária, desaparecendo a figura do espólio, que será substituída pelo herdeiro a quem cou-

---

67. Caio M. S. Pereira, op. cit., p. 298-300 e 318; Planiol, Ripert e Boulanger, *Traité élémentaire de droit civil*, v. 3, n. 3.107; Clóvis Beviláqua, *Direito das sucessões*, cit., §§ 103 e 104; De Page, *Traité élémentaire de droit civil belge*, t. 9, ns. 1.069, 1.070 e 1.373; Carlos Maximiliano, op. cit., v. 3, n. 1.461; Itabaiana de Oliveira, op. cit., v. 3, n. 772; Silvio Rodrigues, op. cit., p. 281; Dower, op. cit., p. 466-7; W. Barros Monteiro, op. cit., p. 289. Interessante é o posicionamento de José de Oliveira Ascensão (*Direito civil — sucessões*, Coimbra, 1989, p. 558-9), para quem "a partilha não é um acto meramente declarativo de um direito preexistente, pois que, após ela, o direito de cada coerdeiro não fica inalterado; nem um acto atributivo de um direito aos bens, pois o beneficiado já o tinha. Cremos que a partilha é um acto modificativo — altera situações jurídicas preexistentes (...); é um acto modificativo, visto que o objecto e o conteúdo dos direitos preexistentes são alterados. Isso implica a cessação do estado de indivisão, extinguindo-se a possibilidade de actuação colectiva sobre aquela massa de situações jurídicas". Consulte: *RT, 759*:231, *643*:67; *RF, 282*:266.

68. Dower, op. cit., p. 466-7; Caio M. S. Pereira, op. cit., p. 300; Enneccerus, Kipp e Wolff, *Derecho de sucesiones*, v. 1, § 84.

be o direito ou a coisa, objeto da causa" (*RF*, *282*:266 — no mesmo sentido: *RT*, *759*:231 e *643*:67).

A partilha é, portanto, a divisão oficial do monte líquido, apurado durante o inventário, entre os sucessores do *de cujus,* para lhes adjudicar os respectivos quinhões hereditários[69]. Tem, portanto, efeito declaratório, pois assim que for julgada o direito de cada herdeiro circunscrever-se-á ao seu quinhão (CC, art. 2.023) e também retroativo (*ex tunc*), desde a abertura da sucessão (CC, art. 1.784).

É mister salientar que o inventário e a partilha constituem um único procedimento, que se cinde em duas fases distintas.

B. Colação

b.1. Conceito e finalidade

Como o princípio que rege o direito sucessório é o da igualdade dos quinhões, o monte partível será dividido em tantos quinhões iguais quantos forem os herdeiros necessários do *de cujus*[70]. Ante o fato de, por exemplo, o ascendente ter contemplado um descendente com uma doação (CC, art. 2.002), desfalcando o espólio em prejuízo dos demais descendentes, mesmo que não tenha ido além da metade disponível dos herdeiros, criou-se a figura jurídica da colação, com o escopo de restabelecer a igualdade rompida, presumindo-se que a liberalidade seria uma antecipação da quota do beneficiário, salvo expressa declaração em contrário do ascendente. A obrigação de colacionar funda-se na presumida vontade do falecido de dispensar aos

---

69. Definição baseada em Dower, op. cit., p. 466; Itabaiana de Oliveira, op. cit., v. 3, p. 880; W. Barros Monteiro, op. cit., p. 289; Clóvis Beviláqua, *Direito das sucessões,* cit., p. 374; Antonio Macedo de Campos, *Inventários e partilhas,* São Paulo, 1984; Zeno Veloso, *Novo Código,* cit., p. 1817-8; Luiz Edson Fachin e Carlos Eduardo Pianovski, Sucessão hereditária e colação: novo Código Civil e velhas polêmicas, *Revista Brasileira de Direito Comparado, 30*:71-88. Sobre colação: CC francês, arts. 843 e 858-860; CC espanhol, arts. 1.035, 1.045 e 1.049; Código Civil paraguaio, art. 2.544; CC argentino, arts. 3.476 e 3.477 (alterado pela Lei n. 17.711) a 3.484; CC italiano, arts. 735 a 751 e 783; CC português, arts. 2.104 a 2.118, 2.108, n. 1 e 2, 2.111; Código Civil boliviano, art. 1.244; CC peruano, arts. 724 e 831; BGB, § 2.055. Sobre formal de partilha: *EJSTJ, 10*:79. Sobre desapropriação de bem de herança não partilhada: *RT, 761*:198. *Vide RT, 759*:231, *643*:67; *RF, 282*:266.

70. Caio M. S. Pereira, op. cit., p. 300; Ruggiero e Maroi, *Istituzioni di diritto privato,* v. 1, p. 417; *ADCOAS,* n. 91.245, 1983; *RT, 697*:154, *683*:185, *480:225*, *562:*199, *636*:136, *685*:185, *615*:50, *620*:44, *727*:288, *677*:218, *717*:564, *720*:109, *761*:352, *734:461*, *480*:225, *720*:109, *734*:461; *RJ, 330*:133; *JTJ, 151*:93; *RF, 344*:345; *RTJ, 88*:544; *RJTJSP, 56*:118; *EJSTJ, 1*:51, *5:69*; *RSTJ, 109*:154, *37*:405.

filhos perfeita igualdade de tratamento. Deveras, presume-se que o *de cujus* tinha para com seus descendentes igual afeto, de modo que o donatário recebe o bem a título de antecipação da herança (CC, art. 544) e sob a condição de o trazer ao monte partível ou de o descontar de sua quota na abertura da sucessão[71]. Tem por fundamento a equidade. Sua finalidade é, portanto, igualar as legítimas dos herdeiros (CC, arts. 2.003 e 2.002, parágrafo único); assim, tudo o que o cônjuge sobrevivente veio a receber a título de doação direta ou indireta do *de cujus* e o que os descendentes receberam em vida dos ascendentes será devolvido ao acervo hereditário, que se recomporá, para que se opere com igualdade a partilha entre os herdeiros (*RT, 310*:526, *313*:521, *321*:350)[72]. A colação garante a

---

71. Caio M. S. Pereira, op. cit., p. 301; Colin e Capitant, op. cit., v. 3, n. 732; Cunha Gonçalves, op. cit., v. 10, t. 2, n. 1.598; Demolombe, *Cours de Code Napoléon*, v. 16, n. 163; Silvio Rodrigues, op. cit., p. 296-7; Orlando Gomes, *Direito das sucessões*, 2. ed., Rio de Janeiro, Forense, p. 303; Carvalho D'Abreu, A colação e redução das doações em substância ou valor, *Revista de Justiça*, n. 149, ano 7, Lisboa, Portugal, 1922; Carlos Alberto Ferriani e Eduardo B. Cassis, Das colações, *Sucessão do cônjuge e do companheiro e outras histórias* (coord. M. Helena Diniz), São Paulo, Saraiva, 2013, p. 95 a 128. A colação não se confunde com a redução; esta visa reduzir a liberalidade *mortis causa*, que exceder a parte disponível, quer o beneficiado seja herdeiro ou estranho. *Vide* nota 76 onde se faz um paralelo entre colação e redução.

72. W. Barros Monteiro, op. cit., p. 307; Carlos Maximiliano, op. cit., v. 2, n. 1.566; Guillermo S. Blázquez, *Colación de los descendientes*, Madrid, 1996; José Luís de Los Mozos, *La colación*, Madrid, 1965; Francisco Morato, Da colação, *Revista de Direito Privado*, São Paulo; *RT, 31*:215-22; Múcio de Campos Maia, Apontamentos sobre a colação, *RF, 197*:33; Sebastião José Roque, *Direito das sucessões*, cit., p. 217-22; R. Rosas, Colação, valor dos bens doados, *RT, 415*:22; João Baptista Villela, *Contribuição à teoria do valor de bens na colação hereditária*, Belo Horizonte, 1964; Nicoló Visalli, *La collazione*, Milano, 1988; Giuseppe Azzariti, *Le successioni e le donazioni*, Napoli, Jovene, 1990, p. 733 e s.; Paolo Forchielli, *La collazione*, Padova, 1958; José Luís de Los Mazos, *La colación*, Madrid, 1965; Alexandre P. Parise, Inventário — Superveniência de filhos — Colação de bens — Admissibilidade do sequestro dos frutos e rendimentos, *Revista Brasileira de Direito de Família, 33*:11-30; Pontes de Miranda (*Tratado de direito privado*, São Paulo, Revista dos Tribunais, 1984, t. 55, § 5640, p. 350) esclarece: "Diz-se *doação direta* a que é feita a alguém em cumprimento exclusivo de prestação de liberalidade. Na *doação indireta*, quando se consegue prestar o que seria doável, através de outro ato, inclusive ato-fato-jurídico. Por exemplo: o doador renuncia a algum direito, ou paga a dívida do beneficiado. A doação dissimulada (ou mascarada) é a doação que se fez como se fosse outro negócio jurídico (e.g., compra e venda)." Também será dissimulada, como aponta Zeno Veloso (*Código*, cit., p. 2172), remissão de dívida, construção de prédio em imóvel do filho, constituição de sociedade em nome do descendente, aumento do capital social do filho em sociedades empresárias etc.

"Recurso especial. Sucessões. Inventário. Partilha em vida. Negócio formal. Doação. Adiantamento de legítima. Dever de colação. Irrelevância da condição dos herdeiros. Dispensa. Expressa manifestação do doador. Todo ato de liberalidade, inclusive doação, feito a descendente e/ou herdeiro necessário nada mais é que adiantamento de legítima, impondo, portanto, o dever de trazer à colação, sendo irrelevante a condição dos demais herdeiros: se supervenientes ao ato de liberalidade, se irmãos germanos ou unilaterais. É necessária a expressa aceitação de todos os herdeiros e a consideração de quinhão de herdeira necessária, de modo que a inexistência da formalidade que o negócio jurídico exige não o caracteriza como partilha em vida. A dispensa do dever de colação só se opera por expressa e formal manifestação do doador, determinando que a doação ou ato de liberalidade recaia sobre a parcela disponível de seu patrimônio" (STJ, REsp 730.483/MG, rel. Min. Nancy Andrighi, 3ª T., j. 3-5-2005, *DJ*, 20-6-2005, p. 287); *RT, 375*:176, *445*:69; *RSTJ, 109*:154.

"Inventário — Doações de imóveis, que beneficiaram apenas dois, dos três herdeiros existentes — Doações que abrangem a quase totalidade dos bens do autor da herança e são notoriamente inoficiosas — Inexistência de dispensa, no contrato ou em testamento posterior, dos donatários trazerem os bens à colação — Colação que, em princípio, se faz pelo valor do bens doados — Elementos dos autos que demonstram a insuficiência de outros bens do espólio para igualar as legítimas — Enquadramento da hipótese no parágrafo único do artigo 2.003 do Código Civil — Colação a ser conferida em espécie, com retorno dos bens ao acervo hereditário — Recurso provido (Agravo de Instrumento n. 530.150.4/9-00, 4ª Câmara de Direito Privado do TJSP, rel. Des. Francisco Loureiro, j. 8-11-2007).

"Não é inepta a petição inicial que contém todos os requisitos exigidos pelo art. 282 do CPC. Inexistindo a posse mansa, pacífica e ininterrupta, não há se falar em usucapião, ainda mais se a aquisição do bem se deu por ato de mera liberalidade do doador. Não é carecedor de ação aquele que pretende anular *doação* de imóvel feita por genitor para filhos do primeiro casamento. O ato jurídico é por sua essência a manifestação da vontade que, exercida em sua autonomia, consolida relações de ordem jurídica e produz os efeitos conforme a norma legal atinente à espécie, assim, caso surja em sua formação conflito entre a vontade e a sua declaração, há de sobreviver aquela por ser o elemento fundamental do ato jurídico. Não configura a existência de fraude, e muito menos de simulação, a *doação* feita em adiantamento da legítima, com reserva de usufruto, de ascendentes a descendentes, regularmente inscrita no Registro Imobiliário, dispensando-se o assentimento dos demais descendentes, inclusive futuros, uma vez que o donatário terá de levar à *colação* o bem doado, por ocasião do inventário do ascendente, consoante determina o artigo 2.002 do NCC, que reproduz os artigos 1.785 e 1.786 do revogado Código Civil de 1916. A simples defesa de entendido direito não configura litigância de má-fé. Recurso conhecido e não provido" (TJMG, Ap. 1.0625.05.041821-3/001, rel. Des. Márcia de Paoli Balbino, 17ª Câm. Cív., j. 6-12-2007, publicado em 10-1-2008).

"Não possuindo o doador herdeiros necessários — ascendentes ou descendentes sucessíveis —, não há que se falar em redução da doação, nada obstando dispor livremente da integralidade de seus bens a quem melhor lhe aprouver, pois o art. 1.721 do Código Civil preserva apenas a legítima, ou seja, a porção de bens que a lei reserva aos herdeiros necessários, entre os quais não se incluem os colaterais. Tendo a doadora se reservado o usufruto vitalício dos bens doados, ficando-lhe garantida a subsistência, afasta-se a alegada nulidade do ato por violação à regra contida no art. 1.175 do Código Civil" (*Bol. AASP, 2639*:1714-07).

"Agravo de Instrumento. Inventário. Testamento. Não há razão para trazer à colação o bem destinado por testamento, uma vez que não extrapolou a parte disponível do testador. (...) Quanto à adequação ou não afronta à legítima, ensina Maria Berenice Dias que: 'O autor da herança não pode ultrapassar o limite do possível, ou seja, não pode dispor da legítima que se destina aos herdeiros necessários'. Em dois momentos o Código Civil consagra o chamado princípio da reserva (CC 1.789 e 1.846). Impõe a indivisibilidade de bens a favor das pessoas que a lei presume manterem com o *de cujus* relação de afetividade mais acentuada. O titular não pode ofender a legítima nem ao fazer doações nem via testamento. Mesmo quando contempla descendentes a título de adiantamento de legítima, precisa respeitar o igual direito dos coerdeiros. Quando a doação é feita por ato *inter vivos*, a título de partilha em vida, invadida a legítima, qualquer herdeiro pode buscar excluir o excesso, mesmo enquanto vivo o autor da liberalidade. Caso contemple os herdeiros testamentários com mais do que poderia fazer, é preciso limitar as disposições ao montante da legítima dos herdeiros necessários (CC 1.967). Negaram provimento ao recurso" (TJRS, Agravo de

igualdade entre descendentes do *de cujus* relativamente à partilha da legítima, sem qualquer restrição, mesmo se tais herdeiros forem supervenientes à época da liberalidade em prol de filhos já existentes. Assim, se estes últimos receberam doações de um dos ascendentes, os bens doados deverão ser colacionados, no inventário, para que se faça uma partilha igualitária entre os herdeiros necessários (filhos anteriores e supervenientes à doação).

A colação é uma conferência dos bens da herança com outros transferidos pelo *de cujus*, em vida, aos seus descendentes quando concorrerem à sucessão do ascendente comum, e ao cônjuge sobrevivente, quando concorrer com descendente do *de cujus*, promovendo o retorno ao monte das liberalidades feitas pelo autor da herança antes de finar, para uma equitativa apuração das quotas hereditárias dos sucessores legitimários[73]. Os descendentes que, por exemplo, receberam liberalidades em vida do autor da herança têm a obrigação de conferi-las após a abertura da sucessão, no curso do inventário (CPC, arts. 639 a 641), sob pena de serem sonegadores (CC, art. 2.002).

Portanto, não são todos os herdeiros necessários do autor da herança que estão obrigados a colacionar, pois apenas os descendentes (matrimoniais, não matrimoniais reconhecidos ou adotivos) sucessíveis de qualquer grau é que terão de conferir as liberalidades que receberam dos ascendentes, e, se porventura sucederem por direito de representação (*RT, 158*:799), deverão conferir as doações recebidas pelo seu representado. O neto que, representando seu pai, suceder ao avô, será obrigado a colacionar, ainda que não tenha herdado o bem doado a seu genitor que teria de conferi-lo, se vivo fosse (CC, art. 2.009). O neto favorecido com liberalidade direta do avô só terá que colacionar os bens ganhos se concorrer por direito próprio com outros netos (CC, arts. 2.002 e 2.009). Zeno Veloso ensina: o neto, que vier a receber doação de seu avô, estando seu pai vivo, por ocasião da morte do doador, se for chamado à sucessão do avô, não precisará colacionar, pois, no momento da doação, o herdeiro necessário era seu pai. Se o avô fez doação ao neto, o pai deste, quando suceder ao ascendente, não precisará conferir o valor da doação.

Instrumento n. 70058463563, Oitava Câmara Cível, Tribunal de Justiça do RS, rel. Alzir Felippe Schmitz, j. em 10-4-2014).

73. Walter Moraes, Colação, in *Enciclopédia Saraiva do Direito*, v. 16, p. 78; Silvio Rodrigues, op. cit., p. 294; Aubry e Rau, *Cours de droit civil français*, Paris, 4. ed., 1873, v. 6, § 627; Laurent, *Cours élémentaire de droit civil*, v. 2, n. 170; Zeno Veloso, *Novo Código Civil comentado*, São Paulo, Saraiva, 2004, p. 1867; *RT, 485*:60, *480*:225, *469*:64, *464*:217; *RTJ, 69*:233. Sobre conferência de bens por neto: CC italiano, art. 740; CC francês, art. 848, 2ª parte; CC espanhol, art. 1.038, al. 1; CC português, art. 2.106 e CC argentino, art. 3.482.

O valor da legítima abrange o valor dos bens do ativo patrimonial (imóveis, móveis, direitos e créditos) existentes ao tempo do óbito, deduzidos os débitos, despesas com funerais e despesas processuais (honorários advocatícios, custas de inventário etc.).

Ainda deverão colacionar as doações recebidas os que renunciaram a herança (CC, arts. 1.804, parágrafo único, e 1.806) ou dela foram excluídos (CC, arts. 814 e s. e 1.961) por indignidade ou deserdação (CC, art. 2.008). O ascendente não está sujeito à colação, pois o Código Civil não lhe impõe tal dever.

O consorte supérstite deverá ou não colacionar os bens que lhe foram doados pelo *de cujus*?

Nada dispõe o Código Civil, de modo claro, sobre a questão de ser o cônjuge herdeiro obrigado, ou não, a colacionar, se recebeu alguma liberalidade do falecido. Diante do art. 2.003, que assim reza: "A colação tem por fim igualar, na proporção estabelecida neste Código, *as legítimas dos descendentes* e do *cônjuge sobrevivente*, obrigando também os donatários que, ao tempo do falecimento do doador, já não possuírem os bens doados" (grifo nosso). E do art. 2.002, que prescreve: "Os *descendentes* que concorrerem à sucessão do ascendente comum *são obrigados*, para igualar as legítimas, *a conferir* o *valor das doações* que dele em vida receberam, sob pena de sonegação" (grifos nossos), parece que apenas descendente e donatário deveriam colacionar, e o cônjuge sobrevivente teria o direito de exigir a colação para resguardar a sua quota legitimária, mas não teria, como o ascendente, a obrigação de conferir o valor de doação recebida em vida do *de cujus*. Ora, como só é obrigado a conferir quem recebeu adiantamento da legítima, no caso o cônjuge sobrevivente e os filhos, por força dos arts. 544, 2.003, parágrafo único, do Código Civil, há, aqui, um defeito de técnica legislativa e uma contradição normativa entre os arts. 2.002, 2.003 e 544. Com isso, concluímos que haverá colação quando houver adiantamento da legítima; logo descendente e cônjuge sobrevivente, por força da liberalidade *inter vivos* recebida, deverão conferir o valor da doação sob pena de sonegação e de perder o direito que sobre os bens herdados lhes caiba (CC, art. 1.992). Há quem ache que, diante da obscuridade do art. 2.003 e do disposto no art. 2.002, a obrigação de colacionar, por estar fundada na vontade presumida do autor da herança de dispensar igual tratamento aos descendentes, caberá somente a estes, dispensando-se os ascendentes e o cônjuge sobrevivente, que apenas poderão, para resguardar a sua legítima, pleitear simples redução.

Com o intuito de sanar essa dúvida, o Projeto de Lei n. 699/2011 propõe a seguinte alteração ao art. 2002: "Os descendentes que concorrerem à sucessão do ascendente comum, e o cônjuge sobrevivente, quando concorrer com os descendentes, são obrigados, para igualar as legítimas, a conferir o valor das doações que em vida receberam do falecido, sob pena de sonegação". E, para tanto, apresenta esta justificativa: "O art. 2.002 se omitiu quanto à necessidade de o cônjuge colacionar, embora o art. 544 enuncie que a doação de um cônjuge a outro importa adiantamento de legítima. Esta questão, no entanto, necessita ficar bem clara e explícita. Como sabemos, o cônjuge foi muito beneficiado no direito sucessório, e aparece, neste Código, numa posição realmente privilegiada. Não é razoável e justo que ele não fique obrigado a trazer à colação os valores de bens que recebeu em doação do *de cujus*, enquanto os descendentes têm este dever. Se forem chamados os descendentes e o cônjuge sobrevivente à herança do falecido, os descendentes precisam restituir o que receberam antes, como adiantamento de legítima, enquanto que as liberalidades feitas em vida pelo falecido ao cônjuge não estão sujeitas à colação. Ademais, se o doador quiser imputar na sua metade disponível a doação que fizer ao cônjuge, basta que mencione isto, expressamente, no ato de liberalidade ou em testamento (arts. 2.005 e 2.006). Assim, entendo que deve ser prevista a obrigação de o cônjuge sobrevivo conferir as doações recebidas do outro cônjuge, quando for chamado à herança, conjuntamente com os descendentes. Se concorrer com os ascendentes, não seria o caso, pois estes não estão sujeitos à colação". O Parecer Vicente Arruda aprovou, ao tecer considerações sobre o PL n. 6.960/2002 (substituído pelo PL n. 699/211), essa sugestão, nos seguintes termos: "Como o Código permite a doação entre cônjuges (art. 546) e como os cônjuges casados com separação total de bens mediante pacto antenupcial e aqueles casados pelo regime da separação parcial com cônjuge que possua bens particulares são considerados herdeiros na forma do art. 1.829, o mesmo acontecendo com o companheiro por força do que dispõe o art. 1.790, estamos de acordo com a alteração sugerida, acrescentando também a obrigatoriedade de o companheiro levar os eventuais bens doados à colação".

As mesmas coisas doadas deverão ser trazidas à colação, e, se ao tempo do óbito do doador não houver no acervo hereditário bens suficientes para igualar a legítima, os bens doados deverão ser conferidos em espécie; se os donatários (descendentes ou cônjuge) não mais os possuírem, trarão à colação o seu valor, que é o do tempo em que foi feita a doação (CC, art. 2.003, *in fine*), hipótese em que se tem a "colação ideal" (*RT*, *697*:154) ou por imputação. Daí dizerem alguns juristas, como Washington de Barros Monteiro, Arnoldo Wald, Jefferson Daibert, Clóvis Beviláqua[74], que em nosso direito adotou-se o sistema de colação em substância (em espécie ou *in natura*), pois o Código de Processo Civil de 1973, art. 1.014, prescrevia que "o herdeiro obrigado à colação conferirá por termo nos autos os bens que recebeu ou, se já os não possuir, trar-lhes-á o valor", seguindo essa mesma esteira os arts. 544 e 2.003 e parágrafo único, segunda parte, do Código Civil vigente e o art. 639 do CPC de 2015.

---

74. W. Barros Monteiro, op. cit., p. 310; Arnoldo Wald, *Direito das sucessões*, p. 236; Jefferson Daibert, *Direito das sucessões*, p. 349; Clóvis Beviláqua, *Comentários ao Código Civil*, cit., p. 214; Paulo Nuno H. C. Ramirez, *O cônjuge sobrevivo e o instituto da colação*, Coimbra, Almedina, 1997. Em sentido contrário: Francisco Morato, Da colação, *RF*, *84*:270; Silvio Rodrigues, op. cit., p. 291. O Código Civil italiano, art. 737, com a redação da Lei n. 151/75, obriga o cônjuge sobrevivente à colação, se concorrer à herança do cônjuge-doador com os descendentes deste.

Pelo Enunciado n. 119 da I Jornada de Direito Civil: "Para evitar o enriquecimento sem causa, a colação será efetuada com base no valor da época da doação, nos termos do *caput* do art. 2.004, exclusivamente na hipótese em que o bem doado não mais pertença ao patrimônio do donatário. Se, ao contrário, o bem ainda integrar seu patrimônio, a colação se fará com base no valor da época da abertura da sucessão, nos termos do art. 1.014 do CPC — atual art. 639 —, de modo a preservar a quantia que, efetivamente, integrará a legítima quando esta se constituiu, ou seja, na data do óbito".

Pelo Enunciado n. 644 da VIII Jornada de Direito Civil: "Os arts. 2.003 e 2.004, do Código Civil e o art. 639, do CPC/2015 devem ser interpretados de modo a garantir a igualdade das legítimas e a coerência do ordenamento. O bem doado em adiantamento de legítima será colacionado de acordo com o seu valor atual na data da abertura da sucessão se ainda integrar o patrimônio do donatário. Se o donatário já não mais possuir o bem doado, este será colacionado pelo valor do tempo de sua alienação, atualizado monetariamente".

Os ascendentes, os colaterais e os estranhos não estão obrigados a colacionar, consequentemente, não poderão reclamar a colação. O único remédio que aos ascendentes assistirá, diante de alguma liberalidade prejudicial aos seus quinhões, é o da redução. Assim sendo, se a liberalidade feita a herdeiro ou a estranho exceder, em valor, a quota disponível do *de cujus,* não se terá conferência, mas simples redução[75]. Isto é assim porque, pelo art. 549 do Código Civil, a parte inoficiosa, por ser excedente da disponível, é considerada nula, visto que viola a legítima dos herdeiros necessários.

São sujeitas a redução as doações em que se apurar excesso quanto ao que o doador poderia dispor, no momento da liberalidade. Tal excesso será apurado com base no valor que os bens doados tinham no momento da liberalidade. A redução da liberalidade far-se-á, em espécie, pela restituição ao monte do excesso assim apurado; ou, se não mais existir o bem em poder do donatário, em dinheiro, segundo o seu valor ao tempo da abertura da sucessão, observando-se, no que forem aplicáveis, as normas sobre redução das disposições testamentárias (arts. 1.966 a 1.968). Também se sujeita a essa redução a parte da doação feita a herdeiros necessários que exceder a legítima

75. Coelho da Rocha, op. cit., v. 2, § 479; Clóvis Beviláqua, *Comentários,* cit., v. 6, com. 1 ao art. 1.786; Vitali, *Delle successioni testamentarie e legittime,* v. 6, n. 718; Planiol, Ripert e Boulanger, op. cit., n. 2.941; Ruggiero e Maroi, op. cit., § 84; Pierre Raynaud, *Les successions et les libéralités,* Paris, Sirey, 1983. A colação e a redução das liberalidades feitas pelo *de cujus,* em vida, impõem-se em razão do princípio da intangibilidade da legítima dos herdeiros necessários. Para evitar violação da legítima dos herdeiros necessários, dever-se-á trazer à colação todos os bens doados, mesmo se em doação antenupcial, e os outorgados em testamento, para efeito de cálculo do que poderá ser considerado liberalidade e do que irá para o acervo partilhável (STJ, REsp 5325-SP (1990-0009732-0), rel. Min. Waldemar Zveiter; *DJ,* 20-11-1999).

e mais a quota disponível. Se várias forem as doações a herdeiros necessários, feitas em diferentes datas, que excederem a quota disponível, serão elas reduzidas a partir da última, até a eliminação do excesso (CC, art. 2.007, §§ 1º a 4º). A redução iniciar-se-á com a doação mais nova, atingindo depois a antecedente, e assim sucessivamente, até que se consiga obter a eliminação do excesso. Se, como observa Zeno Veloso, tiver havido várias doações, em um só ato, ou em atos distintos, mas *na mesma data,* a redução deverá ser simultânea e proporcionalmente, como soluciona, com acerto, o Código Civil português no art. 2.173, n. 2. Havendo excesso em liberalidades realizadas em diferentes épocas, será necessário verificar qual invadiu a legítima, partindo-se da última. O doador não pode fraudar a lei sobre o quinhão hereditário, mediante doações em datas diversas, considerando o valor de seu patrimônio depois de cada uma delas. Ensina-nos Torquato Castro (Exposição de Motivos do Projeto do Código Civil) que a regra certa é a de que cada doação feita à conta da parte disponível constitui detração sobre esta parte, de sorte que a soma de todas corresponda ao limite da legítima, sendo inválidas as que a excederem.

Isto é assim porque o autor da herança não pode dispor da legítima, que é a quota reservatória dos herdeiros necessários. A colação objetiva restabelece a igualdade das legítimas dos herdeiros necessários (descendente e cônjuge sobrevivente), mesmo quando as liberalidades se inserirem na parte disponível do *auctor successionis,* enquanto a redução tem por escopo fazer com que as liberalidades se compreendam no âmbito da metade disponível, quer se contemple herdeiro, quer se beneficie estranho[76]. Se o herdeiro não proceder, dentro do prazo de 15 dias, à conferência, o magistrado ordenará o sequestro dos bens sujeitos à colação, para serem inventariados e partilhados, ou então imputará ao seu quinhão hereditário o valor deles, se já os não possuir (CPC, art. 641, § 1º). Se a matéria exigir dilação probatória diversa da documental, o juiz remeterá as partes para as vias ordinárias, não podendo o herdeiro receber o seu quinhão hereditário, enquanto pender a demanda, sem prestar caução correspondente ao valor dos bens sobre que versar a conferência (CPC, art. 641, § 2º).

---

76. Caio M. S. Pereira, op. cit., p. 301. Euclides de Oliveira (*Código Civil comentado* — coord. Villaça Azevedo, São Paulo, Atlas, 2004, v. XX, p. 152) indaga se, sendo nula a doação inoficiosa, poder-se-ia pleitear sua nulidade em vida do doador, ou os herdeiros deveriam aguardar a abertura da sucessão? Tal questão é controvertida: parte dos civilistas e da jurisprudência entende que só se poderia reclamar dela depois do óbito do doador, pois do contrário estar-se-ia litigando sobre herança de pessoa viva (*RT*, *446*:98, *426*:67 e *415*:170), e há os que admitem, como Paulo Luiz Netto Lôbo, Zeno Veloso etc., o ajuizamento da ação de nulidade ao tempo da liberalidade e antes da abertura da sucessão, dentro do lapso prescricional de 10 anos (CC, art. 205), para evitar alienação, desvio ou perda do bem pelo donatário.

Para que alguém seja obrigado a colacionar, será imprescindível a presença de três requisitos: ser descendente, cônjuge sobrevivente e donatário[77]. E, além disso, os herdeiros testamentários e legatários não são obrigados a colacionar, mesmo que tenham recebido outras liberalidades em vida do testador; trata-se de instituto peculiar à sucessão legítima[78].

b.2. Bens sujeitos à colação

O herdeiro deverá colacionar todas as liberalidades que recebeu em vida do *de cujus*, isto é[79]:

---

77. Ruggiero e Maroi, op. cit., § 84. "Primeira questão relativa à qualidade de herdeiro por parte do cônjuge supérstite. Procedência da tese recursal. Observância da lei aplicável na abertura da sucessão. Trazidos à colação bens particulares deixados pela inventariada, concorrerão os herdeiros que ostentem essa qualidade na época do óbito, não do ato de liberalidade. Segunda questão relativa ao procedimento para substituição de inventariante. Improcedência da tese recursal. Filha exercendo o encargo há mais de dois anos. Remoção do exercício da função. Necessidade de observância do procedimento previsto no art. 996, parágrafo único — hoje art. 623, parágrafo único — do CPC. Garantia de ampla defesa. Provimento parcial do recurso" (TJRJ, 5ª Câm. Cív., AgI 2005.002.24646-RJ, rel. JDS. Des. Sérgio Ricardo de Arruda Fernandes, j. 24-1-2006, v.u.).

78. Caio M. S. Pereira, op. cit., p. 303; Nelson Pinto Ferreira, *Da colação no direito brasileiro e no direito civil comparado*, São Paulo, Ed. Juarez de Oliveira, 2002; Torquato Castro (*Exposição de motivos*, 1973) esclarece que *a*) *colação* é meio de computar valores, e não bens *in natura*, que devem ser adicionados ao quinhão indisponível dos descendentes para determinar o exato alcance dessa quota, possibilitando sua divisão equânime; e *b*) *redução* é forma de nulidade, parcial ou total, da liberalidade, conducente à repristinação da atribuição patrimonial excedente, invalidamente transferida. Tal repristinação, continua ele, é a restituição ao monte e, como tal, far-se-á em espécie se possível ou pelo seu equivalente em dinheiro. O prazo prescricional para a colação é de 10 anos (CC, art. 205).

79. Wilson de Oliveira, *Inventários e partilhas*, p. 84; Caio M. S. Pereira, op. cit., p. 303; Orlando Gomes, op. cit., p. 306; Orlando de Souza, *Inventários e partilhas*, p. 118; Colin e Capitant, op. cit., v. 3, n. 740-B; José Lopes de Oliveira, op. cit., p. 273; Coelho da Rocha, op. cit., § 480; Carlos Maximiliano, op. cit., ns. 1.592 a 1.595; Vitali, op. cit., v. 4, n. 770; Silvio Rodrigues, op. cit., p. 301 e 306; Walter Moraes, op. cit., p. 78; W. Barros Monteiro, op. cit., p. 313 e 315; Jorge Leite, *A colação*, Coimbra, 1972; A. Laborinho Lúcio, *Do fundamento e da dispensa da colação*, 1967; R. Limongi França, Colação de bens doados, *RT*, *516*:25; Bóris Ceolin de Souza, A fiança paga como adiantamento da legítima, *Revista Síntese — Direito de Família*, *99*: 78 a 116. Havendo *intentio* de fraudar a legítima, mediante constituição de pessoa jurídica, privilegiando certos herdeiros, poder-se-á desconsiderar os efeitos da personalidade da sociedade, condenando-se aquele que praticou desvio a repor ou a reduzir proporcionalmente seu capital social até o montante da legítima, reintegrando o herdeiro legitimário preterido nos bens da sucessão. *Vide RT*, *552*:175, *697*:154.

1º) doações constituídas pelo ascendente;

2º) doação dos avós aos netos, quando eles concorrerem à herança com tios, primos;

3º) doações recebidas pelos pais, quando estes falecerem antes do doador e forem representados pelo sucessor;

4º) doações verbais de coisa de pequeno valor, embora não seja de uso tal colação;

5º) venda de bens ou doação feita por interposta pessoa, com o intuito de prejudicar a legítima dos herdeiros do autor da herança;

6º) recursos fornecidos pelo ascendente, para que o descendente pudesse adquirir bens (*RT, 169*:801);

7º) dinheiro colocado a juros pelo ascendente em nome do descendente;

8º) quantias desembolsadas pelo pai para pagar débito do filho;

9º) valor da dívida do descendente, remitida pelo pai;

10º) gastos de sustento feitos com filhos anteriores;

11º) montante de empréstimos feitos pelo ascendente ao descendente, sem jamais exigir reembolso (*RF, 140*:329);

12º) doação feita por ambos os cônjuges deverá ser conferida por metade no inventário de cada um (CC, art. 2.012; *RT, 697*:154, *552*:175), ante a presunção de que cada um dos doadores efetuou a liberalidade meio a meio. Da parte do sucessível é preciso lembrar que, sendo casado, só o herdeiro está sujeito à colação, não o consorte que recebeu a liberalidade, a não ser que tenha sido feita a ambos, sendo então conferível o bem pela metade do herdeiro. Logo, se a doação se efetuar a um casal, a colação abrangerá toda a liberalidade e não apenas a metade, sob a alegação de que o cônjuge do herdeiro, não sendo descendente, não estaria adstrito à conferência (*RF, 69*:537).

"Incabível a reintegração de posse de área de terras que passou a integrar área maior levada à colação no inventário dos bens da sucessão paterna, depois de partilhada entre os herdeiros, que não corresponde ao quinhão hereditário do A. Esbulho e posse anterior não comprovados. Negado provimento à Apelação. Unânime" (TJRS, 18ª CCív., ApC 70032824542, Rosário do Sul-RS, Rel. Des. Nara Leonor Castro Garcia; j. 12-11-2009; *Bol. AASP*, *2673*:611-11).

Bol. AASP, *2719*:5899: "Inventário. Colação. Cabimento. Divergências entre as doações efetivadas em favor dos herdeiros que levam à necessidade de colação de todos os bens indicados. Pertinência da atualização do valor patrimonial do monte partível. Agravo provido, com observação" (TJSP, 10ª CDPriv., AI 990.10.067146-4-SP, Rel. Des. Galdino Toledo Júnior; j. 22-6-2010).

"Para cálculo da legítima, o valor dos bens conferidos será computado na parte indisponível, sem aumentar a disponível" (CC, art. 2.002, parágrafo único).

A colação, como já mencionamos alhures, far-se-á em regra em espécie — hipótese em que a mesma coisa doada é trazida à colação — ou por imputação — se o herdeiro não mais a possuir, por tê-la perdido ou vendido, deverá trazer o seu valor correspondente (CC, art. 2.003, parágrafo único). Mas, se o bem doado pereceu sem culpa do herdeiro, não estará ele obrigado a conferir-lhe o valor no inventário do doador. Se a perda se deu por ato culposo seu, terá que colacionar o valor da coisa; se esta estiver no seguro, a indenização sub-rogar-se-á no lugar da coisa e sujeitar-se-á ao mesmo destino dela[80].

O cálculo para apuração do excesso doado tem por base o valor do bem ao tempo da liberalidade, devendo-se para tanto fazer o cotejo do valor doado com o do patrimônio do doador, na época da doação.

Os bens deveriam ser colacionados pelo valor ou pela estimação que deles houver sido feita ao tempo da abertura da sucessão (CPC, art. 639, parágrafo único), mas prescreve o art. 2.003, parágrafo único, do Código Civil que: "Se, computados os valores das doações feitas em adiantamento de legítima, não houver no acervo bens suficientes para igualar as legítimas dos descendentes e do cônjuge, os bens assim doados serão conferidos em espécie, ou, quando deles já não disponha o donatário, pelo seu *valor ao tempo da liberalidade*" (grifo nosso). E acrescenta o art. 2.004, §§ 1º e 2º, desse mesmo diploma legal: "O *valor de colação* dos bens doados será aquele, certo ou estimativo, *que lhes atribuir o ato de liberalidade*. § 1º Se do ato de doação não constar valor certo, nem houver estimação feita naquela época, os bens serão conferidos na partilha pelo que então

80. Walter Moraes, op. cit., p. 79; Caio M. S. Pereira, op. cit., p. 305; Clóvis Beviláqua, *Direito das sucessões*, cit., § 114. Houve quem achasse que o Código Civil (arts. 2.003, parágrafo único, 2.004 e 2.007, § 2º) prevalecia sobre o CPC de 1973 (art. 639, parágrafo único), por ser mais recente, por ter a mesma hierarquia e por não haver relação de especialidade. Sobre isso: Cahali e Hironaka, *Curso*, cit., v. 6, p. 484, e Washington de Barros Monteiro (*Curso*, cit., v. 6, 2003, p. 313), que entendia que o atual CC revogou o art. 1.014, parágrafo único, do CPC/1973 (atual art. 639, parágrafo único, do CPC/2015). O critério de que os bens doados devem ser conferidos pelo valor que tiverem à data da abertura da sucessão é mantido pelo CC argentino, art. 3.477, al. 2; CC italiano, art. 747; CC espanhol, art. 1.045, al. 1; CC português, art. 2.109. Sobre doação feita por ambos os cônjuges: CC francês, art. 850; CC espanhol, art. 1.046; BGB, § 2.054 e CC português, art. 2.117.

se calcular valessem do tempo da liberalidade. § 2º Só o valor dos bens doados entrará em colação; não assim o das benfeitorias acrescidas, as quais pertencerão ao herdeiro donatário, correndo também à conta deste os rendimentos ou lucros, assim como os danos e perdas que eles sofrerem". Consequentemente, o valor, certo ou estimativo, da colação e o que lhe foi atribuído pelo doador no instrumento da doação na época em que se deu o ato de liberalidade, e, na falta desse valor, os bens doados serão avaliados, na partilha, com base no que valiam ao tempo da liberalidade e não mais ao da abertura da sucessão. O magistrado que preside o processo do inventário deverá proceder, por meio de perícia, à avaliação retrospectiva dos bens, tendo, portanto, por parâmetro o seu valor à época da doação. O valor das benfeitorias que o donatário tenha feito, bem como das depreciações havidas, não será colacionado, uma vez que as benfeitorias pertencem ao herdeiro donatário, que assumirá por isso os riscos que elas sofrerem ou perceberá seus lucros ou rendimentos. Os frutos e rendimentos percebidos e benfeitorias acrescidas não serão, portanto, colacionados por pertencerem, convém repetir, ao herdeiro donatário, nem os prejuízos sofridos; logo, terá ele de suportar os danos e as perdas que advierem. Mas, como se trata de adiantamento da legítima, mais justo e lógico seria a apreciação do valor dos bens colacionados ao tempo da abertura da sucessão, visto que compõem a herança os bens que existirem no instante da morte do *de cujus* e, além disso, há a questão da atualização monetária do valor dos bens colacionados desde a data da doação até o óbito, não determinada pelo Código Civil, mas que, em época inflacionária (*RSTJ, 37*:405; *RTJ, 110*:1162), é imprescindível, diante do princípio da igualdade da legítima e do objetivo da colação de evitar desfalque na quota legitimária, que deve ser por igual deferida.

Já pelo enunciado n. 119/2002 do Centro de Estudos Judiciários do Conselho da Justiça Federal, "para evitar o enriquecimento sem causa, a colação será efetuada com base no valor da época da doação, nos termos do *caput* do art. 2.004, exclusivamente na hipótese em que o bem doado não mais pertença ao patrimônio do donatário. Se, ao contrário, o bem ainda integrar seu patrimônio, a colação se fará com base no valor do bem na época da abertura da sucessão, nos termos do art. 1.014 — atual art. 639 — do CPC, de modo a preservar a quantia que, efetivamente, integrará a legítima quando esta se constituiu, ou seja, na data do óbito". Tal interpretação se deu pela análise sistemática do art. 2.004 e seus parágrafos com os arts. 1.832 e 884 do Código Civil.

Os bens conferidos não estarão sujeitos ao pagamento do imposto de transmissão *mortis causa*[81].

O donatário poderá, consoante o Código de Processo Civil, art. 640, § 1º, escolher os bens doados, tantos quantos bastarem para perfazer a legítima e a metade disponível, entrando na partilha o excedente para ser dividido entre os demais herdeiros. E se a parte inoficiosa, isto é, a que exceder a legítima e mais a metade disponível (CC, art. 2.007), recair sobre bem imóvel que não comporte divisão cômoda, proceder-se-á à licitação entre os herdeiros, tendo o donatário preferência em igualdade de condição (CPC, art. 640, §§ 2º e 3º).

Dessa maneira, como pontifica Washington de Barros Monteiro, os bens colacionados serão imputados de preferência no quinhão do herdeiro colacionante, desde que não vulnerado o princípio da igualdade da partilha[82].

b.3. Dispensa da colação

O doador pode dispensar da colação a doação que saia de sua meação disponível, desde que não a exceda, computado seu valor ao tempo da doação (CC, art. 2.005; *EJSTJ, 1*:51; *RT, 613*:186). "Presume-se imputada na parte disponível a liberalidade feita a descendente que, ao tempo do ato, não seria chamado à sucessão na qualidade de herdeiro necessário" (CC, art. 2.005, parágrafo único). Assim, p. ex., presumir-se-á que doação feita por avô a neto, cujo pai está vivo, saiu da parte disponível do falecido doador, visto que o donatário não será chamado à sucessão de seu avô, estando liberado da colação. Tal presunção, contudo, é *juris tantum*. A dispensa da colação, ressalvada a hipótese do art. 2.005, parágrafo único, só poderá ser feita expressamente no testamento ou no título constitutivo da liberalidade (escritura pública, se imóvel o bem doado, ou instrumento particular, se

---

81. W. Barros Monteiro, op. cit., p. 315. *Vide*: CC italiano, arts. 744 e 748, al. 3; CC francês, art. 855; CC espanhol, art. 1.045, al. 2; CC português, arts. 2.112 e 2.116.

82. W. Barros Monteiro, op. cit., p. 315; *RT, 619*:95 e *550*:79; *RTJ, 88*:544, *103*:745, *76*:284; *RF, 250*:164. É possível aplicar a norma sobre desconsideração da pessoa jurídica se o autor da herança vier a prejudicar herdeiros, mediante fraude à lei, desequilibrando quotas de herdeiros descendentes sócios e não sócios, camuflando uma transferência patrimonial sob forma que não a da doação. Sobre o assunto: Rolf Madaleno, Herança — a "disregard" na sucessão legítima, *Revista Jurídica Juris Síntese*, dez. 1997, p. 10 (Porto Alegre); Cahali e Hironaka, *Curso avançado*, cit., v. 6, p. 485. *Vide*: CC francês, art. 923; CC italiano, art. 559, e CC português, art. 2.173, al. 1 e 2.

móvel) (CC, art. 2.006; *RT, 159*:374); logo, não terá validade se efetivada em outro documento ou se feita oralmente[83].

Não estão sujeitos à conferência os gastos ordinários do ascendente com o descendente enquanto menor, na sua educação, estudos, sustento, vestuário, tratamento nas enfermidades, enxoval e despesas de casamento ou as feitas no interesse de sua defesa em processo-crime (CC, art. 2.010). Isto é assim porque esses dispêndios não constituem liberalidades, mas mero cumprimento de uma obrigação[84].

Pelo Código Civil, art. 2.011, também não estão adstritas à colação as doações remuneratórias de serviços feitos ao ascendente, por serem retribuição de serviço prestado ao doador[85]. Igualmente não está sujeito à conferência seguro instituído em favor do descendente, por constituir estipulação em favor de terceiro contratada com o segurador. E, como o valor do seguro não saiu do patrimônio do *de cujus*, não deverá ser considerada rompida a igualdade das legítimas[86].

b.4. Efeito

O valor colacionado será computado, para cálculo da legítima, na parte indisponível, logo não aumentará a meação disponível (CC, art. 2.002, parágrafo único), que será calculada conforme o valor da herança no momento da abertura da sucessão, pois os bens existentes no instante da morte do *de cujus* compõem a herança, e a parte disponível do falecido é de-

83. Planiol, Ripert e Boulanger, op. cit., n. 2.878. *Vide*: CC francês, art. 847; BGB, § 2.053, al. 1; CC italiano, arts. 737, al. 2 e 739 e CC português, art. 2.105; *RT*, *732*:234, *619*:95, *634*:70, *613*:186, *598*:214.

84. W. Barros Monteiro, op. cit., p. 314; Walter Morais, op. cit., p. 79; Fernando L. S. Féria, Casos de inaplicabilidade da colação de bens, *Revista da Ordem dos Advogados*, Lisboa, 1951. *Consulte*: CC espanhol, art. 1.041; CC italiano, arts. 741 e 742; CC português, art. 2.110, al. 1 e 2; CC francês, art. 852 e CC argentino, art. 3.480.

85. José Lopes de Oliveira, op. cit., p. 274; W. Barros Monteiro, op. cit., p. 314. Já se decidiu que: "não estão sujeitos à colação os bens móveis de pequeno valor doados pela mãe à filha como recompensa por carinhos e desvelos recebidos" (*RF*, *271*:184).

86. Mazeaud e Mazeaud, op. cit., n. 1.648; citados por Caio M. S. Pereira, op. cit., p. 306. Observam Hironaka e Cahali (*Curso avançado*, cit., v. 6, p. 487) que: "outra exceção pode ser configurada na hipótese de doação feita a casal, uma vez que apenas um dos membros da unidade familiar é descendente e herdeiro necessário do doador, motivo pelo qual apenas a metade a ele doada estará sujeita a colação, não alcançando a metade do cônjuge donatário. Quando, todavia, a doação for realizada em benefício exclusivo do cônjuge do descendente, há de se verificar da real intenção do doador, uma vez que poderá trazer, em si, a intenção de prejudicar os demais herdeiros. Daí por que se recomenda a expressa declaração de sair o bem assim doado da parte disponível do doador".

terminada pela metade desses bens. Logo, os bens colacionados, avaliados com base nos critérios dos arts. 2.003 e 2.004 do Código Civil, acrescentam-se à parte legítima dos herdeiros necessários, visto ser seu objetivo primordial igualar as legítimas[87]. Se, ao tempo da abertura da sucessão, os donatários não mais tiverem os bens doados, deverão trazer à colação o seu valor correspondente, hipótese em que se terá, como já dissemos, a "colação ideal" (*RT*, *697*:154). Tal valor é o que possuíam ao tempo em que foi feita a liberalidade.

C. Espécies de partilha

Findo o inventário, colacionadas as liberalidades feitas em vida pelo *de cujus*, liquidado o imposto *causa mortis*, pagos os débitos, os bens do monte serão partilhados entre os herdeiros, que receberão uma quota, em que se discrimina especificadamente o que lhes coube[88].

A *partilha* poderá ser:

1º) *Amigável*[89] ou *extrajudicial*, quando entre os herdeiros capazes houver acordo unânime, hipótese em que essa forma de partilha poderá ser feita por escritura pública, por termo nos autos do inventário ou por escrito particular homologado pelo juiz (CC, art. 2.015; CPC, art. 657; *RT*, *247*:145; *RSTJ*, *102*:261); em qualquer caso, é imprescindível, por ser negócio jurídico plurilateral, a assinatura do instrumento por todos os interessados, ou por procurador com poderes especiais (CC, art. 661, § 1º; *RT, 146*:114). Exige-

87. Carlos Maximiliano, op. cit., n. 1.588; Caio M. S. Pereira, op. cit., p. 307-8; Carvalho D'Abreu, A colação e redução das doações em substância ou valor, *Revista de Justiça*, n. 149, Lisboa, 1922.

88. Caio M. S. Pereira, op. cit., p. 308; Sebastião José Roque, *Direito das sucessões*, cit., p. 229.

89. W. Barros Monteiro, op. cit., p. 290-1; Caio M. S. Pereira, op. cit., p. 308-9, Mazeaud e Mazeaud, op. cit., v. 4, n. 1.716; Silvio Rodrigues, op. cit., p. 283; Orlando de Souza, *Partilhas amigáveis*, São Paulo, Saraiva, 1984; J. Nascimento Franco, Partilha por escritura pública, *Tribuna do Direito*, setembro de 2005, p. 6; Giselle B. Alves e Thaíza R. de Faria. Os direitos dos credores diante do inventário e partilha extrajudicial. *Revista Síntese: Direito de Família*, n. 91: 97 a 115, 2015. *RF, 161*:252, *266*:193; *RT, 132*:720, *541*:298, *567*:235, *606*:106, *622*:7-15, *676*:158, *709*:206, *716*:160, *734*:257, *749*:399; *712*:154, *713*:101, *772*:232, *746*:347, *756*:321, *761*:380, *777*:266, *779*:292, *752*:167, *768*:366; *EJSTJ*, *19*:69. Consulte: CC italiano, art. 733, II; CC francês, art. 2.102, I; CC espanhol, art. 1.058; CC paraguaio, art. 853; CC argentino, art. 3.462.

Enunciado n. 138 do Fórum Permanente de Processualistas Civis: "A partilha amigável extrajudicial e a partilha amigável judicial homologada por decisão ainda não transitada em julgado são impugnáveis por ação anulatória".

-se homologação judicial (CPC, art. 659, § 2º) do instrumento público ou particular, anexado aos autos a requerimento do inventariante ou de qualquer herdeiro, a fim de se verificar se houve observância das formalidades legais. As declarações dos partilhantes, feitas por termo nos autos, também serão, por essa razão, sujeitas à homologação do magistrado. Mesmo que haja testamento, poder-se-á levar a efeito a partilha amigável, ouvindo-se o testamenteiro e o curador de resíduos, que poderão intervir no ato, para se pronunciarem sobre o cumprimento da vontade do testador (*RT, 235*:174). Os irmãos Mazeaud consideram essa partilha mais conveniente do que a judicial, por permitir maior flexibilidade na escolha e distribuição dos bens do monte pelos vários quinhões, atendendo-se às preferências de cada herdeiro e evitando-se a fragmentação do domínio e a atribuição de bens em comum a herdeiros que não tenham afinidades.

Mas, pelo art. 610, § 1º, do Código de Processo Civil, não havendo testamento e sendo todos os herdeiros maiores, capazes e concordes, poder-se-á efetuar por escritura pública essa partilha amigável, em inventário extrajudicial, que será título idôneo para qualquer ato de registro, bem como para levantamento de importância depositada em instituições financeiras, por não depender de homologação judicial.

Essa partilha é, portanto, nas palavras de Silvio Rodrigues, um negócio jurídico solene e plurilateral, e advém da vontade concordante de todos os herdeiros, que declaram seu propósito de dividir o espólio da maneira constante do instrumento.

2º) *Judicial*[90], que será obrigatória quando os herdeiros divergirem, ou se algum deles for incapaz por menoridade ou por interdição (CC, arts. 3º,

---

90. Caio M. S. Pereira, op. cit., p. 309-10; W. Barros Monteiro, op. cit., p. 292-3; Astolpho Rezende, op. cit., v. 20, n. 130; Francisco de Assis Vasconcellos Pereira da Silva, Breves Anotações sobre a Lei n. 9.280/96, *Informativo IASP*, n. 29, p. 9; Clito Fornaciari Júnior, Partilha judicial — via processual à desconstituição, *RT, 551*:54-60; Fujita (*Comentários*, cit., p. 1392) esclarece que a partilha judicial não é homologada, mas julgada pelo magistrado; *RT, 600*:212, *721*:99; *RJTJSP, 70*:124, *73*:116; *RTJ, 113*:273. Já houve decisão de que: "Inexistindo consenso entre todos os herdeiros quanto à divisão dos bens, impunha-se a prévia manifestação dos herdeiros acerca dos seus respectivos quinhões, cabendo ao julgador deliberar sobre a partilha, decidindo acerca dos pedidos. Na espécie, tendo o juízo singular determinado à viúva inventariante para que apresentasse plano de partilha sem antes oportunizar a manifestação dos herdeiros acerca de seus respectivos quinhões, deixando de deliberar sobre a partilha, não observando, assim, a forma legal prevista, é de ser desconstituída a sentença recorrida, que também não considerou a apropriação de bens pela inventariante, não inseridos no plano de partilha apresentado. Recurso provido e sentença desconstituída" (TJRS, 7ª Câm. Cível, AC 70015432537, rel. Des. Ricardo R. Ruschel, j. 16-8-2006).

4º, 5º e 2.016; *RT, 258*:595, *484*:91, *440*:93, *577*:121, *640*:171; *RF, 303*:177, *300*:215; *JTJ, 151*:71; STF, Súmula 265), e será facultativa entre capazes, não havendo divergência entre eles, sendo uma opção para que haja, p. ex., melhor distribuição dos bens herdados. Com o pagamento do imposto *causa mortis*, separados os bens necessários para o pagamento dos credores habilitados (CPC, art. 642, § 3º), o cônjuge supérstite, os herdeiros, seus cessionários ou credores (CC, art. 2.013) formulam os pedidos de quinhões, sendo a partilha, em seguida, deliberada pelo magistrado por despacho nos autos (CPC, art. 647), procurando a perfeita igualdade quantitativa e qualitativa entre os sucessores do *de cujus*, atendendo os direitos e interesses de todos, principalmente dos incapazes. Os pagamentos deverão ser, portanto, expressos em cifras iguais e conter bens equivalentes. Com a deliberação da partilha competirá ao partidor organizar-lhe o esboço (*EJSTJ, 15*:215), observando nos pagamentos a seguinte ordem: dívidas atendidas; meação do consorte; quota disponível; quinhões hereditários, a começar pelo coerdeiro mais velho (CPC, art. 651, I a IV; *RT, 488*:70). Mas não haverá necessidade de partidor se o inventariante ou qualquer interessado apresentar um plano de partilha, com a aprovação de todos os herdeiros. Feito o esboço pelo partidor, as partes terão 15 dias para se manifestar. E, não havendo, dentro desse prazo, qualquer oposição, a partilha será lançada nos autos (CPC, art. 652).

O Código de Processo Civil, art. 653, I e II, estatui que a partilha constará:

a) de auto de orçamento, contendo os nomes do autor da herança, do inventariante, do cônjuge ou companheiro sobrevivente, dos herdeiros, dos legatários e dos credores admitidos; o ativo, o passivo e o líquido partível, com as necessárias especificações, e o valor de cada quinhão;

b) de folha de pagamento para cada parte, declarando a quota a pagar-lhe, a razão do pagamento, a relação dos bens que lhe compõem o quinhão, as características que os individualizam e os ônus que os gravam. Feito o esboço, o juiz ouvirá os interessados (*RTJ, 68*:865) dentro de 15 dias, julgando a partilha, depois de resolvidas as reclamações (CPC, art. 652). Transitando em julgado a sentença, o herdeiro receberá os bens que lhe couberem e um formal de partilha, para assento no Registro Imobiliário (CPC, art. 655; Lei n. 6.015/73, art. 167, I, n. 25). Urge lembrar que, pelo art. 659, § 2º, do Código de Processo Civil: “Transitada em julgado a sentença de homologação de partilha ou de adjudicação, será lavrado o formal de partilha ou elaborada a carta de adjudicação e, em seguida, serão expedidos os alvarás referentes aos bens e às rendas por ele abrangidos, intimando-se o fisco para lançamento administrativo do imposto de transmissão e de outros tributos porventura incidentes, conforme dispuser a legislação tributária, nos termos do § 2º do art. 662". Na sucessão *mortis causa*, a partilha amigável ou judicial, concernente a imóvel rural, deverá ser homologada pelo magistrado somente quando se der a apresentação do certificado de cadastro (Lei n. 4.947/66, art. 22, § 2º).

3º) *Em vida*[91], se feita pelo ascendente, por ato *inter vivos* ou *causa mortis*, podendo abranger parte ou a totalidade de seus bens; se por ato *inter vivos* pai deixar a filho todos os seus bens, impor-se-á a reserva de bens suficientes, que assegurem a subsistência do autor da herança (CC, art. 548). "Pode o testador indicar os bens e valores que devem compor os quinhões hereditários, deliberando ele próprio a partilha, que prevalecerá, salvo se o valor dos bens não corresponder às quotas estabelecidas" (CC, art. 2.014). Assim, se atribuir a um herdeiro 5% de sua porção disponível, indicando bens com valor maior ou menor do que aquele percentual, a partilha deverá adequar-se, com o aumento ou a diminuição da quota hereditária. Logo, se o valor dos bens atribuído pelo autor da herança tiver correspondência com o das quotas, partilhar-se-á o acervo hereditário conforme o deliberado por ele. Facilita-se, assim, a fase de liquidação do inventário no processo da partilha, homologando-se a vontade do testador, que propôs uma divisão legal e razoável. A partilha em vida só poderá ser feita desde que não prejudique a legítima dos herdeiros necessários (CC, art. 2.018, 1ª parte), inspirando-se na igualdade e na justiça, não exigindo presença da autoridade judiciária, embora sujeita à revisão judicial (*RT*, *662*:83; *RF*, *314*:95). Facilita-se, assim, a fase de liquidação do inventário no processo da partilha, homologando-se, tão somente, a vontade do testador, que propôs uma divisão legal e razoável. Tal partilha-doação (*divisio parentum inter liberos*), que produz efeito imediato, constitui uma antecipação da herança ou adian-

91. W. Barros Monteiro, op. cit., p. 290-1 e 293; Carvalho Santos, *Código Civil interpretado*, v. 24, p. 393 e 396; Beudant, *Cours de droit civil français*, v. 7, p. 234; Caio M. S. Pereira, op. cit., p. 310-3; Orlando Gomes, op. cit., p. 327; Silvio Rodrigues, op. cit., p. 284-5; Mazeaud e Mazeaud, op. cit., ns. 1.807 a 1.812; Ruggiero e Maroi, op. cit., § 83; Itabaiana de Oliveira, op. cit., v. 3, ns. 945 a 956; Colin e Capitant, op. cit., v. 3, n. 1.228-A; Carlos Maximiliano, op. cit., n. 1.488; José Lopes de Oliveira, op. cit., p. 262-3; Clóvis Beviláqua, *Comentários*, cit., v. 6, p. 337, 251, n. 3; Troplong, *Donations entre-vifs et des testaments*, v. 4, n. 2.309; Arnoldo Wald, O regime jurídico da partilha em vida, *RT*, *622*:7-15; Eduardo de Oliveira Leite, *Comentários*, cit., p. 792-3. O CC português (art. 2.163) não permite que o testador imponha encargos sobre a legítima, nem que designe bens que a preencherão, contra a vontade do herdeiro. *Vide*: *RT*, *662*:83.

tamento da legítima, que só pode dar-se relativamente ao direito dos herdeiros necessários. Como tem caráter de doação, jamais poderá desrespeitar a quota legitimária dos herdeiros necessários, que não pode ser reduzida, sendo nula se se excluir algum herdeiro necessário, exceto se o excluído premorrer, for declarado indigno ou renunciar à herança. A partilha-doação, feita por ato *inter vivos*, sujeitar-se-á às regras das doações quanto à forma, à capacidade, à aceitação, ao respeito das legítimas dos herdeiros necessários, à colação etc. Ou melhor: o ascendente (p. ex., pai) partilhante deve ter, no momento do contrato, a necessária capacidade (CC, arts. 4º, 104, 166, I) para dispor por ato *inter vivos*; a aceitação, por parte dos filhos donatários, pode ser expressa ou tácita; a partilha somente pode compreender os bens presentes do ascendente partilhante e não os futuros; a partilha pode ser revogada por ingratidão e está sujeita à rescisão pelos credores que, por ela, forem fraudados (CC, arts. 158 e 557); o partilhante pode estipular que os bens doados voltem ao seu patrimônio, se sobreviver ao donatário. A partilha testamentária sujeita-se às seguintes regras: apenas poderá ser feita por qualquer uma das formas de testamento previstas no Código Civil, arts. 1.862, 1.886 e 1.887; é mister que o ascendente tenha capacidade testamentária ativa; é preciso que os herdeiros necessários tenham capacidade testamentária passiva; poderá compreender bens presentes e futuros do testador. Na partilha-testamento (*testamentum parentum inter liberos*), feita por ato *causa mortis*, os bens serão divididos entre os herdeiros, sujeitando-se aos requisitos do testamento, e só terá eficácia jurídica após o falecimento do testador (CC, art. 2.018, 2ª parte). O testador poderá atribuir aos herdeiros necessários quinhões desiguais, porém essas desigualdades serão imputadas à sua quota disponível; por ser-lhe permitido dispor como lhe aprouver da metade de seus bens, nada obsta que contemple um de seus herdeiros mais do que os demais, contanto que não lhes prejudique a legítima. Se o herdeiro necessário morrer antes do disponente, o quinhão que lhe havia sido reservado será recolhido pelos seus sucessores, isto é, descendentes; se não os tiver, será dividido pelos sobreviventes, conforme o direito de cada um.

D. Regras relativas à partilha

Para a validade da partilha dever-se-ão cumprir as seguintes regras[92]:

---

92. Silvio Rodrigues, op. cit., p. 285-7; Caio M. S. Pereira, op. cit., p. 314-5; Cândido Naves, *Direito das sucessões*, v. 2, p. 625; José Lopes de Oliveira, op. cit., p. 263-4; W. Bar-

1ª) Observar a maior igualdade possível quanto ao valor, natureza e qualidade dos bens, ao proceder a partilha (CC, art. 2.017; STF, Súmula 494; *RTJ*, *110*:1162; *JTJ*, *165*:94; *RT*, *730*:191, *765*:214, *642*:121, *684*:138, *730*:191, *590*:235; *RF*, *274*:227). Mas se a partilha for amigável entre pessoas capazes, o art. 2.017 do Código Civil serve de orientação aos interessados, e não de imposição. Como dissemos alhures, na sucessão legítima exige-se a máxima igualdade entre os herdeiros, e na sucessão testamentária prevalece a vontade do disponente, respeitado o direito dos herdeiros necessários. A respeito bastante interessante é a lição de Pontes de Miranda de que: "A igualdade 'maior possível' é a igualdade que não prejudica a algum dos herdeiros; é a igualdade que sirva, e não que dessirva; é igualdade que atenda às circunstâncias e aos bens do monte, e não igualdade cega; é a igualdade que respeita as regras que recomendam não se fragmentar demasiado a propriedade nem se darem dois bens em comum a dois herdeiros, se melhor seria dar um a um herdeiro e o outro a outro".

2ª) Prevenir litígios futuros, isto é, dever-se-á conseguir tanto quanto possível a igualdade da partilha, evitar divisão de bens ou prédios; declarar com exatidão as confrontações dos imóveis, e, quando estes se dividirem entre dois ou mais coerdeiros, é preciso esclarecer a respeito de servidões ou qualquer outro ônus real que os gravarem. Não se recomenda, ainda, o estado de comunhão, isto é, partilha que atribua, a cada herdeiro, parte ideal nos imóveis, ou que institua condomínio entre pessoas hostis. Todavia, há casos em que os herdeiros, ante a natureza dos bens, só poderão receber parte ideal deles, mas a esse respeito o Código Civil, art. 2.019, prescreve que o bem móvel ou imóvel, insuscetível de divisão cômoda, que não couber na meação do cônjuge supérstite ou no quinhão de um só herdeiro, poderá ser vendido judicialmente, dividindo-se o preço, exceto se o cônjuge sobrevivente ou um ou mais herdeiros requererem, de comum acordo, lhes seja adjudicado, repondo aos outros, em dinheiro (torna), a diferença, após a avaliação atualizada (*pretium succedit in loco rei*). P. ex.: o *de cujus* deixa uma casa avaliada em 600 mil reais a três filhos, um deles requer a adjudicação do bem, que sendo acatada gerará a ele o dever de entregar a cada ir-

---

ros Monteiro, op. cit., p. 293-7; Itabaiana de Oliveira, op. cit., p. 881-4; De Page, op. cit., t. 9, n. 1.031; Pontes de Miranda, *Comentários ao Código de Processo Civil*, Rio de Janeiro, Forense, 1977, t. 14, p. 230; Rodrigo Mazzei e Sarah Merçon-Vargas, A partilha sucessória e a regra da maior igualdade possível, *Revista Síntese — Direito de Família*, *87*:41-51. *Vide* CPC, art. 648, I a III.

mão 200 mil reais. Estes últimos, para garantir seus quinhões ou a torna da partilha (isto é, a reposição da diferença entre o valor do imóvel indivisível e o preço do quinhão do herdeiro ao qual é adjudicado), terão hipoteca legal sobre o imóvel adjudicado ao herdeiro reponente (CC, art. 1.489, IV). Necessária é a atualização do valor em caso de adjudicação, para que não haja injustiça no *"quantum" indenizatório* daquele que deixará de receber seu quinhão em bem imóvel, por exemplo. Por isso, a venda judicial não se realizará se o cônjuge sobrevivente ou um ou mais herdeiros requererem que o bem lhes seja adjudicado, repondo aos outros, em dinheiro, a diferença, após avaliação atualizada. Se a adjudicação for requerida por mais de um herdeiro dever-se-á seguir o processo licitatório (CC, art. 2.019, §§ 1º e 2º). A adjudicação ao herdeiro (*RTJ, 72*:270; *RT, 482*:248), ao cessionário (*RT, 261*:340) ou ao consorte supérstite (*RJTJSP, 33*:145) prefere à venda judicial no condomínio oriundo de herança (*RT, 248*:643), podendo ser requerida antes da realização da praça, desde que haja anuência dos outros herdeiros. Se porventura houver herdeiro menor ou incapaz, isso não impede a adjudicação, mas exige nova avaliação dos bens que dará o valor exato em que se lavrará a adjudicação. O adjudicatário deverá pagar imposto de transmissão *inter vivos* sobre a parte que exceder a sua quota hereditária, independentemente do imposto *causa mortis* que incide sobre sua herança. Ter-se-á, portanto, processo de licitação se mais de um herdeiro requerer a adjudicação, caso em que, na presença do magistrado, ter-se-á um leilão entre herdeiros cessionários e cônjuge sobrevivente, e os bens licitados serão incluídos na quota do que oferecer maior lanço. O vencedor na licitação entre os herdeiros pretendentes reporá aos outros em dinheiro o que sobrar.

3ª) Consultar a comodidade dos coerdeiros do cônjuge ou do companheiro, adjudicando-se-lhes as coisas do monte partível que lhes forem mais proveitosas relativamente a outros bens que já têm, à idade ou à profissão. Além do mais, pode ocorrer que certos bens, de determinado valor objetivo, valham subjetivamente mais para uns do que para outros. P. ex.: se um dos sucessores residir em imóvel da herança, deverá recebê-lo; se tiver prédio vizinho ao do espólio ou se for condômino de bem pertencente ao acervo hereditário, recebê-lo-á; se for acionista de uma sociedade empresária de que o *de cujus* era sócio, atribuir-se-ão as quotas do falecido a esse herdeiro. Carlos Maximiliano[93], com acerto, escreve: "Boa é a partilha quando os quinhões de herdeiro do mesmo grau mais ou menos se equiparam, não apenas quan-

93. Carlos Maximiliano, op. cit., v. 3, p. 326-7.

to ao valor, mas também relativamente ao gênero, espécie e qualidade dos bens, recebendo cada um parte em móveis, imóveis e semoventes, coisas certas e duvidosas ou litigiosas, direitos e créditos, repartidos o bom e o ruim, conciliando-se interesses, compensando-se as diferenças irremovíveis, atendendo-se à comodidade das partes e curando de não deixar semente ou causa de desavenças a questões futuras". Os bens insuscetíveis de divisão cômoda, que não couberem na parte do cônjuge ou companheiro supérstite ou no quinhão de um só herdeiro, deverão ser licitados entre os pretendentes ou alienados judicialmente, partilhando-se o valor apurado, salvo se houver acordo para que sejam adjudicados a todos (CPC, art. 649).

4ª) Reembolsar herdeiros, cônjuge sobrevivo e inventariante, em posse dos bens da herança desde a abertura da sucessão, das despesas úteis e necessárias feitas para conservá-los (CC, art. 2.020, 2ª parte).

5ª) Verificar os frutos e rendimentos produzidos pela herança e percebidos pelos herdeiros, consorte supérstite e inventariante, desde a data da abertura da sucessão (*RT*, *268*:201, *752*:339; *RJTJSP*, Lex, *43*:90; CC, art. 2.020, 1ª parte) até o efetivo trânsito da sentença que decidiu sobre a partilha.

6ª) Obter o ressarcimento dos danos, dolosa ou culposamente causados por herdeiros, inventariante ou cônjuge sobrevivente aos bens do espólio (CC, art. 2.020, *in fine*).

E. Garantia dos quinhões hereditários

Com o julgamento da partilha, o direito de cada herdeiro circunscrever-se-á aos bens de seu quinhão (CC, art. 2.023; CPC, art. 796); daí seu efeito declaratório, pois antes dela, pelo Código Civil, art. 1.791, os coerdeiros terão indivisibilidade de seu direito à posse e ao domínio dos bens da massa partível. Com a partilha, que é declarativa, e não constitutiva da posse e da propriedade dos bens da herança, findar-se-á o estado de comunhão, de modo que o herdeiro, que, por ter direito à quota ideal, era condômino e compossuidor do todo, passará a ser senhor e possuidor de quota determinada especificadamente[94]. Trata-se de uma ficção legal, pois em virtude do efeito declaratório da partilha, os bens por ela atribuídos ao herdeiro já es-

---

94. Astolpho Rezende, op. cit., p. 460-1; W. Barros Monteiro, op. cit., p. 325-6; Carlos Maximiliano, op. cit., v. 3, p. 472; Caio M. S. Pereira, op. cit., p. 319; Itabaiana de Oliveira, op. cit., v. 3, n. 977.

tavam em seu patrimônio desde o instante do óbito do *auctor successionis*, mas somente a partir dela é que seu direito recairá exclusivamente sobre as coisas que compõem sua quota[95].

Do caráter meramente declaratório da partilha poder-se-á inferir que[96]:

1º) o herdeiro, por já ser proprietário, pode praticar atos de alienação, que serão válidos se tiverem por objeto esses mesmos bens, e ficarão sem valor se recaírem em bens incluídos no quinhão de outro coerdeiro;

2º) o herdeiro não precisará aguardar a divisão para ceder a outrem seus direitos de modo abstrato e ideal, sem especialização dos direitos cedidos;

3º) a cessão dos direitos hereditários poderá dar-se sem o consentimento dos demais coerdeiros;

4º) se um herdeiro, antes da partilha, constituir hipoteca sobre um dos imóveis do espólio, esse ônus real de garantia ficará sem efeito, caso o bem gravado seja atribuído a outro herdeiro;

5º) o quinhão de cada um não responde pelas dívidas pessoais do outro.

Cada um dos herdeiros aquinhoados na partilha receberá o respectivo formal (CPC, art. 655), que tem força executiva contra o inventariante, os demais herdeiros e seus sucessores, a título universal ou singular (CPC, art. 515, IV). Se a quota hereditária não exceder 5 vezes o salário-mínimo, poderá o formal de partilha ser substituído por certidão de partilha, ou seja, certidão de pagamento do quinhão hereditário (CPC, art. 655, parágrafo único), que tem a mesma força executiva do formal (CPC, art. 515, IV)[97].

A sentença que julgar a partilha faz direito entre os interessados, enquanto não invalidada, e deverá ser inscrita no Registro Imobiliário competente (Lei n. 6.015/73, art. 167, I, n. 23).

Se a partilha é uma divisão declaratória de propriedade, não cria um estado de direito intangível; logo, os coerdeiros estão reciprocamente obrigados a indenizar-se, havendo evicção dos bens aquinhoados (CC, art. 2.024), a fim de acautelar a observância da igualdade na partilha (CC, art.

95. Silvio Rodrigues, op. cit., p. 289; Sebastião José Roque, *Direito das sucessões*, cit., p. 229. *Vide*: CC espanhol, art. 1.068; CC italiano, art. 757; CC francês, art. 883; CC português, art. 2.119; CC argentino, art. 3.503.

96. Lomonaco, *Istituzioni de diritto civile*, v. 4, p. 497; José Lopes de Oliveira, op. cit., p. 284; Clóvis Beviláqua, *Comentários*, cit., v. 6, p. 307; W. Barros Monteiro, op. cit., p. 326.

97. W. Barros Monteiro, op. cit., p. 326.

2.017), pois não seria justo que o evicto suportasse sozinho o dano causado pelo desfalque. Imprescindível será o rateio entre os coerdeiros para que se iguale a legítima, dividindo entre eles os prejuízos. Todavia, pelo Código Civil, art. 2.025, cessa essa obrigação mútua:

a) havendo convenção em contrário que dispensa os riscos da evicção, que pode constar da própria partilha ou de documento separado;

b) se a evicção se der por culpa do herdeiro evicto, p. ex., se ele podia ter invocado usucapião e não o fez, vindo a perder, por isso, a coisa herdada;

c) se a evicção ocorrer por fato subsequente à partilha, como falência, força maior, desapropriação, apreensão por motivo sanitário ou fiscal (*RT, 174*:732)[98]. Assim sendo, se um dos herdeiros, em razão de sentença judicial, perder bens que lhe foram atribuídos na partilha, poderá reclamar dos coerdeiros indenização do prejuízo, tendo por base o valor da coisa ao tempo da sentença que julgou a partilha e não o do momento em que o herdeiro perdeu o bem evicto. Pelo Código Civil, art. 450, parágrafo único, em caso de evicção parcial, a indenização operar-se-á pelo valor contemporâneo ao tempo em que a coisa se evenceu. Essa ação prescreve em 10 anos (CC, art. 205; *RT, 152*:589), contados do julgado que decidiu a evicção.

O evicto será indenizado em dinheiro, pelos coerdeiros, na proporção de suas quotas hereditárias, e, se algum deles, porventura, encontrar-se insolvente, responderão os demais, na mesma proporção, pela parte deste, excluindo-se a parcela que tocaria ao indenizado (CC, art. 2.026)[99].

Já o legatário, por sua vez, não terá direito algum de ser indenizado na hipótese de evicção, porque o fundamento dessa garantia reside no princípio da igualdade de partilha, que impõe somente aos coerdeiros o dever de restabelecê-la, quando um deles sofrer evicção no bem que lhe foi aquinhoado[100].

---

98. W. Barros Monteiro, op. cit., p. 327-8; Itabaiana de Oliveira, op. cit., v. 3, p. 921-2; Astolpho Rezende, op. cit., n. 298.

99. Clóvis Beviláqua, *Comentários,* cit., v. 6, p. 290 e 293; W. Barros Monteiro, op. cit., p. 328; Irmãos Mazeaud, op. cit., v. 4, n. 1.784. *Vide*: CC espanhol, art. 1.071; CC italiano, art. 759 e CC português, art. 2.123, al. 2.

100. Pothier, op. cit., cap. IV, art. 5º, § 3º; Itabaiana de Oliveira, op. cit., v. 3, p. 922; Coelho da Rocha, op. cit., § 493; Carlos Maximiliano, op. cit., v. 3, n. 1.625; *Ciência Jurídica, 59*:150: "Partilha. Não tem o herdeiro o direito à retenção por benfeitorias, se sabia da existência de outro herdeiro necessário e agiu de má-fé, omitindo-o na partilha. Os frutos e rendimentos dos bens da herança devem constar da partilha, pois que os direitos hereditários se constituem a partir da abertura da sucessão (TJMG)".

F. Nulidade da partilha

Sendo a partilha um ato material e formal, requer a observância de certos requisitos formais, podendo ser atacada pelas mesmas causas, ou seja, pelos mesmos vícios e defeitos que, em geral, invalidam ou que inquinam de ineficácia os negócios jurídicos[101], por meio de ação de *nulidade relativa*, intentada dentro do prazo[102] (CC, art. 2.027) decadencial:

---

101. Caio M. S. Pereira, op. cit., p. 321; Planiol, Ripert e Boulanger, op. cit., v. 3, n. 3.185; Coelho da Rocha, op. cit., v. 2, § 494; Humberto Theodoro Jr., Partilha: nulidade, anulabilidade e rescindibilidade, *CJ*, *5*:26; José Joaquim Calmon de Passos, Nulidade, anulabilidade e rescindibilidade da partilha, *ADV*, abr. 1988, p. 17; Carlos Medeiros Silva, Filiação legítima: presunção legal; nulidade de partilha, *RF*, *633-634*:108; Fernando C. Trindade, Da nulidade da partilha ou a aplicação dos métodos histórico e fenomenológico ao estudo do direito, *AMJ*, *115*:75. *Consulte*: *RT*, *745*:212, *747*:235, *746*:343, *735*:372, *740*:395, *698*:154, *631*:199, *760*:232, *750*:267, *711*:163, *593*:234, *583*:200; *BAASP*, *2690*:627-11.

102. W. Barros Monteiro, op. cit., p. 329; *EJSTJ*, *5*:77: "Declarada a filiação, com trânsito em julgado à sentença, é legítimo pedir herança e anulação de partilha anteriormente feita, de sorte a ser o novo herdeiro contemplado na herança". "Nulidade de partilha cumulada com petição de herança — Herdeiros testamentários que não foram parte no inventário e nem foram contemplados na partilha — Homologação da partilha em desrespeito à disposição testamentária firmada pelo 'de cujus', o que não implica, de modo algum, caducidade do ato jurídico — Possibilidade de revogação do testamento apenas por outro testamento, embora elaborado não necessariamente da mesma forma — Herdeiro legítimo que assume comportamento contraditório (*'venire contra factum proprium'*) ao reconhecer a necessidade de retificação do formal de partilha, e posteriormente se opor ao pedido de anulação — Ação procedente — Recurso improvido" (AC 584.506-4/4-00, rel. Des. Francisco Loureiro). Se houver simulação a nulidade da partilha será absoluta (CC, art. 167).

Processual civil. Agravo na medida cautelar. Recurso especial retido. Embargos de terceiro. Ação de anulação de partilha. Alienação de bem imóvel de propriedade do espólio. Herdeiros aparentes. Terceiros adquirentes de boa-fé. Eficácia da compra e venda. 1 — Admite-se excepcionalmente o processamento de recurso especial retido, uma vez que há situações nas quais a permanência do recurso nos autos pode frustrar a entrega da tutela jurisdicional. Para tanto, está o relator autorizado a proceder a um juízo prévio e perfunctório de viabilidade do recurso especial, apreciando os requisitos da aparência do direito e do perigo de demora. 2 — As alienações feitas por herdeiro aparente a terceiros de boa-fé, a título oneroso, são juridicamente eficazes. Art. 1.827, parágrafo único, do CC/2002. 3 — Na hipótese dos autos, o negócio jurídico foi aperfeiçoado antes do trânsito em julgado da sentença que decretou a nulidade da partilha e inexistiam, à época em que foi celebrado o contrato de compra e venda, quaisquer indícios de que o imóvel fosse objeto de disputa entre os herdeiros do espólio. 4 — A retenção do recurso especial interposto, nestas condições, não acarreta o esvaziamento da utilidade da irresignação ou morosidade excessiva da prestação jurisdicional. A mera possibilidade de alienação do bem imóvel litigioso pelos terceiros adquirentes de boa-fé não constitui, na espécie dos autos, razão suficiente para afastar a aplicação do art. 542, § 3º — sem similar no

a) de um ano, no caso de rescisão de partilha amigável (*RTJ*, *76*:795 e *98*:784; *RF*, *282*:299; *RT*, *482*:194, *476*:224; *RTJ*, *113*:273; *RJTJSP*, *39*:80, *37*:143, *41*:213; *JB*, *147*:198; *EJSTJ*, *1*:39 e 5:77; *Ciência Jurídica*, *59*:150), contado: na coação, do dia em que ela cessou (CC, art. 178, I, e CPC, art. 657, parágrafo único, I); no erro, estado de perigo, lesão, fraude de credores ou dolo, do dia em que se realizou o ato (CC, art. 178, II, e CPC, art. 657, parágrafo único, II); na hipótese de haver herdeiro incapaz, do dia em que cessou a incapacidade (CC, art. 2.027, parágrafo único; CPC, art. 657, parágrafo único);

b) de 2 anos, contado do trânsito em julgado da decisão (CPC, art. 975), para ação rescisória, na hipótese de partilha judicial (CPC, art. 658; *RTJ*, *113*:273; *RT*, *600*:212, *721*:99; *RJTJSP*, *73*:116 e *70*:124), que é rescindível nos casos mencionados acima, se feita com preterição de formalidades legais, ou se houver preterição de herdeiro ou inclusão de quem não o seja[103].

CPC/2015 —, do CPC. Agravo não provido (STJ, AgRg na MC 17.349/RJ, rel. Min. Nancy Andrighi, 3ª Turma, j. 28-6-2011, *DJe* 1-8-2011).

"Pedido de nulidade de partilha realizada sem a presença e participação da autora, que fora reconhecida como filha-herdeira, após homologação da partilha dos bens deixados pelo seu falecido pai — Nulidade da partilha declarada. Eficácia da alienação do imóvel partilhado feita por herdeiro aparente a terceira de boa-fé, a título oneroso — Art. 1.827, parágrafo único, do CC — *Impõe-se às herdeiras aparentes a obrigação de ressarcir à autora o valor obtido com a alienação do imóvel de propriedade do espólio*. Prequestionamento — Impossibilidade — Desnecessidade de menção expressa dos dispositivos legais tidos por violados — Sentença parcialmente procedente — Negado provimento aos recursos (TJSP, Apelação n. 0002450-24.2010.8.26.0370, 9ª Câmara de Direito Privado, rel. Lucila Toledo, j. 27-1-2015)." (grifos nossos)

"Apelação Cível. Sucessões. Ação anulatória de partilha. Herdeira preterida. Eficácia da alienação de bens feita, a título oneroso, por herdeiros aparentes a terceiros de boa-fé. Inteligência do art. 1.827, parágrafo único, do CCB. 1. Com a declaração de nulidade da partilha, os bens integrantes do acervo hereditário voltam à condição de indivisibilidade da herança, como se nunca houvesse sido procedida à partilha, uma vez que a nulidade sabidamente produz efeitos *ex tunc*. Entretanto, por força do art. 1.827 do Código Civil, as alienações feitas, a título oneroso, por herdeiros aparentes a terceiros de boa-fé são eficazes, isto é, não são passíveis de declaração de nulidade. Precedentes do STJ (AgRg na MC 17.349/RJ). 2. *O terceiro adquirente de boa-fé, no mento da alienação, à vista da matrícula do imóvel — a qual indicava ser o bem de propriedade de herdeiros aparentes —, não teria qualquer motivo para supor que a partilha realizada era nula, devendo ser preservado o negócio jurídico realizado, até mesmo em razão do princípio da aparência. Devem, contudo, os alienantes responder pela recomposição do valor dos bens alienados*. Negam provimento. Unânime (Apelação Cível n. 70053171690, 8ª Câmara Cível, Tribunal de Justiça do RS, rel. Luiz Felipe Brasil dos Santos, j. 18-4-2013)." (grifos nossos)

Vide: CC português, art. 2.121; CC francês, art. 887; CC espanhol, art. 1.073 e CC italiano, art. 761. *Vide*: *RT*, *721*:99, *597*:233.

103. Enunciado n. 612: "O prazo para exercer o direito de anular a partilha amigável judicial, decorrente de dissolução de sociedade conjugal ou de união estável extingue-

Com a declaração de nulidade relativa da partilha, os herdeiros deverão repor frutos e rendimentos que auferiram desde a data do ato anulado até o dia da anulação, a fim de serem incluídos na nova partilha[104].

Observa, com muita propriedade, Zeno Veloso que a jurisprudência tem decidido que, seja a partilha amigável ou judicial, havendo exclusão de herdeiro (que não participou do inventário), está a partilha eivada de *nulidade absoluta*, e o herdeiro prejudicado não fica adstrito à ação de anulação, nem à rescisória, e seus respectivos prazos de decadência, podendo se utilizar da *querela nullitatis*, da ação de nulidade ou petição de herança, sujeitas a prazo de prescrição *longi temporis*, isto é, ao de 10 anos (CC, art. 205; *RT*, *567*:235).

As inexatidões materiais, que não afetem a partilha, atinentes à nomenclatura dos imóveis partilhados, menção de área, designação de seu número etc., podem ser corrigidas a qualquer tempo, mediante requerimento dos interessados, nos mesmos autos do inventário, convindo todas as partes (CPC, art. 656)[105].

-se em 1 (um) ano da data do trânsito em julgado da sentença homologatória, consoante dispõem o art. 2.027, parágrafo único, do Código Civil de 2002, e o art. 1.029, parágrafo único, do Código de Processo Civil (art. 657, parágrafo único, do Novo CPC" (aprovado na VII Jornada de Direito Civil). Enunciado n. 137 do Fórum Permanente de Processualistas Civis: "Contra sentença transitada em julgado que resolve partilha, ainda que homologatória, cabe ação rescisória". Enunciado n. 183 do Fórum Permanente de Processualistas Civis: "A ação rescisória de partilha com fundamento na preterição de herdeiro, prevista no inciso III do art. 673, está vinculada à hipótese do art. 643, não se confundindo com a ação de petição de herança (art. 1.824 do Código Civil), cujo fundamento é o reconhecimento do direito sucessório e a restituição da herança por aquele que não participou de qualquer forma, do processo de inventário e partilha (art. 658, III, art. 628, do atual CPC, respectivamente).

104. W. Barros Monteiro, op. cit., p. 332; Zeno Veloso, *Novo Código*, cit., p. 1824; *RT*, *482*:194, *486*:62; *RTJ*, *76*:795; *RJTJSP*, *39*:80, *37*:143, *41*:213; *JB*, *147*:198.

105. W. Barros Monteiro, op. cit., p. 332-3; Sebastião José Roque, *Direito das sucessões*, cit., p. 233-5. Só herdeiros ou cônjuge sobrevivente têm legitimidade para propor anulação ou rescisão de partilha (*RSTJ*, *130*:217).

Interessante é o esquema do procedimento do inventário judicial apresentado por Euclides de Oliveira e Sebastião Amorim in *Inventários e partilhas*, São Paulo, LEUD, 2004, p. 386.

Quadro Sinótico

PARTILHA

1. CONCEITO DE PARTILHA	• A partilha é a divisão oficial do monte líquido, apurado durante o inventário, entre os sucessores do *de cujus*, para lhes adjudicar os respectivos quinhões hereditários.	
2. COLAÇÃO	• Conceito	• A colação é uma conferência dos bens da herança com outros, transferidos pelo *de cujus*, em vida, aos seus descendentes e cônjuge sobrevivente, promovendo o retorno ao monte das liberalidades feitas pelo autor da herança antes de finar, para uma equitativa apuração das quotas hereditárias dos sucessores legitimários.
	• Finalidade	• Restabelecer a igualdade entre herdeiros legitimários.
	• Bens sujeitos à colação (CPC, arts. 639 a 641)	• Doações constituídas pelo ascendente. • Doações dos avós aos netos, quando eles concorrem à herança com tios e primos. • Doações recebidas pelos pais, quando estes falecerem antes do doador e forem representados pelo sucessor. • Doações verbais de coisa de pequeno valor. • Venda de bens ou doação feita por interposta pessoa, com o intuito de prejudicar a legítima dos herdeiros do autor da herança. • Recursos fornecidos pelo ascendente, para que o descendente pudesse adquirir bens. • Dinheiro colocado a juros pelo ascendente em nome do descendente. • Quantias desembolsadas pelo pai para pagar dívidas do filho. • Valor da dívida do descendente, remitida pelo ascendente. • Gastos de sustento, feitos com filhos maiores. • Montante de empréstimo feito pelo ascendente ao descendente, sem exigir reembolso. • Doação feita a um casal ou por ambos os cônjuges (CC, art. 2.012).

2. COLAÇÃO	• Dispensa da colação	• CC, arts. 2.005, parágrafo único, 2.006, 2.010 e 2.011.
	• Efeito	• CC, arts. 2.002, parágrafo único, 2.003 e 2.004.
3. ESPÉCIES DE PARTILHA	• Partilha amigável	• CC, art. 2.015; CPC, arts. 657 e 610, § 1º.
	• Partilha judicial	• CC, art. 2.016; CPC, arts. 647, 651, I a IV, 652, 653, I e II, e 655.
	• Partilha em vida	• Se feita pelo ascendente, por ato *inter vivos* ou *causa mortis,* desde que não prejudique a legítima dos herdeiros necessários (CC, arts. 2.014 e 2.018).
4. REGRAS RELATIVAS À PARTILHA	• Observar a maior igualdade possível quanto ao valor, natureza e qualidade dos bens (CC, art. 2.017). • Evitar litígios futuros (CC, arts. 2.019 e 1.489, IV). • Consultar a comodidade dos herdeiros. • Aplicar o disposto no CC, art. 2.020.	
5. GARANTIA DOS QUINHÕES HEREDITÁRIOS	• CC, arts. 2.023 e 1.791; CPC, art. 655, parágrafo único. • CC, arts. 2.024, 2.025, 450, parágrafo único, 205 e 2.026.	
6. NULIDADE DA PARTILHA	• CPC, arts. 657, parágrafo único, 658, 656; CC, art. 2.027 e parágrafo único.	

3. Sobrepartilha

A. Conceito, objeto e finalidade

A sobrepartilha ou partilha adicional vem a ser uma nova partilha de bens que, por razões fáticas ou jurídicas, não puderam ser divididos entre os titulares dos direitos hereditários. A sobrepartilha, por ser complemento da partilha, poderá ser feita por escritura pública, pouco importando que o inventário tenha sido feito via judicial, ou realizado em cartório (conforme a Lei n. 11.441/2007), desde que os interessados sejam capazes e concordes. Ensina-nos Zeno Veloso: "A lei que autorizou a fazer a partilha por escritura pública permite, é óbvio, que se faça a sobrepartilha, que, afinal, é partilha, ainda"[106].

É uma outra partilha que sobrevém à partilha, correndo nos mesmos autos[107], pondo um fim à indivisão, atendendo à realidade dos fatos ou do direito, se:

a) houver na herança bens remotos da sede do juízo do inventário;

---

106. *Vide* Hamilton de Moraes e Barros, *Comentários ao Código de Processo Civil,* Rio de Janeiro, Forense, 1977, v. 9, p. 346; José Lopes de Oliveira, op. cit., p. 265; Orlando de Souza, op. cit., p. 182; Itabaiana de Oliveira, op. cit., v. 3, n. 958; Zeno Veloso, Lei n. 11.441, cit., p. 33. "Ementa: Agravo de Instrumento — Inventário — Sobrepartilha — Reexame da divisão de bem já partilhado — Impossibilidade — Necessidade de ajuizamento de ação autônoma. A *sobrepartilha* só tem lugar quando se pretende dividir bem não arrolado no inventário, não podendo ser manejada para a rediscussão da partilha já efetuada no momento próprio" (TJMG, AgI 10431.08 e 39023-7/001, rel. Des. Dídimo Inocêncio de Paula, j. 26-3-2009).

107. Hamilton de Moraes e Barros, op. cit., p. 346; *JM*, *93*:54; *RT*, *205*:492, *560*:97, *568*:73, *719*:105.

b) o bem for litigioso (*Ciência Jurídica, 21*:89), porque sua partilha será ato puramente aleatório, sendo, portanto, conveniente ao interesse público deixá-lo para a sobrepartilha[108];

c) apresentar dificuldade ou morosidade na liquidação dos bens, para que não se atrase a partilha de outros do acervo hereditário, ou, então, para evitar que uma rápida liquidação prejudique os herdeiros;

d) houver sonegação de bens por algum herdeiro ou inventariante, em virtude de dolo ou de ignorância, ante a obrigação de trazê-los a inventário (CPC, art. 641, § 1º);

e) forem descobertos outros bens após a partilha da herança. P. ex.: se se desconhecia que havia maior número de alqueires de terras do que o que se partilhou, procede-se à correção mediante sobrepartilha (*RT, 205*:492);

f) existir reserva de bens para pagamento de credores, que perderam ou não propuseram ação de cobrança;

g) houver saldo do produto da venda de bens, separados para o pagamento do passivo[109].

Portanto, é *objeto* de sobrepartilha todo e qualquer bem do espólio que deveria ter vindo à partilha e não veio, qualquer que seja a causa dessa omissão[110].

Deveras, estatui o Código Civil, no art. 2.021, que: "Quando parte da herança consistir em bens remotos do lugar do inventário, litigiosos, ou de liquidação morosa ou difícil, poderá proceder-se, no prazo legal, à partilha dos outros, reservando-se aqueles para uma ou mais sobrepartilhas, sob a guarda e a administração do mesmo ou diverso inventariante, e consentimento da maioria dos herdeiros". "Ficam sujeitos a sobrepartilha os sonegados e quaisquer outros bens da herança de que se tiver ciência depois da partilha" (CC, art. 2.022). No mesmo sentido, o Código de Processo Civil, art. 669 e parágrafo único.

Fácil é denotar que a *finalidade* desse instituto jurídico é a de não retardar a partilha dos bens líquidos, certos e presentes, com a apuração dos ilí-

---

108. Ernane Fidélis dos Santos, *Procedimentos especiais,* São Paulo, Ed. Universitária de Direito, 1976, p. 243.

109. Pontes de Miranda, *Tratado de direito privado,* 3. ed., Rio de Janeiro, Borsoi, 1973, p. 268 e 271.

110. Hamilton de Moraes e Barros, op. cit., p. 348. *Vide*: CC italiano, art. 762; CC português, art. 2.122; CC espanhol, art. 1.079 e CC francês, art. 887, al. 2.

quidos, remotos ou litigiosos[111]. Assim, os bens, que não foram partilhados, sê-lo-ão em sobrepartilha, por ser conveniente à paz social e familiar, ao desenvolvimento econômico e à ordem jurídica pôr um termo às indivisões[112].

Todavia, não há obrigatoriedade de que tais bens fiquem para a sobrepartilha, podendo os herdeiros e o cônjuge meeiro, se houver, concordar que sejam partilhados normalmente[113], ou que permaneçam indivisos. Se a maioria decidir que se deixem os bens para a sobrepartilha, a feitura somente será exigível quando cessar o litígio, liquidação ou quando trânsita em julgado a sentença proferida na ação de sonegação. Claro está que, se os bens forem descobertos após a partilha, a sobrepartilha independerá de deliberação das partes[114].

B. Natureza da sobrepartilha

Feita a partilha, se alguns dos bens da herança ficaram em estado de indivisão, é preciso pôr um fim a essa indivisão, por meio de outra ação de inventário e partilha, nos autos do mesmo processo de inventário do chamado autor da herança (CPC, art. 670, parágrafo único). Constitui, portanto, uma nova ação de inventário e partilha num mesmo processo de inventário. Pode haver no inventário tantas sobrepartilhas quantas forem necessárias, desde que ocorridos seus pressupostos; logo, o processo de inventário fica, a qualquer tempo, sob esse prisma, permanentemente aberto[115].

Para a sobrepartilha é imprescindível o inventário. Se o bem era litigioso, ou de liquidação morosa ou difícil, pode ter sido inventariado. Se sonegado ou descoberto após a partilha, como não houve inventariação, avaliar-se-á o bem que ainda não foi estimado[116].

Com a partilha extingue-se o processo, estabelecendo-se os direitos de cada um (CC, art. 2.023); daí a necessidade de petição de qualquer herdeiro, arrolando todos os bens, especificadamente descritos, não incluídos na

111. J. M. Carvalho Santos, *Código Civil brasileiro interpretado,* 8. ed., Freitas Bastos, 1963, v. 24, p. 435.
112. Hamilton de Moraes e Barros, op. cit., p. 347-8.
113. Ernane Fidélis dos Santos, *Procedimentos especiais,* cit., p. 242.
114. Pontes de Miranda, op. cit., p. 272.
115. Hamilton de Moraes e Barros, op. cit., p. 348.
116. Pontes de Miranda, op. cit., p. 272.

partilha julgada no inventário[117]; de nomeação de inventariante, pois o magistrado não está obrigado a manter na sobrepartilha o mesmo inventariante que funcionou na partilha (*RT, 181*:350), embora tal inventariante possa continuar no cargo, representando a herança em juízo, ativa e passivamente (*RT, 192*:612)[118]; de citação de todos os interessados no inventário.

Reaberto o inventário para a sobrepartilha, pode o inventariante, como representante legal do espólio, cobrar os débitos respectivos (*RT, 141*:735). E somente por ocasião da sobrepartilha recolher-se-á o imposto de transmissão *causa mortis,* pois, se os herdeiros preferiram deixar alguns bens para a sobrepartilha, não seria justo coagi-los ao pagamento do tributo, enquanto não se apurarem os valores respectivos[119].

À sobrepartilha aplicam-se as mesmas normas que regem a partilha, por objetivar a igualdade, a comodidade das partes e a prevenção de futuros litígios, tendo, portanto, a mesma natureza da partilha[120].

C. Cumulação de inventário

Pelo CPC, arts. 672, I a III, parágrafo único, e 673, é permitida a cumulação de inventários em andamento para partilha de heranças de pessoas diversas, havendo:

a) identidade de pessoas entre as quais os bens devam ser repartidos. Não será admitida a cumulação se os herdeiros não são os mesmos;

b) heranças deixadas pelos dois cônjuges ou companheiros, obviamente, desde que os herdeiros de ambos sejam os mesmos (*RT*, *677*:120). Assim, se um cônjuge ou companheiro, vier a falecer antes da partilha dos bens do premorto, seus bens, desde que sejam os mesmos, poderão ser descritos e partilhados no inventário daquele. Hipótese em que prevalecerão as primeiras declarações assim como o laudo de avaliação, salvo se alterado o valor dos bens. Observam Nelson Nery Jr. e Rosa Mª de A. Nery que se houver "fa-

---

117. Orlando de Souza, op. cit., p. 182.

118. W. Barros Monteiro, op. cit., p. 298.

119. W. Barros Monteiro, op. cit., p. 298.

120. Hamilton de Moraes e Barros, op. cit., p. 346. É possível escritura pública de sobrepartilha alusiva a inventário e partilha judiciais já findos, ainda que herdeiro, hoje maior e capaz, fosse menor ou incapaz por ocasião do processo judicial (Orientação aprovada pelo Grupo de Estudo instituído pela Portaria do CGJ/SP n. 1/2007).

lecimento superveniente do cônjuge ou companheiro supérstite, e se os bens deixados por este último são os mesmos que fazem parte do primeiro inventário, não há necessidade de se proceder a novas declarações ou avaliação. Se se tratar de arrolamento, não há necessidade de qualquer avaliação (CPC, art. 661)";

c) dependência de uma das partilhas em relação à outra. Se a dependência for parcial, por haver outros bens, o órgão judicante poderá ordenar a tramitação separada dos inventários se melhor atender aos interesses das partes e à celeridade ou racionalização processual.

Com o inventário conjunto atendido estará o princípio da celeridade e economia processual[121].

D. Ausência e incapacidade no processo

Como todos os herdeiros e o cônjuge meeiro são partes obrigatórias na ação de inventário, sem a presença deles não há relação processual[122]. O juiz dará curador especial ao ausente, se não o tiver. Por ausente entende-se aquele que, estando em local incerto e não sabido, é citado por edital; se revel, a nomeação de curador especial se impõe[123], visto que a declaração de ausência pelo juiz (CC, art. 22) traz, como consequência necessária, a nomeação de curador; logo, nunca poderá existir ausente declarado sem curador. O magistrado também dará curador especial ao incapaz, se concorrer na partilha com o seu representante desde que exista colisão de interesses. Isto porque o Código de Processo Civil, no art. 671, I e II, refere-se ao curador à lide, que não interfere com a representação legal ordinária dos incapazes, que são representados ou assistidos por seus pais, tutores ou curadores na forma da lei. Essa curadoria à lide é exercida no inventário, se houver colisão de interesses do incapaz com os de seu representante[124].

---

121. Nelson Nery Jr. e Rosa Mª de A. Nery, *Comentários...*, p. 1.485 e 1.486.

122. Hamilton de Moraes e Barros, op. cit., p. 350.

123. Ernane Fidélis dos Santos, *Procedimentos especiais,* cit., p. 243.

124. Hamilton de Moraes e Barros, op. cit., p. 351; Ernane Fidélis dos Santos, Procedimentos especiais, cit., p. 244. "Não havendo previsibilidade legal para o deslinde da questão, pode o julgador recorrer à analogia para suprir a lacuna legal. Consoante interpretação analógica do art. 988, V — hoje art. 616, V —, do CPC, o cessionário dos herdeiros é legítimo para pleitear a sobrepartilha do bem imóvel excluído da partilha e que lhe foi cessionado" (TJMT, 3ª Câm., AC 36.877/2003, j. 17-12-2003).

Quadro Sinótico

SOBREPARTILHA

1. CONCEITO	• A sobrepartilha é uma nova partilha de bens que, por razões fáticas ou jurídicas, não puderam ser divididos entre os titulares dos direitos hereditários.
2. OBJETO	• CC, arts. 2.021 e 2.022; CPC, art. 669, I a IV, e parágrafo único.
3. FINALIDADE	• Não retardar a partilha dos bens líquidos, certos e presentes, com a apuração dos ilíquidos, remotos ou litigiosos.
4. NATUREZA DA SOBREPARTILHA	• Constitui uma nova ação de inventário e partilha num mesmo processo de inventário (CPC, art. 670, parágrafo único).
5. CUMULAÇÃO DE INVENTÁRIO	• CPC, arts. 672 e 673.
6. AUSÊNCIA E INCAPACIDADE NO PROCESSO	• CPC, art. 671, I e II.

Bibliografia

ALMEIDA, José Luiz Gavião de. *Código Civil comentado*. Coord. Villaça Azevedo. São Paulo, Atlas, 2003. v. 18.

ALVES, João Luís. *Código Civil anotado*.

_____. *Comentários ao Código Civil brasileiro*. v. 5.

ALVIM, Agostinho. Do legado de coisa certa em face do regime da comunhão de bens. *RT, 201*:3.

_____. Do sobrinho em face da sucessão legítima. *RF, 88*:296-7.

AMARAL, Francisco. A sucessão testamentária no novo Código Civil brasileiro. *Revista Brasileira de Direito Comparado*. v. 30.

AMORIM, Sebastião Luiz. *Código Civil comentado*. São Paulo, Atlas, 2004. v. XIX.

AMORIM, Sebastião Luiz; OLIVEIRA, Euclides Benedito de. Destinação da herança vacante. *JB, 167*:69-78.

ANDRADE, Herondes João de. Renúncia de herança. *Revista do Curso de Direito da Universidade Federal de Uberlândia, 11*:231-3, 1982.

ASSIS MOURA, Mário. *Inventário e partilha*. 2. ed.

AUBRY e RAU. *Cours de droit civil français*. 4. ed. Paris, 1873. v. 6, 7 e 10.

AZZARITI-MARTINEZ. *Successioni per causa di morte e donazioni*.

BARASSI. *Le successioni per causa di morte*.

BARBERO. *Sistema de derecho privado*. Buenos Aires, 1967. v. 5.

BARROS, Celso. *Direito das sucessões*; Projeto 634/75. Livro V. Brasília, 1978.

BARROS, Hermenegildo de. *Manual do Código Civil brasileiro*. v. 18.

BARROS MONTEIRO, Washington de. *Curso de direito civil*. 17. ed. São Paulo, Saraiva, 1981. v. 6.

BAUDRY-LACANTINERIE. *Précis de droit civil*. v. 3.

BAUDRY-LACANTINERIE e COLIN. *Des donations entre-vifs et des testaments*. 3. ed. v. 2.

BEUDANT. *Cours de droit civil français*. v. 7.

BEVILÁQUA, Clóvis. *Direito das sucessões*. 4. ed.

______. *Comentários ao Código Civil*. v. 6.

BICOCCA. *Le sostituzioni fideicomissarie*.

BIONDI, Biondo. *Successione testamentaria e donazioni*.

BOBBIO, Norberto. Des critères pour résoudre les antinomies. In: *Les antinomies en droit*. Bruxelles, Bruylant, 1965.

BRANDÃO LIMA, Domingos S. Legado de alimentos. In: *Enciclopédia Saraiva do Direito*. São Paulo, Saraiva, 1977. v. 48.

BUTERA. *Il Codice Civile italiano*; libro delle successioni.

CAHALI, Francisco José; HIRONAKA, Giselda Maria Fernandes Novaes. *Curso avançado de direito civil*. 2. ed. São Paulo, Revista dos Tribunais, 2003. v. 6.

CALOGERO GANGI. Distruzione, lacerazione e cancellazione del testamento, effettuata dal testatore. In: *Studii in onore di Giovanni Pacchioni*.

CARNEIRO MAIA, Paulo. *Substituição fideicomissária*. São Paulo, 1967.

CARVALHO, Eduardo. *Processo de inventário*.

CARVALHO SANTOS. *Código Civil interpretado*. v. 23 e 24.

CASSETTARI, Christiano. *Separação, divórcio e inventário por escritura pública*. São Paulo, Método, 2007.

CASTRO FILHO, José O. *Comentários ao Código de Processo Civil* (Col. Forense, 10).

CICU, Antonio. *El testamento*.

CIMBALI. *La nuova fase del diritto civile*.

CITATI. La reviviscenza delle disposizioni testamentarie revocate. *Rivista di Diritto Civile*, 1931.

COELHO DA ROCHA. *Instituições de direito civil*. v. 2.

COGLIOLO. *Filosofia de direito privado*.

COLIN e CAPITANT. *Cours élémentaire de droit civil français*. 9. ed. Paris, 1945. t. 3.

COLIN, CAPITANT e MORANDIÈRE. *Cours de droit civil*. 8. ed. v. 3.

COVIELLO. *Corso completo del diritto delle successioni*. Napoli, 1914. v. 1.

CUNHA GONÇALVES. *Tratado de direito civil*. São Paulo, Max Limonad. v. 10, t. 2.

DABUS MALUF, Carlos Alberto. *Das cláusulas de inalienabilidade, incomunicabilidade e impenhorabilidade*. São Paulo, Saraiva, 1986.

D'AGUANO. *La genesi e l'evoluzione del diritto civile*.

DAIBERT, Jefferson. *Direito das sucessões*.

D'AMELIO, Mariano. *Codice Civile*; libro delle successioni.

D'AVANZO, Walter. *Delle successioni*. v. 1 e 2.

DEGNI. *Lezioni di diritto civile*; successioni a causa di morte. v. 2.

DELGADO, Mário Luiz. *Problemas de direito intertemporal no Código Civil*. São Paulo, Saraiva, 2004.

DEMOLOMBE. *Cours de Code Napoléon*. v. 18.

DE PAGE. *Traité élémentaire de droit civil belge*. v. 2, t. 8.

DINIZ, Maria Helena. *Conflito de normas*. São Paulo, Saraiva, 2003.

______. Testamento emergencial e testamento vital: um paralelo. In: *10 anos de vigência do Código Civil brasileiro de 2002*. Coord. Christiano Cassettari. São Paulo, Saraiva, 2013.

DOWER, Nelson G. Bassil. *Curso renovado de direito civil*. São Paulo, Nelpa. v. 4.

DUBAS. *La responsabilité notariale*.

DURANTON. *Cours de droit civil français*. 4. ed. Bruxelles, 1841. t. 3.

DUSI. *Eredità giacente*.

ENNECCERUS, KIPP e WOLFF. *Derecho de sucesiones*. v. 1.

FACHIN, Luiz Edson; PIANOVSKI, Carlos Eduardo. *Código Civil comentado*. Coord. Villaça Azevedo. São Paulo, Atlas, 2003. v. 15.

FARIA, Mário Roberto Carvalho de. *Direito das sucessões*. Rio de Janeiro, Forense, 2004.

FERRARA, Luigi C. *Le successioni per cause di morte*. Morano, t. 1.

FERREIRA ALVES. *Manual do Código Civil brasileiro*. v. 19.

FERREIRA COELHO. *Código Civil comparado*. Rio de Janeiro, 1926. v. 2 e 8.

FERRI, Luigi. *Successioni in generale*.

FIDÉLIS DOS SANTOS, Ernane. Questões sobre o inventário e partilha. *Revista do Curso de Direito da Universidade Federal de Uberlândia, 8*(1):17 e s., 1979.

______. *Procedimentos especiais*. São Paulo, Ed. Universitária de Direito, 1976.

GALVÃO TELLES. *Teoria geral do fenômeno sucessório*. Apud Orlando Gomes. *Sucessões*.

GANGI. *I legati nel diritto civile italiano*. Roma, 1908. v. 1.

GARCEZ, Martinho. *Testamentos e sucessões*.

GIANTURCO. *Diritto civile*.

GOMES, Orlando. *Direito das sucessões*. 2. ed. Rio de Janeiro, Forense.

GONÇALVES, Carlos Roberto. *Direito Civil brasileiro*. São Paulo, Saraiva, 2008. v. 7.

GONÇALVES MAIA. *Fideicomisso*.

GOUVÊA PINTO. *Tratado dos testamentos e sucessões*.

HIRONAKA, Giselda. *Comentários ao Código Civil*. Coord. Antônio Junqueira de Azevedo. São Paulo, Saraiva, 2003. v. 20.

HUC. *Commentaires au Code Civil*. v. 5.

LACERDA DE ALMEIDA. *Direito das sucessões*. Rio de Janeiro, 1915.

LAURENT. *Cours élémentaire de droit civil*. v. 2.

LEGROS. *Des clauses d'inalienabilité dans les actes à titre gratuit*. Paris, 1909.

LEITE, Eduardo de Oliveira. *Comentários ao novo Código Civil*. Coord. Figueiredo Teixeira. Rio de Janeiro, Forense, 2003.

LENZ, Carlos E. Thompson Flores. Considerações acerca do testamento conjuntivo: análise do artigo 1.863 do Código Civil, *Revista da Escola de Magistratura do TRF-4, 3:*63 a 72 (2015).

LEUBA. *Du régime successoral en droit français et en droit suisse*.

LIMONGI FRANÇA, Rubens. Deserdação. In: *Enciclopédia Saraiva do Direito*. São Paulo, Saraiva, 1977. v. 24.

______. Codicilo. In: *Enciclopédia Saraiva do Direito*. São Paulo, Saraiva, 1977. v. 15.

______. Legado. In: *Enciclopédia Saraiva do Direito*. São Paulo, Saraiva, 1977. v. 48.

______. *Manual de direito civil*. São Paulo, 1973. v. 2, t. 2.

LOMONACO. *Istituzioni di diritto civile*. v. 4.

LOPES DA COSTA. *Direito processual civil*. v. 1.

______. *Da responsabilidade de herdeiro*.

LOPES DE OLIVEIRA, José. *Sucessões*. São Paulo, Sugestões Literárias, 1972.

LOPES PRAÇA. *Lições de direito civil*.

LOSANA. *Questioni scelte di diritto civile*.

LOUREIRO, José Eduardo; LOUREIRO, Francisco Eduardo. Alguns aspectos da ordem de vocação hereditária no novo Código Civil. In: *Temas relevantes de direito civil contemporâneo*. Coord. G. E. Nanni. São Paulo, Atlas, 2008.

MACEDO DE CAMPOS, Antonio. *Inventários e partilhas*. São Paulo, 1984.

MACHELARD. *Dissertation sur l'accroissement*.

MACKELDEY. *Droit romain*.

MADALENO, Rolf. *Direito de Família em pauta*. Porto Alegre, 2004.

MANRESA e NAVARRO. *Comentarios al Código español*. 5. ed. v. 6.

MATIELLO, F. *Código Civil comentado*. São Paulo, LTr, 2004.

MAXIMILIANO, Carlos. *Direito das sucessões*. 3. ed. Rio de Janeiro, Freitas Bastos, 1952. v. 1 e 2.

MAZAGÃO, Mário. Fundações criadas por testamento. *RF, 109*:16.

MAZEAUD e MAZEAUD. *Leçons de droit civil*. v. 4.

MEIRA, Silvio. *Instituições de direito romano*. São Paulo, IASP, 2017.

MENDONÇA, José. *A prova civil*.

MENDONÇA LIMA, Alcides de. A obrigação do testamenteiro de defender o testamento. *RF, 98*:487.

MILHOMENS, Jônathas. *Manual de prática forense*. 2. ed. t. 3.

MONACO, Gustavo Ferraz de Campos. Direito sucessório no novo Código Civil: problemática dos cônjuges, conviventes e concubinos. In: *Contribuições ao estudo do novo direito civil*. Coord. Pasquale e Simão. Campinas, Millenium, 2004.

MORAES E BARROS, Hamilton de. *Comentários ao Código de Processo Civil*. Rio de Janeiro, Forense, 1977. v. 9.

MORATO, Antonio C. Do direito de acrescer entre herdeiros e legatários. In: *Temas relevantes de direito civil contemporâneo*. Coord. G. E. Nanni. São Paulo, Atlas, 2008.

MORATO, Francisco. Da colação. *RF, 84*:270.

NADER, Paulo. *Curso de direito civil*. Rio de Janeiro, Forense, 2007.

NONATO, Orozimbo. *Estudos sobre sucessão testamentária*. v. 2 e 3.

OLIVEIRA, Euclides B. de. *Direito de herança*: a nova ordem da sucessão. São Paulo, Saraiva, 2005.

OLIVEIRA, Itabaiana de. *Tratado de direito das sucessões*. 4. ed. São Paulo, Max Limonad, 1952. v. 2.

OLIVEIRA, Wilson de. *Inventários e partilhas*.

ORSELLI, Helena de A. Reflexões acerca do direito sucessório do cônjuge no Código Civil de 2002. *Revista IOB de Direito de Família*. v. 44.

PACCHIONI. *Corso di diritto romano*. Firenze, 1908.

PACIFICI-MAZZONI. *Trattato delle successioni*. v. 3.

_____. *Il Codice Civile italiano commentato*. 8. ed. v. 7.

PALERMO, Carlos Eduardo de C. *Cônjuge e o convivente no direito das sucessões*. São Paulo, Ed. Juarez de Oliveira, 2007.

PAOLI. *Nozioni elementari di diritto civile*.

PEREIRA, Tarlei L. *Direito sucessório dos conviventes na união estável*. São Paulo, Letras Jurídicas, 2013.

PEREIRA DE MELO, Luiz. Herança (Sonegação de bens). In: *Enciclopédia Saraiva do Direito*. São Paulo, Saraiva, 1977. v. 41.

PINTO, Ana Cristina de B. M. F. Reflexões sobre o vínculo homoafetivo no direito sucessório. In: *10 anos de vigência do Código Civil brasileiro de 2002* (coord. de Christiano Cassetari). São Paulo, Saraiva, 2013.

PINTO DE SOUZA, Ulpiano. *Das cláusulas restritivas da propriedade*.

PINTO FERREIRA. Legado. In: *Enciclopédia Saraiva do Direito*. São Paulo, Saraiva, 1977. v. 48.

______. Fideicomisso. In: *Enciclopédia Saraiva do Direito*. São Paulo, Saraiva, v. 37.

______. *Tratado das heranças e dos testamentos*. São Paulo, Saraiva, 1983.

PLANIOL e RIPERT. *Traité pratique de droit civil*. Paris, 1928. v. 7.

PLANIOL, RIPERT e BOULANGER. *Traité élémentaire de droit civil*. v. 3.

POLACCO. *Delle successioni*. v. 1.

PONTES DE MIRANDA. *Tratado dos testamentos*. Rio de Janeiro, 1922. v. 2, 3, 4 e 5.

______. *Tratado de direito privado*. São Paulo, Revista dos Tribunais, 1984, t. 55.

PORTO, Mário M. Teoria da aparência e o herdeiro aparente. *RT, 260*:14.

POTHIER. *Traité des donations testamentaires*.

______. *Traité des substitutions*.

______. *Traité du contrat de constitution de rente*.

POUJOL. *Traité des successions*. v. 2.

RADBRUCH. *Filosofia do direito*. Trad. Cabral de Moncada. Coimbra, Arménio Amado, 1961. v. 2.

REZENDE, Astolpho. *Manual do Código Civil brasileiro*. v. 7.

RITA, Pedro. *Estudos de direito*. Lisboa.

RODRIGUES, Elza de F. Admissibilidade de testamento público de testador nonogenário. *Revista de Direito Notarial, 3*: 361-372.

RODRIGUES, Lia P. Direito sucessório do cônjuge sobrevivente. *Revista IOB de Direito de Família*. v. 46.

RODRIGUES, Silvio. *Direito civil*. 3. ed. São Paulo, Max Limonad, 1967. v. 7.

ROMAGNOSI. *Prime materie e questioni nelle forme testamentarie*. v. 1.

ROQUEBERT, Pierre. *De la clause d'inaliénabilité et d'insaisissabilité*. Paris, 1905.

ROSCIGNO. *Interpretazione del testamento*. Napoli, 1952.

ROTONDI. *Instituciones de derecho privado*.

RUGGIERO e MAROI. *Istituzioni di diritto privato*. 8. ed. v. 1 e 2.

SALIS, Lino. *La successione necessaria nel diritto civile italiano*.

SALLES PENTEADO, Mário. A legitimação nos atos jurídicos. *RT, 454*:26.

SANTORO-PASSARELLI. *Vocazione legale*.

SANTOS, Luiz Felipe Brasil. *A sucessão dos companheiros do novo Código Civil*. Disponível em www.gontijofamiliaadv.br/tex243.htm. Acessado em 12-2-2008.

SILVA, Regina Beatriz T.; CAMARGO NETO, Theodureto de A. (coords.). *Grandes temas de direito de família e das sucessões*, São Paulo, Saraiva, 2014.

SILVA PEREIRA, Caio Mário da. *Instituições de direito civil*. 2. ed. Rio de Janeiro, Forense, 1976.

SOUZA, Orlando. *Inventários e partilhas*. 7. ed. São Paulo, Sugestões Literárias, 1974.

SPENCER VAMPRÉ. *Manual de direito civil*. v. 3.

TAVARES, José. *Os princípios fundamentais do direito civil*. Coimbra, 1922. v. 1.

TEIXEIRA, Luiz. *Instituições de direito civil*. v. 2.

TEIXEIRA DE FREITAS. *Testamentos e sucessões*.

TENÓRIO, Oscar. *Direito internacional privado*.

______. *Lei de Introdução ao Código Civil brasileiro*.

TEPEDINO, Gustavo. *Usufruto legal do cônjuge viúvo*. Rio de Janeiro, Forense, 1990.

TOULLIER e DUVERGER. *Le droit civil français*. 6. ed. v. 3.

TRABUCCHI. *Istituzioni di diritto civile*. 15. ed. Padova, CEDAM, 1966.

______. *Instituciones de derecho civil*. Madrid, Revista de Derecho Privado, 1967. v. II.

TRIGO DE LOUREIRO. *Direito civil brasileiro*.

TROPLONG. *Donations entre-vifs et des testaments*. v. 1 e 3.

VALENTE DA SILVA, Gilberto. Fideicomisso. *RT, 471*:261 e s.

VALLADÃO, Haroldo. Unidade ou pluralidade da sucessão e do inventário e partilha no direito internacional privado. *RT, 204*:3.

VARGAS PEREIRA, Leonardo D'Angelo. Indignidade sucessória. *Revista IOB de Direito de Família*. v. 45.

VELOSO, Zeno. *Comentários ao Código Civil*. São Paulo, Saraiva, 2003. v. 21.

______. Direito real de habitação na união estável. In: *Novo Código Civil — questões controvertidas*. Coord. Mário Luiz Delgado e Jones Figueirêdo Alves. São Paulo, Método, 2003.

______. *Lei n. 11.441/2007 — Aspectos práticos da separação, divórcio, inventário e partilha consensual*. Pará, Amoreg, 2008.

______. *Novo Código Civil comentado*. São Paulo, Saraiva, 2004.

______. *Código Civil comentado*. Coord. Regina Beatriz Tavares da Silva. 6. ed. São Paulo, Saraiva, 2008.

VENEZIA, Giacomo. *Dell'usufruto*. 2. ed.

VENOSA, Sílvio. Os direitos sucessórios na união estável. Jornal *Valor Econômico*, 19-4-2002.

VIALLETON. *Les successions*.

VIANA, Marco A. S. *Ação de petição de herança*. São Paulo, 1986.

VIEIRA FERREIRA. Direito de acrescer. *RT, 163*:489.

VILLELA, Anna Maria. *Transmission d'hérédité en droit brésilien et en droit français*.

VITALI, Vittore. *Delle successioni testamentarie e legittime*. v. 1 e 4.

WALD, Arnoldo. *Curso de direito civil brasileiro*; direito das sucessões. 2. ed. São Paulo, Sugestões Literárias, 1969.

